Da arte de construir
tratado de arquitetura e urbanismo

Da arte de construir
tratado de arquitetura e urbanismo

Leon Battista Alberti

Organização e tradução de Sergio Romanelli

hedra

São Paulo_2012

Grafia atualizada segundo o Acordo Ortográfico da Língua Portuguesa de 1990, em vigor no Brasil desde 2009.

Título original
L'architettura. Edizioni Il Polifilo, Milano: 1989.

Agradecimentos
A Carlos A. Leite Brandão, Cristina Fino,
João Legal Leal, José Roberto O'Shea e Walter Coelho Filho

Este livro contou com o apoio financeiro do Departamento de Língua e Literatura Estrangeiras da Universidade Federal de Santa Catarina (UFSC)

Edição Bruno Costa e Iuri Pereira
Capa Ronaldo Alves
Programação e diagramação em LaTeX Bruno Oliveira
Revisão técnica João Legal Leal
Revisão Ana Lima Cecílio, Iuri Pereira e Jacob Lebensztayn
Assistência editorial Bruno Oliveira e Pedro A. Pinto

Dados Internacionais de Catalogação na Publicação (CIP)

A289 Alberti, Leon Battista (1404–1472).
Da Arquitetura. / Leon Battista Alberti. Tradução e organização de Sergio Romanelli. — São Paulo: Hedra, 2012. 468 p.

ISBN 978-85-7715-166-0

1. Arquitetura. 2. Urbanismo. 3. História da Arquitetura. I. Título. II. Romanelli, Sergio, Tradutor. III. Romanelli, Sergio, Organizador. IV. O desenho. V. Os materiais. VI. A construção. VII. Edifícios para fins universais. VIII. Edifícios para fins particulares. IX. O ornamento. X. O ornamento de edifícios sagrados. XI. O ornamento de edifícios públicos profanos. XII. O ornamento de edifícios privados. XIII. O restauro.

CDU 72
CDD 720

EDITORA HEDRA LTDA.
Rua Fradique Coutinho, 1139 (subsolo)
05416-011 São Paulo SP Brasil
+55 11 3097 8304
editora@hedra.com.br
www.hedra.com.br

Sumário

Prefácio*

LER ALBERTI, HOJE

O LEITOR tem em mãos a primeira edição brasileira de uma das obras seminais do mundo e do homem modernos. O *De Re Aedificatoria*, de Leon Battista Alberti (1404–1472), não é apenas um tratado sobre um novo modo de construir e compreender edifícios e cidades. Ele é também uma profunda reflexão antropológica e um projeto de edificação de uma nova racionalidade e de uma nova relação do ser humano consigo mesmo, com seus semelhantes, com o universo que o cerca, com a história e com o transcendente. Alberti começou a escrevê-lo a partir de suas reflexões sobre o tratado de Vitrúvio, sobre as ruínas que ele examinava em Roma e sobre as experiências e as atividades suas e de seus contemporâneos, seja para erigir os edifícios e espaços públicos adequados ao *Quattrocento*, seja para reabilitar Roma conforme pretendiam os papas Eugênio IV e Nicolau V, para os quais ele trabalhava.

Essa tarefa, contudo, revelou-se empreendimento mais árduo do que o previsto. Logo no início do Livro VI, na metade do *De Re Aedificatoria*, Alberti depõe suas dificuldades. Por um lado, elas se deviam ao Vitrúvio quase ilegível que lhe fora transmitido pelos copistas. Por outro, as proposições, termos e procedimentos vitruvianos lhe pareciam incompreensíveis e impróprios para o mundo e a vida das cidades que o homem moderno estava a reinventar. Enfrentando esse desafio, Alberti acaba por elaborar um tratado inédito e inaugural. Concluído por volta de 1452, o *De Re Aedificatoria* torna-se, então, um documento precioso da revolução que o Renascimento promoveu em nossos modos de habitar, de pensar e de construir. Nele encontramos, por exemplo, a concepção da arquitetura como uma atividade eminentemente intelectual levada a cabo mediante um "projeto" e comprometida com a realização física e com a construção de uma vida melhor, mais feliz e mais justa, *bene beateque vivendum*. Nele também vemos a importância de um saber que, conjugando a teoria, a

* Este texto, aqui refundido com pequenas modificações, integra a produção de nossa pesquisa "A atualidade do *De Re Aedificatoria*, de Leon Battista Alberti", desenvolvida com apoio do CNPq.

experiência e a prática, permite ao ser humano explorar e desenvolver ao máximo suas potencialidades e apropriar-se das únicas coisas que realmente possui: seu corpo, sua alma e seu tempo.

A *concinnitas* é a qualidade primeira que os projetos, os edifícios e as cidades devem perseguir. Entendemo-la aqui como a articulação harmoniosa de elementos e partes diferentes e variados dentro de um todo orgânico no qual eles encontram o seu sentido e a sua função. Mas isso não é uma qualidade apenas estética, mas também funcional, técnica, ética e moral que se esboça em toda a obra albertiana, desde o *Profugiorum ab aerumna libri* e o *De Equo Animante* até o *Momus*, o *Theogenius* e o *Iciarchia*, seu último livro. A *concinnitas* envolve a responsabilidade de traçar limites e delinear nossas vidas, nossas casas, nossas instituições e nossas cidades conforme um projeto pelo qual somos responsáveis e que se volta para o bem comum. Traçar limites não é apenas desenhar o *lineamentis*, "linhas da mente", sobre o papel em que o arquiteto trabalha. É também agir com prudência, com economia e com cuidado para não cairmos na "mania de construir" que se manifesta de várias formas: em construções espetaculares, mas inúteis, como as pirâmides egípcias e os palácios persas, em edifícios luxuosos, mas incapazes de dialogarem com o contexto físico, econômico, histórico e social em que se inserem; em cidades sem estrutura alguma e cujas partes e segmentos são incapazes de se articularem para comporem um organismo e uma *res publica*. Considerações como essas fazem do *De Re Aedificatoria* — se lido com atenção e com um olho posto também no presente, tal como Alberti fizera com Vitrúvio — a melhor pauta crítica para a produção arquitetônica e urbanística contemporânea, dominada pela mesma mania de construir, *libide aedificandi*, na qual o interesse particular, a desarticulação em relação ao contexto, a fragmentação e a sedução pelo espetacular e pelo bombástico guiam as construções mais do que a primazia do bem comum, da prudência, do cuidado com os contextos em que a obra se insere e da construção de uma vida melhor. Edifícios e cidades não têm fim em si mesmos. Eles somente se legitimam e se fundam quando contribuem ao projeto de construir essa vida.

Alberti investiga o sentido da arquitetura, do urbanismo e da arte de edificar com uma radicalidade da qual poucos, como Ruskin, Kahn e Norberg-Schulz, conseguiram se aproximar. Ao contrário de Vitrúvio e outros que viam o fogo e a água como os elementos principais para reunir os homens, Alberti escreve no Prólogo do seu tratado:

> Houve quem dissesse que a água e o fogo constituem as causas pelas quais originariamente os homens se reuniram em comunidades; mas nós, considerando quanto sejam importantes, aliás, indispensáveis, um telhado

e quatro paredes, estamos convencidos de que estes dois últimos fatores tiveram um peso maior na hora de reunir e manter unidos os seres humanos.

A arquitetura não é mero reflexo da sociedade. Ao contrário, ela é o agente principal que permite fundar e manter a *polis* e a *urbs* nas quais os homens podem encontrar-se e compensar suas fragilidades e limitações na condição de indivíduos isolados. Somente através dessa arte podemos constituir um cosmos e controlar o caos original que sempre se insinua em nossa existência e nos ambientes em que vivemos. Somente através dela podemos enfrentar a destruição promovida pela natureza, pelo tempo e pelos próprios homens. A arquitetura é um *constructo*, uma ferramenta com a qual a *virtù* empreende seu combate contra a *fortuna* — tema capital em toda a obra de Alberti e que logo a seguir Maquiavel retomará com contundência no plano da filosofia política —, contra o tempo, contra nossas *mania* e *insania* originais e contra uma filosofia e uma arte que não sejam comprometidas com a vida em sua plenitude.[1]

É esse compromisso que confere atualidade ao estudo de Alberti. Ao lado do *De Pictura* e do *De Statua*, também escritos por nosso humanista genovês, o *De Re Aedificatoria* compõe a tríade fundadora dos tratados artísticos da modernidade. Junto deles, outros trabalhos como o *Descriptio Urbis Romae* e o *Ludi Rerum Mathematicarum* formam a vertente mais propriamente técnica dos escritos albertianos. Mas duas outras vertentes são desenvolvidas por Alberti. Uma é a composta por obras de caráter explicitamente moral, pedagógico ou filosófico, como o *De Commodis litterarum atque incommodis* e o *Della Famiglia*, em que também estão presentes noções revolucionárias e desconcertantes. Uma dessas noções é fundamental para o entendimento do tratado sobre arquitetura: o tempo, o qual passa a ser entendido como propriedade humana, e não divina, como encontramos explicitado nos livros sobre a família. Por isso, cumpre-nos usá-lo bem e servir-nos dele de modo a enfrentarmos a sua outra face: o *tempus edax rerum*, aquele que tudo devora. Alberti não admite precipitar o projeto e os preparativos da construção, os quais requerem, além de rigor e cuidado extremos, um bom uso do tempo. Esse bom uso e a dilatação do tempo têm duas razões: capacitar a obra para durar e resistir à corrosão a que tudo está sujeito, desde o nosso corpo até os edifícios e cidades, e permitir que, durante os processos de projeto, discussão e elaboração da obra, os homens se encontrem, dialoguem,

[1] Sobre o combate entre *virtù* e *fortuna* em Alberti, no Humanismo e, especialmente, em Maquiavel, cf. BIGNOTTO, Newton. *Origens do Republicanismo Moderno*. Belo Horizonte: Editora da UFMG, 2001; BIGNOTTO, Newton. *Maquiavel Republicano*. São Paulo: Loyola, 1991. Sobre a relação entre Alberti e Maquiavel, veja-se também ADVERSE, Helton. *Maquiavel: Política e Retórica*. Belo Horizonte: Editora da UFMG, 2009.

debatam e estabeleçam relações duradouras e interesses comuns através dos quais fundem e fortalecem seus laços cívicos.

Outra vertente da obra albertiana é composta pelos *ludus*, tais como os *Intercoenales* e o *Momus*, escritos na mesma época do *De Re Aedificatoria*. Nessas fabulações de caráter fantástico, surrealista e cômico, Alberti destila toda sua ironia, amargura e acérrima crítica aos homens e à sociedade de seu tempo. Essa crítica foi, provavelmente, uma das razões que levaram Alberti a ser esquecido e pouco estudado durante muito tempo. A partir de meados do século XIX, contudo, ele reaparece como modelo do homem universal do Renascimento em *A Cultura do Renascimento na Itália*, de J. Burckhardt, e grande parte de seus escritos são editados por Anicio Bonucci nos cinco volumes que compõem a *Opere volgari di Leon Battista Alberti per la più parte inedite e tratte dalgi autografi* (Firenze: Galileiana, 1843–1849). Um século depois de Bonucci e Burckhardt, sobretudo com as descobertas e os estudos realizados sobre esta última vertente da obra albertiana, como os desenvolvidos por Eugenio Garin, deu-se uma reviravolta na historiografia de Alberti. Ele, que havia sido considerado um dos fundadores da Renascença e que servira como modelo de humanista universal para Burckhardt, revelou-se também, para a historiografia do final do século XX, um dos primeiros e mais mordazes críticos dos desvios que o Renascimento e o Humanismo tomavam em meados do *Quattrocento*. Tais desvios são os que levaram à "racionalidade manipulatória ou instrumental", como diz Adorno, que predominou no homem ocidental e capitalista moderno e contemporâneo. Para ultrapassarmos essa racionalidade, não há melhor estratégia do que investigar as várias outras possibilidades que germinavam na origem de nossa modernidade. E, sem dúvida, o *De Re Aedificatoria* é uma das melhores fontes para redescobrirmos essas possibilidades, para compreendermos uma razão que não se confunde nem com a da arte, nem com a da ciência e da tecnologia, para montarmos uma pauta crítica com a qual possamos avaliar nossa produção arquitetônica e urbanística recente. Como emblema de si, Alberti cunhara o "olho alado", um olho com asas que lembram as de Mercúrio. Junto desse emblema, ele grava a pergunta *Quid Tum?* "O quê, então?" Essa interrogação também é dirigida a nós, arquitetos e urbanistas contemporâneos. Ler Alberti é um convite para repensarmos, neste início do século XXI, estratégias capazes de nos reunir em uma verdadeira *res publica* onde edifiquemos o *bene beateque vivendum*, ao mesmo tempo e no mesmo ato em que projetamos e erguemos edifícios, praças e cidades.

Ao longo das páginas que se seguem, o leitor encontrará várias anedotas, considerações e digressões que poderão parecer-lhe inúteis. Elas não o são, caro leitor. Alberti fala das fases da lua, relata casos da Antiguidade e costumes de povos que ele não conhece, aborda mitos, horóscopos, caligrafia, preceitos herméticos e epitáfios, observa animais e plantas, descreve técnicas de construir, buscar água num terreno ou cortar árvores não mais usadas, estuda o movimento das estrelas e a psicologia do tirano e do príncipe. Tais passagens entremeiam-se no texto por darem sabor ao saber requerido pela arte de construir e por Alberti trabalhar num tempo e num universo mental, como o de Leonardo da Vinci, em que as fronteiras entre as disciplinas não estavam rigidamente fixadas. O *De Re Aedificatoria* é, assim, um livro cuja complexidade e transdisciplinaridade (aquilo que se encontra entre, aquém e além das disciplinas) podem servir para a pedagogia de uma conformação atual do ensino e do saber que dê conta da complexidade e transdisciplinaridade próprias aos desafios e aos problemas do século XXI, tais como os de ordem cultural, ética e ambiental.

Também não é inútil e anacrônico o livro final do tratado sobre arquitetura, dedicado à restauração de obras e a outras atividades complementares afetas ao edificar. Contrariando a opinião de Vasari, que via nosso humanista não dominar a prática construtiva, a estrutura do *De Re Aedificatoria* segue rigorosamente o processo construtivo de uma obra, desde a escolha do local e dos materiais até sua apropriação pelas pessoas e restauração e revitalização permanente ao longo de sua história. O Livro X, portanto, é um livro necessário, pois conclui uma "teoria" e uma filosofia com a qual a arquitetura e o urbanismo são pensados. O tratado de Alberti não é um manual, como os que lhe sucederão nos séculos seguintes ou os atuais que se multiplicam nas estantes das bibliotecas, como os sobre arquitetura sustentável. Ele também não é uma crítica, a qual se dedica ao exame de casos particulares e específicos, e nem é um manifesto, como os de Le Corbusier, Robert Venturi e Rem Koolhaas, nos quais o olhar dedica-se mais ao momento contingente e circunstancial. O tratado de Alberti é uma verdadeira teoria porque ultrapassa a descrição e porque considera o todo da arquitetura, com rigor e passo a passo, refletindo-o em cada pormenor. Assim como cada elemento de um edifício apenas tem sentido em relação ao conjunto ao qual se integra e assim como cada edifício apenas tem sentido dentro da cidade e do contexto do qual faz parte, também os dez livros do tratado conformam uma totalidade orgânica só possível de ser considerada por quem a vê em perspectiva, como por um "olho alado". A construção é, assim, abordada em sua complexidade e nuanças, dentro de uma lógica e de um sistema definido e disciplinado conforme a atividade e o processo do próprio edificar.

Alberti não prescreve procedimentos rígidos e evita ilustrações em seu tratado, tal como faz também no *Descriptio Urbis Romae* ou nos livros sobre escultura e pintura, os quais são escassos de exemplos e figuras. Contemporâneo ao advento da imprensa e da capacidade de multiplicar a difusão dos textos, Alberti centra-se nas letras e na busca de uma linguagem universal para a arquitetura capaz de ser conjugada de forma diversa pelos vários contextos e culturas nos quais se erguem edifícios e cidades. Essa linguagem está para a ação construtiva tal como a língua está para a fala: um manancial de elementos e parâmetros operativos capazes de serem articuladas de forma diversa conforme os contextos e o decoro convenientes, tal como ele próprio faz com o tema do arco no Templo Malatestiano, em Rimini, com os mosaicos explorados na fachada de Santa Maria Novella e com as ordens superpostas no Palazzo Rucellai, em Florença. Com isso, Alberti oferece ao seu leitor um conhecimento objetivo, passível de ser ensinado e universalmente transmitido através do tratado, e que requer *ingegno* e "exercício", e não originalidade ou dom natural. Alberti, ao contrário de uma tradição ideológica e de uma pedagogia vigentes na arquitetura, não aceita a arquitetura como derivada do talento ou da inspiração que as musas confeririam a alguns eleitos. Com a teoria de Alberti, o conhecimento do aprendiz da arquitetura passa a não depender mais só do convívio com o mestre nas oficinas. Conferindo à arte de edificar um acesso e uma linguagem universal, tal como sua *Grammatichetta* pretendera fazer com a língua toscana, Alberti a funda numa razão cívica e pública, dura e longamente construída na história e no presente, e numa disciplina e num saber compreensível e transmissível a todos. Tanto o tratado como a cidade proposta por Alberti erguem-se com essa razão. O que os edifica é o mundo público em que convergem esforços, trabalhos e aspirações comuns que cumpre ao arquiteto e ao urbanista edificar. Por isso, o "templo" e os edifícios públicos devem merecer a maior perfeição e destaque, e não os edifícios privados como ocorre hoje. Por isso, o tratado albertiano nos convida à construção e à identificação de uma razão comum, capaz de construir com base na *concinnitas* que estabelecemos com os demais cidadãos, com aqueles que nos precederam e com aqueles que nos sucederão. A teoria da arquitetura albertiana, portanto, é instrumento da liberdade fundamental tanto para o aprendizado e para a prática construtiva quanto para a constituição do cidadão e da *res publica*, seja no século XV, seja no século XXI: a utopia do *De Re Aedificatoria* é a mesma de que andamos precisando. E cumpre-nos, mais uma vez, tentá-la construir. Para quê? Para que o "humano do homem" tenha ainda o seu lugar: arquitetura e urbanismo, mas também ética e cultura, civismo e humanismo.[2]

[2] Para uma introdução à filosofia e à teoria da arte e da arquitetura em Alberti e no *De Re Aedificatoria*, cf. BRANDÃO, Carlos Antônio Leite. *Quid Tum? O combate da arte em Leon Battista Alberti*. Belo Horizonte: Editora da UFMG, 2000.

Introdução

> É opinião comum que a impressão de leveza e prazer decorra exclusivamente da beleza e do ornamento. Uma prova disso poderia ser o fato de que não existe uma pessoa tão desgraçada e obtusa, tão grossa e ignorante, que não seja atraída intensamente pelas coisas mais lindas, que não prefira as mais adornadas entre todas as outras, que não fique incomodada pelas coisas feias, repila todas as imperfeitas ou descuidadas, e seja capaz de indicar, percebendo defeitos na ornamentação de algum elemento, o que falta para conferir elegância e decoro ao objeto.
>
> Alberti, *Da arte de construir* (liv. VI, cap. II, p. 215)

O ARQUITETO E A BUSCA DA CONCINNITAS

Por que traduzir e publicar em pleno século XXI, após muitos avanços tecnológicos e conceituais, um tratado renascentista sobre a arquitetura? A resposta se encontra, como sempre, nos textos, na descoberta da continuidade na evolução dos conhecimentos e das técnicas. O *De Re Aedificatoria* é uma *summa* não somente do pensamento albertiano e da arquitetura renascentista, por sua vez eleita o centro e ponto de referência de toda a atividade humana, mas também da concepção de mundo e da essência do ser humano de todos os tempos.

Arquiteto, pintor, escultor, letrado, jurista e filósofo, Leon Battista Alberti, autor deste tratado, apresentado ao Papa Nicolau V em 1452 e editado pela primeira vez em 1485, é considerado o criador de uma teoria da arquitetura e do urbanismo que influenciou a mentalidade não somente de seus contemporâneos, mas até dos especialistas, desde então até hoje. A sua figura e seus escritos têm passado, nas últimas três décadas, por uma revisão profunda. Vários estudos e pesquisas estão proporcionando novas leituras e análises com o intuito de pôr em discussão três princípios fundamentais atribuídos ao *Quattrocento* italiano: universalidade, unicidade e autonomia. Sem um profundo conhecimento da obra de Alberti, é impossível chegar-se a uma verdadeira compreensão de um dos períodos mais valiosos da história da humanidade: a Renascença. Como afirma Riviera:

> [...] sua produção literária e artística tem sido considerada sempre como de enorme transcendência para tratar de explicar a partir dela a fenomenologia da própria essência da Arquitetura, das Belas Artes e do pensamento estético como categorias e como valores universais (1991, p. 7).

Apesar de um sucesso imediato entre seus contemporâneos, a repercussão cultural do tratado albertiano acontece sobretudo no século XVI. A *editio princeps* de 1485, em latim, marcou o início de uma grande fortuna, que continuou com as outras duas edições em língua latina de 1512 e de 1541 e, sobretudo, com as traduções para o italiano: a primeira feita por Pietro Lauro em 1546 e a segunda por Cosimo Bartoli em 1550. Em 1553 é editada a primeira tradução para o francês de Jean Martin; em 1582 a edição espanhola traduzida por Francisco Lozano. Data dos primeiros anos do século XVI a tradução para o português de André de Resende, encomendada por D. João III de Portugal, nunca editada.

A influência da obra de Alberti na cultura arquitetônica do *Cinquecento* é observável tanto no desenvolvimento das suas hipóteses classicísticas adotadas por Bramante, quanto pelas concepções que gerou em outros teóricos: de Serlio a Palladio, de Cattaneo a Scamozzi. Sobretudo, nos *Quattro libri* de Palladio os empréstimos albertianos são muito numerosos, ainda que raramente admitidos.

Também no *Seicento* e *Settecento* a tratadística arquitetônica olha para Alberti como para um clássico: o seu texto é citado por Guarini, por Caramuel, por Vittone. De 1726 é a primeira edição da tradução para o inglês de Giacomo Leoni. De 1912 é a tradução alemã de Theuer, que pela primeira vez enfrenta uma parte dos problemas filológicos do texto original e tenta, com muito afinco, uma reconstrução gráfica dos modelos ilustrados por Alberti. O texto albertiano, após uma série longa de tentativas e edições que nada acrescentaram na busca da reconstituição correta do original, foi apresentado em sua integridade pela primeira vez ao leitor na edição organizada por G. Orlandi: L. B. Alberti, *L'architettura* (*De Re Aedificatoria*, Milano, 1966), que constituiu o texto de referência desta tradução para a língua portuguesa. A edição que aqui se apresenta se torna então a primeira versão integral do texto albertiano publicada no Brasil, preenchendo dessa forma uma grave lacuna, na medida em que o tratado ainda hoje se encontra (na maioria das vezes em sua versão inglesa) nas bibliografias das disciplinas de História da Arte e da Arquitetura e de Urbanismo em todos os cursos de Arquitetura e de Belas Artes do Brasil, nas universidades públicas e particulares.

O HOMEM E O ARTISTA

Leon Battista Alberti pertenceu a uma das mais poderosas famílias da burguesia mercantil florentina, exilada em Gênova desde 1387 por causa de divergências políticas e econômicas. Nasceu em 14 de fevereiro de 1404, filho ilegítimo de Lorenzo di Benedetto Alberti e da viúva Bianca Fieschi. Ainda permanecem muitas dúvidas acerca de sua biografia, apesar de ele próprio ter escrito uma autobiografia intitulada *Vita*, publicada por Muratori em 1751. Certamente, sua infância não foi feliz, mas sim amarga e ingrata, por causa da solidão e das frias relações com sua família, que lhe negava direitos hereditários e não valorizava suas qualidades intelectuais.

Alberti foi um representante típico do espírito da época do Humanismo e do Renascimento; intelectual itinerante, curioso, inquieto, era movido pelo constante desejo de conhecimento. Viajou pela Itália toda e, aparentemente, pela França e pela Alemanha, acompanhando o cardeal Albergati. Formou-se em Pádua com o ciceroniano Gasparino Barzizza, que lhe ensinara o latim e o grego, e de onde, após uma temporada em Bolonha, durante a qual se dedicou ao estudo do direito, conseguindo em 1428 a licenciatura em Direito Canônico, foi para Florença, já que sua família obteve a reintegração de seus direitos civis. Em 1432 residiu em Roma, primeiro como secretário do patriarca de Grado, Biagio Mulin, e, em seguida, como abreviador apostólico e prior de São Martino em Gangalandi. Nessa época, começou seus estudos analíticos dos monumentos arquitetônicos romanos, que se traduziram no seu primeiro tratado, *Descriptio urbis Romae*, uma relação acerca do método a ser seguido para um relevamento científico da planta da cidade a ser realizada por meio de instrumentos matemáticos. Ainda nesse período redigiu os quatro livros que compõem o *Libri della famiglia*, a mais conhecida dentre as obras que escreveu em vulgar italiano. Logo em seguida voltou para Florença onde se tornou amigo dos maiores artistas e intelectuais humanistas (Donatello, Ghiberti, Masaccio e os irmãos La Robbia); entrou no círculo de Filippo Brunelleschi, que admirava profundamente e ao qual dedicou, em 1435, a obra *De Pictura*, o primeiro tratado moderno sobre pintura, referência fundamental de toda a prática posterior durante mais de um século, não somente pelas novas técnicas da perspectiva matemática a partir de um ponto fixo, mas também por causa dos princípios renovadores acerca da cor e da composição. A essa época remontam também a *Villa* e o discutido texto *I cinque ordini architettonici*, escrito que representou a sua aproximação aos problemas da linguagem arquitetônica. De Florença, acompanhou o pontífice em suas viagens para Bolonha (1436), Ferrara (1438) e, de novo, para Florença (1439 e 1441) em ocasião das reuniões do IV Congresso da Igreja Bizantina. Em 1443 voltou para Roma, onde residiu definitivamente, exceto por breves e esporádicas ausências.

A maioria dos estudiosos situa no ano de 1443 o início da redação do *De Re Aedificatoria*, cujo quinto livro Alberti teria concluído em 1445, quando abandonou o empreendimento preocupado com a dificuldade da tarefa. Em 1447 foi eleito papa Nicolau V, que lhe ofereceu a curadoria da vigilância e do restauro dos monumentos antigos romanos e também a participação nos projetos para a renovação urbanística da cidade de Roma como sede do Estado Pontifício. Estes novos projetos contribuíram para criar uma atmosfera de esperança que o levou a retomar a redação do tratado, que concluiu finalmente em 1452 dedicando-o ao papa Nicolau V (tinha planejado outros quatro livros sem chegar a finalizá-los). O tratado foi publicado após sua morte, somente em 1485, em Florença. Outro importante tratado seu, o *De Statua*, também foi publicado póstumo no século XVI.

Várias foram as obras arquitetônicas que projetou e idealizou, e em que pôs os princípios que encontramos em seus principais tratados. Sua primeira obra foi, provavelmente, a abside da igreja de São Martinho, de 1432; a partir daí houve inúmeras obras a que acenamos rapidamente: o monumento para Nicolau I; a torre da Sé de Ferrara; o projeto para o palácio Rucellai, em Florença; a conclusão da fachada da Igreja de Santa Maria Novella, também em Florença. Em todas essas obras, Alberti optou por uma solução de compromisso entre o passado medieval florentino e as novidades renascentistas, conservando o que tinha sido feito até então, mas acrescentando o cromatismo pétreo e inserindo-o numa nova concepção geral das proporções (1:1, o quadrado como módulo). Formalmente, a fachada de Santa Maria Novella deu início a uma nova tipologia, que terá muita fortuna em épocas posteriores e que será copiada durante séculos. Outras obras importantes em que trabalhou são: a capella Rucellai, em San Pancrazio, em Florença e o templo de São Francisco, em Rimini, começado em 1450 e que nunca foi concluído; mas este edifício pode-se considerar, mesmo assim, a tradução mais literal da teoria expressa no tratado arquitetônico (muros, colunas, unidade, conveniência, harmonia etc.).

No que diz respeito ao restauro de um edifício antigo, Alberti manifestou sua rejeição pelo estilo bárbaro gótico e pela consecução da unidade formal, ao moldá-lo completamente segundo a linguagem e a filosofia renascentistas. Iniciada em 1460, São Sebastião, em Mântua, outra obra inacabada, constitui segundo Rovira (1988) o grande enigma albertiano. Santo André, em Mântua, iniciada em 1471, representa a concretização de uma nova concepção do muro e da articulação do espaço limitado. Como sustenta Riviera:

> A ideia da conformidade albertiana chega ao ponto de integrar exterior e interior com o mesmo módulo formal criando ritmos de reiteração que sistematizam o volume de fora com o espaço interno, na medida em que repetem o tramo da fachada na única nave que se desenrola atrás dela (1989, p. 16).

Em 1470, segundo Vasari, Alberti teria projetado a tribuna da Annunziata de Santa Maria del Fiore em Florença e, enquanto isso, teria escrito o *Momus*, obra satírica contra o papa Eugênio IV, e o *De Porcaria Coniuratione*, em que censura Nicolau V. Em 1464, é destituído pelo papa Paulo III de seu cargo de abreviador apostólico, e em 1470 escreve sua última obra, *De Iciarchia*, na qual, já velho, pede mais respeito e consideração devido à sua experiência. Consciente de estar próximo de sua morte, Alberti pretendia publicar suas obras inéditas para alcançar a eternidade. Morreu em 1472, em Roma, sem encontrar essa satisfação ou consolo, porém suas obras projetadas e realizadas e o seu tratado *De Re Aedificatoria* (impresso finalmente em 1485) se tornaram os instrumentos que levaram ao amadurecimento da arquitetura do *Quattrocento* e da Renascença. Deu início, assim, a um paradigma não somente arquitetônico, mas também cultural e linguístico, que não enfraquecerá até a querela dos antigos e modernos do final do século XVIII e que será recuperado em toda sua importância nas últimas décadas do século XX, com a nova historiografia.

A ARQUITETURA ORDENADORA DO COSMOS

Assim como a vida, também a obra e o pensamento de Alberti foram caracterizados por contradições, crises e conflitos. No plano estético, seu maior dilema sempre foi o de encontrar um equilíbrio entre a autoridade da tradição e a necessidade de progresso de um homem protomoderno. Outro grande dilema, no plano da ética e da sociedade, surgiu da consciência de ter que se aproximar do poder e exercer sobre ele sua crítica com prudência, pois sabia que só tendo o apoio dos maiores tiranos poderia fazer com que sua mensagem intelectual alcançasse o alvo. Essa luta calculada, irônica, entre a virtude e o prestígio social, emerge da leitura das suas obras literárias escritas em momentos-chave da sua vida: os *Libri della Famiglia* (1432–1441), o *Theogenius* (c. 1440), o *De Iciarchia* (1470), o *Momus* (1443–1450), o *De Re Aedificatoria* (1452) e os *Intercoenali* (antes de 1440).

Alberti tinha uma concepção negativa do ser humano que somente se aplacou e encontrou consolo nas artes, na técnica e na arquitetura. A investigação, o planejamento e a realização de obras e máquinas eram uma compensação contra a tristeza e a miséria de sua vida e da condição do ser humano, sempre mais distante da harmonia e da beleza. Para este fim, e para remediar a destruição, operada pelo homem, da liberdade e da beleza nas artes e ciências, Alberti pensou, idealizou e escreveu o *De Re Aedificatoria*, obra que em seu pensamento deveria transformar o mundo obscuro e negativo. A chave da concepção de arte albertiana está na beleza, que era para ele

> um certo acordo e uma certa união das partes dentro do organismo de que fazem parte, conforme um determinado número, delimitação e colocação, tal como o exige a *concinnitas*, isto é, a lei fundamental mais exata da natureza. (liv. IX, cap. V, p. 366.)

Mas essa beleza e essa harmonia se obtêm seguindo um método empírico e científico, exato e constante, decorrente de um raciocínio preciso e de um conhecimento técnico que se têm formado ao longo dos tempos, pois

> as artes teriam nascido do acaso e da observação, teriam tido como alimento a prática e a experiência, e se teriam desenvolvido mediante o conhecimento e o raciocínio. (liv. VI, cap. II, p. 217.)

Para Alberti, a arquitetura ocupa a hierarquia mais elevada dentre os valores humanos, por isso fundamenta o *De Re Aedificatoria* nos princípios de projetar racionalmente e de realizar praticamente, em busca de uma simbiose que somente se alcança na perfeição da *concinnitas*, palavra-chave de sua concepção de projeto: aquela harmonia que resulta da fusão entre o processo mental e o pragmático, de modo que a beleza, a cientificidade e a funcionalidade sejam o fundamento de qualquer obra arquitetônica. Porém, em sua concepção, qualquer obra arquitetônica era e deveria ser resultado não somente de um ofício, mas de um verdadeiro e novo ordenamento do cosmos. A arquitetura não era simplesmente um ofício ou uma disciplina, mas sobretudo um sistema real para ordenar o mundo, tendo uma função social, mais que estética. É claro em toda sua obra, e sobretudo no tratado em questão, o raciocínio, negado por muitos críticos (Tenenti, Borsi, Romano etc.), de que a arquitetura, através da revolução da consciência do homem, dos seus paradigmas, pode e consegue revolucionar e transformar a sociedade. A arquitetura é a arte capaz de solucionar os problemas fundamentais e prioritários dos homens, e encontramos testemunho disso no seu prólogo ao tratado, quando afirma:

> Mas se devêssemos assinalar uma arte, por sua natureza indispensável, e que conseguisse conciliar também a conveniência prática com o agrado e o decoro, a meu ver nessa categoria dever-se-ia incluir a arquitetura; visto

> que é demasiadamente vantajosa para a comunidade e para os particulares, especialmente agradável ao gênero humano e certamente uma das mais importantes. [...] Houve quem dissesse que a água e o fogo constituem as causas pelas quais originariamente os homens se reuniram em comunidades; mas nós, considerando quanto sejam importantes, aliás, indispensáveis, um telhado e quatro paredes, estamos convencidos de que estes dois últimos fatores tiveram um peso maior na hora de reunir e manter unidos os seres humanos. [...] Finalmente, é importante destacar que a segurança, a glória e o decoro do Estado se devem, em grande parte, ao arquiteto; que sem dúvida alguma é capaz de fazer com que desfrutemos de nosso tempo livre de maneira agradável, serena e saudável; que utilizemos as horas de trabalho proveitosamente e incrementando nosso patrimônio e que vivamos dignamente e sem perigo. Consequentemente, não se pode negar que temos de louvar e honrar o arquiteto e incluí-lo entre os maiores benfeitores da humanidade, pelo agrado e a leveza que suscitam suas obras, pela necessidade, vantagem e utilidade das suas invenções, e pelos benefícios que delas obtém a posteridade. (pp. 29—32.)

O raciocínio de Alberti é claro e linear: assim como o todo é formado pela junção de partes diferentes, e estas partes têm características e funções específicas, da mesma forma a sociedade é formada por seres que possuem qualidades, habilidades, aptidões e competências diferentes. Por consequência, haverá uma tarefa específica para cada um deles para que a sociedade se aproveite dessa diversidade; e, para eles atuarem da melhor forma, cada parte da cidade e da sociedade deverá ser pensada e projetada levando em conta essas diferenças. Alberti mostra neste tratado uma visão geral da dinâmica social, e como favorecê-la através da arte da construção, proporcionando benefícios para toda a coletividade.

Para Alberti, então, é somente mediante o conhecimento da arquitetura que se pode ordenar o universo, buscando não somente a *concinnitas*, mas também a *mediocritas*, aquela harmonia estética e funcional entre as partes, as necessidades e as naturezas de cada uma delas. A arquitetura é um instrumento ético e moral, mediante o qual o homem mostra seu engenho, domina a fortuna, delimita o poder e beneficia a coletividade, encontrando finalmente a harmonia. Argan (1972) sustenta justamente que nesta obra se encontra a fundação da ciência do urbanismo, pois Alberti concebe a cidade como uma totalidade integrada de diferentes arquiteturas, que devem configurar o espaço urbano conforme a estrutura social e política de cada uma delas. Também afirma que o valor de Alberti e de seu tratado está no fato de ter proporcionado um meio pelo qual a mente humana conseguiu dominar a natureza irracional e sua instabilidade, alcançando dessa forma o equilíbrio histórico da cidade. O objetivo de Alberti ao pensar e escrever esta obra era o de favorecer a *Renovatio urbis*, ou seja, afirmar a modernidade tendo como fundamento a tradição, mas superando-a.

GÊNESE E ESTRUTURA DOS DEZ LIVROS

Sem dúvida o tratado de Alberti é uma crítica contundente aos dez livros de *Da arquitetura*, de Vitrúvio, que circulavam então manuscritos, e que Alberti censura pelo fato de o autor não ter sido devidamente consciente do valor da arquitetura romana a ele contemporânea. É importante ressaltar que tanto o *De Re Aedificatoria*, de Leon Battista Alberti, quanto o texto vitruviano foram publicados em 1485, o primeiro em Florença e em Roma o segundo. Essa coincidência é um tanto paradoxal, no sentido de ambos os tratados serem contemporâneos para um leitor renascentista, apesar de haver uma distância de quase quinze séculos entre suas redações. Os dois tratados propõem teorias da arquitetura que deram origem a recepções diferentes: se, por um lado, o tratado de Vitrúvio teve ampla difusão no século XVI, pois possibilitou uma interpretação filológica da Antiguidade clássica, especialmente das ruínas romanas, o de Alberti proporcionou o surgimento de uma nova linguagem na arquitetura.

O texto de Alberti, como o de Vitrúvio, é composto por dez livros (na verdade capítulos) que versam, neste caso, sobre os seguintes assuntos: Livro I: o desenho; II: os materiais; III: a construção; IV: edifícios para fins universais; V: edifícios para fins particulares; VI: o ornamento; VII: o ornamento de edifícios sagrados; VIII: o ornamento de edifícios públicos profanos; IX: o ornamento de edifícios privados; X: o restauro.

No entanto, as semelhanças entre os tratados praticamente se esgotam nessa divisão por livros e na data de publicação. Numerosos estudos têm demonstrado amplamente que o fato de Vitrúvio e Alberti haverem realizado seus tratados em dez livros é meramente casual, sendo, ao contrário, muitas as divergências e poucas as semelhanças. O próprio Alberti afirma, fazendo questão de destacar essa distância não somente histórica, mas conceitual, que a sua intenção é apresentar uma obra numa linguagem acessível, na medida em que o texto de Vitrúvio, ao contrário, é de difícil entendimento. Alberti, ao descrever os princípios que se aplicam às partes que compõem a arquitetura, se refere indiretamente a Vitrúvio citando os conceitos de *firmitas, utilitas et venustas* ao estabelecer

> [...] que cada uma dessas partes esteja de acordo com o uso para o qual se destina, e, sobretudo, que sejam perfeitamente saudáveis; que sejam maciças, sólidas e indestrutíveis, no que diz respeito à firmeza e à durabilidade; que sejam elegantes, harmoniosas e, digamos assim, adornadas, em todas as suas partes, no que diz respeito ao aspecto e à beleza. (livro I, cap. II, p. 37)

As diferenças entre as duas obras são, então, significativas não somente em termos conceituais, mas também estruturais: tanto para Choay (1979) quanto para Portoghesi (1989), a claridade estrutural na organização do *De Re Aedificatoria* contrasta com a desorganização do tratado de Vitrúvio. Existem peculiaridades também na escrita e na narrativa escolhida por Alberti, que utiliza recursos típicos da retórica clássica ciceroniana. Podemos citar os *exempla*, ou seja, figuras exemplares para aumentar o efeito persuasivo, e que servem como modelos a serem imitados.

Outra divergência fundamental é a visão acerca das origens da arquitetura: a de Vitrúvio é uma visão mítica, enquanto a de Alberti segue uma ordenação disciplinar. Alberti recusa o mito, mas conserva a sua forma: as origens são apresentadas sob a forma de breves relatos que se fundamentam na convivência e nas necessidades humanas. Além disso, Alberti restringe o campo disciplinar da arquitetura à arte da edificação, ao contrário de Vitrúvio, que entende a arquitetura como constituída pela edificação, pela gnomônica e pela mecânica. A obra de Alberti atribui também nova visibilidade tanto à palavra quanto às habilidades peculiares do arquiteto. Alberti distingue entre uma atividade prática, que se baseia na intersecção de uma maestria que solicita saberes heterogêneos, e uma atividade mental, que caracteriza a atividade disciplinadora e, simultaneamente, individual do arquiteto.

Finalmente, ao concluir esta breve introdução à primeira edição brasileira do tratado albertiano, e a segunda em língua portuguesa,[3] quer-se logo destacar, das muitas novidades relevantes que este tratado traz, a significativa reformulação conceitual do trabalho do arquiteto, citando o próprio Alberti, pois, pela primeira vez, o arquiteto deixa de ser entendido como um praticante de uma arte mecânica, para passar a ser o que sabe projetar e construir uma "ideia":

> Eu chamarei de arquiteto aquele que com um método e um procedimento determinados e dignos de admiração tenha estudado o modo de projetar teoricamente e também realizar praticamente, mediante o deslocamento dos pesos e mediante a reunião e conjunção dos corpos, obras que se adaptem de uma forma harmônica às necessidades dos homens. (Prólogo, p. 29)

---

[3] Cf. ALBERTI, Leon Battista. *Da arte edificatória*. Tradução de Arnaldo Monteiro do Espírito Santo. Introdução, notas e revisão disciplinar de Mário Júlio Teixeira Krüger. Fundação Calouste Gulbenkian: Lisboa, 2011.

BIBLIOGRAFIA

ALBERTI, L. B. *L'architettura*, trad. de Giovanni Orlandi. Milão, Edizioni Il Polifilo, 1989.

ALBERTI, L. B. *De Re Aedificatoria*, trad. de Javier Fresnillo Núñez. Madri, Ediciones Akal, 1991.

ARGAN, G. C. *Il trattato De Re Aedificatoria*, in "Atti del Convegno Internazionale indetto nel V Centenario di L. B. Alberti", 1972.

CHOAY, F. "Alberti et Vitrube", *A.D. Ad Profiles 21*, n. 5-6, vol. 49, 1979, pp. 26–35.

GARIN, E. "La letteratura degli umanisti". In CECCHI, E. e SAPEGNO, N. (orgs.) *Storia della letteratura italiana, vol.* III, *Il Quattrocento e l' Ariosto*. Milão, Garzanti, 1981, pp. 202–19.

PORTOGHESI, P. Introduzione. In: ALBERTI, Leon Battista. *L'architettura*, trad. de Giovanni Orlandi. Milão: Edizioni Il Polifilo, 1989, pp. IX—LIV.

RIVIERA, J. "El Tratado *De Re Aedificatoria* del genovés Leon Battista Alberti". In: ALBERTI, Leon Battista, *De Re Aedificatoria*, trad. de Javier Fresnillo Núñez. Madrid, Ediciones Akal, 1991, pp. 7–54.

ROVIRA, J. M. *Leon Battista Alberti*. Barcelona: Península, 1988.

LEON BATISTA ALBERTI GENTIL HVOMO FIORENTINO

Da arte de construir
tratado de arquitetura e urbanismo

Angelo Poliziano saúda seu senhor Lorenzo de' Médici

Leon Battista, florentino, descendente da nobre família dos Alberti, um homem de grande inteligência, dotado de uma mente lúcida e muito refinado, escreveu, dentre as muitas obras excelentes que deixou à posteridade, dez livros sobre a arquitetura; e, após tê-los corrigido e aprimorado quase completamente, estava prestes a publicá-los, dedicando-os ao teu nome, quando faleceu. O irmão dele, Bernardo, um homem judicioso e um dos teus maiores partidários, querendo honrar a memória e as intenções daquele grande homem e ao mesmo tempo manifestar-te a sua gratidão, apresenta-te agora, ó Lorenzo de' Médici, exatamente aqueles livros, que foram copiados dos originais e reunidos em um único volume.

Ele desejava também que esta doação e o seu autor, Battista, fossem celebrados por mim com um discurso. Eu resolvi que não deveria fazê-lo, para não diminuir com minha falta de inteligência os méritos de uma obra tão valiosa e de um homem tão ilustre. De fato, a partir de tua leitura a obra receberá um louvor muito maior que aquele que eu poderia despertar com o meu discurso, já que para elogiar o autor revelam-se insuficientes tanto o espaço limitado de uma carta quanto a pobreza do meu estilo.

Como ele foi uma pessoa atenta tanto aos conhecimentos mais secretos quanto às disciplinas mais difíceis, seria complicado dizer se estava mais capacitado para a oratória ou para a poesia, se seu estilo era mais solene que refinado. Ele investigou tanto as ruínas da Antiguidade que conseguiu dominar perfeitamente os métodos arquitetônicos dos antigos, e os tomou como modelo; de tal forma que concebeu não somente uma quantidade de máquinas de vários tipos, fixas e móveis, mas também admiráveis conjuntos arquitetônicos. Foi considerado ainda um excelente pintor e escultor. E era um especialista de todas essas artes, mais do que os outros nesta ou naquela singularmente; portanto, eu também, como Salústio com Cartago, penso seja melhor calar do que falar uma coisa qualquer.

Ó Lorenzo, por favor, este livro com que te presenteio, por um lado concedes-lhe um lugar especial na tua biblioteca, e ainda o lê atentamente e faz com que seja lido e divulgado publicamente. Pois ele merece estar nas conversas dos estudiosos; e já quase somente a ti cabe a proteção da literatura, que os outros abandonaram. Saúde.

Prólogo

Os NOSSOS antepassados indagaram com muito cuidado e esforço várias e diferentes artes, que contribuem a tornar nossa vida feliz, e transmitiram-nas. E ainda que todas, quase competindo, demonstram perseguir o mesmo fim, servir o máximo possível à humanidade, cada uma possui uma característica intrínseca e natural e revela uma finalidade própria, particular e diferente das outras. Algumas artes são de fato cultivadas por causa de sua necessidade; outras são recomendadas por causa das vantagens que proporcionam; outras ainda somente se apreciam porque tratam de assuntos que agradam sumamente o intelecto. Não é preciso especificar quais sejam estas artes, pois são conhecidas; mas se se considerarem as mais importantes, ver-se-á que todas visam a alguns objetivos específicos, excluindo todos os demais. Mas se devêssemos assinalar uma arte, por sua natureza indispensável, e que conseguisse conciliar também a conveniência prática com o agrado e o decoro, a meu ver nessa categoria dever-se-ia incluir a arquitetura; visto que é demasiadamente vantajosa para a comunidade e para os particulares, especialmente agradável ao gênero humano e certamente uma das mais importantes.

Porém, antes de continuar neste assunto, considero útil esclarecer o que, a meu ver, deva-se entender por arquiteto. No momento não tomarei certamente em consideração um carpinteiro para compará-lo com os mais qualificados representantes das outras disciplinas: o trabalho do carpinteiro é, de fato, instrumental em relação ao do arquiteto. Chamarei de arquiteto aquele que com um método e um procedimento determinados e dignos de admiração tenha estudado o modo de projetar teoricamente e também realizar praticamente, mediante o deslocamento dos pesos e mediante a reunião e conjunção dos corpos, obras que se adaptem de uma forma harmônica às necessidades dos homens. Para que isso aconteça, ele precisa dominar os conhecimentos mais excelsos e adequados. Tal deverá ser então o arquiteto. Volto ao tema central.

Houve quem dissesse que a água e o fogo constituem as causas pelas quais originariamente os homens se reuniram em comunidades; mas nós, considerando quanto sejam importantes, aliás, indispensáveis, um telhado e quatro paredes, estamos convencidos de que estes dois últimos fatores tiveram um peso maior na hora de reunir e manter unidos os seres humanos. Temos que estar agradecidos ao arquiteto não somente porque nos fornece um abrigo seguro e confortável, contra o ardor do sol e o gelo do inverno (e isto certamente não é um benefício pequeno), mas, sobretudo, por ter realizado inumeráveis invenções que se tornaram de incontestável utilidade, tanto no âmbito público quanto no privado, e sumamente apropriadas para seu emprego na vida cotidiana.

Quantas linhagens nobres, decaídas por causa das injúrias das circunstâncias, teriam desaparecido das nossas cidades e de tantas outras do mundo inteiro, se o lar não tivesse mantido unidos os sobreviventes, quase acolhidos no regaço dos antepassados! Dédalo foi muito elogiado pelos seus contemporâneos por ter construído em Selinunte uma gruta da qual emanava e em que se acumulava um vapor morno e leve, de modo que provocava sudorações muito agradáveis que curavam prazerosamente os corpos. Muitas obras desse tipo, úteis para a saúde, foram inventadas por outros: avenidas para passear, piscinas, termas e similares. Podem-se também mencionar os meios de transporte, os fornos, os relógios e outras invenções menos importantes, que também são muito valiosas na vida cotidiana. E ainda, os meios para extrair águas procedentes de lugares profundos e de difícil acesso, destinadas para usos tão diferentes e indispensáveis; assim como os monumentos comemorativos, os santuários, os templos, os lugares sagrados em geral, criados pelo arquiteto por fins religiosos e para o desfrute dos vindouros. E, por último, o que dizer de passagens abertas entre os rochedos, da perfuração das montanhas, da terraplenagem de vales, da contenção das águas marinhas e lacustres, da drenagem de pântanos, da construção de navios, da retificação dos rios, das desembocaduras das águas, da construção de pontes e de portos? Não somente o arquiteto satisfez as necessidades pontuais das pessoas, mas também abriu saídas para todas as regiões do mundo. Dessa forma, os seres humanos puderam compartilhar entre si, reciprocamente, todas as coisas que contribuíam para o bem-estar e o teor de vida: produtos da terra, perfumes, pedras preciosas, experiências e ideias acerca das coisas.

Devem-se acrescentar ainda as máquinas de atirar projéteis, os engenhos bélicos, as fortalezas e tudo o que for útil para proteger e acrescentar a liberdade da pátria, o patrimônio e a reputação de seus habitantes, para estender e consolidar o seu poderio. E mais, acredito que todas as cidades que caíram, desde as épocas mais remotas da humanidade, em poder de outras em consequência de um assédio, se se investiga por que foram vencidas e conquistadas, não se poderá negar que foi por causa da obra de um arquiteto. De fato, os sitiados poderiam até burlar um inimigo armado; mas não conseguiriam resistir por muito tempo à força da inteligência, ao tamanho das máquinas e à violência dos equipamentos balísticos, elementos com os quais o arquiteto os molestaria, os oprimiria e os esmagaria. Por outro lado, acontece frequentemente que os próprios sitiados considerem oportuno valer-se, para sua segurança, dos conhecimentos do arquiteto. Se então pensarmos ainda nas campanhas de guerra acontecidas no passado, veremos que provavelmente as vitórias devem ser atribuídas mais ao engenho e à valentia do arquiteto que às capacidades e aos prognósticos do general; e que o inimigo sucumbiu com mais frequência graças à inteligência do primeiro e não graças às armas do segundo; por causa da engenhosidade daquele e não pela espada deste. E o que é mais importante, o arquiteto pode conseguir a vitória com tropas escassas e sem vítimas.

Até agora falamos acerca da utilidade da arquitetura. Mas quão agradável resulta e quão profundamente está arraigado nos ânimos o afã para construir e sua teorização. Isso salta à vista, à parte outros fatores, sobretudo porque não seria possível encontrar ninguém que, se tiver condições, não as use todas para cobrir de edificações qualquer lugar e que, se tiver descoberto algo no âmbito da arte da construção, não o divulgue voluntária e prazerosamente e não o difunda levado quase por sua própria vontade, para que dele se sirva a humanidade. Quantas vezes sentimos a necessidade, inclusive quando estamos imersos em outras ocupações, de refletir sobre algum tipo de construção! E ainda, enquanto olhamos as construções, obras de outros arquitetos, revisamos e consideramos *in situ* suas dimensões uma por uma e, conforme as possibilidades de nossa inteligência, nos perguntamos o que se poderia eliminar, adicionar ou modificar com o fim de que essa obra adquira mais elegância, e explicitamos espontaneamente a nossa opinião. E se estivermos perante uma construção perfeita e muito bem executada em cada uma das suas partes, como poderíamos não sentir prazer e felicidade? Por último, como poderia esquecer que os cidadãos conseguiram com a arquitetura não somente deleite e satisfações, mas também glória, tanto em sua pátria quanto no exterior? Quem não conseguiu vantagens por ter realizado algum tipo de edificação? Por sinal, sempre nos orgulhamos pela casa em que moramos, quando construída com um cuidado especial. Quem construir um muro ou um pórtico com muita elegância, e o decorar com portas, colunas e telhados, será aplaudido por seus concidadãos, pois felizes compreendem, sem dúvida, que o fruto dessas capacidades acrescentou grandemente sua própria glória, a de sua família, a de seus descendentes e a de sua cidade.

A fama de Creta se deve, sobretudo, ao sepulcro de Júpiter; e Delos era frequentada não tanto por causa do oráculo de Apolo, quanto pela beleza da cidade e pelo esplendor do templo. E sobre quanto contribuiu a arquitetura para a hegemonia dos romanos e o poder de seu império, basta dizer que a partir dos túmulos e dos restos de sua antiga magnificência, que vemos por todo lado, aprendemos a acreditar nos relatos dos historiadores antigos, que, de outra forma, poderiam parecer menos verossímeis. Com razão Tucídides aprova, então, a sagacidade dos antigos que haviam equipado suas cidades com todo tipo de construções, de forma que pareciam muito mais opulentos do que eram na realidade. E não existe nenhum príncipe, dentre os mais importantes, que não tenha considerado a arquitetura como um dos meios mais importantes para seu nome ser lembrado na posteridade. E até aqui falei o bastante.

Finalmente, é importante destacar que a segurança, a glória e o decoro do Estado se devem, em grande parte, ao arquiteto; que sem dúvida alguma é capaz de fazer com que desfrutemos de nosso tempo livre de maneira agradável, serena e saudável; que utilizemos as horas de trabalho proveitosamente, incrementando nosso patrimônio, e que vivamos dignamente e sem perigo. Consequentemente, não se pode negar que temos de louvar e honrar o arquiteto e incluí-lo entre os maiores benfeitores da humanidade, pelo agrado e a leveza que suscitam suas obras, pela necessidade, vantagem e utilidade das suas invenções, e pelos benefícios que delas obtém a posteridade.

Nós, por nossa parte, cientes disto, por prazer intelectual começamos a indagar com certa profundidade sobre esta arte e seus conteúdos: em quais princípios se fundamenta, em que partes se subdivide e como se delimita. E constatamos que essas partes possuem características completamente diferentes, quase um número infinito, e que são dignas de admiração por seu conteúdo e muito úteis — de tal forma que se torna impossível especificar quem deve mais à arquitetura, os seres humanos, algumas partes do Estado, algumas classes sociais, pois realmente ela nos proporciona muito bem-estar: se o governante ou os cidadãos, a religião ou a vida profana, o trabalho ou o ócio, cada um individualmente ou a humanidade inteira. Por razões que seria muito complicado explicar, decidimos então recolher aqui todos esses questionamentos e abordá-los, dividindo-os em dez livros.

A ordem para tratar dos temas que os ilustram será a seguinte: por termos constatado que um edifício é um certo tipo de corpo, tal que consta de projeto e matéria como todos os outros corpos, elementos que pertencem, o primeiro, ao âmbito da inteligência, e o outro ao da natureza; ao primeiro temos de aplicar o intelecto e a elucubração, a este outro o aprovisionamento e a seleção. Por outro lado, temos averiguado que ambos por si sós não são suficientes para alcançar os objetivos se não intervier a mão competente do artífice, para dar forma à matéria mediante o desenho. E, sendo diversas as finalidades para que os edifícios foram feitos, tivemos que investigar se o mesmo desenho se poderia adaptar a qualquer tipo de construção. Portanto, dividimos os edifícios em tipologias diferentes.

E, devido à importância que têm na construção desses edifícios a correlação e a proporção das linhas entre si, pois isso é requisito principal para conseguir a beleza, começamos por perguntar no que consiste a beleza e como se deva apresentar em cada um dos diferentes edifícios. E como às vezes se produzem defeitos em muitos deles, estudamos de que forma se podem corrigir e reparar.

Cada livro tem um título conforme o diferente assunto que nele é tratado, a saber: Livro I: o desenho; II: os materiais; III: a construção; IV: edifícios para fins universais; V: edifícios para fins particulares; VI: o ornamento; VII: o ornamento de edifícios sagrados; VIII: o ornamento de edifícios públicos profanos; IX: o ornamento de edifícios privados; X: o restauro. Livros acrescentados: o navio; relatório de custos; aritmética e geometria; os instrumentos que o arquiteto usa no seu trabalho.

Livro I
O desenho

CAPÍTULO I

Devendo tratar do desenho dos edifícios, recolheremos e incluiremos nesta nossa obra tudo quanto de mais importante e válido foi escrito no passado pelos maiores entendidos deste assunto, e aquelas normas cuja observância respeitaram em suas próprias arquiteturas, conforme pudemos constatar. Falaremos ainda de algumas descobertas que conseguimos realizar por meio de nossa inteligência, de nosso talento e de nossa experiência, e que acreditamos possam ter alguma utilidade. Mas, como eu queria abordar esses assuntos tão complexos e dificilmente compreensíveis da forma mais clara, simples e sintética possível, esclarecerei, conforme eu sempre costumo fazer, qual será o objeto do meu discurso. De fato, daqui, como de uma fonte, nascerão conceitos de extrema importância, dos quais decorrerá o restante de minha exposição em uma linguagem mais acessível.

Então, começaremos a exposição da seguinte forma: a arte da construção no seu conjunto se compõe do desenho e da sua realização. No que diz respeito ao desenho, o seu objeto e o seu método consistem principalmente em encontrar um modo exato e satisfatório para ajustar e unir linhas e ângulos, mediante os quais possamos delimitar e definir o aspecto de um edifício. Portanto, é labor e função do desenho conferir aos edifícios e às suas partes um lugar apropriado, por um lado, uma determinada proporção e uma disposição conveniente, e por outro, uma distribuição harmoniosa, de modo que a conformação inteira do edifício e sua configuração descansem já no próprio desenho. E o desenho não depende intrinsecamente do material, pois é de tal índole que podemos reconhecê-lo como invariável em diferentes edifícios, nos quais é possível observar uma forma única e imutável entre os seus componentes, e em que a posição e a ordenação de cada um desses componentes se correspondem em todos e em cada um de seus ângulos e linhas. Poder-se-ão projetar mentalmente tais formas na sua inteireza prescindindo totalmente dos materiais: será suficiente desenhar ângulos e linhas definindo sua direção e suas conexões com exatidão. Dito isso, o desenho deverá ter um traço preciso e uniforme, concebido em abstrato, executado por meio de linhas e ângulos, e realizado por pessoa dotada de inteligência e de cultura.

Ora, se por ventura quisermos averiguar o que é o edifício em si e como deva ser construído em seu conjunto, será talvez oportuno considerar as origens mais remotas e os desenvolvimentos que sofreram aqueles lugares habitáveis que recebem o nome de edifícios. Se eu estiver certo acerca deste assunto, poderemos apurá-lo no que segue.

CAPÍTULO II

Os seres humanos, desde sempre, procuraram um lugar no qual descansar, em uma área sem perigos. Uma vez encontrado um sítio adequado e agradável, estabeleceram-se e tomaram posse dele. Não quiseram, porém, que os afazeres domésticos e individuais acontecessem no mesmo lugar, mas, ao contrário, que o local para repouso fosse distinto daquele em que colocar a lareira, e, da mesma forma, que cada coisa tivesse um lugar apropriado conforme sua função. A tal ponto chegou sua reflexão que pensaram então na colocação de um telhado, para protegerem-se do sol e da chuva. Com essa finalidade construíram, em seguida, muros laterais que sustentassem o telhado, pois compreenderam que, dessa forma, poderiam defender-se das geadas, das tempestades e dos ventos invernais. Por último, abriram, a partir do solo até o ápice do edifício, acessos e janelas, com os quais não somente facilitariam a entrada e a possibilidade de reunirem-se, mas também se teria luz e ar na época adequada e se deixariam sair a umidade e as exalações que eventualmente se tivessem acumulado no ambiente. Tal é minha opinião acerca dos edifícios, seus primeiros fundamentos e sua disposição; não é, por outro lado, tão importante saber quem foi o primeiro a concebê-los, se foi a deusa Vesta, filha de Saturno, ou se foram os irmãos Euríalo e Hypérbio, ou Gelione, ou Trasone ou o ciclope Tifinquio. Acredito que mediante a prática e o conhecimento do ofício muitos progressos aconteceram; vários tipos de edifícios foram inventados, de tal forma que esta ocupação alcançou novas e infinitas ramificações: construções públicas e privadas, religiosas e profanas, de tipo utilitário e funcional ou para adornar as cidades ou para prazeres efêmeros. Porém, não se pode negar que todas elas se desenvolveram na época acima mencionada.

Disso resulta que a arte da construção consta de seis partes, a saber: o meio ambiente, a área, a repartição, o muro, a cobertura, o acesso. Se tais princípios forem entendidos, poder-se-á compreender mais facilmente o que vamos dizer; por conseguinte vamos defini-los da seguinte maneira. Chamaremos de meio ambiente a extensão e as características globais de todo o terreno em que se fará a construção; parte dele será a área. Dir-se-á área uma porção certa e delimitada de terreno, um espaço cercado por muros com vista à sua utilização. Cabe, ainda, na definição de área, todo espaço, seja qual for a parte do edifício, no qual se pode andar. Repartição é o critério conforme o qual se subdivide, em áreas menores, a área total da construção: de tal modo que o corpo inteiro do edifício resulta composto por edifícios menores, quase como se se tratasse de membros reunidos e reduzidos a um só. Chamaremos de muro toda estrutura que se ergue do terreno até o alto a fim de sustentar o peso do telhado, ou que surge na parte interna dos edifícios para dividir os seus cômodos. Chamamos de cobertura não só aquela parte do edifício elevada e mais afastada, com que se contém a chuva, mas em geral toda a parte que se encontre acima de qualquer elemento, seja qual for, que se levanta desdobrado em largura e em comprimento por cima de quem passa: como, por exemplo, estruturas de madeira, abóbadas de aresta, abóbadas de berço e similares. Chamaremos de abertura, sejam quais forem a parte e o lugar do edifício em que se encontra, tudo aquilo que proporciona a entrada e a saída de homens e objetos.

Por conseguinte, será necessário falar desses assuntos e das partes em que cada um se subdivide; antes disso, porém, será oportuno tratar de alguns conceitos, que ou são princípios inerentes ao nosso trabalho ou estão a eles diretamente interligados e que certamente serão muito úteis para o caso que nos ocupa. De fato, ao considerar se pode haver algum fator que resulte útil a cada uma das partes mencionadas, encontramos três princípios fundamentais que se adaptam perfeitamente quer à cobertura, quer aos muros, quer aos demais. São os seguintes: que cada uma dessas partes esteja de acordo com o uso para o qual se destina, e, sobretudo, que sejam perfeitamente saudáveis; que sejam maciças, sólidas e indestrutíveis, no que diz respeito à firmeza e à durabilidade; que sejam elegantes, harmoniosas e, digamos assim, adornadas, em todas as suas partes, no que diz respeito ao aspecto e à beleza. Especificadas essas premissas fundamentais acerca do tema que temos que tratar, continuemos com o assunto proposto.

CAPÍTULO III

Os antigos trabalhavam com qualquer meio para conseguir um ambiente que apresentasse, nos limites do possível, o maior número de comodidades e estivesse limpo de todo elemento nocivo. E, mais do que tudo, eles tomavam todo tipo de medidas para evitar um clima prejudicial e insalubre. Uma precaução muito justa e, aliás, indispensável. De fato, afirmam que, se a natureza do terreno ou das águas apresenta algum tipo de problema, pode-se modificá-lo mediante as devidas precauções; mas que, ao contrário, o clima, não é possível retificá-lo satisfatoriamente mediante nenhum recurso nem da inteligência nem da força do homem. E, sem dúvida, se o ar que respiramos, o qual todo mundo percebe ser o elemento que mais contribui para sustentar e preservar a vida, for perfeitamente puro, contribuirá de uma maneira prodigiosa para a nossa saúde.

De resto, todos sabem o quanto influi o clima no nascimento, no crescimento, no fortalecimento e na preservação das coisas. Resulta, por sinal, que os habitantes de um território com clima mais puro são mais inteligentes que aqueles que vivem em uma atmosfera densa e úmida: e parece ter sido justamente esse fator que tornou os atenienses muito mais talentosos e argutos que os tebanos.

Podemos constatar que a natureza do clima varia conforme os lugares e sua conformação. Às vezes parece possível compreender as causas de tais variações, outras vezes fica tudo completamente oculto, escondido e encerrado nos arcanos da natureza. Primeiramente, abordaremos as variações evidentes, em seguida indagaremos as mais obscuras; para poder selecionar as áreas mais oportunas em que viver de forma mais saudável.

Os teólogos da Antiguidade chamaram a atmosfera de Palas, e Homero afirma que ela era uma deusa e recebia o nome de Glaucópide, para significar o ar puro, que é por sua própria natureza perfeitamente transparente. Ora, é evidente que o ar mais salubre é aquele que é mais puro e mais claro, aquele que resulta mais penetrável para a vista, e que aparenta ser transparente e muito leve, constante e sem variações. Ao contrário, consideraremos perniciosa a atmosfera quando resulte densa e fétida por causa de certo adensamento de brumas ou vapores, de modo que uma espécie de peso recai sobre os olhos dificultando a visibilidade. Em ambos os casos, acredito que aconteça, dentre os outros motivos, sobretudo por causa do sol e do vento. Não tomaremos aqui em consideração as teorias físicas que explicam como a ação do sol retira os vapores desde as mais profundas entranhas da terra e os leva até o céu. Ali, concentrados em amplos adensamentos na imensidade do espaço atmosférico, ou se afastam com toda sua imensa massa informe, ou se deslocam para o lado em que sua umidade evaporou por causa dos raios do sol, provocando com esse deslocamento um movimento no ar que origina os ventos; em seguida, vagando sobre o Oceano, mergulham sedentos nele, e, finalmente, impregnados de umidade marinha, voltam a vagar pelo ar, sofrem a pressão dos ventos e, espremidos quase como esponjas, destilam gota a gota a umidade e causam as chuvas com as quais se geram novos vapores na terra. Tanto se são verídicas as teorias acima mencionadas, ou seja, que o vento é uma exalação seca da terra, ou uma evaporação de calor motivada pela chegada do frio, ou um sopro do ar, ou o ar que simplesmente se desloca por causa do movimento da terra ou por causa do influxo do moto das radiações dos astros, ou o sopro gerador das coisas que se movimentam por sua própria natureza; ou seja, algo que não se concretiza em uma entidade distinta, mas como um atributo do ar que proceda dos estratos mais altos da atmosfera transformado por incandescência em ar condensado; ou se devem ser assumidas alguma outra teoria e outras hipóteses mais bem fundamentadas e com maior crédito: acredito não tenham muita importância no caso do nosso assunto e se podem, portanto, negligenciar.

De qualquer forma, a partir daqui, se não estou enganado, será possível explicar a que se deve aquilo que frequentemente constatamos, ou seja, que algumas regiões do mundo possuem um clima tal que desfrutam de uma atmosfera agradável, enquanto outras, ainda que contíguas a estas e até situadas na mesma aba, languescem por causa de um clima mais desfavorável e pela tristeza dos dias.

Eu suponho, então, que isso aconteça porque a colocação dessas áreas não está em consonância com o sol e os ventos. Cícero dizia que, graças à posição de Siracusa, os seus habitantes podiam ver o sol todos os dias do ano; mas escolhas desse tipo só podem ser feitas raramente, e deve-se procurar esse tipo de solução antes de tudo quando não existam prioridades de outra natureza, como, por exemplo, a idoneidade do local.

Dever-se-á escolher, então, um ambiente que, dentre os demais, esteja livre de neblinas e de qualquer tipo de vapores demasiado densos. Aqueles que se ocupam desses fenômenos constataram que os raios e o calor do sol atuam com mais intensidade quando se chocam contra um corpo denso do que contra um de pouca densidade: o óleo, por exemplo, mais que a água, e o ferro mais que a lã. A partir disso provam que é denso e pesado o ar que se esquenta mais em um lugar que em outro próximo dele. Ao disputarem os egípcios com os demais povos da terra acerca da nobreza de cada um deles, vangloriavam-se de que sua terra fora o berço da humanidade; esta, de fato — eles diziam —, só poderia ter surgido onde existiam condições de vida mais salubres: e eles, mais do que o resto dos homens, tinham recebido dos deuses benignos o dom de um clima quase invariável, uma perpétua e milagrosa primavera. Heródoto escreve que, entre os egípcios, os que habitavam no território limítrofe com a Líbia eram pessoas dotadas de melhor saúde que os demais habitantes do Egito. E, sem dúvida, considerando o clima de algumas cidades da Itália e de outros países, parece-me legítimo atribuir a sua condição insalubre às repentinas mudanças de temperatura do calor para o frio.

Por isso tudo, dever-se-á observar com não pouca atenção a quantidade de sol que uma zona recebe, e como e quando isso acontece, para que não haja um excesso de sol ou falta dele. Os garamantes[4] maldizem o sol quando surge e quando se põe, porque se queimam pela excessiva exposição a seus raios; outros povos, ao contrário, ficam pálidos por causa de uma noite quase eterna. Isso acontece não tanto devido à maior ou menor inclinação em relação ao eixo terrestre — ainda que sem dúvida isso seja muito importante —, quanto em virtude da própria conformação do terreno, pois podem estar expostos a receber o embate do sol e dos ventos ou ao resguardo deles. De uma forma geral, considera-se preferível a brisa ao vento, ainda que seja mais fácil suportar os ventos muito fortes e desagradáveis que um ar imóvel e grave: "as águas se não se movimentarem, se tornam fétidas", diz Ovídio; no que diz respeito ao ar, pode-se bem afirmar que, quando circula, fica, digamos assim, sumamente feliz. De fato, acontece que os vapores que exala a terra ao movimentarem-se ou desapareçam ou, esquentados pelo movimento, sejam queimados. Além disso, seria melhor que os ventos chegassem até nós debilitados ou após terem-se chocado contra montanhas e florestas, ou após terem percorrido um longo caminho. É aconselhável verificar, também, que eles não tragam algo nocivo arrastado durante o caminho; deve-se evitar, portanto, com muito cuidado, escolher locais em cujas proximidades haja um lugar impregnado de exalações nocivas, como, por exemplo, fedores e todo tipo de miasmas procedentes de pântanos e, sobretudo, dos fossos e dos canais.

Entre os estudiosos da física é coisa sabida que todo rio cujo caudal se nutre de água de neve faz com que o ar se torne frio e denso; mas as águas absolutamente mais nefastas que todas são aquelas que ficam fétidas por causa da estagnação, e seu influxo será pior quando for mínima a salubridade dos ventos que sopram no local. Afirma-se, de fato, que os ventos por sua própria natureza não são todos igualmente salubres ou nocivos. Plínio — conforme afirmam Teofrasto e Hipócrates — sustenta que o aquilão[5] é o mais apropriado de todos para recuperar e manter uma boa saúde; austro,[6] por sua vez — segundo todos os estudiosos da física — é o mais prejudicial para o homem; e até acreditam que o gado corre perigo se está pastando enquanto ele sopra. Observaram também que as cegonhas não se aventuram a voar para nenhum sítio com os ventos do sul; que os delfins, por sua vez, quando sopra o aquilão a favor, conseguem ouvir a voz que transporta o vento, enquanto com o austro ouvem com maior dificuldade e somente lhes chegam as vozes com o vento contra; e quando sopra o aquilão

---

[4] Antigo povo do sul da Numídia, na África. [Todas as notas são do tradutor, exceto quando indicadas.]

[5] Vento do norte; tramontana.

[6] Vento do sul.

as enguias conseguem sobreviver por seis dias fora da água, mas não suportam quando sopra o austro: tão grande é o peso e a capacidade de oprimir que há nesse vento. Da mesma forma, dizem ainda que assim como com o austro se fique enfermo e no mínimo com catarros, de igual forma se fique com tosse com o coro.[7]

Desaconselham também o mar que olha para o sul, sobretudo pela seguinte razão, que as áreas expostas à refração dos raios sofrem dois tipos de exposição ao sol: uma traz calor do céu e a outra da água. E aqui eles acreditam que se origina a maior diferença de temperatura no ar quando o sol se põe, quando chega o frio que causam as sombras da noite. Há, além disso, uns que reputam a exposição aos raios e sua refração, tanto se procede das águas marinhas quanto das montanhas, mais nocivas no norte que em outras regiões, pelo fato de que elas aumentam além do limite suportável o calor do local, já esquentado pelo sol o dia inteiro, com um calor acrescido e duplicado por causa da refração. E se acontecer que, além desse calor intenso, cheguem também ventos nocivos que não encontram obstáculos, não haverá situação pior e mais difícil de suportar. Com razão, enfim, desencorajam-se energicamente as brisas matutinas, já que transportam intactos os gases emitidos.

Falamos então do sol e dos ventos, por cuja causa manifesta varia o clima e se torna saudável ou insano; limitamo-nos a poucos acenos, até onde parecia que cabia ser tratado aqui, pois sobre esse assunto voltaremos a falar detalhadamente em outro momento.

CAPÍTULO IV

O espaço a ser escolhido deverá ter uma conformação tal que, desde todos os pontos de vista, resulte agradável aos seus habitantes em consonância com a natureza e com a índole das outras pessoas com que deverão conviver.

Nunca, de fato, construiria uma cidade em cima de um cume íngreme e inacessível dos Alpes, como Calígula havia planejado, salvo por causas de força maior. Evitaria também um território deserto, como, conforme conta Varrão, teria sido aquela parte do interior da Gália próxima ao Reno, ou como era a Bretanha nos tempos de César, conforme ele mesmo relata. E nem me agradaria viver em um sítio como a ilha de Oenoe no Mar Negro, comendo somente ovos de pássaros, ou bolotas, como era de costume em algumas áreas da Hispânia na época de Plínio. Desejaria, em suma, que não faltasse nada que pudesse ser de alguma forma útil.

[7] Entre os antigos, o vento do noroeste.

Com muita razão disse Alexandre que não queria fundar uma cidade no monte Atos, pois a posição dessa cidade, que pelos demais seria magnífica, segundo o projeto do arquiteto Polícrates, iria dificultar o abastecimento de mercadorias aos seus habitantes. Parece que a Aristóteles lhe agradaria sobremaneira, na hora de fundar uma cidade, este tipo de opção, que fosse numa área de acesso difícil; e, de fato, houve, do que consta, alguns povos que fizeram com que os limites de seus territórios estivessem constituídos por zonas totalmente áridas e privadas de qualquer tipo de conforto, com o objetivo de desencorajar os inimigos.

Se for conveniente estar ou não de acordo com esse raciocínio, nós o discutiremos em outro momento; de qualquer forma, se tais providências contribuem para solucionar assuntos públicos, não desaprovarei quem as adota.

Mas, de uma forma mais geral, na hora de levantar um edifício eu aconselharia um espaço dotado de muitos e diferentes acessos, de modo que se possa transportar com grande comodidade o que for necessário, no verão e especialmente no inverno, não somente por meio de navios, mas também com animais de carga ou carros. O espaço não deverá ser nem demasiadamente úmido pelo excesso de água, nem duro por causa da seca; mas acolhedor e ameno. Se não for possível satisfazer essa exigência, escolher-se-á um espaço preferivelmente um pouco frio e seco, antes que úmido e quente. O frio, de fato, se pode contornar mediante muros e telhados, com roupas, com o fogo e o movimento; no que diz respeito à seca, ela não parece possuir nada particularmente danoso para o corpo ou o espírito, salvo que — pensa-se — com a seca o corpo torna-se mais rígido, e com o frio talvez se torne áspero. Mas alguns sustentam também que, por causa da umidade, o corpo tende a definhar e com o calor a enfraquecer-se; enquanto pode-se constatar que o homem, ao longo das estações frias, ou quando mora em territórios frios, mantém uma boa saúde e não adoece — embora se tenha notado que quem vive em lugares quentes sobressai por sua inteligência e quem mora naqueles frios pela força física. Leio em Apiano, o historiador, que a razão fundamental da longevidade dos númidas está em não sofrer o frio durante o inverno. Todavia, a melhor região de todas será aquela que tem um clima moderadamente úmido e tépido: de tal forma os habitantes crescerão altos e bem conformados e, além disso, com um caráter sereno. Logo depois, por ordem de conveniência, virá o ambiente que, em zonas onde neva, seja o mais ensolarado de todos, ou aquele mais úmido e dotado de sombra em um entorno de regiões áridas e ensolaradas.

Em todo caso, nenhum edifício, seja qual for, nunca poderia ter uma pior colocação, em relação à comodidade e ao decoro, que aquele que estivesse escondido no fundo de um vale. Já que — omitindo as motivações óbvias, como, por exemplo, o fato de que a construção fique escondida e por isso privada de decoro, e não possa gozar de um panorama ao seu redor, o que lhe tiraria todo agrado — aconteceria, de fato, que ela seria continuamente atingida por chuvas torrenciais e inundada pelas águas que correm ao seu redor, de modo que se ensoparia progressivamente por causa da excessiva absorção de líquido e exalariam continuamente da terra aqueles miasmas que lesam a saúde das pessoas. Nessas condições, privadas de sua agudeza, as mentes carecerão de vigor; e os corpos, com as articulações debilitadas, não suportarão; os livros se deteriorarão; as ferramentas e tudo aquilo que for guardado nos celeiros arruinar-se-á enfim, estragando-se por causa do excesso de umidade. Mas, se chegasse ali a luz do sol, produziria um aquecimento excessivo com uma multiplicação dos raios refletidos em todo lugar; se, ao contrário, não chegasse nunca o sol, a obscuridade perpétua embruteceria e tornaria as pessoas entorpecidas. Mas isso não é tudo: se o vento penetra no lugar, sopra com mais força e de uma forma mais incômoda que o normal, como se fosse obrigado a subir por um cano; no caso em que, ao contrário, o vento não penetrar, acontece que o ar do local estagnaria por causa da imobilidade: tanto que uma valada desse tipo cabe considerá-la, não sem propriedade, como se de uma lagoa ou de um pântano se tratasse.

Portanto, a conformação do lugar deverá ser digna e agradável; nunca baixa e quase afundada, mas, ao contrário, em uma posição elevada à guisa de mirante, e tal que possa ser continuamente alegrada por um ar puro. Haverá, além disso, tudo o que for necessário para satisfazer exigências práticas e volitivas a qualquer hora e em abundância: água, fogo, alimentação. Dito isso, dever-se-á cuidar, todavia, para que nada comprometa a saúde dos habitantes e dos seus bens: é preciso descobrir as nascentes, experimentar a sua água, e testá-la com o fogo para que não contenha nenhuma viscosidade, mofo ou algo indigesto, por causa dos quais possam ficar enfermos seus habitantes. Não falarei daquelas águas que causam o bócio ou os cálculos renais, assim como daqueles fenômenos que acontecem excepcionalmente nas águas, porque já foram tratados com grande erudição e elegância por Vitrúvio, o arquiteto.

Um aforismo de Hipócrates diz: o ventre de quem beber água não depurada, pesada e com mau gosto, arderá lentamente e aumentará; enquanto os outros membros, braços, ombros, face, enfraquecerão gravemente, tornando-se estranhamente gráceis. Além disso, o sangue tenderá a coagular-se por causa do mau funcionamento do baço, ocasionando várias doenças repugnantes; durante o verão, as evacuações intestinais, os fluxos biliares e as dissoluções de humores causarão abatimento; em seguida, ao longo do ano, haverá tormentos piores e longas doenças: hidropisia, asma e pleurite. Os mais novos sofrerão de atrabílis até enlouquecer; arderão os humores dos corpos dos mais velhos; as mulheres mal conseguirão ficar grávidas, aliviando-se, finalmente, só mediante partos dificílimos. As doenças levarão, de fato, para uma morte prematura indivíduos de qualquer idade e sexo; e todos os seus dias passarão na tristeza, envenenados pelos humores ruins e atormentados por mil preocupações, de modo que sua alma será sempre turbada pela dor e pelo luto.

Poder-se-ia falar muito acerca das águas, referindo as notícias detalhadas e às vezes surpreendentes relatadas pelos historiadores da Antiguidade, acerca das vantagens e das desvantagens que podem acarretar ao homem; mas trata-se de casos raros, que servem mais para quem quiser ostentar competência que para um desenvolvimento oportuno do assunto. Por sinal, falar-se-á detalhadamente acerca das águas em outro momento. Deve-se, ao contrário, levar em conta a questão, até óbvia, de que a água é um elemento indispensável para todos os vegetais — plantas e sementes — e para todos os organismos que participam da função vital do movimento, de cujos produtos o homem se abastece e se renova. Por isso, dever-se-á realizar uma indagação muito cuidadosa para verificar que tipo de água existe no ambiente que se escolheu para viver. Diodoro diz que em grande parte da Índia os homens são fortes e altos e muito inteligentes, porque respiram ar puro e bebem águas salutares.

A água terá um bom sabor quando não tiver nenhum sabor, e a cor mais conveniente quando não tiver nenhuma cor. Dizem, ainda, que a água melhor é aquela que possui claridade, transparência, limpidez; se for derramada sobre um pano cândido não deve manchar, e se for fervida não deve deixar sedimentos; se correr em um álveo não deve torná-lo musgoso e, sobretudo, não deve sujar os seixos. Será apropriada, ainda, aquela água que consiga amolecer os legumes durante o cozimento e com a qual se consiga fazer um pão de qualidade.

Da mesma forma, dever-se-á cuidar que o ambiente não produza algo tão infeto ou pernicioso que ameace os habitantes. Omitimos os famosos exemplos que relatam os antigos. Como o da Cólquida,[8] onde das folhas das árvores gotejava um tipo de mel que quem o saboreasse desmaiava, deixando-o aparentemente morto por um dia inteiro; ou o de Plutarco, o qual relata como os soldados de Antônio, por falta de trigo, teriam comido umas ervas venenosas que os tornaram loucos, tanto que começaram a extrair pedras, até quando, por causa de um deslocamento da bílis, caíam no chão e morriam; e a única solução que encontraram contra essa praga foi beber vinho. Essas histórias são bastante conhecidas.

[8] Antiga região da Ásia Menor.

Mas, infelizmente, atualmente na Itália, na região chamada de Apúlia, tem-se espalhado um veneno terrível e muito potente: por causa da mordida de uma pequena aranha de terra, os homens são levados ao delírio de várias formas, até enlouquecer. Uma coisa muito estranha é que a picada ou a mordida do venenoso bicho não deixa nenhuma intumescência e nenhum hematoma no corpo; primeiramente, as pessoas ficam atordoadas até perder os sentidos; e, se não receberem socorro, em breve falecem. São curados com o remédio de Teofrasto, que sustentava ser possível sarar da mordida da víbora mediante o som da flauta. Os tocadores tentam tranquilizar com diferentes harmonias os ouvidos dos doentes, até quando estes, uma vez ouvida a que lhes agrada mais, acordam de repente e se levantam, e acompanham a música com furor e um prazer mórbido, com toda a energia de seus nervos e músculos. Acontece que, entre os que foram mordidos, muitos dançam, outros cantam, outros fazem exercícios conforme lhes sugerem a paixão e a loucura; e continuam assim durante muitos dias ininterruptamente, suando demasiadamente, até o esgotamento extremo; e nem podem curar-se até que aquela loucura que tomou posse deles fique completamente saciada.

Um fato similar parece ter acontecido com os albanos que lutaram contra Pompeu com uma poderosa cavalaria. Parece que no seu território teria existido uma abundância de aranhas que causavam a morte com suas mordidas, levando alguns ao choro, outros ao riso.

CAPÍTULO V

Ao se escolher um ambiente, não é suficiente levar em conta as características mais óbvias. Deve-se considerar com muito cuidado todos os aspectos do problema, inclusive os sintomas menos evidentes.

Se a área possui uma boa e abundante produção de frutos de qualidade; se muitos são longevos; se os jovens são saudáveis e fortes; se os nascimentos são frequentes e bem-sucedidos; isto tudo será indício de que há águas puras e um ar bom. É importante que os partos aconteçam de forma natural e não nasçam crianças deformadas. Vi, de fato, cidades, que não me parece oportuno agora mencionar, nas quais as mulheres são mães não de homens, mas sim de monstros. Vi também uma outra cidade, na Itália, na qual nasce um número tão grande de escrofulosos, estrábicos, coxos e tortos que quase não existia uma família que não tivesse pelo menos um indivíduo aleijado ou deficiente. Dizem, com razão, que quando houver diferenças frequentes e sensíveis entre corpo e corpo, membro e membro, isso é devido à ação negativa do clima ou a outra causa menos evidente ligada sempre a alguma distorção da natureza. E não é mentira o que se ouve dizer: em lugares com ar denso temos menos apetite, naqueles com ar rarefeito temos mais sede.

É lícito também, conforme o aspecto físico dos animais presentes no lugar, supor o dos homens que ali irão morar. Se, de fato, existir um gado com uma conformação robusta e com membros amplos e bem desenvolvidos, pode-se esperar com razão haver um dia naquele lugar filhos igualmente fortes e saudáveis.

Poder-se-ão deduzir indícios acerca do clima e dos ventos, também, dos restos dos corpos que estão privados de vida. De fato, a partir das paredes dos edifícios mais próximos podemos saber o seguinte: se ditos muros se tornaram ásperos e gastos, será sinal que a área sofre males inesperados. Também as árvores, conforme estejam inclinadas ou partidas em uma mesma direção quase que conjuntamente, mostram terem cedido pela força dos ventos. Assim como as pedras antigas, sejam ou não originárias do lugar, se ficarem deterioradas na sua parte superior além do normal, indicam que a temperatura do lugar sofre grandes variações. Certamente, devem-se evitar as áreas nas quais são frequentes as tempestades ou as variações térmicas, já que o corpo humano, quando é afetado tanto por um forte aquecimento quanto por um forte resfriamento, tem a tendência a enfraquecer, no seu conjunto, e a manifestar desequilíbrios entre as suas partes, até, em consequência disso, adoecer facilmente e envelhecer prematuramente. Por isso, diz-se que uma cidade situada na falda de montanhas, cujo declive está orientado para ocidente, é sumamente insalubre, sobretudo porque se sofrem de uma maneira súbita os vapores e as sombras especialmente frias da noite.

É oportuno levar em conta, também, com certo cuidado, as características do território, até as mais raras, que se podem deduzir das observações das épocas passadas, transmitidas pelos sábios. De fato, há certos lugares em que por natureza se encontra algum fator não evidente, que pode ocasionar uma permanência mais ou menos feliz. Contam que, por exemplo, nas cidades de Locris e Crotona, nunca houve pragas; que na ilha de Creta não se encontram animais nocivos; que na Gália dificilmente nascem crianças disformes. Em outros lugares — conforme afirmam os estudiosos da física — não há relâmpagos nem durante um quente verão nem no inverno; ao contrário, na região da Campânia — segundo os testemunhos de Plínio — nesses mesmos períodos lampeja nas cidades orientadas para o sul. Segundo a tradição, os montes Cerâunios, em Épiro, foram chamados assim por causa da frequência dos relâmpagos; a ilha de Lesbos também é atingida por relâmpagos, tanto que os poetas contam — conforme nos informa Sérvio — que nela caiu Vulcano. Os habitantes do Bósforo e os essédones[9] relatam, ao contrário, que nunca houve relâmpagos ou raios. No Egito, se chover, fala-se de milagre. Na bacia do Idaspe[10] chove a cântaros no início do verão. Na Líbia o ar se movimenta tão raramente e é tão grande a densidade da atmosfera, que se podem observar no céu formas de vários tipos constituídas pela condensação do vapor. E, ao contrário, na maior parte da Galácia,[11] os ventos durante o verão sopram com tamanha intensidade que levantam no ar até as pedras como se de areia se tratasse. No Ebro, na Espanha, dizem que o vento círcio[12] consegue derrubar as carroças e sua carga. E o vento chamado de noto,[13] que não sopra na Etiópia, mas somente na Arábia e no país dos troglodítas — conforme os historiadores sustentam — queima todo tipo de vegetação. Relata Tucídides que Delos, ao contrário das ilhas circunvizinhas, sempre conservou a mesma estratificação rochosa e nunca sofreu os terremotos que aprofundaram as outras. Há uma parte da Itália, entre a região que os romanos chamaram de Álgida, próxima de Roma e Cápua, e a cadeia dos montes Hérnicos, que aparece totalmente deserta e atormentada por frequentes terremotos. Há quem pensa que o nome da Acaia[14] decorra da água que frequentemente a inunda. Aprendi que em Roma sempre houve certa quantidade de febres, e que Galeno as considera como um tipo novo de semiterçã, para contrastar à qual se devem aplicar, em horários distintos, diferentes e contrastantes remédios. Diz uma lenda antiga, contada pelos poetas, que Tifão, sepultado na ilha de Prócida, se agita tão frequentemente embaixo da terra que a ilha treme até o ponto mais profundo: de tal forma o fato de que Prócida é sacudida por terremotos e erupções foi narrado pelos poetas que os habitantes da Erétria e da Cálcis,[15] que antigamente moravam lá, foram obrigados a deixá-la, assim como fugiram os colonos que Gerione de Siracusa tinha em seguida enviado para que fundassem uma nova cidade, atormentados pelo temor constante de catástrofes iminentes.

Finalizando, todas essas características devem ser examinadas longa e cuidadosamente, e comparadas com as de outros lugares, com o objetivo de alcançar um conhecimento mais completo e seguro dos fenômenos.

[9] População que habitava a Cítia.
[10] Antigo nome do rio Jhelun no Punjabi (Índia).
[11] Região da Ásia Menor.
[12] Vento noroeste.
[13] Entre os antigos, vento que sopra do sul.
[14] Região do Peloponeso.
[15] Duas cidades antiquíssimas da ilha da Eubeia.

CAPÍTULO VI

Mas deve-se investigar, também, se o local escolhido não apresenta desvantagens menos evidentes. Platão acreditava haver, em alguns lugares, o influxo de potências supranaturais, e que a vontade desses espíritos fosse, conforme os casos, propícia ou desfavorável para os habitantes. Há lugares nos quais os homens facilmente perdem a razão; nos quais por nada se arruínam; nos quais se matam com toda facilidade ou se enforcando ou se jogando em um precipício ou com uma espada ou com o veneno.

Uma vez examinados os sintomas menos aparentes que a natureza apresenta, é preciso levar em conta tudo quanto possa tornar-se útil.

É um costume antigo, que remonta à época de Demétrio, examinar, ao fundar uma cidade ou praças-fortes, e também ao armar diariamente um acampamento militar, a disposição e a cor do fígado dos rebanhos que pastam no local: e se se encontrar alguma anomalia dever-se-á considerar a área insalubre e, portanto, não oportuna.

Dizia Varrão que havia constatado a existência de lugares nos quais voavam pelo ar uns animais pequeníssimos como átomos, que, uma vez entrados nos pulmões através da respiração, se colavam nas vísceras e as roíam, causando uma dor tremenda e avassaladora, que levava inevitavelmente à destruição.

Deve-se também considerar que existem, às vezes, lugares que por sua natureza intrínseca não apresentam desvantagens e perigos, mas cuja posição os leva a sofrer frequentemente pestilências e calamidades, por causa de populações estrangeiras que procedem de fora. E elas conseguem isso não somente mediante o uso da violência e das armas — ações que podem ser atribuídas a homens bárbaros e incivis; mas também por meio da hospitalidade e da amizade. Houve povos que, pelo fato de morarem perto de gentios agitados por causa de revoltas políticas, sofreram graves consequências. A colônia genovesa de Pera,[16] no mar Negro, é atormentada continuamente por pestilências, pois lá todo dia desembarcam escravos consumidos pelas aflições do espírito e definhados no ócio e na sujeira.

Diz-se também que é indício de prudência e de sabedoria averiguar a sorte futura mediante a observação do céu e do voo dos pássaros. Essas artes me parecem muito apreciáveis, sobretudo quando estão de acordo com a religião. Ninguém pode, de fato, negar que nos acontecimentos humanos aquela entidade — qualquer que seja sua natureza — assim chamada de "fortuna" tenha um papel importante. Não se poderá negar, por exemplo, que a fortuna pública de Roma tenha facilitado muito a expansão de seu império. A cidade de Iolao, na

[16] Situada perto de Constantinopla, hoje um bairro de Istambul.

Sardenha, fundada por um sobrinho de Hércules, sempre conseguiu manter-se livre apesar de ter sido atacada várias vezes pelos exércitos de Cartago, conforme relata Diodoro. E pode-se pensar que os incêndios que sofreu o templo de Delfos, o primeiro acontecido por mão de Flegias e o terceiro advindo na época de Sila, tenham acontecido sem o influxo da fortuna daquele lugar? Assim como do Capitólio[17] e das tantas vezes que ardeu.

Muito característico é o destino da cidade de Sibari,[18] muitas vezes atormentada, cedida, destruída e finalmente abandonada até ficar completamente deserta. Mas o azar perseguiu os seus moradores até no exílio. Apesar de terem-se mudado para outro lugar, e alterado até o nome da antiga cidade, não conseguiram evitar a ruína: os habitantes da nova terra os assaltaram, e dessa forma foram barbaramente trucidadas as famílias mais antigas e nobres, desaparecendo todas, junto com os templos e com a cidade inteira. Mas é inútil deter-se nesses exemplos, que podem ser encontrados amplamente nas obras históricas.

Concluindo, leva-se muito em conta que é próprio de uma pessoa profundamente inteligente intentar tudo o que for possível para que os esforços e os gastos que a construção implica não sejam vãos, e para que a obra se torne duradoura e salubre. E o dever da pessoa prudente e ajuizada é o de cuidar do mínimo pormenor para que se alcance esse objetivo. É, de fato, um empreendimento de grande valor, seja para nós, seja para os nossos familiares, aquele que se torna útil para a saúde, que permite viver de forma digna e agradável, que torna nosso nome duradouro e famoso. Será, esse lugar, onde cultivaremos os estudos mais nobres; onde gozaremos do afeto dos filhos e dos familiares; onde passaremos dias de trabalhos e de liberdade: em suma, toda a nossa vida. Por isso, eu acredito que não há na vida de um ser humano nada — salvo a virtude — a que tenha que se dedicar com maior preocupação, esforço e esmero. Mas para se alcançar isso é necessário cuidar dos meios até agora tratados. Concluído esse assunto, passamos a tratar da área.

CAPÍTULO VII

Na escolha da área vale tudo o que observamos a propósito do meio ambiente. Já que, assim como o meio ambiente é uma parte determinada, que nós escolhemos, de um território mais amplo, da mesma forma a área é uma porção exatamente definida do meio ambiente, que é destinada ao edifício a ser construído.

---

[17] Colina de Roma.

[18] Cidade da Magna Grécia, sucessivamente reconstruída com o nome de Thurii.

Por esse motivo, a área compartilha com o meio ambiente quase todas as vantagens e desvantagens. Apesar de tudo, neste tratado aparecem alguns preceitos que aparentemente não dizem respeito propriamente e exclusivamente à área, e outros que não servem somente à sua determinação, mas abrangem também em boa parte os problemas do meio ambiente; é o caso do seguinte.

É preciso, em outras palavras, levar em conta a que gênero de construção nos propomos: se for uma obra pública ou privada, religiosa ou profana etc. Trataremos separadamente dos gêneros específicos no lugar adequado. Bem diferente é, de fato, a qualidade e a quantidade de espaço a ser destinada a um foro, a um teatro, a uma academia ou a um templo; por isso, cada uma de tais obras, conforme sua natureza e função, exige uma forma e uma posição diferente para a sua área.

Mas, querendo continuar o discurso de um ponto de vista geral, como era minha intenção, tratarei, limitadamente, só do que me parece essencial. Formularei preliminarmente alguns conceitos acerca das linhas, que facilitarão o desenvolvimento do assunto. Pois, como devemos falar acerca do modo de se delimitar a área, é bom descrever os instrumentos com os quais se executa a operação.

Toda figura consiste de linhas e ângulos. O perímetro, que contém a extensão inteira da área, é constituído por linhas. Chama-se de ângulo aquela porção de superfície, contida nessa delimitação, que se encontra entre duas linhas que se cortam. Ora, as linhas que se entrecortam formam quatro ângulos. Se cada um deles for igual a cada um dos outros três, chamar-se-ão de retos. Os ângulos menores que um reto chamar-se-ão de agudos, enquanto os de amplitude maior que um reto dir-se-ão obtusos. Uma linha pode ser reta ou curva; não trataremos aqui daquelas com forma de espiral ou de serpentina. A linha reta é um traçado alongado que une dois pontos, desenhado de tal forma que se torne impossível traçar um outro mais breve. A linha curva é uma parte do círculo. O círculo é uma figura executada, dados dois pontos, desde um deles, que gira no mesmo plano de tal modo que, durante todo o traçado da figura, dista do outro ponto, que está no meio imóvel, em torno ao qual gira, nem mais nem menos quanto no início da operação.

Deve-se acrescentar ainda que a linha curva, que dissemos ser parte de um círculo, no nosso linguajar de arquitetos, é chamada de arco, por causa de sua semelhança com esse objeto. A linha reta conduzida entre os dois pontos extremos de uma curva chamar-se-á corda, por análoga semelhança. A reta conduzida do ponto mediano da corda, com a qual formará dois ângulos iguais, até o arco, dir-se-á flecha. A reta conduzida do ponto posto no meio do círculo, até a linha curva que define o próprio círculo, será chamada de raio. Ao ponto situado no meio do círculo dar-se-á o nome de centro. Será chamada de diâmetro a reta que passa pelo centro e que entrecruza em dois pontos a curva que delimita o círculo. Existem vários tipos de arco: completo, rebaixado, agudo. O arco completo é aquele que corresponde à metade do círculo, ou seja, cuja corda é o diâmetro do círculo inteiro. O arco rebaixado é aquele cuja corda é menor que o diâmetro; tal arco é parte então do semicírculo. O arco agudo é aquele composto por dois rebaixados, e forma por isso na sua extremidade um ângulo constituído pelos dois arcos que ao juntarem-se se entrecruzam: o que não acontece nem com o arco completo nem com o rebaixado. Esclarecidos esses conceitos, prosseguiremos o discurso.

CAPÍTULO VIII

As áreas podem ser ou poligonais ou circulares. Entre as poligonais, algumas são definidas inteiramente por linhas retas, outras por retas e curvas juntas; ora é, ao que me resulta, difícil encontrar, entre os edifícios da Antiguidade, uma área constituída por numerosas linhas curvas sem que apareça nenhuma reta.

Porém nesta ordem de coisas deve-se assinalar o que se critica com veemência em cada um dos componentes do edifício, se falta, e que proporciona beleza e utilidade, se está presente: refiro-me àquela peculiar variedade com a qual se devem dispor não somente os ângulos, mas sobretudo as linhas e as outras partes, não muito abundante nem escassa, mas, ao contrário, disposta de tal forma, com vista à beleza e à utilidade, que cada conjunto corresponda com cada conjunto e cada elemento com seus iguais. Os ângulos retos se usam com muito proveito. Os ângulos agudos são, ao contrário, pouco usados, nem nas áreas menores e com escassa importância; a menos que não seja por casos de força maior, como a conformação do lugar ou as exigências de áreas particularmente importantes. Os ângulos obtusos são considerados suficientemente providos de decoro, mas com uma advertência, que não sejam nunca ímpares.

Porém, a área com a capacidade máxima, e que requer despesas menores para ser cercada seja por terraplenos seja por muros, asseguram ser a circular. Logo depois, aquela que apresenta muitos ângulos proeminentes, mas convém que sejam uniformes em toda a área. As mais apreciadas são, porém, as que permitem erguer da forma mais fácil os muros até a altura que se considera a melhor: é o caso da área hexagonal e da octogonal. Observei também uma planta decagonal que era muito prática e de enorme beleza. Pode-se também construir uma área com doze ou dezesseis ângulos, e vi até uma com vinte e quatro ângulos; porém este último tipo é mais raro.

As linhas laterais devem ser iguais àquelas correspondentes situadas ao lado oposto: além do mais, na obra inteira, não devem nunca se juntar em um único traçado linhas curtíssimas com linhas muito compridas; deve haver, ao contrário, uma proporção justa e conveniente entre elas, a ser estabelecida de cada vez. Os ângulos devem ter o vértice direcionado para os lugares de onde ameacem e atuem com sua pressão o peso e a massa de carga que originam uma montanha, as águas ou os ventos, para dividir e debilitar a força e o dano da massa e para que os muros possam suportar o perigo com sua parte mais robusta, compensando a fragilidade dos seus lados. Se, por acaso, o desenho total da área dificultar o uso de um ângulo no ponto desejado, recorrer-se-á a uma curva: a linha curva, de fato, parte do círculo, e o círculo — conforme o parecer dos filósofos — é todo um ângulo.

A área pode estar situada numa planície, ou num declive, ou no cume de um relevo. Se for colocada na planície, é necessário levantar o terreno até obter uma espécie de soco: evitar-se-ão, dessa forma, graves inconvenientes, e doar-se-á certo decoro à construção. As enchentes causadas pela chuva ou pelos rios depositam, de fato, lama nas áreas planas; por causa disso o terreno lentamente vai elevando-se; ainda mais, por causa dos detritos que são abandonados dia após dia por pessoas descuidadas, o nível do plano aumenta facilmente ao seu redor. O arquiteto Frontino dizia que, na sua época, a altura das colinas de Roma tinha aumentado por causa dos incêndios recorrentes; mas ainda hoje a vemos sepultada por ruínas e sujeira. Eu mesmo vi na Úmbria um antigo santuário, localizado em uma região plana, e quase totalmente enterrado por causa da elevação do terreno, já que aquela planície se alarga até os pés da montanha. De resto, isso não acontece somente nas proximidades de montanhas: aquele insigne pequeno templo perto das muralhas de Ravena, recoberto por um vaso monolítico, com o passar dos anos se enterrou por mais de um quarto da sua altura, não obstante ficasse perto do mar e longe das montanhas. Acerca da altura mais conveniente para esse tipo de elevação do terreno, falaremos mais adiante, quando trataremos do assunto detalhadamente e não de forma sumária como fizemos até agora.

De qualquer forma, toda área deve ser perfeitamente sólida tanto por sua natureza quanto por meios artificiais. Será oportuno então escutar quem aconselha indagar, mediante escavações a certa distância umas das outras, que grau de confiança o terreno dá para sustentar o peso da construção, no que diz respeito à sua compacidade, porosidade e dureza. Se, de fato, se quiser colocar o edifício em cima de um declive, dever-se-ão tomar medidas oportunas para que as áreas superiores não empurrem as demais por excesso de peso, ou as inferiores, no caso em que desabem, não arrastem tudo. Aconselharei, sobretudo, reforçar de cada lado, até torná-la muito sólida, aquela parte do edifício destinada a tornar-se a base da construção inteira.

Se, ao contrário, a área estiver no alto de uma montanha, ou deverá ser levantada por alguma parte, ou aplanada alisando a saliência do cume do monte. Nesses casos deve-se fazer de tal forma que a obra possa ser realizada evitando excessivas despesas e esforços, mas, ao mesmo tempo, mantendo certo decoro. E, talvez, poderá ser vantajoso cortar a parte saliente e levantar a que está no declive. Critério este que foi utilizado por um desconhecido arquiteto em Alatri, cidade situada sobre uma altura rochosa dos montes Hérnicos. Ele conseguiu tornar a base da cidadela ou do templo — única coisa ainda visível, tendo desaparecido tudo o que lhe foi construído em cima — reforçada e fundada em sua parte inferior com a terra procedente do nivelamento do cume da montanha. E há nessa construção outro pormenor ainda mais relevante: um ângulo da área foi direcionado para o ponto no qual o monte alcança sua declividade máxima, esse ângulo foi consolidado mediante uma grande obra de engenharia formada pelo conjunto de enormes blocos. Além disso, ao colocar as pedras cuidou-se do decoro da construção sem esquecer a economia. Recomenda-se muito outro recurso cogitado por aquele arquiteto, o qual, não tendo disponível, no local, uma quantidade tão grande de pedras para sustentar o peso da montanha construiu um terrapleno formado por várias estruturas com planta semicircular tendo a convexidade voltada para a própria montanha. É agradável olhar para essa obra, muito sólida e também barata: resulta, de fato, em uma muralha que não é maciça, mas possui a mesma robustez de um muro de arrimo com uma espessura correspondente às flechas daqueles arcos.

É valido também o método de Vitrúvio, que foi adotado pelos arquitetos da Antiguidade em vários lugares de Roma, e, sobretudo, nas muralhas de Tarquínio: consiste em um escoramento mediante contrafortes. Todavia, não foi observada sempre a regra que prevê uma distância entre os contrafortes que devem ser altos tanto quanto a subestrutura; preferiram, ao contrário, colocá-los umas vezes mais próximos e outras mais separados conforme o grau de instabilidade — se assim se pode dizer — dos lados da colina. Observei também que os arquitetos antigos não se limitaram a construir uma única subestrutura nas proximidades do edifício, mas sim procuraram fazer um bom número, à guisa de degraus, para que reforçassem o declive até a sua base. É um procedimento que se deve levar em conta. Perto de Perúgia, a torrente que corre entre o monte Lucino e a colina na qual está situada a cidade, escavando a base da colina debaixo dela com uma erosão ininterrupta, provoca o desabamento dos declives que estão acima dela, tanto que boa parte da cidade está desmoronando lentamente e ameaça ruir.

Da mesma forma, aprecio muito todas as pequenas capelas que orlam a área da basílica de São Pedro no Vaticano. Dentre elas, de fato, aquelas que foram construídas dentro da colina cortada e escavada, formam um todo com o muro da basílica e proporcionaram muito apoio e utilidade: não somente suportam a massa colossal da montanha, que exerce uma pressão contínua, mas detêm a umidade procedente do seu declive, impedindo sua chegada até o templo, de modo que o muro principal da basílica fique mais enxuto e firme. As pequenas capelas que estão do outro lado, na base do declive, podem sustentar, mediante um sistema de arcos, toda a esplanada construída acima e podem também aguentar com seu papel de contenção qualquer desmoronamento do terreno.

Constatei também que o arquiteto responsável pela construção, em Roma, do templo perto da Porta Latina, mostrou grande inteligência, seja no próprio edifício, seja nas estruturas de contenção. Ele direcionou um ângulo da área para a colina que o domina, de modo que dois muros retos opusessem certa resistência ao empuxo da sua grande massa, repartindo em dois seu peso com o ângulo e afastando dessa forma o perigo.

Mas, como comecei por celebrar a perspicácia com a qual os antigos construíam, não quero omitir uma coisa que agora recordei e que cabe muito neste assunto. Na basílica de São Marcos em Veneza pode-se observar uma invenção da arquitetura muito útil, a qual, tornando a área do templo inteiro o mais compacta e sólida possível, deixou poços em vários pontos, mediante os quais os vapores da terra, que eventualmente se tivessem acumulado por baixo, poderiam sair sem dificuldade ao ar livre.

Finalmente, todas as áreas dotadas de cobertura deverão ser construídas perfeitamente horizontais; aquelas, ao contrário, que permanecerem descobertas, deverão ser inclinadas em relação ao plano quanto for suficiente para a água pluvial correr. Mas, no que diz respeito a esses assuntos, o que falei resulta suficiente, aliás, talvez eu tenha falado mais do que seria oportuno, visto que na maioria dos casos as observações que fiz se referem à construção dos muros. De resto, não era possível distinguir claramente, no desenvolvimento, questões que por sua natureza estão diretamente interligadas. Falar-se-á agora da subdivisão.

CAPÍTULO IX

O arquiteto mostra toda qualidade de seu engenho e de seu preparo técnico na subdivisão. A subdivisão deve, de fato, considerar o edifício inteiro em todas as suas partes, a configuração de cada parte em si e a inserção de todos os ângulos e de todas as linhas em um conjunto único, tendo como objetivo a funcionalidade, o decoro e a leveza. E se for verdade o ditado dos filósofos, segundo o qual a cidade seria uma grande casa, e a casa por sua vez uma pequena cidade, não estará errado afirmar que os membros de uma casa são também em si pequenas habitações: como, por exemplo, o pátio, o claustro, a sala de jantar, o pórtico etc.; omitir até um só desses elementos, por negligência ou por descuido, prejudica o decoro e o prestígio da obra. Por isso é preciso estudar com o máximo cuidado e diligência esses elementos, que têm uma importância para a obra inteira; e o arquiteto precisa esforçar-se para que até as partes menores sejam executadas como manda a lei.

Todos os ensinamentos ilustrados precedentemente acerca do meio ambiente e da área respondem adequadamente a tal finalidade: assim como no organismo animal cada membro se integra aos outros, também no edifício deve haver correspondência entre cada uma de suas partes. Daí o mandamento: os edifícios maiores devem ter os membros maiores. Mandamento que os antigos consideraram, quando, ao construir edifícios públicos, com proporções maiores, usaram, dentre outras coisas, tijolos maiores que os utilizados em edifícios privados. Logo, cada membro deve ter o lugar e a posição mais oportunos: não deve ocupar mais espaço do que seja útil, nem menos do que o decoro exige; não deverá ser colocado em uma posição imprópria ou inconveniente, mas sim naquela que exatamente lhe pertence, de tal forma que não se possa encontrar outra mais conveniente. Não se deverá colocar, por exemplo, em um ângulo abandonado aquela que será a parte mais respeitável da casa, assim como não se colocará a parte destinada, sobretudo, às visitas em um lugar escondido, ou aquela reservada aos da casa tampouco se colocará em um local facilmente visível a todos.

É preciso ainda levar em conta as estações, e atribuir diferentes características aos ambientes estivos e àqueles invernais. Já que, conforme a estação, varia a posição e a amplitude dos quartos: aqueles a serem habitados durante o verão deveriam ser espaçosos, enquanto aqueles invernais podem até ser um pouco mais estreitos. Além disso, os primeiros devem estar ventilados e direcionados para a sombra, enquanto os outros devem estar expostos ao sol. E seria aconselhável também evitar a eventualidade em que os habitantes, saindo de um ambiente frio, entrem em um quente, ou deste para outro exposto ao gelo e ao vento, sem antes passar por uma área onde o ar esteja com uma temperatura intermédia; isso seria altamente prejudicial para a saúde de qualquer ser vivo.

É preciso que cada membro do edifício se harmonize com os outros para contribuir ao bom êxito da obra inteira, à sua leveza e à beleza da obra em sua totalidade, de modo que toda essa beleza não se concentre em uma única parte, mas sim para que todas se acordem até parecerem um corpo só, inteiro e bem articulado, e não fragmentos dispersos e desiguais.

Além do mais, ao se conformarem os membros, deve-se imitar a moderação da natureza. E nesse aspecto, assim como em todos os demais, tanto é louvável a sobriedade quanto é desprezível a mania desmedida de construir. O conjunto das estruturas deverá ter proporções moderadas e não exceder as funções precisas que lhe foram atribuídas. Já que, observando bem, toda forma arquitetônica se originou da necessidade, desenvolveu-se em função da praticidade, foi embelezada pelo uso; finalmente foi levado em conta o prazer; mas o próprio prazer é avesso a todo excesso. O edifício seja então disposto de tal forma que na sua estrutura haja tudo o que for necessário, e que o que houver nele não possa ser criticado de nenhum ponto de vista.

Não quero deixar a entender, porém, que todas as partes devam ser desenhadas com parâmetro e definição de linhas idênticos, de tal forma que em nada se diferenciem entre si: será, ao contrário, agradável se umas forem maiores, outras menores, outras com dimensões intermédias; assim como algumas partes agradarão se constituídas por linhas retas, outras por linhas curvas, outras ainda por retas e curvas misturadas. De qualquer forma, é meu costume recomendar que o cuidado maior seja colocado no edifício para que ele não pareça um corpo com as costas e os lados desproporcionados. Na verdade, a variedade confere um sabor agradável a todas as coisas, se se basear na unidade e na correspondência recíproca entre elementos distantes; mas se esses elementos não possuírem nenhuma ligação e não encontrarem um acordo conveniente, esse tipo de variedade torna-se uma grave dissonância. Na música também, quando há uma compensação entre vozes graves e agudas, e quando entre as duas tocam as médias com uma harmonia perfeita, dessa variedade de vozes se origina como por encanto um equilíbrio entre os sons, que aumenta o prazer do ouvinte e conquista seu espírito; e a mesma coisa acontece em toda obra que queira comover o espírito e atraí-lo.

No caso de operações similares será, todavia, oportuno regular-se com base no uso, à praticidade, e também seguindo os métodos recomendados pelos especialistas. Geralmente, de fato, afastar-se dos métodos tradicionais torna-se desagradável, enquanto conformar-se a eles é vantajoso e dá resultados ótimos; e, de fato, os arquitetos mais célebres parecem mostrar com suas obras que certo critério na divisão em ordem dórica, jônica, coríntia e toscana é a coisa mais conveniente de todas. Isso não significa que devemos seguir rigorosamente os seus esquemas e usá-los exatamente nas nossas obras, como se fossem lei inderrogáveis;

mas sim, tendo os seus ensinamentos como ponto de partida, buscaremos soluções novas para alcançar assim uma fama igual ou, se for possível, até maior. Mas sobre isso se discutirá detalhadamente mais adiante, quando se mostrará como se devem dispor uma cidade, as suas partes e os seus serviços.

CAPÍTULO X

Trataremos agora sumariamente do desenho dos muros. Não quero, porém, deixar de mencionar, antes de tudo, uma precaução que observei nos antigos, a saber: eles evitam sempre desenhar, no perímetro da área, uma linha reta traçada de modo tal que resulte muito longa e que não seja cortada nem por linhas curvas nem por ângulos. O objetivo daqueles especialistas em arquitetura é evidente: reforçar os muros mediante pontos de apoio.

Abordando as normas concernentes aos muros, é bom começar com o que é mais importante. Neste ponto é oportuno falar então das colunas e do que lhes diz respeito, já que uma fila de colunas não é nada mais que um muro transpassado por aberturas em numerosos lugares. E querendo-se definir a coluna, talvez fosse certo dizer que é uma parte resistente e estável do muro levantada perpendicularmente do solo até o cume do edifício, a fim de sustentar a cobertura.

Na arquitetura toda não se encontra outra parte que requeira maiores cuidados e despesas, e que possua tamanha leveza, quanto a coluna. Todavia, as colunas se diferenciam entre elas por alguns elementos. Aqui, tratar-se-á dos elementos que elas têm em comum e que as caracterizam enquanto gênero; em outro lugar falaremos das diferenças que fixam a sua espécie.

Começando pelas raízes, por assim dizer, sabe-se que toda coluna sustenta-se em um embasamento. Em cima de tal embasamento, no mesmo plano da área, costumava-se construir um pedestal, que nós chamamos de plinto, outros chamam talvez de coxim. Em cima dele colocavam a base, e sobre a base a coluna; finalmente sobre a coluna o capitel. A coluna era feita de tal modo que se engrossava no meio e se estreitava em cima: e no ponto de maior grossura deveria ser um pé mais larga que no ponto mais alto.

Acredito que em origem a coluna tenha sido inventada para sustentar a cobertura. Em seguida, os homens tiveram o desejo de alcançar metas sempre maiores, e criar, na condição de seres mortais, obras que pudessem vencer a morte. Com essa finalidade construíram colunas, arquitraves, até sótãos e telhados todos de mármore. Ao fazer isto, os arquitetos antigos imitaram a natureza das coisas, para que não se tivesse a impressão de que estavam se afastando dos modos normais de construir; além disso, fizeram tudo o que fora possível para que sua obra resultasse não somente conveniente e robusta, mas também agradável do ponto de vista estético. No princípio, a natureza proporcionou certamente colunas de madeira e redondas; em seguida, a prática levou a fazê-las, em alguns lugares, quadrangulares. E se minha hipótese for exata, tendo observado os anéis de ferro ou de cobre colocados nas extremidades das colunas de madeira para evitar que, por causa do peso constante exercido sobre elas, se abrissem fendas, até nas colunas de mármore os arquitetos aplicavam na base um anel largo, à guisa de filete, que serve também para proteger as colunas do ricochetear da chuva; eles colocavam outro filete no cume e em cima dele um colarinho, também elementos de reforço já visíveis nas colunas lígneas. No que diz respeito à base, elas se regulavam da seguinte forma: a parte inferior era delimitada por linhas e ângulos retos, enquanto a forma das superfícies superiores deveria adaptar-se à curvatura da coluna que se apoiava nela. E determinaram que a base fosse, por todos os lados, mais larga que alta, e que superasse a coluna em largura segundo determinada proporção; quiseram também que a superfície inferior da base tivesse uma largura maior do que aquela superior; que o pedestal mencionado fosse mais largo que a base segundo uma proporção determinada; que o embasamento fosse também mais largo que o pedestal segundo uma proporção específica. E todos esses elementos eram colocados um em cima do outro conforme uma vertical única que passava por seus centros. No que diz respeito aos capitéis, todos possuem as mesmas características, isto é, que sua parte inferior imita a forma da coluna, enquanto a superior termina com uma superfície quadrangular. Ainda mais, esta última será sempre mais larga que a outra. Isto é o que diremos por enquanto acerca das colunas.

O muro deve ser construído com as mesmas proporções das colunas: se a sua altura for igual àquela que alcança a coluna junto com o capitel, a sua espessura deverá corresponder àquela da parte mais inferior da coluna. Observava-se também a seguinte regra, que numa mesma ordem todas as colunas, as bases, os capitéis, os muros, em todas as suas partes, fossem idênticos tanto por altura e largura como, em definitivo, por dimensão e aspecto. De qualquer forma, visto que é errado construir um muro mais fino ou mais espesso, mais baixo ou mais alto do que sugere a norma, será preferível errar por excesso que por defeito. É necessário agora falar, também, acerca dos erros de construção, para ficarmos conscientes deles e evitá-los: pois o primeiro elogio é carecer de defeitos.

Constatei, na basílica de São Pedro, em Roma, algo que por si é evidente: foi colocado, de forma imponderada, um muro comprido e largo, não reforçado por partes curvas nem escorado por algum suporte, em cima de aberturas numerosas e espaçosas; além disso — uma circunstância que deveria ter sido considerada

— toda essa parte do muro, transpassado em sua parte inferior por um número excessivo de aberturas, foi erguida a uma altura excessivamente elevada, e orientada de forma que estava exposta a receber os violentíssimos ventos do norte. Por causa disso, já se tinha inclinado e desviado da vertical por mais de seis pés; e não há dúvida que uma hora ou outra seria suficiente uma pressão leve ou uma sacudida mínima para que ele desmoronasse. E teria já desmoronado por si só, por causa da inclinação atual, se as vigas do teto não o tivessem segurado. Mas talvez o arquiteto pudesse ser justificado, pelo menos em parte, pois provavelmente, obrigado pelas circunstâncias particulares do lugar, considerou que não fosse necessário proteger dos ventos, por causa da colina que sobressai ao templo. Ainda assim, seria melhor reforçar, principalmente, o muro por toda parte.

CAPÍTULO XI

A utilidade da cobertura é a mais importante de todas as outras partes. Ela, de fato, não somente é vantajosa para a saúde dos habitantes, porque abriga contra o frio da noite, da chuva e, sobretudo, dos raios quentes do sol, mas representa uma ótima proteção para o edifício todo. Sem o telhado, a madeira se deteriora, as paredes balançam, as empenas se racham e, aos poucos, a construção inteira desmoronará. Até as fundações, por incrível que pareça, são protegidas e reforçadas pelo telhado. E, na verdade, os edifícios que desabaram por causa de incêndios, de ações de inimigos ou em decorrência de outras desventuras não são tantos quanto os que ruíram devido ao descuido dos cidadãos que os tinham deixado completamente privados do telhado. A cobertura é uma verdadeira arma com a qual o edifício se defende contra as inclemências e os ataques do tempo. Considerando esses pressupostos, atuaram muito sensatamente neste ponto os nossos antepassados que conferiram à cobertura um lugar tão importante que quase chegaram a esgotar, para seu ornamento, quase todas as técnicas decorativas. Encontram-se coberturas feitas de cobre, de vidro, de ouro, e decoradas com caixotões dourados muito refinados, de lâminas de ouro e ainda com coroas e flores entalhadas e com estátuas.

As coberturas são de dois tipos: as que estão a céu aberto e as que não estão a céu aberto. O primeiro tipo são as que não se destinam a servir de piso, mas foram colocadas somente para conter a chuva. O segundo tipo são lajes lisas ou abobadadas, com que se consegue colocar uma espécie de edifício sobre outro edifício. Nesse caso acontece que a mesma obra é, ao mesmo tempo, o telhado da parte inferior do edifício e o piso da área superior. Mas, querendo ser preciso, chamar-se-á de cobertura, ou também telhado, a parte de tais lajes que está acima de nossa cabeça; enquanto a parte em cima da qual se anda dir-se-á pavimento ou piso. No que diz respeito à cobertura mais alta, a céu aberto, destinada a conter a chuva, discutir-se-á em outro lugar se pode desenvolver a função de pavimento.

A cobertura a céu aberto, embora seja quase sempre uma superfície plana, nunca deve ser paralela ao piso que recobre, mas ser sempre inclinada para que escorra por ela a água da chuva. Ao contrário, as lajes intermediárias serão sempre superfícies planas e paralelas ao piso.

É preciso que toda cobertura se ajuste em ângulos e linhas à forma da área e à conformação do que vai recobrir; e como estes elementos variam muito de uma obra para outra (há áreas definidas exclusivamente por linhas curvas, outras por retas, outras por mistas etc.), acontece que os telhados adotam formas diversas e numerosas. Existem, porém, variações próprias e exclusivas de cada telhado: podem ser hemisféricos, outros cruciformes, abobadados, com arcos; outros são chamados "com nervura", outros "com cumeeira".

Qualquer que seja sua forma, toda cobertura deve ser feita de modo que cubra com a própria sombra o pavimento e que afaste completamente a água pluvial do edifício inteiro que está recobrindo. A chuva, de fato, pode sempre prejudicar, em qualquer momento: perfura sutilmente, amolece, corrói continuamente os pontos nevrálgicos do edifício, até que arruína a construção inteira. Com razão, então, os arquitetos mais experientes costumavam aprontar um caminho por onde a água pluvial pudesse correr livremente, e o faziam de tal forma que ela não estagnasse em nenhum ponto, ou penetrasse em algum sítio, onde poderia causar danos. Por isto, nas áreas nas quais cai muita neve usam-se, sobretudo, telhados do tipo com cumeeira, muito inclinados com ângulo agudo, para que a neve corra mais facilmente e evite que, ao cair continuamente, se acumule em cima do teto; enquanto nos países mais quentes colocam os telhados com uma inclinação menos pronunciada.

Deve-se também procurar construir, quando for possível, um telhado único, compacto e regular, graças ao qual — ainda considerando a necessidade de janelas e de paredes — o edifício todo esteja igualmente recoberto por cada lado, de maneira que nenhuma parte possa umedecer por causa do lento gotejar da água. Precisa-se também evitar colocar o telhado em uma posição tal que possa arrojar água em outro telhado. E será bom cuidar que a superfície do telhado, na qual a água corre, não seja muito extensa e demasiado grande, pois se com as chuvas abundantes a água transbordar dos canais das últimas telhas refluindo no edifício, causará graves danos. Por isso, quando a área a ser construída for muito vasta, dividir-se-á o telhado em várias vertentes, de modo que a chuva corra para diferentes direções: essa solução é aconselhável tanto do ponto de vista prático quanto estético. No caso em que se deva construir mais que um telhado, eles deverão estar ligados entre si, de maneira que, uma vez que se entre na área coberta, se possa ir por cada parte da casa estando sempre protegidos por um único telhado.

CAPÍTULO XII

Podemos agora falar das aberturas. São de dois tipos: umas servem para iluminar e ventilar a parte interna, as outras para deixar entrar e sair pessoas e coisas. As janelas cumprem a primeira função; as portas, as escadas e os entrecolúnios cumprem a outra. Devem-se incluir, na categoria das aberturas, os canos para a passagem da água e da fumaça: poços, esgotos, chaminés, as bocas da fornalha e os respiradouros.

Cada parte da casa deve estar provida de janelas, por onde o ar possa sair e renovar-se periodicamente; de outro modo ficaria viciado tornando-se nocivo. Capitolino, o historiador, conta que na época de Apolo, na Babilônia, foi encontrado um pequeno e antiquíssimo cofre dourado; quando foi quebrado, o ar que continha, viciado e putrefato, extravasou e não somente causou a morte de quem estava naquele momento no local, mas produziu também uma pestilência gravíssima e contagiosa na Ásia inteira até o país dos partos. Aprendemos igualmente de outro historiador, Amiano Marcelino, que em Selêucia, na época de Marcos Antonino e de Vero, após ter espoliado um templo e ter levado para Roma a estátua de Apolo Cônico, os soldados descobriram uma abertura muito estreita que tinha sido fechada, em precedência, pelos sacerdotes dos caldeus. Na esperança de encontrar um outro butim, abriram-na, e logo saiu um miasma fétido de tamanha potência, que todos os territórios entre a Pérsia e a Gália foram fustigados por uma doença terrível e devastadora.

Será oportuno então que cada quarto esteja provido de janelas, para que entre a luz e também para renovar o ar; e deverão ser feitas em função do uso que se faz do lugar e da extensão da parede; de tal maneira que seu número seja o mais oportuno, nem excessivo nem insuficiente, e que deixem passar a quantidade de luz necessária.

Será conveniente também prever que tipos de ventos as janelas irão receber. Aquelas, por exemplo, orientadas para as brisas salutares poderão ser feitas muito amplas por todos os seus lados; e será oportuno aumentá-las de tal modo que o ar consiga circular entre seus habitantes: isso se conseguirá, sobretudo, fazendo o peitoril tão baixo que quem estiver dentro possa ser visto por quem passar na rua e vice-versa. Aquelas janelas que, ao contrário das outras, não estão orientadas para ventos salubres, deverão ser colocadas de forma que não deixem passar menos luz do que for conveniente nem tanta que pareça ser demais. Colocar-se-ão na parte alta para que a parede, interposta, proteja os habitantes dos ventos; de tal maneira, os ventos penetrarão o suficiente para que se renove o ar, mas perderão sua força e por consequência tornar-se-ão menos nocivos.

Dever-se-á considerar de antemão também com que intensidade o sol entrará no interior da casa, e se as janelas deverão ser construídas mais amplas ou menos amplas conforme o tipo de habitação. Nos apartamentos de verão serão feitas janelas amplas em todas as direções nas partes voltadas para o norte; baixas e estreitas naquelas voltadas para o sol do meio-dia: as primeiras terão uma ventilação melhor, as outras serão menos vulneráveis ao sol; mesmo assim, a iluminação, devido ao resplandecer contínuo do sol, será sempre suficiente nesse tipo de lugar, no qual se busca a sombra muito mais que a luz. Nos apartamentos invernais, ao contrário, usam janelas muito amplas para acolher o sol diretamente no seu interior, mas serão colocadas na parte mais alta, para não ficarem demasiadamente expostas aos ventos, que não devem atingir diretamente os habitantes nem quando estiverem em pé. Mas, de qualquer forma, se se quiser introduzir luz dentro do edifício, é óbvio que se deve conseguir olhar livremente para o céu: não se deve pôr a uma altura demasiadamente baixa nenhuma abertura que proporcione a passagem da luz, pois a luz se percebe com os olhos e não com os pés; além disso, acontece que a interposição de qualquer pessoa é suficiente para interromper a fonte luminosa, obscurecendo grande parte do ambiente; o que não acontece se a luz penetrar do alto.

As portas seguirão os mesmos critérios das janelas, de forma que sejam construídas, em função do número de habitantes e do destino do lugar, de menor ou maior tamanho e mais ou menos numerosas. Constatei, todavia, o costume de construir frequentemente aberturas dos dois tipos, sobretudo nos edifícios públicos. Isto se vê muito bem nos teatros, que se pode dizer — se não estou equivocado — são caracterizados por muitas aberturas, não somente por escadas, mas especialmente por portas e janelas.

Tais aberturas não devem ser demasiadamente pequenas se forem colocadas em paredes amplas, e nem maiores do que aconselha a funcionalidade em paredes normais. No que diz respeito ao desenho, os pareceres são diferentes; mas os arquitetos mais célebres, podendo, adotam sempre as formas quadrangulares e retilíneas. De qualquer forma, todos concordam que o desenho deve harmonizar-se com as dimensões e as formas do edifício, quaisquer que sejam. Eles aconselham também que as portas devem ter uma abertura tal que resultem sempre mais altas que largas: e, delas, as mais altas, que contenham em seu interior dois círculos tangentes; e as que sejam mais baixas, que sua altura seja igual à diagonal do quadrado, cujo lado seja a largura da mesma porta em sua parte inferior.

As portas deverão ser colocadas em uma posição tal que facilite o acesso a todas as partes do edifício. Deve-se buscar também a beleza de modo que haja correspondência entre os elementos da direita e os da esquerda, assim como igualdade de dimensões. É costume que portas e janelas estejam em número ímpar, mas de tal forma que as que estiverem nos dois lados possuam medidas correspondentes, e a que estiver no meio seja levemente mais ampla.

Além disso, tinha-se o máximo cuidado para não enfraquecer a estrutura da construção. A tal fim, colocavam-se as aberturas longe dos ângulos e dos lugares em que se levantavam as colunas, nas zonas mais frágeis da parede, mas sem chegar ao extremo de não sustentar o peso. E se procurava distribuir de tal forma que a maior parte da parede resultasse intacta e livre de aberturas na extensão da sua perpendicular, do solo até o teto.

Há ainda uma categoria particular de aberturas, que assim denominamos pela semelhança com as portas e janelas no que diz respeito à posição e à forma; mas não transpassam a espessura total do muro, mas sim, à guisa de nichos escavados nele, lhe proporcionam espaços convenientes e adequados e um lugar para colocar estátuas e pinturas. Em quais lugares devam ser alocadas essas aberturas, com que proximidade e com que tamanho, são problemas de que trataremos detalhadamente quando falaremos sobre os ornamentos do edifício.

De qualquer forma, elas são vantajosas, não somente do ponto de vista estético, mas, sobretudo, por causa do gasto, pois se utilizam menos pedras e argamassa na confecção do muro. É importante somente dizer que é oportuno que a colocação desses nichos aconteça em número adequado, que não sejam muito largos, que possuam um aspecto sóbrio, de forma que imitem por completo as janelas de sua ordem.

Observei, ainda, nas obras dos antigos, que tais aberturas, de qualquer tipo que sejam, geralmente não eram maiores que uma sétima parte do muro em que estavam situadas, porém tampouco de um tamanho inferior à nona parte do muro.

Os espaços existentes entre os entrecolúnios são obviamente considerados entre as mais importantes aberturas. Eles variam de acordo com o tipo de edifício no qual se inserem. Trataremos deles no lugar mais apropriado, sobretudo quando falaremos da disposição dos edifícios sacros. Basta acenar aqui que essas aberturas devem ser colocadas de maneira tal que se leve em conta, sobretudo, o máximo rigor ao se dispor as colunas destinadas a sustentar a cobertura, evitando que elas resultem demasiadamente finas ou escassas para que o peso daquela possa ser facilmente suportado, ou, ao contrário, demasiadamente grossas ou numerosas para poder deixar espaço suficiente e cômodo a quem passar. Além disso, as próprias aberturas serão de um tipo se as colunas são numerosas, ou de outro, se são escassas. De fato, sobre o primeiro tipo de colunas se colocará a arquitrave, sobre as outras o arco. Neste último caso, deve-se sempre levar em conta que esse arco não seja menor que um semicírculo mais a sétima parte da metade do diâmetro; consta, de fato, entre os especialistas, que esse arco é o mais apropriado de todos para durar eternamente, enquanto todos os outros são considerados pouco resistentes para suportar a carga e tendem a desmoronar. O arco semicircular é o único, a nosso ver, que não requer uma cadeia ou outros meios de apoio: todos os outros arcos, sem a ajuda de cadeias ou de contrapesos, por meio dos quais resultem firmes, por causa do seu próprio peso tendem a fender-se e a desmoronar. Não deixarei de mencionar aqui uma astúcia notável e muito aconselhável que observei nas obras dos antigos: ótimos arquitetos, eles construíam esse tipo de aberturas e os arcos das abóbadas dos templos de modo tal que, embora tirando todas as colunas internas, tanto os arcos de tais aberturas quanto as abóbadas dos telhados seguem firmes e se deslocam pouquíssimo. As estruturas dos arcos que sustentam as abóbadas foram construídas tão solidamente até o terreno por meio de um procedimento surpreendente, e desconhecido dos demais, que a inteira construção se rege apoiando-se unicamente nos arcos; se, de fato, se leva em conta que estes têm como corda o próprio terreno, que os encadeia solidamente, não parecerá coisa estranha que eles resistam muito firmes ao passar dos anos sem outros apoios.

CAPÍTULO XIII

A construção das escadas é um trabalho difícil que se deve enfrentar com muita convicção após uma séria reflexão. De fato, nas escadas confluem três tipos de aberturas: a primeira é a porta que permite o acesso às próprias escadas, a segunda é a janela que ilumina a rampa e torna visível a profundidade de cada degrau, a terceira é a abertura no teto que leva ao piso superior. É por isto que se diz que as escadas tornam difícil o desenho dos edifícios. Mas quem não quiser que as escadas causem impedimentos, evite causar impedimentos às escadas: cuide, isto é, de destinar a elas uma parte bem determinada e apropriada da área, para que haja um acesso cômodo e sem empecilhos até a cobertura situada ao ar livre. Não se deve considerar excessivo o espaço destinado às escadas, porque elas serão de grande utilidade naquele lugar e não incomodarão a parte restante do edifício; e, além disso, os espaços vazios, sustentados pelos arcos, que ficam embaixo das escadas, poderão ser utilizados com muito proveito.

Omitindo as escadas de tipo militar, úteis para assédio a fortificações, de que não trataremos aqui, nós nos ocuparemos de duas categorias de escadas: aquelas graças às quais subimos não através de degraus, mas sim mediante um percurso simples em pendência, e aquelas graças a cujos degraus chegamos até a parte mais alta. No que diz respeito às primeiras, os antigos costumavam fazê-las o mais cômodas e o menos inclinadas possível; sendo mais exato, observei nas suas obras que eles reputavam suficientemente cômoda aquela escada construída de maneira tal que a altura final fosse igual à sexta parte da longitude total da rampa. Nas escadas com degraus, eles preferiam que fossem ímpares, sobretudo nos templos, porque — diziam — dessa forma se entra no templo com o pé direito, o que parece seria recomendado pelo ritual. Notei especificamente que os melhores arquitetos se conformavam à regra de não construir nunca, ou quase nunca, escadas com mais de sete ou nove degraus sem interrupções (acredito que por causa do número dos planetas ou dos céus), mas sim muito sabiamente providenciavam colocar à guisa de intervalo um patamar entre cada sete ou nove degraus, para que aqueles que por fraqueza ou por cansaço encontravam dificuldade para subir pudessem descansar de vez em quando; e, ainda, para que se por acaso alguém ao percorrê-las tivesse caído, teria um espaço no qual frear sua queda e recuperar-se.

No que me diz respeito, estou perfeitamente de acordo com quem acha que as escadas devam estar intervaladas por patamares, e ainda que devam ser bem iluminadas e, conforme a importância do edifício, amplas e espaçosas. A altura dos degraus era ainda medida de maneira que não superasse os três quartos nem fosse menor que um sexto de pé de altura, enquanto a sua profundidade não deveria ser inferior a um pé e meio nem superar os dois pés. Ao todo será oportuno ter no edifício o menor número possível de escadas, e tais que ocupem o menor espaço possível.

As saídas da fumaça e das águas devem ser facilitadas e encanadas de modo que nem a água nem o fumo possam estagnar-se, ou extravasar dos canos, ou manchar, ou danificar, ou ameaçar a solidez da construção. É preciso então que os canos das chaminés sejam colocados longe de todo tipo de madeira, para evitar que por causa de faísca ou do calor se incendeie a viga mais próxima. As tubulações para a água corrente devem ser postas de tal forma que expulsem quanto for supérfluo e não danifiquem as estruturas do edifício com a corrosão e o umedecimento. Se, de fato, uma das mencionadas estruturas fosse nociva, embora em medida mínima, com o passar do tempo a deterioração contínua causaria danos gravíssimos. No que diz respeito, especificamente, às tubulações para as águas, observei que os melhores arquitetos encanaram a água que pinga do telhado através de calhas, de maneira que os transeuntes não fossem atingidos, ou melhor, de modo a comboiá-la no implúvio e daí recolhê-la em tanques para vários usos ou descarregá-la nos locais destinados à acumulação de lixo, arrastando-o, para que não molestasse o olfato e a vista das pessoas. Mas, sobretudo, parece-me que cuidaram muito de afastar do edifício as águas pluviais, com o objetivo principal de evitar que o terreno no qual se assentava o edifício se impregnasse de umidade.

Notei também que esses arquitetos cuidavam de colocar todas as aberturas nos lugares mais apropriados, isto é, onde elas poderiam proporcionar maiores vantagens ao edifício inteiro. Especificamente, os poços devem ser colocados preferivelmente numa parte da casa que seja visível e acessível, para que não ocupem uma posição demasiadamente digna ou inadequada para suas funções. Os que estão ao ar livre contêm água mais pura, segundo os estudiosos da natureza. Mas, seja qual for a parte da casa onde se escavaram os poços ou em que foram enterrados os esgotos ou de onde surjam as águas ou a umidade, convém que nesse lugar haja aberturas tais que circule a quantidade maior de água, que com o seu movimento contínuo libere o solo de exalações úmidas.

Até agora tratamos daqueles aspectos do desenho dos edifícios que têm a ver com as obras em geral, abordando os vários aspectos compartilhados por todas. Devemos agora abordar a técnica de construção dos edifícios, mas antes será oportuno dizer alguma coisa acerca dos materiais de construção e acerca do que for necessário preparar para começar a obra.

Livro II
Os materiais

CAPÍTULO I

Eu acredito seja danoso iniciar a construção de um edifício sem previamente refletir sobre os esforços e as despesas que ela comporta: isso não somente traria muitas desvantagens, mas seria muito nocivo para sua reputação. Se, de fato, é certo que uma obra bem feita é vantajosa para todos aqueles que gastaram seu engenho, estudos e fadigas nesse empreendimento, por outro, é verdade também que a falta, neste ou naquele ponto, de juízo por parte do autor, ou de perícia por parte do executor, prejudica gravemente a fama de ambos. Todos conhecem especialmente os méritos e os defeitos dos edifícios públicos, nos quais, não se sabe como, a impressão negativa decorrente do que foi mal feito supera em intensidade a admiração despertada pelo que foi bem concebido e executado conforme as regras. E é realmente surpreendente constatar como todos nós, cultos e ignorantes, guiados por um instinto natural, advertimos logo o que estiver certo e o que estiver errado na concepção e na execução de uma obra. Nesse tipo de julgamento, a parte desenvolvida pelo olhar supera em perspicácia a de todos os outros sentidos; por isso acontece que, olhando um edifício no qual se percebe haver algum componente impreciso, defeituoso, supérfluo, inútil, imperfeito, imediatamente a sua deselegância chama a nossa atenção. As razões dessa impressão não poderão ser compreendidas por todos; todavia, se tivéssemos que dar nossa opinião acerca de algo a ser consertado ou retificado, todos responderíamos afirmativamente; mas de que forma isso pode ser feito será bem mais difícil dizer, e será tarefa exclusiva dos especialistas no assunto.

Será trabalho dos especialistas conceber e determinar previamente cada coisa, para evitar que, quando a obra estiver em construção ou já prestes a ser terminada, não se possa dizer: “isto não deveria ser feito”, ou “teria sido melhor de outra forma”. É surpreendente o fato de que, se executarmos mal a nossa obra, nós mesmos percebemos as graves consequências: pois, com o passar do tempo, nos damos conta enfim daqueles defeitos que no princípio o descuido nos tinha impedido de ver; e então nos queixamos para sempre do erro, a menos que ele seja apagado ou consertado; e ainda, se a obra for demolida, seremos criticados por termos gastado inutilmente dinheiro e trabalhos excessivos e também por causa de nossa vulnerabilidade e falta de juízo.

Conta Suetônio que Júlio César, após haver terminado a construção de uma casa muito cara nas proximidades de Nemi, que sob sua ordenação tinha sido iniciada desde as fundações, dera-se conta que não era de seu gosto e mandou demoli-la completamente. Após muitos séculos, nós também podemos criticá-lo por não ter meditado, antes de começar os trabalhos, sobre tudo aquilo que fora necessário, e ainda por haver detestado o que tinha decidido com razão, por causa da inconstância de seu caráter.

Não cansarei então em recomendar o que costumavam fazer os melhores arquitetos: meditar e meditar novamente sobre a obra a ser empreendida, sobre o seu conjunto e a medida de todas as suas partes, utilizando não somente desenhos e esboços, mas, também, modelos feitos com madeira ou com outro material, e levando em conta os conselhos dos especialistas. Somente após essa avaliação poderemos enfrentar a despesa e o cuidado que a obra comporta. O uso desses modelos permite manter sob controle, da forma mais clara, a disposição ordenada de todos aqueles elementos que descrevemos no livro precedente: a posição em relação ao meio ambiente, a delimitação da área, o número das partes do edifício e sua disposição, a conformação dos muros, a solidez das coberturas etc. Poder-se-ão também, sem perda nenhuma, prever aqui acréscimos, diminuições, trocas de posição, soluções novas, até revolucionar a ordem primitiva, alcançando assim a disposição mais conveniente e que satisfaça completamente. Poder-se-á, ainda, calcular o total da soma a ser gasta na construção — coisa muito importante — levando em conta, para todas as partes, a sua amplitude, altura, espessura, número, extensão, conformação, aspecto e qualidade, em relação à sua importância e ao valor da mão de obra. Dessa forma, ter-se-á uma ideia clara e exata da disposição e da quantidade das colunas, dos capitéis, das bases, das cornijas, dos frontões, dos revestimentos, dos pavimentos, das estátuas, e daquilo tudo que constitui a estrutura do edifício ou a sua ornamentação.

Acrescento aqui uma observação que considero muito oportuna: a exibição de modelos coloridos, com pinturas muito atraentes, indica que o objetivo do arquiteto não é somente o de representar simplesmente o seu projeto, mas sim, por ambição, tentar atrair utilizando a estética o olhar de quem observa, de modo que se distraia e sua mente cheia de maravilha não examine com demasiada ponderação as várias partes do modelo. Melhor então que se façam modelos não muito acabados, limpos e brilhantes, mas nus e simples, de modo que destaquem a agudeza da concepção, e não o cuidado da execução.

Entre o desenho do pintor e o do arquiteto há uma diferença: o primeiro se esforça para dar relevo ao quadro por meio de sombras, linhas e ângulos encurtados; o arquiteto, ao contrário, com seu desprezo pelas sombras, representa os relevos mediante o desenho da planta, e simula em outros desenhos a forma e a extensão de cada fachada e de cada lado utilizando ângulos reais e linhas invariáveis, como quem quer que sua obra não seja julgada com base em aparências ilusórias, mas sim avaliada exatamente utilizando medidas controláveis. É oportuno então construir modelos do tipo mencionado, e examiná-los e avaliá-los várias vezes, seja por conta própria, seja com outros, para que se determine, de todo e qualquer pormenor, a natureza, as características, a colocação, o espaço que ocupará e as funções para as quais se destina.

Dever-se-á providenciar, sobretudo, uma colocação das coberturas que resulte ser a melhor possível, já que a cobertura, por sua natureza — se não me engano — de todos os elementos constitutivos, foi o primeiro que o homem utilizara para seu descanso; tanto que se pode dizer que foram inventados em função das coberturas não somente os muros e tudo aquilo que os acompanha, mas, também, as partes que vão abaixo do solo, como as tubulações para a água, as canalizações da água pluvial, os esgotos e similares. A propósito disso, devo lembrar, eu que tenho uma experiência razoável nestes temas, quanto seja difícil conduzir um trabalho de modo que a funcionalidade das partes possa conciliar-se com o decoro e a elegância: isto é, que a obra seja elogiada, além dos outros méritos, também pela existência de certa variedade entre as partes, distribuídas harmoniosamente conforme uma concepção unitária das proporções. Tarefa com certeza árdua, pois somente uma mente inteligente e conhecedora do ofício consegue dar a todas essas partes uma cobertura funcional, estável, digna e apta ao objetivo.

Quando finalmente cada aspecto do seu projeto tiver sido aprovado plenamente por você e pelos outros especialistas, de maneira que não permaneça mais sequer um mínimo motivo de incerteza ou de indecisão, cuide de não se deixar vencer pelo frenesi de construir a qualquer custo, e para não iniciar a sua obra demolindo construções antigas ou lançando alicerces desmedidos pelo edifício inteiro, como fazem os loucos ou os imprudentes. Aconselho, ao contrário, deixar passar certo tempo para que o seu entusiasmo pela obra logo concebida se enfraqueça, para voltar depois com mais diligência, ainda uma vez, no momento em que o seu julgamento acerca de quanto construiu não seja influenciado pela paixão inventiva, mas seja ditado por um raciocínio tranquilo. Já que em toda empreitada o tempo leva à descoberta e à dedução de muitas coisas que no princípio podem fugir até ao homem mais competente.

CAPÍTULO II

Examinando novamente o seu modelo deverá levar em conta, entre os elementos necessários, os seguintes: em primeiro lugar, se o que está prestes a fazer não supera as forças humanas; e se a obra, uma vez empreendida, não vai contra a natureza. A natureza, de fato, tem em si tal força que, embora por vezes possa ser contida mediante estruturas colossais, ou desviada mediante algum tipo de suporte, todavia sempre consegue superar todos os obstáculos que dificultam seu caminho; qualquer coisa que tente opor-se, ainda que com pertinácia, ela, rejeitando-a com uma constância incontrolável, com o tempo a seu favor a vai debilitando e a derrota.

Quantas obras do homem — conforme aprendemos das leituras ou vimos com os nossos olhos — arruinaram somente porque entraram em conflito com a natureza! E quem não riria da ingenuidade — ou melhor, não desdenharia a infeliz soberbia — daquele que queria construir uma ponte feita de navios para cavalgar sobre o mar? O porto de Cláudio, construído junto a Ostia, ou aquele de Adriano, em Terracina, são obras que na opinião dos demais parecia poderem durar para sempre: constatamos, ao contrário, que já há muito tempo as embocaduras estão obstruídas pela areia, sua parte interna está completamente entulhada e eles destruídos por completo, por causa da ação contínua do mar que não parou nunca a sua luta e, enfim, venceu. Dito isso, é fácil imaginar o que poderia acontecer a quem propusesse conter totalmente o ímpeto de massas de água ou o desmoronamento de paredes rochosas. É preciso então evitar tentar algo que não esteja em completa harmonia com a ordem natural.

Em segundo lugar, evitar-se-á começar empreendimentos que não se podem terminar. Se, por exemplo, a ajuda divina não tivesse favorecido a grandeza de Roma, e se o alargamento do império não tivesse contribuído às despesas necessárias para uma obra de tamanha magnificência, com certeza o rei Tarquínio teria merecido uma desaprovação universal por ter gasto, ao lançar as fundações de um templo, todo o dinheiro que deveria haver gasto para a obra inteira.

É importante também considerar não somente o que é possível, mas também o que é mais conveniente. Não se deverá aprovar o que os contemporâneos contam acerca de Rolope, a famosa prostituta da Trácia, a qual com despesas fabulosas mandou erigir um monumento sepulcral; pois, mesmo tendo juntado com seu ofício uma soma comparável com a de um rei, não era com certeza digna de repousar em um sepulcro real. Por outro lado, não desconsideraremos a rainha de Cária, Artemísia, por ter dedicado um esplêndido sepulcro ao querido e nobre marido; embora nessas coisas também um pouco de comedimento fosse sempre necessário. Horácio desaprova Mecenas por sua mania de construir. Acredito, ao contrário, estivesse com razão aquele que — conforme conta Tácito — ergueu em Oton uma tumba modesta, mas duradoura.

Se, em geral, para os monumentos particulares se requer certo comedimento e para os públicos certa grandiosidade, contudo por vezes até estes últimos são louvados por serem tão comedidos quanto os primeiros. Louvaremos e admiraremos então a magnificência do teatro de Pompeu, obra notável e completamente digna de Pompeu e das vitórias de Roma; enquanto nem todos admiram a mania de construir de Nero e seu exagerado desejo de realizar obras colossais. No que diz respeito àquele que, valendo-se do trabalho de milhares de pessoas, perfurou uma montanha nas proximidades de Pozzuoli, com certeza todos teriam preferido que ele tivesse usado tantos esforços e despesas para um empreendimento mais útil. Assim como todos execram a incrível soberba de Heliogábalo, que planejara elevar uma coluna enorme, em cujo topo, ao qual se podia chegar através de escadas internas, teria mandado colocar a estátua do deus Heliogábalo, em cujo culto se iniciara; mas, após ter mandado procurar em vão até na região de Tebas um pedaço de rocha tão grande, teve de renunciar ao propósito.

Enfim, será bom evitar empreender uma construção que, mesmo preenchendo os requisitos de utilidade, harmonia, possibilidade de execução, e existindo a oportunidade e os meios necessários naquele momento, apesar disso tudo, possua tal natureza que em breve, ou por descuido do herdeiro ou porque não agrada a quem nela mora, desmorone. A escavação de um canal desde o lago Averno até o porto de Ostia, navegável com quinquerremes, cuja execução foi decidida por Nero, me parece criticável por várias razões, mas, sobretudo, porque ele só poderia manter-se intacto desde que ficasse para sempre inalterada a prosperidade do império e que houvesse sempre imperadores que cuidassem dele.

Em conclusão, deverá levar em conta os pontos até agora ilustrados, isto é: o que você pretende fazer, em que lugar o faz, e quem é você. E é indício de pessoa sábia e equilibrada dispor tudo conforme a sua importância e sua função.

CAPÍTULO III

Após ter verificado esses elementos, resta ver os outros: se cada um deles foi bem desenhado e adequadamente situado no lugar que lhe cabe. Para conseguir este objetivo é preciso que se acostume, ao julgar esse tipo de coisas, a considerar como uma desonra o fato de que não consiga, no que lhe diz respeito, fazer uma obra tal que em nenhum outro lugar se possa encontrar outra, construída com iguais pressupostos e em condições parecidas, que seja mais agradável de contemplar e digna de mais elogios. Mas em assuntos desse tipo não é suficiente que não nos depreciem: é preciso, sobretudo, que aprovem nosso labor até sermos considerados entre os melhores e dignos de sermos imitados. É necessário então que sejamos exigentes e meticulosos ao examinar cada coisa, para evitar que a obra apresente qualquer tipo de elemento que não tenha sido escolhido e experimentado, e cuidando ainda que cada pormenor esteja de acordo com todos os outros para o decoro e a harmonia do conjunto, até o ponto em que qualquer mudança, acréscimo ou detração que for aportada tornará a obra pior.

Mas, perante esses problemas, não cansarei de aconselhar que se recorra ao juízo ponderado dos especialistas, escutando os pareceres de quem sabe examinar tudo com espírito honesto e imparcial. Já que a opinião e o ensinamento dessas pessoas, mais que sua vontade e parecer pessoal, permitir-lhe-ão alcançar resultados perfeitos ou quase. E, enfim, ver a própria obra aprovada por parte de pessoas competentes é uma grande satisfação; e a aprovação será maior quando eles não apontarem nada melhor que a tua obra. Será uma grande satisfação ver o teu trabalho aprovado e constatar que todo especialista está de acordo com as tuas escolhas. Será também útil escutar todos: pois, às vezes, mesmo quem não tem conhecimento específico deste assunto pode dizer coisas que os próprios especialistas consideram nada desprezíveis.

Quando tiver analisado cuidadosamente a conformação do edifício inteiro conforme as diferentes partes do modelo, de modo que tenha estudado e verificado tudo; quando tiver resolvido com segurança levantar a construção daquela maneira; quando, enfim, tiver verificado como procurar o dinheiro para as despesas necessárias, deverá providenciar quanto for indispensável para a execução da obra, para evitar que a falta de alguma coisa ao longo do trabalho atrase a sua finalização. Havendo de fato vários elementos sem os quais não é possível terminar a obra, e tais que faltando qualquer um deles a construção resulta prejudicada e incompleta, não se deve descuidar de nada que possa ser de ajuda, com sua presença, ou prejudicar, com sua ausência.

Conta em sua obra Eusébio Pânfilo que David e Salomão, reis dos judeus, querendo construir o templo de Jerusalém, acumularam uma enorme quantidade de ouro, de prata, de cobre, de diferentes tipos de madeira, de pedra etc.; e ainda, para que não faltasse nada que colocasse em perigo a fácil e rápida construção de sua obra, solicitaram arquitetos e milhares de operários aos soberanos das regiões limítrofes. Providência que recomendo vivamente, pois o fato de que uma obra concebida conforme as regras seja terminada com solicitude acresce a importância da própria obra e a fama do seu autor. Os escritores exaltam Alexandre o Macedônio por ter construído em pouco mais que uma semana — conforme relata Cúrcio — uma cidade, nada pequena, situada junto ao Tanais; é também celebrado Nabucodonosor por ter levado a cabo o templo de Bel — conforme diz o historiador Flávio Josefo — em quinze dias; ou por ter, também em quinze dias, cercado Babilônia com uma tríplice muralha; assim também Tito, por ter construído "em três dias" um muro com não menos que quarenta estádios;[19] e Semíramis que, ao levantar muros gigantescos em Babilônia, a cada dia tinha avançado um estádio na construção; e em outra ocasião mandou construir em pouco mais de sete dias, para conter um lago, uma muralha com duzentos estádios de comprimento, muito alta e profunda. Mas trataremos desses assuntos em outro lugar.

CAPÍTULO IV

Os materiais a serem considerados são então os seguintes: cal, areia, pedra, madeira; e ainda ferro, cobre, chumbo, vidro e similares. E, a meu ver, devem-se escolher, sobretudo, operários capazes, sérios, e confiáveis, aos quais se entregue uma execução cuidadosa de trabalhos exatamente definidos, a quem se possa pedir que acabem a obra com honestidade e a levem a cabo rapidamente.

Ao resolver todos esses problemas, e para um julgamento mais pertinente, será de ajuda observar as obras mais próximas que estão à vista, deduzindo de seu exemplo as decisões a serem tomadas em seu caso. Pois poder-se-á conjeturar que os elementos nelas presentes, tanto positivos quanto negativos, sejam similares com os da nossa obra. Nero, o imperador, tinha resolvido erguer em Roma um colosso alto de cento e vinte pés, consagrado ao culto do sol, que deveria superar a vastidão e a magnificência das estátuas anteriores; e Plínio relata que ele escolheu Zenodoro para a execução da obra, célebre e conceituado artista daquela época, somente após ter constatado qual fosse o seu valor na confecção de uma obra tão importante, pois já levantara na Gália, no território dos arvernos, um colosso de imensas proporções.

Faremos referência agora ao que escreveram os sábios da Antiguidade acerca dos materiais úteis na construção: dentre todos Teofrasto, Aristóteles, Catão, Varrão, Plínio, Vitrúvio. Esses conhecimentos se aprendem, de fato, mais após uma longa experiência que por dotes intrínsecos da inteligência, de modo que será oportuno deduzi-los de quem, como eles, os registrou com grande precisão. Em

[19] Antiga medida de comprimento usada na Grécia. Correspondia a 177 metros no sistema ático e 185 metros no sistema alexandrino.

consequência, listaremos, então, o que foi tratado pelos maiores autores antigos em numerosos e múltiplos trechos de suas obras; acrescentaremos, porém, como sempre, aqueles elementos que extraímos da observação direta das obras antigas ou dos conselhos dos profissionais conhecedores de seu ofício, e que de alguma forma podem tornar-se úteis ao nosso discurso.

Parece-me um procedimento útil se começar, conforme a natureza, por aqueles mesmos materiais que os homens utilizaram em um primeiro momento para construir: isto é, se não me engano, a madeira obtida nas florestas das árvores de corte. Todavia, existem discrepâncias entre um autor e outro acerca disto. Alguns afirmam que em origem o homem morava nas cavernas, de modo que pastores e rebanhos se abrigavam sob a mesma sombra; e acreditam no que conta Plínio, segundo o qual foi um tal Gélio Taxio o primeiro que, imitando a natureza, construiu uma casa com o barro. Diodoro escreve, ao contrário, que foi a deusa Vesta, filha de Saturno, a primeira que inventou as habitações. Eusébio Pânfilo, douto indagador da Antiguidade, sustenta, a partir de afirmações dos antigos, que foram os descendentes de Protógenes que idearam as moradias para os homens, entrelaçando folhas de cana palustre com papiro. Mas voltemos ao tema que nos ocupa.

Os antigos e, sobretudo, Teofrasto, mandam cortar as árvores, e especialmente o abeto, o abeto vermelho e o pinheiro, assim que brotarem e crescerem os primeiros galhos, quando é fácil tirar a cortiça pela abundância de seiva. Mas dizem também que algumas árvores são mais aproveitáveis se cortadas após a colheita, por exemplo, o ácer, o olmo, o freixo, a tília; se o carvalho for cortado na primavera, torna-se presa dos carunchos; pelo contrário, se for cortado no inverno permanecerá intacto e sem rachaduras. E poderá tornar-se útil saber que a madeira cortada no inverno, quando sopra o bóreas,[20] arde muito bem e quase sem fumaça mesmo sendo ainda verde, pois isso significa que não contém seiva nova, mas amadurecida.

Vitrúvio aconselha que se corte a madeira desde o princípio do outono até quando começa a soprar o favônio. Hesíodo diz que, quando o sol está sobre nossa cabeça, no momento de maior calor, queimando a pele dos homens, é a hora da colheita; quando, pelo contrário, começa a queda das folhas, é a hora de cortar as árvores na floresta. Mas Catão dá a respeito o seguinte conselho: "Se quiser madeira de carvalho, corte-o em época de solstício; no inverno, de fato, os frutos estão maduros. A respeito das outras plantas, corte-as quando os frutos estiverem maduros, se os produzirem, ou quando preferir, se não os produzirem;

[20] Vento norte; setentrião.

e as que tiverem frutos maduros e verdes, ao mesmo tempo, corte-as quando caírem e corte o olmo quando suas folhas caírem".

Dizem também ser muito importante a fase lunar em correspondência da qual se providencia o corte das árvores. Muitos autores, e, sobretudo, Varrão, acreditam que ao cortar qualquer coisa o influxo da lua seja tão forte que — diz-se — quem cortar o seu cabelo com a lua em fase decrescente em breve se torna calvo: razão pela qual o imperador Tibério — dizem — tinha reservado dias específicos para o corte dos cabelos. Os astrônomos sustentam ainda que cortar os cabelos ou as unhas quando a lua estiver nova ou em quarto minguante produz depressão. Poderá tornar-se útil também a notícia segundo a qual aquele tipo de madeira utilizado para construir móveis deve ser trabalhado quando a lua se encontra em Libra ou em Câncer; enquanto que aquela usada para construir imóveis se deve trabalhar quando a lua se encontra em Leão ou em Touro etc. Mas todos os especialistas estão de acordo quando aconselham cortar a madeira com a lua em quarto minguante: dizem, de fato, que naquela época quase se exauriu aquela espécie de humor denso que tende a impregnar a madeira e a apodrecê-la; e se constatou ainda que ao cortar a madeira quando há essa fase lunar, se evitam carunchos. Eis explicado o ditado: "Se quiser vender o trigo, faça a colheita com a lua cheia": de fato, nesse período até as espigas estão grandes; porém para guardá-la faça a colheita em quarto crescente. Resulta também que a folhagem acumulada com a lua minguante não murcha. Columela, por sua parte, acha que o período melhor para cortar árvores esteja entre o vigésimo e o trigésimo dia do ciclo, com lua minguante; Vegécio prefere o período entre o décimo quinto e o vigésimo segundo dia após a lua nova, e pensa que daí surgiu o preceito religioso de celebrar somente nesses dias aqueles ritos que se referem à eternidade, porque o que se corta nesses dias dura para sempre. Diz-se também que se deve observar como se põe a lua. Por sua vez, Plínio pensa que as árvores se possam abater da forma mais proveitosa quando surge a constelação do Cão e a lua está em conjunção, dia que recebe o nome de interlúnio, e afirma ainda que se deve aguardar a noite daquele mesmo dia até quando a lua se ponha. A razão de tal escolha, segundo os astrônomos, está nisso, que por causa do influxo da lua o humor de todas as coisas se vê alterado; assim em seguida, ao dirigir-se até a lua e desaparecendo o humor, inclusive o das raízes mais profundas, o resto da matéria se torna mais pura.

Além disso, pensa-se que a madeira da árvore durará muito mais se não for abatida logo, mas sim cortada em círculo, para que desta forma se seque em pé. O abeto, dizem ainda, árvore que habitualmente é muito pouco resistente ao contato nocivo com a umidade, se for descortiçado com a lua minguante, adquirirá uma contextura tal que não apodrecerá pelos efeitos da água. Outros dizem que o roble e o carvalho, árvores de madeira robusta até o ponto em que por sua natureza pesam mais que a água, se forem incisos em círculo e forem abatidos após terem perdido as folhas, podem boiar na água por noventa dias. Outros aconselham que se entalhe a árvore mais profundamente, deixando-a em pé, no ponto mais grosso até o meio da medula, para que deixe correr mais abundantemente os venenos e humores ruins que contém, esvaziando-se. Ainda recomendam não abater uma árvore que se pretenda aplainar ou serrar antes que suas sementes alcancem o amadurecimento e produzam seus frutos; e, uma vez cortada, especialmente no caso de uma árvore que dá frutos, é oportuno descortiçá-la completamente, porque, se ficar coberta, se deteriora muito facilmente sob o livro.[21]

CAPÍTULO V

Uma vez cortada, a madeira deve ser colocada em um lugar a que não possa chegar a ação violenta do sol e dos ventos: devem ser, sobretudo, protegidos com a sombra aqueles tipos de madeira que tendem a rachar-se. Por essa razão, os arquitetos antigos costumavam espargir a madeira com esterco, principalmente de vaca: isso porque — segundo Teofrasto — dessa forma, fechados os poros, os humores adensados e os vapores insalubres em excesso iam saindo gota a gota, evaporando aos poucos através da medula, de modo que a espessura restante da madeira, ao dessecar-se, se condensava de uma maneira mais uniforme. Acredita-se, também, que os troncos secam melhor se colocados verticalmente com o topo voltado para baixo.

Vários remédios eram adotados contra o envelhecimento da madeira e suas possíveis doenças. Teofrasto pensa que a madeira enterrada se reforça muito. Catão aconselha espargir com borra de azeite a madeira cortada para imunizá-la contra traças e carunchos. Todos sabem que o piche defende a madeira contra a água do mar. Dizem ainda que a madeira imbuída na borra de azeite queime sem a incômoda fumaça. Conta Plínio que para construir o labirinto do Egito usaram-se vigas feitas com abrunheiro egípcio cozido no azeite. Teofrasto diz que a madeira recoberta com visgo não queima.

E não passarei por alto o seguinte exemplo: em Gélio lê-se uma notícia, tomada dos *Anais* de Quinto Cláudio, segundo a qual uma torre de madeira, que havia junto ao Pireo, antes do ataque do exército de Sila, não queimou, pois Arquelau, general de Mitridatos, a tinha feito espargir abundantemente com alume.

---

[21] Invólucro das plantas entre a estrutura celular e a cortiça; é gerado pelos estratos mais profundos da cortiça.

Há ademais diversos procedimentos para tornar mais compacta a madeira e fortalecê-la contra as inclemências do tempo. A madeira de cedro, por exemplo, é espargida com terra e recoberta com cera, e deixada a descansar, por sete dias e sete noites, sobre um amontoado de trigo: dessa forma ela se reforça e é mais fácil manuseá-la, pois se torna surpreendentemente mais leve; dizem ainda que ela, uma vez seca próximo ao mar, ganha dureza e uma densidade inexpugnável. Sabe-se que a madeira de castanho é purificada com a água do mar. A figueira egípcia — escreve Plínio — era imersa nos pântanos para que secasse e se tornasse mais leve: de fato, sem esse tratamento ela afunda. E nós podemos observar os nossos marceneiros manter submersa a madeira, e especialmente aquela que se deve trabalhar no torno, na água ou na lama, por trinta dias, porque dizem que dessa forma seca mais rapidamente e pode ser mais bem utilizada.

Alguns sustentam que qualquer tipo de madeira, se for enterrado em um terreno úmido quando ainda está verde, dura eternamente. De qualquer forma, tanto se for enterrado, quanto se for untado, ou se for colocado seguro em determinados locais, todos os especialistas concordam que deve ser manuseado só depois de três meses. Deve de fato ter o tempo de consolidar-se e alcançar uma espécie como de solidez repousada, antes de ser utilizado. Após esse tratamento, Catão ensina que se deve pegar a madeira e expô-la ao sol na época da lua minguante e somente após o meio-dia; não aconselha expô-la nos primeiros quatro dias sucessivos ao plenilúnio, ou quando sopra o austro. Quando for levada de novo ao ar livre, deve-se evitar o contato com o orvalho; e não se deve aplaná-la nem serrá-la quando estiver coberta por orvalho ou por geada ou, de qualquer forma, se não estiver completamente seca.

CAPÍTULO VI

Parece que Teofrasto considerava a madeira suficientemente seca somente após um período de três anos, sobretudo para ser utilizada para fazer vigas ou as folhas das portas.

As árvores cuja madeira é mais adequada para construir são: a azinheira, o carvalho, o alvarinho, o carvalho-da-Europa, o choupo, a tília, o salgueiro, o amieiro, o freixo, o pinheiro, o cipreste, a oliveira, o castanheiro, o larício, o buxo, o cedro; assim como o ébano e a videira. Mas a natureza de todos esses tipos de madeira é distinta, e por consequência é distinto o uso. Umas são mais úteis que outras quando usadas ao ar livre, outras se conservam melhor na sombra; umas ficam bem ao sol, outras se consolidam na água ou duram mais embaixo da terra. Por isso, enquanto alguns tipos de madeira são mais resistentes se utilizados para fazer chapas, tábuas, esculturas e obras que ficam na parte interna do edifício, outros são mais aptos para vigas e outros, enfim, para sustentar pavimentos de terraços e telhados.

O amieiro, especialmente, fornece material insuperável para a construção de palafitas de suporte em rios e pântanos: ele possui de fato uma excepcional resistência à água, enquanto se deteriora facilmente ao sol e ao ar. Por outro lado, o carvalho-da-Europa não tolera os líquidos. O olmeiro se reforça se for exposto ao ar livre; em outros casos se abre e não resiste. O abeto vermelho e o pinheiro duram infinitamente se colocados embaixo da terra. O alvarinho, denso, espesso, robusto e provido de poros muito pequenos, não deixa passar a umidade e é por isso muito indicado para as estruturas que afundam no terreno; adapta-se otimamente para sustentar pesos e especialmente fornece colunas muito robustas; todavia, mesmo sendo por sua natureza tão duro que não pode ser perfurado senão quando for embebido de água, resulta que fora do terreno se torna menos resistente, tende a fender-se e a encurvar-se, e parece ainda que estrague facilmente ao contato com a água marinha. Esta última característica não pertence à oliveira-doméstica nem à oliveira-brava nem à azinheira, que no resto se comportam como o abeto vermelho. O carvalho nunca envelhece, no seu interior tem muito suco como se fosse jovem. A faia e a nogueira por sua resistência à água são incluídas dentre os principais tipos de madeira para a construção na terra. Úteis para fazer colunas são o carvalho de sobreiro, a pinheira silvestre, a amoreira, o bordo, o olmeiro.

Teofrasto considera que a nogueira da Eubeia seja adequada para vigamentos e traves, pois antes de romper-se avisa com um estalo, tanto que graças a isso uma vez na cidade de Antandro aqueles que se encontravam em um edifício termal puderam se salvar todos antes que o telhado desmoronasse. Mas um lugar proeminente é ocupado pelo abeto: possui uma amplitude e uma altura excepcionais, é tão rígido que pode resistir vitoriosamente sem dobrar-se sob a pressão de grandes pesos; além disso, pode ser trabalhado facilmente e não sobrecarrega excessivamente os muros com seu peso; e lhe são atribuídas outras e muito lindas qualidades, considerado útil para muitas funções. O único defeito seu é que resulta facilmente inflamável e não possui defesas suficientes contra o fogo.

O cipreste é, como o abeto, muito indicado para a construção de sótãos nas habitações, e ocupa por outras razões um lugar proeminente entre as nossas árvores. Os antigos o incluíam dentre as plantas mais notáveis, em nada inferior ao cedro e ao ébano. Na Índia, o cipreste é considerado à maneira de uma planta aromática, e com razão. Deve-se louvar também o amomo de Quios ou o de Cirene que Teofrasto considera eterno; porém com seu perfume, beleza, robustez, tamanho, aparência, durabilidade, nenhuma árvore será comparável ao cipreste em todas essas qualidades. Dizem ainda que ele não é atacado de forma nenhuma por carunchos nem pelo envelhecimento; e também nele não se produzem espontaneamente fendas. Por esta razão, naturalmente, Platão achava que o texto das leis e dos decretos públicos se deveria entalhar em tábuas consagradas de madeira de cipreste: provavelmente ele as considerava até mais duradouras que as de bronze. Parece-me oportuno também referir aquelas anedotas dignas de menção a propósito do cipreste, que eu li ou vi pessoalmente. Há um testemunho de que o portal do templo de Diana em Éfeso, de madeira de cipreste, durou quatrocentos anos e conservou intacta sua beleza, tanto que parecia sempre novo. E com nossos olhos vimos que o portal da Basílica de São Pedro, na época em que foi recolocado por ordem do papa Eugênio, permaneceu em perfeito estado por mais de quinhentos e cinquenta anos, ali onde não fora danificado pela mão do homem para arrancar os revestimentos prateados de que em outra época tinha sido recoberto. De fato, se interpretamos acertadamente os anais dos pontífices romanos, tanto são os anos que há entre o pontificado de Adriano III, que mandou construí-lo, e o de Eugênio IV. Finalmente, aconselham o abeto para a construção de palanques; e o cipreste é preferível somente por causa de sua maior durabilidade; mas este é mais pesado que o outro.

Apreciam muito, também, o pinheiro e a pícea. Ao pinheiro são atribuídas as mesmas qualidades do abeto, resiste ao peso que lhe é imposto; mas entre as duas árvores existem diferenças, dentre as quais o fato de que o abeto possui, em comparação ao pinheiro, uma resistência aos carunchos muito maior, mas o outro possui uma linfa mais doce.

Eu, por minha parte, acredito que nenhuma árvore é melhor que o larício. Pude constatar em vários lugares, e, sobretudo, em Veneza, nos edifícios do antigo foro, que ele consegue suportar o peso das estruturas com muita firmeza e durante muito tempo. E afirmam ainda que o larício apresenta as vantagens características de todas as outras árvores juntas. É forte, robusto, muito resistente às intempéries e aos carunchos. Acredita-se, desde a Antiguidade, que ele resiste vitorioso ao embate do fogo e sai dele quase sem danos; e recomendam então posicionar vigas de larício, como proteção, voltadas para o lugar ao qual se pensa possa chegar o fogo. Nós, todavia, constatamos que, quando incendiado, ele queima, mas de uma forma particular, como se as chamas o incomodassem e quisesse afastá-las de si. É sabido que tem um único defeito: o contato com a água marinha o torna vulnerável às traças.

O roble e a oliveira-doméstica — afirmam — não são adequados para fazer vigamentos: são pesados e, além disso, não resistem aos pesos e quase se encurvam por sua natureza. Não servem também para fazer vigamentos aqueles tipos de madeira que tendem com mais facilidade a quebrar-se que a fender-se: é o caso da oliveira-doméstica, da figueira, da tília, do salgueiro etc. Surpreende ainda o que se diz acerca da madeira de palmito: não somente resiste à força contrária de um peso, mas se encurva em direção oposta. Para os vigamentos que se encontram ao ar livre prefere-se utilizar, dentre todos, o zimbro, ao qual Plínio atribui as mesmas características do cedro, exceto o fato de ser mais sólido. No que diz respeito à durabilidade, dizem que a da oliveira-doméstica seja ilimitada; dentre as madeiras que duram mais é incluído também o buxo. O castanho, por sua vez, ainda que possua uma tendência a dilatar-se e a contorcer-se, é considerado adequado para as obras que ficam expostas ao ar.

Dentre as madeiras mais requisitadas há a oliveira-brava, sobretudo por uma razão similar à do cipreste, isto é, porque não sofre a ação dos carunchos: neste grupo encontram-se todas as árvores que contêm dentro de si humores oleosos e gomosos, especialmente se forem amargos, pois graças a isso repelem aquele tipo de verme e também evitam que penetre a umidade procedente do exterior. No lado oposto, consideram que se encontram todos os tipos de madeira que contêm seivas doces e por sinal podem incendiar-se facilmente; com exceção, porém, da oliveira doméstica e da brava.

Afirma Vitrúvio, por outro lado, que a azinheira e a faia são por sua natureza pouco resistentes às intempéries e não alcançam a velhice. E Plínio diz que a madeira de carvalho apodrece rapidamente. Mas, para os trabalhos no interior do edifício (portas, camas, mesas, assentos etc.), destaca-se o abeto, sobretudo o que cresce nos Alpes italianos; de fato, esta árvore é por sua natureza muito seca e extremamente resistente quando colada. Para essas mesmas funções são adequadas também a pícea e o cipreste. No que diz respeito à faia, dizem que, embora em geral seja frágil, é boa para fazer caixas e camas; serra-se em lâminas finíssimas, assim como, com ótimos resultados, se pode fazer com a azinheira. Porém, a nogueira, o olmeiro e o freixo são inadequados para fazer estacas: a primeira porque se fende facilmente e os outros dois porque, ainda que flexíveis, se fendem também. O freixo, todavia, tem fama de ser, dentre todas, a que mais se presta para todo tipo de trabalho; mas me surpreende que não se encontre muito mais vezes citada nas recomendações dos antigos a nogueira, que, como todos podem comprovar, é muito mais manuseável e se adapta a todos ou quase todos os usos, sobretudo para fazer assoalhos.

A amoreira é também muito elogiada, tanto por sua durabilidade, quanto, e sobretudo, porque escurece conforme vai envelhecendo, tornando-se sempre mais agradável para a vista. Conta Teofrasto que os ricos costumavam construir os caixilhos das portas com lótus, com a azinheira e com o buxo. A madeira do olmeiro, por causa da sua perfeita e permanente solidez, é considerada apropriada para fazer as dobradiças das portas, porém dizem que devem ser feitas invertendo os extremos, de forma que as raízes fiquem para cima e o topo para baixo. Catão aconselha fazer pequenas estacas com azevinho, com louro e também com olmeiro. Para fazer as estacas recomenda-se a madeira de cornizo. Os degraus das escadas eram fabricados com freixo e com bordo. Para obter tubulações para a água, faziam-se cavidades nos troncos dos pinheiros, da pícea, do olmeiro, que porém, conforme dizem, envelhecem muito rapidamente, a menos que não sejam enterrados.

No que diz respeito à ornamentação das casas, constatou-se que o larício fêmea, que tem uma cor parecida à do mel, é eterno e não se racha nunca nos quadros dos pintores. A palmeira, cujos veios são dispostos transversalmente, não longitudinalmente, por causa disto, era usada para realizar as estátuas dos deuses; serviam-se também do lótus, do buxo, do cedro, e ainda do cipreste, e das raízes maiores das oliveiras-domésticas, do pessegueiro-egípcio, parecido, dizem, com o lótus. Se, ainda, era necessário fazer com o torno algum objeto de forma arredondada, recorria-se ao freixo, à amoreira, ao terebinto, e, sobretudo, ao buxo, que é a madeira mais compacta de todas e especialmente apta para o trabalho de torno, além do ébano que é, dentre todas, a mais sutil.

Ainda eram levados muito em consideração, para fazer estátuas e tábuas, o choupo branco e o preto, o salgueiro, o bordo, o sorvo, o sabugueiro, a figueira. A madeira dessas árvores, de fato, não somente é muito seca e uniforme e por isso apropriada para receber as colas e as misturas dos pintores, mas também extremamente versátil e fácil de ser moldada de várias formas. Sabe-se que a mais macia de todas é a madeira da tília. Para fazer estátuas é aconselhada também a da jujuba.

O roble possui características opostas: recusa completamente unir-se a outros tipos de madeira, nem àquelas da sua própria espécie, e rejeita qualquer classe de cola. Todas as madeiras rugosas e cheias de humores possuem os mesmos defeitos, rejeitam qualquer adesivo. Por outro lado, igualmente mal se colam as madeiras lisas e compactas. E, também, aquelas que são de outra natureza — por exemplo, as plantas quentes como a hera, o louro, a tília, ainda que coladas não resistem por muito tempo juntas, quando foram colocadas ao lado de outras que se arraigam em lugares úmidos, por causa do fato de que são frias por natureza todas as árvores que se criam nessas condições. Ainda, a olmeira, o freixo, a amoreira, a cerejeira, plantas secas, não combinam com plantas por natureza úmidas, como o plátano e o amieiro. Os antigos evitaram, com muito cuidado, colar, juntos, tipos de madeira com características opostas e diferentes, assim como cuidavam para não aproximar uma da outra, sequer por um pequeno contato. Dessa forma, compreende-se o conselho de Vitrúvio, segundo o qual não se deveriam juntar tábuas de carvalho branco com outras de carvalho.

CAPÍTULO VII

Porém, para resumir um pouco todas essas coisas, em todos os autores está claro que as árvores que não dão fruto são mais robustas que as outras; que as silvestres e não tratadas pelo homem são mais resistentes que as domésticas. Teofrasto afirma a propósito que as árvores silvestres não contraem enfermidades que possam acabar com elas; muitos dizem, ao contrário, que as árvores domésticas e, sobretudo, as árvores que dão frutos são afetadas por infecções mais graves. Entre estas últimas, parece que as que crescem rapidamente são mais fracas que aquelas mais tardias, e as que produzem frutos doces, são mais fracas que as que produzem frutos acres. E, dentre aquelas que dão os frutos mais acres e azedos, são consideradas mais robustas as árvores com frutos mais azedos e espaçados. As que frutificam a cada dois anos, ou que são totalmente estéreis, são mais nodosas que as árvores produtivas. Além disso, quanto mais baixa for uma árvore, mais difícil é trabalhá-la; e as estéreis crescem mais viçosas que as férteis.

Sabemos também que as árvores crescidas ao ar livre e sem a proteção de montes e florestas, frequentemente dominadas pela violência dos ventos e das tempestades, são mais sólidas e mais grossas, mas também mais baixas e nodosas que aquelas que crescem nos vales ou em qualquer lugar ao abrigo das intempéries. Da mesma forma, aquelas nascidas em áreas úmidas e sombreadas são reputadas mais macias que as que se formaram em lugares ensolarados e secos; as que nascem voltadas para o norte são mais úteis que as orientadas para o sul.

Não se utilizam as árvores nascidas em áreas impróprias à sua natureza tanto como aquelas que nasceram antes do tempo.

Parece que as árvores orientadas para o meio-dia são duríssimas, mas se torcem na medula, tanto que se prestam de uma forma menos idônea à função a que se destinam. Pensa-se ainda que as árvores por sua natureza secas e de crescimento lento sejam mais robustas que aquelas altas e férteis. Varrão achava que as primeiras tivessem natureza masculina e as outras feminina. Dizem ainda que a madeira de cor branca é menos compacta e mais fácil de trabalhar que a colorida. Aquelas mais pesadas são mais consistentes e duras que as leves; e quanto mais leves forem, tanto mais frágeis resultam; quanto mais nodosas, tanto mais sólidas. As árvores que por sua natureza são mais longevas se deterioram também mais tarde que as outras, uma vez cortadas. Além disso, em cada tipo de madeira, quanto menor for a quantidade de medula maior será a força e a robusteza. A área do tronco mais próxima da medula é a mais dura e a mais compacta; aquela mais próxima da casca é provida de fibras mais resistentes. Estabeleceu-se, de fato, que a casca, situada no lado externo, é para as árvores como a pele para os animais; a área situada por baixo é a carne; a área posta ao redor da medula é o osso; e Aristóteles comparava os nós das plantas com os nervos.

A parte da madeira que é considerada pior é o alburno, sobretudo porque está indefesa perante as traças. Ademais, aquelas partes da madeira que, quando a árvore ainda está em pé, estiverem voltadas para o sol do meio-dia, resultarão mais áridas, mais delgadas e mais delicadas, ainda que mais compactas; e, em compensação, a medula encontrar-se-á mais próxima da casca. A parte da árvore mais próxima do terreno e das raízes será mais pesada que as outras, sinal que dificilmente boiarão na água. A área mediana do tronco é a mais rugosa. Os veios, seja qual for o tipo, quanto mais se aproximam das raízes tanto mais se tornam sinuosos. De qualquer forma, pensa-se, em geral, que as partes mais duradouras e mais úteis da árvore sejam aquelas internas e menos as externas.

Mas, acerca de árvores maiores, alguns autores referem-se a notícias surpreendentes. Sustentam que a videira dura pela eternidade: na época de César, por exemplo, podia-se admirar na cidade de Populônia uma estátua de Júpiter feita com madeira de videira, que se manteve intacta até agora por muitos séculos; já que não existe — dizem — outra madeira que por sua natureza possa durar mais. De resto, Estrabão conta que na Ariana, região da Índia, existem videiras tão grandes que o tronco mal pode ser abraçado por dois homens. Em Útica há uma tradição que diz que uma cobertura de cedro pôde resistir por mil, duzentos e setenta e oito anos; e ainda que em um templo consagrado a Diana, na Hispânia, as arquitraves de madeira de zimbro duraram desde duzentos anos antes da destruição de Troia até a época de Aníbal. E, na verdade, o cedro possui propriedades maravilhosas, se for verdade que, como se conta, é a única árvore em que não é possível colocar pregos. E nas montanhas situadas nas proximidades do lago de Garda prospera um tipo de abeto tal que, se um vaso for feito com sua madeira, a não ser que o tenha ungido com azeite antes de enchê-lo, não reterá o vinho. Até aqui tratamos das árvores.

CAPÍTULO VIII

É necessário também providenciar a pedra que se deve utilizar na obra. A pedra pode ser de duas espécies: uma se usa para o preparo das argamassas, a outra para construir a estrutura do edifício. Começaremos por esta última, omitindo, todavia, por razões de espaço, muitas notícias demasiadamente conhecidas.

Não me deterei aqui a discutir as teorias dos físicos sobre a origem das rochas: isto é, se o material viçoso originário, decorrente da mistura de água e terra, tenha-se condensado para se converter em blocos de pedra; ou se tem-se compactado por efeito do frio e do calor dos raios do sol, como dizem haver acontecido com as pedras preciosas; ou se, ao contrário, a natureza tenha providenciado a introdução na terra do próprio sêmen da pedra, assim como de todas as outras coisas. Não nos perguntaremos também se a cor das diferentes rochas decorra de determinadas combinações de pequenas partículas do terreno com a água, ou de uma propriedade inata do sêmen acima mencionado, ou de um efeito particular devido aos raios do sol. Este tipo de investigações produziria talvez um efeito agradável do ponto de vista da ornamentação, mas prefiro omiti-las todas, querendo prosseguir o meu discurso sobre a arquitetura como se estivesse falando entre obreiros providos de habilidade e experiência; e por isto o farei de uma forma mais livre e rápida de quanto provavelmente requereriam teóricos rigorosos.

Diz Catão: "Extrairá a pedra no verão; a guardará ao ar livre; não a usará antes de dois anos". "No verão", então, para que aos poucos as pedras se aclimatem com os ventos, as geadas, as chuvas e outras intempéries. Se, de fato, a pedra, logo que for extraída da mina, embebida ainda dos seus humores nativos, for de repente exposta à violência dos ventos e do gelo, facilmente se estilhaçará e se despedaçará. "Ao ar livre" para que, com esta prefiguração — por assim dizer — da luta perene e futura da pedra com o tempo, se possa provar quanto esta seja forte e resistente frente a fatores climáticos adversos e hostis. "Depois de dois anos", de modo que não escapem aquelas pedras que, fracas por sua natureza, seriam nocivas para o futuro edifício, e que devem ser então separadas daquelas mais sólidas.

De fato, é claro que em qualquer espécie de pedra se encontram tipos distintos entre si, de forma que é possível que alguns endureçam em contato com o ar e que outros, ao encobrirem-se com a geada, se enferrujem e se esmaguem etc. Poder-se-á conhecer otimamente quais sejam então suas qualidades, conforme sua própria natureza e sua ubiquação, com a prática e a experiência. Poder-se-á, ainda, aprender, da observação dos edifícios antigos, quais sejam as características e os méritos desta ou daquela pedra, muito mais eficazmente que mediante os escritos ou as memórias dos filósofos. De qualquer forma, falando brevemente das pedras em geral pode-se salientar o seguinte.

Uma pedra clara pode ser trabalhada mais facilmente que uma escura; uma transparente é mais moldável que uma opaca; e quanto mais for parecida com o sal, tanto pior se trabalhará. Se a pedra estiver coberta de areia brilhante, será resistente; se às vezes se vê chispar faíscas douradas, será difícil de raspar; se for cheia de pontos pretos, será indomável. A que estiver salpicada de gotas poligonais será mais sólida que uma salpicada com gotas normais; e quanto menores forem tais gotas, tanto mais resistente será a pedra. Quanto mais límpida e pura for a cor, tanto mais dura será a pedra. Quanto menor for o número dos veios, mais saudável será a pedra; acerca dos veios, quanto mais for parecida a cor do veio à da pedra toda, mais esta possuirá uma estrutura uniforme; quanto mais finos forem os veios, mais caprichosa será a pedra; quanto mais desarticulados e sinuosos aqueles, tanto menos dúctil será a pedra; e quanto mais nodoso for o veio, mais tosca resultará a pedra. Os veios que se fendem mais facilmente são aqueles que contêm no meio uma linha cor de argila ou ocra podre; em segundo lugar, aqueles que às vezes apresentam uma cor parecida com a erva, desbotada e bastante clara. Os mais difíceis, ao contrário, são, sobretudo, aqueles que imitam o azul do gelo. Um número muito grande de veios é índice de uma pedra pouco compacta e pouco sólida; e quanto mais retos forem os veios, tanto mais se deve desconfiar.

Quanto mais uma pedra, uma vez cortada em pedaços, se mostrar pontiaguda e lisa, tanto mais será consistente; e aquela que, embora despedaçada, resultar menos áspera na superfície, será mais fácil de trabalhar. Ao contrário, aquelas que resultarem ásperas serão tanto menos manuseáveis quanto mais brancas; se, ao contrário, saírem escuras, sua resistência ao ferro será maior nos pontos em que seu grão é menor. As pedras com qualidade inferior serão tanto mais duras quanto mais forem porosas; e aquelas que, banhadas pela água na parte superior, se enxugam mais lentamente, serão mais toscas. Uma pedra pesada é mais sólida e se pode alisar melhor que uma leve; esta é mais friável que aquela. Uma que, se percutida, ressoa, é mais compacta que aquela que não ressoa. Aquelas que, esfregadas com violência, cheiram a enxofre, são mais fortes que as que não têm nenhum odor; e aquelas, enfim, que resistem mais ao cinzel, serão mais fortes e inabaláveis frente a fatores adversos.

Aquele tipo de pedra que se encontra na embocadura da mina, e que quando sofrer a ação das intempéries permanecerá intacto em grandes blocos, é considerado mais sólido que os outros.

Assim mesmo, qualquer pedra, quando for extraída, é quase sempre menos dura que a que esteve ao ar livre; e quando estiver molhada ou umedecida pode-se trabalhar com o ferro melhor que quando estiver seca. Quanto mais úmida for a mina da qual a pedra é extraída, tanto mais compacta ela resultará quando ficar seca. Pensa-se ainda que as pedras se possam limar melhor quando sopra o austro que quando sopra o bóreas, e que se possam cortar mais facilmente com o bóreas que com o austro.

Se se quiser experimentar rapidamente o futuro comportamento das pedras com o passar do tempo, levem-se em conta os seguintes elementos: a pedra que, quando molhada, adquire muito peso será afetada pela umidade. Aquela, ao contrário, que, uma vez atingida pelas chamas, se despedaça não vai suportar muito tempo o calor do sol.

Acredito útil mencionar aqui certas notícias interessantes relatadas pelos antigos que dizem respeito às rochas.

CAPÍTULO IX

Não é tão estranho, de fato, querer compreender quão diversas e surpreendentes são as pedras, de modo que se possa usar cada uma da forma mais apropriada, para diferentes finalidades.

Contam que nos arredores do lago de Bolsena e nas cercanias da cidade de Estratoniceia se encontra um tipo de pedra muito adequado para todas as necessidades dos edifícios, que não pode ser danificado nem pelos incêndios nem pelas tempestades; e que esta mesma pedra é imperecível e inalterável frente ao envelhecimento, tal que mantém durante um tempo muito longo as formas com que é esculpida.

Escreve Tácito que Nero, ao reconstruir Roma após o incêndio, mandou usar, para as vigas, uma pedra que se encontra nas áreas de Gabii[22] e de Alba, sendo por natureza resistente ao fogo.

Na Ligúria, no Vêneto, na Úmbria, no Piceno e no território dos belgas encontra-se em abundância uma pedra branca que se pode cortar com a serra dentada com extrema facilidade e também alisar; e se não fosse por natureza débil e inconsistente em outros aspectos, teria superado todas as outras pedras na construção. Porém, por exemplo, sofre a ação do gelo, da geada, da chuva, que a despedaçam, e não é em absoluto resistente contra a brisa do mar.

Existe na Istria um tipo de pedra similar ao mármore que, porém, ao contato com o ar quente ou com as chamas se desfaz rapidamente e se despedaça. O fato de não resistir ao fogo parece ser uma característica comum para qualquer pedra dura, sobretudo para o sílex branco e para o sílex preto.

[22] Cidade próxima de Roma.

Na Campânia encontra-se uma pedra sumamente parecida com a cinza escura, tanto que se pode pensar que seja feita com fragmentos misturados de carvão. Ela é muito mais leve do que se possa imaginar, e se deixa limar pelo ferro; é muito tenaz e muito resistente; suporta com valor os incêndios e as tormentas. Mas é tão seca e tão sedenta que em um tempo muito breve elimina toda a água contida na cal, absorvendo-a, tanto que deixa a argamassa seca e morta, convertida em pó. Por causa disso, as estruturas do edifício se enfraquecem e desmoronam. Os seixos dos rios possuem características opostas: estando sempre úmidos, não se fixam nas argamassas.

O que dizer então da descoberta feita acerca dos mármores, a saber, que eles crescem nas minas? Recentemente, em Roma, foram encontrados, sob a terra, fragmentos de tufo tiburtino que se tinham convertido em uma única massa compacta, graças, por assim dizer, ao alimento do tempo e da terra. Da mesma forma, pode-se constatar que no lugar em que, transbordando do lago de Rieti, a água se derrama no rio Nera, através de uma vertiginosa cachoeira, o ponto mais alto da margem foi crescendo a cada dia; tanto que alguns argumentaram que o lago se tenha originado como consequência de tal crescimento da pedra, ao ver-se fechado o vale em sua saída natural. Na Lucânia, não muito distante do rio Sele, em um ponto voltado para o oriente de onde escorrem para baixo as águas procedentes da parte alta de elevadas paredes rochosas, podem-se observar enormes placas de rocha que crescem dia após dia, oscilando no vazio, cujo volume é tal que cada uma delas poderia ser levada por inúmeros carros. Este tipo de pedra, logo que for extraído, ainda repleto de humores, é muito brando; mas, uma vez que secou, torna-se duríssima e muito adequada para qualquer necessidade. Observei o mesmo fenômeno em vários aquedutos antigos, a saber, que as laterais da construção têm uma crosta formada por uma espécie de concreções rochosas.

Atualmente, na Gália, podem-se ver dois espetáculos muito interessantes. Em Castra Cornélia corre uma torrente em cuja altíssima margem surgem, em vários pontos, aos poucos, em grande número e em diferentes lugares, grandes pedras redondas, provenientes das entranhas da terra. No território de Faenza, nas proximidades da margem do rio Lamone, emergem grossas rochas, geradas pela natureza, que regurgitam dia após dia uma quantidade significativa de sal que — crê-se — com o passar do tempo se petrifica. Na Toscana, no território de Florença, existe próximo do rio Chianti um terreno repleto de umas pedras muito duras que a cada sete anos se transformam em torrões. Nas proximidades das cidades de Cízico e Casandrea, pelo contrário, os torrões de terra se convertem em pedras, como nos informa Plínio. Na área de Pozzuoli abunda um tipo de pó que misturado com a água se endurece até tornar-se pedra. Ao longo da costa inteira situada entre Oropa e Áulide, a areia que entra em contato com o mar — dizem — se cristaliza e se converte em pedra. Diodoro refere que na Arábia, escavando no terreno, se podem extrair torrões com um perfume agradável e que, fundidos como se de metais se tratasse, se convertem em pedra. Essas pedras — acrescenta ele — são de tal natureza que, reunidas todas, caindo água pluvial sobre elas, os pontos de contato entre os vários pedaços se liquefazem e se convertem em uma pedra monolítica que forma um muro contínuo. Dizem, ainda, que na Trôade, na Ásia, se extrai um tipo de pedra, chamado de "sarcófago", que possui um veio que se fende muito facilmente; asseguram que os corpos enterrados no interior dessa pedra são absorvidos completamente, exceto os dentes, antes de terem transcorrido quarenta dias; e não somente, mas — coisa ainda mais surpreendente — dizem que até as roupas, os calçados e tudo aquilo que for enterrado junto com o corpo torna-se pedra. Propriedades opostas possui a pedra chamada de "chernite",[23] na qual se conta que foi sepultado Dario: ela guarda os corpos perfeitamente intactos. Mas basta já de anedotas.

CAPÍTULO X

É coisa sabida que os antigos usavam muito frequentemente os tijolos em lugar da pedra. Acredito que eles foram induzidos pela primeira vez a construir edifícios com tijolos por necessidade, decorrente da falta de outro material; e quando consequentemente se deram conta que essa outra forma de construir era fácil de executar, muito prática, muito bela, muito duradoura, muito sólida, começaram a construir com tijolo cada gênero de habitação, até os palácios reais. Finalmente, talvez por um acaso ou após pesquisas precisas, descobriu-se quanto era útil o fogo para reforçar e consolidar os tijolos, de modo que, aos poucos, tudo foi construído utilizando tijolos cozidos. E, na verdade, pelo que sei, das mais antigas construções, eu me atreveria a afirmar, sem dúvida, que nenhum outro material se adapta melhor a todas as necessidades dos edifícios que o tijolo, não o cru, certamente, mas o cozido; desde que se ponha o maior cuidado ao cozê-lo e ao dar-lhe uma forma. Mas acerca das vantagens da construção com tijolos dir-se-á em outro lugar.

É útil aqui fazer referência à opinião de muitos, a saber, que para se fazer tijolos deve-se preferir aquele tipo de terra que seja esbranquiçado e argiloso; recomenda-se também aquela avermelhada e a assim chamada areia firme. Aconselhamos, ao contrário, evitar a arenosa, e deve-se, sobretudo, descartar

[23] Tipo de granito.

aquela saibrosa: esses tipos de terra de fato se contorcem e se racham no processo de cozimento, e, logo que estiverem cozidos, se despedaçam por si mesmos.

Recomenda-se não fazer tijolos com terra recém-extraída: é preciso escavá-la no outono, deixá-la macerar o inverno inteiro e fazer tijolos no início da primavera, já que, se for fabricada no inverno, o gelo obviamente provocará fendas; se ainda a operação for cumprida no verão, formar-se-ão rachaduras na superfície por causa do excessivo calor quando o tijolo estiver secando. E se for necessariamente obrigado a fabricar tijolos durante a estação fria, cuida de cobri-los imediatamente com areia muito enxuta; ou, se tiver que fazê-los durante o verão, será oportuno cobri-los com palha úmida: nessas condições os tijolos não se racharão nem se deformarão.

Há quem prefira os tijolos envidraçados. Para obtê-los é oportuno evitar uma terra por natureza arenosa ou excessivamente seca, que tende a absorver o vidro. Devem, ao contrário, ser produzidos de uma terra esbranquiçada, argilosa e macia; e devem ser feitos delgados, porque acima de certo volume demoram no cozimento e se racham com mais facilidade. E se for preciso fazê-los todos bastante grossos, poder-se-á evitar o fracasso em grande parte fazendo um ou mais furos com uma varinha em vários pontos situados na área com maior espessura, de modo que possam cozer e secar mais facilmente deixando passar o vapor e os humores internos através dessas aberturas. Os oleiros recobrem sua louça com argila branca, de maneira que o vidro líquido se distribua na sua superfície de forma regular, e esse procedimento será igualmente útil se for aplicado à fabricação de tijolos.

Notei, nas construções antigas, que a areia, sobretudo aquela vermelha, geralmente misturada com o mármore, ocupa um lugar não desprezível na composição do material com que se fabricam os tijolos.

Eu mesmo experimentei que se obtêm tijolos muito mais resistentes de um único tipo de terra se primeiro tivermos deixado, digamos assim, fermentar a massa, como quem vai fazer o pão, e depois virado e revirado várias vezes, de modo que tenha a consistência da cera e fique completamente limpa de pedras, até das menores. Desta forma, os tijolos ao cozinhar se endurecem tanto que com uma chama muito forte se tornam sólidos como pedras; não somente, mas, como acontece com o pão, se cobrem com uma crosta sólida, provocada talvez pelo fogo enquanto cozem ou pelo ar enquanto secam. E será oportuno também fazê-los delgados, para que haja mais crosta e menos miolo. Pode-se também constatar que, se forem feitos lisos e polidos, resistem às intempéries sem sofrer danos; da mesma forma, acontece que qualquer pedra polida se salva da corrosão.

Pensa-se que os tijolos cozidos devam ser limpos ou secos logo depois que forem extraídos do forno antes que umedeçam, ou se já estiverem umedecidos, antes que sequem. De fato, um tijolo de terracota, uma vez molhado e depois seco, endurece-se até tal ponto que lima e desgasta até o ferro. Nós, de qualquer forma, consideramos mais conveniente polir o tijolo logo que for cozido e ainda quente.

Os antigos usavam três tipos de tijolos: o primeiro comprido um pé e meio e largo um; o segundo que media em cada direção cinco palmos; o terceiro não mais que quatro palmos. Em alguns edifícios veem-se até tijolos em terracota, usados, sobretudo, para fazer arcos e juntas, que medem dois pés em cada dimensão.

Temos testemunhos de que os antigos não se serviam do mesmo gênero de tijolo para as obras públicas e para as privadas, mas sim construíam aquelas públicas com tijolos maiores que os que utilizavam para as privadas. A propósito disso, observei que em muitos monumentos da Antiguidade, e especialmente naqueles da Via Ápia, encontram-se diversos tipos de tijolos, com tamanhos distintos, uns maiores e outros menores, utilizados de várias formas: e não acredito que tais variações sejam somente decorrentes da conveniência prática, mas sim refletem a prontidão do arquiteto em realizar tudo de uma forma esteticamente agradável e harmoniosa. Omitindo pormenores, direi que eu vi tijolos compridos no máximo seis polegadas, espessos uma, largos três: estes eram, todavia, usados, sobretudo, para pavimentações à espinha de peixe.

De todas as formas que os tijolos podem ter, agradam-me mais os triangulares, que se obtinham da seguinte forma: moldavam um tijolo de um pé de comprimento e de largura e espesso uma polegada e meia; enquanto ainda estava fresco, eles o marcavam com dois sulcos na diagonal desde um dos ângulos até o situado no lado oposto, com um traço tão profundo como para chegar até a metade de sua grossura; dessa forma se formavam quatro triângulos iguais. Esses tijolos apresentavam as seguintes vantagens: consumiam uma quantidade menor de argila, podiam ser colocados no forno e ser extraídos mais facilmente, e eram postos na obra mais comodamente; por exemplo, quatro tijolos que cabiam em uma mão só, o obreiro os separava um do outro com um golpe suave ao longo de seu trabalho; eram, em seguida, arrumados de modo que na parte frontal dos muros se visse no exterior o lado que media um pé deixando o ângulo voltado para o interior do muro. Desta maneira gastava-se menos e se conseguia um resultado mais agradável e uma estrutura mais sólida. De fato, a parede parecia, do exterior, constituída toda por tijolos inteiros; enquanto que os ângulos dos triângulos, acunhados à guisa de dentes de serra no interior do muro, tornavam a obra muito robusta.

Aconselha-se não colocar os tijolos recém-moldados no forno, se não estiverem completamente secos: mas não podem tornar-se tais antes de dois anos. Dizem ainda que secam melhor na sombra que ao sol. E dessas coisas não quero mais discutir, mas somente acrescentar que os antigos consideravam mais propícias para esse tipo de trabalho, que denominam de modelagem, as terras de Samos, de Arezzo, de Modena; na Espanha a de Sagunto; na Ásia a de Pérgamo. Nem a exigência de brevidade me exime de dizer que tudo quanto foi recomendado até aqui acerca dos tijolos é válido sem exceções também tanto para as telhas normais quanto para as telhas planas dos telhados, para as tubulações e para qualquer trabalho de modelagem e de estatuária.

Com isso concluímos o discurso acerca das pedras; falar-se-á agora da argamassa de cal.

CAPÍTULO XI

Catão, o censor, não aconselha as argamassas de cal constituídas por pedras diferentes; exclui, ainda que se possa utilizar para alguma obra, aquela feita com sílex. Será totalmente inútil para fazer argamassa de cal qualquer pedra que esteja dessecada, árida ou podre, isto é, tal que em cuja calcinação o fogo não encontre nada que possa ser consumido: tal é o tufo, tais são as rochas um pouco avermelhadas e deslavadas que se encontram nas áreas de Fidene e de Alba, nas proximidades de Roma.

Uma argamassa de cal, para responder às exigências dos especialistas no assunto, deve pesar, de fato, a terceira parte do que pesava a pedra que foi sua matéria prima.

Não é aconselhável também, para se fazer argamassa de cal, um tipo de pedra que desprenda demasiadamente humores naturais, porque ao contato com o fogo tende a vitrificar-se. E as pedras verdes — diz Plínio — possuem uma grande resistência ao fogo. Por nossa vez, verificamos que a porfirita não somente não se coze no fogo, mas faz com que as outras pedras presentes no forno nunca sejam calcinadas. Não se aconselha também o uso de pedra terrosa, porque polui a argamassa de cal.

A argamassa de cal mais elogiada pelos arquitetos antigos é a extraída de um tipo de pedra duríssima, muito compacta e de preferência branca. Parece de fato que uma argamassa de cal desse tipo, além de servir para cada tipo de trabalho, é particularmente sólida quando utilizada nas abóbadas. Além desta, eles elogiam aquela obtida de uma pedra que não seja nem leve nem mole, mas porosa, pois sustentam que esse tipo de cal é o mais adequado para as coberturas, mais moldável e que mais embeleza os edifícios. Da mesma forma, observei que na Gália os arquitetos usavam exclusivamente um tipo de cal extraído de algumas pedras recolhidas nas torrentes, esféricas, escuras, muito duras; em suma, tais que se poderia pensar que são sílex; de qualquer forma, é evidente que esse gênero de cal proporcionou durante muito tempo uma solidez fora do normal, tanto com a pedra como com os tijolos.

Escreve Plínio que a cal obtida das pedras para mó é por natureza gordurosa, e, portanto, muito adequada para todos os usos. Nós, por experiência própria, aprendemos que aquele tipo de pedra para mó, sobre a qual foram espargidos grãos de sal, por ser demasiadamente grosso e árido, não dá resultado; pode-se recomendar, ao contrário, o tipo não misturado com o sal, mais compacto, e que emana um pó mais fino quando limado.

Para obter cal, a pedra extraída, seja do tipo que for, é melhor que a recolhida, e será melhor uma extraída de uma escavação fresca e úmida que de uma seca; e uma pedra branca será moldável mais que a escura.

Na Gália, nas áreas costeiras habitadas uma vez pelos éduos, por falta de pedra produziam a cal de ostras e de conchas.

Existe também um tipo de cal feito com gesso; obtém-se de fato mediante o cozimento da pedra; conta-se, todavia, que em Chipre e em Tebas se extrai o gesso do interior da terra já queimada pelo sol. Mas qualquer pedra gessosa se diferencia das pedras com que se faz a cal: pois é muito macia e friável — exceto uma que se extrai na Síria, que é muito dura. Outra diferença é que o gesso se calcina em não mais que vinte horas, enquanto que as pedras para cal levam até calcinar-se não menos que sessenta horas. Notei que na Itália há quatro espécies de gesso: duas transparentes e duas opacas. Das transparentes, uma se assemelha aos torrões de alume e mais ainda com o alabastro: é chamada de *squameola*, porque é feita com escamas muito finas, fixadas e prensadas umas com as outras à guisa de páginas. A outra também é escamosa, mas se assemelha mais ao sal escuro que ao alume. Ambas as espécies opacas se assemelham à argila compressa; mas uma é esbranquiçada e de uma cor pálida, a outra mistura a palidez com uma cor avermelhada. As segundas são mais compactas que as primeiras, e em particular aquela avermelhada é mais dura. Dentre as transparentes, a que for mais pura é adequada para a rebocadura dos muros e com elas se fazem baixos-relevos e grinaldas mais brancas e luminosas. Nas proximidades de Rimini encontra-se um tipo de gesso compacto a tal ponto que parece mármore ou alabastro; mandei cortar com a serra dentada várias lâminas dele, pois é bastante apropriado para revestir os muros. Para finalizar, direi que qualquer espécie de gesso se deve bater com martelos de madeira e esmiuçar até que fique pulverizado; deve ser amontoado e guardado num local muito seco, e enfim levado novamente ao ar livre, colocado na água imediatamente e utilizado sem hesitação.

Para a cal, o contrário disso: não deve ser golpeada, mas deve estar imersa completamente, e deixada macerando com muita água bem antes de ser utilizada, sobretudo quando se trata de trabalho de revestimento; de modo que, se por acaso um bloco não estiver suficientemente calcinado, derreta completamente e se dissolva pela prolongada maceração. Se, de fato, a utilizamos quando recém-calcinada e não ainda completamente embebida de água, devido ao fato de que há a possibilidade de que estejam escondidas nela algumas pedrinhas meio cruas, estas com o passar dos dias se decompõem, emitindo logo bolhas que estragam a beleza da obra. Além disso, a cal não deve ser molhada toda de vez com um único jato de água, mas sim deve ser umedecida gradativamente com reiteradas regas, até ficar completamente embebida. Deve ser guardada ainda em um local úmido e na sombra, pura e não misturada com outro material, coberta somente por um leve estrato de areia por cima; até que com o passar do tempo chegue a calcinar completamente. Asseguram que mediante um longo processo de calcinação desse tipo a cal melhora muito. Reencontramos ultimamente uma cal, abandonada há quinhentos anos atrás em grutas antiquíssimas e desertas, como é possível inferir de vários indícios, e a vimos ainda úmida, aliás líquida, e — digamos assim — amadurecida a tal ponto que resultava muito mais branda que o mel e que a medula óssea; e não se pode encontrar nada mais idôneo que ela para qualquer tipo de necessidade. Quando é preparada desta forma, ela requer o dobro de areia que é necessária quando misturada ainda recém-molhada.

Por consequência, a cal e o gesso não coincidem nessas coisas; no restante sim. Procure então, logo após ter retirado a cal do forno, levá-la para um local sombreado e seco, e molhá-la logo em seguida. Se, de fato, ela permanecer fechada no forno ou exposta em outro lugar onde se vê afetada pelo ar, pela lua ou pelo sol, em breve — sobretudo no verão — reduzir-se-á a cinzas tornando-se inutilizável. Mas disso falei o bastante.

Aconselham que não se coloquem as pedras no forno, se primeiro não as tiver feito em pedaços, de forma que os fragmentos não superem o tamanho de um torrão: não somente porque dessa forma cozem mais facilmente, mas também por outra razão; resulta que às vezes no interior das pedras, especialmente quando esféricas, existem espaços vazios; e o ar aí aprisionado causa danos graves. De fato, uma vez acendido o forno, acontece que quando estiver frio, o ar se comprime no interior da pedra, ou, quando a pedra se esquentar, o ar que contém aumenta seu volume tornando-se vapor; de modo que, enchendo sempre mais, chega a quebrar as paredes que de todo lado a prendem, e estoura com violência extrema e um grande fragor, decompondo e danificando o forno inteiro. Há ainda quem viu no interior de tais pedras viverem os mais variados animais e, dentre outros, um verme com as costas peludas e com muitas patas, capaz de prejudicar muito gravemente o forno.

E não deixarei de mencionar certos fatos memoráveis que são dignos de menção referentes ao tema que nos ocupa: fatos observados na nossa época. Já que esta obra não é escrita somente para os especialistas, mas também para quem ama ocupar-se com assuntos nobres, agrada-me então intercalar de vez em quando narrações deleitosas, que de resto não estão totalmente fora de contexto.

Durante o pontificado de Martinho v, foi levada à luz uma serpente, descoberta em uma mina do Lácio, por pessoas que estavam trabalhando lá: ela vivia numa grande rocha que não possuía sequer uma abertura para a passagem do ar. Foram encontradas também rãs e caranguejos, mas estes estavam mortos. Posso atestar hoje em dia o descobrimento de galhos de árvore no interior de um pedaço de mármore branquíssimo. O monte Velino, que separa os Abruzos dos Marsos, é mais elevado que todos do contorno, tem toda uma cumeada recoberta por uma pedra branca e muito antiga; do lado que está voltado para os Abruzos, podem-se observar pedaços de rochas que se racharam, com os vestígios de conchas marinhas, não maiores que uma palma da mão.

Fato mais surpreendente ainda: em um território de Verona todo dia recolhem--se pedras, espalhadas no chão aqui e ali, que trazem incisa a figura do cinco-folhas com linhas exatas e regulares e distribuídas de modo perfeito e harmonioso pela natureza, com arte tão segura e admirável que nenhum homem conseguiria imitar a mesma finura.

E o que mais surpreende é ver como todo seixo esteja virado para baixo de modo que esconda o desenho que traz impresso; disto se pode facilmente deduzir que a natureza criou essas obras-primas não para que os homens ficassem estupefatos, mas somente para si mesma. Voltemos agora ao nosso assunto.

Não falarei aqui como se devem recobrir a embocadura e a boca do forno, e como dispor o lugar do interior em que irá o fogo, de modo que a chama queimando possa respirar, que se mantenha dentro de seus limites, e que todas as suas energias sejam direcionadas unicamente ao cozimento do material. Nem me deterei sobre as técnicas para acender o fogo, alimentando-o aos poucos e não o deixando nunca definhar, até que as chamas, nunca produzindo fumaça, alcancem o ponto mais alto, e os seixos mais altos no interior do forno se tornem ardentes; nem a pedra se poderá considerar cozida até que o forno, enchido precedentemente pelas chamas nele contidas, não recupere seu volume normal. Pode-se observar, desta forma, a natureza surpreendente desse elemento. Pois, se uma vez cozida a cal for retirada de baixo do fogo, o forno irá resfriando-se aos poucos na parte inferior, mas na superior ficará ardendo.

Ora, visto que para fazer os edifícios não é necessária só a cal, mas a areia também, desta última devemos falar.

CAPÍTULO XII

A areia pode ser de três tipos: de mina, de rio, de mar. A melhor é a de mina, que por sua vez pode ser de várias espécies: preta, vermelha, carbúnculo e saibrosa. Se se perguntar o que é a areia, poder-se-ia responder talvez que é constituída por fragmentos minúsculos derivados do fracionamento de pedras maiores. Isto não obstante Vitrúvio tenha opinado que a areia, e especialmente aquela chamada na Toscana de carbúnculo, é certo tipo de terra queimada por um fogo que se encontra no interior dos montes que se toma por obra da natureza e que adquiriu uma consistência tal, que é mais resistente que a terra sem cozer e mais branda que o próprio tufo.

Dentre todas as areias de mina prefere-se o carbúnculo. Em Roma, para os edifícios públicos, notei que foi usada, também, a vermelha. A pior é aquela branca, dentre as de mina. A saibrosa é muito indicada para encher fundações. O segundo lugar por importância é ocupado pela areia de tipo mais fino, especialmente se for de forma poligonal e totalmente privada de misturas de qualquer tipo de terra: como aquela que abundantemente se encontra na região de Vilumbros. Logo depois, por mérito, vem aquele gênero de areia que se extrai do leito dos cursos de água, após ter tirado a crosta superior. Dentre as areias fluviais, as mais úteis são aquelas das torrentes, e dentre elas a mais útil é a que se encontra nas nascentes com maior pendência que correm por entre as montanhas. Por último vem a areia que procede do mar, e entre as areias marinhas não são completamente desprezáveis a preta e a vítrea.

No território do Piceno, perto de Salerno, extrai-se do mar um tipo de areia estimado não inferior ao de mina; todavia, essa boa qualidade de areia não se encontra em todas as praias daquela área: resulta de fato que as praias expostas ao austro produzem uma areia pior que qualquer outra; enquanto aquelas expostas ao vento líbico produzem a melhor. Entre as areias marinhas é um fato certo que é mais útil aquela que está abaixo dos penhascos e que tem um grão mais grosso.

Entre os vários tipos de areia existem diferenças notáveis. A areia do mar dificilmente seca; é solúvel por causa do salitre, de modo que umedece muito facilmente e escorre: por isso, então, não suporta bem os pesos e é pouco confiável. A areia de rio também é mais úmida que a de mina, e, portanto, se pode modelar melhor e é mais útil para fazer rebocos. A areia de mina por ser mais gordurosa é mais consistente, mas se racha com facilidade e é por isso que é aplicada para fazer as abóbadas de berço, não para os rebocos.

Será ótima, no seu gênero, a areia que, ao esfregá-la ou estreitá-la nas mãos, chia; e aquela que, ao cair numa veste branquíssima, não a mancha nem deixa resíduos de terra. Não será boa, ao contrário, uma areia branda de contextura e nada áspera, e parecida com o terreno lamacento na cor e no cheiro; ou aquela que, agitada dentro da água, a torna muito turva e lamacenta; ou aquela que, abandonada no terreno, logo se cobre com erva. Não será igualmente boa a areia que permaneceu por muito tempo amontoada ao ar livre, exposta ao sol, à lua e às geadas, já que se enche de terra e apodrece, tornando-se, porém, muito útil para produzir arbustos e figos silvestres, mas não para dar solidez a uma construção.

Falou-se então da madeira, da pedra, da cal, referindo aquilo que foi recomendado pelos antigos. Com certeza não será possível encontrar facilmente em todos os lugares tais materiais e prontos para serem usados conforme os nossos planos. Cícero nos informa que a Ásia sempre possuiu estátuas e edifícios maravilhosos, porque tinha mármore em abundância. Porém, não se podem encontrar mármores em todas as áreas: em outros lugares não existe pedra, ou, se existir, não é adequada para toda função. Na Itália toda, que está voltada para o meio-dia, parecem existir areias de mina; superados os Apeninos não se encontram mais. E Plínio diz que os babilônicos se serviam do betume, e os cartagineses do barro. Em outros lugares, devido à falta total de pedra, constroem com vime e argila. Conta Heródoto que os budinos fabricavam suas habitações, tanto privadas quanto públicas, exclusivamente com madeira: são de madeira até os muros de suas cidades e as estátuas dos deuses. Por outro lado os neuros — conforme sustenta Mela — não possuem madeira, tanto que são obrigados a substituí-la queimando ossos. No Egito acendem o fogo com o excremento de animais. É claro que, desta forma, cada povo se vê obrigado a ter um tipo distinto de morada em função da necessidade e da viabilidade das coisas. No Egito existem comunidades que fabricam com as canas até os palácios, na Índia há outras que constroem com ossos de baleia. Em Dedalia, na Sardenha, Diodoro diz que moram em casas escavadas sob a terra. Em Carras, cidade da Arábia, os habitantes constroem muros e habitações com blocos de sal. Mas disso falar-se-á em outro lugar.

Concluindo, não se encontram em toda área uma quantidade igual de pedra, areia etc.; mas, conforme os lugares, varia a disposição dos materiais e sua qualidade. Deve-se então aproveitar daquilo que se encontra em quantidade suficiente, e se deverá cuidar quando fizer isso: em primeiro lugar, procurando os materiais mais manuseáveis e convenientes, mediante uma escolha cuidadosa; em segundo lugar, utilizando aqueles que são mais apropriados para o edifício que se pretende construir, distribuindo cada um conforme o lugar que lhe corresponde.

CAPÍTULO XIII

Após a preparação dos materiais citados, isto é, da madeira, da pedra, da cal e da areia, devemos agora abordar o método e o procedimento a ser adotado para construir o edifício. De fato, para buscar o ferro, o cobre, o chumbo, o vidro etc. não é preciso esforço nenhum, pois é suficiente comprá-los e juntá-los, de modo que ao longo da execução da obra possamos tê-los sempre disponíveis. De qualquer forma, falaremos na hora certa de sua escolha e distribuição, e quais devam ser adotados para completar a própria obra e sua ornamentação. Agora nós abordaremos o assunto começando pelas fundações, como se devêssemos começar, por nossa conta, a construção do edifício.

Antes, porém, convém que recomendemos de novo que devem considerar-se as circunstâncias, seja no que diz respeito à vida pública, seja no que diz respeito à nossa situação pessoal e de nossa família; em caso contrário, por causa das incertezas dos tempos, poderíamos ter problemas querendo prosseguir a obra, ou enfrentar uma despesa inútil se a abandonarmos de vez. Dever-se-ão, ainda, observar atentamente as estações: verificar-se-á, por exemplo, que o que for construído durante o inverno gela, ainda mais em áreas por si mesmas já frias; enquanto o que se construir no verão, e, sobretudo, em áreas quentes por sua natureza, tende a secar-se antes ainda que as argamassas se assentem. Portanto, Frontino, o arquiteto, aconselhava executar a construção na época do ano mais propícia, isto é, de primeiro de abril até primeiro de novembro, com o intervalo do verão.

A execução da obra será em seguida acelerada ou prolongada a depender da conformação do lugar e das condições atmosféricas. Se tudo estiver então de acordo com o que foi dito, dever-se-á em seguida traçar a área do futuro edifício, marcando no solo os espaços (das partes que a compõem) medidos através de linhas e ângulos.

Alguns querem, porém, que a construção seja iniciada de modo propício, sendo muito importante saber em qual momento cada coisa tenha sido incluída no número das coisas que existem. Conta-se que Lúcio Tarucio[24] deduziu a data da fundação de Roma observando a recorrência de acontecimentos funestos. E os antigos sábios consideraram tão grande a influência desse momento inicial

[24] Amigo de Cícero e Varrão, matemático e astrólogo.

sobre os acontecimentos sucessivos, que — como refere Júlio Fírmico Materno — alguns acreditaram ter descoberto a partir da sucessão dos acontecimentos a data de nascimento do mundo, e divulgaram a notícia com enorme exaustividade. De fato, Esculápio e Anúbis,[25] e seus discípulos Petosiris e Necepso,[26] asseguram que a conformação dos astros nesse momento era a seguinte: Câncer surgindo ao horizonte, a Lua no meio do seu curso, o Sol em Leão, Saturno em Capricórnio, Júpiter em Sagitário, Marte em Escorpião, Vênus em Libra, Mercúrio em Virgem.

Na verdade, o tempo, quando for bem interpretado, exerce muita influência na maior parte das coisas. Não se explicaria de outra forma o fato de que — conforme dizem — no dia mais curto do ano o poejo árido floresce, as bexigas inchadas estouram, as folhas do salgueiro e as sementes das maçãs se viram; e que o número das fibras no fígado dos ratos varia resultando sempre correspondente aos dias do ciclo lunar.

No que me diz respeito, embora não acredite muito em quem professa essa ciência e em quem observa as estações para estabelecer com certeza o destino de cada coisa, todavia não me parece certo desdenhá-los por sustentar que os ciclos temporais, determinados dessa maneira, exercem uma grande influência para o bem ou para o mal, atendendo às indicações do céu. Resumindo, seja como for, convém obedecer a seus conselhos: se forem verdadeiros, eles nos ajudarão muito; se forem falsos, não nos prejudicarão em nada.

Poderia acrescentar ainda algum exemplo ridículo que os antigos observavam para iniciar um projeto; não queria, porém, ser mal interpretado. Resultam realmente cômicos aqueles que mandaram empreender com bons presságios qualquer coisa e, inclusive, até a delimitação da área de um edifício. A tal ponto os antigos eram indulgentes com esse tipo de superstições que evitavam escrever um nome de alguma forma infausto no primeiro lugar da lista de recrutamento militar; e, para arrastar as vítimas nas cerimônias de purificação das colônias ou dos exércitos, escolhiam homens com nomes de bom auspício. Como os censores, no arrecadamento dos impostos, quiseram colocar em primeiro lugar o lago de Lucrino, por causa do seu nome fausto; ainda, impressionados pelo mau presságio do nome Epidamno, para evitar que quem navegasse para aquela cidade sofresse danos, o mudaram para Durazzo; e pela mesma razão chamaram de Benevento a cidade que antigamente se chamava, em grego, Malevento.

É ridículo também o costume de pronunciar fórmulas e orações propiciatórias. Há ainda quem chega a afirmar que as palavras das pessoas são tão poderosas que

---

[25] Divindade egípcia, correspondente ao Mercúrio dos romanos.

[26] Nomes talvez fictícios de um sacerdote e de um rei egípcio, em cuja época no século II a. C. foi redigido um manual de astrologia muito conhecido.

elas podem dominar até as feras e as coisas inanimadas. Omitiremos o que diz Catão a propósito das vacas cansadas que ficam revigoradas por algumas palavras. Parece ainda que alguns homens costumam implorar com fórmulas e orações ao terreno natal que produza árvores novas e exóticas, e acreditam que se possa rogar às próprias árvores que se deixem mudar para outro lugar e aí cresçam. E, desde que começamos contando as tolices alheias, tornando-nos também um pouco estúpidos, acrescentaremos, para sorrir ainda um pouco, outra história: é tão obedecida a voz do homem — dizem — que um nabo cresce mais se na hora de semeá-lo a semente é rogada para que seja benévola com o camponês, sua família e seus vizinhos. Mas, se isso for verdade, não compreendo por que se pensa que a erva de manjericão quanto mais for insultada e maltratada na hora da semeadura, tanto melhores serão os frutos que produzirá. Mas isso já é suficiente.

Eu acredito que a coisa melhor seja esquecer todas as crenças supersticiosas e contraditórias, e iniciar o nosso trabalho com uma disposição de espírito pia e religiosa: "Em nome de Júpiter comecemos o canto; tudo está repleto de Júpiter". Por conseguinte, com o espírito purificado e feito devotamente o sacrifício deveremos começar nosso empreendimento; sobretudo, após ter dirigido orações aos deuses, para pedir que nos procurem recursos e ajuda para nossa obra e sejam favoráveis ao seu início, para que seja levada a cabo da forma mais favorável e satisfatória, e que o construtor, seus familiares e os seus hóspedes tenham por muito tempo uma boa saúde, prosperidade econômica, serenidade de espírito, sorte crescente, trabalho frutuoso e glória sempre maior; e que seus bens durem e se transmitam para os descendentes. Isso pode bastar.

Livro III

A construção

CAPÍTULO I

O modo de executar uma obra resume-se em conseguir diferentes materiais, dispostos em uma certa ordem e unidos com muita arte (pedras esquadrejadas, argamassas, madeiras etc.), uma estrutura compacta e — se for possível — íntegra e unitária. Dizer-se-á íntegro e unitário aquele conjunto que não contenha partes cindidas ou separadas das outras ou fora do seu lugar, mas sim demonstre coerência e necessidade em toda a extensão das suas linhas.

É preciso então buscar, na estrutura, quais sejam as partes fundamentais, qual sua organização, quais são as suas linhas e sua ordenação. Agora, as partes que constituem uma tal estrutura não são difíceis de ser ver: a mais alta e a mais baixa, a direita e a esquerda, a próxima e a distante, e as intermédias entre tais extremos se manifestam por si só. Poucos podem, ao contrário, compreender as características particulares de cada uma e em que uma se distingue da outra.

Erguer uma construção, de fato, não significa colocar pedra sobre pedra e argamassa sobre argamassa, como acreditam os incompetentes. Pelo contrário, pois como existem partes muito diferentes, os materiais e os procedimentos a serem usados também deverão ser diferentes. As fundações se fazem de uma forma, os ligamentos e as cornijas de outra, os ângulos e as margens das aberturas de outra forma ainda, a superfície dos muros de outra forma, e de outra ainda o enchimento de seu interior. Será nossa tarefa indicar o que pertence a cada parte.

Começaremos pelas fundações, como quem devesse executar a construção materialmente, como já dissemos. Agora, a fundação — se não estamos enganados — não é uma parte da construção, mas sim o lugar no qual ela está, o lugar, isto é, onde vai ser posta e executada. Se, de fato, encontrar-se-á uma esplanada absolutamente sólida e inabalável, por exemplo, em pedra, como se pode ver abundantemente nas proximidades de Veio, não será necessário fazer nenhuma fundação; será suficiente, sem dúvida, erguer a construção. Em Siena se podem observar torres de grandes proporções fundadas simplesmente no próprio e desnudo solo. O terreno é de fato uma colina formada por estratos maciços de tufo.

Portanto a "fundação", isto é, ir até a profundidade, e a obra de escavação serão necessárias quando for necessário buscar um terreno firme e estável mediante a execução de uma fossa; isso acontece quase sempre e em qualquer lugar, como diremos em seguida. O terreno resultará apropriado para a construção quando não se encontram nele ervas que costumam crescer nos lugares úmidos; se não produz nenhuma classe de árvores, ou somente aqueles tipos que lançam raízes em terras muito duras e compactas; se nas áreas circunstantes tudo for seco, aliás árido; se os seixos que se encontram nele não forem pequenos e nem esféricos, mas sim poligonais, maciços e melhor ainda silicosos; se não jorrarem nascentes do subsolo e não correrem cursos de água, já que sua natureza é tal que eles, até quando dura seu movimento, trazem sempre material ou o adicionam, portanto as áreas planas situadas nas proximidades de um rio não dão segurança, no que diz respeito ao terreno, exceto se este estiver situado abaixo do nível do rio.

Antes de começar as escavações urge estabelecer várias vezes e com extrema exatidão qual medida devem ter e em qual posição se devam colocar os ângulos e as linhas laterais da área. Para traçar os ângulos se deve usar um esquadro, não pequeno, mas, aliás, muito grande, para que as linhas diretrizes resultem precisas. O esquadro era feito pelos antigos com três réguas — unidas em forma de triângulo —, das quais uma media três côvados, outra quatro e a terceira cinco.

Os incompetentes não conseguem traçar tais ângulos se precedentemente não foram removidos todos os objetos que atrapalham a área da construção e o terreno não tenha sido desembaraçado e completamente aplanado. Tanto que eles se comportam pior que se estivessem nos campos do inimigo: agarram os martelos e enviam para o local esquadrões de pedreiros destruidores para demolir tudo até que desapareça. Esse erro deve ser corrigido. De fato, as adversidades da sorte e dos tempos ou a necessidade de certas situações podem frequentemente levar-nos a abandonar o empreendimento iniciado; e não é bom, ao mesmo tempo, não ter um mínimo de cuidado para com a obra dos antigos, e não se pode descuidar também das comodidades de que os cidadãos gozam nas casas tradicionais de seus antepassados. Há sempre tempo disponível para demolir, aplanar, destruir qualquer estrutura em qualquer lugar. É preferível então deixar intactas as antigas construções até quando as novas possam ser levantadas sem demolir aquelas.

CAPÍTULO II

Ao traçar as fundações não se deve esquecer que a base das paredes e os socos, chamados também de fundações, devem ser mais largos, conforme uma determinada fração, que a parede a ser construída; à imitação daqueles que andam na neve nos Alpes da Toscana colocando sob seus pés caniços feitos de cordinhas entrecruzadas para aquele objetivo específico, de modo que graças à sua largura as plantas dos pés afundam menos.

Não é fácil explicar com clareza e usando poucas palavras como devem ser traçados os ângulos, pois seu método pertence à matemática e precisa ser exemplificado executando desenhos; mas isso excede os nossos propósitos, de resto já tendo-o abordado nos *Estudos matemáticos*. Tentarei, todavia, esforçando-me, falar disso no que cabe neste momento: quem possui um engenho agudo já poderá compreender muitas noções que lhe servirão como ponto de partida para aprofundar pessoalmente a matéria inteira. Se alguns pontos parecerem por acaso menos claros, quem quer entendê-los completamente procure na obra acima mencionada.

Nós, ao desenharmos as fundações, usamos o sistema de traçar linhas, chamadas de eixos, da seguinte forma. Traçamos uma linha do ponto mediano da fachada anterior do edifício até o da fachada posterior, em cujo ponto mediano se cravará um prego no terreno; aqui faremos passar uma perpendicular, conforme os ditames da geometria. Tudo aquilo que se deve medir deverá ser posto em relação com essas duas linhas. Dessa forma, tudo será perfeito: as linhas paralelas se traçam facilmente, os ângulos se definem com exatidão, as partes resultam bem conformadas e reciprocamente correspondentes.

Mas se por acaso o muro de um edifício antigo, interpondo-se, não torne possível determinar visualmente de forma satisfatória a posição e a amplitude de um ângulo, dever-se-ão conduzir linhas paralelas de áreas privadas de obstáculos; em seguida, após ter marcado o ponto de interseção, usando o gnômon e o diâmetro, e traçando outras linhas paralelas em posição perpendicular, alcançar-se-á plenamente o objetivo. Será também muito conveniente delimitar os raios visuais com uma linha passante por lugares sobrelevados, a partir dos quais se abaixará a vertical, encontrando assim a direção e a distância com segurança.

Após ter traçado com o mesmo sistema as linhas e os ângulos das partes a serem escavadas, a coisa melhor seria possuir a mesma capacidade visual ou intuitiva que parece ter tido ultimamente um espanhol, o qual conseguia distinguir com tal segurança os veios de água correndo no subsolo como se estivessem na superfície. A conformação do subsolo reserva tantas incógnitas que pode pôr em perigo a segurança do edifício com todo o trabalho e o ônus financeiro que sua construção comporta. Não se deve então descuidar de nada que requer ponderação, cuidado e cautela por parte do construtor, e isso não somente na obra toda, mas especialmente nas fundações. De fato, enquanto nas outras partes os erros eventuais têm consequências menos graves e se podem reparar com certa facilidade, assaz menos fácil é consertar fundações, por isso é inadmissível qualquer erro, ainda que pequeno.

Os antigos dizem: escava até quando encontrar o terreno sólido, e que o destino seja propício. O terreno é de fato constituído por vários estratos: alguns arenosos, outros saibrosos, outros pedrosos etc.; e debaixo deles — dispostos em uma ordem variável e imprevista — existe um estrato sólido e compacto, ótimo como apoio para os edifícios. Este estrato assume a cada vez diferentes naturezas diferenciando-se sempre e de forma quase que total dos outros da mesma categoria: às vezes é tão duro que o ferro não consegue perfurar, outras vezes é mais gorduroso; às vezes é escuro, às vezes esbranquiçado. Este último tipo é considerado pela maioria menos resistente que os demais; às vezes é argiloso, às vezes tufácio, às vezes constituído de um tipo de saibro misturado com argila. Acerca de qual deles seja o melhor que todos, não se pode com certeza formular nenhum tipo de julgamento, exceto este: é melhor aquele estrato que menos se deixa atingir pelo ferro e pela água. Por isso nenhum tipo é considerado mais certo e constante, no que diz respeito à solidez, que aquele que se encontra sob um veio de água que jorra em profundidade.

Nós acreditamos que em qualquer caso ocorre consultar todos os habitantes do lugar entendidos e expertos no assunto e os arquitetos das vizinhanças, os quais, baseando-se no exemplo dos antigos edifícios e na experiência cotidiana da construção de novos edifícios, terão aprendido com uma certa facilidade as qualidades exatas e as possibilidades do terreno na área na qual querem construir. Não faltam ainda indícios dos quais se pode deduzir antecipadamente a solidez do solo. Se, de fato, deixamos rolar no terreno um objeto pesado, ou o deixamos cair do alto, e no lugar não se registram vibrações, ou não se produzem encrespamentos na superfície da água contida numa bacia colocada no chão, obviamente dever-se-á argumentar que o lugar oferece garantias de solidez. Todavia, o estrato sólido não se encontra necessariamente em qualquer lugar: existem zonas, como aquela ao redor de Adria, ou perto de Veneza, na qual sob os estratos compactados se encontrará somente lama.

CAPÍTULO III

O método para escavar as fundações variará então conforme a diversidade do lugar e as suas características. Os lugares serão, por exemplo, alguns elevados, outros afundados, outros em uma situação intermédia, como, por exemplo, um declive; um pode ser bastante seco e árido, como geralmente são as encostas ou os cumes dos relevos, outro pode ser muito úmido e encharcado de água, como as zonas situadas nas proximidades do mar ou das lagoas ou no fundo de um vale; pode enfim estar situado de forma tal que não é nem completamente seco nem úmido permanentemente, como é o caso dos lugares com declive, e daqueles em que as águas não permanecem estancadas, mas correm sempre por um declive.

Não é conveniente confiar às cegas em um terreno, ainda que tenha constatado sua resistência ao ferro; ele de fato poderia estar situado na planície e, todavia, resultar friável e inseguro; decorreriam disso, em um dado momento, graves danos e a ruína total do edifício. Nós próprios observamos uma torre em Mestre, cidade veneta, a qual, alguns anos após ter sido completada, afundou por causa do seu peso no terreno do qual surgia, terreno evidentemente brando e inseguro, imergindo-se até as extremidades das ameias. Tanto mais grave será a culpa de quem, não tendo procurado um apoio sólido fornecido pela natureza para sustentar os edifícios, mas tendo encontrando somente os restos de alguma antiga construção, não indaga com cuidado sobre eles e sobre sua consistência, mas inconscientemente constrói neles muros até muito altos, estragando assim a sua obra por causa da avareza de reduzir gastos.

Por isso, é muito sábio aconselhar que se perfurem primeiro os poços: sobretudo porque dessa forma resulta muito evidente qual atitude possui cada estrato do terreno com vista a dar firmeza ou instabilidade ao edifício. Além disso, se acrescente o fato de que tanto a água encontrada sob a terra quanto aquela que aflora em superfície são úteis para muitas funções; e será muito positivo, para a segurança de nossa obra, abrir uma saída aos vapores subterrâneos, defendendo-a assim das exalações nocivas. Escavando então um poço, ou uma cisterna, ou um esgoto, ou qualquer outra abertura, se consegue descobrir as estratificações escondidas do terreno, e se pode escolher a mais adequada para sustentar a construção.

Por outro lado, em uma zona de onde a água ao fluir possa ter a força suficiente para arrastar e levar coisas, tanto se o lugar é elevado como se não, será oportuno que a escavação seja assaz mais profunda: a queda contínua da chuva sulca e corrói até as montanhas, tanto que algumas torres, que precedentemente não eram visíveis, agora podem ser vistas sempre mais facilmente. O monte Morello, que se eleva sobre Florença, na época de nossos pais era recoberto por muitos bosques de abetos; hoje ficou completamente despido e escabroso, acredito por causa da erosão que produz a chuva.

Juno Columela recomendava que, ao se construir em terrenos em declive, se procurasse começar as fundações preferivelmente pela parte mais baixa do declive e em uma depressão do solo, e com muita razão. Em primeiro lugar, as estruturas lançadas aí resultam bem incorporadas na conformação do terreno; além disso, resistirão à guisa de um apoio muito robusto contra o que eventualmente se queira endossar, se for preciso ampliar a construção, olhando para o cume do declive; desta maneira são mais visíveis e têm menos consequências os inconvenientes que às vezes podem decorrer de tal gênero de escavações: a formação de rachaduras ou de desabamentos no terreno.

Nos lugares pantanosos é oportuno fazer uma fossa muito ampla, reforçando-a de cada lado com estacas, faxinas, tábuas, algas, limo e outros materiais, para evitar infiltrações de água. Em seguida, deve-se extrair toda a água que eventualmente tenha ficado no interior da cerca, extrair a areia, remover completamente a lama do fundo, até quando os pés pisem em terreno firme. Da mesma forma, deveremos agir em um lugar saibroso, se for necessário.

O fundo da escavação deve sempre ser aplanado perfeitamente para que não haja nenhum tipo de inclinação, de modo que o peso dos materiais que cai sobre ele seja igualmente distribuído. De fato, o peso possui uma propriedade intrínseca e inata, em virtude da qual descarrega-se com mais força e exerce uma pressão maior nos lugares mais baixos.

Existem meios que aconselhamos para os terrenos pantanosos, porém têm mais a ver com o tema da estrutura que com as fundações. São os seguintes: cravam-se muitas estacas e varas, com a ponta queimada, com a base voltada para cima, de modo tal que a área desta obra resulte larga o dobro do que será o muro; e as estacas devem ter um comprimento de pelo menos um oitavo da que será a altura do muro, e de uma espessura de pelo menos um doze avos de seu comprimento; por último, devem cravar-se muito próximas entre si, tanto que não haja espaço para passar outra entre elas. Como ferramentas para cravar as estacas, sejam quais forem, convém não incluir martelos demasiadamente pesados, mas sim aqueles que golpeiem com certa frequência; pois aqueles muito pesados, caindo com toda a violência do seu imenso tamanho, podem de repente quebrar a madeira, enquanto a frequência dos golpes cansa e vence com sua insistência qualquer resistência do solo. Isto se pode verificar tentando colocar um prego fino em uma madeira dura: se se utiliza um martelo pesado não terá êxito, se empregar um pequeno e apropriado, conseguirá.

Acerca da escavação das fundações, pode ser suficiente quanto dissemos. Talvez seja útil acrescentar ainda que, às vezes, seja para economizar, seja para evitar a instabilidade de um terreno que contenha solos de distinta consistência, não é conveniente construir uma obra maciça em um único grande fosso, mas sim fazer isto deixando intervalos, como quem vai colocar unicamente pilares ou colunas, para em seguida, após ter levado arcos de um pilar a outro, erguer em cima deles o resto do muro. Na sua construção se deverão seguir as normas mencionadas precedentemente; mas quanto maiores forem os pesos que caírem sobre tais sustentos, tanto mais largos e robustos deverão ser os envasamentos e os socos a serem postos debaixo deles. Mas isto já é suficiente.

CAPÍTULO IV

Falta começar a construção. Mas, como a arte do construtor e o método dependem por um lado da qualidade, conformação e propriedades das pedras, e por outro da capacidade adesiva da cal e do material de enchimento, trataremos disso muito brevemente e quanto for necessário para os objetivos presentes.

Existem pedras duradouras, fortes e com muita umidade: por exemplo, a sílex, o mármore etc., que por sua natureza são pesadas e sonoras. Outras são privadas de energia, leves, e não produzem som, como aquelas tufácias e arenosas. Existem também outras com a superfície plana, as arestas em linha reta e os ângulos iguais, e se dizem pedras esquadrejadas. Outras têm superfícies, arestas, ângulos vários e diversos, e se dizem "incertas". Ainda, algumas pedras possuem dimensões muito grandes, tais que não se podem deslocar como se quer, somente com as mãos, sem usar trenós, alavancas, roldanas, carregadores e similares. Outras são pequenas, e se podem elevar e repor à vontade até com uma mão só. Uma terceira categoria de pedras, que por peso e dimensões são intermédias em relação às mencionadas, se diz "justa".

Toda pedra deve estar inteira, privada de lama e muito úmida. Se está inteira ou partida se poderá deduzir do ruído que fizer ao golpeá-la. A água melhor para molhá-la é aquela de torrente; e é sabido que uma pedra "justa" não é umedecida suficientemente pela água antes de oito dias; para uma pedra grande é preciso mais tempo. Uma pedra recém-extraída da mina é muito melhor que uma pedra extraída há muito tempo. Uma pedra à qual já uma vez tenha sido aplicada a cal é insensível a uma nova aplicação. Aqui terminamos com as pedras.

Não se considera boa e apropriada para a obra a cal que, recém-saída do forno, é constituída de torrões não compactos, mas sim desfeitos e muito poeirentos. Boa, ao contrário, é aquela que, purificada pelo fogo, torna-se esbranquiçada, leve, sonora, e que, quando banhada, produz um crepitar intenso levantando uma grande quantidade de vapor. À primeira, por causa de sua escassa energia, é conveniente dar pouca areia; mais, ao contrário, à segunda, que é mais forte. Catão diz que por cada pé de obra se deveriam dar dois alqueires de areia e um de cal. Outros autores dão proporções diferentes. Vitrúvio e Plínio dizem que a areia deve ser misturada com a cal de modo que, se a areia for de mina, a proporção seja de três partes de areia e uma de cal; se for de rio e de mar, de duas partes de areia e uma de cal.

Enfim, se a quantidade e a natureza da pedra, como diremos em seguida, requerem materiais mais fluidos e brandos, se fará passar a areia por um crivo; se, ao contrário, ocorre que o grão seja mais grosso, misturar-se-ão à areia, na proporção de metade, cascalho poligonal e saibro; se se acrescentar, em seguida, uma terça parte de cacos de tijolo, todos asseguram que a mistura será muito mais resistente. De qualquer forma, seja qual for a mescla, é preciso manejá-la várias vezes, até que cada mínimo fragmento esteja semelhante. Por essa razão alguns, para remexer melhor, reviram por muito tempo a mistura moendo-a no almofariz. E também basta já de falar sobre a cal; salvo que quiçá falte acrescentar uma coisa ao que dissemos: a cal, e em especial a feita com areia de mina, se fixa com mais tenacidade às pedras da sua mesma espécie que às estranhas.

CAPÍTULO V

Não encontro nos antigos nenhuma indicação acerca da maneira de construir a base dos muros, isto é, da parte das fundações que os leva até o nível da superfície, exceto o conselho de utilizar nas fundações aquelas pedras que, após terem sido expostas durante dois anos ao ar livre (como se disse), tenham sofrido algum defeito. Assim como na milícia os soldados covardes e preguiçosos, incapazes de aguentar o calor e a poeira, são reenviados com desonra de volta para casa, também no nosso caso as pedras macilentas e privadas de nervo são jogadas de volta em seu ócio antigo e na sombra que lhe resulta conhecida para repousar em um sono sem glória. Todavia, aprendemos dos historiadores que os antigos, ao colocarem as bases dos muros no terreno, costumavam usar muito cuidado para que sua estrutura, onde for possível, resultasse sólida em cada parte assim como no resto do muro.

O rei do Egito, Asitis, filho de Miquerinos, autor daquela lei que impunha aos devedores que dessem como garantia o cadáver do próprio pai, devendo construir uma pirâmide de tijolos, cravara antes umas vigas no terreno pantanoso e em cima delas colocara os tijolos, isto para lançar os alicerces. Conta-se ainda que o grande Quersifron, autor do famosíssimo templo de Diana em Éfeso, uma vez eleito um lugar plano e úmido e que não apresentava perigo de terremotos, em primeiro lugar, querendo evitar lançar inconsideradamente as fundações de um edifício tão vasto em um terreno brando e pouco consistente, colocara um estrato de carvão prensado, e o cobrira com peles de ovelha; dizem ainda que pusera vigas acima delas, sobre as quais acrescentara enormes blocos de pedra. Assim fizera Quersifron; os nossos arquitetos, pelo contrário, preferem deixar de lado as peles de ovelha e limitar-se a encher os espaços entre as estacas com muito carvão, moer tudo e dispor neles pedras esquadrejadas com juntas muito compridas.

Creio também que em Jerusalém houve quem, para fazer as fundações das obras públicas, utilizara pedras com, cada uma, vinte cúbitos de comprimento e outras com não menos que dez.

Mas, observando outras grandes obras de arquitetos antigos muito especializados, notei nelas uma grande variedade no que diz respeito ao modo de lançar as fundações. No sepulcro dos Antoninos, utilizaram fragmentos de pedra duríssima, mas menores que a palma da mão, com uma grande quantidade de cal; no Foro Argentário utilizaram um conglomerado de todo tipo de fragmentos de pedra; nos Comícios empregaram fragmentos e blocos de pedra comum. Agradou-me, porém, sobretudo o procedimento adotado por aqueles que na Tarpeia imitaram a natureza com um trabalho particularmente adequado para terrenos situados em uma colina. De fato, assim como ela, na hora de conformar as montanhas, mistura pedras duras com materiais mais brandos, da mesma forma estes levantaram um estrato, alto de dois pés, de blocos de pedras esquadrejadas o mais monolítico que lhes foi possível; neste verteram uma espécie de massa de argamassa, e assim encheram as fundações com camadas alternadas e sucessivas de pedras e de argamassa.

Em outras partes vi obras antigas, sólidas a tal ponto que resistiram durante séculos, executadas quer nas fundações, quer na própria estrutura do edifício, com areia de mina e seixos misturados. Em Bolonha, quando se foi demolida uma torre muito alta e sólida, descobriu-se que suas fundações estavam preenchidas com pedras esféricas e argila com uma profundidade de quase seis cúbitos; o resto tinha sido construído com a cal. As técnicas são então várias, e não seria fácil dizer qual seja melhor que as outras, pois em cada gênero se encontra sempre algum exemplo com resultados sólidos e duradouros. Penso, todavia, que se deva adotar o sistema mais econômico, desde que não se lancem nas fundações escombros ou materiais que apodrecem.

Existem outros gêneros de base de muros. Um se usa para pórticos e para aqueles lugares em que se erguem colunatas; outro é adotado nas áreas marítimas, nas quais não há a possibilidade de encontrar um terreno sólido a nosso gosto. Sobre aquelas marítimas falaremos quando tratarmos do porto e do modo de como assentar um dique no fundo do mar. De fato, este tema não tem a ver com as obras de construção em geral, que é do que estamos falando agora, mas sim de uma obra bem específica da cidade, que trataremos junto com as de seu gênero quando nos ocuparmos detalhadamente das obras públicas desse tipo.

Por outro lado, para a construção de colunatas, não é necessário encher em todo seu comprimento um fosso inteiro de uma estrutura contínua; será melhor, ao contrário, dar firmeza ao lugar em que as colunas têm o seu apoio; em seguida, de um a outro desses lugares ter-se-á que conduzir arcos com a convexidade voltada para baixo, de modo que o terreno plano da superfície funcione como corda. Dessa forma, os pesos de várias partes carregados em um único lugar terão menos força para perfurar o solo por causa da resistência dos arcos de sustentação.

E uma prova de como tendem as colunas a perfurar o terreno e que pressão e força exercem as cargas colocadas nelas nos é proporcionada, no famoso templo de Vespasiano, pelo ângulo voltado para o ocidente. De fato, tendo sido sua intenção tornar transitável uma via pública, cortada naquele lugar por um dos ângulos do edifício, após ter introduzido uma modificação na planta e ter aberto uma arcada na estrutura do templo, deixaram o ângulo em questão ao lado da estrada à guisa de pilar e o reforçaram com uma obra sólida e o apoio de um contraforte. E, todavia, com o passar do tempo, por efeito da pressão do imenso edifício e a pouca consistência do solo, acabou por deteriorar-se. Mas isto já é suficiente.

CAPÍTULO VI

Uma vez lançadas as fundações, é a hora de levantar os muros. Aqui é necessário mencionar um meio muito importante, não somente para encher as fundações, mas também para construir os próprios muros. Nos edifícios de grande tamanho, cujos muros deverão ter uma espessura maior, se deve deixar no interior da construção, das fundações até o topo, umas frestas abertas, não muito distantes, entre eles. Destas aberturas poderão sair, em abundância, sem dificuldade e sem perigo para a estrutura da obra, os vapores que eventualmente se tenham formado e comprimido sob a terra. Várias vezes os antigos colocaram, em alguns destes lugares, escadas de espiral, não somente pelos motivos que acabamos de expor, mas também, e sobretudo, por comodidade, para dispor de um acesso até o ápice do edifício e quiçá para reduzir gastos. Mas voltemos ao nosso discurso.

Entre a base do muro e o muro há uma diferença, a saber, que o primeiro pode sustentar-se somente com material de enchimento graças ao apoio das paredes do fosso, enquanto que o segundo se compõe de várias partes, como agora explicarei. As partes principais do muro são: a parte inferior, que surge imediatamente acima do material que constitui as fundações, e que chamaremos de soco ou pódio; a parte central, que cerca a parede inteira, e é chamada de ligamento; a parte alta, que circunda a área superior do muro, e é chamada de cornija.

Dentre as partes mais importantes do muro, e talvez as mais importantes, há os ângulos e os pilares, colunas ou qualquer elemento deste tipo, construídos no interior do muro e adicionados a ele, que desempenham aqui o papel de colunas na hora de sustentar os vigamentos e os arcos da cobertura, e que são denominados, no conjunto, de ossatura. Ao lado das aberturas existem as ombreiras, que pertencem contemporaneamente às categorias dos ângulos e das colunas. Além disso, a cobertura das aberturas, isto é, a arquitrave, é incluída na ossatura; tanto se constitui de uma viga reta como de um arco. Pode-se dizer, de fato, que o arco não é nada mais que uma viga curvada, e a arquitrave é uma coluna colocada transversalmente. Ainda, as zonas que se encontram entre uma e outra das partes principais se dizem exatamente tabiques.

Também no muro todo deve haver algo comum a todas as partes acima mencionadas: por exemplo, o material de enchimento da parte média do muro e das duas crostas ou invólucros, lado interno e lado externo, dos quais este último estará exposto ao sol e aos ventos, e o outro proporciona a sombra no interior da área. Todavia, as relações entre o enchimento e os invólucros variam conforme o modo de construir.

Os tipos de construção são os seguintes: regular, reticulado, incerto. Tornar-se-á útil nessa altura lembrar um trecho de Varrão, no qual se diz que em Tuscolo as cercas das vilas se faziam com uma estrutura consistente de pedra; no Ager Gallicus se construía, pelo contrário, com tijolos cozidos; na Sabina, com tijolos crus; nas Hispânias, com uma terra misturada com pedrinhas. Mas disso falaremos em seguida.

A obra chamada de ordinária é aquela em que se unem pedras esquadrejadas, com dimensões "certas" ou bastante grandes, de modo que suas linhas resultem retas ou colocadas exatamente horizontais e verticais. Nenhuma estrutura é mais sólida e resistente que esta. A estrutura assim chamada de reticulada consiste de pedras esquadrejadas com dimensões "certas" e bastante pequenas, dispostas, não já apoiadas, em um dos lados, mas sim erguidas em cima de uma saliência, e com a face plana e vertical. A estrutura chamada de incerta é formada por pedras incertas dispostas de forma tal que cada lado cole o mais exatamente possível — conforme os limites que sua forma lhe permite — no das pedras contíguas. Utilizaremos esse tipo de método para a pavimentação das ruas.

Por sinal, essas maneiras de construir utilizar-se-ão de várias formas nos distintos lugares. Por exemplo, para construir o invólucro do soco usaremos exclusivamente um tipo de pedra esquadrejada de grandes dimensões e muito dura. De fato, já que a estrutura do edifício deve ser, conforme afirmamos, a mais compacta possível e sólida, não existe no muro todo nenhuma outra parte que necessite de solidez e robusteza mais que esta; tanto que, se for possível, ela deve ser construída com uma pedra única, ou, ao menos, com um número de pedras que, sem dúvida, se aproxime da integridade e da longa duração de que goza uma pedra única. De que forma as pedras com grandes dimensões devam ser manuseadas e removidas é assunto que faz parte da ornamentação; falaremos disso na hora oportuna. Levantará o muro — diz Catão — com pedras e argamassas muito sólidas, até quando a obra não alcance a altura de três pés a partir do solo; no que diz respeito ao resto da parede, não será criticado se preferir fazê-lo com tijolos crus. A razão deste ensinamento está evidentemente no fato de que as gotas de água que pingam do telhado corroem exatamente a parte inferior do muro. Mas, se consideramos os edifícios da Antiguidade, e constatamos que essas partes das construções são feitas com pedra duríssima não somente em muitos lugares nos quais é lógico que isso aconteça, mas também em países nos quais não se temem os danos da chuva — por exemplo no Egito, onde às vezes a base das pirâmides é construída com pedra preta de Tebas, muito dura —, o fato deve ser explicado mais claramente. De fato, assim como no caso dos objetos de ferro, de cobre e de outros metais, se se dobram várias vezes em um sentido e logo no sentido contrário começam a rachar-se e enfim enfraquecidos se rompem, da mesma forma outros materiais, se forem submetidos a solicitações alternadas, são destruídos. Notei isso nas pontes, sobretudo as de madeira. Constata-se, de fato, que as partes que, por causa das mudanças excessivas do clima, ora estão secas pela ação dos raios do sol e pelo sopro dos ventos, ora estão úmidas pelas exalações noturnas das águas se consomem muito rapidamente e são infestadas pelos carunchos. A mesma coisa acontece com as áreas mais baixas do muro, que estão em contato com o solo; de fato, pelo contato excessivo e alternado dos líquidos e da poeira se debilitam e apodrecem. Por essa razão, eu também acho que o soco do edifício se deva fabricar com pedras duras, muito robustas, com grandes dimensões, as quais devem defendê-lo firmemente das opostas adversidades naturais. Quais sejam as pedras mais duras, já o esclarecemos suficientemente no segundo livro.

CAPÍTULO VII

Por outro lado é muito importante saber de que forma se unem e se ajuntam as próprias pedras umas com as outras, não somente neste caso mas também nos demais. De fato, tanto na madeira como na pedra, não somente há veios mas sobretudo nós e partes que são umas mais brandas que as outras.

É sabido que o mármore se fende e se deforma facilmente. As pedras podem ser afetadas por infecções, ter as bolsas repletas de matéria putrefata, as quais, à medida que o tempo passa, se enchem, parece-me, por efeito da umidade procedente do ar, causando pústulas ainda piores e afetando colunas e arquitraves. Portanto é preciso saber — além daquilo que já dissemos acerca da pedra — que ela é criada pela natureza jacente no terreno, assim como nós a vemos, de uma matéria líquida e fluida (assim se pensa), a qual, após ter-se consolidado e endurecido aos poucos, conserva em sua própria massa as formas primitivas e as suas várias partes. Por isso, então, a parte mais baixa, por exemplo, consiste em partículas mais pesadas e de maior tamanho que as superiores; e nos entremeios correm os veios, na medida em que diversas matérias se sobrepuseram ao entrarem em contato; e a área da pedra que contém veios — sejam restos da matéria primitiva, misturados com resíduos da matéria acrescentada depois, sejam outra coisa, pois a natureza não permitiu absolutamente que as duas matérias se assimilassem entre elas por causa de sua diferença intrínseca — se racha facilmente. Além disso, é bastante evidente que, por causa das injúrias, digamos assim, das intempéries — sem ir procurar motivos mais escondidos —, todos os corpos que formam um todo compacto se consomem e se esmiúçam. Deste modo, no que diz respeito à pedra, as partes que tiveram que sofrer as intempéries resultam mais maceradas e friáveis.

Então, na hora de colocar as pedras aconselham que, sobretudo nas partes do edifício que devem ser mais sólidas, se preste atenção para que a face mais forte de cada pedra e menos sujeita a deteriorar-se esteja voltada para a direção da qual provém a ameaça dos elementos adversos. Não se deve então ajeitar um veio reto no lado do muro, pois as intempéries o descascariam, mas a pedra deve ser colocada horizontalmente, de modo que a pressão de tudo aquilo que estiver em cima dela não a deixe fender-se. Ainda, a face da pedra que em origem estava voltada para o interior da mina se deve colocar para que fique do lado externo, porque é mais rica de humores naturais e por isso mais robusta.

Mas a face mais resistente, em toda pedra cortada de uma mina, não será aquela que foi separada do bloco conjunto da mina em sentido longitudinal, mas sim aquela que cortava transversalmente o bloco. No edifício inteiro, ainda, os ângulos, devendo ser muito resistentes, deverão ser reforçados com uma estrutura muito sólida. De fato, cada ângulo, se não me engano, na realidade corresponde à metade do edifício inteiro, já que a lesão de um ângulo provoca a ruína de dois lados da construção. Levado em consideração esse fato, se compreenderá como quase todos os edifícios cheguem ao desmoronamento a partir da debilidade de um ângulo. Correto era então o costume dos antigos de construir os ângulos com uma espessura muito maior que aquela das paredes, e de colocar trechos de muro muito robustos nos ângulos dos pórticos com colunas. A solidez dos ângulos é então requerida não tanto para sustentar a cobertura — função que pertence talvez mais às colunas — mas, sobretudo, para segurar as paredes, evitando que elas desviem da vertical para qualquer direção. Por isso, as pedras usadas para os ângulos deverão ser assaz duras, e tão compridas até adentrarem-se, como espécies de braços e antebraços, ao longo da extensão das paredes unidas; e, além disso, tão largas (em função da espessura dos muros) que não seja necessário o enchimento do espaço interno.

Após ter terminado com os ângulos, dever-se-ão providenciar as ossaturas da parede e as ombreiras das aberturas: deverão ser feitas tanto mais robustas quanto maior for o peso das estruturas sobre elas. E, de modo especial, se recomenda colocar esperas, isto é, pedras que em fileiras alternadas se salientem de ambos os lados, reforçando as demais áreas de tamponamento.

CAPÍTULO VIII

As partes do tamponamento são aquelas comuns — como dissemos — à parede toda: invólucros e enchimentos. Os invólucros estão colocados no exterior e no interior. Será útil fabricar o invólucro exterior com pedra mais dura, para que o edifício todo dure mais. De resto, em todas as partes do tamponamento não interessa muito o tipo de construção usada, seja até reticulado ou incerto, como preferir, desde que se use um tipo de pedra que resista da forma melhor a perigos como o assalto perigoso e a moléstia do sol e dos ventos, e talvez ao fogo e à geada.

Deve-se usar material muito robusto especialmente onde bate, pela ação dos ventos, uma maior quantidade de chuva ao cair das calhas: o que se pode observar frequentemente nas construções antigas, nas quais até o mármore resulta, digamos assim, completamente roído e corroído por esses salpicos. É verdade que quase todos os arquitetos bons, para evitar esse dano, costumam deixar descarregar a chuva que se recolheu no telhado encanando-a dentro de tubos fechados.

Os antigos notaram que no outono geralmente caem sempre aquelas folhas que se encontram na parte da árvore que está voltada para o meio-dia, para o austro. Por nossa parte, nós observamos que todos os edifícios que já desmoronaram por causa de sua Antiguidade tinham começado a vacilar da parte de onde soprava o austro. A razão disto está provavelmente no fato de que o excessivo calor solar, enquanto a obra ainda estava em bom estado, evaporou antes do tempo os humores da cal; além disso, os muros, enfraquecidos porque continuamente umedecidos pelo sopro do austro e em seguida queimados pelos ardores do sol, acabaram deteriorando-se. Por isso, para se defender destes e de outros perigos, se deve utilizar material muito resistente.

Uma regra fundamental a ser observada, a meu ver, é que uma vez começada uma fileira de pedras, ela deve ser feita na construção inteira, igual e sem variações, evitando que em uma parte da estrutura haja pedras grandes e em outra pedras pequenas. Dizem, de fato, que a estrutura, acrescentando outro peso, comprime-se, e a cal, pressionada enquanto está secando, perde força; o que traz como consequência que se produzam lesões no muro.

Será lícito, pelo contrário, fabricar o invólucro interno, junto com toda a fachada da sua parede, com pedras mais macias. Mas, para qualquer tipo de pedra que seja utilizado por dentro e por fora, o invólucro deve ser fabricado de tal forma que se estenda verticalmente seguindo exatamente a linha que lhe pertence, que é paralela ao perímetro da planta, e em qualquer parte não deve absolutamente se salientar, nem recuar, nem serpear; em suma deve ser reta, contínua e definida.

Se se começar rebocando o muro durante a construção quando ainda estiver fresco, o revestimento ou a pintura branca que será colocada sucessivamente converter-se-á em algo indelével.

Existem dois tipos de enchimento: um é aquele que é introduzido no espaço vazio entre os invólucros, e consta de conglomerado; o outro consta de pedras ordinárias, mas grossas, e neste caso não se deveria falar encher, mas sim construir. É claro que ambos os tipos foram cogitados para economizar, visto que para fazer essa parte do muro se destina qualquer pedra pequena e grossa: pois, com certeza, se houvesse abundância de pedras grandes e esquadrejadas ninguém teria resolvido por própria iniciativa recorrer às pedras pequenas ou às lascas.

As ossaturas se diferenciam das partes de tamponamento somente nisso: que nestas o espaço entre os invólucros é enchido com qualquer tipo de pedra e com fragmentos variados de forma quase desordenada e casual, enquanto que nas ossaturas nunca se introduzem, ou só raramente, pedras com forma irregular, mas elas são edificadas como uma construção ordinária em todo seu volume, até na parte interna.

De resto, para ter a maior duração possível, seria melhor que também a parede inteira fosse enchida, e em todos os níveis, com pedras esquadrejadas. De qualquer forma, seja qual for o material pedregoso com o qual se resolve preencher o espaço entre os invólucros, se deve fazer o possível para dispô-lo em fileiras ordinárias e bem balanceadas.

Igualmente será útil deixar atravessar a espessura do muro entre um invólucro e outro por um certo número de pedras ordinárias, não muito distantes entre si, para poder segurar os próprios invólucros e para evitar que o material de enchimento, uma vez introduzido no muro, possa pressionar as paredes dos invólucros.

Os antigos se atinham ao princípio de efetuar o enchimento derramando-o no muro com um fluxo contínuo até alcançar uma altura não superior a cinco pés por parte, introduzindo depois camadas de pedras esquadrejadas muito largas e muito compridas, para que a estrutura da parede resultasse mais apertada e unida, e para que dessa forma, se, naquela obra toda de enchimento, por acidente ou por um erro dos operários uma parte do material tivesse começado a desmoronar, não teria arrastado consigo imediatamente a massa do material sobranceiro, mas as áreas superiores estariam providas com uma nova base na qual apoiar-se.

Recomenda-se uma regra observada com escrúpulo, como notei, por todos os antigos: não misturar aos materiais de enchimento as pedras com mais que uma libra de peso, porque aquelas menores são consideradas mais adequadas que as maiores para ser cimentadas com a cal. E aqui vem a propósito aquilo que Plutarco conta do rei Numa. Este dividiu a plebe conforme o ofício de cada um, pensando que qualquer organismo, quanto mais fosse fragmentado, tanto mais facilmente se poderia manusear e controlar arbitrariamente.

Outro meio a ser considerado consiste em preencher todos os vazios sem deixar nenhum espaço intermédio não enchido, sobretudo para evitar que se introduzam nele animais para fazer o ninho e trazer para dentro sujeira e sementes que poderiam fazer brotar dentro do muro um figo selvático.

É incrível, e o vi eu mesmo, como construções grandes e robustas de pedras possam ser removidas pelas raízes de uma árvore só. Toda construção deve ser bem atada e enchida em toda a sua totalidade.

CAPÍTULO IX

Devem ser incluídos entre os ligamentos alguns meios, feitos com pedras maiores, que entrelaçam os invólucros externos com os invólucros internos e ossaturas com ossaturas: é o caso dos meios que, como dissemos, devem ser inseridos a cada cinco pés de altura no interior do muro. Outro tipo de ligamento — e são estes os mais importantes — são os que se estendem ao longo de todo o comprimento do muro para segurar firmes os ângulos e conter a estrutura da obra. Estes últimos são, todavia, mais raros; e não lembro ter visto mais que dois (ou talvez três) em uma mesma parede. Sua localização mais importante é aquela que circunda o ápice do muro deixando que as pedras fiquem salientes até formar uma cornija.

Aliás, exige-se que o soco também, colocado embaixo, possua uma cornija elegante. No que diz respeito aos ligamentos mais frequentes, que se colocam a cada cinco pés, é mais conveniente usar pedras mais finas que o normal.

Mas nos outros, que denominamos de cornijas, mais raras e com uma função mais importante, é conveniente usar pedras mais robustas e mais grossas. Para ambas as categorias em geral são necessárias pedras mais compridas, largas e sólidas no seu gênero. Os ligamentos com dimensões menores se colocarão de modo que coincidam com a vertical dos demais invólucros das paredes, perpendicularmente a eles; enquanto aquelas do segundo tipo, à guisa de cornijas, salientar-se-ão fora do muro com sua parte frontal. Estas pedras muito longas e largas são colocadas exatamente horizontais e bem unidas com as fileiras do muro, de maneira que as estruturas sobre as quais se assentam estejam recobertas por uma espécie de pavimento sobreposto. A forma de unir essas pedras é a seguinte: quando uma nova pedra é posta em cima das anteriores, para que adira melhor e se encaixe naquelas já colocadas, deve ser apoiada de tal forma que a sua parte central coincida com a junta das pedras em que está assentada, de modo que a sua extensão se distribua exatamente em igual medida de um lado e de outro. Este tipo de ajuntamento de pedras, que é importante em todo tipo de estrutura, deverá ser utilizado mais frequentemente nesse gênero de ligamentos.

Notei nas obras antigas o costume de aplicar ligamentos nas construções com muro do tipo reticulado, que consistem de cinco fileiras de tijolos pequenos, ou no mínimo três, dos quais pelo menos um, se não todos, de uma pedra que não tivesse uma espessura maior em relação às outras fileiras agregadas a ela, mas sim mais longa e larga. Constatei, ao contrário, que na estrutura normal com tijolos se considerava suficiente, como ligamento, colocar a cada cinco pés de altura uma fileira de tijolos assaz grandes, medindo dois pés. Constatamos ainda que alguns inseriam, com a função de ligamento, umas lâminas de chumbo, longas, e com uma largura igual àquela das paredes. Todavia, quando se construía com pedras de grandes dimensões, se usava — como pude ver — um número menor de ligamentos e talvez somente cornijas.

Na hora de executar as cornijas não se deve descuidar sequer de um dos meios acima mencionados a propósito do ligamento, já que eles devem cingir os muros com uma robustez máxima: então se devem utilizar somente pedras muito largas e longas e o mais sólidas possível, que serão unidas de forma contínua e exata, formando fileiras perfeitamente horizontais e esquadrejadas conforme convenha a cada uma delas. E este labor requer muito mais cuidado e esforço que a própria obra, pois a cornija cerca a construção no ponto mais exposto aos desmoronamentos, e tem, além disso, função de cobertura em relação ao muro ao qual se aplica. Decorre disso o preceito segundo o qual as paredes com tijolos crus se devam coroar com cornijas em tijolo cozido; e isso para evitar os danos que poderiam decorrer da água que pinga do ápice do telhado ou das calhas, protegendo o muro com essa cobertura. Por esta razão, em cada outro tipo de muro é preciso providenciar a construção de uma cornija muito sólida, com função de cobertura, para impedir lesões provocadas pela chuva.

É preciso ainda levar em conta quais meios de conjunção e de suporte sejam mais aptos para reunir muitas pedras em uma única parede robusta e compacta. Naturalmente, quem pensar nesse problema lembra logo que a cal é o meio mais necessário para essa finalidade; todavia, deve-se esclarecer que não se pode cimentar com a cal todo tipo de pedra. Já que o mármore quando estiver em contato com ela não somente perderá sua brancura, mas se estragará também com manchas da cor do sangue desagradáveis para a vista. O branco do mármore é, aliás, delicado a tal ponto que não pode tolerar nenhum contato com substâncias estranhas: não tolera o fumo; se for molhado com azeite perde o brilho; banhado com vinho tinto fica amarelo; o suco que transpira da madeira de castanheira penetra no mármore tornando-o escuro quase inteiramente, tanto que nem raspando se pode apagar a marca. Por isso os antigos buscavam, até quando fosse possível, erguer os muros com mármore simples sem usar nenhuma mistura de cal para segurar os blocos. Mas disso se falará mais adiante.

CAPÍTULO X

Já que ao construtor interessa mais, na prática, servir-se da forma melhor e mais rentável dos materiais dos quais dispõe que escolher aqueles mais aptos, continuaremos falando disto. Poder-se-á considerar a cal bem cozida após ter sido molhada e ter perdido o calor, inchando todos os seus torrões, como espuma de leite. Se ao misturá-la com areia encontrarmos pequenos grumos, significa que não foi moída suficientemente. Se, ao invés, houver uma quantidade excessiva de areia, a cal se tornará áspera e não conseguirá se aglutinar; se houver uma quantidade menor que aquela necessária para uma cal com boa qualidade e eficiência, esta resultará inerte e pegajosa como o visgo, e difícil de ser manuseada.

A cal que não está bem macerada, ou que está defeituosa por outras razões, poderá ser utilizada nas fundações com menos desvantagens que em outras partes da obra, e no enchimento interno do muro é melhor que nos invólucros. Na construção dos ângulos, da ossatura e dos ligamentos, ao contrário, dever-se-á evitar qualquer cal que apresente um defeito ainda que mínimo: sobretudo aquela que se usa para cimentar os arcos deve ser totalmente confiável. Os ângulos, a ossatura, os ligamentos, as cornijas requerem um tipo de areia particularmente fino, puro, especialmente se forem feitos com pedra lisa; enquanto os enchimentos toleram materiais mais grosseiros.

As pedras por natureza secas e sem humores combinarão bastante com as areias fluviais. Aquelas, ao contrário, por natureza úmidas e impregnadas adaptar-se-ão bem às areias de mina. Será útil não expor as areias de origem marinha aos ventos do Norte. As pedras de pequenas dimensões requerem argamassa mais densa; aquelas secas e privadas de humor, uma mais gordurosa; todavia os antigos achavam que em cada tipo de obra este último tipo de mistura, mais gorduroso, fosse mais adequado para aglutinar que os mais fluidos.

As pedras com grandes dimensões não se adaptam muito facilmente para serem postas umas em cima das outras senão mediante o apoio de material muito fluido e escorregadiço, tanto que este último parece ter a função de tornar resvalado o local de assento das pedras — para que, posicionando-as, se possam movimentar facilmente com a mão — e menos para cimentá-las uma com a outra. Na verdade, será muito conveniente se as pedras forem posicionadas em cima de alguma coisa macia e lisa, à guisa de cama, fazendo com que elas não se dobrem por causa do peso excessivo que sustentam. Alguns, observando frequentemente pedras de grandes dimensões nos edifícios antigos em cujas juntas se aplica argila vermelha, pensam que ela tenha sido usada em lugar da cal. O que não me parece verossímil, sobretudo porque está untada com argila somente uma das duas faces de cada junta.

A propósito das paredes, além disso, há outra questão que deve ser levada em conta. Não se deve nunca acumular o material, ao construir o muro, com um trabalho apressado e precipitado e sem pausas; também não é aconselhável, uma vez iniciada a obra, procrastiná-la por muito tempo por preguiça, como se estivesse sendo construída de má vontade. Será, ao invés, oportuno conduzi-la com método e cuidado, de modo que a celeridade na execução não esteja separada do cuidado e da prudência.

Dizem os competentes que não é conveniente levantar ulteriormente a obra até quando não se tenha completamente solidificado a parte já construída. Se, de fato, esta estiver recente e ainda pouco dura, será fraca e branda demais para poder sustentar um outro peso sobreposto.

De resto, se podem observar também as andorinhas, as quais instintivamente, quando constroem seu ninho, começam empastando com lama os primeiros pequenos galhos que constituem as fundações da obra inteira, e a essas sobrepõem, com a mesma técnica, as estruturas sucessivas, não à toa, mas sim procedendo gradativa e tempestivamente, e deixando que as partes fabricadas precedentemente tenham-se reforçado. Costuma-se considerar que a argamassa esteja suficientemente solidificada quando emite uma lanugem, ou uma inflorescência, conhecida por quem é do ofício.

De acordo com a espessura do muro, as condições do terreno e do clima, deve-se decidir quantos pés são necessários para a construção. Quando se resolve interromper o trabalho, deve-se recobrir a parte superior da obra com palha, para evitar que o vento e o sol exauram os humores contidos nas argamassas e impeçam que elas sequem na hora certa e se aglutinem. Quando, em seguida, se retoma a construção, dever-se-á derramar várias vezes em cima dela água pura até quando ela tenha uma quantidade de umidade conveniente, eliminando qualquer resto de poeira que poderia facilitar a formação de figos silvestres. Não existe também operação mais eficaz para o reforço e a consolidação do muro que molhar abundantemente as pedras com água. Dizem que não se possa considerar uma pedra suficientemente molhada se, quebrando-a, não aparece em toda sua superfície empapada e enegrecida por dentro.

Recomenda-se ainda, durante a construção, inserir no corpo do muro um arco em cada ponto onde novas aberturas possam tornar-se úteis ou agradáveis para o edifício, de modo a fornecer com o arco na parede, quando em seguida será furada, uma estrutura de sustento segura e não adventícia. Fica difícil, às vezes, imaginar até que ponto tirar do muro uma pedra só, até pequena, possa danificar a estrutura inteira. Na realidade, nunca se conseguirá ligar estruturas novas com estruturas envelhecidas sem impedir que se separem rapidamente; não é preciso dizer quanto o muro se torne enfraquecido e facilmente possa desmoronar por causa de uma tal fenda.

Se a parede for fina, será necessário servir-se de andaimes à medida que vai se construindo. Ao contrário, uma parede de espessura notável não precisa de andaimes, pois por causa de sua própria grossura fornece espaço suficiente aos pedreiros para colocar-se em cima dela durante a obra.

CAPÍTULO XI

Falamos até agora da maneira mais correta para construir: com que tipos de pedras se levanta um muro e como endurecê-lo com a cal. Existem, porém, outros modos para unir as pedras para construção: às vezes, por exemplo, não se aplica a cal, mas o barro; outras vezes, se encostam as pedras uma nas outras sem que nenhum aglutinante as sustente; para omitir outros métodos construtivos, como aquele que consiste somente no enchimento, ou aquele que se limita aos invólucros. Portanto, deste e de outros, também, falaremos muito sucintamente.

É conveniente que as pedras que se aglutinam com o barro tenham uma forma quadrada e, sobretudo, que sejam muito secas. Por isso, o material mais cômodo é o tijolo, seja ele cozido, seja — melhor ainda — cru e bem seco. Um muro construído com tijolos crus torna-se vantajoso para a saúde de quem mora nos ambientes do edifício, resiste otimamente aos incêndios e não sofre um grande dano por causa dos terremotos; mas não suporta bem os assoalhos, a menos que tenha uma espessura adequada. Por isso Catão aconselhava erguer pilares de pedra, para sustentar os vigamentos. No que diz respeito ao tipo de barro a ser utilizado, alguns sustentam que deva ser betuminoso, e que o melhor é aquele que ao mergulhar na água derrete lentamente, que deixa nas mãos marcas dificilmente apagáveis, e que secando se coagula notavelmente. Outros estimam mais adequado o barro arenoso, porque mais manuseável. Neste tipo de trabalho se usa no exterior um revestimento fino de cal, internamente, querendo, de giz, ou também de argila branca. Para que tal revestimento aglutine melhor, é bom, ao colocar as pedras ou os tijolos, inserir aleatoriamente fragmentos de barro nas fendas entre os blocos, para que possam ficar salientes à guisa de dentículos e sustentem mais solidamente a crosta.

A técnica construtiva que usa as pedras nuas exige que elas sejam esquadrejadas, com dimensões maiores que o normal, maciças e muito sólidas. Essa técnica prescreve: ausência de enchimento, fileiras com regularidade máxima, linhas de junta perfeitamente contínuas; usam-se frequentemente ligamentos que são os grampos e as cavilhas. Os grampos unem duas a duas as pedras postas no mesmo nível, reunindo-as em uma única fileira. As cavilhas se cravam ao mesmo tempo em uma pedra de cima e uma de baixo, impedindo que uma fileira possa ser empurrada para fora e separada das outras. Usam-se também grampos e cavilhas de ferro; vi, todavia, nos edifícios antigos que o ferro vai se deteriorando e sua duração é breve, enquanto o cobre dura muito; é, aliás, praticamente indestrutível. Além do mais a ferrugem que se forma no ferro — conforme observei — corrói o mármore despedaçando-o ao redor. Entre as pedras de construções antiquíssimas se podem até ver cravados grampos de madeira, que no meu parecer não são inferiores àqueles de ferro. Os grampos de cobre e de ferro se reforçam, de fato, com chumbo; aqueles de madeira, ao contrário, derivam a solidez de sua própria forma: são trabalhadas de maneira que se assemelhem com caudas de andorinhas, conforme são geralmente denominadas.

Os grampos se devem fincar em uma posição tal que não possam ser alcançados pelas gotas de chuva, que os estragam. Aqueles de cobre — se pensa

— se reforçam contra o envelhecimento se no processo de fusão são misturados com um trigésimo de estanho. Serão menos expostos ao enferrujamento se forem ungidos com betume ou óleo. Dizem ainda que, para escapar ao enferrujamento, deve-se temperar o ferro com alvaiade, gesso e piche líquida. Os grampos de madeira, se espargidos com cera pura e de borra de azeite, não apodrecem. Notei ainda que, derramando nos grampos uma boa quantidade de chumbo líquido muito quente, as pedras que estão em baixo acabam quebrando-se.

No que diz respeito aos muros construídos somente com material de enchimento, se encontram vários deles nos edifícios da Antiguidade, e são perfeitamente sólidos. O procedimento para murar é aqui o mesmo usado para as construções de terra que se faziam na África e na Hispânia: se dispõem em ambos os lados das paredes tábuas ou caniços, que têm a função de invólucros até quando o material derramado não tenha se coagulado. Existem porém diferenças: na Espanha eles derramam uma mistura de cimento praticamente líquida; na África eles pisoteiam em cima dele, com o pé e com picaretas para aplanar, um limo viscoso, tornado plasmável com umedecimentos e empastamentos. Na Espanha, com a função de ligamento, se inserem a cada três pés de altura — quase como detritos — pedras bastante grandes, sobretudo ordinárias, ou talvez fragmentadas, com forma poligonal; já que as pedras redondas, ainda que muito resistentes aos elementos adversos, se não estiverem providas com muitos reforços resultam assaz perigosas em cada obra. Nos muros de terra da África mesclam lama com esparteira ou com o junco marinho; obra surpreendente, pois resiste firmemente aos ventos e às chuvas. Na época de Plínio se podiam ver torres e locais de atalaia construídos com a lama das cordilheiras que remontavam à época de Aníbal.

Em relação à forma de murar somente com as "crostas" — prefiro essa denominação àquela de "invólucros" —, tais construções se fazem com caniços e esteiras de canas frescas. Esse não é um trabalho digno de um homem livre, mas é praticado frequentemente pela plebe romana. Untam os caniços com barro e palha que previamente amassaram durante três dias; depois são revestidos — como acabei de falar — com cal ou gesso; finalmente, são adornados com pinturas ou relevos. Se se tiver misturado com o gesso uma quantidade de ladrilhos cozidos em pó equivalente à terça parte do total, será mais resistente à salpicadura; misturado com cal se reforça notavelmente; mas submetido à umidade, à geada e ao frio, o gesso resulta absolutamente inoperante.

Resta-me discorrer, à guisa de conclusão, acerca de um costume antiquíssimo que existe entre os arquitetos, que acredito convém respeitar como se fosse um oráculo. Sob o muro se deve colocar uma base muito sólida; a parte superior do muro deve ser construída de tal maneira que a vertical de sua parte central coincida com o centro da parte inferior. Os ângulos e as ossaturas do muro devem se reforçar desde o solo até a parte mais elevada com pedras mais robustas. A cal deve ser bem moída. A pedra não deve ser utilizada se não for úmida; as pedras mais duras devem ser colocadas onde podem ocorrer os danos maiores. A estrutura deve ser executada bem em esquadro, nivelada e bem aprumada. Faça-se com que o ponto de união das pedras acabe coincidindo com o centro da pedra da fileira imediatamente sucessiva. As pedras inteiras devem ser colocadas nas fileiras externas; a área interna do muro deve ser enchida com fragmentos. As fileiras externas e internas serão unidas entre si por um bom número de pedras de junção que atravessem o muro. Aqui podemos deixar as paredes e passar à cobertura.

Não quero deixar de falar de um fato cujas provas foram tomadas em consideração na Antiguidade assaz mais que hoje: são fenômenos naturais, coisa que lhes outorga, sem dúvida nenhuma, uma força em absoluto notável. Dizem que o raio não atinge nunca a árvore do louro, a águia e a foca. E uns sustentam que, inserindo esses seres nos edifícios, os tornem imunes aos relâmpagos. O que me parece possa ser considerado igual a outras crenças, como aquela segundo a qual uma rela presa em um vaso de barro e sepultada no meio de um campo afastaria os pássaros das sementes; ou outra, que ter em casa uma planta de bordo torna dificultosos os partos; ou outra ainda, que um galho de barrete de padre, planta lésbia, guardado em casa causa a disenteria e leva por isso à morte.

Voltando ao nosso assunto, retomaremos agora o que abordamos precedentemente ao discutir o desenho dos edifícios.

CAPÍTULO XII

Algumas das coberturas estão ao ar livre, outras não; além do mais algumas são constituídas por linhas retas, outras por linhas curvas, outras ainda pelas duas juntas. Acrescente-se — o que se torna muito interessante aqui — que a cobertura se constrói com madeira ou com pedra. Começaremos então tratando este assunto e iniciando por aqueles elementos comuns a uma reflexão sobre a cobertura em geral, isto é: deve-se pensar que em toda cobertura existem, assim como no muro, ossaturas, nervos, enchimentos, invólucros e crostas; de qualquer forma, se for realmente assim, é melhor observá-lo concretamente na experiência direta.

Iniciaremos examinando aquelas coberturas constituídas de linhas retas e feitas com madeira. É preciso colocar debaixo delas, para sustentá-las, vigas que vão de uma parede até outra: vigas que — como dissemos precedentemente — deverão ser consideradas à guisa de colunas postas em sentido transversal. A viga desenvolverá então o papel da ossatura. E se as despesas o permitissem, cada um buscaria tornar a própria obra muito sólida a fazendo — digamos assim — totalmente óssea, quer dizer, construída inteiramente com colunas e vigas solidamente unidas sem haver descontinuidade entre uma e outra. Devendo, ao invés, levar em conta as exigências de economia, consideraremos supérfluo tudo aquilo que se pode fazer a menos sem prejudicar a solidez do edifício; e deixaremos intervalos entre as vigas. Em seguida, nessas colocaremos outras vigas transversalmente, acrescentando vigotas "correntes"[27] e eventualmente outros elementos desse gênero. Podem-se considerar todos esses elementos como ligamentos da cobertura. Enfim, as pranchas e as tábuas com dimensões maiores, que se juntam àqueles elementos, terão o papel de tamponamento; da mesma forma o pavimento e as telhas corresponderão ao invólucro externo, enquanto conviremos que o teto que está acima de nós não é nada mais que o invólucro interno.

Uma vez estabelecidas essas noções, é preciso agora pesquisar se existem propriedades em comum a cada uma das partes acima mencionadas; uma vez localizadas, será mais fácil ver aquelas que são mais convenientes para as coberturas de pedra. Ocupar-nos-emos destes problemas brevemente, conforme as exigências do assunto.

Será útil, porém, dizer antes que mais nada o seguinte. A meu ver, os arquitetos contemporâneos estão enganados, quando para arrumar os arcos deixam enormes buracos nos muros e fendas amplas até nas ossaturas, nas quais introduzem, uma vez terminadas as paredes, a extremidade das vigas. Desta forma, o muro se enfraquece e fica exposto aos incêndios, e a construção toda se torna pouco segura, pois o fogo encontra caminhos abertos para propagar-se no cômodo mais próximo. Por esta razão, fizeram bem aqueles que na Antiguidade aplicavam cuidadosamente robustas prateleiras de madeira nas paredes, para sustentar as acima mencionadas extremidades das vigas. Se se quiser, em seguida, encadear os muros ao vigamento poder-se-ão empregar grampos e pinos de cobre e ganchos salientes das prateleiras, muito práticos para esse objetivo.

É necessário que cada viga esteja perfeitamente intacta e sadia, e, sobretudo, que sua área central (em relação ao comprimento) esteja totalmente privada de defeitos. Aproximando o ouvido a uma extremidade da viga e batendo até que ressoe a outra extremidade, se produzir um som obtuso e surdo é indício que algum defeito se esconde dentro da madeira. Devem-se evitar cuidadosamente as vigas nodosas, especialmente se os nós forem muitos e agrupados em cachos.

---

[27] Na terminologia técnica se usa essa palavra para indicar vigas com uma espessura de 8x8 cm ou 5x8 cm.

A área da madeira que se encontra mais próxima da medula deve ser alisada e arrumada, na construção, virada para cima; enquanto a área da superfície voltada para baixo se deverá alisar o menos possível ou não se deverá alisar completamente (exceto a casca). Se houver algum defeito situado em sentido transversal sobre um lado, este deverá ser posto para o alto. Se se encontrar, ainda, uma rachadura longitudinalmente em relação à viga, não se deverá colocá-la em posição lateral, mas sim na sua face superior ou, melhor ainda, naquela inferior. E se for necessário perfurar ou corromper de alguma forma a viga, será bom evitar fazer isso na sua parte mediana; assim como é necessário deixar intacta a superfície inferior.

Devendo dispor vigas geminadas, conforme usado tipicamente nas basílicas, se deixe entre os elementos de cada par um intervalo de alguns polegares pelos quais possa passar o ar, para evitar que as duas vigas se danifiquem mutuamente por efeito da fricção. É também útil arrumar cada par de modo tal que uma viga se encontre em sentido inverso em relação à outra, para que não aconteça que seus topos descansem juntos sobre o mesmo plano, mas sim que onde se apoia o topo de uma termine o pé da outra. Desta forma, a maior robusteza e solidez do pé de uma compensarão a fraqueza da parte mais leve da outra. E será oportuno que as próprias vigas — se for possível — sejam afins, quer dizer, de um mesmo tipo de madeira, procedentes da mesma floresta, desenvolvidas em um mesmo clima, cortadas no mesmo dia: assim, dotadas pela natureza das mesmas capacidades, poderão cumprir bem as mesmas funções.

Os lugares de assento em que se apoiarão as vigas deverão ser feitos perfeitamente horizontais e o mais sólidos e robustos possível. Ao dispor as vigas se tome cuidado para que a madeira não entre em contato com a cal, e se deixem ao seu redor frestas abertas, para que não sofra nenhum contato, sequer mínimo, que possa danificá-la ou fazer com que apodreça ficando em um ambiente fechado. Sob a viga, à guisa de almofadinha, colocar-se-ão samambaias bem secas, ou um pouco de carvão, ou, melhor ainda, borra de azeite com caroços de azeitonas.

Se as árvores forem finas demais para que se possa obter uma viga inteira de um tronco só, será preciso reunir mais que uma em um corpo só, de maneira que elas contenham em si a mesma eficácia de um arco, isto é, que a linha superior da viga assim obtida não possa de forma alguma se reduzir por causa do peso da carga que sustenta, e que a linha inferior, ao contrário, não possa se alongar, mas sim que como uma corda suporte firme os troncos que estão unidos sobre ela e que ficam salientes com as extremidades opostas.

As tábuas, e toda a madeira que se obtém do corte das vigas, deverão ser julgadas conforme a qualidade das próprias vigas. As tábuas excessivamente compactas não devem ser consideradas convenientes, porque, no dia que começassem a se deformar, arrancariam os pregos. E nas telhas de madeira aconselham que, ainda que sejam bastante finas, se fixem com pregos duplos, especialmente no caso dos soalhos postos a céu aberto, nos quais se devem reforçar as tábuas nos ângulos, na área do meio e nos lados.

Ensinam ainda que se devem usar pregos mais grossos para sustentar pesos em sentido vertical; tolera-se, ao contrário, o uso de pregos mais finos para outras funções: é conveniente, porém, que eles sejam mais longos e com a cabeça mais larga. Os pregos de cobre são os que duram mais quando estiverem a céu aberto e forem expostos à umidade, aqueles de ferro serão mais fortes se empregados no interior do edifício e em lugar seco. Quando for necessário reforçar os soalhos, tornam-se úteis as cavilhas.

O que foi dito acerca das coberturas de madeira vale também para as vigas de pedra. Aquelas que, de fato, têm veios e defeitos em sentido transversal deverão ser descartadas para fazer vigamentos e para fazer colunas. Se, porém, tais defeitos não forem tão graves, a pedra poderá ser posta em obra, mas com o cuidado de colocar para cima o lado em que não há defeitos. Os veios que correm em direção longitudinal deverão ser considerados mais toleráveis que os transversais em qualquer gênero de viga. Igualmente, as vigas de pedra não deverão ser demasiadamente grossas, sobretudo por causa do seu peso elevado.

Por último, tanto as telhas de madeira quanto as tábuas e as vigas, nas coberturas, sejam de madeira, sejam de pedra, não devem ser muito finas nem tão escassas até o ponto de não conseguir suportar o próprio peso e o dos outros materiais; mas não devem ser também tão grossas ou tão cheias até o ponto de tornar a construção deselegante e mal formada. Todavia, acerca da elegância do edifício, falaremos em outro lugar.

No que diz respeito às coberturas retilíneas, pode ser suficiente quanto até aqui dissemos. Talvez seja útil acrescentar ainda uma regra que me parece importante seguir em todo tipo de trabalho. Os estudiosos da natureza notaram que os corpos dos seres animados resultam estruturados de maneira tal que seus ossos nunca ficam separados ou desunidos entre si. Da mesma forma, as ossaturas deverão estar unidas entre si, e elas todas deverão ser reforçadas da forma mais oportuna com nervos e ligamentos; de modo que a sucessão das ossaturas, ligadas entre si, resulte tal que resista por si só, mesmo quando cada um dos outros elementos faltar, e que a obra possa ser perfeitamente acabada no que diz respeito à solidez dos seus membros.

CAPÍTULO XIII

Passamos agora às coberturas curvilíneas. Começaremos tomando em consideração os elementos que encontram plena correspondência entre os das retilíneas. Já demonstramos que uma abóbada é constituída de arcos; e o arco não é nada mais que uma viga encurvada. Aqui também recorre-se a ligamentos, e se aplicam materiais para encher os vazios. É preciso, porém, dar-se conta com mais clareza da natureza real do arco e de quantas partes é constituído. Acredito que os homens tenham aprendido a construir os arcos desta forma: quando se deram conta que duas vigas com as extremidades superiores unidas podiam ser fixadas pelas extremidades inferiores, no lugar em que suas bases estavam alargadas, de maneira tal que, ligadas reciprocamente e equilibrando-se com um peso igual, se segurassem entre si, a descoberta foi bem sucedida, e com essa técnica começou-se a empregar nos edifícios os telhados com duas águas. Em seguida, provavelmente, querendo cobrir com eles um espaço maior e não conseguindo por causa do tamanho pequeno das vigas, colocaram a viga intermédia no ponto mais alto, nas extremidades dos troncos, de modo a obter a forma que entre os gregos tem a letra π; e chamaram provavelmente o elemento adicionado de aduela. Essa invenção também teve sucesso, aliás, as aduelas foram se multiplicando até constituírem uma espécie de arco, cuja forma satisfez. Pensara-se então em transferir essa técnica para as obras de pedra, e com o acréscimo de outras aduelas se chegou a fabricar um arco inteiro. Tanto que se pode dizer que o arco decorra da reunião de muitas aduelas: entre as quais algumas com suas cabeças sustentam o arco nos pontos mais baixos, outras o atam em cima à guisa de espinha dorsal, outras ainda completam a volta quase com a função de costelas.

Será oportuno retomar aqui quanto foi dito no primeiro livro. Existem diferentes tipos de arco. É arco inteiro aquele que é constituído por um semicírculo completo e cuja corda passa então pelo centro do próprio círculo. Existe ainda um tipo que se assemelha mais com uma arquitrave que com um arco, e se diz rebaixado, porque não corresponde a um semicírculo inteiro, mas sim a uma parte dele, e sua corda está situada acima do centro, a uma certa distância. O arco é, enfim, agudo (chamado por alguns também de arco angular e, por outros, composto) quando corresponde a dois arcos rebaixados, e sua corda contém os centros das duas curvas que se entrecruzam.

Na realidade, refletindo um pouco, pode se constatar que o mais sólido de todos é o arco inteiro. Dificilmente, e de nenhuma forma, ele pode vir abaixo por conta própria; a menos que uma aduela empurre a outra para fora; dessa forma, porém, eles não somente não se danificam, mas, ao contrário, se reforçam dando-

-se apoio recíproco. De resto, se por ventura começam a descalçar reciprocamente, a natureza das cargas em que se apoiam ou em que estão embutidas as aduelas o impede. Daí a afirmação de Varrão: nas estruturas com arco a parte direita é sustentada pela esquerda e vice-versa. E consideremos bem o fenômeno. A aduela posta acima, única no ponto do meio do arco, não possui a força suficiente para empurrar as aduelas que estão aos seus lados; assim como, devido à pressão exercida por elas, ela não poderá nunca ser descalçada do lugar que ocupa, aquelas ainda que estão próximo dela e que ocupam os lados do arco continuarão desempenhando sua missão por efeito do contrapeso das cargas; finalmente, as aduelas colocadas nas duas extremidades inferiores não se podem deslocar uma vez que as outras, acima delas, permanecem firmes em seus lugares. Portanto, os arcos completos não necessitam de corda, pois eles podem se manter firmes. Ao contrário, aqueles rebaixados devem ser reforçados com uma corrente de ferro ou com alguma outra coisa equivalente, segurado dos dois lados por segmentos de muro; estes segmentos não devem medir menos do que falta para que se complete o semicírculo que constituiria o arco se não fosse rebaixado. Esta precaução nunca foi descuidada pelos arquitetos da Antiguidade, que buscaram sempre, onde era possível, integrar os arcos rebaixados, encerrando-os entre muros. Observaram, aliás, o costume de colocar o arco rebaixado, onde houvesse a oportunidade, sobre dintéis acrescentando sobre eles também um arco inteiro, com a função de proteger o arco rebaixado interceptando os danos que poderiam decorrer dos pesos que carregavam. Faltam exemplos de arcos agudos na Antiguidade. Alguns acham que eles devam ser utilizados para aberturas nas torres, de modo que possam dividir em dois o excesso de pressão do material que está em cima e dissipá-lo, quase lhe opondo uma proa; ainda que o arco agudo se torne mais reforçado graças ao peso dessas cargas que prejudicado.

As aduelas com as quais se constrói o arco devem ser todas, a meu ver, de pedras esquadrejadas e, quando for possível, de grandes dimensões. Já que em cada corpo é mais difícil dividir a parte concrescida e unida naturalmente que aquela que foi juntada e soldada pelo trabalho do homem. Além disso, elas devem ser iguais, de modo que aquelas à direita sejam exatamente balanceadas por aquelas correspondentes à esquerda, por forma, volume, peso etc. Devendo construir uma série de vários arcos sobre os capitéis das colunas para as aberturas continuadas de um pórtico, as aduelas a serem colocadas em cada ponto dos quais partem dois ou mais arcos não devem ser duas, ou um número de pedras separadas igual ao dos arcos, mas um pedaço único e idêntico que inclui a imposta dos dois arcos. Deve-se procurar colocar as aduelas que são erguidas logo depois nos respectivos arcos, se forem feitos com pedras grandes, de modo que os dorsos adiram conformando uma única linha reta. A terceira pedra que será posta sobre as precedentes será encaixada, conforme as leis da construção, em posição horizontal e com uma junção idêntica de uma parte e de outra, de modo que possa servir a ambos os arcos ligando as respectivas aduelas com uma peça única. É preciso ainda dispor ao longo de todo arco as linhas de contato e união entre as aduelas de modo que sejam voltadas para o centro do próprio arco. Os arquitetos mais especializados arrumam sempre a aduela de topo utilizando uma única e grande pedra; se, ainda, o muro for demasiadamente espesso para que se possam colocar essas aduelas inteiras, então o arco torna-se uma espécie de abóbada, que chamaremos de abóbada de berço.

CAPÍTULO XIV

Existem diferentes gêneros de abóbadas, e precisaremos discutir quais os critérios para distingui-las e de que linhas se constituem. Deverei também criar nomes novos, para que seja o mais compreensível e menos obscuro possível, como resolvi ser sobretudo nesta obra. Sei bem, de resto, que Ênio fala de "abóbadas vastíssimas" do céu, e que Sérvio chama "cavernas" as abóbadas feitas à guisa de carena. Em suma, rogo que me seja dado considerar que, nestes livros, expressou-se em um latim suficientemente correto conceitos suscetíveis de serem compreendidos não somente de uma forma adequada ao tema mas sobretudo com absoluta claridade.

Os gêneros das abóbadas são: de berço, de aresta, esféricas; e outras que são constituídas por uma parte destas. Dentre elas, a esférica é de tal natureza que se pode colocar somente sobre muros com planta circular; aquela de aresta se põe sobre plantas quadradas; as abóbadas de berço cobrem plantas quadrangulares, sejam curtas ou alongadas, como se pode observar nos criptopórticos. Chamaremos também de abóbada de berço aquela que se constrói à semelhança de um monte escavado. Pode-se considerar como uma série de arcos postos um atrás do outro, ou uma viga encurvada tornada muito extensa em largura: decorre disso que sobre nossa cabeça há uma espécie de muro encurvado com a função de uma cobertura. Se, além disso, este tipo de abóbada, orientada por exemplo de norte a sul, for cortada transversalmente em todas as suas linhas por outra abóbada idêntica disposta de leste a oeste, formar-se-á assim uma abóbada que, por causa da semelhança com cornos curvados sobre si mesmos que avançam até os ângulos, chamaremos de "camura" (abóbada de aresta). Se, ao invés, muitos arcos iguais se intersectarem entre si em um único ponto situado no meio e no ápice, constituem uma abóbada similar àquela celeste, e que se chama de esférica.

As abóbadas que, de alguma forma, são constituídas por partes das anteriores são as seguintes. Se se divide um teto hemisférico, mediante um corte perpendicular e reto, em duas partes, a oriente e a ocidente, obter-se-ão duas abóbadas, suficientes para recobrir outros tantos nichos com planta semicircular. Se, ao contrário, se corta um teto hemisférico mutilando-o na periferia, do ângulo oriental até aquele meridional, deste até aquele ocidental, deste outro até aquele setentrional e deste último novamente até o ângulo oriental de partida, com procedimento idêntico para todos os quatros, permanecerá no centro um tipo de abóbada que por semelhança com uma vela cheia chamaremos de abóbada de vela. Aquela que se constitui da concorrência de um certo número de superfícies de abóbadas de berço — podemos vê-la usada para cobrir plantas hexagonais e octogonais — se chamará de abóbada de aresta composta (esférica angular).

A técnica construtiva a ser executada ao fazer as abóbadas é a mesma usada para os muros. De fato, a ossatura se alongará inteiramente até o cume da abóbada prolongando-se da própria ossatura dos muros, sendo construída aqui com as mesmas regras da outra, e seus elementos terão uma distância determinada entre eles. Além disso, se estenderão de ossatura a ossatura; enquanto que as áreas intermédias serão preenchidas com material específico. Existe porém uma diferença: no muro, cada pedra e cada fileira são dispostas e unidas observando rigorosamente a horizontalidade e a verticalidade, enquanto na abóbada as fileiras são curvadas e todas as juntas das pedras são voltadas para o centro do próprio arco. A ossatura na Antiguidade foi construída quase sempre de tijolos cozidos, medindo dois pés a maior parte das vezes. É ainda útil seguir a norma segundo a qual o preenchimento das abóbadas deve ser feito com pedra levíssima, para evitar que as paredes sejam danificadas por um excesso de peso. Notei, todavia, que alguns arquitetos nem sempre costumavam construir ossaturas sólidas e contínuas, mas inseriam, para desempenhar essa função, tijolos, lateralmente e sem critério, com as extremidades unidas em forma de pente, como se alguém entrelaçasse as extremidades dos dedos da mão direita com aquelas da mão esquerda. Costumava-se, ainda, encher as áreas intermédias com uma mistura de argamassa e escombros, especialmente de pedra-pomes, considerada por todos o material mais adequado para preencher as abóbadas.

Mas para a construção dos arcos, às vezes, faz-se necessária a armadura. Ela consiste de uma estrutura de madeira grossa e provisória, desenhada com linhas curvas, cuja cobertura será feita com caniços e canas, ou com outro tipo de material barato, para sustentar o preenchimento da abóbada até quando a malta se aglutinasse. Contudo, a abóbada esférica, única dentre todas, não requer armadura, pois ela não é feita somente com arcos, mas também com anéis sobrepostos; e não é possível imaginar até que ponto eles resultem reciprocamente ligados por inumeráveis intersecções com ângulos iguais e desiguais, de modo que se em qualquer ponto da abóbada se puser uma pedra, nos daremos conta de ter posto com ela uma aduela pertencente a muitos arcos e anéis. E uma vez construídos os anéis um sobre o outro, e da mesma forma os arcos, ainda imaginando que a construção queira desmoronar, não se vê de que parte poderia começar, sobretudo porque as aduelas com mesmo peso e força apontam todas para o mesmo centro. A maioria dos arquitetos antigos confiava tanto na solidez desse tipo de abóbada que costumava inserir nela anéis simples de barro somente a cada certo número de pés, enquanto que o resto da abóbada construíam com fragmentos, amontoado em conjunto com uma mistura de cimento. Parece-me, porém, muito mais eficaz a praxe de quem, levantando a cúpula, segue o mesmo procedimento para unir as pedras no muro, ligando os anéis de baixo com aqueles postos imediatamente acima, assim como os arcos com os arcos em vários pontos; isso especialmente onde não seja disponível uma quantidade suficiente de areia de mina, ou a construção esteja exposta aos ventos marinhos ou austrais.

A abóbada de aresta composta também se poderá erguer sem usar a armadura, desde que no interior de sua espessura se insira uma abóbada esférica. Neste caso porém é absolutamente necessária uma ligação muito forte e estreita entre as partes mais fracas e as mais robustas. Todavia, uma vez arrumados um ou mais anéis de pedra, quando tiverem se fixado, será útil enganchar a eles pequenos laços e grampos, que sustentarão a porção de armadura que seja suficiente para segurar os anéis construídos sucessivamente sobre os anteriores por uma altura de alguns pés, até quando, por sua vez, estiverem secos; em seguida, uma vez endurecidos, transportar-se-á a acima mencionada armadura de apoio umas fileiras mais acima, para completar a área mais alta da abóbada, até quando o trabalho seja terminado.

A abóbada de aresta e a de berço exigem serem construídas com o apoio de armaduras. Aconselha-se, porém, que nelas as primeiras fileiras e os pés dos arcos sejam fundados em bases muito sólidas. Não é então aconselhável proceder como aqueles que levantam primeiro os muros inteiramente, salientando somente as mísulas, às quais, em seguida, passado um certo tempo, assentam a abóbada: trabalho pouco sólido e incerto. A meu ver, é preciso, ao contrário, construir juntos, fileira por fileira, os arcos e os muros aos quais se apoiam, de modo que o trabalho possa estar provido de mais ligamentos, o mais firme possível. Os espaços vazios que ficam entre a curvatura da abóbada que está sendo erguida e os muros nos quais ela se apoia, chamados pelos pedreiros de coxas, se preencherão aleatoriamente não com terra ou com detritos secos, mas sim com a normal e sólida técnica construtiva, unindo repetidamente o material ao muro. E, em minha opinião, fizeram bem aqueles que, para aliviar a carga, colocaram por toda a superfície das coxas vasilhas de água vazias, rachadas e de boca para baixo, para que não aumentassem de peso devido ao acúmulo de umidade, derramando em cima um conglomerado de pedra muito leve porém resistente.

Em suma, em cada parte da abóbada, de qualquer tipo ela seja, imitar-se-á a natureza, a qual, unidos os ossos, juntou as carnes aos nervos, entretecendo-os sempre com ligamentos que vão de um lado a outro da superfície do corpo em comprimento, em largura, em altura e obliquamente. Este meio da natureza deverá ser imitado — a meu ver — na hora de inserir as pedras para construir a abóbada.

Completado este trabalho, resta a ser executada a própria abóbada: obra de primeira importância no que diz respeito ao edifício, e tanto indispensável quanto difícil; e em cuja execução todos os arquitetos sempre puseram o máximo esforço e o máximo cuidado. Pretendemos falar disto; será, todavia, útil dizer antes alguma coisa no que diz respeito à construção das abóbadas, já que existem diferentes modos na sua execução. O arco ou a abóbada, de fato, se executam fazendo uso de armaduras, e devem ser construídos rapidamente e sem nunca interromper o trabalho; aqueles, ao contrário, que não requerem armaduras, exigem que o trabalho pare com intervalos quase após cada fileira, para que os materiais postos em obra tenham o tempo de fixar-se e para evitar que as partes acrescentadas por último, quando as anteriores ainda não estiverem firmes, se soltem e desmoronem. Além disso, é bom para as armaduras que, uma vez terminada a arrumação das últimas aduelas, se afrouxem logo, um pouco, os apoios nos quais as armações se sustentam. Isso para que se evite que as aduelas, inseridas há pouco na obra, se movimentem em suas camas de cal, e para que eles com o equilíbrio de seus pesos consigam ocupar uma posição estável e idêntica para cada um; em caso contrário, ao fixarem-se não se juntariam de forma tão compacta quanto a construção requer, mas, na hora da desarmação, deixariam umas fendas abertas. Por isso, será necessário que as armaduras não sejam tiradas todas de uma vez, pois, quando não forem tiradas aos poucos, a obra resultará imperfeita. É preciso, ao contrário, afrouxá-las aos poucos, um dia após outro; após alguns dias se poderão afrouxar um pouco mais, conforme as proporções da obra; continuando assim até quando as aduelas de pedra se encaixem totalmente na abóbada e a construção se consolide. O método para afrouxar é o seguinte: quando se coloca a armadura nos pilares, ou onde for oportuno colocá-la, em primeiro lugar, se inserem sob suas bases umas cunhas de madeira afiadas como se fossem bipenes. Quando se quer afrouxar, se empurram com um martelo essas cunhas quanto quiser, sem nenhum risco.

Por último, aconselharei não tirar as armações até quando não tenha passado um inverno inteiro; e isto, à parte de por outras razões, porque a construção, sem elas, poderia ser danificada e desconectada pela umidade das chuvas, e desmoronar. Apesar de que não se possa fazer nada que resulte mais útil para as abóbadas que lhes proporcionar água em abundância e não permitir nunca que fiquem secas. Mas deste assunto já falamos o suficiente.

CAPÍTULO XV

Voltamos a falar do invólucro do telhado. Na verdade, se examinarmos atentamente a coisa, não existe no edifício parte mais antiga que aquela que permite escapar dos ardores do sol e das intempéries. Esse benefício permanente não é oferecido pelos muros, nem pela superfície, nem por outras partes, mas somente — conforme o que é lícito observar — pelo invólucro externo do telhado. A dedicação e o trabalho humano, não obstante tenham experimentado todo tipo de meio, ainda não conseguiram torná-lo completamente inatingível e resistente às intempéries, como as circunstâncias exigiriam. Eu não acredito também seja tão fácil encontrar material adequado, pois chuvas, gelo, calor, e ventos, mais nocivos do que qualquer outra coisa, nunca cessam de agredir o telhado: e o que poderia resistir por muito tempo a inimigos tão persistentes e preparados? Por isso alguns invólucros apodrecem rapidamente, outros se desconectam, outros esmagam os muros, outros ainda se racham, e depois quebram, outros enfim são lixiviados; a tal ponto que até os metais, inatingíveis pelas intempéries em outras condições, aqui não conseguem tolerar tantos ataques sem sofrer danos.

Os homens, de qualquer forma, enfrentaram essa necessidade do jeito que podiam, não deixando de utilizar o que a natureza dos diferentes lugares lhes disponibilizava. Disso decorreram diversas técnicas para cobrir os edifícios. Vitrúvio conta, por exemplo, que em Pirgos fazem as coberturas com canas, e em Marselha com terra batida misturada com palha. Os telófagos, vizinhos dos garamantes, recobrem a superfície das abóbadas com um revestimento de conchas, conforme nos informa Plínio. Na Alemanha, se empregam sobretudo telhas de madeira. Na região belga se usa, com função de telhas, uma pedra branca que é cortada, mais facilmente que a madeira, em lâminas finas. Na Ligúria e na Toscana usam camadas com formas de escamas despregadas de uma rocha para cobrir as habitações. Outros experimentaram usar lajes das quais falaremos em seguida.

Finalmente, uma vez testadas todas as soluções possíveis, o engenho e o zelo humanos ainda não encontraram nada mais conveniente que a telha de terracota. De fato, os revestimentos em reboco se tornam ásperos por causa das geadas, se racham e se despedaçam; o chumbo é liquefeito pelo calor solar; no que diz respeito ao cobre, se for usado em camadas pesadas custa muito, se for usado em camadas leves é danificado pelo vento e afinado e perfurado pela ferrugem. O inventor da telha foi — conforme contam — um tal Cinira de Chipre, filho de Agriope.

Existem dois tipos de telha: uma plana, comprida um cúbito e larga um pé, com as margens levantadas de uma parte e de outra que medem uma nona parte da largura; a outra curvada, assemelhando-se às polainas que protegem as pernas. Ambas têm a parte mais larga destinada a acolher o fluxo de água, e mais estreita aquela que a deve expulsar. As telhas planas são, todavia, mais convenientes, desde que sejam alinhadas e perfeitamente niveladas, de modo que não estejam inclinadas de um lado, e também não se encontrem depressões ou saliências que possam dificultar o correr das chuvas, ou fique algum espaço vazio entre elas. Se o telhado tiver uma superfície muito extensa, serão necessárias telhas maiores, para evitar que os regatos de chuva, sendo insuficientes os canais, desbordem. E para que as telhas não sejam arrastadas pelos vendavais, aconselho segurá-las todas com cal ao telhado no qual se apoiam, sobretudo nas obras públicas, enquanto naquelas privadas será suficiente que reforcem as calhas das partes mais externas com vista a que resistam ao impeto dos ventos, também porque, se as telhas estiverem livres de fixações, podem ser substituídas mais facilmente em caso de danificação.

Existe outro modo assaz conveniente para se fazer a cobertura. Nos telhados de madeira, no lugar das tábuas se devem estender pequenas tábuas de terracota, presas com gesso nas vigotas correntes; sobre tais vigotas se devem colocar telhas planas segurando-as com a cal. A obra resultará bem protegida contra os incêndios e muito confortável para as pessoas. Requererá ainda uma despesa menor se debaixo das telhas no lugar das placas de barro se colocar uma caniçada, segurada com cal.

As telhas destinadas a serem colocadas com a cal, especialmente nos telhados dos edifícios públicos, será mais útil mantê-las expostas ao sol e ao frio ao menos durante dois anos. Se, de fato, for utilizada uma telha pouco resistente, a sua substituição requererá um trabalho maior.

É oportuno aqui fazer referência a uma invenção pouco conhecida e nada ociosa, que encontramos em Diodoro, o historiador, usada nos famosos jardins suspensos da Síria. Sobre o vigamento foram colocados uns canos espargidos com betume, e sobre eles, pedras cozidas em dois estratos cimentados com gesso; em terceiro lugar puseram em cima de tudo as telhas de chumbo soldadas de maneira tal que não podia transpassar nenhum tipo de umidade até o primeiro nível de tijolos.

CAPÍTULO XVI

Abordaremos agora a pavimentação, já que possui as mesmas características que as coberturas. Pode ser feita a céu aberto, com vigamentos ou sem vigamentos. Em qualquer caso, a superfície na qual se coloca deve ser bem sólida e com linhas bem traçadas.

As que forem feitas ao ar livre deverão ser dispostas em declive, de modo que resultem inclinadas pelo menos de dois polegares a cada dez pés, de maneira tal que a água possa correr, recolhendo-se depois em tanques, ou encanando-se nos esgotos. E, se não for possível fazer com que reflua dos esgotos até o mar ou os rios, será útil escavar poços em locais oportunos até encontrar a água corrente, enchendo em seguida os buracos com pedras esféricas. Se, ainda, nem essa operação fosse possível, dizem que seria bom escavar fossas espaçosas e colocar nelas pedaços de carvão, enchendo enfim tudo com areia: esses materiais absorverão os líquidos supérfluos fazendo com que desapareçam.

Se o plano a ser pavimentado é formado por um terreno de aterro, será preciso aplaná-lo cuidadosamente, assentando-lhe sobre os detritos a serem compactados com a maça. Se, ao invés, a superfície é de vigas de madeira, se coloque em cima um outro vigamento em sentido transversal, se recompacte com a maça, e se espalhem em cima detritos até a espessura de um pé. Segundo alguns, debaixo desses é preciso dispor uma camada de samambaias ou de esparteira, para evitar que a madeira estrague quando estiver em contato com a cal. Se os detritos forem recentes, se misturarão com a cal na proporção de uma desta a cada três de detritos; se forem velhos, duas partes a cada cinco. Após tê-los depositado, é preciso compactá-los com frequentes golpes de picareta. Sobre eles se coloca uma massa de terracota fragmentada com a cal com uma espessura de seis polegadas e na proporção de uma a cada três. Finalmente, se disporão os azulejos de mármore, ou os ladrilhos à espinha de peixe, ou mosaicos, bem alinhados e esquadrejados. A obra resultará ainda mais segura se entre os detritos prensados e a pasta de cimento se inserem telhas unidas com cal misturada com azeite.

Varrão prescreve e recomenda um tipo de pavimentação para um ambiente coberto que não apresenta umidade: escava-se por uma profundidade de dois pés, e aplana-se o terreno compactando-o, depois se coloca no fundo uma pavimentação de fragmentos ou de ladrilhos de terracota, cuidando para deixar abertas umas frestas através das quais, como se fossem canais, possam ser descarregados os humores; amontoando-lhe carvão em cima, e após tê-lo compactado bem e endurecido, se coloca sobre ele uma camada constituída de uma mistura de areia e terra, cal e cinzas, por uma altura de meio pé.

Tudo aquilo que foi dito até agora é referido por Plínio e, especialmente, por Vitrúvio. Discutiremos agora aquilo que podemos obter, sempre no que diz respeito à pavimentação, de uma observação exata e cuidadosa dos edifícios da Antiguidade, e podemos asseverar ter aprendido muito mais desses contatos diretos que daquilo dito pelos autores.

Começaremos então pela camada mais externa. Raramente ela fica privada de desconexões e de fendas: acontece de fato que, enquanto ainda está molhada e encharcada de umidade, por causa do sol ou dos ventos se torna seco na superfície, e por consequência — como acontece com os resíduos aluvionais — sua crosta tende a reduzir-se e se racha produzindo fendas que não se podem fechar, porque aquelas partes que se dessecam nesse material não voltam a unir-se mais, por mais esforço que se faça, enquanto que as partes ainda úmidas cedem às que se contraem e as seguem.

Observei que os antigos faziam a camada externa de terracota ou de pedra. Notei que, de fato, sobretudo onde não se caminhava na pavimentação, se empregavam telhas que medem um cúbito por cada lado, fixadas com cal misturada com azeite. Encontram-se também pequenos tijolos, com espessura de uma polegada e largos duas, com um comprimento o duplo da largura, unidos lateralmente como espinha de peixe. Pode-se frequentemente encontrar a camada externa de pedra, feita com lajes de mármore bastante grandes, e também com peças menores e com pequenos azulejos. Encontram-se, ainda, revestimentos muito antigos obtidos com uma camada única de um material consistente de uma mistura de cal, areia e pó de terracota, na proporção de uma terça parte de cada um (pelo menos suponho). Penso que essas coberturas se tornam mais sólidas e resistentes se adicionarmos uma quarta parte de pó tiburtino.

Alguns consideram a pozolana em pó, que chamam de "lapilo", particularmente adequada para esse gênero de trabalho. Pode-se verificar que superfícies feitas todas com uma única mistura, se compactadas com frequência durante muitos dias, tornam-se quase mais consistentes e duras que a própria pedra. Resulta ainda que, se forem espargidas com água de cal, e ungidas com óleo de linho, adquirem uma dureza comparável com aquela do vidro e se tornam inatingíveis às intempéries. A cal remexida com óleo — alguns sustentam — defende as pavimentações dos elementos danosos.

Notei que se costumava por sob a superfície uma camada composta de cal e de pequenos fragmentos de terracota, com uma espessura de duas ou três polegadas. Debaixo dele se encontra uma espécie de material de enchimento, constituído de uma mistura de pó de terracota e pequenos detritos pedrosos, daqueles que os marmoristas conseguem tirar com o cinzel: a espessura é cerca de um pé. Outras vezes encontrei entre esse e a área superior uma camada de pequenos tijolos de terracota. Por último, debaixo de tudo o que restar, se encontra um nível constituído de pedras grandes pouco mais que um punho. As pedras que se recolhem nos riachos, chamadas de "machos", como por exemplo aquelas esféricas, siliciosas, vítricas, pode-se constatar que se dessecam assim que forem extraídas da água; enquanto a terracota, o tufo e outros materiais similares mantêm durante muito tempo a umidade na qual estão impregnados. Por isso alguns afirmam que, se a pavimentação se apoiar nessas pedras, os líquidos que jorram do terreno não conseguem atingir seu estrato superior. Notamos também o uso de pequenos pilares altos um pé e meio, postos no terreno a cada dois pés em filas quadradas que sustentam telhas de terracota, nas quais era posta a pavimentação há pouco descrita. Esse tipo de pavimentação, todavia, é particularmente adequada para as termas, das quais falaremos em outro lugar.

As pavimentações se beneficiam se forem construídas em terreno e na atmosfera úmidos, já que em um ambiente úmido e fresco se conservam mais sólidas e intactas. Dentre os fatores que lhes são nocivos, devem ser incluídos em primeiro lugar um terreno pouco consistente e uma drenagem demasiadamente rápida. De fato, da mesma forma que no campo o terreno se reforça por causa das chuvas contínuas, assim as pavimentações abundantemente regadas se tornam compactas, sólidas e duras como o ferro.

No ponto da pavimentação no qual cai a água pluvial dos canais do telhado, é preciso colocar uma camada externa de pedra perfeitamente sólida e intacta, para evitar que a maldade (me permitam a expressão) das gotas que caem continuamente consiga escavar o chão, danificando-o.

As pavimentações feitas sobre vigamentos de madeira devem ser sustentadas por ossaturas bem robustas e proporcionais nas suas diferentes partes. Se isso não acontecer, quando, por exemplo, em um ponto há uma parede ou uma viga muito mais robusta que outras sustentando a pavimentação, logo essa se rachará, deteriorando-se. A madeira, de fato, não guarda inalterada sua própria estrutura e sua própria robustez, mas sim varia, variando as condições atmosféricas: com a umidade se torna macia, com a seca se torna rígida e sólida; e é então óbvio que a pavimentação se rache quando as áreas mais fracas da madeira, comprimidas pelo peso, dobram-se. Mas isso já é suficiente.

Não quero porém omitir uma recomendação importante. Diferentes estações e condições atmosféricas correspondem a diferentes fases da construção: aquelas para escavar as fundações, aquelas para enchê-las, aquelas para erguer os muros, aquelas para colocar as abóbadas, aquelas para fazer os revestimentos. O período mais propício para a escavação das fundações é aquele da canícula, e o outono também, quando o terreno é seco e a operação não é dificultada pelo gotejar dos humores. Eles são enchidos em seguida de forma bastante conveniente no início da primavera, especialmente se possuem uma profundidade notável, pois serão protegidos do calor estivo graças ao terreno circundante que se fecha. Mas a época com certeza melhor para esse tipo de trabalho é o princípio do inverno, exceto quando se constrói em uma região setentrional, pois nesse caso o material congelaria ao invés de prender-se. Não se deve igualmente expor o muro ainda fresco a excessos de calor, tampouco a temperaturas rígidas e a geadas violentas, e sobretudo aos ventos boreais. A abóbada, mais que todas as outras partes do edifício, exige ser construída em condições atmosféricas amenas e temperadas quanto mais for possível, até quando a obra se tenha consolidado e endurecido. O momento melhor para a execução dos revestimentos é quando surgem as Plêiades, e em geral todos os períodos nos quais sopram os ventos meridionais que trazem umidade; já que, se o plano a ser recoberto por revestimento ou reboco não estiver muito úmido, o material aplicado nele não se fixará, mas cairá pedaço por pedaço após ter-se rachado e destacado; tanto que a superfície parecerá em vários pontos áspera e desagradável de se ver. De qualquer modo, falar-se-á dos revestimentos e do reboco mais amplamente em outro lugar.

Terminada a análise das características gerais comuns ao assunto que devemos tratar, passaremos a considerar o quanto resta a ser abordado detalhadamente: em primeiro lugar os vários tipos de edifício, e o que cabe a cada um; depois suas ornamentações; por último, os métodos para corrigir os defeitos e os desgastes devidos a erros do construtor ou aos estragos do tempo.

Livro IV

Edifícios para fins universais

CAPÍTULO I

É evidente que os edifícios nasceram para cumprir as necessidades dos homens. Em origem, se olharmos bem, eles começaram a construir para amparar-se e para proteger suas coisas das intempéries. Em seguida, não somente buscaram quanto foi necessário para sua saúde, mas não deixaram de providenciar tudo aquilo que pudesse proporcionar-lhes bens e conforto. Mais tarde, atraídos e estimulados por novas possibilidades, chegaram a conceber, e a buscar com o tempo, os instrumentos para satisfazer seus prazeres. De modo que se pode afirmar com razão que um edifício pode ser construído ou por necessidades vitais, ou por conveniência prática, ou para satisfações temporárias.

Mas, observando a variedade de edifícios que se pode encontrar, compreende-se facilmente que sua execução não está voltada tanto para os fins acima mencionados, ou mais especificamente para alguns deles e menos para outros; a razão fundamental dessa variedade infinita está, ao contrário, nas diferenciações existentes na natureza humana. E se pretendemos classificar de forma adequada — como queremos de fato fazer aqui — os vários gêneros de edifícios e as várias partes dentro de cada gênero, o método de tal indagação impõe, em qualquer caso, esclarecer exaustivamente quais diferenças existem entre os homens; já que os edifícios são feitos para eles, e variam conforme as funções que desenvolvem no que lhes diz respeito. Dessa forma, será possível destacar bem cada elemento e discuti-lo detalhadamente.

Para tal finalidade, será bom levar em consideração como os antigos legisladores e fundadores de Estados, homens muito experientes, acreditavam se devesse subdividir a comunidade dos cidadãos. Eles começaram a indagar esses problemas com inteligência, diligência e esforço, e teorizaram suas soluções, merecendo glória eterna e admiração por aquilo que souberam idealizar.

Teseu — conforme conta Plutarco — dividiu os cidadãos em duas ordens: aqueles que eram encarregados de formular e interpretar as leis divinas e humanas, e aqueles que exerciam ofícios. Sólon dividiu seus concidadãos em classes, conforme a quantidade e a qualidade das posses de cada um: de modo que aqueles que retiravam de suas propriedades menos que trezentos medimnos[28] por ano não eram considerados, a seu ver, totalmente cidadãos. Os atenienses levaram em grande consideração os homens mais dotados de cultura e sabedoria, em segundo lugar os camponeses, em último os artesãos.

Rômulo separou os patrícios e os cavaleiros dos plebeus; e Numa, por sua vez, os dividiu conforme as profissões. Nas Gálias, a plebe dos semiescravos ficava à mercê da sorte; o restante da população — conforme afirma César — era constituído de militares e de cultores da filosofia e da religião; e esses eram chamados de druidas naqueles países. Na Pancaia[29] o lugar mais elevado é ocupado pelos sacerdotes; seguem os agricultores; em terceiro lugar se encontram os militares, aos quais são equiparados os pastores e os ovelheiros. Os bretões eram divididos em quatro ordens: os primeiros eram aqueles de cuja casta escolhiam-se os reis; os segundos os sacerdotes; os terceiros os militares; os últimos os plebeus. Os egípcios atribuíram o primeiro lugar aos sacerdotes; o segundo aos reis e aos comandantes; o terceiro aos guerreiros; enquanto o povo foi dividido diversamente entre camponeses, pastores, artesãos, e também — segundo Heródoto — mercenários e marinheiros. Contam ainda que Hipódamo dividiu o seu Estado em três ordens: artesãos, camponeses, soldados.

Parece que Aristóteles apreciava o sistema que mandava escolher os homens mais dignos entre a população e lhes atribuía funções consultivas, as magistraturas e a administração da justiça. O restante da população teria sido dividida entre camponeses, artesãos, mercadores, assalariados, cavaleiros, infantes, marinheiros. O Estado da Índia, conforme nos informa o historiador Diodoro, deveria ter uma organização não muito diferente dessa, e incluía sacerdotes, agricultores, pastores, artesãos, militares, éforos,[30] e aqueles que eram designados aos conselhos públicos.

Platão afirma que um Estado pode ser pacífico e desejoso de tranquilidade, outro exaltado e belicoso, conforme a índole de seus chefes. Ele divide ainda a comunidade inteira dos cidadãos conforme as partes da alma humana. Existem, em primeiro lugar, aqueles que governam o Estado inteiro com a razão e a sabedoria; seguem aqueles que têm a tarefa de punir com as armas as

[28] Entre os gregos, medida para sólidos equivalente a cinquenta e dois litros.

[29] Pancaia: fabulosa ilha do Mar Vermelho.

[30] Magistrados, originários de Esparta, encarregados da jurisdição civil e dotados também de poder censório e policial.

injustiças; em terceiro lugar, aqueles que cuidam da produção e da distribuição da alimentação para os primeiros e para os segundos.

Extraí essas notícias de tratados antigos e as expus muito sucintamente. Disso tudo me parece se possa retirar que em cada um dos casos mencionados se analisaram as partes nas quais o Estado se divide, e que a cada parte se deve associar o tipo de edifício que lhe cabe. Mas, para poder abordar mais ordenadamente o assunto inteiro, conforme nossas intenções, faz-se necessário agora esclarecer o seguinte.

Querendo dividir a humanidade em partes, a primeira coisa evidente é esta: o modo de classificar não é o mesmo se os moradores de um lugar são considerados em seu conjunto, e quando, ao contrário, são considerados em grupos diferentes e separados. Em segundo lugar, levando em consideração sua própria natureza, resultará óbvia a oportunidade de anotar as características fundamentais pelas quais eles se diferenciam, para, conforme isso, poder formular a divisão.

O que mais que tudo diversifica o homem do homem é exatamente o que o distingue claramente dos outros animais, isto é, a razão e o conhecimento das artes liberais; aos quais se pode também acrescentar uma sorte muito favorável. Aqueles que se sobressaem contemporaneamente em todas essas artes são realmente poucos na humanidade toda. Tais dotes nos fornecerão, de fato, o primeiro critério de divisão: escolher-se-ão poucos indivíduos na comunidade inteira, alguns dos quais se destacam pela cultura, pela sabedoria e pelo gênio, outros pela experiência e pela prática das coisas, outros ainda pela riqueza e abundância de seus bens. A esses devem ser reservados, sem dúvida, os cargos mais importantes no Estado. Os encargos principais de governo se destinarão, então, aos personagens mais ilustres, providos de grande sabedoria. Estas pessoas organizarão os assuntos divinos conforme os ditames da religião; regulamentarão a justiça e a equidade com a legislação; indicarão o caminho para uma vida honesta e feliz; cuidarão que a autoridade e o prestígio da cidadania sejam sempre protegidos e acrescidos. E quando, talvez porque cansados pelos anos, optarem por dedicarem-se à meditação mais que à ação, considerando alguma decisão vantajosa, ou útil, ou necessária, confiarão sua execução a outros, homens comprovadamente experientes e hábeis na ação, destinados por sua vez a beneficiar a pátria. Esses outros, uma vez assumido o cargo, o executarão conforme devido, na pátria com habilidade e esforço, no exterior com perseverança e paciência: julgarão, comandarão os exércitos, empenhar-se-ão pessoalmente e desfrutarão de todas as faculdades físicas e morais dos outros. Por último, ocuparão uma posição imediatamente inferior aos anteriores aqueles que se destacam pelas riquezas — sejam móveis ou imóveis.

Todos os outros cidadãos deverão colaborar com os de maior qualificação e obedecer-lhes conforme requerer a ocasião.

Se tudo isso for verdadeiro, podemos sem dúvida dar por seguro que um tipo de edifício corresponde à comunidade toda, outros aos notáveis, outros ao povo; e, por sua vez, um tipo de edifício para aqueles de graduação mais elevada que, no Estado, estão prepostos aos conselhos públicos; outro para quem cuida da execução das decisões e outro ainda para quem tem a responsabilidade de acumular riquezas.

E, posto que uma parte de todas estas considerações se refere às necessidades e outra à funcionalidade — como foi dito — nos seja permitido, a nós que estamos falando dos edifícios, atribuir idêntica importância ao espírito, já que no proêmio tínhamos estabelecido que os princípios deste tipo de divisões deveriam ser retirados dos primeiros rudimentos da doutrina filosófica. Falaremos, então, dos edifícios destinados a todos os cidadãos, daqueles destinados aos cidadãos eminentes e daqueles destinados às classes inferiores.

Mas começaremos abordando assuntos tão importantes por onde? Talvez poderíamos percorrer o mesmo caminho trilhado pela humanidade para buscar esse tipo de coisas: começar, isto é, das pequenas cabanas das pessoas pobres para chegar às construções maiores, como teatros, termas, templos. Resulta, de fato, que os povos da terra permaneceram durante muito tempo com as cidades totalmente privadas de muros. Os historiadores narram que, na época em que Dionísio viajou para a Índia, aquelas populações não costumavam cercar com muros suas cidades. Igualmente, Tucídides nos informa que, originalmente, nem na Grécia se usavam muros defensivos. Na Gália, ainda, na época de César, todo o povo dos burgúndios não se reunia na cidade, mas em pequenas aldeias espalhadas por toda parte. A primeira cidade da qual tenho notícias é Biblos, ocupada pelos fenícios, cujos edifícios foram cercados com muros pelo próprio Saturno. Todavia, Pompônio sustenta que a fundação da cidade de Iope teria acontecido antes do dilúvio. Heródoto conta que os etíopes, uma vez ocupado o Egito, nunca puniram com a morte os autores dos delitos, mas simplesmente mandaram-nos levantarem cúmulos de terra ao redor das aldeias que habitavam: dessa forma se teriam formado as cidades egípcias. Mas falaremos disso em outra ocasião. Neste ponto, mesmo sabendo que por natureza — conforme dizem — tudo o que existe teve origens humildes, é preferível começar pelas coisas mais importantes.

CAPÍTULO II

As cidades e os serviços públicos, que fazem parte dela, são destinados a todos. Se, conforme o parecer dos filósofos, decidirmos que a razão e o escopo da existência da cidade é isto, a saber, que os seus habitantes possam viver em tranquilidade, da forma mais confortável possível e sem moléstias, certamente será preciso meditar longamente em que lugar se deva construir, em qual posição, com qual perímetro. Vários foram os pareceres sobre este assunto.

Escreve César que os germânicos costumavam considerar razão de grande orgulho o fato de estarem cercados por territórios constituídos de desertos vastíssimos; e isso porque eles consideravam essa condição um meio importante para impedir possíveis invasões realizadas de surpresa pelos inimigos. Sesóstris, rei do Egito, teria renunciado — segundo o parecer dos historiadores — a invadir a Europa com seu exército porque as dificuldades de aprovisionamento e a conformação do terreno não o aconselhavam. Os assírios nunca foram dominados por soberanos forasteiros porque eram protegidos por um território desértico e sem água. Resulta que os árabes também nunca sofreram ataques e devastações por outros povos porque sua terra é privada de água e de recursos agrícolas.

Segundo Plínio, a única razão das muitas invasões armadas dos bárbaros na Itália é o desejo de vinho e de figos. Acrescente-se que a abundância de produtos que despertam o prazer — como ensina Crates — lesa quer os velhos, quer os jovens: os primeiros se tornam cruéis, os segundos afeminados. O território habitado pelos eméricos — diz Lívio — é muito fértil; mas seus habitantes crescem sem aptidão para o combate, como acontece na maioria dos países ricos. Os lígios,[31] ao contrário, eram muito ativos e robustos, porque sua terra é muito pedregosa e os mantinham em exercício contínuo, fazendo com que vivessem de uma forma muito simples.

Essas constatações induziriam a levar em consideração, para fundar cidades, regiões do tipo mencionado, isto é, selvagens e pouco acolhedoras. Mas há quem tenha outro parecer, preferindo aproveitar de todas as vantagens e dons naturais, não renunciando a nenhum tipo de prazer ou deleite e, ao mesmo tempo, sem deixar de providenciar o necessário. Já que — argumentam — se pode conseguir um uso correto dos nossos recursos fazendo respeitar as leis e os costumes dos antepassados; mas é com certeza mais prazeroso gozar das comodidades da vida na própria casa que ser obrigado a procurá-las em outro lugar. Por isso, queriam possuir um terreno como aquele nas proximidades de Mênfis do qual fala Varrão, regozijado por um clima tão ameno que durante o ano inteiro cada árvore, até a

[31] Povo germânico.

videira, conserva as próprias folhas; ou como aquele situado sob o monte Tauro e voltado para o norte, onde — conforme os testemunhos de Estrabão — crescem cachos de uva, cada um com dois cúbitos de comprimento, tanto que de cada videira se obtém uma ânfora inteira de vinho, e se recolhem setenta *moggi*[32] de uma árvore só de figo; ou como se encontram na Índia e na ilha de Hiperbórea no oceano, onde Heródoto diz que a coleta se faz duas vezes por ano; ou como aquela que se encontra na Lusitânia, onde as sementes caídas dão a possibilidade de colher várias vezes; ou, ainda melhor, como aquela de Talge, nas montanhas do Cáspio, que produz trigo sem que este seja semeado. Mas essas condições são assaz raras, e é mais fácil desejá-las que encontrá-las.

Por isso, os melhores autores da Antiguidade que escreveram sobre esses assuntos, por um lado fundamentando suas abordagens em teorias alheias e por outro nas próprias, escreveram que uma cidade deve estar situada de forma tal que tenha no seu território tudo o que lhe ocorrer — pelo menos o quanto seja possível às condições e possibilidades humanas — sem necessidade de procurar em outro lugar qualquer coisa; além disso, suas fronteiras deverão ter uma conformação tal que os inimigos encontrem dificuldades ao tentar invadi-la e que, por outro lado, facilite o envio de exércitos aos países vizinhos mesmo com a oposição do inimigo. Dessa forma — eles concordam — a cidade pode conservar sua liberdade e aumentar bastante suas posses. Destacaremos, agora, que o Egito se orgulha por estar magnificamente defendido de qualquer lado, aliás completamente inexpugnável: ao invasor se opõem, por um lado, o mar, por outro, um deserto imenso, à direita, montes muito íngremes, e à esquerda, pântanos muito vastos. Além disso, seus campos são tão férteis que os antigos afirmavam que o Egito era o celeiro do mundo inteiro, e que os deuses se refugiavam lá para gozar de uma prazerosa tranquilidade. Enfim, essa terra, tão bem defendida, tão fértil, até o ponto de poder orgulhar-se de nutrir todos os homens e dar hospitalidade e abrigo aos próprios deuses, segundo Flávio Josefo, desde os tempos mais remotos, nunca esteve livre. Não está errado, então, o ditado: que os destinos dos mortais não estão seguros nem no regaço de Júpiter. E será por isso oportuno seguir o exemplo de Platão, o qual, a quem lhe perguntava onde se poderia encontrar a famosa cidade ideal por ele teorizada, respondeu: "Isso não me interessa; importa, ao contrário, procurar qual gênero de cidade seja considerado o melhor; após isso se deverá preferir, dentre todas, aquela cidade cujas características menos se afastem deste modelo". Similarmente, nós descreveremos, como modelo exemplar, uma cidade feita de tal forma que possa

[32] Um *moggio* media 8,75 l.

ser julgada conveniente em cada parte por um grande número de homens sábios; em outros campos, nos conformaremos às necessidades da situação concreta. E teremos sempre em consideração o ditado de Sócrates: deve ser considerada a melhor aquela solução pela qual resulte evidente que nada se possa mudar senão piorando.

Estabeleceremos, então, que uma cidade deve ser inteiramente privada de todas as desvantagens examinadas no primeiro livro; deve estar provida, ainda, de todos os elementos necessários que se requerem para levar uma vida moderadamente cômoda. Terá terrenos sadios, muito vastos, de diferentes tipos, agradáveis, férteis, bem defendidos, assaz produtivos, abundantemente munidos de frutos e de fontes. No território deverão se encontrar rios e lagos; o caminho para o mar, mediante o qual buscar o que faltar e exportar o que sobrar, deverá ser facilitado. Enfim, para instaurar da melhor forma e fazer com que floresçam as atividades civis e militares, ocorre que estejam à disposição todos os meios úteis para decorar a cidade e defender os cidadãos, para torná-la bem aceita aos amigos e temível para os inimigos. Estima-se particularmente feliz aquela cidade que consiga desfrutar de uma grande parte de seu território sem que o inimigo possa impedi-lo.

É conveniente fundar a cidade no centro do seu território, em uma posição tal que possa abarcar com o olhar as zonas extremas, discernir o que for mais conveniente e poder intervir na hora certa onde for necessário; e tal que os fazendeiros e os cultivadores possam ir aos campos quando quiserem e voltar cedo transportando a colheita. Mas, a coisa mais importante é decidir se será melhor construí-la numa planície, entre montanhas ou à beira do mar; já que cada uma dessas soluções tem suas vantagens e seus inconvenientes. Dionísio, ao atravessar a Índia com seu exército, como este estava em péssimas condições por causa do clima tórrido, resolveu dirigi-lo para as montanhas, onde se recuperou graças ao ar salubre que lá se respirava. Acrescente-se que muitos fundaram cidades nas montanhas porque, provavelmente, deram-se conta de que tal posição era a mais segura. Ela, todavia, não fornece água suficiente; enquanto na planície se encontram rios e outros meios para procurar facilmente água. Aqui, por sinal, a atmosfera pesada oprime: no verão se arde pelo excesso de calor, no inverno se sofre o frio de uma forma desmedida; além disso, fica-se mais exposto aos ataques que vêm do exterior. As costas marítimas, por sua vez, facilitam o afluxo das mercadorias; dizem, porém, que uma cidade marítima nunca é segura, mas está continuamente atraída por perspectivas de subversão e está sempre em poder do enorme domínio dos mercadores e, além disso, fica exposta a muitos perigos, sobretudo por causa das incursões das frotas estrangeiras.

Concluiremos então que onde quer que se queira construir a cidade, deve-se fazer com que ela esteja provida de todas as vantagens e privada de todas as desvantagens, se for possível. A meu ver, a posição melhor para fundar uma cidade deveria ser numa zona plana situada na montanha ou numa elevação na planície. E se esse desejo, devido às características particulares dos lugares, não pode ser cumprido, para satisfazer nossas necessidades usaremos o cuidado, ao construir numa região litorânea, para que a cidade não fique muito próxima da praia, se a região for plana, nem muito distante, se for montanhosa. Temos, de fato, muitos testemunhos de cidades cujo litoral muda de conformação: na Itália, por exemplo, Baia desceu abaixo do nível do mar; no Egito, ao contrário, Faro, que antigamente era uma ilha, agora se comunica com a terra firme como o Quersoneso; o mesmo fenômeno, segundo Estrabão, teria acontecido em Tiro e em Clazomene. E contam também que o templo de Amone esteve um tempo próximo do mar; mas com o retrocesso deste ficou muito no interior.

De qualquer forma, aconselham construir ou diretamente na beira do mar ou a uma distância precisa do mar. De fato, pode-se constatar que o ar procedente do mar é pesado e severo por causa do sal; tanto que, quando ele chega no interior, sobretudo em áreas planas, encontrando lá uma atmosfera muito úmida, o sal se derrete nela e a torna obviamente densa, pesada, quase mofada; a tal ponto que, às vezes, se podem visualizar, naqueles lugares, coisas parecidas com teias que flutuam no ar. E dizem que na atmosfera acontece a mesma coisa que acontece na água: esta, como facilmente se pode constatar, misturada com água salgada se estraga a tal ponto que, às vezes, fede.

Os antigos, e sobretudo Platão, aconselham fundar as cidades a dez milhas de distância do mar. Se, porém, não for possível construir tão distante, será suficiente um lugar onde os ventos marinhos possam chegar somente indiretamente, após ter perdido sua força e se terem purificado: coloque-se a cidade atrás de alguma altura, de modo que esse obstáculo enfraqueça qualquer influência nociva trazida do mar. Uma posição muito agradável é aquela que, na costa, tem a vista para o mar, isso geralmente torna o clima muito salubre; Aristóteles, de fato, julga mais sadias aquelas regiões cuja atmosfera é renovada continuamente pelos ventos. Todavia, deve-se prestar muita atenção a que o mar naquele ponto não esteja cheio de ervas, como acontece quando a praia é baixa e sob o nível das águas; ele deve ser, ao contrário, profundo, e com as margens íngremes, ásperas e cortadas na rocha viva.

Da mesma forma, resulta muito vantajosa, no que diz respeito ao seu decoro, ao seu agrado e, sobretudo, à sua salubridade e segurança, quando a cidade é colocada sobre a cresta proeminente de uma colina (como se costuma dizer); já que, onde houver montes nas proximidades do mar, este tem que ser profundo; além disso, a elevação impede que os vapores densos que sobem do mar cheguem até as casas. Se, ainda, alguma tropa inimiga tentasse um assalto repentinamente, poder-se-ia bloqueá-la com antecedência e repeli-la melhor.

Os antigos elogiam uma cidade que, situada nas colinas, esteja voltada para o oriente; assim como, em regiões quentes, esteja voltada para o bóreas. Outros, provavelmente, prefeririam orientá-la para o ocidente, argumentando que, sob a influência dessa região do céu, os cultivos se tornam mais produtivos. Ainda, no terreno situado no declive do monte Tauro, as partes voltadas para o norte são muito mais salubres que outras; principalmente por essa mesma razão são mais férteis, como dizem os historiadores.

Devendo-se, enfim, fundar uma cidade no meio das montanhas, em primeiro lugar é preciso tomar cuidado para que não haja um inconveniente frequentemente presente em lugares desse gênero, especialmente se cercados por outros montes mais altos: o adensamento e a permanência de um manto denso de neblina, que obscurece a luz do dia e torna o céu sempre fosco e inclemente. Deve-se verificar, também, que no local os ventos não batam de forma excessiva e molesta, produzindo danos graves; sobretudo o acima citado bóreas, que — conforme afirma Hesíodo — torna os homens, e sobretudo os anciãos, entorpecidos e fracos.

Será desvantajosa, para edificar uma cidade, uma área acima da qual se estenda uma massa rochosa e sobre a qual, da dita massa, brotem os vapores levantados pelo sol; ou tal que esteja exposta às exalações nocivas procedentes de um vale subterrâneo. Outros aconselham fazer com que um lado da cidade termine à beira de um precipício; o exemplo de várias cidades e, sobretudo, o da cidade de Volterra, na Toscana, mostra como quase todos os precipícios por sua própria natureza são pouco resistentes contra os abalos telúricos e as intempéries: a escarpa do terreno, com o passar do tempo, tende a desmoronar, arrastando no desabamento tudo aquilo que foi construído em cima. É preciso igualmente evitar um lugar situado nas proximidades de uma montanha, pois o inimigo, uma vez tomando posse da cidade, a colocaria em grave perigo; não se deve escolher, também, um lugar que tenha abaixo de si uma planície que possa facilmente tornar-se um abrigo para os inimigos, e tão grande que ele possa montar lá um campo para um cerco ou alinhar um exército para preparar um ataque.

Contam que Dédalo construiu a cidade de Agrigento sobre uma rocha íngreme e tão difícil de subir que para defender a praça eram suficientes três homens; era uma defesa eficiente, desde que não se impedisse a saída com um número igual de homens armados com a mesma facilidade com que se dificultava a entrada.

A cidadela de Cingoli, fundada por Labieno no Piceno, é muito louvada pelos especialistas em arte militar, porque, dentre as outras qualidades, nota-se nela a ausência de um inconveniente típico das cidades de montanha, pelo qual, uma vez que o inimigo tenha conseguido escalar a colina, o combate se desenvolve em condições de paridade; aqui, ao contrário, ele é repelido pela inclinação assaz forte do relevo. Além disso, ele não tem como saquear e devastar a seu prazer o campo circunstante com uma única incursão; nem como manter bloqueadas todas as vias de entrada, e nem pode encontrar um abrigo seguro nos próprios acampamentos; nem enviará, sem risco, homens para distribuir a forragem, colher madeira, trazer água. Para os defensores é exatamente o contrário, já que o cruzamento abaixo da cidadela, entre um bom número de vales e o relevo, permite-lhes sair de surpresa para molestar os sitiantes, irromper entre eles e destruí-los de repente, logo que se apresentar a ocasião mais favorável. Igualmente, é louvada a cidadela de Bisseio, na Marsácia, situada no ponto exato de confluência entre três rios e três vales, cujo acesso é estreito e desconfortável, já que estão cercados por montes ásperos e inatacáveis; de modo que o inimigo fica na impossibilidade de implantar lá o campo e olhar todas as entradas dos vales, enquanto os defensores podem receber reforços e buscar abastecimentos e podem livremente molestar os invasores. Isto pode ser suficiente acerca das cidades de montanha.

Construindo-as na planície, no caso em que a cidade seja colocada à beira de um curso de água que atravessa seus muros, é preciso cuidar muito para que esse não proceda do sul, nem se dirija para lá; pois, no primeiro caso, a umidade, no segundo, o frio, aumentados pela condensação da água, chegarão no local muito mais violentos e danosos. Se, ainda, o curso de água passa por fora da muralha, é preciso examinar a região circunstante, e levantar os muros naquelas direções de onde os ventos têm um acesso mais fácil, enquanto o rio deve ser mantido afastado. No que diz respeito às outras precauções, volta a propósito o ditado dos marinheiros, segundo o qual por sua própria inclinação natural os ventos costumam seguir os passos do sol. Além disso, as brisas orientais — dizem os estudiosos da natureza — são mais puras pela manhã, mais úmidas ao pôr do sol; aquelas ocidentais são, ao contrário, mais densas quando o sol surgir e mais rarefeitas ao pôr do sol. Se isso for verdade, poderão ser aceitos os cursos de água que correm seja para o oriente, seja para o ocidente; de fato, a brisa que surge junto ao sol ou dispersará as exalações nocivas que eventualmente pesam na cidade ou, ao menos, com certeza não as aumentará com sua chegada. Por último, um curso de água, um lago ou algo similar, que esteja voltado para o norte deve ser preferido a um voltado para o sul, desde que a cidade não se encontre atrás da sombra de um monte, que é a pior posição possível.

Omitimos aqui assuntos que já abordamos precedentemente. É sabido que o vento austro é malsão e fastidioso por sua própria natureza, e tal que, quando sopra, as embarcações com as velas cheias tendem a imergir muito na água como se um novo peso tivesse sido acrescentado; bóreas, ao invés, aligeira quer o mar, quer os navios. Todavia, é melhor que ambos estejam longe, e não penetrem na cidade ou se descarreguem diretamente contra os muros.

Mais que tudo, deve-se evitar aquele tipo de rio que corre em uma depressão com o leito situado muito em profundidade, pedregoso e obscuro: ele, de fato, fornece água danosa para beber, e torna malsã a atmosfera. Além disso, qualquer pessoa que seja prudente e sensata fica longe dos charcos e dos lugares pantanosos, das águas imóveis e lamacentas. É inútil listar novamente as doenças que a atmosfera sofre por causa deles. Além de ser afetada por todos os inconvenientes do verão, como fedores, mosquitos, vermes nojentos e semelhantes; ainda que por outro lado ela pareça perfeitamente pura e desimpedida, não escapa às desvantagens já denunciadas para as planícies, isto é, um frio sempre mais violento no inverno e um calor excessivo no verão.

Por último, é preciso verificar com extremo cuidado que não haja nas proximidades colinas, picos, lagos, pântanos, rios, fontes ou outros, em posição tal que possam tornar-se um abrigo seguro para o inimigo ou representar, por qualquer razão, uma desvantagem para a cidade e seus habitantes. Terminamos aqui a abordagem do meio ambiente e da posição na qual fundar uma cidade.

CAPÍTULO III

É fácil compreender que o perímetro de uma cidade e a distribuição de suas partes mudará conforme os distintos tipos de lugares: é evidente, por exemplo, que quando se constrói nas montanhas não será possível dar aos muros um traçado circular, ou quadrangular, ou outro qualquer, com a mesma liberdade com a qual se pode traçá-lo no meio de uma planície.

Os arquitetos da Antiguidade desaprovavam o costume de deixar salientes os ângulos dos muros que fortificavam as cidades, porque — diziam — eles favorecem mais o inimigo que está atacando que os defensores, e ainda porque não suportam o embate das maquinas bélicas. Agora, não há dúvida de que os ângulos se prestam em certa medida às emboscadas e aos tiros dos dardos de quem ataca, ao mesmo tempo em que lhes proporcionam a possibilidade de invadir e logo em seguida retirar-se tranquilamente. Todavia, às vezes, eles são de grande ajuda nas cidades de montanhas, se dominarem as vias de acesso. Perúgia, por exemplo, a famosa cidade, se estende prolongando-se em várias ramificações, como os dedos de uma mão, até as colinas nas quais surge; de modo que o inimigo, querendo assaltá-la em um ângulo, não encontrará espaço suficiente para agredir com um numeroso grupo de homens armados, mas, encontrando-se quase como aos pés de uma cidadela, ficará bloqueado e não conseguirá resistir aos lançamentos de flechas nem aos contra-ataques. Não há então um único método de cercar com muros as cidades em todos os lugares.

Os antigos afirmam ainda que a cidade é como um navio, deve ter dimensões tais que se balanceiem se estiver vazia e que sejam suficientes quando estiver cheia. Outros a preferiam lotada, considerando-a mais segura; outros ainda, por confiarem muito na posteridade, preferiam deixar espaços mais amplos; e outros, talvez, se preocuparam principalmente em transmitir a glória do próprio nome aos vindouros. De fato, a Cidade do Sol fundada por Busiris, e chamada de Tebas, conforme relatam os historiadores antigos, abraçava cento e quarenta estádios de perímetro; Mênfis, cento e cinquenta; Babilônia, trezentos e cinquenta; Nínive, quatrocentos e oitenta. Em alguns casos, o circuito dos muros da cidade era tão amplo que os habitantes podiam, todo ano, recolher todos os produtos dos quais precisavam no espaço existente dentro da muralha da cidade. Aqui, todavia, eu seguiria o antigo ditado: em cada coisa se evite o excesso; ou, se tivesse que escolher entre os dois erros opostos, eu preferiria seguir o caminho que me desse eventualmente o meio para acolher confortavelmente um maior número de habitantes na cidade, e não aquele que fizesse com que eu desse um abrigo não decoroso aos cidadãos já presentes. Além disso, é preciso levar em conta que uma cidade não está destinada somente a ser usada como habitação; ao contrário, deve ser tal que nela se encontrem espaços muito agradáveis e ambientes, quer para as funções civis, quer para as horas de lazer na praça, na carroça, nos jardins, no passeio, na piscina etc.

Contam Varrão, Plutarco e outros autores antigos que os notáveis das cidades ao traçar o perímetro dos muros seguiam um ritual religioso: juntavam um touro e uma vaca e, após ter consultado os auspícios, traçavam o sulco com um arado de cobre: o sulco fornecia a delimitação originária da muralha; a vaca era presa no interior, o touro no exterior; os colonos mais velhos seguiam o arado, recolhendo os torrões recém-removidos, apenas no sulco aberto, para que não se dispersassem; quando se chegava aos lugares destinados às portas, levantavam o arado com as mãos para deixar intacta sua futura soleira. Por essa razão, eram julgados sagrados o perímetro inteiro dos muros e os próprios muros, exceto as portas, que não era lícito considerá-las como tais.

Conta Dionísio de Halicarnasso que, na época de Rômulo, os notáveis, na fundação de uma cidade, costumavam, após ter feito o sacrifício, acender fogos perante os tabernáculos, e chamar lá o povo para que pulasse através das chamas para purificar-se; e quem estivesse com alguma culpa não deveria naturalmente participar da cerimônia. Assim eles costumavam fazer.

Sabemos que em outros lugares costumavam traçar a linha na qual se construiriam os muros espalhando areia composta por terra branca, que chamam de pura. De maneira que Alexandre, ao fundar Faro, faltando essa areia, em seu lugar espalhou farinha. Isso fez com que os adivinhos predissessem o futuro; posto que se achava que levar em conta presságios desse tipo durante o dia natal de cada cidade permitia desvelar seu destino.

Os etruscos, também, possuíam livros de cerimônia que ensinavam como descobrir a partir do dia natal da cidade o que teria acontecido. E, por isso, não observavam o céu, mas sim deduziam as previsões de fatos terrenos. Censorino informa que eles escreviam assim: "Desde o dia de fundação da cidade, o cidadão nascido em tal dia, e que viveu mais que todos os coetâneos, marca com sua morte o fim do primeiro período da história da própria cidade; dentre os cidadãos que sobreviveram ao dia da morte do outro, aquele que viver mais tempo marca com a sua morte o termino do segundo período; e assim por diante para os períodos que ficam. E os deuses enviavam prodígios para significar o fim de cada período. Assim os etruscos. Parece ainda que com esse sistema eles puderam definir com muita exatidão os próprios períodos, transmitindo que os primeiros quatro deveriam durar cem anos cada um, o quinto cento e vinte e três, o sexto cento e dezenove, assim como o sétimo; o oitavo era o que estavam vivendo na época dos imperadores; ficavam ainda a ser vividos o nono e o décimo".

Além disso, eles acreditavam que poderiam conhecer como se desenvolveriam os períodos futuros graças a indícios desse gênero. Por exemplo, como um dos nascidos no dia da fundação de Roma depois se tornou rei, eles deduziam que Roma estava destinada ao Império Universal. E tratava-se de Numa, pelo que me consta: pois Plutarco lembra que Numa nasceu no mesmo dia no qual foi fundada a cidade, em 19 de abril.

Os espartanos se orgulhavam que sua cidade não estivesse cercada por muros. Confiavam, de fato, na virtude militar dos cidadãos e pensavam estarem suficientemente defendidos pelas leis. Ao contrário, os egípcios e os persas estimavam oportuno fortificar suas cidades com muros os mais robustos possíveis. Dentre os outros, Nino e Semíramis quiseram que a espessura dos muros fosse tal que em sua parte superior pudessem passar duas carretas emparelhadas; e os fizeram tão altos que superavam os cem cúbitos. Arriano nos informa que os muros de Tiro eram altos de cento e cinquenta pés. Resulta ainda que alguns não se limitaram a uma única muralha: Cartago, por exemplo, estava cercada por um muro tríplice; e Heródoto conta que Deioces por sete vezes circundou com muros a cidade de Ecbatana, ainda que situada em um lugar elevado.

Nós pensamos que, quando o inimigo, seja por causa do destino, seja porque é tão superior em número, está prestes a nos derrotar, os muros constituem uma ótima defesa para a vida e a liberdade dos cidadãos. Por isso, se, por um lado, não aprovamos quem parece confiar toda a segurança possível na construção de muros sólidos, de outro, também não compartilhamos a opinião de quem quer a cidade privada de muros. De qualquer forma, concordo com Platão: cada cidade, por inclinação natural e intrínseca, em qualquer momento de sua história corre o perigo de cair no cativeiro, pois — seja por causas naturais, seja por causa dos costumes humanos — ninguém pode pôr um limite razoável às próprias posses e aos próprios projetos de poder, tanto em âmbito público quanto no particular. E é essa a origem fundamental de todas as agressões armadas. Devido a essa situação, ninguém poderá negar a oportunidade de acrescentar guardas aos guardas e fortificações às fortificações.

Já esclarecemos precedentemente que a cidade melhor que todas será aquela cidade que tiver planta circular; a mais segura aquela cujos muros apresentem perfis sinuosos, assim como foi para Jerusalém, conforme conta Tácito. Argumenta-se, de fato, que para o inimigo é perigoso aventurar-se nas reentrâncias; também é pouco provável que consiga conquistar as saliências com as máquinas de guerra. Todavia, é preciso também levar em conta o que seja conveniente fazer em relação à natureza particular da própria cidade. Sabemos, de fato, que os antigos se conformavam com a conveniência e as necessidades dos lugares. A antiga cidade latina de Anzio, por exemplo, como evidenciam os restos e as ruínas, conclui-se ter sido feita de forma alongada, e isso com o objetivo de abarcar a enseada que forma a costa. Igualmente, o Cairo se estende em comprimento seguindo o Nilo. Polimbotra, cidade da Índia pertencente aos Grasos, segundo Megástenes media oitenta estádios por quinze, sendo situada ao longo de um rio. Referem ainda que Babilônia tinha o perímetro dos muros com a forma de um quadrado; Mênfis, com a forma de um delta. Em conclusão, qualquer forma que se escolha, segundo Vegécio, pode se afirmar que se providenciou o essencial, suficientemente, quando os muros tenham sido feitos de uma espessura tal que os soldados postos em sua defesa possam movimentar-se nele sem chocar-se e atrapalhar-se um com o outro, e quando sejam levantados até um ponto que não permita que sejam assaltados por meio de escadas; e, também, quando sua estrutura tenha sido bem consolidada com cal, de modo que não possa ser danificada com aríetes e outras máquinas bélicas. Essas máquinas são de dois tipos: aquelas que mediante choques ou lançamentos derrubam a construção, e aquelas que escavam sob os muros para que desmoronem. Poder-se-á resistir a ambas, sobretudo, graças aos fossos, mais que com os muros. Pois, nesses casos, o muro não tem nenhuma eficácia, a menos que tenha as fundações sobre águas profundas ou sobre uma rocha dura; e é necessário que haja um fosso muito largo e profundo. O fosso, de fato, impede a ação tanto da formação tartaruga quanto da torre móvel, assim como outros equipamentos, impedindo que eles se aproximem dos muros; não só, encontrar águas ou rochas na base dos muros desencoraja toda tentativa de escavar galerias subterrâneas. Entre os especialistas em assuntos militares há uma polêmica no que diz respeito à oportunidade de encher o fosso com água ou de deixá-lo seco. Em geral, a coisa mais importante a ser preservada é a boa saúde dos habitantes; em segundo lugar, é recomendado aquele tipo de fosso que se possa liberar da forma mais cômoda e rápida do material que eventualmente possa ter caído por causa dos golpes inimigos, para evitar que isso se acumule até fornecer uma via de acesso aos inimigos.

CAPÍTULO IV

Voltemos aos muros. No que diz respeito à sua construção, os antigos dão os seguintes conselhos: se construam dois muros, um dentro do outro, com um intervalo de vinte pés; se encha em seguida o espaço intermédio com terra escavada do fosso, consolidando-a com pauladas; levantem-se os muros de forma tal que se possa subir do plano da cidade até o coroamento extremo mediante um suave declive, como se fosse uma escada. Segundo outros, é preciso acumular, ao redor da cidade, à guisa de terrapleno, a terra extraída do fosso, e levantar um único muro do fundo do próprio fosso, cuja espessura seja suficiente para sustentar adequadamente o peso da massa de terra em cima dele. A uma certa distância dele, se construa um outro muro do lado da cidade, mais alto que o primeiro e distante do primeiro por um trecho de espaço bastante amplo, pelo menos quanto seja suficiente para que falanges em formação possam combater comodamente. Se façam ainda, entre o muro externo e o interno, outros muros transversais de ligação e de apoio para os muros principais, fazendo com que eles resistam com maior eficácia à pressão da terra que está entre eles.

Agradam-nos, além desse tipo de muros, aqueles colocados em uma posição tal que, sendo abatidos pelos assaltos das máquinas bélicas, tenham a seus pés uma superfície onde possam depositar-se os escombros ao cair e não obstruam os fossos com seus detritos. Pelo demais, aprovamos completamente Vitrúvio, quando diz: "A meu ver, o muro deve ser construído dessa forma: disponham-se, ao longo de sua espessura, muitas tábuas de madeira de oliveira queimadas, de modo que as duas faces do muro, quase unidas com estes ligamentos de pranchas, adquiram uma solidez duradoura". Com este tipo de muro, Plateias se defendeu dos peloponesíacos que a sitiavam, conforme conta Tucídides: de fato, misturaram tijolos com vigas de madeira, reforçando muito a construção.

César relata que na Gália quase todos os muros eram feitos da seguinte forma: dispõem-se duas fileiras ininterruptas de vigas retas de modo que haja entre si um intervalo com comprimento igual e estejam ligadas entre elas pela parte interna; em seguida, são enchidas com pedras grandes, de modo que uma viga não encoste na outra; e assim pondo as fileiras uma em cima da outra se alcança a altura desejada. Tal obra terá um aspecto agradável, e, além disso, fornece uma defesa sólida, pois a pedra protege dos incêndios e a madeira dos golpes de aríete.

Alguns, todavia, não aprovam completamente esse gênero de mistura na construção dos muros. Sustentam, por seu turno, que a cal e a madeira ao longo do tempo não combinam, pois a madeira seria queimada e consumida pelos sais e pela ação corrosiva da cal; além disso, se o muro for atingido pelos golpes das máquinas bélicas, segundo eles a estrutura unitária da construção inteira seria afetada, até desmoronar inteiramente.

Nós achamos que a forma melhor para consolidar os muros contra os estragos produzidos pelas armas de lançamento seja a seguinte: ao longo da linha do muro se ergam contrafortes com base triangular, com um ângulo voltado para o inimigo, com uma distância entre eles de dez cúbitos, e se conduzam arcos de um para outro, formando abóbadas; os espaços vazios que ficam, à guisa de casco de embarcação, se encham com argila e palha bem amassadas e consolidadas. Dessa forma, a violência demolidora das máquinas bélicas será diminuída pela plasticidade da argila; além disso, ainda que o muro possa ser atingido repetidamente pelas máquinas, ele somente será demolido em pontos isolados e fáceis de serem tampados rapidamente. Na Sicília a pedra-pomes, que se encontra em abundância, é muito útil para esse objetivo. Alhures, em lugar da pedra-pomes ou da argila se usa com bons resultados o tufo. E, também, à mesma finalidade pode ser usado o gesso.

Por último, se houver materiais que sofrem com a umidade e estejam expostos ao austro ou às exalações noturnas, devem ser recobertos com um revestimento de pedra. Será ainda muito útil tornar a margem externa do fosso um pouco mais alta que o plano circunstante, formando um declive: dessa forma, a trajetória dos projéteis não alcançará os muros, mas passará para cima. Alguns sustentam que o tipo de muro mais seguro contra as armas de lançamento seja aquele cujo perfil se assemelhe com a dentadura de uma serra.

Muito bem pensados são aqueles muros, visíveis em Roma, que no meio de sua altura dispõem de uma trincheira de comunicação; e na muralha deixam ainda, nos pontos adequados, fendas das quais seja possível golpear com flechas às escondidas o inimigo que se tenha aproximado imprudentemente.

Além disso, aos muros devem ser adossadas torres, com cinquenta cúbitos de uma para outra, à guisa de contrafortes, que se projetem para fora com uma planta circular e sejam mais altas que os próprios muros; de modo que qualquer pessoa que se aproxime, além de um certo limite, possa ser atingida pelos tiros dos defensores. Dessa forma, os muros serão protegidos pelas torres, e estas se protegerão reciprocamente. Deixem-se as torres completamente descobertas e privadas de muro do lado que está voltado para a cidade, para evitar que sirvam de proteção ao inimigo se por acaso conseguir penetrar nelas.

As cornijas são, ainda que um adorno, muito úteis para reforçar, mediante seu ligamento, quer os muros, quer as torres, e, além disso, impedem que alguém possa escalá-los com o auxílio de escadas. Há quem aconselha ainda deixar no meio dos muros, e especialmente sob as torres, uns precipícios aqui e ali, equipando-os com pontes de madeira que poderão ser retirados ou lançados, conforme a necessidade, para escapar de possíveis perigos.

Aos lados das portas, os antigos costumavam colocar duas torres maiores que as outras e quase totalmente maciças, que cingiam como dois braços a embocadura do acesso à cidade.

Não se construirão abóbadas nas torres, mas sim plataformas com tábuas de madeira, de modo que se possam remover ou queimar quando as circunstâncias o requererem. Tais tábuas não devem ser seguradas com pregos, para que se possam demolir com mais rapidez em caso de expugnação por parte do inimigo.

Não poderão faltar também postos de guarda na área coberta, para proteger as sentinelas da neve e das intempéries. Os parapeitos, que se debruçarão, devem estar providos com aberturas voltadas para baixo, através das quais possam atirar sobre o inimigo seixos e tochas, e também água, quando tenha conseguido pôr fogo às portas. Os batentes delas estarão protegidos contra os incêndios — se afirma — mediante recobrimento de couro e ferro. E basta isso.

CAPÍTULO V

O critério a ser usado ao situar as portas deve levar em conta o número das estradas militares. Existem, de fato, estradas militares e estradas não militares. Não deter-me-ei aqui em expor as distinções dos juristas, segundo os quais o caminho reservado aos animais se diz *actus*, aquele para os homens *iter*, e o termo *via* os inclui ambos.

Chama-se de estradas militares aquelas que permitem passar pelas províncias com o exército e seus comboios. Então, essas estradas devem ser muito mais amplas que aquelas não militares. Notei, a propósito, que os antigos nunca as faziam menos largas que oito cúbitos. As Doze Tábuas dispõem que as estradas sejam largas doze pés nos trechos em linha reta, e dezesseis pés nas curvas. As estradas não militares são aquelas que, derivando-se das militares, conduzem até conglomerados de casas ou para uma cidade, ou se unem a outra estrada militar. Tais são os caminhos para o gado (*actus*) no meio dos campos, e as ruazinhas da cidade. Existe, ainda, um gênero de estrada que tem as características das praças; como aquelas, reservadas para usos especiais, sobretudo públicos: como as estradas que levam a um templo, à pista das corridas, a uma basílica.

As estradas militares não devem ser construídas da mesma forma nos campos e nas cidades. Fora destas, se devem observar as regras seguintes: a estrada deve ser espaçosa e com uma vista completa da paisagem circunstante; totalmente privada de obstáculos decorrentes de inundações e desabamentos; tal que não ofereça aos bandidos nenhum esconderijo ou lugar bom para preparar assaltos, ou que possibilite, em alguns pontos, saques e roubos; finalmente, deve ser o mais reta e breve possível. Será mais breve não aquela mais reta em sentido geométrico, mas aquela mais segura; será preferível uma estrada um pouco mais longa que uma mais incômoda.

Segundo alguns, o campo de Priverno[33] está bem protegido pelo fato de estar cortado por estradas afundadas no terreno à guisa de fossos, nos quais é difícil de se entrar e muito inseguro, aliás, perigoso, prosseguir o caminho; de modo que os invasores, por causa da altura das margens que ficam acima, seriam esmagados muito facilmente. O tipo de estrada mais seguro, conforme o parecer dos especialistas, é aquele traçado no dorso de suaves colinas, após ter aplanado bem o terreno. Quase igualmente recomendáveis são as estradas que atravessam os campos sobre uma barreira construída conforme o modo antigo (por isso eram chamados pelos antigos de barreiras, *aggeres*). E, sem dúvida, esse tipo de estrada apresentará muitas vantagens: a vista prazerosa, devido à posição elevada, dá um grande alívio aos viajantes cansados por causa do longo caminho; além disso — coisa muito importante — é possível enxergar o inimigo ao aproximar-se de longe e ter assim a chance de repelir seu ataque com forças modestas ou, se for demasiadamente numeroso, de retirar-se sem nenhuma perda. Acerca disso, quero lembrar quanto notei na via Portuense. Como através dela confluía em Roma, do Egito, da África, da Líbia, das Hispânias, da Alemanha, das ilhas, um número infinito de homens e mercadorias em quantidades colossais, fabricaram uma estrada dupla, lajeada, no meio da qual corria uma fileira de pedras alta

[33] Antiga cidade dos volscos na Itália.

de um pé, com a função de estabelecer o limite entre as duas faixas, em uma das quais se chegava, na outra se voltava; dessa forma se evitava que na pressa acontecessem desordens fastidiosas.

Assim deve ser uma estrada militar fora da cidade: acessível, reta, absolutamente segura.

Quando se chega numa cidade, se ela for famosa e poderosa exigirá estradas retas e muito amplas, adequadas ao seu decoro e à sua dignidade. Se, ao contrário, for uma colônia ou uma simples praça-forte, as ruas de entrada mais seguras não são aquelas que conduzem direto à porta, mas sim aquelas que dobram à direita ou à esquerda ao longo dos muros, ainda melhor se passarem logo abaixo da ameia; e, no interior da cidade, não deverão passar em linha reta, mas dobrar-se em amplas curvas, como enseadas de um rio, várias vezes de um lado e de outro. Isso porque, em primeiro lugar, parecendo, a estrada, mais comprida, se terá a impressão que a cidade seja maior; além disso, porque isso é altamente vantajoso seja para a beleza, seja para a conveniência prática, seja para a necessidade de determinados momentos. Não se deve de fato subestimar que quem ande nela possa descobrir, aos poucos, novas perspectivas de edifícios; que a entrada e a fachada de cada habitação sejam reguladas conforme a amplitude média da estrada: em um lugar, a amplitude excessiva se torna desagradável e até malsã, em outro, a mesma vastidão pode ser apropriada.

Escreve Tácito que, quando Nero alargou as ruas de Roma, a cidade se tornou mais quente e por isso menos salubre. Em outras cidades, o ar é mais cruel onde as ruas são mais estreitas; isso não acontece em Roma, na qual mesmo no inverno as ruas estão iluminadas permanentemente pelo sol.

Além disso, a estrada com curvas estará sempre sombreada, até no verão; e por outro lado não haverá casa na qual não chegue a luz do dia. Nunca faltarão brisas, as quais, de onde quer que cheguem, sempre encontrarão uma passagem reta e cômoda. Não haverá também perigo de ventos nocivos, que seriam logo repelidos pelos muros interpostos. Finalmente, se o inimigo penetrasse, estaria em grandes dificuldades, podendo ser atingido pela frente, pelo lado e por trás.

Com isso, esgotamos as estradas militares. As outras estradas se farão semelhantes às precedentes, exceto o fato de que, construindo-as em linha reta, adaptar-se-ão melhor às angulações dos muros e às partes dos edifícios. Creio, todavia, que os antigos achavam bom construir no interior das cidades algumas estradas muito tortuosas e outras privadas de saída, nas quais o inimigo, uma vez entrando, fique confuso e hesitante, ou, se encontrar a coragem para prosseguir, logo corra um risco mortal.

Será bom que haja também estradas mais estreitas, porém não muito longas, mas sim que se esgotem na primeira transversal que encontrem, e devem mais facilitar o acesso a uma casa situada na frente que funcionar como passagens públicas abertas ao tráfego. Isso ajudará a melhorar a iluminação das casas e dificultará a movimentação do inimigo pela cidade. Cúrcio Rufo relata a notícia segundo a qual em Babilônia as casas eram agrupadas em bairros distribuídos dentro dos muros sem continuidade. Platão, ao contrário, preferia que não somente os bairros, mas também os muros das várias casas estivessem ligados considerando essa união à guisa de um muro que defendesse a cidade.

CAPÍTULO VI

Uma parte importantíssima da estrada é a ponte. Não pode ser construída adequadamente em qualquer lugar. Pois, primeiramente, ela não deverá estar longe e afastada em um canto, para ser usada por poucos privilegiados, mas sim no centro de uma área habitada, à disposição de todos; em segundo lugar, se deverá escolher um sítio no qual a construção não apresente dificuldades e despesas excessivas, e que dê garantias de uma longa duração. Deve-se escolher, então, um ponto no qual a água do rio não seja demasiadamente profunda, as margens não sejam muito íngremes, e o fundo não seja irregular e insidioso, mas sim regular e sólido; devem-se evitar vórtices, redemoinhos, voragens e perigos similares presentes nos cursos de água duvidosos, assim como os pontos nos quais o rio forma algo parecido com cotovelos por causa da tortuosidade das margens, pois, por sinal, aqui as margens podem causar danos mediante desmoronamentos, e, além disso, os troncos de árvores, e os outros materiais arrancados das florestas e dos campos na época das enchentes, não fluem na correnteza de forma fácil e rápida, mas se acavalam e formam amontoados dificultando-se reciprocamente, e este grande cúmulo pressiona os pilares da ponte, a entrada dos arcos começa a dobrar-se e cede, até quando a construção inteira, sob a ação poderosa das águas, se desloca e desaba.

As pontes podem ser de pedra ou de madeira. Abordaremos primeiro aquelas de madeira, porque mais fáceis de serem construídas; em seguida, passaremos às outras. E, desde que ambas devem ser muito sólidas, cada ponte de madeira será reforçada com uma boa quantidade de madeira robusta. Para poder executá-la da forma melhor, é conveniente seguir o conhecido exemplo de César, que na fabricação de uma ponte usou o seguinte método. "Juntou entre si duas vigas de uma espessura de um pé e meio ligeiramente afiadas no topo, com um comprimento proporcional à profundidade do rio, com uma distância de dois pés entre si, e as submergia na água cravando-as no fundo por meio de máquinas, fixando-as mediante bate-estacas não verticalmente, como palafitas, mas inclinadas conforme o sentido da correnteza. Em sua frente colocou outra fileira de vigas dispostas da mesma forma, a uma distância de quarenta pés das outras, medidas na parte mais funda do rio, e inclinadas em sentido contrário ao da correnteza. Esses dois grupos de vigas, colocados dessa forma, foram unidos com vigas de dois pés de espessura postas acima, com um comprimento igual à distância existente entre as juntas das vigas já colocadas. As novas vigas sobrepostas da forma acima ilustrada foram presas às extremidades mediante duas cavilhas por cada parte, e, dessa forma, ancoradas a uma certa distância e ligadas em direções opostas; de modo que a obra resultava tão reforçada, e tal era a disposição de seus elementos, que a violência da correnteza quanto mais crescia tanto mais estreitamente unia os cavaletes. Estas vigas iam se entrelaçando com madeira sobreposta em sentido longitudinal e cobertas por caniços. Além disso, eram postas no fundo do rio vigas mais finas que as primeiras, chamadas de *sublicae* pelo fato de estarem debaixo, em posição oblíqua, arrumadas à guisa de aríetes e unidas ao resto da obra, com a função de conter o choque da correnteza. Outras vigas ainda foram plantadas sobre a ponte a pouca distância da água, de modo que, se os bárbaros tivessem empurrado troncos de árvore ou navios pelo rio com o objetivo de demolir a ponte, essas a teriam defendido abrandando o choque e evitando as consequências". Até aqui, César.

Neste ponto será útil lembrar um costume que se encontra em Verona: reforçar as pontes de madeira com barras de ferro, especialmente naquelas partes que eram percorridas por carros e carroças.

Fica a ser abordada a ponte de pedra, que consta das seguintes partes: cabeceiras, pilares, arcadas, pavimentação. Entre as cabeceiras e os pilares há esta diferença, que as primeiras devem estar absolutamente bem assentadas e firmes, desde que têm a função não somente de sustentar o peso das arcadas sobrepostas, assim como fazem os pilares, mas também devem suster as extremidades da ponte e resistir à pressão dos arcos fazendo com que não se abram. Devem-se escolher, por isso, margens muito sólidas, melhor se rochosas porque mais resistentes, para segurar nelas as extremidades da ponte.

O número dos pilares deverá ser proporcional à largura do rio. Em qualquer caso, um número ímpar de arcos se torna esteticamente prazeroso e também vantajoso para a solidez da ponte: de fato, a zona central do rio, quanto mais distante permanecer da contenção que exercem as margens, tanto mais livre corre, e por isso avança com uma velocidade e um ímpeto maiores; é bom então não interpor obstáculos em seu caminho, para evitar que a correnteza, enfurecendo-se, ameace a robustez dos pilares. Os quais deverão ser colocados em pontos nos quais as águas correm de forma mais contida e preguiçosa (se for lícita a expressão); os indícios para identificar tais pontos serão fornecidos pelas inundações; de outro modo nos regularemos como segue.

Faremos como aqueles que jogaram as nozes no rio para que os sitiados as recolhessem e as comessem. Jogaremos, outrossim, materiais que não afundam a uma distância de cerca de uma milha e meia do ponto no qual quer-se construir, melhor se for na época de enchente. Aqueles materiais se concentrarão nos pontos em que a correnteza é mais impetuosa, e, portanto, nós, colocaremos os pilares onde os materiais jogados passarão menos frequentemente e mais lentos.

O faraó Menes, querendo construir uma ponte em Mênfis, desviou o Nilo para outro lugar por entre as montanhas, e uma vez terminado o trabalho o reconduziu novamente para o seu leito. Nitócris, rainha dos assírios, após ter feito todos os preparativos necessários para a fabricação de uma ponte, mandou escavar um lago muito vasto e para ele desviou o rio; e enquanto o lago estava se enchendo ela mandou construir os pilares no leito já seco.

Eles se regularam dessa forma. No que nos diz respeito, resolveremos o problema da seguinte forma: lançaremos as fundações dos pilares no outono, durante o período de escassez, tendo precedentemente construído ao redor um dique da forma que diremos. Plantam-se duas fileiras de paus muito próximos, de modo que suas extremidades se sobressaiam da água, à guisa de estacadas; em seguida, se ligam caniços à face interna das duas fileiras, do lado, pois, no qual se quer construir a ponte; enche-se o espaço entre as fileiras de paus com algas e barro, compactando o material pisando-o, até quando a água não consiga mais passar. Então, elimina-se tudo o que estiver no interior da cerca, que seja somente água ou, junto com ela, barro ou areia, ou qualquer outra coisa que possa dificultar o trabalho. No que diz respeito às outras coisas se deve seguir o modo descrito no livro precedente. Escava-se, assim, até encontrar o terreno sólido, ou, melhor, se consolida o solo com a colocação de postes estreitamente unidos e ligeiramente queimados na ponta.

Notei, a esse respeito, que os melhores arquitetos costumam construir a base da ponte com uma estrutura única em todo seu comprimento; e a constroem contendo o rio não com um dique só, mas sim acrescentando um novo à medida que avançam na construção da base; de fato, não é possível dominar e conter o volume inteiro de água, e portanto é preciso, ao longo da construção, deixar passagens abertas através das quais o ímpeto da correnteza possa esgotar-se. Essas passagens serão executadas no próprio rio, ou seja, se fabricarão, onde convém, canais pênseis com tubos de madeira, para conduzir as águas excedentes do rio.

Mas, se causar desgosto um dispêndio tão grande, que se faça uma base separada para cada um dos pilares, de forma que sejam alongadas à guisa de um navio, com proa e popa bem marcadas em ângulo, direcionando-as no mesmo sentido da correnteza, de modo que possam atenuar a violência das águas, dividindo-as. Convém lembrar que as ondas são mais danosas para a popa que para a proa dos pilares; isso se pode observar pelo fato de que a água agita-se muito mais contra a primeira que contra a segunda; além disso, na popa frequentemente os redemoinhos escavam buracos, enquanto que a proa é mais segura, pois se apoia num fundo repleto de areia. Razão pela qual é necessário que a popa seja reforçada mais que todas as outras partes da obra para que se torne capaz de resistir ao ataque contínuo das correntezas. Por isso, torna-se muito útil ampliar muito, em todas as direções, e sobretudo na parte da popa, a parte inferior do embasamento, de modo que, se por uma razão ou por outra, um pedaço dela fosse destacado ou levado, ficaria ainda uma parte muito grande, suficiente para manter a estabilidade dos pilares. É também muito conveniente prolongar a base desde seu princípio em declive, de modo que as águas que chegam não se choquem com ela abruptamente, mas sim corram por ela escorregando facilmente. A água, de fato, quando cai precipitadamente agita o fundo, turva-se carregando o material removido e sem parar escava naquele ponto.

As pedras com as quais construiremos os pilares devem ser as maiores possíveis, tanto em comprimento quanto em largura; de tal natureza, ainda, que nem o gelo possa atacá-las e nem a água deteriorá-las, nem fiquem separadas por outras causas; e não devem deteriorar-se por causa dos pesos. Serão agrupadas com o máximo cuidado, em fileiras bem retas e perfeitamente horizontais, e em posição exatamente vertical; as faces estarão em contato contínuo e sem interrupções, e se ligarão entre si em sentido longitudinal e transversal mediante encaixes. Deve-se evitar qualquer enchimento de partes vazias com pedras menores. Atar-se-á, ainda, uma grande quantidade de grampos e trancas de cobre, dispondo seus pontos de fixação de forma tal que não danifiquem como pragas a pedra, mas sim a reforcem. A construção deve ser erguida — sempre com a proa e a popa em ângulo — até quando o topo ficar muito alto, de modo que os pilares sempre se salientem da superfície da água, sempre com a parte frontal, mesmo durante as enchentes.

A espessura dos pilares será a quarta parte da altura da ponte. Alguns preferiram dar à proa e à popa uma forma cilíndrica, em vez de proa e popa em ângulo, provavelmente porque a forma resultava mais agradável. E, ainda que eu mesmo tenha afirmado que o círculo tem o valor de um ângulo, todavia, neste caso, um ângulo verdadeiro me parece a solução melhor, desde que não seja tão afiado que ao mínimo choque se deteriore. Poder-se-á aceitar também uma aresta sem ponta com forma circular, mas não arredondada até o ponto de conter o ímpeto e a velocidade da correnteza. Finalmente, pode-se fixar como ângulo mais apto para os pilares aquele correspondente a três quartos, ou, se essa medida não agradar, a dois terços do ângulo reto. Acerca dos pilares, quanto dissemos pode ser suficiente.

Se as cabeceiras não são por sua natureza como se queria, podem-se reforçar com a técnica usada na fabricação dos pilares; poderemos também construir outros pilares entre as margens fora da água, unindo-os com os outros mediante arcos: de tal forma que, se, por acaso, a corrosão contínua da água, ao passar do tempo, provocasse a queda de uma parte da margem, prolongando a ponte até dentro do campo, se impediria que a estrada fosse interrompida.

Os arcos e as abóbadas deverão ser muito, muito resistentes e maximamente reforçados, pois, inclusive, eles são continuamente sacudidos violentamente pela passagem das carruagens. Acontece ainda que devem passar pesos enormes sobre a ponte, como colossos, obeliscos e semelhantes; os empreiteiros das obras públicas devem evitar, por isso, que se repita o que aconteceu, com danos graves, com Escauro ao transportar uma grande pedra da fronteira.

É então oportuno, para que a ponte tenha uma longa duração, que, tanto no desenho, quanto na execução, esteja protegida contra os estragos frequentes e muito danosos que ocasiona a passagem das carruagens.

Para as pontes se devem usar pedras íntegras e grandes, isso porque, analogamente com a bigorna, se for grande e pesada, receberá sem dano os golpes do martelo, mas se, ao invés, for mais leve, saltará e será sacudida pelos golpes. Dissemos que a abóbada de berço é constituída por arcos e material de complemento; e que o mais sólido dentre os arcos é aquele chamado de inteiro. Se, todavia, devido à colocação dos pilares, o arco inteiro se tornasse inconveniente para os nossos objetivos por causa da excessiva altura de sua curva, usaríamos o arco rebaixado, e em tal caso reforçaríamos muito as cabeceiras aumentando sua espessura.

Por último, os arcos de topo para essas abóbadas, de qualquer tipo que sejam, serão feitos com pedras igualmente duras e grandes como aquelas com as quais se achou oportuno construir os pilares. Aliás, no arco, as pedras não devem ser mais finas que a décima parte da sua corda; por sua vez, a corda não deve ser mais comprida que seis vezes a espessura de um pilar, nem inferior a quatro vezes essa mesma espessura. Para segurar as aduelas do arco se devem implantar ganchos de cobre e grampos muito robustos; e a aduela posta no ápice do arco, chamado de arco de espinha, será cortada de modo que possa adequar-se à linha dos arcos adjacentes, e ainda terá, numa extremidade, uma espessura maior, de modo que não possa ser implantada senão mediante um bate-estacas ou empurrada forçadamente com um pequeno aríete. Dessa forma, as outras aduelas do arco, postas após ele, serão unidas mais estreitamente e permanecerão mais tempo em seu lugar.

A complementação será feita com a pedra mais dura possível e a ligação mais consistente que houver. Se, todavia, não houver uma quantidade suficiente de pedra mais resistente que outras, para as complementações será necessário conformar-se com materiais de qualidade inferior; porém o espinhaço e as fileiras de aduelas, que lhe estão próximos de ambos os lados, devem ser feitos somente de pedras muito duras, na superfície inteira da abóbada.

Falta agora fazer a pavimentação. Esta parte é própria tanto das pontes como também das estradas, e em tudo segue o procedimento da pavimentação; disso tratamos no livro imediatamente anterior. Existe, porém, uma diferença. Para as estradas, deve-se reforçar o terreno e espalhar sobre ele uma camada de cascalho até a altura de um cúbito; depois, sobre um estrato de areia fluvial ou marinha pura, pavimentar-se-á a superfície da pedra. Para as pontes, ao contrário, a camada na qual a pavimentação se apoiará deverá consistir de fragmentos de tijolos, ser aplanada e com uma espessura igual àquela dos arcos; e a própria pavimentação será cimentada com cal.

No demais, o procedimento será idêntico para as estradas e para as pontes. Os dois lados serão construídos da forma mais sólida possível, e em cima serão lajeados com pedras. As pedras não devem ser demasiadamente pequenas para que não se revirem facilmente nem se desloquem por causa de um leve empurrão; nem, por outro lado, devem ser grandes a tal ponto que os animais resvalem sobre elas, como sobre uma superfície escorregadiça, até cair antes de ter encontrado uma fenda na qual fincar as unhas das patas.

É extremamente importante a qualidade das pedras com as quais se lajeia a estrada. Sem dúvida, o material se desgasta notavelmente por causa do atrito longo e reiterado dos cascos dos animais e das rodas das carruagens, como se pode entender observando que até o atrito das patas das formigas acaba escavando um caminho até em sílex. Pude notar, todavia, que os antigos, ao pavimentar várias estradas, dentre as quais a rua Tiburtina, colocavam sílex na área central, enquanto os dois lados eram recobertos com saibro muito fino. Isso para fazer com que a pavimentação aos lados fosse menos desgastada pelas rodas, e no centro danificasse menos os cascos dos animais que a pisavam. Alhures, e especialmente nas pontes, fabricavam caminhos sobrelevados, consistindo em degraus de pedra ao longo do comprimento inteiro da ponte, para que assim os pedestres circulassem mais decentemente, enquanto a área central era reservada para carruagens e cavalheiros.

Geralmente, os antigos preferiam, para esse tipo de trabalho, o sílex. Dentre as suas variedades, a mais prática é aquela porosa. Não porque seja mais dura que as outras, mas porque é menos escorregadiça para quem caminha em cima dela. Todavia, nos serviremos de qualquer pedra que seja, em relação à quantidade da qual podemos dispor. Tenha-se somente o cuidado de escolher as pedras mais duras para pavimentar, ao menos, a área da estrada batida preferivelmente pela passagem dos gados, os quais preferem uma rua mais plana e recusam totalmente os caminhos inclinados; com esse objetivo, usar-se-á o sílex ou qualquer outra pedra, em pedaços largos um cúbito e com a espessura de um pé ao menos, dispostos com a face superior bem aplanada e com as laterais perfeitamente aderidas e sem a mínima fenda entre elas e dispostos, ainda, em pendência para que a água pluvial possa correr.

Pode-se dar inclinação às estradas de três formas. A pendência pode estar voltada para o centro — solução usada nas mais largas — ou para os dois lados — o que fica mais cômodo nas mais estreitas — ou enfim em direção longitudinal. A escolha será determinada também conforme a conveniência em função da saída dos esgotos e das depressões no mar, nos lagos ou nos rios. Uma inclinação correta é a de meia polegada a cada dois cúbitos. Os antigos costumavam dar às estradas de montanha uma inclinação de um pé a cada trinta; e, em vários lugares, como por exemplo nas extremidades das pontes, pode-se observar uma inclinação de um palmo a cada cúbito, somente, porém, para trechos breves e tais que um animal carregado possa superá-los na primeira investida.

CAPÍTULO VII

Os esgotos são classificados na categoria das obras de estrada, pois são construídos sob a parte central das estradas e porque têm uma função notável no trabalho de pavimentação, nivelamento e limpeza das próprias estradas. Por essas razões não as abordaremos aqui. E, sem dúvida, se pode definir o esgoto como uma ponte, ou melhor, um arco com uma largura não usual; o que implica a obrigação de respeitar, ao construí-lo, todas as regras mencionadas até agora acerca da construção das pontes.

E os antigos concederam aos esgotos uma importância tão grande que parece que nunca dedicaram um cuidado tão elevado nem tanto esforço a nenhuma outra obra. Consta que os esgotos são as obras mais importantes dentre as obras maravilhosas da Roma Antiga.

É inútil deter-se aqui sobre os imensos serviços que os esgotos oferecem para purgar a cidade, para a limpeza dos edifícios públicos e privados, para evitar a contaminação do ar e defender sua pureza e salubridade. Contam que a cidade de Esmirna, na qual Trebônio se encontrava sitiado quando foi libertado por Dolabela, era belíssima, quer na disposição das estradas, quer para a ornamentação dos edifícios, mas, como não existiam esgotos para recolher a imundície, a sujeira incomodava muito os forasteiros.

Siena, na Toscana, não tendo esgotos, não tem limpeza; por isso acontece que durante a noite toda, horas nas quais não se podem esvaziar pelas janelas as lixeiras, a cidade toda é um fedor único, e também durante o dia é muito suja e o ar é pestilencial.

Os esgotos podem ser de dois tipos: aqueles que eu chamo de difusores, porque têm a função de descarregar (*defundere*) as águas que caem nos rios, nos lagos e no mar; e aqueles que chamaremos de afundamento, isto é, tais que as imundícies procedentes das águas não são vertidas para outro lugar, mas sim sejam eliminadas enterrando-as nas entranhas do terreno. Aqueles do primeiro tipo devem ter uma base inclinada, escorregadiça e compacta, sobre a qual o líquido possa fluir com a máxima liberdade, evitando que os materiais de construção sejam deteriorados pela umidade constante. É útil ainda que sejam fabricados longe dos rios, para não serem cobertos pelas inundações nem obstruídos pela lama. Para a pavimentação dos esgotos de afundamento será necessário somente o solo nu, chamado pelos poetas de Cérbero e pelos filósofos de "o lobo dos deuses", porque devora e faz sumir qualquer coisa. Então, as imundícies, e qualquer outra coisa que seja introduzida, somem, consumidas pela própria terra, cessando assim de emitir vapores tão nocivos para o olfato.

É preferível que os canos destinados à descarga da urina sejam construídos a uma certa distância das paredes, já que o calor solar contribui para infectá-los e arruiná-los em uma extensão ainda maior.

Os rios e os canais, que têm o objetivo específico de facilitar a passagem das embarcações, parece-me se devam considerar à guisa de estradas, posto que os navios não deixam de ser meios particulares de transporte; e, além disso, o próprio mar pelas suas características se pode considerar, afinal de contas, uma estrada muito ampla. Aqui, porém, não é oportuno falar mais disso.

Se, ainda, acontecesse que as coisas recém-descritas não satisfizessem plenamente nossas necessidades, providenciar-se-ia a resolução dos eventuais defeitos e se buscariam os confortos que faltassem. A seu tempo abordaremos também esse gênero de trabalho.

CAPÍTULO VIII

O porto é sem dúvida uma parte da cidade que tem a ver com o assunto que se deve abordar neste lugar. Pode-se compará-lo com um cercado (dos que se veem nas pistas de corrida), do qual se inicia uma viagem, e ao qual se retorna para descansar após ter terminada a caminhada. Outros dirão provavelmente que o porto é o estábulo das embarcações. Mas, de qualquer forma que se queira considerá-lo — cerca, estábulo ou lugar de reunião —, se for verdade que sua função específica consiste em fornecer às embarcações abrigo e defesa contra as tempestades, não há dúvida que seus lados devem ser robustos e altos. É preciso ainda que no porto haja um espaço adequado para acolher facilmente embarcações grandes com uma grande carga e arrumá-las sem riscos. Se essas condições são dadas pela própria conformação da costa, não se pode esperar coisa melhor. Em alguns lugares se pode, todavia, ser mais afortunado ainda, como nas proximidades de Atenas, onde Tucídides atesta a existência de até três portos naturais; e em casos como esse se tem até a dificuldade em escolher o lugar no qual construir, preferindo-o aos outros, os edifícios anexos ao porto.

Resulta, porém, de quanto foi dito no primeiro livro, que em alguns ambientes não sopram todos os ventos, enquanto em outros enfurecem alguns particularmente fastidiosos e insistentes. Deve-se, portanto, escolher aquele porto natural em cuja entrada soprem as brisas mais amenas e leves, e no qual seja possível entrar e sair sem ter que esperar por muito tempo que os ventos estejam favoráveis. É opinião comum que dentre todos os ventos o mais tranquilo seja o bóreas; dizem ainda que, quando o mar está movido por aquilão, e este perde o ímpeto, o mar logo se acalma, enquanto quando o austro fica brando o mar continua ondulando durante muito tempo.

A escolha do porto, conforme as características dos diferentes lugares, será feita tendo como objetivo a maior comodidade e facilidade de manobra possível para os navios. Será aceitável uma profundidade (a ser medida, quer na entrada, quer no interior e perto das margens) tal que deixe passar um navio de carga completamente cheio. É oportuno ainda que o fundo seja liso e não coberto por vegetação, ainda que os emaranhamentos de ervas e raízes sejam de grande ajuda para segurar as âncoras. Seja como for, será melhor se o porto não contiver em si substâncias que infectem a atmosfera ou danifiquem as embarcações; como fazem, de fato, as algas e as ervas aquáticas, que geram vermes, carunchos e lombrigas, muito danosos para os cascos dos navios, e exalam fedores pestilentos fazendo apodrecer a praia. As águas doces, também, quando se misturam com aquelas marinhas, tornam os portos malsões e perniciosos; e isso sobretudo quando se trata de água pluvial que desce das alturas. Todavia, "é bom" que nas proximidades se encontrem fontes ou cursos de água, nos quais buscar água pura que se possa recolher para aprovisionar os navios.

É preciso ainda que a entrada do porto seja acessível, reta e segura, provida de água e sem outros obstáculos, e ao abrigo de eventuais assaltos feitos de surpresa pelo inimigo ou pelos piratas. É ainda desejável que ao seu lado se ergam montes altos, bem visíveis e reconhecíveis, de modo que os navegantes, enxergando-os e identificando-os de longe, dirijam-se para eles como à meta estabelecida de sua viagem.

No interior do porto se fabricarão um cais e uma ponte, para tornar mais fáceis as operações de descarga das embarcações. Essas obras foram feitas na Antiguidade de várias formas acerca das quais não é o caso de discutir aqui. Esses métodos de fato são mais adequados ao conserto do porto e à construção dos cais, assuntos que serão abordados mais adiante. Haverá também: um passeio, um pórtico e um templo, para acolher quem chega após a navegação. Não poderão faltar também colunas, ganchos e anéis de ferro aos quais atracar as embarcações; e vários alpendres sob os quais arrumar a mercadoria que chega.

Em frente à entrada se erguerão torres altas e fortificadas, que servirão de atalaia para observar de longe o aparecimento de velas ao horizonte, e, de noite, para indicar aos navegantes, com fogos sempre acesos, um atracadouro seguro. De suas fortificações se poderão, ainda, proteger os navios amigos; e fechando a entrada do porto com cadeias se barrará a passagem ao inimigo. Não só; do centro da cidade ao porto se construirá uma estrada militar, a qual passará por muitos bairros: desses começará de várias direções o contra-ataque à frota dos assaltantes. Na sua parte mais interna, o porto será provido com bacias menores, reservadas para os navios em conserto. Um fato que vale a pena mencionar acerca do porto é o seguinte: existiram e existem cidades famosas protegidas por terem a entrada do porto, seja na embocadura, seja na área que a precede, pouco conhecida exceto por aqueles que o observam dia após dia.

Com isso, terminamos a abordagem das obras públicas de caráter universal. Acrescentamos somente que na cidade devem ser feitas grandes praças: em tempo de paz servirão para os mercados ou para os exercícios físicos dos jovens; em tempo de guerra se amontoarão lá as reservas de madeira ou forragem, e outros materiais úteis para apoio durante os cercos.

Quanto aos templos, aos santuários, às basílicas, aos lugares para os espetáculos etc., como são obras destinadas a todos, mas reservadas a grupos restritos, sacerdotes ou magistrados, serão abordados em outra ocasião.

Livro V
Edifícios para fins particulares

CAPÍTULO I

Esclarecemos no livro precedente como se devem adaptar os vários tipos de edifícios às diferentes categorias dos cidadãos e dos moradores; seja na cidade, seja no campo; dissemos que os edifícios destinados para a coletividade são diferentes daqueles reservados aos notáveis, assim como daqueles destinados à plebe.

Agora, após ter terminado a análise das obras de uso comum, falaremos neste quinto livro do que responde às necessidades ou à conveniência de grupos particulares. É um assunto vasto e complexo; e, ainda que não seja fácil, nos esforçaremos para abordá-lo, dentro dos limites de nosso intelecto e de nossas forças, de maneira tal que não se omita o que for necessário e que não se acrescente nenhum elemento supérfluo, mais útil para ornar o discurso que para a execução do objetivo proposto.

Começaremos pelo nível mais alto. A autoridade maior pertence aos que possuem o poder político: podem ser muitas pessoas, ou uma só. O indivíduo em posse da autoridade maior será, naturalmente, aquele que detém o poder sozinho. É preciso então considerar o que se deve fazer para ele. Antes de tudo, é importante estabelecer que tipo de homem ele é; se, deste modo, assemelha-se mais com o que governa de forma correta e santa, respeitando a vontade alheia, movido pelo desejo de beneficiar os cidadãos assim como pelo próprio interesse pessoal, ou se se assemelha com aquele que regula as relações com os seus subalternos de modo que eles devam obedecer até contra sua vontade. Conforme o poder esteja nas mãos de um tirano (como ele é denominado) ou nas mãos de quem o adquire e o guarda como se fosse uma magistratura concedida pelos outros, variam não somente os tipos de edifícios, mas até as próprias cidades. Será apropriada para um rei uma cidade fortificada, sobretudo onde seja necessário repelir o inimigo externo; enquanto um tirano, sendo-lhe seus concidadãos igualmente inimigos assim como os estrangeiros, deve fortificar a sua cidade, seja contra os primeiros, seja contra os segundos, e de modo tal que possa até, se precisar, servir-se dos estrangeiros como aliados contra os seus concidadãos e, talvez, de uma parte dos cidadãos contra os outros.

No livro anterior já se falou acerca da forma melhor para fortificar uma cidade contra o inimigo externo; fica ainda a ser visto o que é conveniente aprontar contra os próprios habitantes. Segundo Eurípides, a multidão, por sua natureza, é um inimigo muito temível; se, além do mais, à sua força se acrescenta a astúcia e o engano, torna-se, de fato, invencível. A cidade do Cairo no Egito, tão populosa que quando, em um dia, não morriam pelo menos mil pessoas, era considerada saudável e florescente, foi dividida por reis muito sensatos em muitas partes utilizando um grande número de canais, de modo que parecesse, não uma cidade única, mas um aglomerado de várias vilas. Dessa forma, suponho, se quiseram espalhar os benefícios que o Nilo oferecia em cada canto da cidade; mas o resultado mais importante que conseguiram foi o de não temer mais graves rebeliões populares; e se tivessem acontecido, os revoltosos poderiam ser esmagados com muita facilidade: como se um colosso enorme tivesse sido transformado em duas ou mais estátuas transportáveis e manuseáveis.

Os romanos nunca deram a tarefa de governar o Egito a um senador com a qualidade de procônsul, preferindo, de outro modo, confiar áreas específicas do país para funcionários da ordem equestre. Tinham estabelecido esse tipo de conduta — conforme Arriano — porque não era prudente concentrar nas mãos de uma única pessoa uma província tão sujeita às sedições. Foi relevado como aquelas cidades cuja área resulta dividida naturalmente nunca estarão privadas de discórdias internas, se forem atravessadas, por exemplo, por cursos d'água, ou se compreenderem várias alturas, ou se forem situadas por uma parte numa planície e por outra sobre um lugar alto.

A forma mais conveniente para se dividir uma cidade é através de um muro. Esse, no meu parecer, não deve ser conduzido em direção transversal em relação à planta, como um diâmetro, mas sim em forma de círculo dentro de um círculo maior. De fato, os cidadãos mais ricos, desejosos de espaços amplos, consentirão com boa vontade morar fora da primeira cerca, deixando com felicidade o centro ao açougue, às oficinas e às lojas, aos vendedores de coisas comestíveis junto ao foro; e a cidade será mais segura e tranquila se os notáveis estiverem separados da multidão ociosa (da qual fala Gnatone, personagem de Terêncio), dos vendedores de aves de criação, açougueiros, cozinheiros e similares.

Cabe aqui lembrar um fato referido por Festo: Sérvio Túlio teria disposto que os patrícios morassem todos em um bairro, em uma posição tal que, se tivessem organizado algum tipo de ataque, teriam sido imediatamente repelidos a partir de uma colina.

O muro interno acima mencionado deverá ser feito de forma tal que alcance todas as áreas da cidade; e será conveniente construí-lo, assim como os demais muros, muito robusto — com uma grande espessura e usando todos os meios necessários — e tal que possa dominar todas as casas particulares; e será conveniente provê-lo com pequenas torres, ameias e talvez com um fosso, de um lado e de outro, de modo que os guardas possam encontrar abrigo, sendo defendidos por ambos os lados. As torres, por sinal, não deverão estar abertas para o centro do círculo, mas sim muradas por todos os lados; e situadas em uma posição tal da qual se possam repelir tanto os inimigos internos quanto os externos, sobretudo naqueles pontos nos quais começam as estradas ou que são alcançáveis do alto dos telhados dos templos. É importante que sobre as torres não se possa subir senão pelas próprias paredes, e que se tenha acesso a partir da fortaleza somente nos pontos que o soberano achar oportuno; é preciso evitar que as ruas da cidade sejam atravessadas por arcos ou flanqueadas por torres, e, além disso, se devem construir balcões dos quais os soldados em reconhecimento nos bairros possam ser repelidos lançando-se objetos. Uma cidade desse tipo, na sua totalidade, deve ser construída de forma tal que quem tiver o poder concentre em suas mãos todas as posições elevadas, e que seus camaradas possam rodar livremente pela cidade inteira sem que alguém possa impedi-lo. Nesse sentido, então, a cidade do tirano se diferencia daquela do rei.

Talvez haja também outra diferença: que para uma população livre é mais conveniente uma planície, enquanto o tirano goza de uma maior segurança nas montanhas. No mais, as habitações reservadas para os reis e para os tiranos não somente se assemelham entre si, mas também com aquelas da plebe e dos particulares. Com certeza não faltam diferenças, quer entre elas, quer com essas últimas; começaremos falando dos traços comuns, e diremos em seguida o que pertence a cada uma.

O tipo da casa traz sua origem — conforme a opinião comum — da necessidade. Algumas partes, todavia, seriam feitas somente por razões de comodidade, mas os costumes de vida fizeram com que se devesse considerá-las indispensáveis. Tais são os pórticos, as avenidas para passear e para as carroças etc. Por isso não faremos distinções desnecessárias, abordando separadamente os elementos "necessários" daqueles somente "convenientes", desde que a técnica arquitetônica não o requeira. Limitar-nos-emos a esclarecer que nas casas, assim como nas cidades, existem partes frequentadas por todos, outras reservadas para poucos, outras ainda para cada pessoa.

CAPÍTULO II

O pórtico e o vestíbulo — em nossa opinião — não são destinados somente para a criadagem, como pensa Diodoro, mas para todos os cidadãos. Ao contrário, o passeio, o pátio, o átrio e a sala (cujo nome acredito derive de *saltare*, isto é dançar, pois nela se dá vazão à alegria com banquetes e cerimônias nupciais) não pertencem a todos, mas somente a quem mora na casa, e se encontra dentro dela. Uma parte das salas de jantar é reservada para os escravos, outra para os homens livres, como é sabido; os quartos para mulheres casadas, aqueles para donzelas, e aqueles para os hóspedes, são reservados para pessoas sozinhas. No primeiro livro já abordamos, em linhas gerais, a divisão dos elementos comuns a todas as partes dos edifícios, já que é sempre necessário esclarecer qual deva ser o desenho, a quantidade, a extensão, a posição, em relação à função de cada parte. Recomeçaremos agora a falar disso detalhadamente.

O pórtico e o vestíbulo originam seu decoro da entrada. Essa, por sua vez, origina o seu decoro quer da estrada na qual se debruça, quer da importância de sua construção. No interior, as salas de jantar, as despensas e o resto serão distribuídos nos pontos que lhes cabem, de modo que quanto for colocado neles se possa conservar da forma melhor: deverão estar em uma boa posição em relação à atmosfera, ao sol e aos ventos, e arrumados de forma tal que respondam aos fins requeridos; serão, ainda, mantidos separados, para evitar que a presença contínua de forasteiros e de frequentadores habituais tire a dignidade, a comodidade e o prazer de alguns, e seja insolente aos outros.

Na casa, o átrio, a sala e os outros ambientes similares devem ser construídos assim como, em uma cidade, se constroem o foro e as avenidas, isto é, não em uma posição marginal, recôndita e incômoda, mas sim em um lugar bem visível e que se possa alcançar da forma mais direta a partir das outras partes do edifício. Devem-se dirigir para eles os vãos das escadas e dos passadiços assim como as visitas dos forasteiros para homenagear e agradecer.

A casa não deve ter várias entradas, mas somente uma, através da qual ninguém possa entrar ou levar alguma coisa sem que o porteiro o saiba. É preciso fazer com que os ladrões não possam alcançar as portas e as janelas, e também que os vizinhos não consigam olhar para elas, pois poderiam incomodar observando e tomando conhecimento daquilo que se diz ou se faz dentro da casa. Os egípcios constroem as casas particulares de modo que não se abra nenhum tipo de janela para o exterior.

Talvez alguém ache oportuna a presença de uma porta posterior a ser destinada ao trânsito das safras transportadas por carretas ou gados de carga, com o objetivo de evitar que o vestíbulo principal seja sujo; e se sugeriria talvez uma portinha secreta (sempre na parte posterior), através da qual somente o patrão, sem os familiares saberem, possa às escondidas deixar entrar entregadores de cartas e mensageiros e sair como quiser quando for necessário. Esses expedientes se podem aceitar; mas, sobretudo, é recomendável a presença de refúgios bem escondidos, de recantos secretos, de ruas ocultas para fugir, que somente o dono da casa conheça, por meio das quais ele possa salvar, nos momentos difíceis, o seu dinheiro e as suas coisas, e — em casos desesperados — a si mesmo. No sepulcro de David foram construídos uns nichos para conter os tesouros herdados pelo rei, mascarando-os com uma tal habilidade que de forma nenhuma poderiam ser encontrados; e conta Flávio Josefo que após mil e trezentos anos o sacerdote Hircano retirou de um desses esconderijos três mil talentos de ouro para liberar a cidade sitiada por Antíoco. Contam ainda que, em seguida, Herodes levou uma outra notável quantidade de ouro abrindo um segundo esconderijo.

Os elementos que acabamos de esclarecer são comuns nas habitações dos príncipes e dos cidadãos comuns. A diferença principal entre os dois tipos de casas consiste nisso, que cada uma é caracterizada por uma natureza intrínseca: os palácios principescos, que devem servir a um grande número de pessoas, se distinguirão pelo número de quartos e pela dimensão dos ambientes. Enquanto que nas casas habitadas por poucos indivíduos ou por pessoas sozinhas deverá valer mais a qualidade da construção que a grandeza. Outra diferença: nas habitações principescas, destinadas a muita gente, as partes reservadas para poucas pessoas também devem transmitir um ar de realeza, pois nas casas dos reis há sempre uma grande multidão; nas casas particulares será conveniente que até as partes frequentadas por muitas pessoas sejam construídas de maneira que mostrem que, com elas, o chefe de família somente providenciou as suas necessidades.

Na habitação real se devem manter bem afastadas a parte destinada à mulher, aquela reservada ao marido, e aquela destinada aos empregados, de maneira tal que em cada uma delas haja não somente o que é necessário para as respectivas funções, mas também o que possa conferir-lhes dignidade e magnificência; a multidão dos domésticos não deverá ser causa de confusão.

Essa divisão é uma coisa difícil, e é impossível realizá-la usando uma única cobertura: portanto será necessário conferir um ambiente apropriado a cada apartamento, uma área apropriada, uma cobertura apropriada e separada.

Todavia, as diversas partes da construção serão ligadas com telheiros e passadiços: dessa forma, os servos e as pessoas de casa, devendo resolver rapidamente seus afazeres, não demorarão como se estivessem chegando de uma casa vizinha, mas estarão sempre presentes e inteiramente à disposição do patrão. A turba tagarela e barulhenta dos meninos e das criadas não deve manter nenhuma relação com os homens, assim como os patrões devem estar separados de qualquer tipo de contato com a sujeira da criadagem.

A sala das reuniões dos príncipes e os triclínios[34] serão colocados em um lugar privilegiado. Essa preeminência será determinada pela posição elevada e tal que permita ver um panorama muito amplo ao redor, no mar ou nas colinas. O apartamento da esposa deve ser inteiramente separado daquele do príncipe seu marido, exceto que seu quarto mais interno será comum aos dois, com a cama de casal; além disso, os dois apartamentos estarão ligados ao exterior por uma única porta e vigiados pelo mesmo porteiro. O resto dos elementos que se diferenciam dos outros dizem respeito mais às habitações particulares que àquelas principescas, e as abordaremos na hora oportuna.

Outro ponto característico em comum que apresentam as casas dos príncipes: além dos elementos indispensáveis às necessidades particulares de cada um, é indispensável colocar uma entrada que se comunique com a estrada militar mais próxima, e antes de tudo com um rio ou com o mar; deve ter ainda um vestíbulo com grande capacidade, no qual se possa introduzir o séquito de missões ou delegações de notáveis, sobre carroças ou a cavalo.

CAPÍTULO III

A meu juízo, deve haver um pórtico coberto e reservado não somente para as pessoas, mas sim, também, como abrigo para os animais de carga, para protegê-los do sol e da chuva. Próximas ao vestíbulo as arcadas ficam muito bem, assim como as avenidas para o passeio e para as carroças e similares, nas quais os mais jovens do séquito, na espera que os anciãos voltem do colóquio com o príncipe, podem praticar o salto, jogar bola, lançar o disco, lutar. Mais adiante, antes da parte mais interna da casa, haverá um átrio ou uma basílica,[35] lugares nos quais os empregados possam parar para discutir um pouco aguardando os patrões, e nos quais o príncipe sentará na tribuna sentenciando acerca de questões jurídicas. Mais internamente seguirá a sala de reuniões, na qual os notáveis mais idosos irão cumprimentar o príncipe e dar pareceres acerca dos problemas que lhes serão propostos.

Essa última sala seria melhor desdobrá-la: uma para o verão e uma para o inverno, já que é bom ter cuidado com as pessoas idosas que a utilizam,

---

[34] Salas destinadas ao almoço. Assim chamadas porque nelas se encontravam, originariamente, três camas inclinadas ao longo dos três lados do quarto.

[35] Alberti se refere ao modelo vitruviano dos palácios de nobres e magistrados, onde era praticada a justiça.

oferecendo-lhes toda comodidade, evitando a presença de elementos nocivos no ambiente para a sua saúde, de maneira que eles tenham prazer em permanecer no local, sem incômodos de nenhum tipo, para discutir e decidir durante o tempo que for necessário conforme a natureza das questões e a oportunidade do momento.

Lê-se em Sêneca que Graco foi o primeiro, Lívio Druso o segundo, a introduzir o costume de não marcar a audiência para todo mundo no mesmo ambiente, e fazer distinções entre os visitantes: alguns eram recebidos separadamente, outros em grupos de muitas pessoas, outros em público; dessa forma se estabeleciam hierarquias entre os amigos. Se isso for lícito por causa de nossa posição e nos parecer oportuno, será conveniente dispor várias portas em lugares diferentes, para poder receber assim as pessoas, de um lado ou do outro, e liberá-las após serem ouvidas, excluindo quem não se quer ver sem ofendê-lo.

Sobre o construído se deve levantar uma torre de vigia, da qual se possa informar imediatamente de possíveis agitações.

Esses e outros são os elementos que as habitações de reis e tiranos têm em comum: diremos agora quais são as diferenças. A morada do rei convém que seja colocada no meio exato da cidade, facilmente acessível e rica em ornamentos, que se distinga mais pela elegância e requinte que pela imponência. A habitação do tirano, por sua vez, será feita à guisa de cidadela, e por isso não pertencerá nem à cidade nem ao território que está fora dela. Além disso, próximo ao palácio do rei haverá lugares dignos para espetáculos, templos, e para as habitações dos notáveis, enquanto a morada do tirano deve ser mantida afastada, por um bom trecho, de todas as construções limítrofes. Um modo de construir muito decoroso e oportuno para os dois tipos de morada, e ainda útil, será edificar o palácio real de modo que seja pouco acessível e possa suportar as rebeliões, e também a cidadela não muito fechada, para evitar que pareça mais com uma prisão que com a morada de um príncipe com hábitos nobres.

É oportuno aqui lembrar quanto sejam úteis para os tiranos uns orifícios para escutar, escondidos e dissimulados no interior dos muros, mediante os quais possam se inteirar dos discursos dos hóspedes e também dos familiares.

Mas, como o palácio real por sua natureza é diferente da cidadela em quase todas as suas características e, sobretudo, nos elementos fundamentais, dever-se-á construir o palácio real próximo da cidadela, de maneira tal que o rei possa servir-se da cidadela em momentos de necessidade imprevista, e o tirano possa servir-se do palácio real quando quiser distrair-se.

A cidadela foi construída pela primeira vez pelos antigos nas suas cidades, para poder encontrar abrigo em época de perigo, e guardar intactas nelas virgens e matronas e incontaminados os objetos sagrados. Festo conta que na Antiguidade a cidadela era um lugar de culto, e se costumava chamá-la de *auguraculum*; nela as virgens celebravam um sacrifício misterioso e escondido da plebe. Por essa razão se pode notar em todas as cidadelas a presença de templos. Mas, em seguida, os tiranos tomaram posse delas, e transformaram esses lugares de devoção religiosa em covis de crueldade e de infâmias; as transformaram de abrigo para os desamparados em causa de lutos e sofrimentos.

Prosseguimos. A cidadela próxima do templo de Amone estava cercada por três muros: a primeira muralha era para defender os tiranos; a segunda, para seus consortes e filhos; a última pertencia aos guardas.

Uma obra com certeza bem feita, exceto pelo defeito de ser mais útil para a defesa que para o ataque. Já que, a meu ver, assim como não se pode achar que a coragem de um soldado se limite a sustentar teimosamente o ataque do inimigo, também é certo exigir que uma cidadela não seja feita somente para resistir aos ataques, mas também para repelir os oponentes. Em suma, é preciso prover as duas exigências como se se tratasse de um objetivo único a ser alcançado. E para alcançá-lo servirão a posição em relação ao terreno e a forma de construir.

Os especialistas em assuntos militares não sabem com certeza se é mais sólida uma cidadela situada sobre uma altura ou aquela em um terreno plano.

CAPÍTULO IV

Observa-se de fato que não se encontram em qualquer lugar colinas que impossibilitem o assédio ou a destruição, nem, por outro lado, pode ser atacado um lugar na planície tão facilmente se for fortificado da forma oportuna. Parece-me inútil discutir essas coisas: a escolha do lugar deve ser resolvida caso por caso, conforme as conveniências particulares. Então, para a posição de uma cidadela, valem todos aqueles meios que foram enunciados a propósito da cidade.

A cidadela, em qualquer caso, deve ter umas passagens cômodas através das quais se possa sem dificuldades buscar ajuda das próprias tropas e daquelas de outros países contra o inimigo ou, em caso de sedição ou de traição, contra os próprios concidadãos e companheiros de armas, por via terrestre, fluvial, lacustre, ou marítima. A conformação mais conveniente para uma cidadela é aquela que resulta da união de todas as muralhas da cidade, à guisa de uma letra O inserida dentro grandes C com as extremidades dobradas, que, porém, não conseguem abarcá-la por completo: assim: ©; ou da O se desviam vários raios dirigindo-se para o circuito externo. Desta forma, a cidadela não estará nem no interior nem no exterior da cidade, como acabamos de sugerir; e querendo definir concisamente a cidadela, talvez será certo dizer que ela é, em relação à cidade, como uma porta posterior fortificada de cada lado de forma excepcional.

De qualquer forma que se queira considerá-la, o ponto mais alto dos muros ou a chave da cidade, a cidadela deve ser de aspecto ameaçador, duro, selvagem; deve ser resistente aos assédios e inexpugnável. Será mais confiável se for pouco extensa, porque em tal caso serão suficientes poucos homens fiéis para defendê-la, enquanto uma praça vasta requer a obra de muitos defensores: e como dizia aquela personagem de Eurípides, "A multidão sempre foi plena de espíritos malvados", assim no nosso caso se poderá confiar mais em poucos que na perfídia de muitos. A base externa da cidadela deverá ser maciça, construída com pedras grandes, e ter o perfil inclinado, de maneira tal que as escadas que se apoiam nela tendam a dobrar-se, enfraquecendo-se, e os inimigos que se aproximem dos muros não possam evitar o lançamento de pedras do alto, além disso os projéteis arremessados das catapultas não abram uma brecha, mas sim ricocheteiem obliquamente.

A área interna será pavimentada inteiramente, estendendo sobre ela duas ou talvez três camadas de pedras muito largas e de muita espessura, para impedir que os que a assediam se introduzam sorrateiramente dentro do forte através da escavação de galerias. O muro deve ser feito de maneira que alcance altura, robustez e grossura máximas, até o coroamento extremo, de modo que se torne completamente inexpugnável pela potência das armas de guerra e dos projéteis, e o seu topo não possa (por quanto for lícito) ser alcançado com escadas nem igualado com a construção de terraplenos. No resto é suficiente seguir os ditames formulados acerca dos muros da cidade.

Uma precaução essencial para a segurança dos muros, quer numa cidade, quer numa cidadela, consiste em tomar todas as medidas para impedir que o inimigo se aproxime até um certo limite sem risco de sofrer danos. Isso se conseguirá tanto mediante um fosso amplo e profundo, do qual já se falou, quanto utilizando seteiras escondidas, situadas na parte mais baixa da base do muro, das quais o inimigo, ocupado em se cobrir pelo alto com o escudo, será perpassado nas partes descobertas. Essa técnica defensiva se deve antepor a qualquer outra, pois dessa posição se pode atingir os inimigos permanecendo em segurança, feri-los de uma distância menor, e raramente falhar o golpe, sendo difícil para eles cobrirem o corpo inteiro; e ainda que uma flecha não atinja o inimigo mais próximo, atingirá outro atrás dele, às vezes, aliás, dois ou três com um único golpe. Pelo contrário, os golpes do alto não se executam sem risco; de fato, podem alcançar somente um homem por vez, que por sinal pode adivinhar a trajetória e evitar o projétil com um leve movimento ou repeli-lo com um escudo até pequeno.

Se a cidadela for situada no mar, a costa circunstante deve ser privada de qualquer tipo de desembarcadouro cravando paus e grandes pedras, para impedir a transferência de máquinas bélicas dos navios nas proximidades da praça-forte. Se se encontra na planície, deverá ser cercada por um fosso cheio de água; mas para evitar que o ar seja contaminado, será necessário escavar até encontrar uma nascente de água corrente. Se estiver numa colina, devera ser cercada e protegida por despenhadeiros. Quando for possível, se deverão utilizar todos esses meios de defesa juntos.

Nos lugares dos quais as muralhas podem ser atingidas pelos projéteis das catapultas, dever-se-á colocar em oposição um muro com forma curvada, ou melhor, com ângulo agudo, assim como uma proa. Consta-me ainda que alguns especialistas em arte militar sustentam que para defender-se dos projéteis não é aconselhável o uso de muros muito altos, pois se eles desmoronarem, enchendo os fossos, fornecerão um caminho muito cômodo ao inimigo assaltante. Esse inconveniente se poderá evitar observando quanto indicamos anteriormente.

Voltemos ao nosso discurso. Levantar-se-á na cidadela uma torre principal, maciça por toda parte, robusta em cada ponto, bem defendida por cada lado; deverá ser mais alta que todas as outras e difícil de se alcançar; não se poderá entrar nela senão através de uma ponte móvel. Existem dois tipos dessas pontes: o primeiro é levantado fechando a entrada; o segundo é empurrado e, em seguida, retirado, e é o mais conveniente nas áreas que apresentam ventos muito fortes. As torres situadas ao redor da primeira, das quais se torne possível atingi-la com projéteis, deverão ser feitas, pela parte de onde tal ação seja possível, privadas de defesa ou cobertas apenas por uma parede fina.

CAPÍTULO V

Os lugares das sentinelas e os quartéis dos defensores serão distribuídos de maneira tal que os homens tenham funções e posições distintas: alguns nas partes inferiores da cidadela, outros nas superiores, outros ainda alhures. Será necessário, em suma, providenciar cuidadosa e cautelosamente a defesa e vigilância das entradas e das saídas e das diversas partes da cidadela, para evitar danos decorrentes de eventuais traições por parte dos aliados ou ataques imprevistos dos inimigos.

O telhado da cidadela, para que não ceda ao ser atingido pelos tiros das catapultas, deve terminar com um ângulo agudo; ou deve ser construído de forma robusta e com um vigamento muito compacto, acima do qual se colocará o revestimento, e acima desse se colocarão calhas, nas quais se recolherá e será canalizada a água pluvial, e elas não devem estar presas ao telhado com cal ou barro; recobrir-se-á tudo espalhando-lhe em cima fragmentos de terracota ou, melhor ainda, de pedra-pomes, pela espessura de dois cúbitos. Dessa forma, não haverá perigo de desmoronamentos pelo choque de grandes pesos ou de danos causados pelo fogo.

Em suma, pode-se dizer que a cidadela deva ser concebida e finalizada com a mesma técnica e os mesmos cuidados que requereria a construção de uma pequena cidade; igualmente deverá ser provida com tudo aquilo que serve aos vários usos. Não deverá faltar a água, nem o espaço para arrumar e manter as tropas, as armas, o trigo, as carnes salgadas, o vinagre e, antes de tudo, a madeira. Até a torre que chamamos de principal, dentro da própria cidadela, configurar-se-á como uma cidadela em miniatura, provida com tudo aquilo de que necessita uma cidadela. Deverá ter uma cisterna própria, e os próprios compartimentos para as provisões e para guardar os materiais necessários para a defesa, em abundância. Terá também saídas, das quais seja possível irromper até contra as próprias tropas (ainda que tentem se opor), e chamar e receber ajuda.

Aqui cabe lembrar que às vezes uma cidadela foi defendida por meio dos canais subterrâneos para a água; outras vezes uma cidade foi ocupada por meio dos esgotos. Ambos, de fato, servem também para enviar mensageiros; mas é preciso prestar atenção para que a vantagem não seja compensada pelo dano. Para construí-la então da forma mais adequada, será preciso dar-lhes um percurso tortuoso e que se adentre em profundidade, de maneira tal que um homem armado não consiga penetrar nele, e que nem um homem desarmado possa entrar na cidadela sem a permissão dos defensores. Os lugares mais indicados, nos quais devem chegar, são os esgotos, ou melhor, as minas de areia desconhecidas e abandonadas, ou ainda em sepulcrários de templos escondidos.

E, como na vida humana tudo pode acontecer, será oportuno providenciar a construção de passagens, que somente nós conhecemos, que levem ao interior da cidadela; de modo que, caso sejamos deixados fora, podemos num tempo razoável irromper com um bando armado. Para o mesmo objetivo pode servir construir uma parte da muralha (que deve ser mantida muito secreta) não com cal, mas sim com húmus.

Com isso terminamos a abordagem das obras a serem executadas pelo chefe da comunidade, seja esse rei ou tirano.

CAPÍTULO VI

Ainda devemos falar acerca do que pertence àqueles que possuem juntos, e não individualmente, o poder. Ou se confia o governo a todos eles juntos, como uma magistratura única, ou se divide em partes. A vida pública se compõe de uma parte religiosa, na qual se honram as divindades, culto dirigido pelo clero, e uma profana, voltada para o bem da sociedade, às quais são designados, em época de paz, senadores e juízes, e em tempo de guerra, generais, almirantes etc. A esses homens condizem dois gêneros de domicílios: um está equipado para o cargo exercido, o outro é feito para morar junto aos familiares.

A habitação da família deverá ser condizente com o tipo de vida que o dono pretende levar: como rei, como tirano ou como um simples cidadão. Existem especificamente algumas características próprias, antes de tudo, a essa última categoria. Conta perfeitamente Virgílio que a casa do pai Anquises estava em um lugar afastado e cercada por árvores: evidentemente, se dava conta, muito bem, que as habitações dos notáveis por respeito para com eles mesmos e seus familiares se deviam manter bem longe do populacho ignóbil e do confuso murmúrio dos artesãos; porque, por sinal, dessa forma se gozava de um espaço amplo para os jardins e lugares de lazer; além disso, se evitava também que, em uma família tão numerosa e heterogênea, os jovens, com índole desenfreada — desde que nenhum deles vive por sua conta —, e os demais, sentando na mesa dos outros, provocassem danos, dando aos maridos razão de queixar-se; finalmente, não eram incomodados além do suportável pelas queixas e a petulância dos empregados que visitavam os patrões. Penso até que príncipes muito sábios fizeram construir sua habitação não somente longe da gritaria da plebe, mas sem dúvida fora da cidade, de maneira que nenhum plebeu os atormentasse com visitas contínuas, a menos que fosse por razões muito graves. De outra forma, não serviria para nada serem ricos e poderosos se não pudessem descansar e desfrutar o tempo livre.

As habitações dessas personagens, de qualquer tipo elas sejam, devem estar providas com ambientes espaçosos para acolher os visitantes, com uma entrada digna, e com uma estrada — percorrida pelo senhor para ir ao foro — suficientemente larga, para não causar transtorno àqueles do séquito por causa de uma aglomeração, isto é: pessoas de casa, empregados, guarda-costas e outros que se agregam aumentando o número do cortejo.

Os lugares nos quais os notáveis exercitam as funções que lhe cabem são conhecidos: o senador trabalha na cúria, o juiz na basílica ou na corte de justiça, o chefe militar no acampamento ou na frota, e assim por diante. Quanto ao religioso, lhe pertencem não somente os templos, mas também aqueles lugares que são para ele como acampamentos de guerra, pois quer o pontífice, quer aqueles que administram para ele as repartições religiosas, desenvolvem também um serviço militar duro e cansativo, quer dizer — assim como escrevemos na obra intitulada *Il pontefice*[36] — a luta da virtude contra o mal.

[36] Trata-se do diálogo *Pontifex*, escrito por Alberti em 1437.

Existem os templos principais, como aquele no qual um alto prelado celebra as cerimônias estabelecidas com solenidade e fasto; e aqueles que atendem as hierarquias menores, como por exemplo, nas cidades, as capelas, e nos campos, os oratórios: os templos principais provavelmente serão situados na posição mais conveniente no centro da cidade; mas mais nobre é uma posição fora das áreas mais adensadas; mais decorosa se for sobre uma colina; mais segura contra os terremotos se for na planície. Em suma, convém construir o templo no lugar que lhe possa conferir a máxima venerabilidade e majestade. Pela mesma razão é preciso tirar da vista rapidamente todo lixo, sujeira ou impureza, que poderia perturbar pais, matronas e donzelas quando vão rezar, ou distraí-los da santidade de seus propósitos.

Leio na obra sobre as fronteiras, escrita pelo arquiteto Nigrigeneo, que no parecer dos arquitetos antigos os edifícios sacros eram construídos corretamente se tivessem a fachada voltada para o ocidente: mas em época posterior esse hábito cultual foi completamente mudado, pois se preferiu voltar os templos e os limites para a área do céu da qual o sol começa a iluminar a terra, de modo que se pode observar o surgimento da aurora. Observei ainda que na construção de santuários e capelas os antigos aderiram ao hábito de dispor a fachada voltada para quem chega do mar, de um rio ou de uma estrada militar. Em geral o edifício dedicado ao culto deverá ser executado, em todas as suas partes, de maneira tal, que quem não o viu ainda seja estimulado a visitá-lo e agrade aos presentes para que fiquem encantados com a maravilha da raridade da obra.

Uma cobertura com forma de abóbada dá maiores garantias contra os incêndios, enquanto uma com vigamentos resiste melhor aos terremotos. Além disso, a primeira dura mais, e a segunda tem formas mais agradáveis que a outra.

Acerca dos templos é suficiente quanto se disse até agora. Ficam muitas outras coisas a serem ditas, que serão abordadas em outro momento porque dizem respeito mais à ornamentação que às funções peculiares do templo.

Templos menores e capelas se construirão com os mesmos métodos dos templos maiores, observando, por sinal, as devidas proporções conforme a respectiva importância e função.

CAPÍTULO VII

A cidadela do religioso é o mosteiro. Nele se juntam muitos daqueles que destinam sua vida à piedade e à virtude, dedicando-se à celebração dos ritos sagrados e à castidade perpétua por amor a Deus. Em alguns desses mosteiros trabalham os estudiosos que se dedicam ao aprofundamento das doutrinas humanas e divinas. Já que, se é verdade que é tarefa do clero guiar a comunidade dos fiéis para conduzir uma existência perfeita em todos os aspectos — o quanto for possível —, o meio melhor para alcançar essa meta é a filosofia.

Dois são, de fato, os meios que permitem à natureza humana conseguir tal objetivo: a virtude e a verdade. Uma alivia ou cura as perturbações do espírito, a outra descobre e torna claros os fenômenos e as leis naturais; através disso, o gênio se liberta da ignorância, e a alma das impurezas da matéria. De tal maneira, por meio da filosofia conduzimos uma existência plenamente feliz, quase igualando-nos aos seres celestiais.

Além disso, é um dever dos homens virtuosos, como os eclesiásticos pretendem ser considerados e ser de fato, conceber, perseguir e fazer tudo aquilo que, em seu parecer, é bom dar ao próximo: aliviar e ajudar os doentes, os fracos, os desamparados, servindo-os, beneficiando-os, sendo misericordiosos. Essas deverão ser as ocupações dos homens de igreja e de seus subalternos, e dessas, de fato, falaremos, quer pertençam às altas hierarquias sacerdotais, quer ao baixo clero.

Começamos pelos mosteiros. Existem mosteiros de clausura, cujos ocupantes não comparecem nunca em público senão quando devem ir ao templo em ocasião de procissões solenes; outros não são de clausura total e não ficam fechados o tempo todo. Dividem-se, ainda, em mosteiros masculinos e femininos. No que diz respeito àqueles reservados para as virgens, não está completamente errado situá-los em uma cidade, mas também não se recomenda que fiquem totalmente fora; neste último caso, de fato, o lugar isolado dificultará mais invasões do exterior, mas, por outro lado, quem conseguisse introduzir-se teria uma liberdade maior para cometer suas infâmias, devido à ausência de testemunhas, mais que na cidade, na qual muitos assistiriam à tentativa criminosa e poderiam impedi-la. Em ambos os casos o ambiente deve ser disposto de maneira tal que as ocupantes não sejam estimuladas a violar o voto de castidade, e nem tenham a ocasião. Portanto é necessário que as entradas fiquem barradas para todos, e que aquelas abertas sejam vigiadas cuidadosamente, para que nenhum corruptor possa rondar sem ser um suspeito vergonhoso. Em suma, assim como é preciso cercar o acampamento militar com uma estacada e com um fosso, da mesma forma tais claustros devem ser cercados e protegidos por meio de muros altos, maciços, totalmente privados de aberturas em qualquer ponto, para que se afastem não somente os traidores da castidade, mas também as ciladas e os atrativos da vista e da audição, perigosos para a pureza da alma.

A luz penetrará nos quartos por um pátio aberto situado dentro do mosteiro. Ao seu redor haverá: o pórtico, o passeio, as celas, o refeitório, a sala de reuniões, os banheiros. Todas essas partes serão distribuídas conforme os mesmos critérios das habitações particulares. Nem faltarão áreas cultivadas, tanto jardins, quanto prados, tendo a função, mais que de ambientes de lazer, de lugares para o recreio espiritual. Por essa razão, é preciso manter esses espaços longe do consórcio dos cidadãos. Será igualmente útil se o circuito dos muros dos mosteiros masculinos for construído fora das cidades: de tal forma a perseverança na santidade, prescrita para os monges, e a paz religiosa do espírito, à qual eles se devotaram inteiramente, será menos perturbada pela multidão dos visitantes.

De qualquer forma, aconselhamos construir os edifícios conventuais, sejam masculinos, sejam femininos, em áreas mais salubres possíveis, para evitar que a existência dos ocupantes se torne mais dura que o tolerável por causa das doenças, já que estão completamente dedicados à cura do espírito e descuidam do corpo por causa de jejuns e das longas vigílias. Mas, sobretudo, convém dar, àqueles mosteiros que se constroem fora das cidades, uma posição bem defendida e protegida naturalmente, de modo que não seja possível para os bandidos tentar assaltos de surpresa, nem para o inimigo perpetrar devastações à vontade com poucas tropas. Por essa mesma razão, será bom cercar o lugar com terraplenos, muros e torres, da forma mais adequada e compatível com o caráter religioso da construção.

No que diz respeito àqueles monges cuja missão religiosa é acompanhada do estudo das disciplinas liberais, para que pudessem ocupar-se mais facilmente dos problemas humanos, sua tarefa principal, suas sedes não deverão se encontrar no meio do ruído e da confusão dos artesãos, mas também não podem estar totalmente isoladas do conjunto dos cidadãos. Isso porque, por sinal, estão reunidos em grupos numerosos, e, além disso, sempre comparece muito público para escutar suas conferências e debates de teologia; portanto precisam de ambientes vastos. Tais mosteiros terão uma localização adequada nas proximidades de lugares públicos, como teatros, circos, praças, nas quais as pessoas vão frequentemente e com prazer para se distraírem: e, dessa forma, se poderá exercitar mais facilmente sobre eles uma obra admonitória, de conselho, persuasão, reconduzindo-os do pecado à virtude, da ignorância ao conhecimento das melhores doutrinas.

CAPÍTULO VIII

Na Antiguidade, e, sobretudo, na Grécia, costumava-se construir no centro da cidade certos edifícios, denominados de academias, nos quais as pessoas se entretinham discutindo sobre filosofia. Possuíam janelas amplas com vistas para o entorno, com tronos dispostos em fileiras agradáveis e dignas de serem vistas, com pórticos que cercavam espaços verdejantes e adornados com flores. Esses ambientes são muito convenientes àquele tipo de religiosos aos quais acabamos de mencionar. E seria desejável que todos aqueles que tem prazer nos estudos liberais possam deter-se longamente junto aos mestres em tais disciplinas com toda a satisfação possível, e sem serem incomodados ou entediados pela presença de alguém.

Por isso, se disporão o pórtico, o pátio e todo o resto de maneira tal que não falte nenhum tipo de conforto a quem parar por lá. No inverno deverá chegar no lugar um sol tépido e, no verão, se gozará o máximo possível da sombra e da prazerosa brisa. Mas falar-se-á mais detalhadamente desses confortos oferecidos pelos edifícios no lugar oportuno.

Se, em seguida, se quiser implantar auditórios públicos e escolas, nos quais seja possível encontrar-se com luminares e professores, é preciso situá-los em áreas que não se tornem inoportunas para quem as frequenta: deverão estar longe do ruído dos artesãos, de exalações e de fedores; não deverão ser perturbados por pessoas ociosas; e deverão respirar ar de solidão, que é apropriado a quem está ocupado com pensamentos graves sobre questões importantes e difíceis; deverão ter, enfim, um aspecto mais majestoso que prazeroso.

Para a assistência aos miseráveis e aos desamparados o clero deve dispor de edifícios articulados em partes diferentes, a serem preparadas com o máximo cuidado. Essas pessoas, de fato, deverão ser acolhidas e assistidas em lugares diferentes, conforme se trate de enjeitados ou de doentes; entre esses últimos é preciso, além disso, distinguir, para evitar o risco de socorrer poucos ineptos e pôr em perigo, ao contrário, os demais que podem tornar-se úteis. Houve príncipes italianos que não toleravam a permanência nas suas cidades daquele gênero de pessoas, chamadas de mendigos, que com roupas esfarrapadas iam de porta em porta pedindo esmola: logo que eles chegavam, os advertiam de que não podiam permanecer na cidade sem emprego mais que três dias, pois ninguém, ainda que deficiente, podia tornar-se inútil para a comunidade sem fazer algo com seu próprio trabalho; os cegos também podem tornar-se úteis trabalhando junto aos fabricantes de cordas. Quem, por sua vez, era afetado por graves doenças era entregue aos magistrados superintendentes dos forasteiros e confiado aos cuidados do clero subalterno distribuído nas diferentes ordens. Dessa forma, se evitava que essas pessoas atrapalhassem os cidadãos honestos inutilmente com a mendicância e os incomodassem com seu aspecto repugnante.

Na Toscana, terra de tradições antiquíssimas de piedade religiosa, na qual sempre se destacou, encontram-se esplêndidas casas para tratamento de enfermos, mantidas com despesas muito grandes, nas quais qualquer cidadão ou estrangeiro encontra tudo aquilo que possa servir à sua saúde. Mas, como existem doentes incuráveis, como os leprosos, os empestados etc., que podem infectar e contagiar as pessoas sadias, e doentes curáveis, é necessário que sejam mantidos em locais separados.

Os antigos costumavam dedicar a Esculápio, a Apolo e à deusa Salus — a cujas artes e a cuja ajuda atribuíam a cura das doenças e a manutenção da saúde — templos, construídos em lugares mais que salubres, providos com ar puro e água muito límpida, de modo que os doentes lá acolhidos pudessem curar-se não somente com a ajuda divina, mas também pela influência benéfica do clima local que acelerava a cura. E, com certeza, a primeira condição, quando há doentes a cargo de um centro público ou de um particular, é que o lugar seja o mais saudável possível. São, talvez, recomendáveis para tal fim as áreas secas, rochosas e continuamente batidas pelos ventos; não queimadas pelo sol, mas favorecidas por um clima temperado. Ao contrário, as áreas úmidas tornam as pessoas macilentas. De resto é sabido que a natureza em todas as suas manifestações prefere o meio termo: a própria boa saúde consiste no entrelaçamento e na moderação de diferentes fatores, onde o meio termo é sempre bem aceito.

Por outro lado, os doentes contagiosos deverão ser mantidos longe não somente das cidades, mas, também, das estradas públicas; os outros poderão ser internados nas cidades. Os edifícios ocupados por todos eles deverão ser divididos com este critério: por um lado se acolherão aqueles que realmente são curáveis, por outro aqueles que, mais que curáveis, são mantidos vivos até quando seu destino o permitir, como, por exemplo, os decrépitos e os mentecaptos. Além disso, manter-se-ão separados os dois sexos, quer no que diz respeito aos assistidos, quer aos assistentes. E, como acontece nas habitações familiares, aqui também convém estabelecer apartamentos reservados, distintos daqueles comuns, no mesmo edifício, conforme o exige o tipo de cura e o modo da coabitação; mas acerca disso não necessita que nos detenhamos ainda mais. Basta esclarecer que todos esses meios são iguais em cada aspecto àqueles a serem adotados nas habitações particulares. Esgotado o assunto, passamos agora ao sucessivo conforme a ordem anunciada.

CAPÍTULO IX

Dissemos que a vida do Estado se apresenta sob dois aspectos, o sacro e o profano. Já falamos do primeiro assunto exaustivamente, e tangenciamos de alguma forma o segundo, especificamente quando se falou do senado e do lugar no qual o príncipe administra a justiça. Resta a fazer algum breve acréscimo, para passar logo em seguida aos acampamentos militares e à frota, e por fim aos edifícios particulares.

Na Antiguidade prevalecia, inicialmente, o costume de reunir o senado em um templo; em seguida, impusera-se o hábito de reuni-lo fora da cidade; enfim, preferiu-se construir os edifícios reservados especificamente para essa função, pois isso era mais adequado ao prestígio do senado e das suas funções. Dessa forma, os senadores, com muitos anos de serviço, não eram afastados de seu local de trabalho, porque assim teriam que percorrer um longo trajeto de estrada ou outras dificuldades decorrentes do local da reunião, mas podiam dirigir-se para lá regularmente e permanecer juntos mais tempo. Por este motivo a cúria senatória estava situada no centro da cidade, e nas suas proximidades achou-se bom colocar a cúria judiciária e o templo, não somente para dar conforto a quem estivesse ocupado em campanhas eleitorais ou em contenciosos judiciários, para que pudesse fazer ambas as coisas sem descuidar das próprias funções, mas também para que os próprios senadores, que como todos os anciãos são assaz religiosos, pudessem homenagear os deuses dos templos, para, depois disso, voltar à sua tarefa sem perder muito tempo. Não somente; quando embaixadores ou príncipes estrangeiros pedirem audiência ao Estado junto ao senado, convém ter um lugar no qual quem espera possa ser recebido de uma forma digna para o hóspede e para a cidade.

Nesses lugares de reuniões públicas é preciso arrumar tudo quanto for necessário para que uma multidão de cidadãos seja introduzida facilmente, disposta dignamente, e evacuada da forma mais adequada; especificamente, não se descuide de nenhum tipo de conforto que possa ser vantajoso, como as estradas de acesso, a iluminação, os locais etc. Na corte de justiça, ainda, onde muitas pessoas se encontram para discutir, é preciso dispor de aberturas mais amplas, facilmente acessíveis e em número maior que no próprio templo e na cúria. Em relação à entrada dessa última, será oportuno construí-la bem protegida e também com um aspecto digno, para evitar sobretudo que a plebe, no caso em que seja incitada à rebelião por algum instigador, em seu furor cego possa irromper livremente e atacar os senadores. Prevendo esse tipo de eventualidade, se devem construir pórticos, passeios e similares, para que os servos, os empregados e os familiares possam parar à espera dos seus patrões, de maneira que esses últimos possam ser defendidos por eles em caso de necessidade.

Acho oportuno lembrar que em todos os edifícios em que deve ouvir-se a voz, quer se trate de recitais, ou de uma apresentação artística ou de um debate político, as abóbadas não são convenientes, porque fazem com que a voz ecoe; são, em vez disso, mais úteis os tetos com vigamentos, que lhe conferem sonoridade.

CAPÍTULO X

Para dispor da melhor forma um acampamento é necessário lembrar e meditar sobre o que se disse nos livros anteriores acerca dos métodos a serem usados para construir as cidades. Já que um acampamento é como um embrião de cidade; e se pode constatar que muitas cidades se desenvolveram onde generais muito competentes tinham posto o acampamento.

Na hora de acampar-se, a primeira coisa que é preciso ter clara na mente é o objetivo do próprio acampamento. Ele não teria razão de ser, evidentemente, se não houvesse perigo de surpresas, sempre presente nas guerras, ou de uma prevalência de forças inimigas, sem as quais o trabalho todo não teria alguma justificativa.

É preciso então observar as condições do inimigo. Ele de fato pode ter armamento e número de homens iguais aos nossos, ou mais fortes e corajosos, ou ainda mais fracos. Por consequência, o acampamento poderá ser de três tipos. O primeiro será temporário e móvel conforme as circunstâncias: o utilizaremos em caso de ação contra um exército com forças iguais às nossas, com o objetivo, por um lado, de dar um abrigo seguro aos soldados, por outro, de aguardar e colher a ocasião propícia para concluir o empreendimento com sucesso. O segundo tipo será fixo: com ele pretende-se dificultar a ação do inimigo em retirada e pouco confiante nas suas forças, quando tiver se retirado de um lugar fortificado. O terceiro tipo pode ser aquele adequado para sustentar o assalto do inimigo, até quando ele, cansado pelas batalhas contínuas ou por um longo assédio, desista e se afaste.

Em todos os três tipos de acampamento se deve, antes de tudo, dispor com cuidado, em todas as partes, de tudo aquilo que for necessário para a saúde, a segurança, e para defender-se do inimigo e repeli-lo; e que o inimigo, ao contrário, no que nos diz respeito não possa dispor sequer de alguma coisa que lhe sirva para atacar-nos ou para agir sem desvantagens e perigos. Por isso, em primeiro lugar é preciso escolher oportunamente o local que deve oferecer a possibilidade de recolher provisões abundantes, transportá-las facilmente e introduzi-las quando quisermos, assim como os reforços. Não poderá faltar a água; não será necessário percorrer muita estrada para distribuir a forragem aos animais e para procurar madeira. Deverá ser fácil recuar dentro do acampamento, assim como fazer irrupção de lá contra o inimigo. Deve-se, pelo contrário, tornar as condições ambientais dos inimigos difíceis e fatigantes.

É preferível que o acampamento se encontre em posição elevada, para poder dominar todo o território inimigo. Dessa forma, se de qualquer parte for acenada uma manobra, poderemos imediatamente percebê-la e tomar nota. O lugar deverá ser protegido no seu entorno por ladeiras, precipícios, barrancos, de maneira que o inimigo não possa cercá-lo com grandes forças nem possa tentar ataques de qualquer lado sem graves riscos; ou, ainda que conseguisse aproximar-se, não poderia transportar à vontade as máquinas bélicas nem se postar no local sem grandes perdas. Se o terreno apresenta tais vantagens, convém aproveitar-se disso. De outra forma, será preciso levar em conta que tipo de acampamento e qual posição será melhor escolher para conduzir nossa expedição. Já que um acampamento do tipo fixo deverá estar muito mais fortificado que um do tipo temporário; e uma posição na planície requererá muito mais trabalho e muito mais cuidados que em uma colina.

Começaremos abordando os acampamentos temporários: são aqueles que se usam mais frequentemente, por sinal porque parece que movimentar repetidamente o acampamento é apropriado à saúde das tropas. Mas, a propósito do acampar-se, surge naturalmente uma questão: se será mais oportuno pôr o acampamento no próprio território ou naquele do inimigo. Xenofonte sustenta que mudar frequentemente a posição do acampamento se torna uma vantagem para os nossos, e uma desvantagem para os inimigos. Agora, é verdade que pisar no terreno do adversário alimenta a nossa fama de homens corajosos; todavia, à comodidade e à segurança serve mais nos mantermos no nosso território. Deve-se considerar que a posição do acampamento em relação ao território em que se encontram suas dependências é um pouco como aquela da cidadela em relação à cidade: deve fornecer uma retirada rápida para o seu território, e simultaneamente a possibilidade de avançar pronta e eficazmente para o exterior.

As técnicas para a fortificação de um acampamento são inúmeras. Os britânicos cercam o próprio campo com postes com dez pés de comprimento, queimados na extremidade e bem afiados: uma extremidade de cada poste é espetada profundamente no terreno, a outra saliente e inclinada para frente, de maneira orientada para o inimigo. Conta César que os gauleses no lugar da paliçada usavam como defesa os seus próprios carros; e Cúrcio diz que os trácios usaram o mesmo sistema contra Alexandre. Os nérvios, por sua vez, com o propósito específico de defender-se dos assaltos da cavalaria, cercam o acampamento com uma barreira constituída de arbustos cortados, dobrados uns sobre os outros e com os galhos densamente entrelaçados.

Arriano conta que Nearco, o almirante de Alexandre, na época em que navegava pelo Oceano Índico mandou fortificar o seu acampamento com um muro para que fosse mais bem protegido dos bárbaros.

No que diz respeito aos romanos, costumavam estar prontos contra todas as eventualidades do tempo e do destino, de maneira que não deveriam arrepender-

-se nunca do que viesse a ocorrer. Por isso o preparo dos soldados era igualmente cuidadoso assim como a arte de acampar-se e toda a restante arte militar; e não outorgavam muita importância a causar estrago entre os inimigos como a proteger-se da melhor forma, considerando que um elemento importante de toda vitória consistia em resistir ao ataque do inimigo, fazer com que fracassasse e repeli-lo. Com essa finalidade aplicaram para sua vantagem todos os meios que conseguiram aprender de qualquer fonte ou invenção. Se, por exemplo, não se podiam encontrar lugares elevados e com os lados íngremes, escavavam fossos muito profundos e levantavam terraplenos, imitando os barrancos; e cercavam o acampamento com paliçadas reforçadas por estruturas treliçadas.

CAPÍTULO XI

Nós seguiremos de fato os costumes dos romanos. Acampar-nos-emos em uma localidade não somente conveniente, mas tal que não se possa encontrar nada melhor para finalizar o nosso empreendimento. Além dos requisitos mencionados anteriormente, o lugar deverá ser seco, sem lama e pouco afetado pelas inundações. A posição do acampamento não deve apresentar nenhum obstáculo para quem está nele; deverá, ao contrário, tornar-se perigosa para o inimigo de qualquer lado. Evitem-se os lugares que têm águas poluídas nas proximidades; escolham-se aqueles providos com água pura por perto. Convém que dentro do acampamento jorrem fontes muito límpidas, ou que nas proximidades corram cursos de água; se isso não for possível, preste-se atenção que seja possível pegar a água em lugares próximos da forma mais cômoda. Será preciso, ainda, regular o tamanho do acampamento em proporção ao número dos soldados: não deve ser tão grande que o impeça de ser vigiado suficientemente com vários turnos de guarda, e que não possa ser protegido sem cansaço, comprometendo os soldados com turnos alternados durante a batalha; nem, por outro lado, deve ser restrito e quase estrangulado até o ponto de impedir que as tropas possam desempenhar livremente suas tarefas.

Licurgo era da opinião de que para os acampamentos fosse inútil a planta poligonal, e os prescrevia circulares, exceto quando tivessem uma montanha, um rio ou os muros atrás deles. Outros preferiram a planta quadrilateral. Seja como for, a posição e a delimitação do acampamento devem ser decididas em relação ao momento, à conformação do terreno, às exigências da expedição empreendida e ao tipo de inimigo que se pretende assaltar ou conter.

Escavar-se-á um fosso tão amplo que só se poderia preencher com uma grande quantidade de terra e estruturas treliçadas. Melhor ainda se forem escavados dois fossos com uma certa distância entre si. Nessa operação também os antigos achavam que fosse mais respeitoso ao culto religioso um número de pés ímpares, e costumavam fazer os fossos largos quinze pés e profundos nove. A escavação se fará de modo que resultem paredes verticais, para que o fundo resulte largo tanto quanto a distância entre as bordas da embocadura; mas se o terreno é pouco resistente, será oportuno restringi-lo aos poucos em direção ao fundo. Esses fossos, quando forem escavados em lugares planos e em depressão, deverão ser enchidos com água desviada até lá de um rio, de um lago ou do mar. Mas se isso não for possível, poder-se-á torná-los inacessíveis cravando no fundo paus e troncos cortados e pontudos, espinhos e cacos de conchas.

Uma vez executado e preenchido o fosso, é necessário levantar o terrapleno. Ele deve ter uma espessura tal que não possa ser demolido pelas máquinas bélicas, e com uma altura tal que, além de não poder ser alcançado até a ponta pelas foices do inimigo, também dificulte o lançamento de dardos usados para repelir os defensores. É óbvio que o material extraído com a escavação do fosso deva ser utilizado na construção do terrapleno. Para esse último, os antigos preferiam usar blocos de terra tirados da superfície do solo, contendo as raízes dos vegetais. Outros querem que se entrelacem a esses galhos verdes de salgueiro, que brotando e emaranhando as fibras reforçam o material acumulado. Nas paredes internas do fosso e na área externa do terrapleno se cravarão espinhos, arpões, ganchos e similares, para dificultar ao inimigo que quiser escalar. A borda do terrapleno será cercada com paus robustos cravados no coroamento e ligados com vigas transversais, contornados por caniços entrelaçados e parapeitos duplos alternados com blocos de argila pisada. As ameias e os cavalos de frisa devem sobressair mais altos que todo o resto. Concluindo, na obra tornar-se-ão úteis todos os meios necessários para evitar o perigo do terrapleno ser desmoronado, arrombado ou escalado, e para assegurar proteção e abrigo aos soldados atrás das fortificações.

Nas bordas do terrapleno, a cada cem pés, levantar-se-ão torres. Deverão ser dispostas em grande número e elevadas em relação aos pontos mais facilmente atacáveis, de maneira tal que se possa atingir de cima o inimigo ainda que tenha entrado no acampamento. O pretório,[37] a porta *quintana*,[38] a porta *decumana*,[39] e as outras, tendo no jargão seus nomes especiais, serão arrumadas em pontos bem protegidos e dispostas da forma correta para repelir os assaltos do inimigo, introduzir as provisões e abrigar os soldados.

---

[37] Pretório: tenda do comandante.

[38] Porta quintana: porta que se abria ao fundo da rua quintana, paralela à rua principal.

[39] Porta decumana: porta simétrica à porta pretoriana na parte superior do acampamento.

Todos esses elementos, como já dissemos, referem-se aos acampamentos fixos mais que àqueles temporários. Todavia, devendo-se sempre prever todas as eventualidades e as contingências possíveis, será bom não descuidar de tais meios nem no que diz respeito a este segundo tipo de acampamento, ainda que nos limites da utilidade. No que diz respeito aos que se referem aos acampamentos fixos construídos de forma especial para sustentar os assédios, esses elementos são perfeitamente análogos àqueles tratados anteriormente a propósito da cidadela do tirano. A qual é de fato uma construção preparada para sofrer assédios: é de fato objeto do ódio eterno dos cidadãos; e não há assédio mais cruel que continuar espiando a cidadela, como eles fazem, na espera de colher em breve a ocasião propícia para destruí-la, esgotando assim seu rancor e sua raiva. Por essa razão, como dissemos, é preciso fazer com que ela se torne possante, robusta, sólida, apta para defender-se e frear e repelir o inimigo, impossível de ser conquistada, seja assaltando, seja sitiando.

Até nos acampamentos com os quais se busca sufocar o inimigo cercado, se observarão cuidadosamente todas as medidas necessárias; e com razão, pois há o ditado: em guerra, a situação é tal que aqueles que assediam são eles mesmos por sua vez em ampla medida assediados. De fato é preciso esforçar-se não somente para tomar posse do acampamento inimigo, mas também para evitar a derrota, coisa que pode acontecer ou por causa da coragem e habilidade do adversário, ou por descuido dos próprios soldados. Para se apoderar do acampamento inimigo os meios são os seguintes: o assalto, e a fortificação do assédio; e para evitar a superação do inimigo há dois meios também: o contra-ataque e um entrincheiramento sólido. A técnica de tomar de assalto serve para fazer uma irrupção superando as fortificações de uma praça. Não cabe aqui falar das escadas, com as quais se efetua o ataque apesar da oposição do inimigo, ou dos túneis subterrâneos, das torres semoventes, dos instrumentos de lançamento e dos outros meios de ofensiva que utilizam o fogo e a água e todo tipo de força natural. Desses meios para assaltar acampamentos falar-se-á posteriormente. Aqui se faz necessário uma advertência: contra a violência dos projéteis convém se defender com vigas, troncos, parapeitos, caniços, treliçados, faxinas, sacos cheios de lã, de algas ou de feno; e é importante que sejam dispostos de maneira que se salientem fora do terrapleno, transbordando. Contra os danos decorrentes do fogo, os molharemos, de preferência com vinagre ou lama, e os cobriremos com tijolos crus. Para evitar ainda que estes se encharquem de água lhes colocaremos peles em cima; e para que essas, por sua vez, não sejam consumidas e laceradas pelos golpes, as cobriremos com panos molhados.

É bom que a fortificação do assédio seja executada a uma curta distância do muro da praça sitiada, por várias razões. O circuito resulta menor, o trabalho do exército é menor, e a obra é terminada com uma despesa menor e menos desperdício de materiais; além disso, uma vez acabada a fortificação, será preciso um número menor de sentinelas. Todavia, não é aconselhável forçar a aproximação para dentro do pomério[40] a tal ponto que os oponentes possam golpear dos muros com armas os nossos, enquanto estão nos seus campos ocupados com a execução dos trabalhos. Mas se a fortificação do assédio tem a finalidade de cortar àqueles que sitiam todas as vias das quais possam receber reforços ou provisões, certamente, desde que o trabalho seja feito conforme as regras, conseguir-se-á uma grande vantagem em qualquer lugar se interromperem ou se barrarem os acessos, obstruindo as pontes, bloqueando os pontos de passagem e as estradas com troncos de árvores ou detritos, juntando os diques, lagos, pântanos, rios e colinas, ou ainda fazendo com que o nível das águas aumente e alague os declives circundantes.

Resta verificar o que ocorre para repelir os ataques eventuais e se precaver. Já que é bom construir fossos, terraplenos, torres etc., tanto para proteger-se dos contra-ataques dos sitiados como para repelir as tropas que poderiam chegar em ajuda aos sitiados, com a finalidade de evitar os estragos que poderiam causar os primeiros ao tentar irromper por dentro, os outros ao nos esmagar com ataques do exterior. Colocar-se-ão ainda, em pontos estratégicos, pequenas fortalezas e torres para guarda, graças às quais resulte, tanto aos homens quanto aos animais, mais segurança, com maior liberdade de movimentos e comodidade, para a obtenção de água, madeira e forragem. Todavia, será bom evitar que as tropas se dispersem em várias direções até não conseguirem mais obedecer a um comando unitário, combater em uma única formação, ajudar-se reciprocamente e se socorrer com grande velocidade. Aqui cabe referir aquilo que conta o historiador Apiano. Quando Otaviano assediou Lúcio em Perúgia, mandou construir um fosso com cinquenta e seis estádios de comprimento, que chegava até o Tibre, e com uma largura e profundidade de trinta pés. Mandou ainda erguer um muro alto, com mil e cinquenta torres de madeira altas de sessenta pés. O conjunto todo foi fortificado de tal maneira que os sitiados, ao mesmo tempo que estavam cercados, em igual medida se viam impossibilitados para poder causar algum dano ao exército assediador.

[40] Na Antiga Roma, estreita faixa de terreno ao longo dos muros de fortificação da cidade, na qual era proibido construir e que, por sua natureza sacra, era proibido atravessar com armas.

Terminaremos aqui a abordagem dos acampamentos de terra. Acrescentamos ainda que se deve escolher um lugar digno e muito visível, no qual será plantada a bandeira de nosso Estado com todas as honras, celebrar-se-ão com grande solenidade os ritos religiosos e reunir-se-ão os tribunais militares e os conselhos de guerra.

CAPÍTULO XII

Talvez alguns não queiram admitir que a frota seja considerada um acampamento marítimo, e responderão que se servem dos barcos como se se tratasse de um elefante aquático guiado por rédeas particulares; e que, portanto, as funções de um acampamento se deverão atribuir, mais que aos navios, ao porto. Outros replicarão que o navio não é nada mais que uma cidadela semovente. Por nossa parte, deixando de lado a disputa, diremos somente que a arquitetura contribui de forma decisiva para a salvação e a vitória das tripulações e de seus comandantes, de duas formas: quais sejam — conforme se queira atacar ou se defender do inimigo —, com o apresto dos navios e a fortificação dos portos.

A função fundamental do navio é o transporte de homens e de materiais; logo depois a de fornecer ajuda em guerra sem perigo. E os perigos podem ser inerentes às próprias estruturas do navio, ou decorrer do exterior. Perigos externos são a violência dos ventos, o choque das ondas, encalhar em recifes ou em um banco de areia: todas coisas que se poderão evitar em breve adquirindo uma boa prática de navegação e tomando conhecimento das características das costas e dos ventos. Perigos intrínsecos são aqueles que dependem do desenho do navio ou do material de construção; para solucionar este tipo de defeito deve-se pôr mãos à obra.

Não se aconselha o uso de qualquer material que facilmente se racha, quebra, afunda, apodrece. Para os pregos e os ligamentos se prefere o cobre ao ferro. Recentemente, enquanto já estava redigindo esta obra, foi removido do lago de Nemi um navio de Trajano, que permaneceu abandonado lá sob a água por mais de mil e trezentos anos. Examinando-o, pude constatar que a madeira de pinho e de cipreste se conservou de forma excelente. Sobre as tábuas de madeira, ao lado externo, tinha sido aplicada uma camada dupla de tela de linho embebida de piche preto, e sobre esta última, uma folha de chumbo presa com cavilhas de cobre.

Para a fabricação dos navios os arquitetos antigos se inspiraram, para o desenho, na forma dos peixes: o dorso destes corresponde à quilha, a cabeça à proa, a cauda ao timão, as brânquias e as barbatanas aos remos.

Os navios são de dois tipos: de carga e os rápidos. Um navio comprido é mais apto particularmente para os percursos em linha reta; um navio curto responde melhor ao timão. No navio de carga o comprimento deve ser pelo menos o triplo da largura; no navio veloz no máximo o nônuplo. Em uma outra obra, e precisamente no livreto intitulado *La nave*, discorremos mais amplamente sobre este assunto; será suficiente aqui abordar o quanto interessa ao nosso argumento. As partes do navio são: a quilha, a popa, a proa, os flancos; podem-se nomear ainda o timão, as velas e os instrumentos de navegação. A parte escavada do navio poderá sustentar uma carga igual ao peso da água com a qual o navio pode ser enchido sem afundar. A quilha deve ser plana; o resto do casco deverá ser moldado com linhas curvas. Quanto mais a quilha for larga, tanto mais peso pode transportar, mas tanto mais lento resulta o navio; uma quilha afiada e reduzida torna o navio mais veloz, mas, sem o acréscimo de muito lastro, torna-o pouco estável. Uma quilha larga se adapta bem às águas baixas; uma estreita é mais segura em águas profundas. Lados e proa muito altos resistem bem ao ataque das ondas, mas os ventos mais fortes os danificam. Quanto mais cortante é a proa, tanto mais o navio é ágil e veloz na corrida; quanto mais estreita é a popa, tanto melhor o navio se mantém na direção tomada.

No navio, os lados próximos à proa serão muito sólidos e levemente salientes, para repelir melhor o choque das ondas por efeito da força vigorosa das velas e dos remos; depois, perto da popa reduzir-se-ão, para que o navio deslize rápido e sem atrito, quase por sua conta. O número de timões aumenta a estabilidade, mas diminui a velocidade. Ao mastro conferir-se-á o mesmo comprimento do navio. Omitimos aqui abordar os outros instrumentos de uso específico da navegação ou bélicos: remos, âncoras, amarras, aríetes, torres, pontes e similares. É útil, ao contrário, lembrar que vigas e vigotas pendentes e salientes das margens e dos lados podem fazer as funções dos aríetes e como defesa contra os ataques inimigos; no lugar das torres se podem erguer mastros; no lugar das pontes para o ataque servirão, muito bem, vergas ou gaiolas sustentadas por vergas.

Os antigos costumavam colocar na proa "corvos";[41] os nossos marinheiros aprenderam muito bem como se levantam torres ao lado do mastro, em direção à proa e à popa, como arrumar panos, cordas, sacos etc. à guisa de barricada e cobertura, para impedir o acesso a quem preparar o ataque atrapalhando-o com redes de corda. Discutimos alhures acerca de um nosso achado: como era possível, em um momento, durante uma batalha, encher a ponte do navio com ganchos muito grossos com as pontas voltadas para cima, de maneira que o inimigo não

[41] Eram uma espécie de grandes tenazes.

pudesse pisar sem ficar ferido; e como, ao contrário, uma vez repelido o ataque, quando fosse necessário, se pudesse liberar a ponte também rapidamente. Mas, prefiro não voltar a falar sobre isso, sendo suficiente tê-lo lembrado a quem tem a capacidade de apreciá-lo. Descobri também uma forma para fazer afundar todo o tabuado da ponte com um único golpe de martelo, espalhando dessa forma a agitação entre os que subiram nela, e para fazer com que tudo volte às condições anteriores em pouco tempo e com pouco trabalho. Nem deter-me-ei expondo as técnicas que cogitei para que os navios inimigos afundem, ou peguem fogo, ou ainda para prejudicar ou deixar morrer de uma morte miserável suas tripulações. Talvez falemos disso em outra ocasião.

Cabe aqui advertir que o comprimento, a altura e a largura de um navio variam conforme os lugares. Em um arquipélago, entre ilhas, um navio com uma quilha muito larga, que deverá ser dirigida por muitos homens, encontrar-se-á em uma situação difícil assim que os ventos adquirirem um mínimo de força. Ao contrário, no mar de Cádiz, no meio do oceano, os navios pequenos são submergidos pelas vagas.

Cabem ainda à arte das construções navais as obras de defesa e de barragem dos portos. Poder-se-á obter isso muito bem com um cais apoiado no fundo do mar, ou através da construção de diques, a arrumação de correntes ou de materiais semelhantes, dos quais se falou no livro anterior. Poder-se-ão plantar paus, ou obstruir a passagem com rochas ou afundando recipientes de tábuas e de vime enchidos com material pesado. Se, porém, a conformação do lugar e a despesa excessiva não aconselham essas soluções — por exemplo, se o fundo é maleável e lamacento, ou as águas são demasiadamente profundas —, nos regularemos da seguinte forma: reunir-se-ão em fileiras um certo número de tonéis, sobre os quais juntar-se-ão vigas e vigotas retas, unidos entre eles perpendicularmente; aplicar-se-ão ainda, de maneira tal que sobressaiam fora da boia em direção ao inimigo, aríetes muito pontudos e fortes, e paus, chamados de repelentes, com a ponta revestida de ferro, para evitar que o inimigo com alguma embarcação leve e navegando de vento em popa tente forçar o obstáculo ou deslizar sobre ele. Para defender a boia dos incêndios, barrar-se-á com terra; colocar-se-ão nela treliçados e parapeitos à guisa de paliçadas defensivas; colocar-se-ão nele ainda torres de madeira nos pontos convenientes; assegurar-se-á a boia no fundo contra o choque do mar com muitas âncoras enganchadas em pontos de apoio muito firmes e invisíveis para o inimigo. Será ainda útil dispor a construção de forma curvada, com a convexidade voltada para o alto-mar, de modo que possa sustentar melhor o choque do mar e precise de menos âncoras e de outros apoios externos. E aqui terminamos com este assunto.

CAPÍTULO XIII

A essa altura, pois para executar tais e tantos projetos é necessário um equipamento adequado — e procurá-lo custa —, falar-se-á dos magistrados cuja tarefa é justamente a de providenciar essas necessidades; dentre os outros, o administrador do dinheiro público, os empreiteiros públicos etc. Eles supervisionam os celeiros, a fazenda pública (ou "o tesouro publico"), os arsenais, os armazéns, os estaleiros, os estábulos. Aqui será suficiente expor poucas noções, mas longe de serem desprezíveis.

É suficientemente sabido que os celeiros, a fazenda pública e os arsenais devem ser colocados no centro da cidade, na área mais frequentada, para que estejam mais seguros e à disposição de todos; enquanto os estaleiros navais se devem colocar fora dos aglomerados urbanos por causa do perigo representado pelos incêndios. É importante avisar que é oportuno construir muros divisórios que, em cada parte do edifício, devem sem interrupção levantar-se do terreno até acima do telhado, de modo que o fogo devastador dos incêndios seja aplacado e repelido no seu caminho através dos telhados. Os armazéns serão colocados ao longo do mar, próximos às embocaduras dos rios, aos cruzamentos das estradas militares. Os estaleiros serão providos com enseadas e bacias aptas para acolher os navios, consertá-los e pô-los no mar: aí se deve providenciar que a água permaneça em movimento contínuo. Leve-se em conta ainda que o vento austro faz com que a madeira das embarcações apodreça, enquanto o calor da tarde causa-lhe fendas; o sol nascente lhe confere uma boa duração.

Os celeiros, e todo edifício que tem a função de guardar materiais, tiram particular proveito, como é sabido, de lugares e climas secos. Mas disso falaremos mais detalhadamente quando for o momento de abordar os edifícios particulares, de cujas características participam quase completamente os tipos de construções acima mencionadas, exceto os armazéns para o sal. Estes serão executados da seguinte forma. Cubra-se o terreno com uma camada de carvão da altura de um cúbito, que deve ser bem batido; espalhe-se em cima areia misturada com argila pura, por uma altura de três palmos, e se aplane tudo; finalmente se providencie uma pavimentação com tijolos cozidos até ficarem pretos. As faces internas dos muros serão feitas, quando não estiver à disposição uma quantidade suficiente de tijolos do tipo mencionado, com pedras esquadrejadas, mas, porém, não do tipo tufoso e nem usadas, mas sim de uma qualidade intermediária, e, em qualquer caso, muito duras; esse invólucro interno ocupará, na parede, a espessura de um cúbito. Levante-se em seguida internamente um recinto com vigas ligadas com pregos de cobre ou, melhor ainda, através de encaixes; o espaço entre a madeira e as paredes será preenchido com varas. Obter-se-ão resultados mais satisfatórios impregnando a madeira com argila derretida na borra de azeite e misturada com esparto e fragmentos de junco. Além disso, esses edifícios públicos devem ser protegidos das emboscadas dos ladrões, dos assaltos dos inimigos, da violência dos cidadãos revolucionários; é necessário então fortificá-los com a ajuda de muralhas e torres.

A este ponto me parece ter abordado suficientemente as obras de interesse público. Acrescentarei somente que para os magistrados que acabei de mencionar é importante dispor de lugares nos quais aprisionar aqueles cidadãos que foram julgados culpados por ter resistido à autoridade, por ter cometido fraude ou por desonestidade. Este é um assunto que não deve ser descuidado. Na Antiguidade havia três tipos de prisões: uma era aquela no qual eram agrupados homens vulgares e agressivos, para aprender, à noite, graças à obra de insignes mestres das melhores disciplinas, como viver conforme os bons hábitos; uma outra era aquela na qual eram detidos os devedores inadimplentes e aqueles que se tentava dissuadir de uma existência depravada com a prisão; na terceira se mantinham os piores criminosos, odiosos para o céu e para a humanidade, destinados ao patíbulo em breve tempo ou a permanecerem sepultados nas trevas e na imundície. Se, todavia, depois alguém buscasse conseguir este último tipo de prisão de um subterrâneo obscuro, igual a um sepulcro aterrorizante, sem dúvida revelaria na punição dos culpados uma severidade maior do que requerem a própria lei e a justiça humanas. Já que, se é verdade que os criminosos merecem por causa de sua hediondez as penas piores, apesar de tudo, o príncipe e o governo têm o dever de mostrarem-se clementes. Então será suficiente no nosso caso cuidar de reforçar bem os muros, aberturas e abóbadas, de modo que não se permita ao recluso um fácil caminho de fuga. Isso se poderá obter mediante uma obra murária espessa, profunda e elevada, com pedras grandes e duríssimas e unidas com cavilhas de ferro e de cobre. Poder-se-ão ainda usar cercas de vigas, aberturas muito altas e providas com grades e similares; e, todavia, esses meios são com certeza muito fracos e inseguros para que possam resistir a quem aspira reconquistar a própria liberdade e o próprio bem-estar, logo que se der possibilidade de usar todas as faculdades do corpo e da mente que visam àquele objetivo. Motivo pelo qual me parece que tenham todas as razões os que sentenciam que a única prisão invencível é o olho vigilante do carcereiro.

Pelo restante continuamos expondo os usos e os costumes dos antigos. É importante que na prisão seja possível satisfazer as necessidades corporais e esquentar-se ao fogo sem ser sufocado pela fumaça ou empestado pelo fedor. O cárcere no seu conjunto se configurará como logo já diremos. A área do edifício deve ser colocada em uma zona da cidade suficientemente segura e frequentada;

deve ser cercada por um muro muito sólido e alto, privado completamente de aberturas, flanqueado por torres e provido com trincheiras de comunicação. Esse muro será separado das paredes que contêm os reclusos, situadas dentro dele, com uma distância de três cúbitos; de modo que os guardas ao fazerem a ronda noturna possam fazer malograr as fugas organizadas pelos presos. A área central da planta deve ser dividida da seguinte forma: com a função de vestíbulo aprontar-se-á uma sala de espera com um aspecto agradável, na qual serão mantidos aqueles que devem ser instruídos em alguma disciplina. As primeiras entradas que seguem a essa serão presididas por guardas armados, abrigadas por grades e portões. Mais adiante se deixará uma área descoberta, flanqueada de ambos os lados por pórticos, contendo várias aberturas das quais seja bem visível o interior de várias celas. Nestas serão reclusos os esbanjadores e os devedores inadimplentes, não todos juntos, mas sim separados. Defronte será colocada uma prisão mais restrita, que conterá os culpados de delitos menores. Na parte mais escondida manter-se-ão os culpados piores.

CAPÍTULO XIV

Passemos agora aos edifícios privados. Já dissemos alhures que a casa é uma cidade em miniatura. Por consequência se deve acreditar que os elementos constitutivos característicos da cidade se encontrem quase todos na casa: deve ser a mais saudável possível, responder às nossas necessidades, e nos oferecer aquelas comodidades que nos tornam a vida calma, tranquila e digna. Acerca da natureza, das qualidades e dos gêneros desses instrumentos, me parece já ter discutido bastante nos livros anteriores. Neste ponto nos ocuparemos do assunto partindo de um diferente ponto de vista.

É um fato evidente que a casa privada deve ser construída para a família, para que possa residir nela com todas as comodidades. Ora, a sede da família não poderá ser suficientemente confortável se não contiver em si tudo o que é necessário aos ocupantes. Há um grande número de pessoas e de objetos pertencentes à família, os quais não se pode atribuir com igual liberdade à cidade ou ao campo. Ao construir uma casa na cidade, de fato, um muro próximo, uma descarga de água, um terreno público, uma estrada, e muitas outras coisas desse tipo dificultam a execução completa do nosso projeto. Isso não acontece, pelo contrário, no campo. Aqui todos os espaços são livres, naquela são ocupados. Eis aqui então uma das razões válidas para motivar a distinção entre os edifícios privados em urbanos e rurais; além disso, em ambos os gêneros, existem dois diferentes tipos de edifícios conforme os habitantes sejam pobres ou ricos, pois uns devem adequar o teor de sua habitação à necessidade, os outros mal encontram na sobrevinda saciedade um limite para as suas manias de grandeza. Nós, todavia, escreveremos aquilo que em cada eventualidade é aconselhado pela prudência e pela moderação.

Faz-se necessário começar das construções mais fáceis. As habitações do campo são aquelas que apresentam menores dificuldades; além disso, os ricos tem uma tendência maior para investir dinheiro em edifícios rurais. Antes de ir além, todavia, retomaremos sucintamente alguns princípios que dizem respeito à vila em geral; são os seguintes: evite-se um território com um clima desfavorável e com um terreno frágil; escolha-se preferivelmente, para construir, uma área localizada no meio do campo, ao abrigo das alturas, rica de água e sol, situada em um território salubre e na parte mais salubre dele. Pensa-se que um clima inclemente e malsão provoque, além das desvantagens mencionadas no primeiro livro, um adensamento das florestas, sobretudo, daquela rica em árvores com folhas amargas, originadas do agravamento do clima na vegetação rasteira por causa da ausência de vento e de sol. Além disso, o terreno se torna improdutivo e malsão; poder-se-á obter dele somente madeira.

A vila, a meu ver, deve ser situada naquela parte do campo que melhor convenha à posição da habitação urbana do mesmo patrão. Segundo Xenofonte, é bom ir à vila andando, para fazer exercício, e voltar a cavalo. Por isso ela não deverá ser demasiadamente longe da cidade; e a estrada que conduz até lá deverá ser cômoda e sem obstáculos, fácil e conveniente para ser percorrida andando e com meios de transportes quer no inverno quer no verão, e talvez até com embarcações; melhor ainda se essa rua passar nas proximidades da porta da cidade através da qual se possa, da forma mais fácil e direta, sem ter que trocar de roupa nem passar na frente das pessoas, ir e vir muitas vezes à vontade entre cidade e vila com a esposa e os filhos.

Convém ainda ter a vila em uma posição tal que o sol pela manhã não incomode a vista de quem vai, e também não atrapalhe quem à noite volta para a cidade. Ainda, não é bom situar uma vila em uma área abandonada, sem atrativos, desprezível; o seu terreno deverá, ao contrário, atrair as pessoas para que habitem lá dando a elas abundância de produtos, um clima doce, uma existência confortável, prazerosa, sem riscos. Por outro lado, não se deve escolher um lugar muito frequentado, por exemplo, situado nas proximidades de uma cidade, de uma estrada militar ou de um porto no qual atracam muitos navios; mas sim em um lugar que possibilite o prazer dessas coisas sem, todavia, pesar na economia familiar por causa da obrigação da hospitalidade para muitos conhecidos que estão transitando temporariamente.

Segundo os antigos, nas áreas com ventilação não se forma a ferrugem; enquanto em lugares úmidos, nos vales e "nas áreas" sem vento esse fenômeno nocivo se manifesta frequentemente. Não recomendaria totalmente, para todos os lugares, aquele preceito bastante conhecido segundo o qual se deve construir a vila voltada para o ponto no qual surge o sol nos equinócios; pois esses ensinamentos relativos ao sol e à atmosfera variam manifestamente de território para território, tanto que aquilão não é sempre leve, nem austro é malsão em todo lugar. Celso, o naturalista, sustentou com muita razão que os ventos que sopram do mar são todos particularmente densos, enquanto aqueles procedentes da terra firme são sempre rarefeitos. Eu acredito ainda que, justamente por causa dos ventos, seja bom estar longe da embocadura dos vales; lá, de fato, os ventos são demasiadamente frios quando sopram de lugares sombreados, e excessivamente quentes se passaram por áreas planas e particularmente ensolaradas.

CAPÍTULO XV

Diferentes são as casas de campo habitadas por homens livres e aquelas habitadas por camponeses. Estas são construídas essencialmente por necessidade, aquelas mais por simples diletantismo. Abordaremos agora aquelas destinadas ao trabalhador dos campos. As casas dos camponeses não devem se encontrar longe da vila do patrão, de modo que este possa controlar a qualquer hora o que eles estão fazendo e constatar que trabalhos foram executados. A função típica desse tipo de edifícios é a de conter, dispor e conservar os produtos recolhidos nos campos; a menos que se queira sustentar que esta última tarefa, isto é, justamente a de conservar a colheita, se deva atribuir, não às fazendas, mas às casas patronais situadas na cidade. Com certeza todos esses trabalhos podem ser realizados com um número adequado de homens, e, sobretudo, com a boa vontade e o cuidado do feitor.

Os antigos estabeleceram que um núcleo de camponeses devia contar com pelo menos quinze pessoas. É preciso então que haja um lugar no qual eles possam se esquentar quando tiverem frio, onde encontrem abrigo quando os temporais dificultarem seu trabalho nos campos, onde se alimentem, descansem, busquem quanto lhes for necessário. Aprontar-se-á então uma cozinha ampla, bem iluminada, a salvo de incêndios, provida de forno, fogão, água, canais de descarga. Ao lado da cozinha se coloca o lugar onde dormem os caseiros, e onde estão guardados a cesta do pão, a carne salgada e a gordura para uso cotidiano. Todas as outras dependências se disporão de forma que todos estejam próximos dos lugares em que desempenham as tarefas que lhe cabem: o feitor estará junto à porta principal, para que ninguém à noite se aproxime às escondidas e roube alguma coisa; os guardadores de rebanhos estarão junto aos estábulos, para intervir com prontidão quando for necessário.

Até aqui se falou da família camponesa. Os instrumentos podem ser animais, como os quadrúpedes, ou objetos inanimados, como os meios de transporte, os utensílios de ferro e outros. Para estes últimos erguer-se-á junto à cozinha um grande telheiro sob o qual serão colocadas carretas, grades, arados, cangas, cestas para feno e assim por diante. O telheiro deve estar voltado para o meio-dia, para que a família durante o inverno possa passar os dias festivos embaixo dele ao sol. Reserve-se ainda um espaço livre e muito limpo para o lagar e a prensa. Far-se-á também um local no qual serão guardados e reparados baldes, xícaras, rodas, cordas, sacolas, enxadas e outros instrumentos deste tipo. Sobre as vigas transversais que seguram juntas o telheiro aplicar-se-ão esteiras e, em cima delas, colocar-se-ão picaretas, varas, barras, vergas, galhos, frondes, forragem para os bois, cânhamo e linho grosso e similares.

Existem dois tipos de quadrúpedes: o primeiro inclui aqueles que trabalham, como o boi e o cavalo, o segundo aqueles que produzem bens de consumo, como o porco, a ovelha e os animais de criação. Falaremos antes dos animais usados para trabalhar, pois são verdadeiros instrumentos, depois daqueles do segundo tipo, deixados aos cuidados do feitor. É preciso cuidar que os estábulos para bovinos e equinos não sejam frios durante o inverno; as manjedouras devem ser cercadas, para evitar que percam feno. A forragem para os cavalos deve ser colocada de modo que fique no alto, para que eles sejam obrigados a agarrá-la ficando em pé com a cabeça ereta e fazendo um certo esforço; dessa forma, a cabeça ficará mais musculosa e os flancos mais esbeltos. Ao contrário, dispor-se-ão dentro de um buraco posto embaixo a cevada e as sementes de modo que engulam sem mastigar o menor número possível de sementes, reforçando e robustecendo também os músculos do peito.

Preste-se atenção para que o muro da manjedoura em frente à cabeça do animal não seja úmido. O cavalo tem uma caixa craniana fina e não tolera a umidade e o frio. Igualmente se evite que as janelas deixem entrar a luz da lua, já que esta causa a catarata e tosses graves, e seus raios são muito perigosos para os animais feridos. Colocar-se-á o alimento dos bois embaixo; o comerão deitados no chão. Se os jumentos veem o fogo, se irritam; os bois ficam alegres ao verem a luz. Uma mula, se for mantida em um lugar quente e escuro, fica enfurecida. Segundo alguns, ela tem um abrigo suficiente quando estiver com a cabeça coberta; todas as outras partes do corpo devem ser deixadas descobertas às intempéries e ao frio. Nos estábulos devem se fazer pavimentos de pedra para os bois, de outra forma as unhas dos animais acabam apodrecendo na lama; para os cavalos, ao contrário, é preciso escavar o terreno, enchendo em seguida o fosso com tábuas de azinheira e carvalho, para evitar que o solo fique impregnado com a urina dos animais, e que estes pisando continuamente no chão danifiquem quer o pavimento quer as próprias unhas.

CAPÍTULO XVI

A atividade do feitor não consiste somente em retirar produtos do campo, mas sim, e sobretudo, em aproveitar o que provém dos animais: quadrúpedes, pássaros, peixes. Destes falaremos muito sucintamente. O estábulo deve ser construído em um lugar seco, privado de umidade. Libere-se o terreno de qualquer detrito e se dê a ele uma certa pendência, para poder mantê-lo limpo facilmente, varrendo-o. A construção será parcialmente coberta, parcialmente deixada ao ar livre. Preste-se atenção a que à noite o gado não esteja exposto ao vento austro e também a outras correntezas de ar úmido, e também a nenhum outro vento que seja mais forte que o normal. As coelheiras serão providas de paredes profundas até alcançar a água, construídas com pedras esquadrejadas; espalhar-se-á na área inteira uma camada de areia dura; erguer-se-ão em vários pontos amontoados de argila de Kimolos. Reservar-se-á um pequeno pórtico no pátio para as galinhas, voltado para o meio-dia; espalhar-se-á muito pó de cinzas, e sobre este colocar-se-á o lugar para chocar e uma vara na qual estarão empoleiradas durante a noite. Segundo alguns, as galinhas devem ser mantidas em grandes gaiolas postas em um lugar cercado e voltado para o oriente; mas aquelas destinadas a fazerem ovos e pintinhos, se livres, são mais alegres e até mais fecundas; enquanto em um lugar fechado e sem luz nascem ovos pouco saborosos.

Coloque-se o pombal junto da água, bem visível e em uma posição não muito elevada, de modo que os pombos cansados do voo, aliás quase se exercitando para voar e batendo as asas, se divirtam tentando chegar lá pairando com as asas abertas. Dizem alguns que o pombo, quando busca nos campos o alimento para os seus filhinhos, quanto mais fácil for para voltar até eles tanto maiores os torna; e isso porque a longa permanência das sementes destinadas aos filhos no papo da mãe as torna quase cozidas. Por essa razão recomendam construir os pombais em lugares inacessíveis; e estimam útil ainda colocá-los longe da água, porque as patas molhadas resfriariam os ovos. Se ao lado da torre se mantiver um falcão, o pombal estará mais seguro dos ataques dos gaviões. Se ainda além da soleira se sepultar uma cabeça de lobo recoberta com sementes de cominho, contida em uma talha rachada, tanto que chega a feder, atrairá frotas de pombos, deixando seus locais de origem. Se ainda o pavimento do pombal for feito com argila, regando-o várias vezes com urina humana, virá um número maior de pombos. Ao redor das janelas se apliquem cornijas de pedra ou tábuas de madeira de oliveira, salientando-se em um cúbito, onde os pássaros possam parar ao sair do interior e preparar-se para levantar voo.

Os pássaros menores, se mantidos fechados, definham vendo as árvores e o céu. Os ninhos e os espaços para os pássaros deverão ser arrumados em lugares mornos; aqueles, todavia, reservados aos pássaros que andam mais que voam, far-se-ão embaixo, talvez ao nível do terreno; para os outros voadores os colocaremos mais no alto. Cada ninho será limitado por pequenas bordas, para guardar no seu interior os ovos e os filhotes. No que diz respeito ao material para fabricá-los, a lama é mais conveniente que a cal, e esta mais que o gesso. Todo tipo de pedra usada é nociva. A terra cozida é melhor que o tufo, se não for excessivamente cozida. A madeira de pinheiro e de choupo é ótima. Todas as habitações dos pássaros devem ser limpas com muito cuidado, sobretudo os pombais (assim como aquelas dos quadrúpedes, que se não deitarem em lugares mais que limpos pegam a sarna). Far-se-ão então com uma cobertura tipo abóbada e com todas as paredes rebocadas, bem lisas e pavimentadas com pedra; se feche toda rachadura que houver ao seu redor para que não penetrem fuinhas, ratos, lagartixas e outros bichinhos nocivos que podem danificar os ovos, os pequenos e seus pais. Providencie-se também os recipientes para a comida e para a água. Com esse objeto poder-se-á construir um fosso ao redor da vila, no qual possam mergulhar gansos, patos, porcos e bois; e poder-se-á também destinar um lugar específico no qual poderão consumir as refeições e se saciar à vontade ainda que o tempo seja ruim e chova. Nas habitações dos pássaros menores os recipientes para a comida e para a água terão a forma de canais que cercam as paredes, de modo que os pássaros não possam espalhar em torno e nem sujar a comida que lhes é dada. Esses canais se comunicarão com o exterior por tubos pelos quais será fornecida a forragem. No meio colocar-se-á uma pequena banheira na qual corra água abundantemente.

O viveiro exige um fundo argiloso, e deve ser tão profundo que não possa ser aquecido excessivamente pelo sol, nem gelado pelo frio.

Providencie-se ainda a escavação das cavernas laterais, nas quais os peixes, quando ficarem assustados por temores imprevistos, possam refugiar-se porque a confusão os deixa abatidos. Os peixes se nutrem de substâncias terrestres, o calor excessivo os enfraquece, o gelo os mata; gozam do sol do meio-dia. É sabido que as águas pluviais, lamacentas, são bem-vindas às vezes no viveiro; todavia se devem evitar as primeiras chuvas após a canícula, porque tem o sabor da cal e são então letais para os peixes; além disto as águas devem poder entrar com parcimônia, porque, produzindo musgo fedorento, tornam as águas mortas e atordoam os peixes. É importante fazer com que se troque continuamente a água através da comunicação com um rio, um lago ou com o mar.

Os antigos falam muito e com insistência acerca dos viveiros marítimos, como agora diremos. Um terreno lamacento dá uma boa nutrição aos peixes chatos, como a solha, e às ostras; se for arenoso, nutre mais os outros peixes de mar: por exemplo, as douradas e os dentões; em um fundo rochoso ficam bem os tordos e melros marinhos, e em geral os peixes nascidos entre as rochas. Enfim parece ser ótimo para obter dela um viveiro uma lagoa tal que as ondas do mar sejam empurradas dentro dela uma após a outra, de modo que a primeira seja expulsa pela segunda e não tenha como parar dentro da própria bacia. Sustenta-se de fato que as águas sujeitas a uma troca lenta aquecem menos. Com isso esgotamos as incumbências do feitor.

Dentre os muitos deveres que requerem grande cuidado, é útil mencionar sobretudo aqui a colheita e a colocação nos armazéns dos produtos, especialmente das safras. Em vista de tal operação é preciso arrumar eira para o trigo, que deverá estar aberta ao sol e aos ventos, e situada não longe do telheiro do qual se falou anteriormente, de modo que quando aparecerem de repente nuvens tempestuosas se possa em poucos instantes levar para uma área coberta os trabalhadores e os feixes amontoados. Para fabricar a eira se aplanará o terreno de maneira tal que não resulte perfeitamente horizontal, mas corrigindo-o levemente na pendência; depois será removido com a enxada; em seguida será espargido com a borra de azeite, deixando que fique impregnado; sucessivamente se esmiuçarão bem os torrões; depois se aplanará com um rolo ou um maço, e se baterá nele com maços de calceteiro; novamente se espargirá em cima dele a borra de azeite. Assim, quando o terreno estiver seco, não poderão habitá-lo nem ratos nem formigas, não se formará lama, não crescerá erva, não se despedaçará. Após ter finalizado todo o trabalho, a argila poderá resultar muito sólida. Aqui terminamos a abordagem das casas dos trabalhadores rurais.

CAPÍTULO XVII

No que diz respeito às vilas senhoriais, alguns instituem a distinção entre vilas estivais e invernais, e estabelecem que os quartos para o inverno devem estar voltados para o surgir do sol invernal, com a sala de jantar voltada para o pôr do sol no equinócio; enquanto os quartos para o verão devem estar voltados para o meio-dia, com a sala de jantar voltada para o surgir do sol invernal; os passeios devem enfim estar expostos ao sol do meio-dia equinocial. Em nosso parecer, todavia, as condições são bem diferentes nas diversas áreas, e é preciso, portanto, regular-se cada vez de modo que se equilibrem o frio e o calor, a umidade e a seca.

Aconselharei situar a habitação dos senhores em um ponto do campo não particularmente fértil, mas notável por outros aspectos: terá então todas as vantagens e os prazeres no que diz respeito à ventilação, à exposição ao sol, à paisagem; será provida de estradas que tenham uma fácil comunicação com a propriedade do dono, e de avenidas dignas para receber os hóspedes; estará bem visível; gozará a vista de uma cidade, de fortalezas, do mar, ou de uma vasta planície; ou permitirá direcionar o olhar para os famosos cumes de colinas e de montanhas, sobre esplêndidos jardins, sobre cenas prazerosas de pesca e de caça.

Como se disse, existem partes da casa que pertencem a todos, outras a um bom número, outras a pessoas específicas. No que diz respeito à primeira categoria, seguir-se-ão os critérios que inspiram as habitações dos príncipes. Em frente à entrada, se deixa, para as competições com bigas e a cavalo, um espaço que deve ser bem mais longo que aquele reservado para as competições com o dardo e com o arco. Dentro da entrada, na parte aberta ao público, haverá espaços para passear, andar de carroças, nadar; superfícies herbosas e não herbosas, pórticos e galerias semicirculares, nos quais os anciãos possam se reunir e conversar sob o tépido sol invernal, e a família passe os dias festivos e no verão aproveite de uma sombra regeneradora.

Sabe-se que na casa algumas partes estão destinadas para a moradia da família e outras para o depósito dos objetos dos quais a própria família se serve. A família é composta pelo esposo, pela esposa, pelos filhos, pelos avós, e por aquelas pessoas que moram junto a eles estando a seu serviço, isto é, administradores, domésticos, servos; pode-se dizer ainda que até os hóspedes fazem parte da família. A família se serve de coisas que dizem respeito a necessidades vitais, como alimento, ou à simples utilidade, como roupas, armas, livros, cavalos. A parte mais importante do edifício é aquela que, ainda que se possa pensar em chamá-la de pátio ou átrio, nós a chamaremos de “coração da casa”. Seguem por importância a sala de jantar, depois os quartos de cada pessoa, enfim as salas de estar. Os demais ambientes se designam conforme os usos a que estão destinados. O acima mencionado “coração da casa” será então a parte fundamental, ao redor da qual gravitarão todas as partes menores, quase como se fosse uma praça pública dentro do edifício, e sobre a qual se debruçarão não somente entradas adequadas, mas também convenientes aberturas para a luz. Por isso ele precisa estender-se numa superfície ampla, livre, digna, confortável; alguns se limitam em construir somente um, outros preferem fazer dois ou mais, cercando-os ou com muros altos por cada lado ou com muros alternadamente altos e baixos; além disso, enquanto alguns os cobrem com telhados, outros os deixam descobertos, e outros ainda os fazem metade cobertos e metade descobertos; enfim, conforme as diferentes preferências, são constituídos por pórticos, de um lado ou mais lados ou em todos os lados, e em relação à posição, há quem os coloca ao nível do terreno e quem os coloca com o piso apoiado sobre uma abóbada.

No que diz respeito a todas essas questões, nos limitaremos a recomendar aquelas que respondem melhor às condições dos vários lugares, às situações concretas, às funções e às comodidades que lhes pertencem. Nas áreas frias, por exemplo, é preciso amenizar o sopro pungente de bóreas e a rígida temperatura da atmosfera e do terreno, enquanto nos países com clima tórrido se deverão evitar as moléstias do sol. Busque-se, em vez disso, fazer com que entrem as brisas mais benignas e que o lugar se torne iluminado por toda parte por uma luz agradável e na quantidade certa. Evite-se ainda o perigo de que a umidade do terreno, transpirando, cause danos, ou que as precipitações atmosféricas enlodem tudo.

No meio do "coração da casa" abrir-se-á o ingresso para o vestíbulo, que terá formas decorosas, nem estreito nem incômodo, bem iluminado. Seguirá, bem visível até com uma olhada só, uma capela dedicada ao culto divino, com um altar: lá, os forasteiros serão iniciados ao culto da amizade; lá, o chefe da família, voltando para a própria moradia, deter-se-á para invocar os deuses da paz e da serenidade para a família; lá, abraçará os convidados para visitá-lo, e se consultará com os amigos em relação a decisões a serem tomadas e a outras questões.

Nas proximidades dos átrios dispor-se-ão janelas com vidros, balcões e pórticos, dos quais poder-se-á olhar prazerosamente para fora e, conforme as estações, ficar ao sol ou ao vento. Diz Marcial: "As janelas voltadas para onde sopram os ventos invernais gozam de sol puro e de dias salubres".

Os antigos preferiam colocar o pórtico voltado para o sul, de modo que, no verão, quando o sol percorre uma órbita mais alta, os seus raios não pudessem penetrar nele, e pudessem, por outro lado, penetrar durante o inverno. As colinas que estão situadas ao meio-dia, estando na sombra do lado visível para nós, e sendo ofuscadas por vapores esbranquiçados típicos daquele céu, têm uma aparência nada agradável se olhadas de longe; mas quando estão próximas aos vapores ou diretamente sobre eles, provocam um frio excessivo e geada durante a noite. Mas se forem situadas a uma certa distância são muito agradáveis e convenientes, porque barram os ventos meridionais. Aquelas voltadas para o norte, se forem muito próximas, refletem os raios solares aumentando o calor; se afastadas, são muito bem-vindas, pois a pureza da atmosfera, sempre presente nessa área do céu, e a luz do sol que as envolve plenamente, tornam sua aparência extraordinariamente nítida e risonha. As colinas orientais, postas a breve distância, tornam frias as horas que precedem a madrugada, enquanto aquelas ocidentais fazem com que se produza orvalho quando se aproxima a aurora; ambas, situadas a uma distância média, tornam-se muito prazerosas.

Igualmente, rios e lagos não são convenientes se forem demasiadamente próximos nem agradáveis se estiverem muito distantes. Por outro lado, se estiverem a uma distância mediana do mar se expõem a rajadas de ar salobro; enquanto se estiverem próximos resultam menos nocivos, porque se tem um clima mais uniforme e temperado; a vista do mar de longe, ainda, é muito agradável e atraente. A posição do mar em relação aos pontos cardeais é, de qualquer forma, muito importante. De fato, se o mar estiver no sul, queima; no leste, é úmido; no oeste, é coberto e obscurecido, no norte, é gelado.

Do "coração da casa" se tem acesso às salas de jantar, as quais se diferenciam conforme suas funções: algumas são estivais, outras invernais, outras ainda — se nos é permitida a expressão — de meia estação. Para as salas estivais se requer principalmente água e jardins frescos, para aquelas invernais, o calor do lar; ambas devem ser muito espaçosas, acolhedoras, limpas. No que diz respeito às chaminés, existem provas facilmente verificáveis de que sua disposição não era a mesma que hoje entre aos antigos. Lê-se de fato: "[...] e enfumaça o topo do telhado". O que resulta verdadeiro até hoje (exceto na Toscana e na planície paduana) na Itália inteira, onde as chaminés não sobressaem nunca dos telhados.

Segundo Vitrúvio, não é conveniente adornar as salas de jantar invernais com decorações muito delicadas nas cornijas sob as abóbadas, pois a circulação contínua da fumaça da chaminé e a acumulação da fuligem as estragariam. Existia, aliás, o costume de pintar de preto as abóbadas situadas sobre as chaminés, de modo que essa tinta passada artificialmente parecesse produzida pela fumaça. De outras fontes me resulta que um tempo se costumava utilizar madeiras especiais, depuradas até o ponto de não emitir fumaça, as quais eram chamadas "cozidas" (e por causa dessa característica os juristas não acreditavam que se pudesse classificar esse material como madeira); consequentemente se pode pensar que se utilizassem lareiras móveis de cobre e de ferro, conforme o exigissem as circunstâncias ou as necessidades. De resto, é provável que aquelas antigas gerações, acostumadas com a vida militar e endurecidas pelas guerras — como eram todos naquela época — fizessem um uso menor do fogo que hoje. Até os médicos não aconselham um uso prolongado e excessivo de fogo: segundo Aristóteles, as carnes de animais tomam sua consistência do frio; agora, os especialistas dessa área observaram que quem trabalha nas fundições quase sempre acaba ficando com a epiderme muito rugosa e seca, e isso porque — dizem — dessa forma as gorduras e os humores nos quais consiste a carne, uma vez condensados por causa do frio, por causa do fogo derretem e evaporam. Os germânicos e os habitantes da Cólquida, e outras populações que moram em áreas nas quais é necessário recorrer ao fogo contra os rigores do gelo, usam lugares aquecidos. Desses falaremos no lugar apropriado, por enquanto voltemos à chaminé.

As qualidades da chaminé são as seguintes: ser acessível, poder aquecer mais pessoas ao mesmo tempo, iluminar suficientemente, não estar exposta ao vento; mas estará provida com uma saída para a fumaça, pois de outra forma esta não teria como escapar. Não é bom, portanto, colocá-la em um canto, nem excessivamente encaixada na parede, nem também, por outro lado, no meio da sala, onde os hóspedes sentam para as refeições; não deverá ser molestada por correntes de ar provenientes das aberturas; sua embocadura não deverá sobressair muito da parede. Seu interior será amplo, bem alargado horizontalmente do lado direito ao esquerdo, e será elevada verticalmente a uma altura tal que supere todos os tímpanos do edifício. Este último dispositivo é exigido, seja para evitar os incêndios, seja para evitar que o vento, infiltrando-se entre as telhas, envie rajadas ao seu interior, devolvendo de cima a fumaça. Esta, por sua natureza, quando é quente sobe; se ainda for empurrada pelas chamas da lareira, se ergue com uma velocidade ainda maior. E se pode afirmar que a fumaça dirigida para a boca de uma chaminé se comporte como o ar em um instrumento de sopro, irrompendo para fora empurrado pelas chamas assim como o som da corneta; e como este, se a corneta for demasiadamente larga, torna-se surdo por causa da infiltração do ar na boca, da mesma forma se comporta a fumaça.

O cume da chaminé será dotado de cobertura, para protegê-la da chuva; ao seu redor serão abertas janelas de saída, que, porém, deverão ser providas de proteções contra os assaltos do vento; entre estas e as janelinhas se deverá deixar um espaço suficiente para que passe a fumaça. Quando isso não for possível, aconselharei colocar sobre uma haste vertical um instrumento que eu denominei de *vertula*, constituído de uma caixa de cobre grande quanto for suficiente para conter em si a embocadura superior da chaminé; em frente a esta se salientará uma espécie de crista, que sob a pressão dos ventos à guisa de timão girará a cabeça completamente. Muito apropriadamente se podem colocar ao redor do topo das chaminés cornos de bronze ou de terracota, vazios por dentro e bem abertos na passagem, com a embocadura inferior voltada para a boca da chaminé; de modo que a fumaça, toda engolfada na boca inferior, será empurrada para fora com força, apesar dos ventos.

Deve-se incorporar a cozinha nas salas de jantar, assim como a despensa, na qual serão guardados os restos do almoço, as louças e as toalhas. A cozinha não deverá estar em contato direto com os comensais e nem longe ao ponto de fazer com que os pratos que devem ser servidos quentes resfriem durante o transporte; será suficiente que não chegue ao ouvido dos convidados o ruído incômodo dos ajudantes da cozinha, pratos e panelas. O trecho a ser percorrido para levar os pratos à mesa não deve estar exposto às intempéries, nem de difícil trânsito, nem contaminado por imundícies, de modo que a pureza das comidas não se altere.

Das salas de jantar se passa aos quartos. Nas casas mais consideráveis existem quartos diferentes (como as salas de jantar) para o verão e para o inverno. Aqui se torna útil o ditado de Lúculo: não é bom que um homem livre esteja em condições piores que aquelas de um grou ou de uma andorinha. De qualquer forma, nos nossos preceitos não insistiremos mais do que aconselhe uma boa e ponderada moderação. Sabe-se de Emílio Probo, o historiador, que na Grécia as mulheres podiam ficar à mesa somente nas refeições entre parentes; além disso, os apartamentos nos quais elas residiam eram organizados de uma forma tal que nenhum homem, exceto os parentes mais próximos, pudessem aproximar-se. Sem dúvida os ambientes frequentados pelas mulheres devem ser — a meu ver — considerados como lugares voltados para o culto da castidade. Particularmente dignas deveriam ser as residências para donzelas e virgens, cujas mentes delicadas e sensíveis devem encontrar o menor incômodo possível. No que diz respeito à matrona, o lugar mais adequado para ela é aquele que lhe permita vigiar tudo o que acontece na casa. Mas, em geral, será suficiente regular-se conforme os costumes passados pelos próprios antepassados.

Os quartos do esposo e da esposa devem ser separados, seja porque a esposa quando deve parir ou quando está doente não incomode o cônjuge, seja porque cada um, querendo, possa dormir mais tranquilo, até no verão. Cada um dos dois quartos terá sua porta; além disso, haverá uma portinha comunicante através da qual os dois esposos possam encontrar-se sem serem vistos por ninguém. Contíguo à residência da mulher haverá o guarda-roupa; àquela do marido, a biblioteca. O avô, homem idoso, necessitado de repouso e de silêncio, terá um quarto bem aquecido, bem protegido, isolado de qualquer ruído procedente da própria casa ou de fora; será antes de tudo confortado por uma boa lareira e por todas aquelas comodidades que são necessárias para o descanso físico e espiritual dos enfermos. Comunicando-se com este último apartamento estará o quarto da caixa-forte. Aqui dormirão os filhos homens adolescentes; enquanto as meninas dormirão no guarda-roupa, e as amas de leite em um lugar contíguo. O hóspede será colocado em um apartamento nas proximidades do vestíbulo, para que possa receber mais livremente quem vá visitá-lo sem incomodar o resto da família. Os meninos morarão independentes em frente aos quartos dos hóspedes, ou ao menos nas proximidades, de modo que possam relacionar-se com eles. O hóspede disporá ainda de um quarto de depósito, contíguo ao seu quarto, no qual poderá esconder as coisas mais queridas, e pegá-las quando quiser. A armaria estará próxima e em comunicação com o apartamento dos meninos.

Os administradores, os domésticos e os servos estarão hospedados em partes separadas daquelas dos senhores, e cada um disporá de uma moradia digna e condizente com às suas atribuições específicas. As criadas e os camareiros serão hospedados em pontos não distantes dos apartamentos dos quais cuidam, de modo que possam ouvir logo as chamadas e correr rapidamente para receber as ordens. O caseiro residirá em um lugar que se comunica com o porão e a dispensa. Os cavalariços dormirão ao lado das estrebarias; no que diz respeito aos cavalos, aqueles de sela serão separados daqueles de carga, e serão ainda alojados de modo que não empestem a casa com seu fedor, nem se firam um ao outro, nem estejam em perigo por eventuais incêndios.

O trigo, e outros tipos de semente, são amolecidos pela umidade, desbotados pelo excesso de calor, desengrossados pelos golpes, deteriorados quando entrarem em contato com a cal. Então, em qualquer lugar que se considere melhor colocá-lo, acumulando-o em cavernas ou poços, sobre pavimentos de madeira ou na terra, o importante é que seja conservado em um lugar bem seco e novo. Flávio Josefo atesta que em Síbolis foi encontrado trigo intacto cem anos depois de ter sido enterrado. Segundo alguns, a cevada não é danificada quando se encontra em um lugar quente; mas após um ano estraga rapidamente. E os estudiosos da natureza afirmam que a umidade predispõe os corpos a estragarem-se, enquanto o calor os estraga efetivamente. Se se espalhar no celeiro um empaste constituído por uma mistura de borra de azeite e argila deixadas para macerar e bem reviradas com esparto ou palha batida, ter-se-á um trigo mais sólido e duradouro, que poder-se-á manter guardado por mais tempo sem temer danos derivados de pulgões e formigas.

Os celeiros reservados para as sementes construir-se-ão vantajosamente com tijolos crus. Sobre as sementes e igualmente nas frutas colhidas o vento bóreas tem uma influência melhor que austro; mas, em geral, qualquer corrente de ar procedente de lugares úmidos faz com que apodreçam e fiquem cheios de pulgões e vermes; enquanto um vento violento e persistente faz com que fiquem rugosos. Para colher grãos, sobretudo favas, estender-se-á no celeiro uma camada de cinza e borra de azeite. As frutas devem ser guardadas sobre um tabuado, bem fechadas e com uma temperatura baixa; segundo Aristóteles elas podem ser guardadas durante um ano inteiro dentro de odres bem bojudos. As mudanças atmosféricas são fatais para todos os produtos; então é bom proteger as nossas provisões das correntezas de ar. Parece ainda que o vento aquilão estrague a fruta enrugando-a.

Aconselha-se geralmente construir a adega bem fechada e enterrada; todavia, existem vinhos que privados de luz perdem vigor. Quando, sobretudo no inverno e na primavera, estão expostos aos ventos orientais, meridionais e ocidentais, os vinhos estragam; serão até danificados por bóreas durante a canícula. A luz solar os desseca, aquela da lua os enfraquece; se não ficarem imóveis, turvam e evaporam-se. Os vinhos absorvem ainda os odores com extrema facilidade, estragando-se e enfraquecendo-se por causa do fedor. Se forem mantidos secos, em lugar fresco, nas mesmas condições, resistem durante anos. Diz Columela: "Por quanto mais tempo o vinho é mantido fresco, tanto melhor se conserva". Portanto, será bom arrumar a adega em um lugar bem firme, não atingido pelas vibrações provocadas pelas carruagens, e cujos lados e iluminação sejam direcionados de oriente para o norte. Elimine-se ou se afaste todo tipo de sujeira, material fedorento, fontes de umidade ou de exalações densas ou de fumaça, miasmas de hortas, cheiro de cebola, couve, figo doméstico ou silvestre. O terreno da adega deverá ser pavimentado com um piso do tipo "a céu aberto", com uma pequena depressão no centro, na qual se recolherá o vinho que por acaso escapou do recipiente defeituoso. Há quem fabrique o tonel com a técnica da construção em tijolos. Quanto maior for a capacidade do tonel, tanto mais o vinho se torna vigoroso e verdadeiro.

O local para a conservação do azeite deve estar naturalmente em lugares quentes e sombreados; devem-se evitar as correntezas de ar frio, assim como a fumaça e a fuligem, que danificam o azeite. Não nos deteremos sobre outras partes pouco limpas, como as esterqueiras, das quais dizem ser necessário ter algumas para amontoar o esterco novo e outras para o antigo; dizem ainda que o esterco deve ser guardado em lugares úmidos, enquanto o sol e o vento fazem com que perca suas qualidades. Aqui cabe lembrar que os feneiros e tudo aquilo que for facilmente inflamável, assim como tudo aquilo que é desagradável para a visão ou para o olfato, devem ser cuidadosamente mantidos de lado e distantes. Nos esterqueiros feitos com madeira de carvalho comum não se procriarão cobras.

Não me parece correto também deixar de criticar uma grande besteira. No campo, cuidamos de depositar os estercos em lugares separados e escondidos, para que a família do feitor não seja empestada pelo fedor; e depois dentro de nossa própria casa, quase embaixo da cama, nos quartos principais nos quais costumamos repousar, colocamos esterqueiras particulares, receptáculo de exalações muito danosas. Agora, quem estiver enfermo pode utilizar mais vantajosamente um vaso ou uma bacia; mas não entendo por que as pessoas saudáveis não conseguem deixar afastado um objeto tão repugnante. Observe-se com quanto cuidado todos os pássaros, e especificamente as andorinhas, se preocupam com que seus filhinhos estejam em um ninho bem limpo. E com certeza a natureza nos dá preciosos ensinamentos: as andorinhas pequenas de fato, logo que seus membros ficam mais robustos dia após dia, buscam evacuar os intestinos exclusivamente fora do ninho; não só: os pais, com o objetivo de manter afastada o máximo possível toda sujeira, voando, agarram com o bico os excrementos de seus pequenos e os levam para longe. É oportuno então se adaptar a esses verdadeiros detalhes que a natureza nos dá.

CAPÍTULO XVIII

A habitação do campo e aquela da cidade para os mais abastados são diferentes no seguinte, a saber: uma constitui para essas pessoas um lugar de permanência durante o verão, a outra é utilizada mais nas estações frias. Decorre disso que no primeiro caso se aproveita de todos os prazeres — luz, ar, espaço, paisagem — que o campo oferece; no segundo caso se goza das comodidades e da tranquilidade que a cidade oferece. Para as habitações da cidade, portanto, será suficiente dispor de quanto for necessário para a vida civil, para viver, deste modo, de forma digna e com boa saúde; e, todavia, entre os limites concedidos pela escassez de espaço e iluminação, será bom dotar as casas com todas as delícias das vilas de campo.

Serão então providas de uma entrada ampla, de um pórtico, de espaço para passear e para as carruagens, de jardins lindos, e assim por diante. Se faltasse espaço para tudo isso, construindo vários andares sobre um terreno bem nivelado obter-se-ão superfícies adequadas para as diferentes partes. Onde ainda a conformação do terreno o permita, escavar-se-ão porões subterrâneos nos quais colocar os líquidos, a madeira, e a criadagem. Acima desses locais construir-se-ão os apartamentos mais importantes; acima destes, por sua vez, se precisar, poder-se-ão erguer outros andares, até quando se tenha satisfeito completamente as necessidades da família. As partes fundamentais do edifício devem ser destinadas às funções indispensáveis, aquelas mais decorosas para os usos mais dignos. Enfim se preste atenção para que se providenciem, bem distribuídos, os lugares reservados seja ao trigo e aos outros produtos, seja aos instrumentos de trabalho e a cada tipo de utensílio.

Não pode também faltar o lugar para os objetos de culto; ou aquele para as roupas femininas; ou para as roupas masculinas e os paramentos a serem vestidos nos dias festivos ou de desfile; ou para as ferramentas e as armas;

ou para os instrumentos para a fiação da lã; ou para o que é necessário para banquetes e para receber os hóspedes; ou para o material destinado ao despacho de questões extraordinárias. Vários lugares serão destinados para usos recorrentes mensalmente, ou anualmente, ou todo dia. Os trastes que não podem ser trancados, deve-se mantê-los bem visíveis, tanto mais quanto menos frequentemente se usem; já que, evidentemente, tudo aquilo que se olha todo dia corre menos perigo de ser roubado.

As habitações das pessoas menos abastadas serão inspiradas, dentro dos limites da diferente situação econômica, na elegância das moradias das classes ricas; essa imitação será por sinal moderada pela advertência de não sacrificar a utilidade pelo deleite. Assim, na construção da casa de campo providenciar-se-ão as necessidades dos bovinos e dos ovinos assim como aquelas da própria esposa; e de fato para aproveitá-las e não para simples prazer, buscar-se-á dotar a vila de pombal, viveiro etc. Por outro lado é bom conferir-lhe aquela quantidade de confortos que permitam a uma mãe de família permanecer nela prazerosamente e de cuidar com diligência dos afazeres domésticos. Mas ainda mais que a conveniência prática e o proveito é necessário levar em conta a saúde. Segundo o preceito de Celso, quando temos necessidade de mudar de ar é bom fazer isso durante o inverno; já que as inclemências atmosféricas se toleram com menor perigo nessa estação que no verão. Não obstante, preferimos sem dúvida ir à vila logo no verão. É preciso então fazer com que a vila se torne o mais salubre possível.

Próximo da casa urbana, se isso for conveniente às nossas aspirações, colocar-se-á uma loja, que deve ser mantida com mais provisões que a própria sala de jantar. A posição melhor para ela é o canto de uma esquina, a frente de uma praça, uma curva bem visível de uma estrada militar; mas, sobretudo, é preciso cuidar muito para conseguir todos os atrativos possíveis para as próprias mercadorias. Para a organização interna se pode, sem diminuir o decoro, usar tijolos crus, caniços, argila, lama com palha, madeira. No que diz respeito ao lado externo, leve-se em conta que nem sempre os nossos vizinhos são pessoas honestas e gentis; portanto se cerque a casa com muros bem resistentes contra os danos produzíveis pelos homens e pelas intempéries. O espaço entre um edifício e outro deve ser tão amplo que se enxugue em um tempo breve por meio das correntes de ar, ou tão estreito que a água pluvial que corre nos telhados se recolha em uma única calha e seja canalizada para fora através de um único canal. Esses becos intermediários, e ainda mais os canais, deverão ser feitos com inclinação, de modo que a água não estagne e nem transborde, mas seja conduzida para fora pelo caminho o mais rápido possível.

No que diz respeito ao restante, tendo já abordado estes assuntos no primeiro livro, nos limitaremos em retomar brevemente alguns itens. As partes do edifício que se quer proteger do perigo de incêndios, aquelas que estão expostas às intempéries, aquelas que devem estar isoladas, e aquelas que devem ser isoladas de ruídos, sejam cobertas com abóbadas. E é preferível fazer de abóbada todos os alojamentos do primeiro andar; mas aqueles que estão nos andares superiores serão mais higiênicos com tetos e vigamentos. As partes nas quais é vantajoso ter luz até o crepúsculo, como a sala de visitas, o passeio, e, sobretudo, a biblioteca, devem estar voltadas para o ponto no qual o sol surge no equinócio. Os materiais que são danificados pelos cupins, ou que facilmente desbotam, ou mofam, enferrujam, como roupas, livros, vários utensílios, sementes, comestíveis em geral, manter-se-ão nas partes meridionais e ocidentais da casa. E como para pintar, escrever, entalhar e assim por diante é preciso uma luz distribuída de modo uniforme, a essas incumbências se destine o lado norte. Enfim os apartamentos para o verão estejam todos voltados de modo que resultem expostos para bóreas; aqueles para o inverno, ao sul; aqueles para a primavera e o outono, para o oriente. Para o ocidente estarão voltados os banheiros, e as salas de jantar para a primavera. Se não for possível distribuir as partes conforme as próprias preferências, busque-se pelo menos atribuir aquelas mais confortáveis aos apartamentos estivais. Já que é minha convicção que quem quiser construir, se for sábio, deve construir com vista ao verão e às suas exigências. Providenciar as coisas para o inverno é muito fácil: fecham-se as aberturas e se acende a chaminé; mas contra o calorão se requerem muitas medidas, nem sempre completamente eficazes. Assim, os apartamentos invernais deverão ser feitos de tamanho modesto, com uma altura não muito grande, e com poucas aberturas; enquanto aqueles estivos devem ser amplos e abertos de cada lado, amenizados por ventos frescos, protegidos do sol e do ar quente que decorre disso. De fato, uma grande quantidade de ar recolhida em um lugar amplo se comporta como a água que enche uma bacia grande: esquenta-se muito lentamente.

Livro VI
O ornamento

CAPÍTULO I

Nos primeiros cinco livros tratamos do desenho do edifício, dos materiais de construção, do uso da mão de obra e de tudo aquilo que nos pareceu importante acerca da construção de obras públicas e particulares, tanto religiosas como civis, com o objetivo de que sejam capazes de suportar as intempéries e cumpram as várias funções conforme as exigências dos lugares, climas, pessoas e coisas. O leitor pode julgar com quanto cuidado eu abordei estes assuntos; mas acredito que não se possa exigir muito mais que isso neste gênero de trabalho, tanto mais que até agora — e o céu é testemunha disso — a obra me custou um esforço maior do que, anteriormente, ao assumir esta tarefa, eu tinha previsto. Aconteceram-me, de fato, muitos problemas — explicações de conceitos, novidades terminológicas, problemas de conteúdo — que me desanimavam e faziam com que desistisse do trabalho. Por outro lado, as razões que me induziram a empreender o trabalho me levavam a prossegui-lo. Sentia muito que tantas fadigas dos insignes autores tivessem sido esquecidas por causa das adversidades dos tempos e dos homens, a tal ponto que, no meio de tantas ruínas, somente uma obra escapou chegando até nós, a de Vitrúvio: escritor certamente muito competente, mas cujos textos foram tão atacados e maltratados pelos séculos que, em muitas partes, notam-se lacunas e imperfeições. Não só; o seu discurso não é culto, de modo que os latinos diriam que quis parecer grego e os gregos, latino. Esse fato, todavia, é suficiente para provar que a sua língua não é nem o latim, nem o grego, tanto que para nós é quase como se tivesse escrito nada, desde que escreveu de uma forma incompreensível. Certamente se conservaram exemplos de obras da Antiguidade, como teatros e templos, das quais se pode aprender muito, como se de mestres insignes se tratasse; e notei, com um grande desconforto, que dia após dia se arruínam. Eu via também que os arquitetos contemporâneos traziam inspiração de novidades bobas e extravagantes e não de critérios já amplamente experimentados nas melhores obras. Dessa forma, na opinião geral, em breve tempo essa arte, que tem tanta importância em nossa vida e nossa cultura, teria com certeza sumido totalmente. Sendo essa a situação, era levado a meditar frequente e prazerosamente sobre a conveniência de tratar do assunto. Ao longo dessas meditações, pude apurar uma quantidade de noções de extrema importância, utilidade e necessidade para a vida humana, as quais em um tratado deste gênero não poderiam ser desconsideradas. E, segundo meu ponto de vista, todo homem bem-nascido e amante da cultura deveria sentir a obrigação de fornecer uma contribuição para que uma doutrina, que os nossos antepassados levavam muito em conta, fosse salva da destruição.

Eu estava, então, receoso e indeciso ao resolver se prosseguia a tentativa ou a deixava de vez. Mas prevaleceu o amor pelo trabalho e os estudos, e onde a força do gênio não estava à altura do assunto, o esforço férvido e um grande cuidado vieram compensar. Todos os edifícios da Antiguidade que pudessem ter importância por alguma razão, eu os examinei, para recavar elementos úteis. Revistei, procurei, medi, incessantemente, e representei com esboços tudo o que pude, para assimilar e utilizar todas as contribuições possíveis que o gênio e a operosidade humana me ofereciam. Dessa forma, a paixão e o prazer da aprendizagem compensavam as dificuldades da exposição. Sem dúvida, eram necessários uma capacidade e um preparo maiores que os meus para dar uma forma unitária a assuntos tão variados, diferentes, dispersos aqui e ali, pouco conhecidos e pouco abordados pelos autores; dar-lhes uma formulação correta; dispô-los em uma ordem oportuna; abordá-los com uma linguagem precisa e um método seguro. Igualmente, não deverei queixar-me do meu trabalho, se tiver alcançado o que me propunha; isto é, se meus leitores compreenderem que preferi adotar uma exposição acessível mais que me esforçar para parecer eloquente. Quão difícil seja alcançar esse objetivo, em tratados deste tipo, sabem-no os entendidos no assunto melhor que aqueles que não passaram pela situação. Contudo, nós acreditamos — e esperamos não estar enganados — que nos expressamos em um latim correto e em uma forma inteligível. E a mesma coisa faremos, conforme nossas forças, naquilo que segue.

Terminamos a abordagem dos primeiros dois critérios entre os três fundamentais que informam a técnica construtiva em cada campo — que os edifícios resultem adequados para suas funções, tenham a máxima solidez e duração e sejam elegantes e prazerosos na forma. Sobra então o terceiro, que é o mais nobre de todos, e absolutamente indispensável.

CAPÍTULO II

É opinião comum que a impressão de leveza e prazer decorra exclusivamente da beleza e do ornamento. Uma prova disso poderia ser o fato de que não existe uma pessoa tão desgraçada e obtusa, tão grossa e ignorante, que não seja atraída intensamente pelas coisas mais lindas, que não prefira as mais adornadas entre todas as outras, que não fique incomodada pelas coisas feias, rejeite todas as imperfeitas ou descuidadas, e seja capaz de indicar, percebendo defeitos na ornamentação de algum elemento, o que falta para conferir elegância e decoro ao objeto.

A beleza é, então, um fator da máxima importância e deve ser buscada com grande esforço, sobretudo por quem pretende tornar agradáveis as suas coisas. O lugar preeminente que os nossos antepassados, que eram homens muito sábios, atribuíram à beleza, resulta, por sinal, do cuidado incrível que usaram para ornar ricamente as manifestações dos âmbitos mais variados da vida pública: direito, vida militar, religião etc. E deixaram entender, provavelmente, que essas atividades, sem as quais a sociedade civil cessa substancialmente de existir, uma vez privadas da magnificência do ornamento, se reduzem a operações vazias e insípidas. Olhando para o céu e suas maravilhas, nós ficamos encantados perante a obra dos deuses, mais pela beleza que vemos nele que pela utilidade que podemos perceber. De resto, é inútil deter-se neste assunto. Em todo lugar é possível constatar como dia após dia a natureza não para de manifestar a sua fantasmagoria de belezas: dentre os muitos exemplos, é suficiente lembrar as cores das flores.

O edifício certamente é uma daquelas coisas que deve possuir essas qualidades, de outra forma incomodaria a sensibilidade dos artífices assim como dos leigos. De fato, o que provamos ao ver um amontoado informe e desordenado de pedras é uma desaprovação tanto maior quanto maior foi a despesa para a sua fabricação, de modo que somos levados a evitar o hábito de amontoar pedras sem construto. Quando uma obra é desprovida de elegância, o fato de que responda à necessidade é coisa de pouquíssima importância, e que satisfaça às comodidades não contenta suficientemente.

Além disso, a beleza é uma qualidade tal que contribui de modo conspícuo para a comodidade e até para a duração do edifício, visto que ninguém poderá negar estar mais à vontade morando entre paredes ornadas que entre paredes despidas; e também a arte humana não pode encontrar meio mais seguro para proteger os seus produtos das ofensas do próprio homem; aliás, a beleza faz com que a ira que destrói o inimigo se acalme e a obra de arte seja respeitada. Ousarei dizer então que nenhuma qualidade, melhor que o decoro e o agrado formal, pode preservar um edifício ileso da malevolência humana. Convém, então, dedicar todo o cuidado e toda despesa possível para que a obra se torne não somente funcional e confortável, mas, sobretudo, bem adornada e agradável à vista, de modo que quem a observe deva convir que tal despesa não podia ser usada de forma melhor.

O que sejam precisamente a beleza e a ornamentação, e que diferenças há entre elas, será mais fácil compreendê-lo com o espírito que expressá-lo com palavras. De qualquer forma, sem nos determos muito, definiremos a beleza como a harmonia entre todos os membros do conjunto, conforme uma norma determinada, de forma que não seja possível acrescentar ou tirar nada sem que o todo se torne mais imperfeito. Esse é um empreendimento de grande envergadura e próprio de uma divindade, em cuja execução se empregam todos os recursos da técnica e da inteligência; e não acontece frequentemente que alguém — nem a natureza — consiga criar uma obra perfeita e impecável em cada parte sua. "São coisas muito raras donzelos lindos em Atenas!", Cícero manda dizer a uma de suas personagens. Essa pessoa, ao observar os corpos, entendia que naqueles que não recebiam sua aprovação faltava ou sobrava algo que não correspondia aos princípios da beleza. Ora, se não estou enganado, usando ornamentos, isto é, servindo-se de tinturas, escondendo as partes que incomodavam a visão e alisando e destacando as partes mais belas, ter-se-ia obtido que o desagradável resultasse menos feio e o belo mais prazeroso. Se isso for verdade, o ornamento pode ser definido como uma espécie de beleza auxiliar ou de preenchimento. Decorre disso que, enquanto a verdadeira beleza é uma qualidade intrínseca e quase natural, que abrange a estrutura inteira do organismo que chamamos de "belo", o ornamento tem o aspecto de um atributo acessório, acrescentado, mais que natural. Mas prosseguimos nosso discurso.

Quem constrói com o desejo de que suas obras suscitem a aprovação geral — desejo que devem sentir todas as pessoas sensatas — precisa basear-se em critérios exatos e constantes; e é próprio à arte criar algo de acordo com um critério determinado. Ora, sem dúvida essa parte da arquitetura que estamos abordando, concernente à beleza e ao ornamento, fundamental entre todas, fundar-se-á, como é natural, em um método exato e constante. Ao tratar de arte, em suma, somente alguém profundamente estúpido podia passar por alto. Alguns, todavia, não estarão de acordo com esse raciocínio e sustentarão que o critério de julgamento para determinar a beleza de cada construção é relativo e variável, e que a forma a ser dada aos edifícios, mutável conforme as preferências individuais, não pode ser reduzida a nenhum cânone artístico. Defeito típico dos ignorantes, negar o que se desconhece. É bom então liberar o campo dessa opinião incorreta;

eu não digo, porém, que seja necessário por isso indagar minuciosamente sobre as origens das artes, sobre os princípios dos quais foram derivadas, sobre os meios mediante os quais cresceram. Baste aqui referir o que se conta: as artes teriam nascido do acaso e da observação, teriam tido como alimento a prática e a experiência, e se teriam desenvolvido mediante o conhecimento e o raciocínio.

Por exemplo, transmitem-nos que a criação da arte médica se prolongou durante mil anos e foi obra de um milhão de pessoas; do mesmo modo, a navegação e a maior parte das artes desse tipo se teriam formado mediante pequenos acréscimos sucessivos.

CAPÍTULO III

No que diz respeito à arquitetura — conforme ensinam os monumentos antigos —, ela gozou do esplendor de, digamos assim, sua vigorosa juventude na Ásia; em seguida se afirmou na Grécia; finalmente encontrou sua esplêndida maturidade na Itália. Parece-me, de fato, verossímil que os reis asiáticos, sendo riquíssimos e com muito tempo à disposição, considerando a própria posição, as riquezas imensas das quais dispunham e a potência e amplidão de seu domínio, convenceram-se da importância de ter habitações mais amplas e mais dignas, e tenham começado a buscar e recolher tudo o que pudesse servir a tal escopo. Dessa forma, para poder ter edifícios muito grandes e fastuosos, terão provavelmente providenciado que a cobertura fosse feita com troncos de árvores gigantes e os muros com pedra de qualidade melhor. Os resultados foram, além de imponentes, agradáveis.

Em seguida, achando talvez que o objeto das louvações fosse a amplidão dos edifícios, e, sobretudo, que fosse digno do poder real realizar obras impossíveis para os particulares, os reis começaram a gostar muito das construções colossais e iniciaram a competir insistentemente entre si, chegando até a ideia louca de erguer pirâmides. É minha opinião que a prática arquitetônica proporcionou a ocasião de averiguar com uma grande certeza que diferença existe entre levar ao fim um edifício com certa proporção, ordenamento, posição, aspecto exterior e vários outros; e, igualmente, terão aprendido a apreciar as obras mais agradáveis e a desvalorizar aquelas privadas de harmonia.

Sucessivamente, a arquitetura passou para a Grécia, terra cheia de homens de grande gênio e doutrina; a população amava muito adornar o próprio país, e, dentre outros edifícios construídos, destacou-se particularmente o templo. Para este observaram inicialmente as construções assírias e egípcias, e, após um exame cuidadoso, deram-se conta que nesse gênero de trabalhos é mais apreciável a contribuição do artista que a do rei e das suas riquezas. De fato, ter os meios para grandes empreendimentos depende da sorte, enquanto merece ser louvado quem cria obras aprovadas pelos competentes. De tal forma, os gregos decidiram que nesses empreendimentos fosse sua tarefa tentar superar aqueles povos, não tanto na quantidade de vantagens fortuitas, pois não era possível, mas sim na potência de seu gênio. Começaram então deduzindo os fundamentos da arquitetura, assim como de todas as outras artes, do próprio seio da natureza, e passaram a examinar, meditar, sopesar cada elemento com a máxima diligência e meticulosidade.

Os gregos não descuidaram, também, de procurar os cânones para distinguir entre edifícios bem executados e mal executados. Fizeram todo tipo de experimentos, seguindo os recursos da natureza, mesclando elementos de proporções iguais, linhas retas com linhas curvas, luzes com sombras; buscaram encontrar, como se fosse uma conjunção entre elementos masculinos e femininos, algo novo que respondesse aos fins pelos quais tinham começado esse empreendimento. Não descuidaram nunca, nem nas coisas mais diminutas, de examinar de cada vez a disposição das partes, de modo que aquelas que estavam à direita se harmonizassem com aquelas à esquerda, as verticais com as horizontais, as próximas com as distantes, acrescentando, tirando, adequando as partes maiores com as menores, as similares com as desiguais, as primeiras com as últimas. Tornou-se dessa forma manifesto que os critérios a serem utilizados nas construções duráveis, destinadas a resistirem por muitos anos, e naquelas realizadas, sobretudo, por amor à beleza, deveriam ser diversos. Os gregos se regularam dessa forma.

Na Itália, desde o princípio, o inato senso da economia sugeriu que os componentes de um edifício estavam estruturados de uma forma muito parecida com os de um ser vivo. Eles achavam, de fato, que, assim como, por exemplo, no cavalo os membros que são louvados por sua forma quase sempre combinam da maneira mais perfeita com as funções que lhes pertencem no corpo do animal, também o prazer das formas nunca está separado da prática que o uso requer. Mas, uma vez conquistado o império do mundo, queimaram, como os gregos, pelo desejo de adornar o país e sua capital. Por isso, em menos de trinta anos aquela que tinha sido a casa mais bela de toda a Roma não conseguiu classificar-se nem na centésima posição.

O país todo pululou de inúmeros gênios que se dedicaram à nossa disciplina: concluo que se encontraram em Roma, no mesmo período, setecentos arquitetos, e tão bons que as palavras não são suficientemente adequadas para expressarem o louvor que suas obras mereceriam. Na época em que as condições do império eram muito prósperas para permitirem a atuação de projetos mais estupefacientes, conta-se que Taciano, às suas custas, doou às populações de Hóstia termas construídas com cem colunas de mármore da Numídia.

A certa altura, preferiu-se conciliar a tradicional parcimônia com a magnificência dos reinos mais poderosos, fazendo com que, por um lado, a frugalidade não tirasse nada à conveniência prática, e, por outro, que esta não tivesse muito resguardo pelas riquezas, mas acrescentasse também a essas duas qualidades tudo o que se poderia encontrar e que conferisse de alguma forma suntuosidade e prazer às obras.

De resto, a prática ininterrupta de construir edifícios fez com que a arquitetura fosse sondada em cada parte, tanto que não existiu um aspecto dela, ainda que obscuro e escondido, que não tivesse sido pesquisado, encontrado e colocado na luz certa, com a ajuda do céu e da própria arte. A arte arquitetônica, de fato, encontrava, na Itália, abrigo desde os tempos mais remotos, especialmente junto aos etruscos, aos quais devemos, além das maravilhosas construções aprontadas por seus soberanos, como o Labirinto[42] e os monumentos funerários, aqueles antiquíssimos e insignes preceitos, que nos passaram por escrito, acerca do modo de construir os templos que se usavam na Etrúria. A arquitetura, então, desde os tempos mais remotos encontrou asilo na Itália; e pareceu que ela, percebendo o quanto era desejada, esforçava-se tanto para que o império, já enobrecido por tantas virtudes, pudesse trazer um prestígio ainda maior das belas qualidades que pertenciam a ela. A arquitetura permitiu então que eles adquirissem completo conhecimento e domínio dela certamente julgando indecoroso que o centro do mundo, a pérola de todas as nações, fosse igualado na magnificência de suas construções aos povos inferiores a ela em todo tipo de virtude.

Não é preciso que eu me detenha aqui sobre os pórticos, os templos, os portos, os teatros, sobre os gigantescos estabelecimentos termais: tais obras despertaram muita admiração pelos romanos nos melhores arquitetos estrangeiros, tanto que esses se recusavam, às vezes, em acreditar na possibilidade de realizar as obras que tinham perante os olhos.

Acrescentarei mais ainda. Nem na construção dos esgotos conseguiram fazer menos ornamentos. Aliás, começaram a gostar tanto dos ornamentos que consideraram oportuno dilapidar somente por causa disso os recursos do império, erguendo edifícios com objetivos puramente ornamentais.

Enfim, dos exemplos dos antigos, dos conselhos dos artífices, e de uma prática contínua, encontrou-se um conhecimento exato da forma com que aquelas obras maravilhosas eram conduzidas. E desse conhecimento se deduziram regras importantíssimas, que não podem ser absolutamente descuidadas por quem quiser — e todos com certeza queremos — construir de forma competente. Recolheremos

[42] Referência à lendária construção realizada em Dédalo pelo rei Minos que fechou nela o Minotauro.

então essas regras, conforme o objetivo a que nos propusemos, e buscaremos ilustrá-las dentro de nossas possibilidades. Essas regras se referem por um lado à beleza e à decoração de cada edifício no seu conjunto, e por outro a cada uma das suas partes separadas. As primeiras são retiradas das doutrinas filosóficas e têm o objetivo de dar a essa arte uma direção e limites precisos; as outras derivam daquele conhecimento do qual se falou há pouco e, corrigidas conforme os princípios da filosofia — digamos assim —, regem as fileiras da arte. Ilustraremos, primeiro, as noções mais técnicas, reservando a conclusão às noções mais genéricas.

CAPÍTULO IV

As características que se apreciam nos objetos mais belos e bem ornados, ou são o resultado de achados e cálculos da inteligência ou do trabalho do artista, ou foram conferidas a tais objetos diretamente pela natureza. A escolha, a distribuição das partes, a disposição e coisas similares, com o objetivo de dar decoro à obra, caberão à inteligência. Caberá, ao invés, ao trabalho dos artistas acumular material, afixar, tirar, recortar, lixar e coisas similares, para que a obra resulte agradável. As qualidades extraídas da natureza serão o peso e a leveza, a densidade, a pureza, a longa duração dos materiais etc., que tornam a obra admirável. Essas três funções devem ser aplicadas às várias partes do edifício, conforme o objetivo e o uso de cada uma.

Existem vários critérios para classificar as partes do edifício. Nós adotamos aqui a distinção entre as características que todos têm em comum e aquelas que mudam de um edifício para outro. No primeiro livro esclareceu-se que para cada edifício se deve determinar um ambiente, uma área, uma subdivisão, muros, uma cobertura, aberturas: esses são os elementos comuns. Por outro lado, os edifícios diferem pelo fato de que, por exemplo, alguns são sacros, outros profanos, às vezes públicos, outros, particulares, alguns são destinados para funções necessárias, outros para funções recreativas etc. Começaremos pelas características que todos têm em comum.

Que porcentagem de beleza e de decoro pode aportar ao meio ambiente o trabalho e a inteligência do homem não é coisa suficientemente clara, salvo por um aspecto: é o fato de que imitaremos aqueles que idearam obras fabulosas, conforme está escrito; essas pessoas não recebem a desaprovação dos prudentes, se o que propuseram for útil, mas também não são elogiadas, se o que fizeram for algo inútil. E com muita razão. Ninguém, de fato, teria a coragem de louvar a pessoa que (seja qual for seu nome: Estasícrates, conforme conta Plutarco, ou Dinócrates, segundo Vitrúvio) se comprometeu a converter o monte Atos em uma estátua de Alexandre, em cuja mão poderia assentar-se uma cidade inteira com capacidade para dez mil habitantes. Não se deverá, ao contrário, reprovar a rainha Nitócris, por ter reconduzido o leito do Eufrates com três curvas mediante angras de enormes dimensões e tê-lo direcionado para a mesma aldeia assíria, tornando, desta forma, a área ao mesmo tempo otimamente defendida, devido à profundidade do canal, e muito fértil por causa da abundante irrigação. Mas empreendimentos desse tipo são possíveis somente para soberanos potentíssimos; e poderão unificar mar com mar mediante a eliminação do terreno entreposto, aplanar montanhas ao nível dos vales, originar novas ilhas e ligá-las, depois, com a terra firme, de maneira que não se deixem mais possibilidades aos que quisessem emulá-los, e transmitindo dessa forma a própria fama para a posteridade. Em todo caso, quanto mais suas obras forem dignas de aplauso, tanto mais elas terão praticidade.

Os antigos costumavam honrar com o culto não somente lugares determinados, por exemplo, bosques, mas também áreas inteiras. Sabemos, então, que a Sicília era totalmente consagrada a Ceres. Mas não é necessário deter-se nessas coisas. Será importante, entretanto, que o ambiente possua alguma propriedade notável e rara, seja provido de virtudes benéficas e excelentes em seu gênero, como, por exemplo, ter um clima particularmente temperado e constante (esse é o caso de Méroe,[43] onde os homens vivem quanto quiserem), ou produzir coisas únicas ao mundo e muito requisitadas por sua utilidade (isso acontece nas áreas que produzem âmbar, canela, bálsamo), ou a presença no lugar de alguma potência sobrenatural (assim na Ilha Eubeia) nunca se encontra — dizem — algo que seja nocivo).

A área, sendo uma determinada parte do meio ambiente, estará adornada por todas as qualidades que contribuem a ornamentar aquele; todavia, a área dispõe de um número maior de comodidades e, por sinal, mais acessíveis que o outro, de modo que disso decorre um prestígio ainda maior. Existem, de fato, sítios que de variadas formas se oferecem para a admiração, como os promontórios, os piques, as elevações do terreno, as depressões, os antros, as fontes etc., graças aos quais construir-se-á para provocar a maravilha, mais que em outro lugar. Existem ainda restos da Antiguidade, nos quais a lembrança do tempo que fora ou de fatos e homens memoráveis enche de estupor o espírito de quem olha. Não estarei aqui lembrando lugares famosos, como aquele em que surgia Troia, ou os campos de batalhas muito cruéis, como os de Leuctra, do Trasimeno, e muitos outros.

---

[43] Cidade da Etiópia.

Não é coisa fácil ilustrar adequadamente quanto a inventiva e a obra do homem podem contribuir para alcançar esse escopo. Não nos deteremos nos exemplos mais óbvios, como o transporte por meio do mar de plátanos até a ilha de Diomedes para adornar o terreno, ou o levantamento de colunas, obeliscos, árvores, por obra de homens insignes, para que as gerações vindouras os tornassem objeto de veneração — como, por exemplo, a oliveira, que ficou em pé durante tanto tempo, plantada na acrópole de Atenas por Netuno e Minerva. Não discorreremos também sobre os vestígios transmitidos pelos antepassados à posteridade e guardados por muitos séculos, como a árvore de terebinto que dizem conseguiu conservar-se em Hebron desde o princípio do mundo até os tempos do historiador Flávio Josefo.

Mais que qualquer outra coisa, para nobilitar um lugar servirá alguma invenção que demonstre sagacidade e bom gosto: como o fato de que os antigos proibissem por lei que os homens entrassem no templo de Bona Dea, ou no pórtico patrício do templo de Diana; ou que nenhuma mulher pudesse entrar no bosque de Eunosto junto a Tânagra, nem nos penetrais do templo de Jerusalém, ou que ninguém, exceto o sacerdote, e somente a fim de purificação para sacrifício, pudesse lavar-se na fonte junto a Pantos; ou que em *Doliola*, nas proximidades da cloaca máxima em Roma, onde repousam as cinzas do rei Numa Pompílio, não se pudesse cuspir. Em vários pequenos templos apuseram epígrafes que proibiam o uso de peles de animais. No pequeno templo de Diana em Creta podia-se entrar somente descalço; enquanto no templo de Matuta[44] era proibido o acesso às escravas. No templo de Oridion em Rodes não eram admitidos os pregoeiros, nem os flautistas no de Tenes em Tênedos. O templo de Júpiter Lafístio tinha a seguinte particularidade: não se podia sair dele sem ter antes feito um sacrifício. Nos templos de Palas em Atenas e de Vênus em Tebas era proibido levar hera. No templo de Fauna não se podia sequer nomear o vinho. Estabeleceu-se, em Roma, que a porta de Jano não devesse ser nunca fechada em tempo de guerra, e que o templo de Jano não estivesse aberto em tempo de paz: o templo de Hora ficava aberto, por sua vez, permanentemente.

Se decidirmos, então, imitar em algum aspecto esse procedimento, será conveniente, se for possível, proibir a entrada das mulheres nas igrejas consagradas aos mártires, e a dos homens naquelas consagradas às santas virgens. Um elemento que nobilita demasiadamente é conseguir com meios engenhosos resultados extraordinários, tais que não se acreditaria ao se ler sobre eles no passado, se não se encontrassem ainda hoje outros similares em vários lugares.

---

[44] Antiga deusa itálica vinculada à aurora.

Segundo alguns foi o engenho humano que fez com que em Bizâncio as cobras não prejudicassem as pessoas, e que lá as gralhas não voassem entre o círculo dos muros; que no campo de Nápoles não se ouvissem as cigarras; que em Creta não vivessem corujas; que o santuário de Aquiles na ilha de Borístenes não fosse infestado pelos pássaros; que no templo de Hércules no Foro Boário, em Roma, não entrassem nem moscas nem cachorros. Mas igualmente surpreendente é que, hoje em dia, não se encontre nenhuma espécie de mosca na sede do palácio público dos censores em Veneza; ou que no açougue público de Toledo não se veja durante um ano inteiro mais que uma mosca, e, por sinal, de um tipo específico, de cor branca.

Muitos outros exemplos desse tipo se podem ler, e seria demasiadamente longo mencioná-los todos. Além disso, não é fácil dizer se esses fenômenos acontecem por obra do homem ou naturalmente. Ninguém pode dizer se de fatores naturais ou artificiais decorre o seguinte fenômeno: contam que na tumba de Bíbrias, rei do Ponto, surgiria uma planta de louro, tal que, se se tirar um galho para transportá-lo dentro de um navio, começarão a surgir discussões e não terminarão até que seja jogado fora. Ainda: sobre a ara do santuário de Vênus em Pafos não choveria nunca; os restos dos sacrifícios abandonados junto à estátua de Minerva na Trôade não se corromperiam; tirando terra do túmulo sepulcral de Anteu, começaria a chover, cessando somente quando o fosso fosse preenchido. Todavia, há quem chegue a afirmar que esses fenômenos podem ser provocados mediante um procedimento já há tempo não mais usado, por meio de figuras mágicas que os astrônomos asseguram não lhes serem totalmente desconhecidas.

Aprende-se do autor da *Vida de Apolônio* que na Babilônia alguns magos ataram cinco pássaros de ouro ao telhado do palácio real, que chamavam de "as línguas dos deuses", e tinham a virtude de direcionar os humores da multidão para o amor pelo rei. Também um autor sério como Flávio Josefo afirma ter visto pessoalmente um tal Eleazar, perante Vespasiano e seus filhos, curar instantaneamente um homem possuído pelo demônio mediante a simples aplicação de um anel no seu nariz; em outro trecho afirma que Salomão teria composto versos que conseguiam aliviar as doenças. Segundo Eusébio Pânfilo, Serápis, divindade egípcia que nós chamamos de Plutão, teria divulgado alguns signos especiais bons para expulsar os demônios malvados, e teria ensinado ainda de que forma estes últimos se transformam em animais e assaltam as pessoas. Sérvio, por sua vez, conta que mediante mágicos muito peculiares os homens costumavam se defender da má sorte, e que, aliás, eles não podiam nem morrer até quando eles durassem. Se coisas como essas forem verdadeiras, poder-se-á facilmente acreditar no que conta Plutarco: em Pelena[45] encontrava-se uma estátua que, quando o sacerdote a levava para fora do templo, seja onde fosse direcionada, aterrorizava e revolucionava cada coisa; e assustava tanto que ninguém podia voltar o olhar para ela. Mas essas são anedotas contadas somente por brincadeira. Acerca dos outros meios para conferir geralmente decoro à área, como a delimitação do perímetro, o levantamento do pódio, o aplanamento do terreno, a consolidação etc., não tenho nada mais a acrescentar, salvo o que já disse no primeiro e no terceiro livros desta obra, que podem ser consultados. Conforme aconselhamos, o tipo melhor de área é aquela que resulta, no que for possível, seca, homogênea, sólida, e ainda adequada e confortável de acordo com o fim a que se destina. Será muito útil recobri-la com um revestimento, do qual falaremos daqui a pouco abordando as paredes. Igualmente, é bom levar em conta o que aconselhava Plutão: para que seja maior a fama e a dignidade de um lugar, é conveniente impor-lhe um nome importante. Essa sugestão agradou muito ao imperador Adriano, como atestam os nomes muito ilustres (Lico, Canopo, Academia, Tempe etc.) que ele deu às salas da sua vila de Tivoli.

CAPÍTULO V

Recomeçaremos aqui muito brevemente a abordagem da subdivisão, embora já o tenhamos feito em muitas partes do primeiro livro. Em qualquer objeto, a ornamentação fundamental é carecer completamente de feiura. Por conseguinte, uma adequada subdivisão será aquela que forme um todo sem cortes, que não seja desordenada nem confusa, unida em seus elementos e lograda a partir de componentes que estejam de acordo entre si; e não constará de membros em excesso, de dimensões excessivamente pequenas, nem excessivamente grandes, nem excessivamente desarmônicos nem irregulares, nem fragmentados e dispersos como se pertencessem a outro corpo. Tudo deverá estar disposto exatamente por ordem, número, amplitude, disposição e forma levando em conta a natureza, a conveniência prática e as funções específicas do edifício, de modo que cada parte dele nos resulte indispensável, plenamente funcional, em boa harmonia com todas as outras. Se a subdivisão responder exatamente a todos estes requisitos, o agrado e a elegância da ornamentação encontrarão seu lugar certo no edifício e se destacarão; se, ao contrário, isso não acontecer, com certeza a construção perderá todo seu decoro. Todo o conjunto dos membros deve estar então configurado e definido de modo a conciliar necessidade e comodidade, para que não se aprovem esta ou aquela parte somente, mas, ao contrário, cada parte seja distribuída da

[45] Cidade situada no golfo de Corinto.

forma melhor no ponto exato em que se encontra e na ordem, lugar, ligação, posição e configuração que lhe cabem.

Para adornar os muros e a cobertura dispor-se-á de muito espaço para mostrar os dons mais preciosos da natureza, e a habilidade, o cuidado e a genialidade do artista. Poder-se-ia, certamente, despertar grande admiração para a própria obra, no caso em que se tivesse a possibilidade de fazer o que fez, na Antiguidade, Osíris, a quem se atribui a construção de dois templos de ouro, um para Júpiter Celeste, o outro para Júpiter Régio; ou se pudéssemos utilizar na fábrica uma pedra com uma grandeza impensável, como era a que Semíramis mandou trazer das montanhas da Arábia, com as dimensões de vinte por vinte por cerca de cento e cinquenta cúbitos; ou se encontrássemos rochas com proporções tais que se poderia murar com uma única unidade uma parte inteira do edifício: como é o caso de uma capela próxima ao templo de Latona no Egito, construída com uma única pedra inteira e coberta com outra igualmente monolítica. Sem dúvida tal circunstância suscitará a admiração para o edifício, sobretudo se a rocha procede do estrangeiro e foi transportada por um caminho difícil, como a que relata Heródoto que, procedente da cidade de Elefantina, comprida mais que vinte cúbitos e com quinze de altura, foi transportada até Sais em uma viagem que durou vinte dias. Igualmente útil é, com fins ornamentais, colocar uma pedra, já por sua natureza digna de admiração, em uma posição absolutamente notável: na ilha egípcia de Quemis, por exemplo, encontra-se um pequeno templo, o qual se deixa notar não tanto porque seu telhado é constituído por uma única pedra monolítica, mas porque esta, realmente gigantesca, foi colocada sobre muros muito altos. Contribuem também para o ornato a preciosidade e a qualidade do material: como o mármore com que, sabemos, Nero construiu o santuário da Fortuna na *Domus áurea*, de qualidade pura, cândida, transparente a tal ponto que, quando todas as portas estavam fechadas, parecia haver luz dentro do templo.

Todos esses meios, em suma, têm sua utilidade; mas, sejam quais forem, não servirão para nada se, ao dispô-los, não se observar a justa ordem e a medida devida. De fato, cada um dos elementos deve ser acoplado de forma que exista correspondência entre as partes iguais, entre as da direita e as da esquerda, entre as de cima e as de baixo; e é preciso tomar cuidado que não se introduza algum elemento estranho em contraste com a qualidade do material ou com sua distribuição. Tudo deve ser definido mediante determinados ângulos e linhas proporcionadas.

Muitas vezes se constata que os materiais de baixa qualidade se forem tratados artisticamente agradam mais que aqueles nobres amontoados desordenadamente. Escreve Tucídides que em Atenas se encontrava um muro construído de forma confusa e por sinal com estátuas roubadas de monumentos funerários: enfim, ninguém o considerará belo somente pelo fato de ter sido levantado a partir de cacos de estátuas. Por outro lado, em algumas casas antigas de campo, fabricadas mediante a acumulação de pedras pequenas e irregulares, causa prazer contemplar os muros pois são compostos de fileiras iguais, de cor alternadamente branca e preta, até o ponto em que não se acha a falta de nada, considerada a modéstia desses edifícios. Mas, talvez, o que acabei de dizer se aplica, mais que à construção dos próprios muros, àquela parte do muro que se chama de revestimento. É preciso, de qualquer forma, dispor de todos os materiais de maneira tal que a construção não seja iniciada sem uma ideia precisa do que se quer e dos meios para executá-lo; e somente se deve prosseguir com os mesmos critérios com os quais foi iniciada; e somente se deve considerá-la concluída quando o trabalho tenha sido terminado em cada pormenor com a máxima exatidão.

O meio principal para ornar os muros e as coberturas (especialmente as coberturas abobadadas), exceto sempre as colunas, é o revestimento. Ele pode ser de vários tipos: com estuque, com reboco em relevo, com pinturas, com tauxias, com mosaico, com vidro, ou com uma mistura dos tipos anteriores.

CAPÍTULO VI

De todos eles diremos quais sejam suas características e como se obtêm. Mas, como se acenou ao fato de que se devem movimentar pedras com grandes dimensões, chegou a hora de esclarecer de que forma pesos tão grandes possam ser arrastados e colocados nas posições mais difíceis. Conta Plutarco que Arquimedes conseguiu arrastar até o centro da praça principal de Siracusa um navio de carga cheio guiando-o com a mão por meio de cordas, como se fosse um animal: inteligência matemática. Por nosso lado, trataremos unicamente do que tem uma aplicação prática; em seguida, forneceremos noções por meio das quais as mentes agudas e cultas poderão entender por sua conta e com suficiente perspicácia este assunto.

Lê-se em Plínio que um obelisco pôde ser transportado em Tebas por Focis, escavando um canal desde o Nilo, com a pedra sobre barcos cheios de ladrilhos e posteriormente esvaziados, para que pudessem suportar o peso do obelisco a ser transportado, uma vez acomodado em cima deles. O historiador Amiano Marcelino nos informa que outro obelisco, transportado no mar desde o Nilo num navio de trezentos remos, foi colocado sobre rolos e arrastado durante três milhas de Roma até o Circo Máximo através da porta de Hóstia; e que para erguê-lo foram necessários muitos milhares de homens, com todo o circo repleto de máquinas feitas com vigas altíssimas e providas com cordas colossais. Conta Vitrúvio que Quersifron e Metagenes, pai e filho, transportaram em Éfeso colunas e arquitraves com meios à base de cilindros usados pelos antigos para aplanar a eira: nas extremidades das pedras foram cravadas e seguradas com chumbo pranchas de ferro que se salientavam com a ponta, usando-as como eixos de rotação; em ambas as extremidades dessas pranchas foram aplicadas rodas tão grandes que as pedras sustentadas por pranchas de ferro não batiam no chão; de tal forma, o transporte foi feito mediante as rodas. Conta-se que o egípcio Quéfren, para construir sua pirâmide, que devia ser mais alta que seis estádios, arrumou pedras gigantescas construindo relevos no terreno. Escreve Heródoto que Quéops, filho de Rampsinito, ao longo da construção da famosa pirâmide que ocupou centenas de milhares de homens por muitos anos, cuidou em deixar degraus na parte de fora, com o fim de que fosse possível mover pedras enormes por meio de madeiras de pequeno tamanho e máquinas adequadas. Pode-se ler também que em outros lugares se conseguiu colocar arquitraves colossais de pedra em cima de colunas muito altas, da seguinte forma: sob o ponto médio (em relação ao comprimento) da viga colocavam dois apoios em posição transversal e próximos um ao outro; em seguida, em uma extremidade da viga acumulavam cestas cheias de areia, cujo peso fosse tal que se levantasse a outra extremidade que era privada de cestas, livrando, dessa forma, do peso um dos dois apoios; depois se transferiam as cestas alternativamente na extremidade que ficava mais alta, arrumando a cada vez apoios mais altos sob a viga do lado em que ela deixava um espaço maior embaixo de si: de modo que aos poucos a grande pedra se levantava por sua conta. Todos esses exemplos, que referimos sucintamente, podem-se aprender de forma mais detalhada nos textos dos autores que nos informaram.

Por último, conforme o plano previsto, é necessário repetir sumariamente noções que têm a ver com o tema em questão. Não me detenho aqui a explicar coisas que são sabidas: que uma coisa pesada possui, por natureza, uma configuração tal que exerce uma pressão continuamente, que está obstinadamente em busca de uma posição mais baixa; que resiste com todas as suas forças contra quem quiser erguê-la; que se movimenta somente após ter sido derrotada por um peso maior ou uma força contrária. Também não explicarei os vários tipos de movimento: afastamento ou aproximação em relação a um ponto, rotação ao redor de um centro; ou os modos de movimentar os pesos: transporte, arrastamento, empurrão. Sobre esses assuntos discorrer-se-á mais amplamente em outro capítulo.

Aqui importa confirmar que os pesos se deslocam com a máxima facilidade para baixo, já que o deslocamento é espontâneo; enquanto se deslocam com a máxima dificuldade para cima, porque isso é contrário à sua própria natureza. Existe ainda um terceiro tipo de deslocamento, que está a meio caminho dos dois anteriores e que provavelmente participa das qualidades de ambos, já que não é nem espontâneo nem contra a natureza; aquele originado pela tração sobre um terreno plano e sem obstáculos. Todos os outros tipos de deslocamento são tanto mais cômodos ou incômodos quanto mais se aproximarem do primeiro ou do segundo daqueles referidos.

No que diz respeito ao modo melhor com o qual movimentar pesos colossais, a própria natureza parece indicá-lo, já que se pode constatar como os pesos colocados em cima de uma coluna até com um empurrão mínimo vacilam; e quando começam a deslizar para baixo, nenhuma força pode segurá-los. Facilmente se pode também verificar que as colunas com uma superfície lisa, as rodas e todos os objetos com forma circular se deslocam com facilidade, e quando se põem em movimento rotatório dificilmente param; mas, se quisermos arrastá-los de modo que não rodem, não é fácil consegui-lo. É igualmente evidente que até os navios maiores, e em águas estagnadas, podem movimentar-se após um empurrão leve, desde que essa tração seja contínua; enquanto um choque violento e abrupto, ainda que forte, nunca poderá deslocá-los. Existem, ao contrário, objetos que requerem um empurrão súbito e rápido, caso contrário somente o impulso de um grande peso conseguirá movimentá-los. Os pesos se deixam arrastar sem opor resistência até sobre uma superfície gelada. Aqueles que estão pendurados por uma corda comprida se deslocam facilmente por um certo trecho, como se pode constatar. As modalidades desses fenômenos devem ser compreendidas a fundo e imitadas; por isso as abordaremos brevemente.

O fundo de um peso deverá ser absolutamente compacto e homogêneo; quanto mais amplo for, tanto menor será seu atrito com o terreno sobre o qual corre; quanto mais estreito, tanto mais será ágil, mas escavará sulcos no terreno que o estragarão. E se o fundo do peso apresentar saliências, estas, à guisa de unhas, pegarão o terreno e dificultarão o movimento. No que diz respeito ao terreno, se for escorregadiço, compacto, regular, constante, sem entradas nem saliências, nem cheio de obstáculos, nesse caso certamente o peso não encontrará nada para parar ou que faça com que possa resistir à tração; exceto o fato de que o próprio peso é por sua natureza propenso à imobilidade, e, por consequência, preguiçoso e receoso. Provavelmente por causa dessas considerações, e certamente examinando mais detalhadamente o significado dos fenômenos que mencionamos, parece que Arquimedes chegou a afirmar que podia com segurança revirar o mundo, no caso em que seu imenso volume tivesse sido provido de uma base adequada.

Ao preparar então o fundo de um peso e a pista para arrastá-lo, alcançaremos melhor o nosso objetivo se nos regularmos dessa forma. Deitem-se no terreno algumas tábuas, em um número adequado, com espessura e solidez proporcionais ao peso a ser suportado; sejam densas, robustas, iguais, sem asperezas, e bem aparelhadas entre si. Entre o fundo do peso e a pista é oportuno inserir alguma substância que facilite o deslizamento: isso geralmente se consegue usando sabão, sebo, borra de azeite, ou talvez massa de argila. Há ainda outro sistema para facilitar o escorregamento, que consiste em aplicar rolos em sentido transversal ao movimento. Se os rolos forem um número notável, dificilmente ficarão alinhados a uma distância igual e na direção adequada ao caminho a ser percorrido; uma coisa indispensável para evitar que estraguem o peso, o prejudiquem e o levem para outra direção, é que todos devem ser bem coordenados para cumprirem sua função. Se, por outro lado, seu número for exíguo, nesse caso não resistirão ao peso que carregam, começarão a aparecer fendas e finalmente se despedaçarão parando dessa forma o movimento; ou, incidindo à guisa de cunha, abrirão uma brecha e se fixarão ou no terreno em que se apoiam, ou na base do peso mediante o ponto em que este se apoia neles. A estrutura do rolo consiste em um conjunto de círculos iguais. E, como os matemáticos ensinam que o círculo não pode atingir uma reta em mais que um ponto, chamaremos linha de atrito do rolo àquela linha que é a única parte da superfície do próprio rolo atingida pelo peso. Resolver-se-ão esses inconvenientes usando materiais muito compactos e dispondo os rolos bem alinhados e perpendiculares à direção do movimento.

CAPÍTULO VII

Existem outros instrumentos, além dos referidos, que se recomendam por causa de sua utilidade, como as rodas, as roldanas, os parafusos e as alavancas, que abordaremos agora mais detalhadamente.

As rodas são muito similares aos rolos, porque caem em cima de um único ponto perpendicularmente. Há, porém, uma diferença: os rolos se movimentam mais livremente, enquanto as rodas são dificultadas pelo atrito de seus eixos. As partes da roda são três: a faixa externa, que dá a volta maior, o eixo do meio e o círculo, que inclui este último como em um anel. Este círculo, que talvez alguns prefiram chamar de "polo", nós, se nos é permitido, o chamaremos de *cubo*, porque em algumas máquinas fica parado, em outras se movimenta. Se a roda vira ao redor de um eixo muito grande, procede com dificuldade; mas, se aquele for fino, não suporta suficientemente os pesos. Se a faixa externa é estreita, a roda tende a cravar-se no terreno, como se viu nos rolos; se for comprida, ela vacilará de ambos os lados, e, além disso, não se adequará quando tiver que virar à direita ou à esquerda. Se o *cubo* for demasiadamente largo, prejudica o eixo encalhando-se; se for muito estreito, não permite que a roda vire. A superfície de atrito entre eixo e *cubo* deve ser lubrificada, já que esses dois elementos se comportam como faz o plano de deslizamento com o fundo do peso. Os rolos e as rodas são fabricados com a madeira de olmo ou de azinheira, os eixos de agrofolha ou de cornizo, ou, melhor ainda, de ferro; o melhor tipo de *cubo* é o feito de cobre e estanho em uma proporção de um para três.

As polias são pequenas rodas. O eixo é da mesma espécie dos raios da roda. Mas todos estes instrumentos, tanto as rodas grandes, dentro das quais sobem homens para movimentá-las com seu peso, quanto os sarilhos ou os parafusos, para os quais é necessário usar a alavanca, ou as polias, ou qualquer outro instrumento deste tipo, são todos baseados nos princípios da balança. Segundo a tradição, o deus Mercúrio era considerado mais que os outros deuses pelo fato de que o que dizia o expressava de tal forma que se compreendia sem que ele gesticulasse, mas sim mediante suas palavras. A mesma coisa nós buscaremos fazer, no que for possível, mas, temo, será difícil consegui-lo. Resolvemos, de fato, abordar estes assuntos, não como se fôssemos matemáticos, mas como praticantes, e limitando-nos ao que for estritamente necessário.

Para uma comodidade didática imagine-se ter em mãos um dardo. Tomam-se em consideração três dos seus pontos: as duas extremidades, a ponta de ferro e a cauda plumosa, e no meio desses o laço. Os trechos que estão entre o laço e as extremidades se chamarão de raios. Eu não me deterei em justificar as minhas afirmações, sendo suficiente verificá-las experimentalmente. Se o laço está situado no ponto médio da arma, e se a ponta e a cauda têm o mesmo peso, as duas extremidades, equilibrando-se, ficarão à mesma altura. Se, de outra forma, a ponta de ferro pesa mais que as plumas da cauda, ela se abaixa prevalecendo sobre esta última. Neste caso, porém, haverá no dardo um ponto, mais próximo à extremidade mais pesada, tal que, transferindo nele o laço, logo é restabelecido o equilíbrio entre as extremidades. Este ponto dividirá o dardo de modo que o raio mais comprido supere o mais breve tanto quanto for mais pesada uma extremidade que a outra. De fato, os especialistas dessa disciplina tornaram sabido que raios diferentes podem ser combinados com pesos diferentes, tanto que a soma dos valores numéricos do raio e do peso na parte direita seja igual à dos valores correspondentes revirados na parte esquerda. Se, por exemplo, a ponta de ferro pesa três e a cauda de plumas dois, a medida do raio que está entre o laço e a ponta deverá ser dois, e a do outro, entre o laço e a cauda, três.

De fato, se a soma dos primeiros, cinco, corresponder a um valor idêntico ao dos outros, o equilíbrio na distribuição dos pesos e dos comprimentos fará com que as extremidades do dardo se fixem no mesmo nível; mas, no caso em que as somas não corresponderem, prevalecerá aquela parte que tiver um valor numérico maior.

Acrescentaremos que, uma vez postos dois raios iguais que derivam do mesmo laço, as extremidades, movendo-se, marcarão no ar círculos iguais. Se esses raios forem desiguais, também desiguais serão os círculos que eles desenharem.

Já dissemos que uma roda consiste em um conjunto de círculos. Disso decorre que, se movimentarmos duas rodas contíguas presas ao mesmo eixo, de modo que se uma virar a outra não fique parada, e ao ficar parada uma, a outra não se movimente também, do comprimento dos raios de uma das duas rodas se pode deduzir qual seja a força de cada uma. Tome-se o cuidado de medir o comprimento do raio a partir do centro do eixo. Se esses conceitos forem compreendidos suficientemente, tornam-se claros os princípios, por nós buscados, desse tipo de instrumentos, sobretudo no que diz respeito às rodas e alavancas.

As polias requerem um discurso um pouco mais longo. De fato, a pista de deslizamento é constituída pela corda que escorre na polia e pelas roldanas que fazem parte da polia. Neste percurso, o movimento é do tipo intermédio de que falamos anteriormente e que se pode considerar nem fácil, nem difícil, pois não é nem ascendente, nem descendente, mas acontece todo e sempre no seu centro.

Para entender melhor este conceito, pegue-se uma estátua com o peso de mil libras. Ao pendurá-la ao tronco de uma árvore mediante uma corda atada, sem dúvida essa corda pode sustentar sozinha todas as mil libras. Coloque-se agora na estátua uma polia, através da qual se deixará passar a corda que antes sustentava a estátua; reate-se a corda ao tronco, de modo que suas extremidades fiquem ligadas: é claro que o peso da estátua é sustentado por uma corda dupla, enquanto a polia possui uma concavidade no centro para equilibrar o sistema. Vamos mais além e ligamos ao tronco uma polia, deixando também passar através dela a corda referida. Se agora se perguntar: qual é a parte de peso sustentada pela corda dobrada para cima e em seguida passada pela nova polia? Responder-se-á: quinhentas libras. Disso é fácil compreender-se que essa segunda polia é carregada pela corda de um peso que não seja maior que aquele que sustenta a própria corda, e sustenta então quinhentas libras. Sem nos determos demais no assunto, parece-me ter esclarecido até aqui, e suficientemente, que o peso pode ser dividido mediante polias, de modo que pesos maiores podem ser deslocados por pesos menores. E quantos forem os redobramentos de polias, outras tantas vezes o peso resultará dividido ao meio; tanto que, quanto mais polias se utilizarem para esse objetivo, tanto mais facilmente se poderá manusear o peso, quase como se fosse dividido em tantos pedaços; todavia, ele será removido lentamente.

CAPÍTULO VIII

Abordamos até agora a roda, a polia e a alavanca. É necessário saber que o parafuso é composto por anéis, os quais têm exatamente a função de sustentar o peso. Se eles fossem círculos perfeitos, se não fossem interrompidos de modo que a extremidade terminal de cada um se junte àquela inicial de outro, certamente o peso movido pelos mesmos não poderia ser trazido nem para cima, nem para baixo, mas se movimentaria em círculo sempre no mesmo plano. Então, o peso é obrigado a correr ao longo do plano inclinado dos anéis recorrendo à força de uma alavanca. Ainda, se os anéis tiverem uma circunferência curta e forem próximos do centro, o peso pode ser movimentado com uma alavanca mais curta e com um esforço menor.

Acenarei aqui a um ponto que não tinha planejado abordar. Se conseguirmos fazer com que o fundo de um peso não resulte maior que um ponto (pelo que for consentido pela inteligência e habilidade de um artesão), e fazer com que se movimente sobre um terreno sólido de maneira tal que ao passar não se escave nenhum sulco, posso assegurar que se poderá movimentar o navio de Arquimedes e alcançar qualquer resultado desse tipo. Mas disso eu falarei em outro lugar.

Os instrumentos que foram citados até agora são plenamente adequados, cada um por si, para deslocar os pesos; se, depois, forem reunidos em um único conjunto, obter-se-ão resultados extraordinários. Nos países germânicos podem-se observar, em qualquer lugar, os jovens divertindo-se sobre o gelo vestindo uns calçados de ferro, com o fundo estreito e liso, mediante o qual, dando-se um leve empurrão, graças à grande fluidez deslizam com tamanha velocidade que nem o voo dos pássaros pode superá-los. Mas, como os pesos podem ser ou arrastados ou empurrados ou transportados, será oportuno esclarecer que se arrastam com a corda, se empurram com a alavanca, se transportam com as rodas e outros meios similares. De que forma se podem utilizar todos esses utensílios, é óbvio. Deve-se, todavia, advertir que nesses sistemas é necessária a presença de um elemento perfeitamente firme e sólido que fique imóvel enquanto todos os outros se movimentam. Se o peso precisa ser arrastado, deve haver outro objeto com um peso maior ao qual prender os aparelhos de tração. Faltando esse ponto de apoio, recorrer-se-á a uma estaca de ferro, robusta, com três cúbitos de comprimento, cravando-a no terreno, que naquele ponto deverá ser bem consolidada e reforçada mediante troncos entrecruzados; na extremidade da estaca que se salienta do terreno se atarão instrumentos mecânicos compostos por mais de uma roldana e sarilhos. Se o terreno for arenoso, disponham-se horizontalmente vigas muito compridas, inteiras, sobre as quais se arrumará a pista de deslizamento, e em cujas extremidades se aplicarão os aparelhos de tração da mesma forma que à estaca referida.

Farei agora uma afirmação com a qual quem não for especialista não concordará, se não se der conta exatamente de toda a questão: sobre um andar podem-se arrastar mais facilmente dois pesos juntos que um somente. Isso será possível da seguinte forma: após ter deslocado o primeiro peso até a extremidade da pista de deslizamento, deve-se prendê-lo muito firmemente ao terreno por meio de cunhas, atando a ele, uma vez parado dessa forma, o instrumento com o qual se quer arrastar o segundo peso. Dessa forma, o peso móvel será superado por um peso igual a ele, mas preso ao terreno.

Se o peso deve ser puxado para cima, a coisa mais conveniente será recorrer a um único poste ou a uma árvore de navio muito robustos, que serão erguidos da seguinte forma: dever-se-á atar a extremidade inferior a uma estaca em qualquer outro ponto de apoio que seja firme. Na extremidade superior se amarrarão pelo menos três cordas, uma à direita, outra à esquerda, a terceira deitada ao longo de todo o poste. A certa distância do ponto em que se encontra a extremidade inferior do poste, prender-se-ão no terreno roldanas ou um sarilho, com que se puxará a última corda tesa da forma referida. Essa tração terá como consequência a elevação da extremidade superior do poste, que nós guiaremos servindo-nos (como se fossem rédeas) das primeiras duas cordas amarradas aos lados da própria extremidade, de maneira tal que se possa segurá-lo no ponto que se considerará oportuno, ou se possa dobrá-lo lateralmente, no lugar onde é preciso depor um peso. No que diz respeito ao modo de segurar essas duas cordas laterais, para que não possam ser presas a dois pesos de uma certa consistência, nós nos regularemos da seguinte forma. Escavar-se-á um buraco quadrado e profundo; no meio de seu fundo deitaremos um tronco, ao qual seguraremos uns atamentos que deverão aflorar até a superfície do terreno. Sobre o tronco dispor-se-ão transversalmente tábuas; em seguida encher-se-á o fosso com terra que deverá ser consolidada e eventualmente tornada mais pesada molhando-a. No que diz respeito às outras coisas seguir-se-ão as instruções já fornecidas acerca das pistas planas de deslizamento. Aplicar-se-ão os instrumentos mecânicos formados por mais de duas roldanas, quer na extremidade superior da viga quer no peso a ser levantado, e prender-se-á, nas proximidades da base da máquina, um sarilho ou qualquer outro instrumento fundado no princípio da alavanca.

Para um bom funcionamento de todos esses mecanismos precisa ter o cuidado de não utilizar, para remover pesos colossais, meios pequenos ou demasiadamente fracos. Nas cordas, nos raios e em cada meio de que nos servimos para deslocar os pesos, o comprimento significa fraqueza; ele, de fato, é por sua natureza muito próximo à debilidade, enquanto a brevidade é consubstancial à grossura. Se, então, as cordas forem débeis, redobrar-se-ão mediante polias; e se forem muito grossas, igualmente aplicar-se-ão a elas polias grandes, para evitar que por causa da pequenez da roda, que se comportaria como uma ponta, elas sejam cortadas. Será bom usar eixos de ferro, com uma grossura não inferior a um duodécimo, mas também não superior à oitava parte do diâmetro da polia em que se aplicam.

Molhando uma corda, nós a preservamos do perigo de pegar fogo, como pode acontecer durante o movimento por causa do atrito; além disso, a corda fará com que as polias rodem melhor e detenham-se menos frequentemente. Será útil molhá-la mais com vinagre que com água, e com água salgada mais que com água sulfúrea; a água doce faz com que sob um sol quente a corda se desfaça muito facilmente. É mais seguro torcer as cordas que enodá-las; é preciso sempre cuidar que uma corda não corte outra corda. Os antigos costumavam usar uma haste de ferro, na qual prendiam os primeiros nós das cordas e das máquinas mecânicas formadas por roldanas. Para levantar, em seguida, um peso, sobretudo se fosse de pedra, usavam uma espécie de saca-rolhas de ferro, cuja estrutura resultava em forma de X, com as extremidades voltadas para baixo que dobravam para o interior; dessa forma, o instrumento apertava o peso a ser levantado como um caranguejo quando morde; enquanto as extremidades superiores estavam providas de anéis, mediante os quais se deixava passar a corda: esta, unida por um nó, quando era puxada, fechava o saca-rolhas.

Observamos que sobre grossas pedras foram deixadas pequenas saliências à guisa de pegas com a função de fornecer um ponto de apoio para as cordas que envolviam os blocos, para que não escorregassem. Outro expediente, usado especialmente nas cornijas, é constituído pelos casquilhos, como eu os chamo, que se fazem da seguinte forma: faz uma cavidade na pedra, em forma de uma bolsa vazia, com dimensões proporcionadas àquelas dos blocos de pedra em que se aplicam, com a boca mais estreita e o fundo mais amplo internamente (notei que alguns casquilhos eram profundos um pé). Essa cavidade é enchida com aduelas de ferro, das quais duas se põem lateralmente em forma de triângulo e são introduzidas primeiro para ocupar os lados do casquilho, enquanto a central, posta no meio das duas referidas, é arrumada por último. As orelhas das três aduelas salientam-se da cavidade; mediante os furos delas deixa-se passar um prego de ferro em que é preso um puxador robusto, em que se amarra a corda da roldana.

Acerca das colunas, os pés direitos das portas e outros elementos similares que devem ser dispostos verticalmente, nós costumamos amarrá-los da seguinte forma: prepara-se um cinto de ferro ou de madeira suficientemente robusto para sustentar o peso a ser levantado; com ele envolve-se a coluna atando-a ao ponto mais oportuno e reforça-se a cerca inserindo nela cunhas compridas e finas mediante um martelo leve; finalmente se ajustam a cinta como calções de cordas grossas. Dessa forma, evita-se danificar a superfície da pedra escavando nela casquilhos, e também não se estragam as caneluras das colunas com a esfregação das cordas grossas. Além disso, esse tipo de amarração é sem comparação o mais fácil, prático e seguro.

Em outro capítulo abordar-se-ão de forma mais adequada muitas questões atinentes a esse gênero de instrumentos. Aqui será suficiente esclarecer que as máquinas devem ser consideradas à guisa de corpos animados, providos com mãos excepcionalmente fortes e que para remover os pesos se comportam exatamente como cada um de nós. Então é preciso reproduzir com as máquinas as mesmas dimensões e os mesmos dobramentos que fazemos com os membros e com os nervos quando apoiamos, empurramos, puxamos ou transportamos objetos. Acerca disso, limitar-me-ei aconselhando a quem está prestes a deslocar pesos consideráveis, com qualquer técnica, para executar a operação gradativamente, com cautela e na hora oportuna, devido aos acidentes e aos perigos de vários tipos, imprevisíveis e irreparáveis, que nesse gênero de trabalhos acontecem até aos mais experientes, muito mais do que se possa acreditar. Já que fazer por conta própria traz consigo, como consequência, em caso de insucesso, uma reprovação e uma hostilidade para a inconsciência demonstrada, maiores que a glória e a admiração que decorreriam para nossa inteligência em caso de um bom empreendimento. Mas sendo isso suficiente, voltemos ao revestimento.

CAPÍTULO IX

Para qualquer tipo de revestimento é necessária a aplicação de, ao menos, três camadas de reboco. A primeira serve para pegar o máximo possível sobre a superfície do muro e sustentar as outras camadas aplicadas nela; a função da última é a de alargar os atrativos das ornamentações, das cores e das linhas; as camadas intermédias têm a tarefa de impedir ou de consertar os defeitos das outras duas. Os defeitos consistem nisto: se a última camada externa for demasiadamente forte e resultar em uma fixação excessiva no muro, como, ao contrário, é oportuno que faça a primeira camada, ao secar, essa força produz um número muito grande de fendas; ou seja, se a primeira camada for demasiadamente plástica, como, ao contrário, deveria ser a última, não pegará com suficiente eficácia no muro, e despedaçar-se-á.

Quanto mais camadas de reboco se colocarem, mais lisa e precisa se poderá tornar a superfície e resistirá melhor ao passar dos anos. Observamos que os antigos chegam às vezes a aplicar até nove camadas. As primeiras camadas, muito ásperas, devem ser constituídas inteiramente por areia de jazida e por cacos de tijolo, que não devem ser despedaçados até se tornar poeira, mas sim em pedaços da grandeza de alguns polegares, e talvez um palmo. Para as camadas intermédias o material mais conveniente é a areia fluvial, porque favorece menos a abertura de fendas; essas camadas também devem ser ásperas, porque se fossem lisas não ofereceriam nenhum tipo de apoio às outras. A última camada deverá ter um brilho marmóreo: para ela não se usará areia, mas se utilizará uma pedra branquíssima em pó; e será suficiente neste caso uma espessura de meio polegar, pois uma camada mais profunda seca com dificuldade. Observamos, aliás, que, às vezes, para economizar materiais, fazem-na com uma espessura da sola de um sapato. As camadas intermédias se comporão com diferentes misturas, conforme se encontrem mais próximas dos ambientes internos ou externos.

Nas rochas de montanha podem-se encontrar certos veios, muito similares a alabastro diáfano, os quais não são nem marmóreos, nem gessosos, mas sim de uma qualidade que participa de ambos, com uma natureza muito friável. Esse material, reduzido a pó e misturado com a argamassa, ao invés da areia, resultará ter um candor e um brilho surpreendentes, iguais aos do mármore.

Em vários lugares pode-se constatar a presença de pregos cravados nos muros para sustentar revestimentos; com o tempo aprendeu-se que os de cobre são mais convenientes. Muito apropriadamente, em alguns casos, preferiu-se colocar, ao invés desses pregos, com um martelo de madeira, escamas de sílex dentro de aberturas minúsculas feitas no muro em correspondência com as linhas de junção das fileiras, e de modo que essas escamas se salientassem.

Quanto mais a construção do muro for recente e áspera, tanto mais solidamente sustentará os rebocos. Se, então, durante a construção do próprio muro, quando a obra ainda é fresca, providencia-se uma primeira camada, ainda que fina, de reboco, oferece-se, dessa forma, uma fixação eficaz e muito resistente às camadas sucessivas. O revestimento se aplica da forma mais adequada, seja qual for o tipo, depois que o vento austro tenha soprado; se a aplicação acontece quando sopra o vento bóreas, ou em época de frio ou de calor intenso, logo começará a fender-se, especialmente na última camada.

Os revestimentos podem ser aplicados ou incrustados. Coloca-se, por exemplo, o gesso, ou a argamassa; mas é bom lembrar-se que convém usar o gesso somente em um lugar extremamente seco; e, de resto, qualquer tipo de revestimento é danificado pela umidade que transpira dos muros antigos. Encaixa-se a pedra, o vidro e similares. Os revestimentos aplicados podem ser dos tipos seguintes: somente com reboco, em relevo, com pinturas; os incrustados podem ser: com pranchas, com tarjas, com mosaicos. Falaremos primeiro dos colocados.

A argamassa se prepara da seguinte forma. Dever-se-á deixá-la diluir durante muito tempo em uma quantidade abundante de água pura dentro de um fosso fechado; em seguida, será esmiuçada com a colher de pedreiro de ferro, da mesma forma com que se desengrossa a madeira. Quando, ao fazer essa operação, o metal do aparelho não bater mais no pedrisco, será um indício de que a cal está bem apagada. Segundo a opinião comum, ela está completamente no ponto somente após o terceiro mês. Além disso, para satisfazer tudo, deve resultar pegajosa e muito viscosa: se, então, a colher de pedreiro for extraída dela seca, isso significa que a cal está com quantidade de água insuficiente e pegará pouco. No caso em que se mistura areia com outro material em pó, é preciso virá-la e revirá-la com muita energia e, sobretudo, por muito tempo, até ela produzir quase uma espuma. A argamassa que era estendida como última camada, os antigos a moíam em um almofariz e regulavam o empasto de maneira tal que, na hora de ser aplicado no muro, ela não grudasse na colher de pedreiro.

Quando uma camada que já foi estendida está prestes a secar, mas está ainda parcialmente fresca, é o momento para aplicá-la sobre uma outra camada. Preste-se atenção a que todas as camadas sequem de modo uniforme. Os revestimentos, enquanto estão ainda frescos, são consolidados batendo-os com leves pilões ou com varinhas. A última camada deverá ser, nos revestimentos de reboco puro, cuidadosamente esfregada e assim se tornará brilhante como um espelho; e, ainda, após ter secado completamente, passar-se-á na sua superfície uma mistura líquida de cera, mástique e um pouco de óleo, esquentando, em seguida, o muro ungido dessa forma com um balde de brasas, de modo que ele absorva essa mistura; seu brilho superará o do mármore. Nós mesmos experimentamos que esse tipo de revestimento não se fende, mas se, durante a aplicação, se manifestarem fendas, logo é preciso fechá-las com punhados de hibisco ou de esparto cru.

Devendo-se executar a aplicação do reboco em um período tórrido ou em um lugar muito quente, será necessário bater e cortar em pedaços diminutíssimos cordas supervelhas, a serem em seguida mescladas com o material que se quer aplicar. Igualmente, o reboco resultará muito mais acabado, se, alisando-o, for regado com moderação com sabão branco derretido em água morna; uma embebição exagerada produz, porém, uma cor desbotada.

Os relevos se obterão da forma mais fácil usando decalques: esses se conseguem de esculturas preexistentes sobre as quais se deixa coar gesso líquido. Quando os relevos secarem, ungindo-os com a mistura referida nós lhes conferiremos uma superfície similar à do mármore. Existem dois tipos desses relevos: um bem saliente, o outro esmagado e comprimido. O primeiro tipo (altos-relevos) se adapta bem às paredes planas, o segundo (baixos-relevos) é mais indicado para o teto das abóbadas, porque os altos-relevos, no caso em que pendem de um lugar alto, por causa do seu peso tendem a desligar-se e cair, com grande perigo para quem se encontra no lugar. Com razão aconselham não aplicar, em lugares muito poeirentos, molduras particularmente salientes e entalhadas, mas sim alisadas e com pouca saliência, de modo que se possam limpar com mais facilidade.

As pinturas sobre muro podem ser dadas a fresco ou a seco. Aquelas a fresco condizem com todas as cores de procedência natural, obtidas de pedras, terra, vários minerais; e vice-versa, cada tipo de cor artificial e especialmente aquelas que se modificam quando entram em contato com uma chama, necessitam de um ambiente perfeitamente seco, e os seus piores inimigos são a argamassa, a lua e o vento chamado de austro. Recentemente descobriram que, misturadas com óleo de linho, as cores a serem aplicadas nos muros adquirem uma resistência ilimitada contra as intempéries, desde que a parede em que são aplicadas seja seca e privada de qualquer presença de umidade: isso não obstante me faz concluir que na Antiguidade, para pintar a popa dos navios, se usava cera líquida à guisa de adesivo. Notei também em alguns edifícios da Antiguidade cores com um brilho comparável com as pedras preciosas, aplicadas — se minha competência for suficiente para julgar — mediante cera ou talvez também betume branco, os quais ao longo do tempo ganharam tamanha dureza que não podem ser atingidos nem pela água, nem pelo fogo; poder-se-ia dizer que se trata de vidro derretido na parede. Nós observamos ainda que em alguns casos foi utilizada flor de cal para fazer que as cores aderissem ao muro ainda fresco, sobretudo se misturadas com vidro. Com isso se esgotou o assunto.

CAPÍTULO X

No que diz respeito aos revestimentos com placas, sejam lisas ou entalhadas, executam-se conforme o mesmo critério. É incrível o cuidado com que os antigos serravam e lustravam as placas de mármore. Eu mesmo observei placas marmóreas compridas mais que quatro cúbitos, largas dois, e com uma grossura de, no máximo, meio dedo, cujas juntas descreviam uma linha sinuosa para se esconderem mais do olho do espectador.

Segundo Plínio, o meio preferido pelos antigos para cortar o mármore era com a areia etiópica, logo depois vinha a indiana; menos forte era considerada a areia egípcia, mas parece que até ela era melhor que as qualidades de nossa terra. Contam, todavia, que em um território nas margens do Adriático foi encontrada uma variedade de areia utilizada naquela época pelos antigos. E hoje se extrai das praias ao redor de Pozzuoli um tipo de areia cuja utilidade nesse gênero de trabalho é notável. Também útil é a areia poligonal que se apanha do leito de qualquer torrente; todavia, quanto mais grossa for sua massa, tanto mais largos serão seus cortes, e mais aguda sua força de corrosão; por sinal, menos eficazmente ela lima, e melhor ela consegue alisar. Essa última operação é iniciada pelas limas mais grossas e termina com o ato de lamber mais que limar. Para esfregar e alisar os mármores é muito aconselhada a areia de Tebas. Recomendam também o cote; e nenhum pó é melhor que o de esmerilho. Para os últimos acabamentos é muito conveniente a pedra-pomes; são também muito úteis a espuma de estanho calcinado, a alvaiade queimada, a farinha fóssil e todo material similar, desde que sejam transformados em um pó diminutíssimo, mais diminuto que os átomos, e que saiba corroer.

Para segurar as placas, se forem grossas, antes de tudo deverão ser inseridas dentro do muro as cavilhas, ou seja, os dentes de mármore que se salientam; depois disso dever-se-ão adaptar as placas diretamente e sem materiais adesivos. No caso em que elas forem finas, após a segunda camada de reboco usar-se-á, ao invés da argamassa, uma mistura líquida de cera, piche, resina, mástique e qualquer variedade de borracha; dever-se-á esquentar ainda cada placa, mas aos poucos, já que um contato de imediato com a chama poderia produzir fendas. Ao arrumar as placas é digno de admiração fazer com que resultem dispostas juntas em uma ordem harmoniosa e prazerosa ao olhar. As manchas das pedras deverão harmonizar-se com as manchas, as cores com as cores, cuidando para justapor variedades similares, para que uma embeleze a outra. Muito sagaz é aquele meio usado pelos antigos, mediante o qual as partes do edifício mais próximas do espectador eram acabadas com o máximo cuidado, enquanto as menos visíveis, porque mais distantes ou postas em um lugar mais alto, eram menos cuidadas. Por vezes, em pontos que dificilmente teriam entrevisto até os observadores mais curiosos, não cuidavam nem para usarem placas alisadas.

Os revestimentos com tarjas e aqueles com mosaicos têm em comum a característica de imitar a pintura mediante pedras, vidros, cacos de conchas pintados de várias cores e combinados juntos de forma harmoniosa; e parece que o primeiro que introduziu o hábito de cortar cascas de ostras perlíferas a serem introduzidas nos revestimentos foi Nero. Há, porém, uma diferença, que nas tarjas se utilizam seções de tábuas o mais extensas possível, enquanto para o mosaico se usam fragmentos quadrados menores que uma fava, já que nele quanto menores forem os quadrados, tanto mais difusa resulta a luminosidade, devido à reflexão dos raios de luz em várias direções por causa das superfícies das tesselas. Outra diferença: a tarja exige, como meios de aplicação mais convenientes, os preparados gomosos, enquanto aos mosaicos condiz mais a argamassa misturada com pó muito fino de travertino.

Alguns aconselham, ao preparar os mosaicos, regar várias vezes a argamassa com água quente, para tirar a salsugem e torná-la mais macia e viscosa. Notei que pedaços até muito duros, usados na tarja, são alisados com o uso da pedra de amolar. Nos mosaicos pode-se dourar o vidro utilizando cal de chumbo, que se liquefaz mais que qualquer vidro.

Tudo o que foi dito até agora acerca dos revestimentos, tudo ou quase pode também ser útil para o trabalho de pavimentação, de que pretendíamos falar; só que neste último não se aplicam ornamentos de pinturas e nem relevos. Salvo que se considere pintura a possibilidade de tingir a argamassa de várias cores e distribuí-la em áreas delimitadas por trechos de mármore, imitando a pintura. A tintura se obtém com ocra queimada, terracota em pó, miuçalhas de sílex, limalha de ferro etc. Após ter revestido dessa forma o pavimento, uma vez seco, proceder-se-á para alisar tudo, regulando-se da seguinte forma. Pega-se um sílex, ou melhor ainda, um pedaço de chumbo com um peso de cinco libras, com um fundo plano, e através de cordinhas se arrasta para frente e para trás de uma área para outra do pavimento, após ter previamente espargido a areia muito áspera e a água, de modo que o atrito iguale perfeitamente a superfície. Esse resultado não será alcançado onde as linhas e os ângulos das tesselas não resultem adequados. Se a pavimentação for infusa com óleo, sobretudo de linho, sobre ela formar-se-á uma película similar ao vidro. É ainda muito conveniente espargi-la com borra de azeite; outra operação muito útil é regá-la várias vezes com a água que serviu para apagar a cal.

Em todos os revestimentos recentemente tratados não se deverá inserir a mesma cor ou a mesma forma com uma frequência excessiva ou com pouca distância e de modo desordenado. Evitem-se, igualmente, os espaços vazios entre pedaços. Cada elemento deverá ser disposto e ligado com os outros com a máxima exatidão, de modo que a obra se torne igualmente perfeita em cada parte.

CAPÍTULO XI

A execução da cobertura, tanto nos vigamentos e nas abóbadas, quanto nos revestimentos ao ar livre, tem também os seus elementos ornamentais e de embelezamento. Ainda hoje se podem ver no pórtico de Agripa os tetos de vigas de bronze, compridos quarenta pés: um trabalho pelo qual se fica maravilhado não somente pelo dispêndio de meios, mas também pela capacidade de quem o executou. Já se disse em outra ocasião que o telhado do templo de Diana em Éfeso, construído com madeira de cedro, resistiu durante muitos anos. Conta, por sua vez, Plínio, que Saulaces, rei da Cólquida, após ter derrotado o rei do Egito, Sesóstris, mandou fazer vigamentos de ouro e prata. Encontram-se também templos cuja cobertura consta de tábuas marmóreas: assim, no templo de Jerusalém — contam — as tábuas do telhado eram de mármore, com grandes dimensões e com um brilho extraordinário, tanto que aquele telhado parecia, olhando-o de longe, uma altura enevoada. Primeiro entre os romanos, Catulo dourou os telhados de cobre do Capitólio; em seguida, posso concluir que, sempre em Roma, tenha sido coberto o Panteão com placas de mármore dourado; enquanto sob o pontificado de Honório, período em que se difundiu na África setentrional a nova religião de Maomé, a basílica inteira de São Pedro foi provida com uma cobertura de tábuas de mármore. Na Alemanha usam-se telhados envidraçados resplandecentes.

É muito frequente o uso de chumbo, tanto por sua longa duração, quanto pela despesa razoável, e, sobretudo, pela beleza do aspecto; todavia apresenta algumas desvantagens. Se for sobreposto a uma camada de argamassa, faltando dessa forma um espaço livre no meio, os raios solares esquentam as pedras e o calor excessivo passa para o chumbo, fundindo-o. A propósito, é útil aqui lembrar um fenômeno que podemos verificar com a experiência. Um balde de chumbo, se for enchido com água, não funde em contato com o fogo; mas, se colocarmos uma pedrinha nele, somente por causa desse contato o metal se funde e é furado. Outra desvantagem: nos pontos em que as lâminas não estão presas com uma fixação muito firme e constante, é fácil que os ventos as desprendam. Ainda: em pouco tempo o chumbo é danificado e corroído pelo efeito salino da cal; por isso seria natural aplicá-lo preferivelmente na madeira, se não houvesse perigo de incêndio; mas, aqui também, há o inconveniente dos pregos, especialmente se forem de ferro, os quais se esquentam ao sol mais ainda que as pedrinhas da argamassa e tendem a corroer ao redor com ferrugem. Convém então que tais ganchos e pregos, a serem inseridos nas abóbadas, sejam de chumbo, de modo a fixar a eles as lâminas das telhas mediante ferros ardentes. É também oportuno cobrir a superfície que está sob as telhas com uma camada leve de cinza de salgueiro, bem lavada, misturada com argila branca. Os pregos de cobre se esquentam menos e produzem um dano menor com a ferrugem.

Em contato com excremento de pássaro, o chumbo se deteriora. Por isso é preciso evitar oferecer às aves lugares em que possam empoleirar-se comodamente, ou arrumar material mais espesso nos pontos sobre os quais o excremento, depositando-se, acumular-se-á. Conta Eusébio que no cume do templo de Salomão estavam esticadas correntes em que estavam suspensos quatrocentos vasos de cobre, cujo barulho espantava os pássaros.

Costumam-se adornar outras partes do telhado: o frontão, as calhas, os ângulos. A ornamentação se faz através de pequenas colunas, guirlandas de flores, estátuas, bigas e outros elementos desse gênero, dos quais se falará detalhadamente em outro momento. Para completar a análise desse tipo de ornamentos resta somente advertir que sua utilização deve estar de acordo com as características do edifício e serem aplicados nos lugares que lhes condizem.

CAPÍTULO XII

Os ornamentos das aberturas têm grande importância para a beleza e para o decoro do edifício inteiro. Eles apresentam, porém, graves e numerosos inconvenientes, que o construtor pode resolver somente com grande esforço e com despesas muito grandes. São necessárias, de fato, pedras com grandes dimensões, com uma estrutura compacta, que devem ser iguais entre si, com uma qualidade muito selecionada e rara e não é certamente fácil encontrá-las e nem colocá-las na posição exata, nem trabalhá-las, nem reuni-las segundo a própria discrição. Cícero costumava dizer que, no julgamento dos arquitetos, as colunas nunca poderiam ser dispostas verticalmente; isso, por sinal, no que diz respeito às aberturas, é necessário fazê-lo, tanto por causa da solidez, quanto por motivos estéticos. Há ainda outras desvantagens, que, nos limites de nossas capacidades, tentaremos resolver.

A abertura, por definição, oferece uma passagem através do muro; mas, por vezes, se apoia uma parede à outra, como um casaco de pele enfiado sobre um vestido, e se molda um tipo específico de abertura que não tem a função de passagem, porque é barrada pela sobreposição de uma parede, então, por consequência, não seria inoportuno chamá-la de pseudoabertura. Um ornamento desse gênero, assim como a maioria dos outros, foi introduzido originalmente pelos carpinteiros, com o objetivo de reforçar suas obras e economizar; o uso fora, em seguida, imitado pelos cortadores de pedras, que retiraram disso resultados de grande elegância.

Qualquer tipo de ornamento resultará mais belo se sua ossatura for inteiramente constituída por uma única variedade de pedra; em segundo lugar, se todas as partes que o caracterizam forem unidas de modo que não se consiga entrever as juntas.

Os antigos costumavam erguer e plantar nas suas bases as pedras mais grossas, pertencentes às colunas e ao resto da ossatura (mesmo por meio de pseudoaberturas), antes de levantar o muro. Essa é uma ideia realmente muito sábia. Dessa forma, o uso das máquinas era facilitado e a busca da posição vertical era mais cômoda. A coluna será plantada verticalmente da seguinte maneira: na base, no fundo e no topo da própria coluna marcar-se-ão os centros das respectivas circunferências. Ao centro da base aplicar-se-á uma prancha de ferro segurando-a com um pouco de chumbo; ao centro do fundo da coluna se fará um furo adequado para acolher a prancha que se salienta da base; no alto da estrutura se afixará um ponto do qual o *fio de prumo* caia exatamente na prancha cravada na base. Depois disso, não haverá dificuldade para direcionar a parte superior da coluna para deixar passar a vertical, rebaixada do último ponto marcado para o centro da sua circunferência.

Observando as obras antigas eu aprendi que algumas variedades de mármore particularmente macias se podem aplanar por meio de utensílios de ferro, os mesmos com que se aplana a madeira. Igualmente os antigos seguiam o critério de construir com pedras ainda não trabalhadas, cujas extremidades e margens que deviam combinar entre si na construção, eram as únicas partes moldadas; depois, uma vez terminado esse trabalho, procediam aplanando e alisando as partes brutas. Isso com o objetivo — eu suponho — de expor aos riscos do levantamento, mediante roldanas, objetos com o valor menor; pois, se por causa de uma coincidência infausta um bloco de pedra se tivesse despedaçado, a perda teria sido muito maior no caso em que ele tivesse sido acabado e polido, que quando fosse somente desengrossado. Não só; com esse sistema eles distribuíam de forma muito oportuna os tempos da execução: uma é, de fato, a fase em que se constrói, outra é aquela em que se reveste e se acaba a obra.

As pseudoaberturas são de dois tipos. Em um caso elas são aderentes ao muro de modo que por um lado se confundem com ele e por outro se sobressaiam; no outro, todas as colunas que fazem parte do muro estão desligadas dele, com o objetivo explícito de assemelhar-se com o pórtico. Por essa razão o primeiro tipo pode ser chamado de "em relevo", o segundo "separado". Nas pseudoaberturas "em relevo" se usarão colunas com planta circular ou quadrangular; aquelas com planta circular não poderão se salientar com uma profundidade nem maior nem menor que seu raio; aquelas com planta quadrangular não mais que a quarta parte nem menos que a sexta parte do lado. No que diz respeito ao tipo "separado", as colunas não poderão em hipótese nenhuma se distanciar do muro em uma profundidade maior que um quarto de sua base, nem menos que quanto for necessário para que a coluna inteira e a base estejam fora do muro. A cada coluna distanciada em um quarto da espessura da sua base deverá corresponder uma coluna com planta quadrada do tipo "em relevo". Sempre nas colunas do tipo "separado" a arquitrave não deve correr em uma reta contínua de um ponto a outro do muro, mas sim se dobrar em ângulo reto em correspondência das colunas, de modo que as extremidades das vigas, salientando-se do fundo, abracem os capitéis de cada coluna; como a arquitrave, as cornijas que o completam arrombarão para fora para coroar os capitéis. Em relação às colunas "em relevo", pode-se escolher entre duas possibilidades: ou utilizar arquitrave e cornijas ao longo de uma linha ininterrupta no comprimento inteiro do muro, ou imitar o módulo recém-descrito para o tipo "separado", reproduzindo a saliência e a entrada da sua arquitrave.

Até agora se abordaram os ornamentos que se aplicam em partes comuns em cada gênero de edifício; os elementos que não são comuns constituirão o objeto do próximo livro, porque este já está suficientemente longo. Já que, então, neste ponto começamos a falar desse gênero de ornamentos, não se deve descuidar de nenhum pormenor que diz respeito a este assunto.

CAPÍTULO XIII

Em toda a arquitetura o ornamento fundamental é constituído sem dúvida pelas colunas. Por um lado, de fato, elas adornam, quando algumas delas estão reunidas, pórticos, muros e todo tipo de abertura; por outro, produzem um efeito prazeroso ainda que isoladas, embelezando esquinas, teatros, praças, sustentando troféus e monumentos comemorativos. A coluna confere beleza e decoro; e não é fácil fazer ideia das riquezas que os antigos gastavam para conferir-lhe a máxima elegância. Alguns, não satisfeitos por terem construído colunas de mármore procedente da ilha de Paro, de Numas, de alabastro etc., quiseram utilizar o trabalho dos artistas mais insignes para construí-las, para que resultassem cheias de figuras em relevo: conforme contam, no templo de Diana em Éfeso havia mais de cento e vinte colunas desse tipo. Outros colocaram nelas bases e capitéis de cobre e dourados, como em Roma no duplo pórtico construído sob o consulado de Otávio que triunfou sobre Perseu; outros fizeram colunas inteiras de bronze; outros ainda as revestiram com prata. Mas não nos deteremos nisso tudo.

É preciso que as colunas sejam bem lisas e redondas. Eu achei a notícia segundo a qual dois arquitetos, Teodoro e Tolo, teriam aprontado em Lemnos, nas suas oficinas, alguns tornos nos quais era suficiente manter suspensas as colunas para que um único escravo pudesse fazer com que as torneasse. Mas isso é contado pelos gregos.

A nosso ver é útil estabelecer as linhas mais compridas da coluna, que são o eixo e o lado, e as mais curtas, que são os diâmetros dos vários círculos que cercam o fuste nos diferentes pontos. Entre esses círculos, os mais notáveis são a superfície plana que se encontra no topo da coluna, e a outra, também plana, situada na extremidade inferior, que é chamada de planta. O eixo é a linha reta compreendida, dentro da coluna, entre o centro do círculo mais alto e o centro da planta, ou seja, (como também se pode dizer) a perpendicular puxada no centro da coluna. O eixo é também a reta contendo os centros de todos os círculos da própria coluna. O lado é a linha conduzida da margem externa do círculo mais alto ao ponto correspondente situado na margem externa da planta; reúne os extremos de todos os diâmetros que marcam a espessura da coluna, e, portanto, não é uma reta como o eixo e também não é uma linha única, ainda que se componha de várias linhas, uma parte de retas e outra parte de curvas, como daqui a pouco poderemos esclarecer.

A espessura da coluna se mede traçando o diâmetro dos respectivos círculos em cinco pontos: as saliências, as entradas, a êntase. As saliências são duas, uma no topo, a outra no fundo da coluna; e são chamadas assim porque se sobressaem mais que qualquer outra parte da coluna. As entradas, também duas, seguem imediatamente após as saliências, uma embaixo e a outra em cima; assim chamadas porque através delas entram no corpo do fuste. O diâmetro da êntase se mede aproximadamente no ponto médio da altura da coluna; e o termo êntase indica o inchamento aparente do fuste em correspondência a esse ponto. De fato, a entrada que está situada na extremidade inferior da coluna é constituída por um filete e por uma superfície curva que serve de transição para entrar no corpo da coluna; aquela posta na extremidade superior da coluna inclui, além dos dois elementos referidos, também um colarinho.

Nós dissemos que teríamos feito quanto fosse possível para nos expressarmos em um latim correto e totalmente compreensível. Quando não estiverem à disposição termos usuais, será necessário obrigatoriamente inventar novos; por isso se torna conveniente tomar emprestados os nomes dos objetos que se assemelham com os nossos. Nós chamamos, na Toscana, "nastro" um cinto muito fino que as donzelas usam para prender e segurar os cabelos; então, por analogia, seja-nos concedido chamar de "nastro" o cinto que, à guisa de fasquia dobrada como se fosse um anel, cerca a extremidade da coluna. Chamaremos, por sua vez, de colarinho o anel, acrescentado ao *nastro*[46] na extremidade superior do fuste, o qual segura apertado este último à guisa de uma cordinha.

[46] Em nossa tradução, a partir de agora, "filete".

Por último, a linha que constitui o lado da coluna se determina da seguinte forma: sobre o pavimento, ou sobre uma parede com uma superfície plana — lugar que chamaremos de traçado —, desenha-se uma linha reta comprida tanto quanto deverá ser a coluna projetada que os operários recortarão da rocha. Essa linha se chamará de eixo. Essa será dividida em um determinado número de segmentos, a depender da estrutura do edifício a ser construído e do tipo de colunas nele utilizadas, de que falaremos na hora oportuna. Na extremidade de tal série de segmentos colocar-se-á o diâmetro da planta, que aqui no traçado desenharemos no limite extremo do eixo, cortando-o com uma linha curta perpendicular a ele. Dividir-se-á o diâmetro em vinte e quatro segmentos. A altura do filete será igual a um desses; no traçado ela será marcada por uma pequena linha. A uma altura igual a três dessas vinte e quatro partes do diâmetro referido marcar-se-á no eixo o centro da entrada mais próxima, e através dele se conduzirá uma linha perpendicular ao eixo e paralela ao diâmetro da planta: ela constituirá o diâmetro da entrada inferior, cujo comprimento será, em relação ao diâmetro da planta, menor que uma sétima parte dele. Uma vez traçadas as linhas mencionadas anteriormente, ou seja, o diâmetro da entrada e o do filete, da extremidade desse até a extremidade do outro marcar-se-á uma linha curva, com o dorso voltado para o eixo, e com um perfil o mais doce e agradável possível. O início dessa curva resultará constituído por um arco igual a um quarto de uma pequena circunferência cujo raio será igual à altura do filete. Depois disso, dividir-se-á todo o comprimento do eixo em sete partes iguais, marcando essas divisões com pontos. Em correspondência do quarto ponto (começando a contar a partir da planta) se estabelecerá o centro da êntase, pelo qual se deixará passar o relativo diâmetro; o comprimento desse será igual à medida daquele da entrada inferior. A entrada superior e a saliência superior se determinarão da seguinte forma: do comprimento do diâmetro da planta se deduzirá — em relação às dimensões a serem atribuídas à coluna, de que falaremos na hora certa — o comprimento do diâmetro do círculo superior, que no traçado será posto na extremidade do eixo. Após tê-lo desenhado, nós o dividiremos em doze segmentos, dos quais cada um medirá como a altura do colarinho e do filete da saliência superior considerados juntos, e especificamente a altura do colarinho ocupará os dois terços dessa décima segunda parte; o restante será ocupado pelo filete. Sob essa última saliência encontrar-se-á a entrada superior, cujo centro deverá distar, do centro do círculo mais alto da saliência superior, uma vez e meia a décima segunda parte do diâmetro deste último. O diâmetro dessa entrada será, em relação ao diâmetro máximo da saliência, diminuído da nona parte desta. Depois disso se traçará uma outra linha curva com um procedimento análogo ao anterior. Finalmente, uma vez desenhadas as saliências, as entradas, as linhas curvas de contorno e o diâmetro da êntase no traçado, puxar-se-ão duas linhas retas a partir das extremidades dos diâmetros das duas entradas, superior e inferior, até a extremidade do diâmetro da êntase. Assim, com o procedimento geométrico referido, determina-se a linha chamada de lado da coluna; seguindo esta se cortará uma tábua fina, que servirá de modelo para os britadores para que retomem e reproduzam as medidas e a conformação exata da coluna. A superfície da extremidade inferior do fuste, se a coluna for bem moldada, formará ângulos retos com a linha procedente verticalmente do centro do círculo que constitui a superfície superior da coluna.

Tudo isso nós não o deduzimos dos escritos dos antigos, mas da observação exata e cuidadosa das obras dos melhores arquitetos. Quanto diremos agora diz respeito, em máxima parte, ao método desses desenhos; serão noções de grande importância e certamente agradarão aos pintores.

Figura 1: Disposição "destacada" da coluna, sobressaindo-se o fusto e a base [esta e as demais ilustrações são da edição florentina de 1550 de Cosimo Bartoli]

Figura 2: Disposição "destacada" da coluna, com pilastras de anteparo e cornijas articuladas

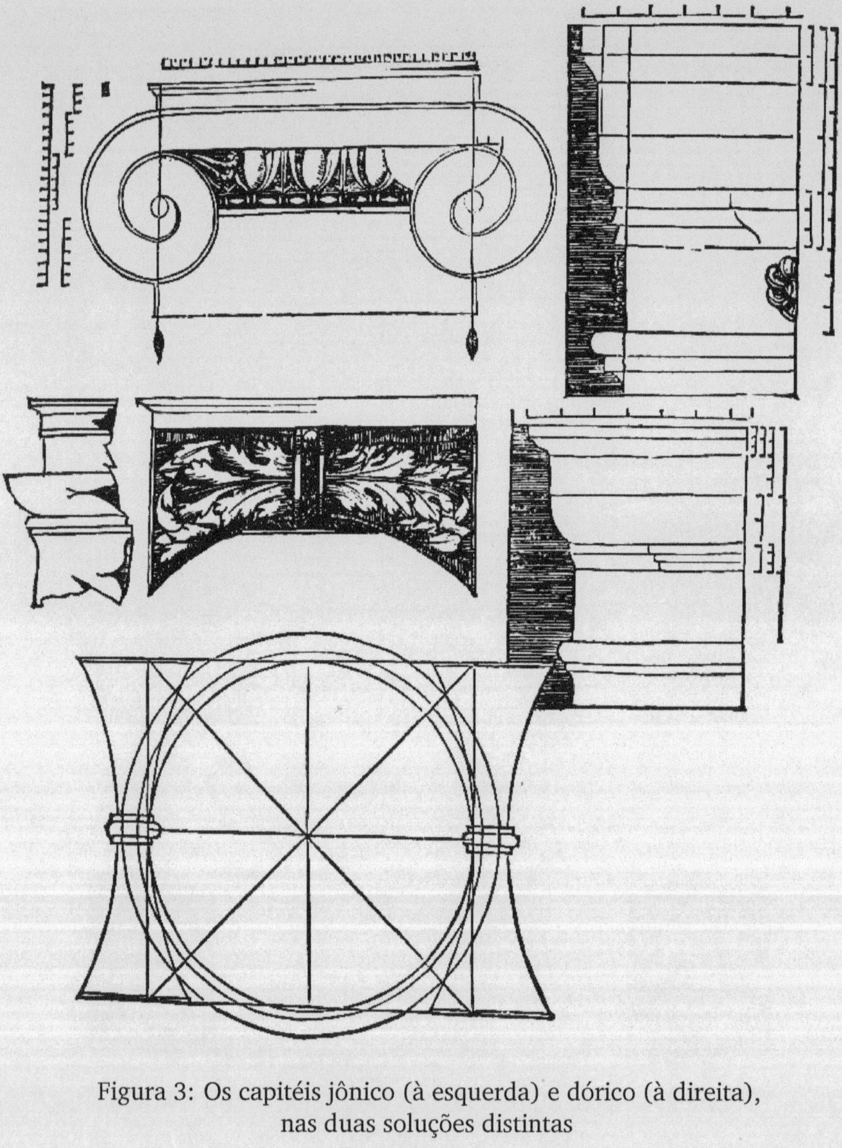

Figura 3: Os capitéis jônico (à esquerda) e dórico (à direita), nas duas soluções distintas

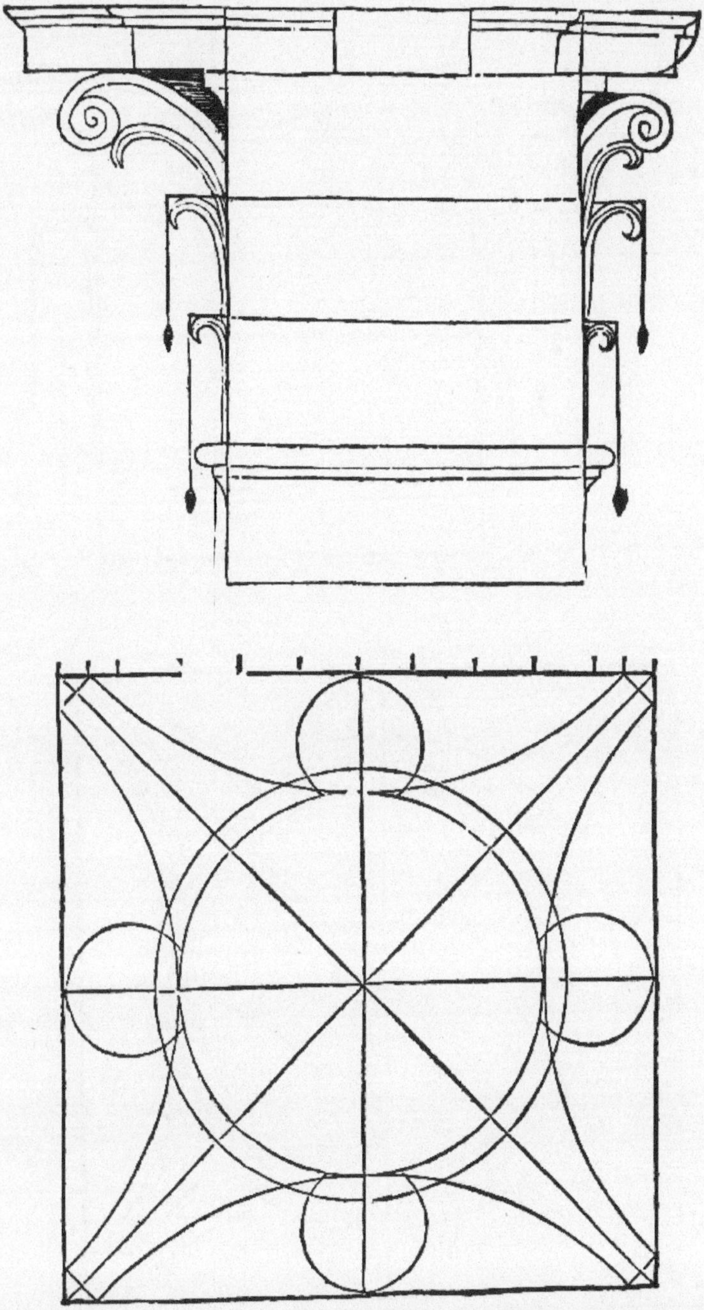

Figura 4: O capitel coríntio, seção e esquema planimétrico

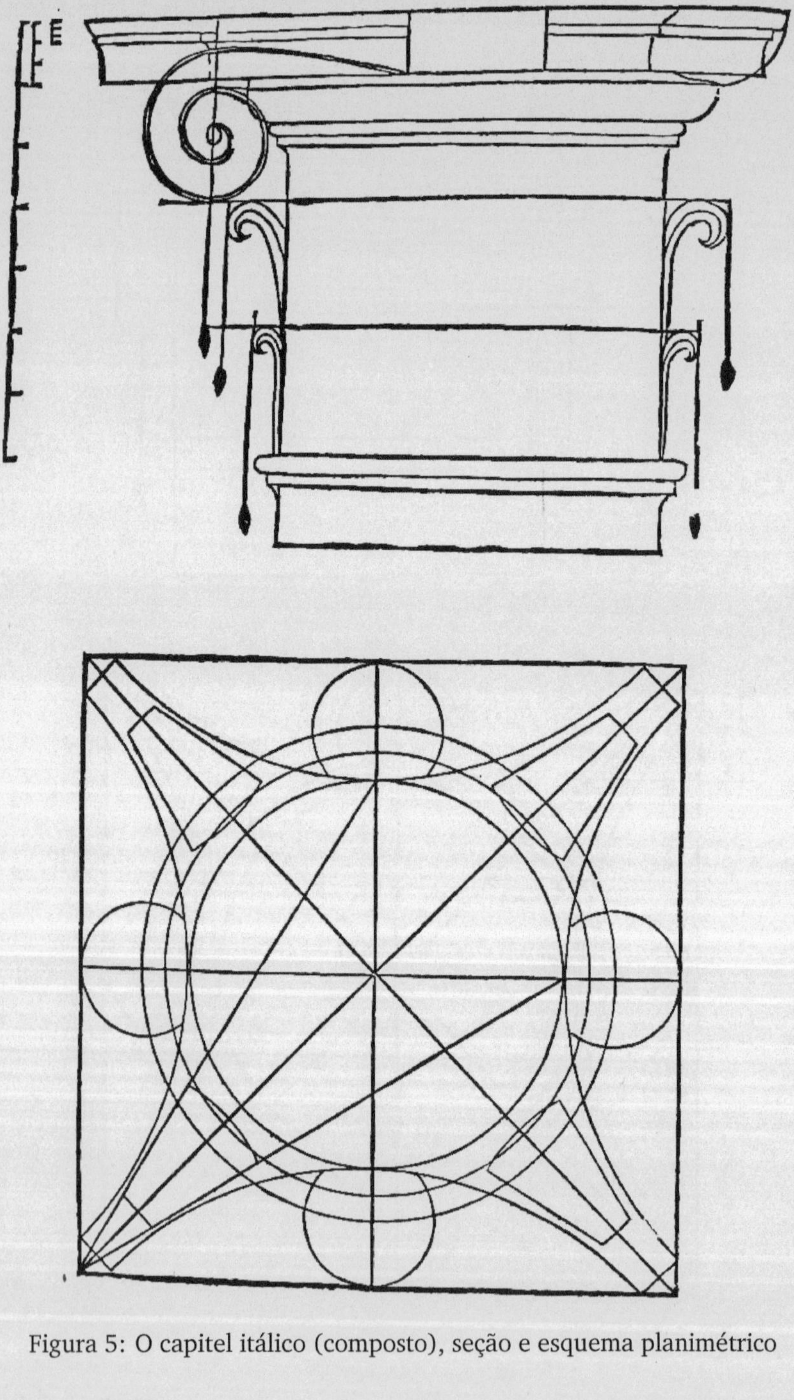

Figura 5: O capitel itálico (composto), seção e esquema planimétrico

Figura 6: Seção e perspectiva da trave dórica com as proporções modulares

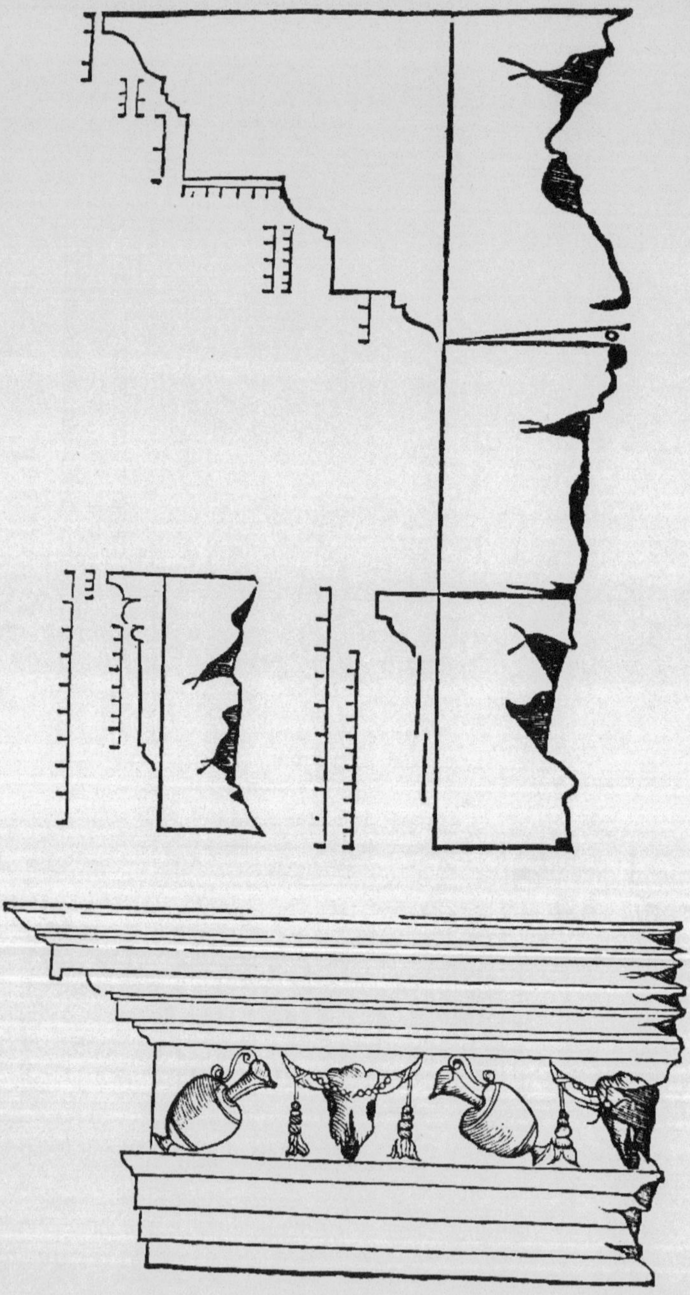

Figura 7: Seção e perspectiva da trave jônica

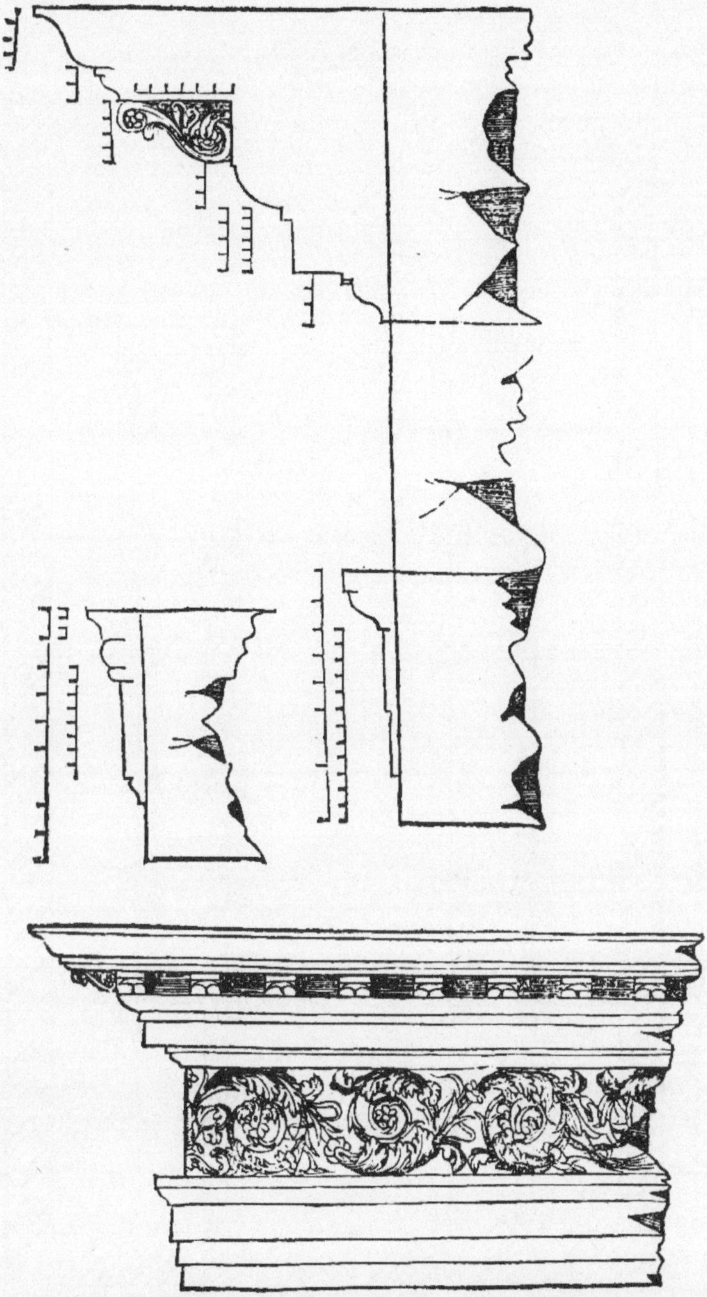

Figura 8: Seção e perspectiva da trave coríntia

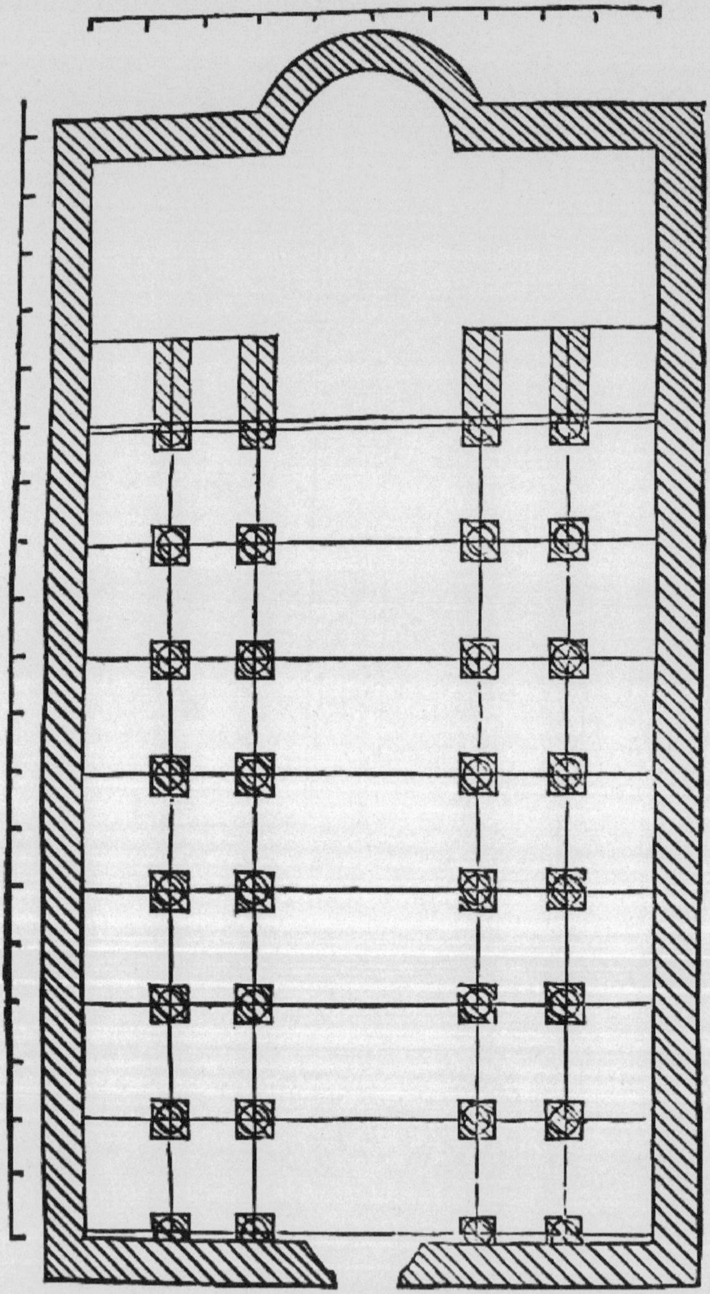

Figura 9: Planta de basílica com arcadas duplas e nave causídica

Figura 10: Seção de basílica com arcadas duplas, com três ordens sobrepostas: jônica, coríntia, itálica

Figura 11: A torre ideal

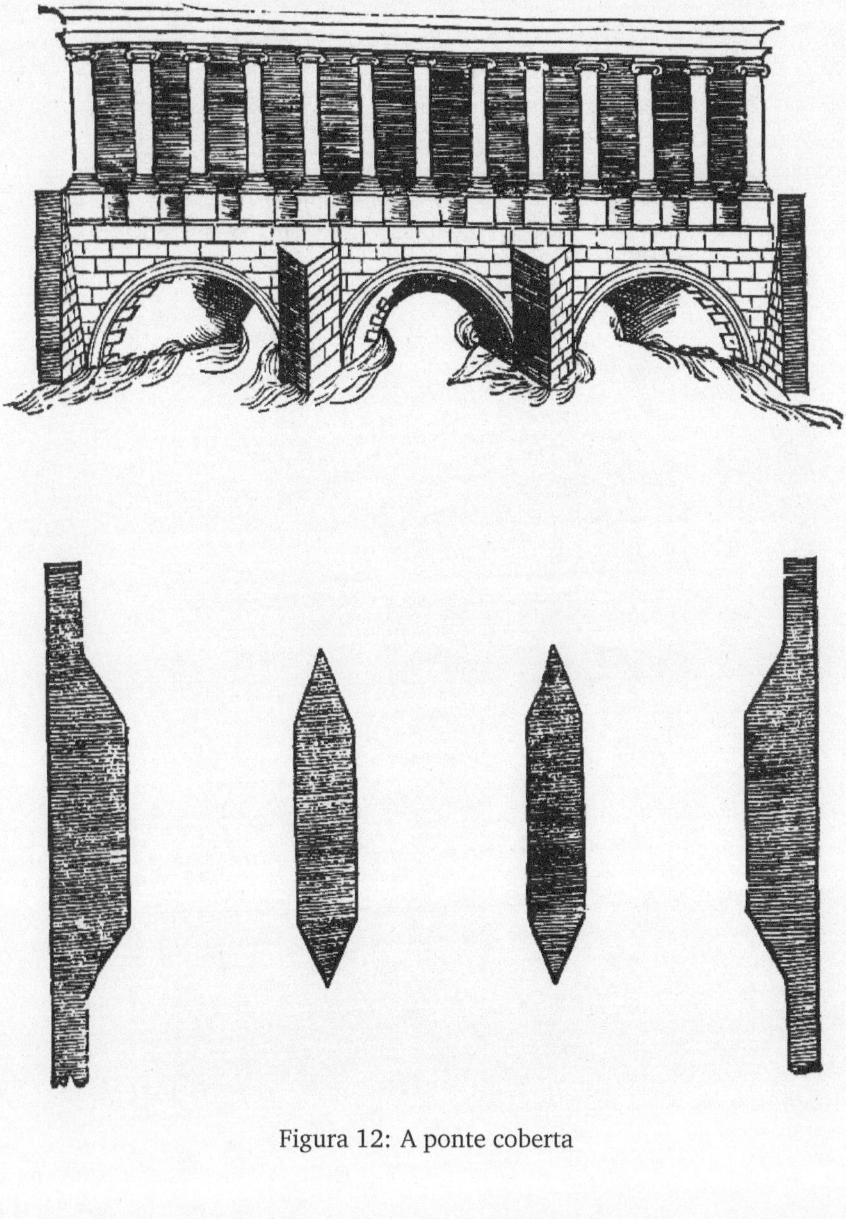

Figura 12: A ponte coberta

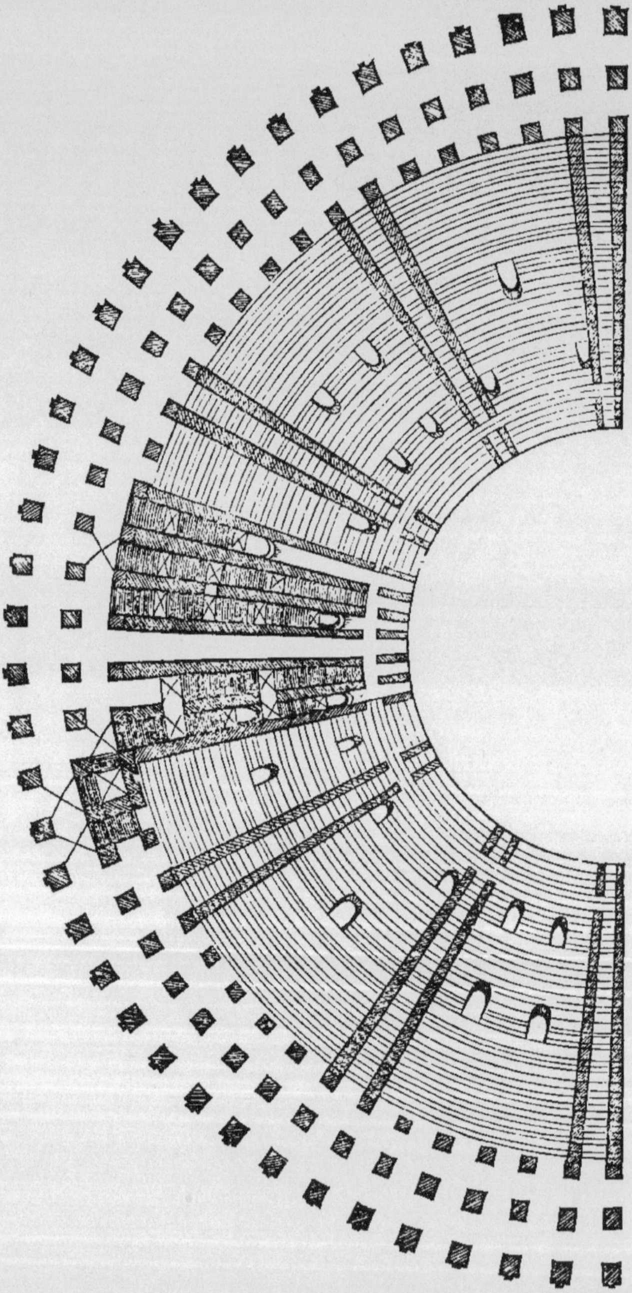

Figura 13: Planta do teatro

Figura 14: Fachada do teatro

Livro VII
O ornamento de edifícios sagrados

CAPÍTULO I

Vimos que a arquitetura se divide em várias partes, das quais algumas são comuns a cada e qualquer tipo de edifício — é o caso da área, da cobertura etc. —, e outras se diferenciam de construção a construção. Até agora se abordaram os ornamentos dos dois grupos, nos limites requeridos por esse assunto; resta agora falar daqueles que se aplicam a este segundo grupo. Esta abordagem será tão útil que até os pintores, pesquisadores muito refinados de belezas, a considerarão de importância imprescindível; será ainda suficientemente agradável para que ninguém se arrependa de ter começado a sua leitura.

A essa altura — com a permissão do leitor — iniciaremos um novo assunto precedido de uma nova introdução. Nela se dividirão e descreverão com a máxima exatidão as várias partes de que se compõe a nossa matéria inteira. De fato, para se fazer uma estátua, em cuja moldagem se utilize bronze, ouro e prata misturados, o fundidor levará em conta exigências específicas em relação ao peso, o moldador cuidará de outras concernentes ao desenho, e talvez outros aspectos do trabalho serão tarefa de outros homens ainda. De modo igual, precedentemente tínhamos esclarecido ser necessário distribuir as partes da arquitetura para fornecer um critério cômodo e conveniente para classificar os assuntos que então deviam ser abordados. Ora, antes da abordagem faremos uma premissa sobre a partição adequada para responder, mais que às exigências de praticidade e de solidez, às de elegância e de decoro nos edifícios. E, todavia, as boas qualidades se correspondem sob cada aspecto, tanto que, se uma construção não satisfaz em um sentido, resulta insuficiente também em todos os outros.

Os edifícios, então, podem ser públicos ou privados; por sua vez, tanto os públicos quanto os privados podem ser sacros ou profanos. Abordaremos antes os públicos.

Os muros das cidades costumavam, junto aos antigos, ser levantados com uma solenidade religiosa, e dedicada a uma divindade tutelar. Eles tinham certeza que nem a razão humana nem os esforços de seja quem for pudessem evitar que entre os homens rastejassem o ultraje e a perfídia; de modo que, seja por causa do descuido dos cidadãos, seja por causa do ódio dos vizinhos, eles achavam que as sortes da própria cidade estivessem ligadas ao imprevisto e sempre expostas aos perigos, como um navio em poder das ondas. Eis por que — eu suponho — fabulavam de Saturno que uma vez, para ajudar a humanidade, teria posto na chefia das várias cidades heróis e semideuses que as protegessem com sua sabedoria; os homens necessitam, de fato, para sua defesa, não somente de muros, mas também, e muito, da ajuda divina. Contavam, também, que Saturno resolveu fazer aquilo porque se deu conta que, assim como para guiar rebanhos não se põe um dos animais, mas um pastor, da mesma forma as comunidades humanas deviam ser submetidas a seres de outra natureza providos de inteligência e de potência superiores. Os muros eram então consagrados à divindade.

Outros afirmam que a intervenção de Deus ótimo e máximo fez com que não somente as almas individuais, mas também os povos inteiros possuam seus gênios protetores. Não surpreende, então, que os muros dentro dos quais os cidadãos se reuniam em uma comunidade e pelos quais eram defendidos fossem considerados sagrados. Quando, ainda, um exército estava prestes a tomar posse de uma cidade após um assédio, para não parecerem desrespeitosos da religião local recitavam uma invocação específica em versos para os numes tutelares da cidade, para que aceitassem facilmente o cativeiro.

É óbvio que o templo mereça veneração, pois, entre muitas outras razões, antes de tudo é nele que se tributa aquele tipo de reconhecimento e de adoração aos deuses benfeitores da humanidade, que é o fundamento principal da justiça. E que a própria justiça seja em sua essência um dom divino, não se pode duvidar disso. Existe, ainda, outro aspecto da justiça, muito importante e muito próximo do anterior, que agrada muito aos deuses e por isso é sagrado tanto quanto o outro: ou seja, perseguir o objetivo de dar a paz e a tranquilidade aos homens, atribuindo a cada um o que merece. Por isso à basílica, onde deve ser administrada a justiça, dá-se caráter de algo sagrado.

No que diz respeito aos monumentos comemorativos, tendo a função de passar aos vindouros fatos que se querem tornar eternos, eles também, se não estou enganado, decorrem dos princípios da justiça e da religião. Falaremos então dos muros, dos templos, da basílica, dos monumentos; antes disso, porém, não podemos descuidar de abordar muito rapidamente alguns pontos que dizem respeito às características das cidades.

O ambiente e a área da cidade receberão grande decoro se muitos edifícios forem situados e distribuídos nas posições mais adequadas. Segundo Platão, o campo e a área urbana deviam ser divididos em doze áreas, entre as quais se deveriam repartir de forma igual templos e capelas. Em nosso parecer acrescentaríamos os altares nas encruzilhadas, os assentos para juízes subalternos, os lugares de defesa, as pistas para competições de corrida e as áreas reservadas para as atividades lúdicas, e, enfim, cada outra obra que tem funções desse tipo, desde que o espaço circunstante hospede uma grande quantidade de habitações.

Existem cidades grandes e cidades pequenas, como os fortins e as cidadelas. Nos livros dos autores da Antiguidade encontra-se a opinião segundo a qual as cidades situadas na planície devem ser consideradas menos prestigiosas, porque seriam as menos antigas; segundo eles, de fato, elas foram fundadas muito tempo após o dilúvio. De qualquer forma, é claro que a posição mais atraente e agradável é, para uma cidade, a planície aberta, e para uma cidadela um lugar inacessível e íngreme. Dito isso, é, todavia, aconselhável um encontro entre as características opostas: quer dizer, na planície seria melhor escolher uma área levemente elevada, por razões higiênicas, e nas montanhas uma esplanada plana e nivelada, para facilitar a construção de estradas e edifícios. Parece que Cícero, por exemplo, estimava como mais bem situada Cápua que Roma, porque esta última foi construída sobre as colinas e era atravessada por vales, e a outra resultava aberta e plana. Alexandre, por sua vez, renunciou a fundar uma cidade na ilha de Faro, embora fosse acolhedora e bem protegida, havendo constatado que o núcleo urbano não teria tido espaço para se expandir.

Parece-me correto lembrar aqui que uma qualidade altamente positiva para uma cidade é ter um grande número de habitantes. Conta-se que Tigranes, quando fundou a cidade de Tigranocerta, obrigou uma imensa multidão de homens nobres e ricos a se mudarem para dentro dela com todos os seus bens, promulgando com esse objetivo um édito pelo qual todos os bens dessas pessoas, se não tivessem sido transportadas para a nova sede, teriam sido confiscados. Os habitantes das áreas limítrofes e até de países estrangeiros, sem nenhuma constrição vinda do alto, farão com certeza essa transferência no caso em que entrevejam a possibilidade de viver em boa saúde, na abundância e em contato com homens bons e virtuosos.

Mas o principal ornamento de uma cidade é constituído pelas estradas, pelo foro, por cada edifício e pela sua posição, construção, forma, colocação: todos esses elementos deverão ser dispostos e distribuídos para responder da forma mais adequada à função de cada obra e às suas exigências de praticidade e decoro. Já que, onde faltar a ordem, também desaparecem a comodidade, o agrado e a dignidade.

Em um Estado que seja bem governado e bem ordenado — afirmava Platão — é necessário providenciar conforme a lei que não se espalhem entre os cidadãos aqueles costumes relaxados dos povos estrangeiros e que nenhum cidadão com idade inferior aos quarenta anos possa ir ao exterior; em relação aos forasteiros que chegaram à cidade para se instruir, uma vez que eles, passado um certo período, tenham bem assimilado os ensinamentos, deverão ser reenviados aos seus países. Essa providência é oportuna porque os contatos com esses estrangeiros induzem os cidadãos a se desacostumarem aos poucos da frugalidade dos antepassados e a começarem a recusar os costumes tradicionais, o que representa a causa fundamental da degeneração de tantas cidades. Acerca disso, Plutarco conta que os notáveis de Epidamno se deram conta uma vez que os cidadãos, em consequência das relações entretidas com os ilírios, se corrompiam; e recordaram que a degradação dos hábitos traz consigo revoltas políticas; tanto que, para afastar esse perigo, começaram a eleger a cada ano somente um dentre todos os cidadãos, uma pessoa extremamente séria e prudente, a quem era confiada a tarefa de ir junto aos ilírios para regulamentar com eles todas as aquisições e contratos por conta de cada um de seus concidadãos. Em conclusão, todos aqueles que têm alguma experiência concordam em recomendar o máximo cuidado para que a cidadania não se polua com o acesso de elementos estranhos. Nem, por outro lado, me parece razoável imitar quem pretende proibir todo contato com qualquer gênero de forasteiros.

Conta-se de um antigo costume grego: quando chegavam povos armados que não estavam ligados à população local mediante pactos de aliança, mas também não estavam em guerra contra eles, os gregos não os acolhiam dentro de seus muros e também não os repeliam de forma inóspita, mas sim arrumavam pouco fora do pomério um mercado de alimentos; tanto que os recém-chegados podiam procurar quanto lhes fosse necessário, e os cidadãos estavam protegidos de eventuais perigos. Muito responsável me parece, acerca disso, a conduta dos cartagineses, que não recusavam a hospitalidade a estrangeiros e também não permitiam que eles tivessem tudo em comum com os habitantes locais: os forasteiros, assim, tinham uma via determinada de acesso ao foro, mas não lhes era concedida sequer a vista das partes mais internas da cidade, dos estaleiros etc.

Portanto, dividiremos a área da cidade de modo que não somente os forasteiros tenham habitações separadas, feitas especificamente para eles, e de maneira tal que não incomodem os cidadãos, mas também estes últimos possam morar nos próprios bairros com todas as comodidades que as funções e a classe social de cada um exigem.

A distribuição das lojas dos artesãos em várias áreas e em bairros específicos constituirá uma ornamentação insigne para a cidade: nas proximidades do foro os bancários, os ornamentadores, os ourives; mais adiante as especiarias, as alfaiatarias e, em geral, os comércios reputados mais respeitáveis; em zonas periféricas se isolarão enfim aqueles sujos ou fedorentos, especialmente os muito fétidos curtumes, que devem ser relegados a uma área voltada para o norte, pois daquela parte raramente sopra o vento para a cidade, e quando acontece é tão robusto que varre os maus cheiros, não os traz. Provavelmente, alguém quereria que as vizinhanças das habitações dos notáveis fossem totalmente privadas do contato impuro com a plebe. Outros prefeririam que todos os bairros da cidade fossem providos sem exceção de tudo quanto possa ser útil a seja quem for; portanto, não desdenharia que as casas dos notáveis estivessem misturadas com lojas e outros tipos de comércios. Mas isso já é suficiente. Outros são os assuntos que se fundamentam na conveniência prática, outros aqueles que concernem ao decoro. Retomemos agora os nossos discursos.

CAPÍTULO II

Para a construção dos muros, os antigos — e, mais que os outros, os habitantes da Etrúria — preferiram um tipo de pedra esquadrejado e muito grande: o mesmo do qual se serviram também os atenienses para as fortificações do Pireo, por iniciativa de Temístocles. Na Toscana, em Vilúmbria e no território dos hérnicos encontram-se também antigas fortalezas construídas com pedras muito grandes, com formas irregulares, rústicas; esse é um gênero de obra que me parece muito recomendável, porque oferece ao olhar um certo indício de arcaica e severa dureza que confere beleza às cidades. Será bom, além disso, que o aspecto exterior dos muros seja tal que assuste o inimigo e faça com que se afaste desanimado.

O muro adquirirá um aspecto majestoso se escavarmos ao seu redor um fosso muito largo e profundo, com as margens a prumo; como foi o da Babilônia, largo cinquenta cúbitos reais e profundo mais que cem, como contam. A altura e a espessura do muro também contribuem para esse aspecto majestoso: desse gênero foram — conforme a tradição — os muros erguidos por Nino, por Semíramis, por Tigranes, e por muitos outros que tinham a mente disposta para realizar projetos grandiosos.

Nas torres e nos passeios dos muros em Roma, encontramos pavimentações com mosaicos e paredes ornadas com revestimentos elegantes. Todavia, nem todos os ornamentos condizem com cada cidade. A fineza de cornijas e revestimentos de fato não é adequada para os muros de fortificação. No lugar das cornijas se farão salientar do muro fileiras de pedras um pouco mais lisas que as outras e alongadas, dispostas horizontalmente e bem esquadrejadas. No lugar dos revestimentos — ainda que a fachada do muro se deva apresentar áspera, em atitude de orgulhosa ameaça — sugeriria acostar as pedras entre elas fazendo coincidir exatamente lados e ângulos, de maneira que a obra não seja danificada por fendas. Isso se poderá obter com facilidade recorrendo à régua dórica, com que, segundo Aristóteles, a lei deveria assemelhar-se. Ela era, de fato, de chumbo dobrável. Quando os antigos dispunham de pedras duríssimas e difíceis de serem trabalhadas, para economizar dinheiro e fadiga não limavam seus blocos a ângulo reto, mas se limitavam a pô-los em obra em fileiras irregulares, conforme cada uma vinha a ser estendida; e como era uma coisa muito fadigosa mudar a posição de cada pedra até que se tivesse encontrado uma sede a ela condizente, aplicavam nela essa régua dobrável, fazendo-a aderir com um ângulo e com os lados da pedra a ser inserida, e servindo-se dele, assim dobrado, para comparação com as concavidades que apresentavam as pedras já postas, para encontrar em quais pontos seria possível colocar da forma mais sólida possível o novo pedaço.

Eu aconselharia ainda delimitar uma estrada ampla dentro do pomério e em frente aos muros, a fim de culto, para consagrá-la à liberdade do Estado; nela ninguém poderá impunemente escavar fossos, nem levantar muros, nem plantar cercas nem árvores.

Passemos agora aos templos. Aprendemos que, entre os fundadores de templos, o primeiro dentre todos teria sido o padre Jano, na Itália. Por essa razão os antigos costumavam invocar sempre primeiro o nome de Jano em todos os sacrifícios. Segundo outra tradição, o primeiro a consagrar os templos foi Júpiter, em Creta; e, portanto, dentre todos os deuses que se adoravam, Júpiter era considerado o mais importante. Segundo outros o primeiro de todos fora Uson, na Fenícia, que ergueu estátuas dedicadas ao fogo e ao vento e edificou templos. Outros contam ainda de Dionísio, que, ao visitar a Índia, onde, naquela época, não havia cidades, teria construído naquelas cidades por ele mesmo fundadas e instituído determinados cultos. Outros ao mesmo tempo sustentam que Cecrope edificou primeiro em Acaia um templo para Ops, e os árcades construíram antes um templo para Júpiter. Conta-se também que Ísis, a mesma que foi chamada a deusa legisladora, por ter ensinado, primeira dentre todos os celestes, como viver conforme as próprias leis, tenha edificado pela primeira vez um templo em homenagem a Júpiter e Juno, seus pais, e instituiu alguns sacerdotes.

Não é, porém, fácil saber quais tenham sido as características do templo para os vários povos nas épocas sucessivas. Parece-me muito provável que elas se assemelhassem com as do templo posto sobre a acrópole de Atenas, ou do outro no Capitólio em Roma. Este último, mesmo na época de máximo esplendor da cidade, sempre tivera o telhado feito com palha e canas, porque dessa forma os romanos pretendiam prestigiar a antiga frugalidade que tornou célebres seus antepassados. Quando, ao contrário, a riqueza de monarcas e cidadãos os induziu a embelezar a si mesmos e sua cidade com a construção de grandes edifícios, pareceu-lhes uma coisa vergonhosa que a beleza das habitações dos deuses pudesse de qualquer forma ser superada pelas dos homens; tanto que em breve tempo se chegou ao ponto, na cidade mais parcimoniosa de todas, de ver o rei Numa doar quatro mil libras de prata para construir as fundações de um único templo. Essa ação me parece digna de um grande aplauso, já que dessa forma o soberano contribuiu para o decoro da cidade e à veneração dos deuses que nos beneficiam em tudo.

Não faltaram, todavia, alguns que tiveram fama de sapientes, segundo os quais não se devem construir templos para os deuses. A seu ver, a razão pela qual Serse queimou os templos gregos seria exatamente porque teriam trancado os deuses entre seus muros, enquanto, ao contrário, todos os espaços lhes deveriam estar acessíveis, e o próprio mundo é para eles um templo. Mas voltemos ao nosso assunto.

CAPÍTULO III

Não existe obra arquitetônica que requeira maior esforço, prontidão, solércia, cuidado, que aqueles necessários para construir e adornar o templo. Inútil recordar que um templo bem cuidado e ornado representa sem dúvida o maior e mais nobre orgulho que uma cidade possa ter. Já que é bem certo que o templo é a habitação dos deuses, e se nos preocupamos para tornar belas, acolhedoras e suntuosas as casas destinadas aos reis e aos hóspedes ilustres, o que não deveríamos fazer para os deuses? Para aqueles cuja presença invocamos nos sacrifícios e que queremos que escutem benignamente nossas orações? Eles, mesmo se não derem muita importância a estes bens passageiros tão estimados pelos homens, igualmente se deixarão persuadir pela pureza de espírito e pela veneração dos fiéis. Não há dúvida, por outro lado, que para o culto religioso é muito importante ter à disposição esses tipos de templos, para entreter prazerosamente o espírito e enchê-lo com feliz maravilha. E diziam os antigos: quando os templos dos deuses se enchem de multidão, então realmente se cultiva a piedade.

Por essas razões recomendaremos que o templo tenha tamanha beleza, que não seja possível imaginar nada que possua um aspecto mais adornado; seja disposto em cada pormenor de maneira tal que os visitantes ao entrar fiquem estupefatos e maravilhados vendo coisas tão dignas, e sintam um desejo irresistível de exclamar: o que vemos é realmente um lugar digno de Deus!

Estrabão conta que os habitantes de Mileto construíram um templo tão grande que ficou sem cobertura: é um exemplo que não deve ser imitado. Os habitantes de Samo, por sua vez, vangloriavam-se por terem em sua terra o maior de todos os templos. A nosso ver, recomendamos também que se dê ao edifício as maiores proporções que forem possíveis; mas também fazê-lo de modo que possa ser ornado. Já que a ornamentação não pode considerar-se nunca acabada, até nos templos de pequenas dimensões fica sempre algo que se deve e se pode acrescentar. Por outro lado, parece-nos correto louvar os templos que, em compatibilidade com as proporções da cidade em que surgem, não se poderia desejá-los maiores. Por vezes, porém, a excessiva amplidão das coberturas incomoda.

Mas, a meu ver, o templo deve ter, sobretudo, uma qualidade. O que os outros conseguirem ver do que está dentro dele deverá ser de tal natureza que impeça a todos julgarem se é mais louvável a inteligência e a obra dos artistas ou a prontidão dos cidadãos que recolheram nele e expuseram as mais preciosas e admiráveis raridades, e se as características lhe conferem mais leveza e esplendor ou o que ocorre para durar eternamente. Essa qualidade, que se deve perseguir em todos os edifícios públicos e particulares, deve ser cultivada de forma especial na construção dos templos, quanto mais for possível. Obras que custaram tantas despesas merecem ser defendidas o máximo possível contra possíveis catástrofes, desde que, a nosso ver, a autoridade que sua Antiguidade confere ao templo não seja inferior ao decoro que o ornamento lhe confere.

Fundamentando-se nos ditames da *Etrusca disciplina*,[47] os antigos reputavam inútil que nem todos os lugares fossem adequados para levantar neles templos a qualquer deus. De fato, os deuses que superintendiam a paz, a pudicícia, as artes liberais, deviam — segundo eles — morar dentro do circuito dos muros; deviam ficar fora aqueles que inspiravam lascívia, desacordos, incêndios, como Vênus, Marte, Vulcano. Vesta, Júpiter e Minerva, que segundo o ditado de Platão eram os guardiões da cidade, deviam morar no centro da cidade ou na cidadela. Palas, deusa dos artífices, Mercúrio, que os mercadores comemoravam no mês de maio, e Ísis encontravam lugar junto ao foro. Netuno era colocado junto à margem do mar, Jano sobre colinas muito altas. Para Esculápio ergueu-se um templo na ilha Tiberina, porque — pensou-se — a primeira necessidade dos doentes é a água. Em outros lugares — informa-nos Plutarco — a sede desse deus se estabelecia fora da cidade, pois lá se encontrava a atmosfera mais salubre.

Além disso, achava-se bom atribuir aos templos formas diferentes conforme os deuses aos quais eram consagrados. Assim, preferiam dar uma forma arredondada

[47] Trata-se da arte de interpretar a vontade dos deuses, introduzida em Roma pelos videntes etruscos.

ao templo do Sol e ao do pai Libero; Júpiter — diz Varrão —, como está na origem de todas as coisas, exige um templo com o telhado perfurado; e o de Vesta, que os antigos identificavam com a terra, era feito com uma forma circular, como um cilindro. Aos deuses celestiais faziam templos que se erguiam sobre o terreno; aos dos ínferos, templos subterrâneos; aos terrestres, templos semienterrados.

Acredito ainda que vários povos tenham concebido diversos edifícios de culto para seguir os diferentes ritos sacrificiais. Alguns derramavam no altar o sangue das vítimas, outros sacrificavam com o vinho e o pão, outros ainda inventavam a cada vez ritos sempre mais novos. Em Roma estava em vigor uma *Lex Postumia* que prescrevia não espalhar vinho sobre fogos fúnebres; eis por que os antigos costumavam fazer bebidas não com o vinho, mas com o leite. Na ilha Hiperbórea, situada no limite do oceano, em que, segundo a tradição, nasceu Latona, a capital era consagrada a Apolo, e todo morador, devendo celebrar o deus com o canto todo dia, sabia tocar a lira. Leio em Teofrasto, o filósofo, que no istmo de Corinto havia o costume de sacrificar formigas para Netuno e para o Sol. No Egito, dentro das cidades os deuses podiam ser aplacados somente por meio de orações; por essa razão os templos de Saturno e de Serápis foram construídos fora da cidade, devendo-se imolar para eles animais.

Em nossos países utilizaram-se as basílicas para os sacrifícios, seja porque já anteriormente as pessoas costumavam reunir-se sob convocação em basílicas particulares, seja porque nelas se podia arrumar da forma mais digna o altar no lugar da tribuna judicial, e ao redor dele ficava um espaço perfeitamente adequado para o coro; enquanto as demais partes da basílica, como as naves e os pórticos, eram apropriadas para o povo, quando passeava e quando assistia ao sacrifício. Constatou-se ainda que a estrutura da basílica recoberta com vigamentos, melhor que a de um templo com abóbadas, difundia a voz do sacerdote que predicava. Mas disso se falará em outro lugar.

É útil, a propósito, recordar o preceito: a Vênus, a Diana, às Musas, às ninfas e às deusas mais gentis devem-se dedicar templos que expressem em suas formas a ternura virginal e a prosperidade da juventude; a Hércules, a Marte e aos deuses maiores devem-se construir sedes que inspirem mais seriedade e majestade que gentileza e graça. Finalmente, o lugar em que se edifica o templo deverá ser frequentado, bem conhecido, e — como se diz — proeminente; além disso, seja completamente privado de contatos com os profanos. Por isso, em frente à sua fachada haverá uma praça com uma amplitude digna do templo; ao redor existirão espaçosas ruas lajeadas ou, melhor ainda, praças majestosas, de modo que a construção seja bem visível de cada lado.

CAPÍTULO IV

O templo consta de duas partes: o pórtico e, dentro, a cela. Elas variam notavelmente conforme o templo. Alguns de fato têm uma planta circular; outros têm planta quadrilateral; outros, ainda, têm planta poligonal. Tudo o que no universo perdura, gera-se ou se transforma, manifesta que na natureza prevalece a forma circular. É inútil lembrar o globo terráqueo, as estrelas, as árvores, os animais e seus esconderijos etc., todas as coisas que a natureza fez redondas. Mas constatamos também que à natureza agradam até as formas hexagonais: já que as abelhas e os zangões, e os insetos em geral, aprenderam a fazer a construção de suas celas exclusivamente hexagonal.

A planta circular é a delimitada por um círculo. Em quase todos os templos com planta quadrilateral os antigos preferiam a forma alongada, de modo que o comprimento de sua área resultasse maior que um e meio da largura; outros preferiam uma forma tal que a largura fosse superada em uma terceira parte pelo comprimento; outros, ainda, estabeleceram que este fosse o dobro daquela. Na planta quadrilateral o defeito pior na forma acontecerá quando nem todos os ângulos forem retos.

Entre as plantas poligonais, os antigos se serviam das hexagonais, das octogonais e, também, dos decágonos. Essas plantas devem todas poder ser inscritas dentro de círculos. E, de resto, elas podem se originar exatamente do próprio círculo. De fato, dividindo o diâmetro do círculo obtém-se o lado do hexágono. Se, ainda, do centro se marcam retas que cortam os lados do hexágono em seu ponto médio, é sabido que se obterá uma planta dodecagonal. Igualmente, é sabido que desta última se podem obter aquela quadrada e também a octogonal. Para desenhar uma planta octogonal, todavia, existe um outro método muito cômodo: uma vez desenhado um quadrado perfeito, juntam-se os seus vértices com as diagonais; depois, vira-se a metade de cada diagonal a partir de seu ponto de interseção até cortar, de ambas as partes, os lados do quadrado; o segmento que une cada par de interseções dos lados corresponderá ao lado do octógono. Do círculo, também, é possível obter o decágono. Desenham-se dois diâmetros que se intersectam conforme um ângulo reto; divida-se um qualquer dos semidiâmetros obtidos em duas partes iguais; depois deste último ponto de divisão marque-se obliquamente uma reta até a extremidade do outro diâmetro. Tirando dessa reta a quarta parte de um diâmetro inteiro, o que sobrar corresponde ao lado do decágono.

Aos templos deve-se anexar um número de absides, grande ou pequeno conforme os casos. Os templos quadrangulares geralmente têm somente uma abside, situada na extremidade interna, de modo que quem entrar a encontra logo do lado oposto à porta. Se se quiser acrescentá-las também aos lados, isso se poderá fazer de forma conveniente com as plantas retangulares compridas o dobro da largura, levando em conta que não se deve fazer mais que uma por lado; ou, se devem ser por força mais que uma, que sejam um número ímpar. As plantas circulares e as poligonais admitem com grande conveniência um certo número de absides. De fato, poder-se-ão acrescentar tantas absides quantos são os lados da planta, uma por cada lado, ou seja, a metade, alternando um lado provido e outro privado de abside. Aplicam-se às plantas circulares muito oportunamente seis ou até oito absides. Naquelas poligonais ocorre fazer com que os ângulos correspondentes sejam iguais entre si.

Por sua vez, a abside pode ser retangular ou semicircular. Se a abside deve ser única e posta na extremidade do templo, dever-se-á optar preferivelmente por uma planta semicircular; em segundo lugar, poder-se-á escolher a forma quadrangular. Se houver um número considerável de absides, será esteticamente vantajoso juntar os dois tipos de planta, quadrangular e semicircular, em posições alternadas e com as frentes que se correspondem reciprocamente.

A embocadura das absides se fará da seguinte forma: quando há somente uma abside (é o caso das plantas quadrangulares), dividir-se-á a largura do templo em quatro partes e se fará com que duas dessas correspondam à amplidão da embocadura da abside; ou, se se preferir atribuir-lhe um espaço maior, a subdivisão referida se fará em seis partes, e a abertura da abside ocupará quatro delas. Desta forma, ornamentos (como as colunas), janelas e similares que se pretendem aplicar poderão ser facilmente colocados onde lhes condiz. Se, entretanto, se acrescentaram várias absides ao redor da área toda, aquelas situadas em correspondência dos lados se podem fazer com a mesma amplidão da abside principal. Todavia, parece-me melhor, devido à sua importância, que esta última seja mais ampla que todas as outras em um doze avos. O mesmo vale para os templos com planta quadrangular; se neles a abside principal tiver todos os lados iguais, bem; mas, então, as outras deverão ter os lados que vão da direita para a esquerda compridos o dobro que aqueles dispostos em profundidade.

A parte sólida dos muros, ou seja, a ossatura do edifício, cujos elementos separam no templo as aberturas das diferentes absides, nunca poderá ter uma largura menor que um quinto do espaço vazio intermédio, nem maior que um terço ou — quando se quer fazer entradas muito estreitas — a metade. Nas construções com planta circular, se as absides forem seis, far-se-á com que as referidas partes sólidas ou com ossaturas intermédias sejam largas a metade das aberturas. Se, ao invés, as absides forem oito, especialmente nos templos maiores se fará com que a largura de ambas seja igual; mas, se a planta tiver muitas faces, a relação será de um para três.

Em vários templos, segundo um hábito toscano, nas proximidades dos lados se construíam, ao invés de absides, capelas minúsculas, da forma que agora diremos. Adotava-se um tipo de planta cuja largura é igual a cinco sextos do comprimento. Fazia-se um pórtico largo um terço do comprimento que servia de vestíbulo do templo. O resto era dividido em três partes, reservadas à largura de três capelas. Ainda, a largura do templo era dividida em dez partes; três delas eram reservadas às capelas postas à direita e o mesmo número àquelas postas à esquerda; à nave se reservava a área mediana (quatro partes). Na extremidade do templo colocava-se uma abside, e uma outra em correspondência das capelas de cada lado. Os muros adjacentes às entradas das celas se faziam largos um quinto do espaço vazio intermédio.

CAPÍTULO V

Esgotamos então a análise dos espaços internos. No que diz respeito ao pórtico, nos templos com planta quadrangular, ele se colocará somente em frente à fachada, ou tanto na frente quanto na parte posterior, ou seja, correrá ao redor da cela, consolidando-a. Na parte em que se salienta uma abside não se construirá nenhum pórtico.

O pórtico nos templos quadrangulares nunca deverá ser mais curto que o suficiente para abraçar a largura inteira do templo, nem mais largo que um terço do comprimento deste último. Nas galerias que flanqueiam os dois lados do templo as colunas distarão das paredes da cela o espaço de um entrecolúnio. O pórtico da fachada posterior se fará similar a um qualquer daqueles que se acabou de descrever.

No que diz respeito aos templos com planta circular, eles serão flanqueados pela galeria ao longo de toda sua circunferência, ou nós nos limitaremos a construí-lo em proximidade da entrada. Em ambos os casos, para o comprimento do pórtico nos regularemos conforme os mesmos critérios usados para os templos quadrangulares. Todavia, onde o pórtico se limite à fachada, ele deverá ser exclusivamente quadrangular, e seu comprimento igual à largura inteira da área interna, ou seja, inferior a um oitavo ou, no máximo, a um quarto.

Em [...] subia-se ao templo de [...][48] por meio de uma escada de cem degraus. Uma antiga lei dos judeus dizia: "Haja para vocês uma única cidade

[48] Provavelmente esses nomes, assim como em casos similares, não foram preenchidos pelo próprio Alberti, que pretendia consultar suas fontes mas acabou se esquecendo de fazê-lo.

principal e sagrada, em um lugar conveniente e confortável; vocês construirão nela um único templo e um único altar, mediante pedras não trabalhadas com as mãos, mas sim do jeito que são colhidas, e serão branquejantes e muito lúcidas; não se deverá ter acesso ao templo por meio de escadarias; de fato, um povo todo unido e concorde na sua religião, será protegido e salvo pelo único Deus". No que nos diz respeito, nós desaprovamos a ambos. No primeiro caso, de fato, contrasta-se a conveniência prática e a comodidade, sobretudo para muitos fiéis que frequentam o templo, como as idosas e os inválidos. Mas a segunda solução também é rejeitável, porque muito danosa para a majestade do lugar sagrado. Uma outra arrumação dos lugares sagrados que eu vi em outros casos, adotada pelas gerações anteriores à nossa, faz com que para chegar ao limiar do portal seja necessário subir certo número de degraus, e depois descer novamente outro número de degraus para alcançar o nível do pavimento interno: ora, ainda que não se possa considerá-la uma invenção boba, pergunto-me qual seria seu objetivo.

A nosso ver, o espaço ocupado pelo pórtico e por todo o templo deve ser em posição elevada e proeminente sobre o terreno do resto da cidade; isso confere uma grande importância ao edifício. Por outro lado, assim como no organismo animal a cabeça, os pés e todos os outros membro estão extremamente ligados com todos os membros e com o corpo em seu conjunto, da mesma forma em cada edifício, e sobretudo no templo, é preciso conformar todas as partes do seu corpo de modo que correspondam inteiramente umas com as outras, tanto que se possam facilmente encontrar as dimensões de todas elas na medida de uma só. Assim aprendemos que quase todos os melhores arquitetos da Antiguidade estabeleciam a altura do pódio sobre o qual edificar o templo conforme a largura que pretendiam dar-lhe. Dividiam, assim, essa largura em seis partes, fazendo com que uma delas correspondesse à altura do pódio. Segundo outros, essa altura deveria ser um sétimo da largura para os templos importantes, um nono para os máximos.

O pórtico por sua natureza é composto, de um lado, por uma parede plena e inteira; de todos os outros lados é perpassado por aberturas. Ocorre então examinar qual seja o tipo de abertura que se pretende adotar. Uma coisa é de fato a galeria composta por poucas colunas e bastante distantes entre si, outra coisa é aquela em que são frequentes e próximas. Ambos os tipos apresentam desvantagens. Quando as colunas forem poucas, de fato, a amplidão dos intervalos entre coluna e coluna fará com que, ao pôr uma arquitrave, ela se quebre, e se optarmos por um arco, não será fácil colocá-lo sobre as colunas. Quando, ao invés, as colunas forem muitas, a brevidade dos intervalos atrapalhará a passagem, a visibilidade e a luz. Por essas razões cogitou-se um terceiro tipo, intermédio em relação aos dois referidos, elegante, e tal que permita evitar os defeitos dos outros dois, tornando-se muito prático; é, em suma, mais conveniente que todos os outros.

E poderíamos também mencionar somente esses três tipos fundamentais. Mas o gênio dos artistas acrescentou outros dois tipos, cuja origem me parece a seguinte: provavelmente, quando devido à vastidão da área se dispunha de um número de colunas relativamente escasso, preferiu-se distanciar-se do áureo meio termo para aproximar-se do primeiro gênero; quando, ao invés, se dispunha de um número supérfluo de colunas, pensou-se em aproximá-las mais que o normal. Então se podem listar, conforme a amplidão dos entrecolúnios, cinco tipos de pórtico, que gostaríamos de chamar: espaçado, apertado, elegante (ótimo), quase espaçado, quase apertado. Pode-se até formular, no que diz respeito ao primeiro dos dois casos, outra conjectura: quando faltava uma quantidade suficiente de pedras compridas, o arquiteto se via obrigado a utilizar para a galeria colunas mais curtas do que o normal. Dando-se conta depois, uma vez iniciada a obra, que o resultado esteticamente deixava a desejar, providenciava então colocar pedestais sob as colunas, para alcançar dessa forma a altura condizente com o edifício, já que o estudo e a percepção das obras lhe esclareceram que as colunas dos pórticos careciam de harmonia quando não respondiam a precisos cânones de proporção entre a altura e a espessura.

Essas regras se formulam da seguinte forma: o número dos entrecolúnios deve ser ímpar, e o das colunas sempre par. A abertura central, situada próxima da porta, far-se-á mais ampla que as outras. Onde os entrecolúnios devem ser mantidos mais estreitos, utilizar-se-ão colunas mais esbeltas, enquanto a intervalos mais amplos deverão corresponder colunas mais grossas. Então a grossura das colunas será medida conforme a amplidão dos intervalos e, vice-versa, esta conforme aquela, servindo-se das seguintes normas fundamentais: nas galerias apertadas os entrecolúnios não poderão ser mais estreitos que uma vez e meio a grossura de uma coluna inteira. Nas galerias espaçadas, não poderão ser mais amplos que três vezes e três oitavos a grossura da coluna. Naquelas "intermédias" a relação será de dois e um quarto; nas "quase apertadas", dois; nas "quase espaçadas", três. Acerca dos entrecolúnios que ocupam o lugar central nas fileiras, sua amplidão equivalerá a quatro terços daquela de todos os outros. Isso aconselham os arquitetos.

Nós, todavia, medindo as proporções das construções antigas, constatamos que essas aberturas centrais não são concebidas em qualquer caso seguindo as mesmas normas, já que nas colunatas espaçadas nenhum dos melhores arquitetos as fez mais amplas que um quarto; aliás, a maioria se limitava a um duodécimo, muito sabiamente, na verdade, evitando dessa forma que a arquitrave, por causa de seu comprimento excessivo, não podendo suportar, se quebrasse. Muitos, enfim, nos outros tipos de galeria adotaram a diferença de um sexto, e mais que um também adotou a diferença de um sétimo, especialmente nas galerias "intermédias".

CAPÍTULO VI

Uma vez definidos os intervalos dos entrecolúnios, é preciso levantar as colunas, nas quais se apoiará a cobertura. Há uma diferença substancial entre resolver erguer colunas ou pilares e cobrir as aberturas com arcos ou arquitraves. As aberturas arqueadas e os pilares se usam na construção dos teatros; nas basílicas também não se devem descartar os arcos; mas nas fábricas dos templos mais importantes encontram-se somente pórticos com arquitraves.

As partes da ordem são: o pedestal, e sobre ele a base; sobre a base, a coluna, e depois desta o capitel; a arquitrave, sobre esta as vigas ou o friso que recobre e delimita as extremidades cortadas das próprias vigas; finalmente, no topo, a cornija.

A meu ver, é útil começar pelo capitel, pelo qual as ordens apresentam diferenças notáveis. A essa altura, recomendo a quem estiver copiando este livro que transcreva os números, que agora serão mencionados, não mediante símbolos, mas com seus nomes por extenso, por exemplo "doze, vinte, quarenta" etc., e não XII, XX, XL. A necessidade levará a sobrepor o capitel à coluna para encontrar um apoio para os pontos de junção das arquitraves. Mas, anteriormente, usava-se um pedaço de madeira grosseiramente esquadrejado, que logo se revelou desagradável. Os primeiros foram os dóricos — se confiarmos completamente nos gregos —, que acharam melhor trabalhá-lo com o torno para lhe conferir forma similar a uma espécie de xícara circular, que deveria ser colocada sob uma tampa quadrada; além disso, como ela parecia muito esmagada, elevaram-na pondo-lhe embaixo um colo um pouco mais alto. Os jônicos, por sua vez, quando viram as colunas dóricas, louvaram o uso da taça no capitel, mas não aprovaram sua falta de ornamentos e o acréscimo do colo; portanto lhe acrescentaram um pedaço de cortejas de árvore, o qual se salientava recobrindo nos dois lados a taça e redobrando-se em espiral. Vieram em seguida os coríntios, por iniciativa de Calímaco, que recusou a taça lisa, e observou sobre o sepulcro de uma mocinha um vaso muito alto envolvido com folhas de erva de acanto, que o recobriam todo, que lhe agradou demasiadamente. São três então os tipos de capitel que, entre os inventados, foram adotados pelos especialistas: o dórico — ainda que eu conclua que ele fosse usado desde tempos remotos junto aos etruscos —, o jônico e o coríntio.

Qual poderia ser a razão dessa preferência? Por toda parte encontra-se um grande número de capitéis diferentes dos referidos: obras refinadas e cuidadas, em que se buscam soluções inovadoras. Mas nenhuma delas se pode considerar igual às três ordens clássicas, exceto unicamente o tipo de capitel que chamaremos de "itálico" para distingui-lo dos importados de outros países. Nele, a alegria dos coríntios se junta ao refinamento jônico: no vaso há umas volutas salientes que funcionam à guisa de asas, uma obra muito agradável e muito louvada.

Para que as colunas contribuíssem com a elegância do edifício, foram estabelecidas as seguintes proporções: para os capitéis dóricos, colunas tais que a grossura da base corresponda a um sétimo da altura inteira da parte baixa até a mais alta da coluna. Para aqueles do tipo jônico, a relação referida deve ser igual a um nono; para os coríntios, um oitavo.

Os antigos quiseram que em todos esses tipos de colunas a altura das bases fosse igual, mas com um desenho diferente. Ainda mais: as bases deveriam ter um desenho diferente de todas as suas partes. Por outro lado, as diferentes ordens concordam acerca da coluna. De fato, as regras acerca do desenho da coluna, de que falamos no livro anterior, são respeitadas nas três ordens, dórica, jônica e coríntia; concordam também acerca do critério, imitado da natureza, de utilizar colunas que sejam mais finas na parte superior que na inferior. Alguns estabeleceram que o diâmetro da parte inferior fosse quatro vezes maior que o da parte superior. Outros, constatando que os objetos ficam menores quanto mais o olho se distanciar deles, aconselharam muito sabiamente que os fustes muito alongados deveriam ter uma parte superior muito mais fina que proporcionalmente os fustes mais grossos e curtos; e estabeleceram as seguintes proporções.

Quando a coluna for alta até quinze pés, o diâmetro da parte inferior deve ser dividido em seis partes; tirando uma dessas, as cinco que ficarem corresponderão ao diâmetro da parte superior. Nas colunas altas de quinze a vinte pés a relação entre a grossura da parte inferior e a da parte superior deverá ser de treze até onze. Naquelas colunas que medem de vinte até trinta pés de altura a relação será de sete a seis. Daí até quarenta pés, quinze a treze; finalmente, naquelas altas até cinquenta pés a base será larga oito partes e o topo sete. Conforme este critério é necessário regular-se de modo que a extremidade da coluna seja tanto menos fina quanto for mais alta.

Ao respeitar essas regras, então, todas as ordens concordam. Mas nós, medindo vários edifícios, constatamos que os latinos não as respeitaram com absoluta fidelidade.

CAPÍTULO VII

A esta altura retomaremos o que já observamos no livro anterior acerca do desenho das colunas, mas de outro ponto de vista e com outra finalidade. Entre as colunas que nossos antepassados costumavam erguer para as obras públicas, escolherei uma com dimensões intermédias, nem grande nem pequena, seu comprimento, sugiro, seja de trinta pés. Dividir-se-á o diâmetro de sua planta em noves partes iguais; o diâmetro da saliência na parte superior da coluna deverá ter uma medida correspondente a oito dessas partes. Essa proporção entre os dois diâmetros, de nove para oito, é aquela que se costuma chamar de sesquioitava; uma proporção idêntica se estabeleceu entre o referido diâmetro da planta e aquele da entrada na parte inferior da coluna, isto é, justamente de nove a oito. Essa proporção entre o diâmetro da saliência na parte superior da coluna e aquela da entrada correspondente será de oito para sete (sesquissétima).

Abordamos agora a conformação daquelas partes em que há uma divergência entre as várias ordens. As partes da base são as seguintes: o plinto, os toros, as escócias. O plinto tem uma planta quadrada e está localizado mais abaixo que todas as outras partes; chamam-no de *latastrum* porque se alonga de cada lado em largura. Os toros são dois grandes colarinhos pertencentes à base: um deles sustenta a própria coluna, enquanto o outro apoia no plinto. A escócia é uma entrada com planta circular, à guisa de polia, que na base se encontra comprimida entre duas torres.

Os dóricos foram os primeiros que mediram as dimensões de todas as partes da ordem no que diz respeito ao diâmetro da secção inferior da coluna, e estabeleceram que deveria ser da seguinte forma: a altura da base deveria corresponder à metade desse diâmetro. Nessa base, atribuíram ao lado do plinto um comprimento igual não mais que uma vez e meia o do próprio diâmetro, e não menos que uma vez e um terço. Dividiram em seguida a altura da base toda em três partes; uma delas era ocupada pelo plinto; então a altura de toda a base resultava o triplo daquela do plinto, e o lado do plinto também resultava o triplo da altura da base. Os outros dois terços da altura da base foram divididos em quatro partes, uma dessas, a inferior, foi atribuída ao toro inferior, enquanto na outra se originava a escócia, que estava situada entre os dois toros. A escócia é formada por um canal escavado no meio a dois filetes, que circundam as bordas do canal. A cada filete se atribuía um sétimo da altura, a parte restante era ocupada pela concavidade.

Disse-se que em cada tipo de construção é preciso ter o cuidado necessário para que tudo se apoie sobre terreno firme. O que não se verifica quando a vertical procedente do pé da pedra que se coloca acima dele encontra embaixo o vazio. Os dóricos tomaram então o cuidado, ao escavar a concavidade das escócias, de não ultrapassar as referidas verticais. A saliência dos toros devia corresponder à metade de sua altura mais um oitavo. A saliência máxima do toro maior alcançava com sua vertical o lado do plinto. Isso fizeram os dóricos.

Os jônicos, por sua vez, adotaram a proporção dórica no que diz respeito à altura da base, mas quiseram que houvesse duas escócias, entre as quais inseriram dois astrágalos. Para eles também, então, a altura da base era igual ao raio da secção inferior da coluna; dividiram essa altura em quatro partes, e uma dessas deveria ter a mesma altura do plinto. O lado deste último devia ser como onze daquelas partes. A relação entre a altura da base e o lado do plinto resultava então de quatro para onze. Deixado de lado o plinto, dividiram o resto da altura da base em sete partes; duas dessas eram destinadas à altura do toro inferior; novamente o que sobrou da altura, desconsiderando este último e o plinto, foi dividido em três partes e a que estava numa posição mais alta que as outras era destinada ao toro superior, e as outras duas eram destinadas às duas escócias e aos dois astrágalos, isto é, ao grupo de modinaturas que se encontravam entre os dois toros.

As proporções das escócias e dos astrágalos referidos foram as seguintes: a altura da porção da base situada ente os dois toros foi dividida em sete partes: cada astrágalo ocupou uma delas; a metade das cinco que ficaram foi destinada para cada uma das duas escócias. Acerca da saliência dos toros, valem para a ordem jônica os mesmos critérios já mencionados no caso da dórica, assim como para a construção das concavidades das escócias, operação na qual cuidaram para não superar as verticais procedentes das partes situadas acima. Por sua vez, destinaram aos astrágalos que limitam as escócias uma altura para cada um igual a um oitavo daquela da escócia.

Outros formularam uma solução diferente. Desconsiderando o plinto, a altura da base que ficar se deve dividir em dezesseis partes, chamadas de módulos. O toro inferior deverá ter a altura de quatro módulos; aquele superior, três; a escócia inferior, três e meio, assim como aquela superior; os dois módulos que ficam no meio serão destinados aos astrágalos. Assim resolveram os jônicos.

Os coríntios, por sua vez, adotaram a proporção dórica e jônica para a altura da base, usando-a muito; no que diz respeito à constituição da ordem, eles não introduziram outras novidades exceto a forma do capitel.

Contam que os etruscos costumavam usar nas bases um plinto com planta circular ao invés de quadrada. Não encontramos esse tipo de base em nenhum dos edifícios dos antigos. Notamos, ao contrário, nos pórticos que cercam os templos com planta circular, o costume, por parte dos antigos, de construir as bases com um plinto contínuo e ininterrupto, de modo a constituir um único soco para todas as colunas, alto tanto quanto devem sê-lo os plintos. Resolveram dessa forma, suponho, pois entenderam que os edifícios com planta redonda não combinam com as bases quadradas. Observamos também que alguns direcionam os lados dos ábacos dos capitéis para o centro do templo: costume que não deve ser totalmente desconsiderado, se fizermos a mesma coisa nas bases; mas também não é totalmente recomendável.

Porém, agora será conveniente fazer algumas digressões, se Deus permitir. As pequenas cornijas dos ornamentos são as seguintes: a faixa, o degrau, o óvulo, o astrágalo, o caveto, a gola reversa, a gola. Cada um desses elementos é uma cornija que apresenta um perfil saliente; mas o desenho varia. O perfil da faixa se assemelha com a letra L: é a mesma coisa para o filete, exceto que a faixa é mais larga que ele. O degrau é uma faixa muito saliente. No que diz respeito ao óvulo, fiquei em dúvida se devia chamá-lo de hera, porque quando está estendido adere; o perfil de sua saliência é como uma letra C posta embaixo de um L. O astrágalo é um pequeno óvulo. E sempre a mesma letra C, quando posta ao contrário sob a letra L, forma um caveto. Se ainda o perfil de um S se juntar sob o de um L a cornija será chamada gola reversa, porque se assemelha com o perfil da garganta de uma pessoa. Se, finalmente, se junta ao perfil do mesmo L o de um S em posição revirada, a cornija se chamará de gola, em analogia com a forma de uma curva.

Esses tipos de pequenas cornijas podem ser simples ou entalhadas. Na faixa entalham-se conchas, volutas, e também letras do alfabeto. No degrau entalham-se dentículos, conforme o seguinte critério: seu comprimento deve ser a metade da altura, e o espaço vazio entre os dentículos seja igual aos dois terceiros da largura referida. No óvulo entalham-se pequenos ovos, ou por vezes se cobrem com folhas; os pequenos ovos às vezes são inteiros, outras vezes sem a parte superior. No astrágalo entalham-se bagas, apresentando-as como se estivessem enfileiradas em um fio. A gola e a gola reversa são sempre revestidas com folhas. O filete é sempre deixado simples em qualquer posição que esteja.

Ao reunir esses tipos de cornijas costuma-se sempre fazer as superiores mais proeminentes que as inferiores. Elas estão separadas por filetes que funcionam como sua terminação: esta última é o último ornamento de qualquer cornija. Existe uma ulterior distinção entre as partes lisas, que apresentam uma frente igual, e as rugosas, típicas dos entalhes. Sua altura é igual a um sexto da altura da cornija à qual são aplicados, seja denticulada ou com pequenos ovos; exceto a gola reversa, na qual a relação é de um terço.

CAPÍTULO VIII

Agora voltamos novamente aos capitéis. Na ordem dórica o capitel tem a mesma altura da base. Essa altura é dividida em três partes: a primeira é destinada ao ábaco, a segunda ao equino, a terceira e última ao colo do capitel situado sob o equino.

O lado do ábaco é igual ao diâmetro da secção inferior da coluna, mais um duodécimo. O ábaco se compõe de duas partes, a terminação e o plinto. A terminação é constituída por uma gola reversa e sua altura é equivalente aos dois quintos da altura total do ábaco. A margem superior do equino se junta com as linhas extremas do ábaco. Ao longo da margem inferior do equino alguns colocavam três pequenos astrágalos, outros uma gola reversa como ornamento; esse ornamento não ocupava mais que um terço da altura total do equino. O diâmetro do colo, ou seja, da parte mais baixa do capitel (e isso vale para todo tipo de capitel), não supera aquele da coluna.

Outros arquitetos — conforme observamos nas formas de vários edifícios — faziam o capitel dórico com altura de três quartos do diâmetro da secção inferior da coluna; e dividiam a altura total do capitel em onze partes: quatro dessas partes eram destinadas ao ábaco, outras quatro ao equino e três ao colo. Por sua vez a altura do ábaco era dividida em duas partes; a parte superior se destinava à gola reversa e a de baixo à faixa. Igualmente em duas partes dividiam a altura do equino, destinando a de baixo para os astrágalos ou para a gola que cercava a área inferior do equino. No colo eram em seguida entalhadas rosas ou folhas salientes. Essas eram as características do capitel dórico.

O capitel jônico se fará da seguinte forma: sua altura será igual ao raio da secção inferior da coluna, e será dividida em dezenove módulos. A altura do ábaco será igual a três módulos; aquela de ligação das volutas, quatro; aquela do equino, seis. Os outros seis módulos, na área inferior, serão destinados às volutas que se salientam dos dois lados do capitel a partir da referida ligação. O lado do ábaco medirá o diâmetro da parte superior da coluna. A largura da ligação das volutas da frente até o fundo do capitel será igual à medida do lado do ábaco; em comprimento a espiral das volutas se alongará de um lado até o outro dobrando-se para baixo na volta. Os centros destas últimas estarão a uma distância um do outro de vinte módulos; e cada um deles terá uma distância de doze módulos da linha superior do ábaco.

A voluta se desenhará da seguinte forma: marque-se no centro da voluta um pequeno círculo, cujo raio seja igual a um módulo; marquem-se em seguida um ponto na margem superior e outro na margem inferior do próprio círculo. Coloque-se no ponto superior a agulha do compasso e se desenhe um arco a partir da linha de demarcação entre a ligação e o ábaco, de modo que alcance a margem externa do capitel até completar um semicírculo e chegar exatamente sob o centro do círculo pequeno.

Depois disso, reduza-se a abertura do compasso, cravando-o no ponto inferior do círculo marcado anteriormente para que desenhe um semicírculo, do ponto em que se chegara antes, até alcançar a margem superior do equino. Dessa forma se terá realizado uma única espiral mediante dois semicírculos com raio diferente. Continuando, tornar-se-á a marcar uma volta como a anterior até alcançar com a espiral (ou seja, com uma curva igual à referida) o centro da voluta (ou seja, o pequeno círculo mencionado a princípio).

A borda do equino se prolongará de modo que sua parte frontal sobressaia em dois módulos da ligação das volutas; sua base terá o mesmo diâmetro da secção superior da coluna. Os estreitamentos das volutas, que juntam aos lados dos capitéis as volutas anteriores com as posteriores, terão uma espessura igual à altura do equino mais meio módulo. Como ornamento do ábaco se acrescentará à guisa de terminação uma gola reversa alta um módulo. Na espessura da ligação se escavará um caveto profundo meio módulo, e alto quatro vezes o filete. Nele serão entalhadas, ao meio na frente, folhas e sementes. Nas porções do equino postas na parte anterior do capitel costumam-se entalhar pequenos ovos postos sobre bagas. Os lados em que se produz o estreitamento das volutas são revestidos com escamas e com folhas. Essas são as características do capitel jônico.

A altura do capitel coríntio é igual ao diâmetro da secção inferior da coluna e é dividida em sete módulos. A altura do ábaco é igual a um módulo; os outros seis são destinados ao vaso que no seu fundo tem o diâmetro igual àquele do fuste da coluna na sua parte superior sem a saliência; e na sua borda superior tem um diâmetro igual àquele da secção inferior da coluna.

O lado do ábaco mede dez módulos, mas cada um dos módulos está arredondado em meio módulo. Os ábacos, nas outras ordens arquitetônicas, são retilíneos; os coríntios têm os lados dobrados para dentro até haver uma distância entre eles igual à medida do diâmetro do fundo do vaso. A terminação do ábaco será um terço de sua altura e seu desenho será idêntico àquele adotado para a secção superior das colunas.

O filete e o astrágalo revestem o vaso com duas fileiras de folhas em relevo; e cada fileira contém oito folhas. A altura da primeira fileira de folhas é de dois módulos; a segunda é idêntica. Os outros módulos da altura do vaso são destinados aos caulículos que se erguem acima das folhas, chegando até a borda do próprio vaso. Os caulículos são dezesseis e quatro deles se enrolam em cada um dos lados do capitel; dois se erguem na parte direita partindo de um único nó, e outros dois de outro nó igual na parte esquerda, e de modo que os caulículos extremos se sobressaiam dos ângulos do ábaco em forma de espiral e aqueles médios se reúnam ao centro com suas extremidades superiores, enrolando-se igualmente com forma de espiral. Sobre estes últimos sobressai, do vaso, uma flor, entalhada em uma posição proeminente, que não supera a altura do ábaco. A altura da borda do vaso, que é visível ao redor nos pontos que não são recobertos por caulículos, mede uma fração de módulo. As folhas se encaracolam agrupando-se em cinco ou, se quiser, em sete galhos cada uma; suas pontas se salientam em meio módulo. O que confere maior beleza, tanto nas folhas desse tipo de capitel quanto em qualquer tipo de entalhe, é marcar profundamente o contorno dos perfis. Essas são então as características do capitel coríntio.

O capitel itálico reúne em si os ornamentos de todos os outros. Nele se encontram os mesmos critérios concernentes ao vaso, ao ábaco, às folhas, à flor, que eram válidos para a ordem coríntia; com a diferença que, no lugar dos caulículos, aqui se adotam volutas que se erguem até os quatro ângulos do ábaco, por uma altura de dois módulos. A frente do capitel, que por si só seria nua, é ornada segundo o estilo jônico; de fato, termina o caveto na espiral das volutas e apresenta a borda do vaso decorada com ovos, semelhante ao equino, acrescentando-lhe porém bagas por baixo.

Além dos referidos, podem-se ver muitos outros capitéis compostos de elementos procedentes de um ou de outro tipo, ou resultado do acréscimo ou da eliminação de algum elemento. Os entendidos, de qualquer forma, não os aconselham.

Aqui terminamos a análise dos capitéis. Acrescentamos somente o hábito de colocar, acima do ábaco, outro pequeno ábaco quadrado, não visível na construção: isso para que o capitel seja de alguma forma aliviado e não seja alcançado diretamente pelo peso da arquitrave; e também para diminuir o perigo de que, durante a construção, as partes mais fracas e frágeis da obra caiam.

CAPÍTULO IX

Uma vez construídos os capitéis, coloca-se em cima a arquitrave; e, em seguida, sobre esta se colocam as vigas, as tábuas e os outros materiais que constituem a cobertura. Em todos esses elementos a ordem dórica se diferencia decididamente das demais, e, sobretudo, da jônica; e, todavia, todas têm em comum algumas características. Para todas, de fato, a arquitrave deve ser feita de modo que a largura de sua parte inferior não seja maior que o diâmetro da secção superior da coluna; no que diz respeito à largura na sua parte superior, ela deve ser igual ao diâmetro da secção inferior da coluna.

Chamaremos de cornijas as partes mais altas que se salientam acima do friso. Nelas também se respeitará a regra que, dissemos, se deveria seguir no caso de qualquer elemento proeminente: uma cornija pode sobressair do muro por uma medida que seja igual a sua altura. Respeitaram também o princípio de dar às cornijas uma inclinação da duodécima parte; isso porque tinham observado que, se construídas formando um ângulo reto, pareceriam voltadas para cima.

A essa altura recomendo novamente a quem está transcrevendo estas páginas — e o recomendo calorosamente — que os números que serão mencionados não sejam indicados com algarismos, mas inteiramente com letras, para evitar que se corrompam por erros de cópia.

Na ordem dórica, então, a arquitrave é alta não menos que o raio da secção inferior da coluna. Ele é dividido em três faixas. Sob a faixa superior, colocam-se em sentido horizontal três pequenas fasquias; sob cada uma delas prendem-se seis pregos que servem para segurar as vigas cujas extremidades salientam-se do muro no sentido das referidas fasquias: dessa forma se faz com que essas vigas entrem novamente no muro.

A altura total da arquitrave foi dividida em doze módulos que constituem a unidade de medida que será a mesma para todas as molduras que agora mencionaremos. A altura da faixa inferior mede quatro módulos; a da faixa intermédia mede seis; ficam dois módulos para a faixa superior. E dos seis módulos da faixa central, o modulo mais alto de todos foi dado às fasquias e o outro aos pregos fixados sob elas. O comprimento das fasquias é de cerca de doze módulos. Os intervalos que há entre suas extremidades têm um comprimento de dezoito módulos.

As vigas se apoiam nas arquitraves: suas extremidades, cortadas em forma de ângulo reto, se sobressaem em meio módulo. Sua largura será igual à altura da arquitrave; a altura será uma vez e meia a largura, ou seja, dezoito módulos. Nas faces das vigas, efetuam-se três caneluras verticais em linha reta e cortadas em ângulo reto, com um módulo de distância entre si. Sua abertura será larga um módulo e suas bordas serão arredondadas por uma largura de meio módulo. Os espaços que há entre as vigas, nas construções mais belas, se ocupam com tábuas com altura igual à sua largura. Convém também que as vigas se apoiem na vertical que passa para o fuste das respectivas colunas. As extremidades das vigas sobressaem meio módulo das tábuas, enquanto as tábuas estão colocadas a prumo com a faixa inferior situada sob elas. Em cada tábua entalham-se bucrânios, pátenas, rosetas e similares. Sobre cada viga e cada tábua coloca-se uma faixa, à guisa de terminação, de dois módulos de comprimento.

Uma vez feito isso, sobrepõe-se uma faixa com dois módulos de espessura, cujo perfil é um caveto. Logo sobre ela — ao menos me parece — se estende um pavimento espesso três módulos, ornado com pequenos ovos, assim feitos, se não estou enganado, para imitar os seixos que se salientam aqui e ali na argamassa do pavimento. Sobre este último se colocam os mútulos, tão largos quanto as vigas e da mesma grossura dos pavimentos: devem ser arrumados de modo que caiba um por cada viga, e se salientem em dez módulos. Suas extremidades são cortadas perpendicularmente. Aos mútulos aplica-se, à guisa de terminação, uma gola reversa com uma altura de três quartos de módulos. Nos espaços que se veem abaixo, salientando-se dos mútulos, se entalham rosetas e flores de acanto.

Sobre os mútulos coloca-se a cornija do edifício, alta quatro módulos. Ela é formada por uma faixa e por uma gola reversa como terminação. A cimalha é alta um módulo e meio. Se quisermos colocar um tímpano para completar a obra, todas as cornijas devem ser retomadas nesse tímpano, e cada uma delas será trabalhada em todas as suas partes conforme a angulação que lhe pertencer, de modo que elas estejam perfeitamente alinhadas perpendicularmente. Os tímpanos, ao contrário das cornijas, sempre possuem no ponto mais alto uma calha, formada por uma gola, como terminação, com uma espessura, na ordem dórica, de quatro módulos; e nas cornijas em que se alberga um tímpano não se coloca uma calha que se coloca, por sua vez, naquelas privadas de tímpano. Mas falaremos em seguida acerca dos tímpanos. Assim então se apresenta o entablamento dórico.

Na ordem jônica foi estabelecido, muito sabiamente, o uso de arquitraves tanto mais grossas quanto maior fosse a altura das colunas; será então útil observar esse critério até no dórico. Foi, portanto, estabelecido o seguinte: quando a coluna for alta até vinte pés, a arquitrave terá uma altura igual à décima terceira parte daquela da coluna; se, entretanto, a coluna for alta até vinte cinco pés, a altura da arquitrave será de um duodécimo daquela; no caso em que deva chegar a trinta pés, um undécimo; e assim por diante, seguindo essa progressão.

A arquitrave jônica é formada por três faixas, além da terminação. Sua altura é dividida em nove partes e duas são ocupadas pela terminação. A terminação tem a forma de uma gola reversa. Novamente, a altura da arquitrave, exceto a terminação, é dividida em doze partes: três partes são ocupadas pela área inferior, quatro pela mediana e cinco (as que sobram) pela parte superior que se encontra imediatamente abaixo da terminação. Alguns arquitetos preferiram não aplicar a terminação a cada uma das faixas, outros a aplicaram; e alguns entre estes últimos optaram por uma gola reversa alta um quinto de sua faixa, outros um astrágalo, com uma altura igual a um sétimo. Notar-se-ão também em várias obras da Antiguidade soluções anômalas, como, por exemplo, molduras decorrentes de diferentes estilos: expediente que não se deve censurar totalmente. Parece que tiveram muito sucesso, sobretudo, alguns tipos de arquitrave formadas por duas faixas, que, a meu ver, não são nada mais que arquitraves dóricas privadas de fasquias e pregos. Faziam-se da seguinte forma: dividia-se a altura total da arquitrave em nove módulos; um módulo e mais dois terços se destinavam à terminação, três módulos e um terço eram ocupados pela faixa mediana; a faixa inferior tomava os outros dois módulos. A terminação desse tipo de arquitrave foi dividida em duas partes iguais; na de cima havia um caveto com um filete, e na de baixo havia um óvulo. Sob este se encontrava a terminação da faixa mediana, formada por um astrágalo com uma altura igual à oitava parte da altura da área total; enquanto a terminação da faixa inferior era constituída por uma gola reversa que ocupava um terço de sua altura.

Sobre a arquitrave se apoiam as vigas. Na ordem jônica, porém, ao contrário da dórica, elas não são visíveis, porque são cortadas verticalmente fazendo com que estejam alinhadas com o perfil da arquitrave e são recobertas por meio de uma tábua contínua que chamaremos de friso. Sua largura é igual à altura da arquitrave em que se apoia. Nesse lugar costumavam entalhar vasos e objetos rituais, ou seja, cabeças de touros, situadas a intervalos, em cujos cornos estavam penduradas guirlandas de frutas. Como terminação sobrepunham ao friso uma gola reversa com uma altura compreendida entre três e quatro módulos.

Sobre esta última, colocavam tábuas com a função de pavimentos até formar um degrau com uma profundidade de quatro módulos. Nela, alguns costumavam entalhar dentículos, imitando as extremidades de tábuas quebradas; outros preferiam deixar as tábuas uma ao lado da outra, sem separá-las com nenhum entalhe. Sobre as tábuas colocavam o que se poderia chamar ou de teto ou de *transversarium sedile*, do qual se sobressaem os mútulos, que tinha três módulos de altura. Essa parte era ornada com pequenos ovos entalhados, e sobre ela colocavam os mútulos limitados por cima e por baixo por faixas de tábuas. A altura da faixa frontal é de quatro módulos; aquela que cobre o fundo dos mútulos é larga seis módulos e meio. Sobre essa platibanda, sustentadas por mútulos, colocavam-se as telhas chatas, altas até dois módulos e cuja ornamentação consistia numa gola reversa ou num óvulo. Acima de tudo se colocavam uma gola alta três módulos ou, se se quisesse, quatro. Nesta última, seja na ordem dórica, seja na ordem jônica, costumava-se entalhar cabeças de leão, de cujas bocas brotavam as águas acumuladas; e cuidavam para que a água, ao cair, não molhasse quem entrasse no templo ou a parte interna deste: por isso obstruíam as bocas que se encontravam acima das aberturas do edifício.

Na ordem coríntia não encontramos nenhuma novidade no que diz respeito às arquitraves e aos vigamentos; exceto talvez, se não estou errado, que não colocavam os mútulos nem cobertos por cima — como na dórica — nem cortados a prumo, mas sim descobertos e com o perfil da gola; distavam entre si tanto quanto se sobressaíam do muro. No demais seguiram as normas da ordem jônica. Terminamos aqui a análise das colunatas arquitravadas. Acerca das colunatas com abóbada falaremos mais tarde, quando tratarmos da basílica.

Existem alguns aspectos, relacionados com esse tipo de colunatas, que não se devem descuidar absolutamente. De fato, é sabido que as colunas situadas ao ar livre parecem mais esbeltas que aquelas colocadas em um lugar fechado; e que quanto maior for o número de suas caneluras, tanto mais grossas parecem as colunas. Por essa razão, aconselha-se, na construção das colunas angulares — já que ao olhá-las parecem mais estreitas, pois, mais que as outras, se encontram ao ar livre —, fazê-las mais grossas e com um número maior de caneluras.

As caneluras das colunas podem ser traçadas em linha reta, no sentido do comprimento do fuste, ou seguindo a espiral da coluna. Na ordem dórica as caneluras se realizam ao longo da coluna e se chamam de "estrias". Na ordem dórica então elas são vinte, enquanto nas outras ordens são vinte e quatro. Estes últimos, além disso, separam as caneluras mediante a interposição de um filete, cuja largura mede não menos que a terceira parte e não mais que a quarta parte da medida da boca da canelura. A secção desta última corresponde à forma de um semicírculo. Os dórios, ao contrário, efetuam as "estrias" sem filete, em alguns casos planas, e mais frequentemente com uma profundidade não superior à quarta parte de um círculo; e as estrias contíguas terminam com um ângulo. Geralmente, a terça parte do comprimento das "estrias", a que se encontra na zona mais baixa da coluna, se enche com um óvulo, com a finalidade de proteger a coluna dos golpes e dos maus-tratos. A estria que corre em linha reta ao longo da coluna do topo até a base faz com que a coluna pareça ao observador mais grossa do que é na realidade.

As estrias sinuosas são de várias formas. Em qualquer caso, quanto menos elas se originam da linha reta vertical, tanto mais grossa parecerá a coluna. As voltas das caneluras geralmente não são mais que três e não menos que uma completa. Seja qual for o tipo de canelura, deve-se traçá-la de cima até embaixo com uma linha contínua e igual, para evitar que os sulcos se interfiram. O ângulo reto será a regra que seguiremos para escavar o fuste. Os matemáticos descobriram que, traçando de um ponto qualquer de uma semicircunferência uma linha reta até cada uma das duas extremidades do diâmetro, se obtém um ângulo reto. Em seguida, uma vez encavados os lados das caneluras, é preciso continuar escavando até circunscrever inteiramente um ângulo reto. Além disso, é necessário deixar aos dois lados das caneluras um intervalo adequado, de modo que as concavidades destas resultem bem distantes dos filetes contíguos que cercam a coluna. Mas basta com este assunto.

Contam que em Mênfis o templo está cercado não por colunas, mas por colossos altos doze cúbitos. Em outros lugares ergueram colunas revestidas inteiramente por pâmpanos enrolados e cheias de pássaros em relevo. Todavia, considerada a majestade dos templos, resulta mais adequada a coluna lisa e sem filetes.

Resumam-se aqui algumas medidas que facilitarão muito a tarefa do artista na hora de dispor as colunas. Contam-se, por exemplo, as colunas a serem utilizadas na construção, e conforme o seu número se estabelece o critério da composição. Na ordem dórica, se as colunas devem ser quatro, dividir-se-á o comprimento da área em vinte e sete partes; se devem ser seis, dividir-se-á em quarenta e uma partes; se forem oito colunas, em cinquenta e seis partes. E duas dessas partes serão atribuídas à grossura de cada coluna. Nos edifícios jônicos, ao invés, se forem quatro colunas, divide-se a fachada em onze partes e meia; se forem seis colunas, em dezoito partes; se forem oito colunas, em vinte e quatro partes e meia. E se atribuirá uma dessas partes à espessura de cada coluna.

CAPÍTULO X

Há quem recomende que o pavimento do templo e os locais internos sejam feitos em uma posição de um degrau mais elevado que os outros, e, sobretudo, que o ponto em que deve surgir o altar para os sacrifícios seja em um lugar proeminente. Alguns mestres faziam as entradas que levavam para as capelas muito amplas e completamente abertas, sem que nenhuma parte do muro atrapalhasse a passagem. Outros mestres colocavam no meio duas colunas, levando em conta os critérios estruturais que regem a cobertura e a ornamentação do pórtico, de que falamos há pouco, e deixando o espaço vazio que ficava sobre as cornijas para estátuas e candelabros; outros, ainda, fechavam o acesso às capelas prolongando o muro de ambos os lados.

Quem pensar que se devem levantar os muros dos templos com uma espessura enorme, para conferir-lhes dignidade, está enganado. Todos, de fato, desaprovam um corpo que possui membros muito grossos. Além do mais, a luz, um fator de comodidade, se esfuma por causa da espessura das paredes. Um excelente arquiteto, precisando de um muro com uma espessura notável para a construção do Panteão, utilizou somente a ossatura, deixando todos os outros materiais de preenchimento; e esses espaços vazios, que os incompetentes teriam enchido, ele os ocupou com nichos e com aberturas. Dessa forma, economizou dinheiro, evitou a desvantagem de um peso excessivo e conferiu uma elegância maior à sua obra.

A espessura do muro deve ser determinada usando o mesmo critério que se usa para as colunas: ou seja, a altura do muro deve ser proporcional à sua espessura, assim como acontece nas colunas. Constatei que na Antiguidade se costumava dividir a largura da fachada dos templos em doze partes (ou, nos edifícios que deveriam ser particularmente robustos, em nove), e que uma delas era destinada para a espessura do muro.

Nos templos com planta circular, fazia-se o muro com uma altura não inferior à metade do diâmetro, e em muitos casos era feito com uma altura igual a dois terços daquele, por vezes três quartos, levantando o muro interno até que alcançasse a abóbada. Mas os mais competentes dividiam a circunferência da planta em quatro partes e estendiam uma dessas em linha reta, para logo levantar a parte interior do muro ao longo de sua longitude, em uma proporção de onze para quatro. Esse método foi imitado por muitíssimos arquitetos, tanto nos casos dos templos com planta quadrangular como nos casos de qualquer tipo de superfície abobadada.

Mas, no caso em que, além do muro, se queira construir capelas aos dois lados da planta, ampliando dessa forma o espaço para a vista, às vezes se devem erguer os muros até uma altura igual à largura da planta. Nos edifícios com planta circular, todavia, a altura da parte interna do muro não será igual àquela da parte externa; já que o topo do muro interno constituirá o princípio da abóbada, enquanto do lado externo deverá erguer-se até alcançar a calha. Portanto, esta última parte terá uma altura igual à terça parte da altura máxima da abóbada que se apoia no muro, no caso em que o telhado seja do tipo escalonado; mas, se for retilíneo e com duas águas, a parte externa do muro terá uma altura igual à metade daquela da abóbada. O material mais indicado para os muros dos templos é o tijolo que, porém, deverá ser revestido por ornamentos.

No que diz respeito à forma de ornar as paredes dos edifícios de culto, as opiniões são discordantes. Em Cízico, os muros dos templos foram ornados com pedras polidas e marcadas nas separações entre blocos com ouro maciço. Na construção do templo de Minerva em Élide, o irmão de Fídias usou um reboco feito com argamassa misturada com açafrão e leite. O monumento sepulcral de Osimandias, em que eram sepultadas as concubinas de Júpiter, por ordem dos reis egípcios foi cercado por um círculo de ouro espesso um cúbito inteiro e com uma circunferência de trezentos e sessenta e cinco cúbitos, em que foram esculpidos os dias do ano.

Outros não seguiram esse exemplo e fizeram de outra forma. Cícero, por exemplo, seguindo os ensinamentos de Platão, considerou certo induzir legalmente os seus cidadãos para que desconsiderassem, ao construir um templo, a profusão de ornamentos e seu encanto, e privilegiassem a pureza e a simplicidade. Todavia — disse ele — deverá ter um certo decoro exterior.

A meu ver é evidente que aos deuses mais grandiosos lhes agradam muito a pureza e a simplicidade da cor assim como a pureza e a simplicidade da vida. E também não é oportuno que nos templos se encontrem objetos que distraiam a mente dos fiéis dos pensamentos religiosos, levando-os a experimentarem os encantos e os atrativos dos sentidos. Mas minha opinião é, por outro lado, que como nos edifícios públicos também nos lugares sagrados, desde que não nos afastemos da seriedade, deverá ser levado em consideração quem sustenta que o telhado, os muros e o pavimento do templo devem ser executados com arte e com elegância e, sobretudo, se for possível, serem duradouros.

Por essa razão, o tipo mais conveniente de revestimento interno, em um ambiente coberto, será feito de mármore ou de vidro, ou em forma de lajotas de pedras ou com tarjas. Para a parte externa será melhor seguir o hábito dos antigos que faziam o revestimento com argamassa adornado por relevos. Em ambos os casos se fará com que relevos e quadros sejam colocados da forma mais conveniente e elegante. Sobretudo, a representação pictórica de gestas gloriosas encontrará seu local mais adequado no pórtico.

Dentro do templo, em vez de afrescos nas paredes, são mais convenientes, em minha opinião, pinturas; aliás, agradar-me-iam ainda mais os relevos; desde que não sejam quadros comparáveis com os dois que César, o ditador, adquiriu por oitenta talentos para adornar o templo de Vênus Genitrix. E, sem dúvida, a contemplação de boas obras de arte (pintar mal uma parede, de fato, não equivale a pintá-la, mas sim a deturpá-la) me dá uma satisfação espiritual não inferior à que me dá a leitura de um bom conto. De fato, em ambos os casos, produz-se pintura: o pintor conta com o pincel, o narrador pinta com a palavra; pelo resto a condição dos dois é idêntica, em ambos os casos se requer uma dose inacreditável e enorme de inteligência e de constância.

Quero, além disso, recomendar que, tanto nas paredes quanto no pavimento do templo, tudo transmita uma filosófica sabedoria. Posso concluir que no Capitólio havia umas tábuas de bronze em que eram incisas as leis com que os romanos governavam seu império; uma vez queimado o templo, elas foram restauradas pelo imperador Vespasiano até chegar a um número de três mil. Contam que no umbral do templo de Apolo em Delos havia umas inscrições que explicavam como, com certa quantidade de ervas, se podia obter um antídoto contra todos os venenos. A nosso ver é recomendável colocar aqueles ditados graças aos quais nos tornamos mais justos, morigerados e sóbrios, mais virtuosos e gratos aos olhos dos deuses. Como são aqueles que dizem, por exemplo: "seja como quer que o vejam"; "ama e serás amado"; e outros similares. Aconselha-se principalmente ocupar o pavimento inteiro com linhas e figuras musicais e geométricas, de modo que as mentes dos que estão olhando sejam levadas a cultivar a cultura.

Na Antiguidade era habitual introduzir nos templos e nos pórticos, como ornamentação, objetos raríssimos: como as antenas de formigas trazidas da Índia e colocadas no templo de Hércules; ou as coroas de canela depostas por Vespasiano no Capitólio; ou a enorme raiz de canela que Augusta mandou colocar em uma balsa de ouro no templo principal do Palatino. Contam, ainda, que na cidade de Termo, na Etólia, uma região que Filipe devastou, havia nos pórticos do templo, como ornamentação, mais de quinze mil armaduras e mais de duas mil estátuas; conta Políbio que Filipe mandou fazê-las aos pedaços, exceto aquelas que trouxessem nomes ou imagens de deuses. Mas, provavelmente, quando se trata desse tipo de objeto não se deve levar tão em conta o seu número, quanto a sua variedade. Na Sicília, conforme conta Solino, havia pessoas que sabiam esculpir estátuas com o sal; e Plínio relata que foi feita uma estátua com o vidro. Sem dúvida, esses tipos de objetos, devido à sua grande raridade, sejam fruto da inteligência ou do trabalho da natureza, são de qualquer forma dignos de muita admiração. Mas falaremos das estátuas em outro lugar.

As colunas se encostam aos muros ou se inserem entre as aberturas, mas não utilizando os mesmos critérios seguidos no caso dos pórticos. Constatei que nos templos maiores, em que provavelmente as colunas não teriam conseguido suportar uma obra tão enorme, utilizava-se como recurso o prolongamento dos pés-direitos das abóbadas até obter arcos cuja flecha superasse a terceira parte do raio; esse expediente, além do mais, confere muita elegância à construção, porque dessa forma a abóbada ao levantar-se, digamos assim, adquire agilidade e fluidez.

Outro aspecto não deve ser descuidado: nas abóbadas, os pés direitos dos arcos devem prolongar-se ao menos o quanto for necessário para que suas flechas superem a longitude do raio tanto quanto as cornijas interrompem o campo visual de quem olha do centro do templo.

CAPÍTULO XI

A cobertura do templo deve ser, a meu ver, abobadada tendo em vista sua dignidade e sua duração. Não sei por qual obscura razão quase não se consegue encontrar sequer um templo famoso que não tenha sofrido graves incêndios. Contam que Cambises queimou todos os templos do Egito, levando todos os tesouros e os ornamentos para Persépolis.

Eusébio nos informa que o oráculo de Delfos fora queimado três vezes pelos trácios; e Heródoto diz que foi reconstruído por Amásis, depois de pegar fogo duas vezes acidentalmente; em outra fonte se lê que foi queimado por Flegias na época em que um fenício idealizou uns signos gráficos para os seus concidadãos; e sofreu outro incêndio durante o reinado de Ciro, poucos anos antes da morte do rei romano Sérvio Túlio; consta ainda que sofreu outro incêndio na época em que nasceram aqueles luminares de inteligência e de doutrina que foram Catulo, Salústio e Varrão. O templo de Diana em Éfeso, que já tinha sido queimado pelas amazonas durante o reinado de Sílvio Postúmio, foi novamente incendiado na época em que em Atenas Sócrates bebeu a cicuta. Também em Argos, conforme relatam, foi destruído pelas chamas um templo no ano em que em Atenas nascia Platão, enquanto em Roma reinava Tarquínio. É inútil relatar os acontecimentos análogos ocorridos com os pórticos sagrados de Jerusalém, com o templo de Minerva em Mileto, com o templo de Serápis em Alexandria, com o Panteão e o templo de Vesta em Roma, ou com o templo de Apolo, no qual queimaram os livros sibilinos. Quase todos os templos — conforme o que nos contam os autores — sofreram essa mesma desgraça. Única exceção, escreve Diodoro, teria sido o templo dedicado a Vênus na cidade de Érix, que ficou intacto até seus dias.

Conta César que Alexandria ficou imune a incêndios durante seu assédio porque os seus edifícios eram abobadados. E a abóbada tem também sua ornamentação. Na Antiguidade os arquitetos aplicavam nas cúpulas esféricas os mesmos critérios que os prateiros aplicavam nas páteras sacrificiais; e aqueles que eram usados nos cobertores eram imitados nas abóbadas de berço e de aresta. Por essa razão, frequentemente podem-se encontrar quadrados, octógonos etc.

disseminados pela abóbada, com ângulos e lados iguais e com raios e círculos diferentes, de modo que agradem o máximo possível à vista.

Aqui torna-se conveniente falar daqueles ornamentos realmente esplêndidos e que se podem ver, entre outros lugares, no Panteão, consistentes em nichos: mas não sabemos de que forma foram executados. Para fazê-los nós seguimos um método que requer pouco esforço e pouco gasto. Desenham-se os contornos dos ladrilhos a serem executados — sejam quadrados, hexagonais ou octogonais — diretamente na madeira da armadura da abóbada. Em seguida, nas áreas da abóbada que se quer fazer recuadas, colocam-se, à guisa de preenchimento, uns tijolos crus, aglutinados não com argamassa, mas sim com argila. Uma vez construída essa espécie de túmulo no dorso da armadura, constrói-se em cima a abóbada com terra cozida e argamassa, cuidando que as suas partes mais finas estejam exatamente e bem firmes com as mais grossas e resistentes. Uma vez terminada essa operação, enquanto se tiram as armaduras, extraem-se do corpo da abóbada aqueles túmulos aglutinados com argila que se tinham colocado anteriormente. Dessa forma as cavidades dos ladrilhos ficam conforme o que tínhamos desenhado.

Voltando agora ao nosso assunto, agrada-me muito aquilo que escreve Varrão, isto é, que em [...] na abóbada pintaram a esfera celeste em que se encontrava uma estrela monumental provida com um raio que marcava a hora do dia e que vento soprava. Esse tipo de achado é muito louvável.

Asseguram que os tímpanos doam aos edifícios tanto decoro que se pensa até que a morada celeste de Júpiter, ainda que não chova dentro dela, não pode ficar sem, por razões de decoro. Os tímpanos são colocados sobre os telhados da seguinte forma: da largura da fachada, tomada à altura da cornija, pega-se não menos que a quarta parte e não mais que a quinta, estabelecendo assim a altura do vértice, ou seja, do ângulo mais alto do tímpano. Nas extremidades das calhas e no referido vértice são colocados dados como pedestal das estátuas. A altura dos dados postos nas extremidades das calhas será igual à da cornija inteira sem o friso. A altura do dado colocado ao meio da cimalha do frontão será uma oitava parte maior que a das extremidades.

Contam que Bucides foi o primeiro que colocou, como ornamentação, máscaras de argila vermelha nas telhas que estavam nas bordas das telhas chatas. Em seguida foram feitas de mármore, como todas as telhas.

CAPÍTULO XII

As janelas dos templos devem ter dimensões modestas e estar em uma posição muito elevada, de modo que através delas não se veja nada além do céu, para que nem os celebrantes e nem os que estão orando sejam distraídos de alguma forma do pensamento da divindade. O medo que desperta a escuridão contribui, por sua natureza, à veneração do espírito, até o ponto em que a majestade se une com a severidade. Considere-se também que as chamas acesas nos templos — que representam o ornamento religioso mais divino que existe — empalidecem se forem expostas a um ambiente demasiadamente luminoso.

Por essa razão, os antigos se limitavam na maioria das vezes a fazer uma única abertura, a da porta. Por minha vez, prefiro que a entrada do templo seja perfeitamente iluminada, e que o interior da nave não seja demasiadamente sombrio; por seu turno, no ambiente em que surge o altar me parece melhor que a sobriedade prevaleça sobre a elegância. Mas voltemos às aberturas para a luz.

Convém lembrar quanto dissemos anteriormente: a saber, que a abertura é constituída pelo vão, pelas ombreiras e pela verga. Os antigos faziam as portas e as janelas exclusivamente de forma quadrangular. Falaremos primeiro das portas. Todos os melhores arquitetos — tanto jônios, dórios ou coríntios — faziam as ombreiras das portas um quatorze avos mais estreitas em cima que na parte inferior. À altura da verga eles deram uma altura igual à largura da ombreira na parte superior. O desenho dos ornamentos era igual para os dois. Os pontos de união deviam coincidir com a máxima exatidão. A cornija situada acima da porta, sobre a verga, estava à mesma altura da parte superior dos capitéis que se encontravam no pórtico. Essas são as normas a que todos os arquitetos se atinham.

Porém, no demais há muitas discrepâncias entre uns e outros. De fato, na ordem dórica a altura total da porta era dividida em treze partes, para cujo vão, chamado também pelos antigos de "luz", era atribuído: dez partes à altura, cinco à largura e uma às ombreiras. Na jônica, por sua vez, aquela mesma altura total, que alcança o ápice dos capitéis das colunas, era dividida em quinze partes: doze dessas eram atribuídas à altura do vão, seis à largura e uma às ombreiras. Na coríntia, dividiram-na em dezessete partes; sete eram reservadas para a largura do vão, o dobro para sua altura e uma parte para a ombreira. Em cada ordem a ombreira, chamada também de *antipagmentum*, é constituída por uma arquitrave.

Se não estamos enganados, na ordem jônica a arquitrave é decorada por três faixas, enquanto na dórica são eliminadas as fasquias e as gotas. Em cada ordem, eles aplicam, com ornamentações muito finas, os adornos próprios às respectivas cornijas. Todavia, na dórica não colocaram sobre a arquitrave as extremidades salientes das vigas com três sulcos; em seu lugar puseram um friso, cuja largura é igual à espessura da ombreira da porta. Como remate eles lhe acrescentaram uma gola reversa e sobre esta um degrau simples à guisa de parapeito e ainda pequenos ovos e mútulos cobertos com seu remate; finalmente acima do resto uma gola direita, com cada parte que se ajusta conforme as dimensões que mostramos ao falar da arquitrave da ordem dórica.

Na jônia, ao invés do friso usado nas arquitraves das colunas, aplica-se um festão à guisa de faixa enchido com galhos frondosos, rodeado por uma cinta, com uma espessura igual à terça parte da arquitrave. Sobre ele são colocados um dentelo, dentículos, pequenos ovos, uma camada alta de mútulos recobertos por uma faixa e providos de um remate em sua parte frontal, e finalmente uma gola. Além disso, nas duas extremidades superiores das ombreiras, sob a espessa camada de mútulos cobertos, colocam-se as que poderíamos chamar de orelhas pendentes, por causa de sua semelhança com as orelhas de alguns cães sabujos. O perfil dessas orelhas tem a forma de um S maiúsculo com as duas extremidades dobradas à guisa de volutas. A sua espessura é igual à largura em correspondência à voluta superior, e é uma quarta parte menor em correspondência à parte inferior. Seu comprimento chega ao nível superior do vão.

Na ordem coríntia, transfere-se toda a normativa própria das colunas para a porta; mas essa ornamentação se aplica sobretudo nas portas situadas ao ar livre (abordamos aqui o assunto definitivamente), acrescentando-lhe um pequeno pórtico da seguinte forma: uma vez erguidas as ombreiras e o dentelo, por cada lado se aplica uma coluna "separada", e também às vezes em "relevo". Entre as bases das colunas há uma distância necessária como para abarcar o espaço das ombreiras. A altura das colunas, incluindo os capitéis, é igual à distância entre o ângulo extremo da base direita e o ângulo extremo da base esquerda. Sobre essas colunas, colocam-se a arquitrave, o friso, as cornijas, os tímpanos, conforme as proporções do pórtico, de que falamos anteriormente, no lugar apropriado.

Alguns preferiam adornar as ombreiras não com vigas normais, mas com cornijas; e por essa razão faziam o vão da porta mais amplo. Mas essa solução condiz mais propriamente com o refinamento das habitações particulares (sobretudo nas janelas) que com a solenidade dos templos. Nas portas maiores dos templos, e principalmente quando elas são a única abertura, a altura do vão é dividida em três partes iguais e uma delas — aquela que é situada na parte mais alta — se destina para a janela e é adornada com uma grade de cobre, enquanto as outras duas partes são ocupadas pelos batentes.

Os batentes são compostos por várias partes conforme critérios muito precisos. Uma dessas partes, e por sinal muito importante, é ocupada pelo gonzo, que se pode fabricar de duas formas diferentes: ou aplicando ganchos de ferro na ombreira da porta, ou deixando sair do ângulo do batente um perno sobre cuja ponta roda o batente que se apoia nele. Os batentes dos templos, sendo feitos de cobre para que tenham uma longa duração e sendo então muito pesados, se acionam com maior segurança se forem feitos com o eixo e não com gonzos providos de ganchos.

Não me deterei a essa altura no que se lê nas obras históricas e poéticas, a propósito de portas revestidas com ouro, com marfim, de esculturas tão pesadas que somente podiam ser abertas por homens e que assustavam por causa de seu fragor. Acerca disso, perecem-me mais convenientes as portas que se abrem e se fecham com facilidade.

Por essa razão, sob a ponta inferior do eixo dever-se-á colocar um ladrilho de cobre misturado com estanho. Tanto esta última quanto a ponta do eixo que está fixado ao batente se escavarão profundamente à guisa de cápsulas, côncavas como um prato, de modo que elas possam apertar, envolvendo-a completamente, uma bola de ferro muito polida e perfeitamente lisa. Na extremidade superior da ponta do eixo, que está fixado no topo do batente, haverá uma lâmina de cobre encaixada na verga e provida com um anel de ferro muito liso e polido em que possa entrar o eixo e rodar livremente. Dessa forma, o batente poderá movimentar-se em todos os pontos e poderá ser deslocado com facilidade com um leve impulso.

Por toda porta haverá dois batentes: um se abrirá de um lado, o outro do outro lado. A espessura de um batente será igual à duodécima parte de sua largura. Os batentes serão adornados por faixas sobrepostas; essas correm ao longo da margem inteira do batente e podem ser duplas ou triplas ou até simples, como se quiser. Se houver duas faixas, que se alongam à guisa de degraus, não poderão ocupar juntas mais que a quarta parte nem menos que a sexta parte da largura do batente; além disso, a primeira faixa, aplicada em cima, deverá ter uma largura maior que a quinta parte da faixa inferior. No caso em que as faixas forem três, deverão ser desenhadas conforme o que foi feito com a arquitrave jônica. Se, finalmente, houver uma única faixa, sua largura será, no máximo, a quinta parte e, no mínimo, a sétima parte daquela do batente. As faixas serão limitadas no lado interno por uma gola reversa.

A altura do batente será dividida em faixas transversais, de modo que a área superior ocupe duas das cinco partes em que está dividida a altura total.

Nos templos as janelas são ornadas da mesma forma que as portas. Mas seus vãos, como ocupam a parte superior da parede nas proximidades da ligação com a abóbada, e como os ângulos alcançam a curvatura desta última, sob o arco são concebidos com critérios opostos em relação às portas: elas têm, assim, uma largura que é o dobro da altura. A largura total da janela é dividida por duas pequenas colunas inseridas com os mesmos critérios dos pórticos, mas neste caso quase sempre têm uma planta quadrangular.

A forma dos nichos em que se colocam os quadros ou as estátuas decorre daquela das portas; sua altura deverá ocupar a terça parte da altura da parede em que se encontram.

Os antigos costumavam fixar umas finas lâminas de alabastro — um material translúcido —, ou grades de cobre ou de mármore, nas janelas dos templos para deixar passar a luz e também como batentes contra chuva e ventos. E preenchiam, também, os espaços vazios entre as grades não com vidro, muito frágil, mas com uma pedra transparente extraída principalmente na área da cidade espanhola de Segóvia ou naquela da cidade de Bolonha na Gália Cisalpina. Encontra-se em lâminas que geralmente não superam um pé de comprimento, de gesso translúcido e puríssimo a que a natureza confere a característica de não envelhecer.

CAPÍTULO XIII

Agora é conveniente considerar, na construção de um templo, a colocação do altar para os sacrifícios. Deverá ser localizado em uma posição muito digna, então obviamente em frente à abside. Os antigos construíam o altar com seis pés de altura e doze de largura para poder colocar uma estátua sobre ele. No que diz respeito à conveniência de colocar outros altares aos fins sacrificiais dentro do templo, outros julgarão.

Entre nossos antepassados, nos alvores da nossa religião, homens de grandes qualidades se reuniam em uma ceia comum, não para saciar seu apetite com comida, mas sim para se tornarem, por meio da convivência, mais pacatos, e para voltar à sua casa com o espírito repleto de bons conselhos e muito mais desejoso de virtude. Ali, então, após os que estavam presentes terem, não comido, mas apenas saboreado os alimentos preparados com muita frugalidade, havia uma leitura e uma prédica sobre assuntos religiosos; e o espírito de cada um queimava pelo desejo de agir para o bem de todos e de cultivar a virtude. Finalmente, cada um, conforme permitiam seus bens, depunha ao centro uma quantia de dinheiro como se fosse uma espécie de tributo à piedade e como esmola para quem o merecia: esse dinheiro era distribuído pelo sacerdote aos indigentes. Dessa forma, todas as coisas eram compartilhadas entre eles como se fossem irmãos muito queridos.

Em seguida, quando os imperadores deram a permissão para fazer isso publicamente, não se afastaram do costume originário dos antepassados; somente que por causa da maior afluência popular foi necessário impor uma diminuição da quantidade de alimento. Os sermões pronunciados pelos muito eloquentes bispos daquela época se podem ler em muitos trechos das memórias dos nossos antepassados. Existia, naquela época, somente um altar ao redor do qual os fiéis se reuniam, e celebravam somente um sacrifício por dia.

Sucedeu-lhe a nossa época, que cada pessoa séria deveria considerar censurável, com a vênia de todos os bispos que, por sua vez, com a desculpa de salvaguardar sua dignidade, mal aceitavam mostrar-se ao povo uma vez por ano, e em seguida encheram todas as igrejas com altares, a tal ponto que por vezes... Mas é inútil continuar com este assunto. Uma coisa posso afirmar com certeza: que não há nada mais digno e santo que o sacrifício; e, a meu ver, não existe pessoa sábia que possa desejar que as coisas mais dignas percam seu valor por causa de uma excessiva facilidade.

Há outros tipos de ornamentos, não estáveis, com que se adorna o sacrifício, e outros ainda para ornar o templo, cuja sistematização compete ao arquiteto. Questiona-se qual espetáculo seja o melhor entre os dois seguintes: se um trívio animado pelos jogos dos jovens, ou uma frota navegando no mar, ou uma planície percorrida por um exército vitorioso, ou o foro cheio de notáveis com suas togas, e cenas similares, por exemplo, um templo iluminado por uma multidão de lâmpadas. Eu queria, porém, que as lâmpadas dos templos tivessem aquela solenidade que as velas usadas nos dias de hoje não possuem. Sem dúvida, estas produzem efeitos agradáveis quando alinhadas seguindo determinados desenhos, por exemplo, dispostas em uma fileira conforme a linha das cornijas. Mas, sobretudo, são louváveis os antigos que faziam arder nos candelabros chamas cheirosas dentro de vasos de um bom tamanho.

O comprimento do candelabro era dividido em sete partes iguais: duas eram ocupadas pela base, que tinha uma planta triangular e [...] mais longa que larga e ainda [...] mais larga na sua parte inferior que na superior. O corpo do candelabro se levantava com pratos para recolher as gotas dispostos um dentro e em cima do outro; na parte de cima, colocava-se um pequeno vaso cheio de gomas e de madeiras aromáticas. Transmitiram à posteridade a quantidade de bálsamo, comprada com dinheiro público, que os imperadores mandavam arder nos dias festivos nas basílicas mais importantes de Roma: quinhentas e oitenta libras.

Abandonemos os candelabros e abordemos agora os outros ornamentos destinados à melhor ornamentação dos templos. Contam que Giges doou a Apolo Pítio seis crateras de ouro maciço, de trinta mil libras de peso; e que em Delfos se encontravam vasos de ouro e prata maciços com uma capacidade, cada um, de seis ânforas. Havia quem valorizava mais o trabalho dos artesãos e o desenho que o ouro por si só. Contam que no templo de Juno em Samos havia uma cratera de ferro toda cheia de relevos ao seu redor, o mesmo que um tempo atrás Esparta havia enviado como presente a Creso; e era de uma capacidade tão grande que alcançava as trezentas ânforas. Leio também que em Delfos foi enviado como presente pelos habitantes de Samos uma trípode de ferro em que tinham sido esculpidas com insigne maestria cabeças de animais e que eram sustentadas por colossos ajoelhados, altos sete cúbitos. Admirável era também o templo dedicado ao deus Ápis que mandou erguer o rei egípcio Psamético: era profusamente adornado por colunas e numerosos relevos, e dentro havia uma estátua representando o deus Ápis que rodava continuamente sempre voltado para o sol.

Ainda mais surpreendente é o caso da flecha de Cupido no templo de Diana em Éfeso, que, parece, estava suspensa no ar sem estar presa por nenhuma corda.

Acerca de ornamentos desse tipo não tenho nada a dizer, exceto recomendar que sejam colocados em uma posição conveniente e decorosa, para que sejam olhados com admiração e respeito.

CAPÍTULO XIV

Certamente a basílica, na origem, era um lugar coberto em que os notáveis se reuniam para exercer o poder judiciário. Acrescentaram-lhe uma tribuna para atribuir-lhe mais solenidade. Sucessivamente, para ampliar o edifício, como a antiga cobertura não era mais suficiente, cercaram a construção com pórticos abertos no interior, de ambos os lados, em um primeiro momento simples, em seguida, também duplos. Outros ainda acrescentaram, ao longo da tribuna, uma segunda nave transversal chamada de "causídico", porque estava sempre cheia de advogados e causídicos. As duas naves foram ligadas em uma planta semelhante à letra T. Parece que mais tarde tenha sido acrescentado um pórtico ao lado externo, destinado aos serviçais. A basílica é então composta pela nave e pelos pórticos.

Devido à sua analogia natural com o templo, a basílica requer muito mais os mesmos ornamentos daquele; porém os utilizará de modo que demonstre a sua preferência por imitar os templos, não igualar-se a eles. Será então construída sobre um pódio, assim como o templo; mas esse pódio será uma oitava parte mais baixo que o templo, para que resulte tanto menos digno de veneração que o templo. Da mesma forma todos os outros elementos da ornamentação não terão a mesma grandiosidade que caracteriza os templos. Além disso, entre basílica e templo há esta diferença: que a primeira deve ser extremamente acessível nas suas vias de ingresso, e resultar mais luminosa por suas aberturas por causa da grande confusão provocada pelas partes em litígio, e também para ler e assinar os documentos. E será muito louvável se tiver uma disposição tal que quem entrar para procurar os próprios advogados e os próprios clientes veja onde estes estão à primeira vista. Por isso são necessárias colunas bastante distantes entre si; serão preferíveis, entre todas, aquelas cobertas com abóbadas, sem rejeitar as arquitravadas.

Porém, definiremos a basílica da seguinte forma: um certo tipo de passeio coberto, muito espaçoso e facilmente acessível, rodeado por galerias cobertas internas, já que um edifício privado desses pórticos, a nosso ver, se aproxima mais à cúria senatória que à basílica. E da cúria falaremos no lugar apropriado.

É oportuno que o comprimento da superfície da basílica seja o dobro de sua largura. Da mesma forma, será conveniente que a nave central e a causídica sejam livres e acessíveis de todos os lados. Se não há uma nave causídica, mas simples pórticos dos dois lados, a planta deve ser distribuída da seguinte forma: divide-se sua largura em nove partes iguais; a nave central ocupará cinco dessas partes, e duas a cada um dos pórticos. O comprimento é também dividido em nove partes: uma parte para a profundidade da tribuna, duas para sua largura ao ingresso.

Se além do pórtico há também a nave causídica, então a largura da planta se divide em quatro partes: duas para a nave central, e uma para cada um dos dois pórticos. No que diz respeito ao comprimento, ele será dividido de modo que a tribuna com sua curvatura ocupe, em profundidade, a duodécima parte do comprimento total, e com a abertura do intervalo ocupará dois duodécimos e meio. A largura da nave causídica será igual à sexta parte do comprimento da área.

No caso da basílica ter tanto a nave causídica quanto os pórticos duplos, sua largura se dividirá em dez partes: quatro para a nave central, três para os pórticos à direita e o mesmo número para aqueles à esquerda; e cada pórtico ocupará a metade das três partes referidas. Dividir-se-á o comprimento em vinte partes: uma parte e meia para a profundidade da curva da tribuna, enquanto a largura de seu ingresso ocupará três partes e um terço. Não mais que três partes deverão ser destinadas à nave causídica.

Os muros da basílica não terão a espessura daqueles do templo. Sobre eles de fato não pesa o volume das abóbadas, porque sustentam somente as vigas e as asnas. Deverão ter então uma espessura igual à vigésima parte de sua altura. A altura dos muros nas fachadas será uma vez e meia a largura, nunca mais que isso.

Nos cantos das naves salientar-se-ão os pilares das paredes, alinhando-se com as colunas que flanqueiam as próprias paredes; sua espessura não deverá ser menor do que o dobro nem maior do que o triplo daquela da parede em que se apoiam. Alguns erguem outro pilar à média distância entre uma coluna e outra, para dar maior solidez. A largura desse pilar equivale ao triplo do diâmetro de uma coluna, ou, no máximo, ao quádruplo.

Tampouco as colunatas deverão ter a solenidade típica daquelas dos templos. Então, sobretudo se usarmos colunas arquitravadas, nós nos regularemos da seguinte forma: se a ordem escolhida for a coríntia, o diâmetro da coluna será uma duodécima parte inferior; se for jônica, uma décima parte; se for dórica, uma nona parte. No que diz respeito ao demais — capitel, arquitrave, faixas, cornijas etc. — seguir-se-ão os mesmos critérios expostos a propósito dos templos.

CAPÍTULO XV

Nos pórticos arqueados, requerem-se colunas com planta quadrangular. De fato, aquelas redondas resultam defeituosas pelo fato de que o pé do arco não se apoia inteiramente no corpo da coluna, mas sim no vazio na medida em que a superfície do quadrado supera a do círculo inscrito nele. Para corrigir esse inconveniente os mestres da Antiguidade colocaram sobre os capitéis da coluna outra cimalha com planta quadrangular, alta, por vezes a quarta parte, outras vezes a quinta parte do diâmetro da coluna correspondente, e com um perfil de gola reversa. A largura dessa cimalha quadrangular é, na sua base, igual à largura máxima do capitel; em cima há saliências cuja largura é igual à altura da cimalha. Dessa forma, os lados e os ângulos do arco apoiavam-se em algo mais confortável e mais seguro.

As colunatas arqueadas, assim como aquelas com arquitrave, são de vários tipos. Alguns, de fato, são espaçados, outros compactos etc. No tipo de colunata compacto a altura do vão entre duas colunas será sete vezes a metade de sua largura. No tipo espaçado a altura será cinco vezes a terça parte da largura. No tipo quase espaçado a largura será igual à metade do comprimento; no tipo quase compacto, será igual à terça parte.

Já dissemos anteriormente que o arco é uma arquitrave curva. Por consequência, aos arcos corresponderão os mesmos elementos ornamentais que se dariam às arquitraves, caso fossem colocados sobre essas mesmas colunas. Querendo tornar a obra muito adornada, traçar-se-ão linhas horizontais contínuas ao longo da parede inteira, logo acima do dorso dos arcos, e delinear-se-ão arquitrave, friso e cornijas, como é próprio das ordens com essa altura.

Mas, como em algumas basílicas o pórtico é simples, enquanto em outras é duplo, consequentemente a posição das cornijas acima dos arcos e das colunas será variável. Se o pórtico for simples, a altura das cornijas estará compreendida entre cinco nonos e quatro sétimos da altura total do muro em que se aplicam. Se o pórtico for duplo, a altura das cornijas não será inferior à terça parte nem superior a três oitavos da altura da parede.

Por cima das primeiras cornijas encostar-se-ão à parede, com fins ornamentais e também funcionais, outras colunas, se possível com planta quadrangular, cujo centro descanse sobre a vertical gerada pelo centro das colunas sobre as quais estão colocadas. De fato, isso é conveniente não somente porque acrescenta solidez à estrutura e beleza à construção, mas também porque alivia muito a carga do muro, tanto a física quanto a econômica. E também sobre essa colunata superior se aplicarão igualmente as cornijas salientes, conforme o que se recomenda nesses lugares.

No caso ainda das basílicas com pórtico duplo, dispor-se-ão as colunatas sucessivas, do teto até o solo, em três níveis (enquanto, se o pórtico for simples, em dois níveis). Se o pórtico for tríplice, a altura da porção de muro compreendida entre a primeira fileira de colunas e as partes superiores do vigamento do teto será dividida em duas partes, e nessa linha divisória se disporá a segunda cornija. Entre as primeiras e as segundas cornijas a superfície do muro será deixada intacta e será ornada com revestimentos; a porção compreendida entre as segundas e terceiras cornijas será traspassada por janelas e atravessada pela luz.

E as janelas situadas nos entrecolúnios altos das basílicas deverão ter a mesma forma e uma correspondência entre si. Sua largura não deverá ser inferior a três quartos da largura total do entrecolúnio; a altura mais apropriada será igual ao dobro da largura do entrecolúnio. Sua verga estará situada a uma altura igual àquela das colunas sem contar o capitel, caso as janelas sejam retangulares; pois se forem arqueadas o dorso deste poderá tocar a parte inferior da arquitrave; e se poderá também, se se quiser, utilizar um arco rebaixado, mas nesse caso seu dorso não poderá superar a altura das colunas contíguas.

Debaixo das janelas, colocar-se-á um parapeito com uma gola reversa ou com ovais como remate. Os vãos das janelas serão ocupados por uma grade, porém não estarão cobertos por lâminas de gesso usadas nos templos. É conveniente dotá-las com este sistema para interromper e interceptar a violência nociva dos ventos e geadas inclementes, com o fim de evitar as moléstias decorrentes; por outro lado, é necessária uma circulação livre e constante de ar para que a poeira levantada pelos pés do numeroso público não resulte prejudicial para os pulmões e para os olhos. Por isso, aconselhamos muito o uso de lâminas finas de cobre ou de chumbo, cheias de numerosos orifícios, através dos quais a luz passe e se purifique a atmosfera do ambiente com a circulação do ar.

Um vigamento excelente do telhado se alcança quando a superfície inferior (teto) resulta perfeitamente plana e com as tábuas perfeitamente alinhadas. O teto será repartido em círculos muito amplos, com dimensões apropriadas, misturados com desenhos poligonais; e parte por parte se destacará por molduras que contornem as partes das cornijas: sobretudo de gola reversa, pequenas ovais, bagas e festões entrelaçados; os contornos das molduras estarão rodeados por guirlandas cheias de brotos e com uma proeminência conveniente, e no meio das flores se disporão folhas de acanto resplandecentes. Os espaços internos serão ornados da forma mais elegante e prazerosa conforme o engenho dos pintores.

Segundo Plínio, o ouro se aglutina à madeira mediante uma mistura, chamada de "leucóforo", que se obtém da seguinte forma: mesclam-se seis libras de sinople do Ponto e dez de ocra brilhante, derrama-se em cima mel grego; e não se utiliza até que tenham se passado doze dias completos. Outro tipo de colante, um líquido feito com azeite de linho misturado com sinople da Elba bem cozido, tem um efeito absolutamente duradouro.

A altura da porta da basílica deverá estar relacionada com a do pórtico. Se se anexa um pórtico exterior, à guisa de vestíbulo, dar-se-á a mesma altura e a mesma largura daquele interno. No que diz respeito aos vãos das portas, às ombreiras e aos demais elementos, far-se-ão conforme os princípios que se seguem no caso dos templos. Todavia, não se chegará ao extremo de dotar as basílicas de batentes de bronze: serão feitos então de madeira de cipreste, de cedro e similares, e adornados com parafusos de bronze; a obra em seu conjunto será estruturada tendo em vista mais a sua robustez e duração que a sua elegância. Ou se finalmente temos que fazer alguma concessão ao seu aspecto estético, ao invés de pequenos embutidos com que simular uma pintura, apliquem-se preferivelmente baixos-relevos que conseguem um efeito ornamental e são de fácil manutenção.

Alguns construíram basílicas com planta circular. Nelas a altura do vão central é igual ao diâmetro da planta total do edifício. Os pórticos, as colunas, as portas, as janelas etc., estão sujeitos aos mesmos princípios das basílicas com planta quadrangular. Basta deste assunto.

CAPÍTULO XVI

Passemos agora aos monumentos comemorativos. Alegro-me de poder ser neste ponto mais ameno, para meu prazer, do que fui até agora, desde que todo meu discurso se centralizou em números e medidas. De qualquer forma, tentarei ser, até quanto for possível, conciso e preciso em minha exposição.

Na época em que nossos antepassados se dedicavam à ampliação das fronteiras de seu império, após terem derrotado os inimigos com a superioridade de suas armas, estabeleciam marcas de fronteira, com a função de indicar uma etapa de seu caminho vitorioso e para distinguir um terreno conquistado na batalha dos terrenos limítrofes. Daí surgiram os marcos, as colunas e os demais objetos comemorativos. Sucessivamente começou-se a agradecer aos deuses doando-lhes uma parte do despojo por meio de sacrifícios, e a expressar a felicidade da vitória com cerimônias públicas. Daí os altares, os pequenos templos etc., erguidos justamente com essa finalidade. Acharam também oportuno transmitir à posteridade o nome dos vencedores, suas qualidades, a memória de seu valor, entre todos os homens: por isso inventaram exposições de restos, estátuas, inscrições comemorativas, troféus, para celebrar sua glória. A mesma coisa fizeram sucessivamente não somente aqueles que tinham prestado algum tipo de ajuda à pátria, mas também as pessoas bem sucedidas e ricas, na medida em que permitiam seus recursos.

Mas, na hora de passar à prática, cada um optou por uma solução distinta. Os limites fronteiriços, por exemplo, do deus Baco, que ele estabeleceu para indicar os limites da sua viagem na Índia, consistiam em pedras dispostas a uma distância curta entre uma e outra e em árvores muito altas com heras entrelaçadas em seus troncos. Em Lisimáquia, havia um altar de vastas proporções que tinha sido erguido pelos argonautas quando começaram sua viagem. No rio Hipanis em Ponto, Pausânia mandou colocar uma cratera de cobre com uma espessura de cerca de seis polegares e com uma capacidade de seiscentas ânforas. No rio Alcetis, além do oceano, Alexandre mandou colocar doze altares consistentes em uma única pedra de enormes dimensões; e perto do Tanais fez cercar com muros a área inteira do seu acampamento, por um comprimento de sessenta estádios. Dario, estando acampado perto do rio Artesco no país dos odrísios, mandou que cada soldado arrojasse uma pedra para acumulá-las, de modo que quando as gerações vindouras as vissem, ficassem surpresas pelo número de pedras e o tamanho do amontoado formado. Quando Sesóstris conduzia seu exército, costumava celebrar o valor de seus inimigos erguendo-lhes uma coluna que continha inscrições de uma enorme magnificência; enquanto para aqueles que haviam caído sem armas nas mãos, esculpia-lhes monumentos de pedra ou colunas representando os genitais femininos. Em cada país visitado nas suas viagens, Jasão mandava erguer templos: que foram todos destruídos por Parmenione, para evitar que nenhum nome fosse celebrado em seu lugar, exceto o de Alexandre.

Esses são os monumentos que aqueles guerreiros mandaram construir ao longo de suas campanhas. Outros ainda os fabricaram após terem conseguido a vitória e pacificado a situação, nas formas seguintes: no templo de Pala Laboriosa foram pendurados os cepos com que tinham sido atados os espartanos. A pedra com que o rei dos inaquienses foi atingido e morto pelo rei Fimio, não somente os evianos a guardaram em um templo, mas a adoraram como se fosse um deus. Os eginetas consagraram em um templo as proas dos navios dos vencidos. Foram imitados por Augusto, que após a vitória sobre os egípcios fabricou quatro colunas com as proas dos navios apreendidos, colunas que mais tarde o imperador Domiciano colocou no Capitólio. Outras duas colunas do mesmo tipo foram acrescentadas por Júlio César, uma aos rostros, outra em frente à cúria, para celebrar sua vitória naval sobre os cartagineses. É inútil enumerar ainda todas as torres, os templos, os obeliscos, as pirâmides, os labirintos etc., relatados pelos historiadores.

O desejo de exaltar a si mesmo com obras desse tipo chegou até o ponto de fundarem-se cidades inteiras, com o objetivo de transmitir à posteridade o próprio nome e os dos próprios acólitos. Alexandre (omitirei muitos outros casos) fez construir não somente várias cidades com o seu nome, mas também uma, Bucéfala, em homenagem ao seu cavalo. Parece-me, todavia, mais ilustre o caso de Pompeu, que, uma vez derrotado Mitridatos, no mesmo lugar de sua vitória fundou a cidade de Nicópolis, situada na Armênia Menor. Mas parece que Seleuco superou a todos, pois fundou três cidades com o nome de Apameias em homenagem a sua esposa, cinco cidades com o nome de Laodicenas em homenagem a sua mãe, nove com o nome de Seleucianas em sua própria honra, e dez com o nome de Antioquia em homenagem ao seu pai.

Outros preferiram ser lembrados junto à posteridade não tanto pela magnificência e pela quantidade dos gastos, quanto pela capacidade de inventar novidades surpreendentes. César, por exemplo, mandou plantar uma selva com as sementes de louro que usou como coroa no seu triunfo, para consagrá-la aos triunfos vindouros. Em Ascalon, na Síria, havia um famoso templo, em que tinha sido colocada uma estátua representando Dercetis, com rosto humano e com as extremidades inferiores do corpo com forma de peixe, porque naquele lugar tinha caído nas águas: e ademais se declarou sacrilégio um sírio comer peixe procedente do lago. Próximo ao lago Fucino, os mutinos fizeram uma estátua de *Medeia Angitia* com forma de cobra, porque graças à sua ajuda foram liberados do perigo das cobras. Muito semelhantes a tais representações são a Hidra, morta por Hércules, Ió, a fera de Lerna, e outros exemplos descritos pelos poetas da Antiguidade em seus versos. Esses achados me parecem realmente recomendáveis, desde que sejam exemplos de virtude. É o caso da escultura que se encontra no sepulcro de Osimandias: de fato, há um juiz em pé cercado por um grupo de notáveis vestidos com a roupagem ritual; do pescoço dessas pessoas, à altura do peito, está suspensa a imagem da verdade em gesto de ligeiro assentimento com os olhos fechados; no centro há um amontoado de livros e uma inscrição com o seguinte texto: "Estes são os verdadeiros remédios do espírito".

Mas o costume mais relatado — se não estou enganado — foi o uso de estátuas. De fato, elas servem para ornamentar edifícios tanto religiosos como civis, tanto públicos, quanto privados, e para transmitir a lembrança tanto de pessoas quanto de fatos. Seja quem for o inventor das estátuas — sem dúvida um homem com grande gênio —, pensa-se que sua origem esteja ligada ao culto religioso, e se conta que os primeiros foram os etruscos. Segundo outros os telquinas, uma população de Rodes, foram os primeiros na construção das estátuas dos deuses; e se conta que essas estátuas, dedicadas aos cultos mágicos, costumavam atrair as nuvens, a chuva etc., e mudavam o corpo dos animais por outros novos a seu gosto. Na Grécia foi Cadmo, filho de Agenor, o primeiro que consagrou imagens de deuses em um templo. Escreve Aristóteles que as primeiras estátuas em Atenas foram aquelas colocadas na ágora em homenagem a Hemodoro e Aristogitone, por terem sido os primeiros que repeliram a tirania. E Arriano, o historiador, conta que essas mesmas estátuas, já roubadas por Xerxes, Alexandre mandou Susa devolvê-las a Atenas. Em Roma, segundo a tradição, tal era a abundância de estátuas, que se dizia que havia um segundo povo de pedra. Rampsinito, antiquíssimo rei dos egípcios, construiu em homenagem a Vulcano estátuas de pedra de vinte e cinco cúbitos de altura. Um outro rei egípcio, Sesóstris, mandou fazer uma estátua de trinta e dois cúbitos de altura representando a ele e sua esposa. Em Mênfis, Amásis fez construir uma estátua deitada, com quarenta e sete pés de comprimento; e na sua base havia duas estátuas de vinte pés de altura. No sepulcro de Osimandias havia três estátuas, maravilhoso trabalho de Mêmnone, esculpidas em um bloco monolítico; e uma delas, sentada, era tão grande que seu pé superava os sete cúbitos; mas, além do trabalho do artista e as enormes proporções do bloco de pedra, era surpreendente o fato de que não se encontrava em um tal colosso sequer uma rachadura ou um defeito. E não encontrando pedras de proporções adequadas ao projeto estabelecido, as gerações sucessivas começaram a fundir estátuas de bronze de cem cúbitos de altura. Mas acima de todos, destaca-se Semíramis que, ao faltar-lhe a pedra e querendo algo de um tamanho maior que aquele que podia conseguir usando bronze, fez esculpir na rocha de um monte chamado de Bagistano, na Média, uma estátua com sua efígie, com uma altura de dezessete estádios, sendo objeto de veneração por parte de cem homens no ato de fazer suas oferendas.

A propósito de estátuas, vale a pena referir o que diz Diodoro: os escultores egípcios tiveram um tal domínio de seu ofício, que a partir de pedras distintas situadas em diferentes lugares conseguiam uma imagem de corpo único, com a união das partes tão bem feita que parecia ser obra do mesmo artista realizada em um único lugar. E foi com essa mesma arte maravilhosa — asseguram — que foi realizada a famosa estátua de Apolo Pítio em Samo: metade da qual teria sido obra de Telecleo, enquanto o resto teria sido terminado por Teodoro.

Todas essas notícias foram referidas por simples deleite. E embora sejam aqui muito oportunas, devem ser consideradas — ao menos para mim — como tomadas emprestadas do próximo livro, em que abordaremos os monumentos de particulares; tema ao qual tais notícias, sobretudo, correspondem. De fato, como os particulares suportaram dificilmente ver-se superados pelos príncipes no que diz respeito ao desembolso de grandes somas de dinheiro, ardendo eles mesmos pelos desejos de glória, e desejando ansiosamente estender a fama de seus nomes de qualquer forma, não pouparam nenhum meio — até onde sua sorte o permitia. E tentaram também se servir em cada maneira da capacidade, da habilidade e do gênio dos artistas. Competiram, consequentemente, para igualarem-se aos reis na elegância das formas e no decoro da obra; e, a meu ver, foram tão bons os resultados que conseguiram, que não devem ser considerados em segundo lugar. Falaremos disso no próximo livro. Esta é a minha promessa, tendo certeza que sua leitura será muito prazerosa. Mas voltemos ao assunto do presente discurso.

CAPÍTULO XVII

Segundo alguns, não se devem colocar estátuas nos templos. Conta-se a propósito que o rei Numa, conforme os preceitos da doutrina pitagórica, tivesse proibido a introdução de qualquer imagem nos templos. Pela mesma razão Sêneca ironizava sobre si próprio e seus concidadãos dizendo: "Nós brincamos com as bonecas como os meninos"; mas quem raciocinar conforme os ensinamentos de seus antepassados, argumenta da seguinte forma: ninguém seria tão estúpido para não compreender que dos deuses se pode dar somente uma definição conceitual, e não uma imagem visual; e certamente não podem existir formas com que se possa ainda que minimamente imitar ou representar uma entidade tão grande. E se considera conveniente que não haja absolutamente nenhuma imagem materialmente representada, tal que permita a cada um atribuir ao príncipe de todas as coisas e à mente divina a aparência que melhor se acomode com sua mentalidade. Desta forma, dizem, será muito mais espontâneo o sentimento de veneração para a majestade divina.

Outros acham o contrário, sustentando com razões certíssimas e prudentes que certas classes de pessoas têm sido elevadas à condição de deuses, para induzir mais facilmente os espíritos dos ignorantes a abandonarem os maus hábitos; mas isso é possível somente onde houver imagens que façam com que eles acreditem estarem perante os próprios deuses. Outros consideram oportuno colocar em lugares sacros e bem visíveis os retratos dos benfeitores da humanidade, ou cuja memória, em seu parecer, merece ser venerada como uma divindade, para fazer com que as gerações futuras, com esse culto, desejem imitar sua virtude com a intenção de alcançar a glória.

Seja como for, o que importa aqui é saber — sobretudo no que diz respeito aos templos — que tipo de estátuas se deve colocar, em quais pontos geralmente se distribuem, e de que material devem ser feitas. Não creio, por exemplo, que se devam fazer à guisa dos ridículos espantalhos que se observam nas hortas, e também não como as estátuas que se colocam nos pórticos, e que representam figuras de guerreiros e similares; e também não creio que se devam colocar em um lugar estreito e indigno. Mas falemos em primeiro lugar do material, logo depois dos demais temas.

Conta Plutarco que há muito tempo atrás se costumava fazer as estátuas de madeira, como a de Apolo em Delos, ou a de Júpiter na cidade de Populônia, de madeira de videira, que, segundo a tradição, permaneceu intacta durante muito tempo; ou como a estátua de Diana em Éfeso, que segundo alguns era feita com ébano, conforme Muciano com madeira de videira. Peiras, que mandou erguer o templo de Juno Argólica, consagrando sua filha como a primeira sacerdotisa, esculpiu uma estátua de Júpiter do tronco de uma pereira.

Houve quem proibisse que se esculpissem imagens na pedra, porque esse material é duro e inumano; outros recusavam o uso do ouro e da prata, porque procediam de uma terra estéril e infecunda, e porque sua cor era igual à dos doentes. E lembrem-se os versos do poeta: "Júpiter estava apenas coberto em sua estreita morada, e na sua direita empunhava um raio de argila". Alguns egípcios achavam que a divindade fosse de natureza ígnea, vivesse na esfera ígnea do éter e que não pudesse ser percebida pelo homem mediante os sentidos; queriam por isso que os deuses fossem representados no cristal. Para outros o material melhor para as imagens divinas seria a pedra negra, porque — achavam — o preto é uma cor imperceptível; outros preferiam o ouro, porque é a cor dos astros.

E, quanto a mim, teria mil dúvidas acerca da escolha do material mais conveniente para as estátuas dos deuses. Dir-se-á sem dúvida que é necessário um material muito digno para forjar imagens divinas, porém a qualidade que mais se aproxima da dignidade é a raridade. Todavia, não concordo com quem age como os sículos que — conforme conta Solino — faziam estátuas de sal, ou como [...] que — conforme Plínio — as faziam de vidro. Também não aprovo o uso do ouro e da prata, mas não porque — como aduziam alguns — procedem de terras estéreis ou possuem a cor dos doentes. As razões que me levam a isso são várias; entre outras, a consideração (em que acredito muito) que a natureza do culto exige que as estátuas colocadas para serem adoradas como deuses se assemelhem o máximo possível com os próprios deuses. Sua duração, então, ainda que por obra de mãos mortais, deve ser ilimitada. E por que então acontece que se dê tanta importância neste campo às opiniões transmitidas pelos antepassados, até o ponto de crer que uma certa pintura representando um deus, situada em um lugar, escute as orações dos homens, enquanto uma estátua do mesmo deus pouco distante da outra escute em menor medida as orações e os votos até dos justos? E ainda mais; transferindo para outro lugar aquelas mesmas imagens que o povo mais venerava, elas perderão crédito e ninguém lhes confiará suas promessas, como se fossem falidas. Portanto, deverão ter sedes permanentes, dignas, consagradas especificamente a elas.

Dizem que não se tem lembrança nenhuma sequer de uma escultura feita de ouro, como se o príncipe dos metais se recusasse a deixar que o artista o manipulasse. Se for assim, não é conveniente que as estátuas dos deuses, que devem ser esplêndidas e perfeitas, sejam feitas de ouro. Pode também acontecer que alguém, por ambição, não somente leve a barba de ouro da estátua, mas até funda a estátua inteira, se esta for feita de ouro.

Utilizar-se-á então de preferência o bronze, ainda que me agrade muito também o mármore puríssimo e muito branco. Porém, o bronze possui qualidades tais e, sobretudo, por sua duração, é considerado o melhor; desde que as estátuas sejam feitas de maneira tal que resulte proporcionalmente mais odioso o delito, caso seja destruída, que o benefício, no caso em que seja fundida para utilizar-se em outra coisa. Como será o caso das obras feitas com golpes de martelo ou mediante a fusão de uma lâmina fina como uma pele.

Dizem as fontes que [...] fez uma estátua de marfim de um tamanho tão grande que quase alcançava o telhado do templo. Não sou partidário dessa solução, já que tanto as dimensões, quanto as formas, assim como a disposição das partes devem ser condizentes com o ambiente. Aliás, provavelmente os rostos dos deuses mais poderosos, com suas barbas e sobrancelhas severas, mal combinam com as imagens delicadas de meninas. A singularidade do aspecto dos deuses também acrescentará sua venerabilidade.

No altar será mais oportuno colocar duas estátuas, ou, no máximo, três. Todas as outras se colocarão dentro de nichos nos lugares mais apropriados. Seria conveniente que cada divindade fosse retratada pelo artista — quando possível — na atitude que possa expressar melhor suas gestas e seus costumes. Não queria, porém — pois há quem ache que seja lindo —, ver um deus em uma posição de boxeador ou de ator de teatro. Pelo contrário, a meu ver, deve mostrar aos fiéis, em seu rosto e em sua atitude corporal, um encanto e uma majestade dignos de uma divindade, de modo que dê a impressão, como com um gesto de assentimento e com sua mão, de estar disposto com suma benevolência a escutar suas orações.

Esse é o gênero de estátuas que deverá ser colocado nos templos; e aquelas de outro tipo se deixem para os teatros e edifícios profanos.

Livro VIII
O ornamento de edifícios públicos profanos

CAPÍTULO I

Já dissemos em outro lugar a grande importância que têm, na arquitetura, os ornamentos que se aplicam nas construções; e é evidente que os mesmos ornamentos não correspondem a todos os edifícios. De fato, os edifícios sagrados, sobretudo os de caráter público, devem ser adornados com a máxima habilidade e solércia, já que são feitos para a divindade, enquanto aqueles profanos se destinam somente aos homens. É justo então que os segundos, cuja dignidade é inferior, sejam menos cuidados que os primeiros, mais dignos, embora estes também estejam providos de suas próprias ornamentações.

Que características devem reunir os edifícios sagrados públicos, nós o esclarecemos no livro anterior. Agora, é preciso abordar aqueles de caráter profano. Falaremos então do tipo de ornamento que deve ser atribuído a cada um destes últimos.

Pública por excelência eu considero que é a estrada, visto que ela se destina tanto aos cidadãos quanto aos estrangeiros. Mas, como as viagens se farão de duas formas, ou via terrestre ou por água, será necessário falar de ambos os meios. Lembre-se a essa altura quanto se disse outra vez: uma estrada pode ser militar ou não militar; outra distinção a ser instituída é entre uma estrada que atravessa uma cidade e uma que atravessa os campos.

Uma estrada militar que passa por um campo será ornada pelas mil maravilhas do próprio campo, se este for bem cuidado e cultivado, com muitas vilas e pousadas, farto em produtos e belezas; se oferecer a vista ora do mar, ora das montanhas, ora de um lago, ora de um rio ou de uma nascente, ora de um penhasco ou de uma planície sem vegetação, ora de um bosque ou de um vale. Servirá também como ornamento se a estrada não for muito escarpada ou íngreme, nem suja, mas se se apresentar, digamos assim, agradável, uniforme e muito ampla.

Para conseguir essas características, os antigos utilizaram todos os meios possíveis. Não listarei as tantas estradas, compridas até cem milhas, por eles lajeadas com sílex duríssimo, e sustentadas por barreiras constituídas por enormes pedras amontoadas. A Via Ápia fora lajeada de Roma até Brindisi. Seguindo qualquer uma dessas estradas militares, encontram-se frequentemente rochas cortadas, montanhas esfoliadas, colinas escavadas, vales nivelados: isso comportará despesas muito altas e uma operosidade incrível. São todas obras que certamente não só desenvolvem uma função de utilidade prática, mas também representam um tipo de ornamento.

Outro ornamento importante se terá no caso em que a estrada propicie aos viajantes frequentes ocasiões para discorrer sobre vários assuntos; melhor se versarem sobre assuntos elevados. Labério costumava dizer que um companheiro de caminho loquaz é igual a um meio de transporte. Não há dúvidas, de fato, que a conversação nos alivia muito do tédio da viagem. A propósito disso, assim como em muitas outras ocasiões sempre levei em grande consideração as providências dos antigos, da mesma forma agora quero recomendar muito um de seus achados — que agrada muito a quem estiver viajando (ainda que o objetivo deles ao fazer isso fosse mais importante). Uma lei contida nas Doze Tábuas diz: "Nenhum homem será sepultado e também cremado na cidade". Até um antigo senado tinha proibido a sepultura de qualquer cadáver dentro dos muros da cidade, exceto aqueles das virgens vestais e do *imperador*, já que estes estavam excluídos das leis. Plutarco nos informa que aos Valérios e aos Fabrícios era concedida a honra especial de serem sepultados no fórum, mas seus descendentes costumavam, após tê-los transportado ao lugar e colocado o facho, levá-los logo fora de lá, querendo dessa forma significar que eles tinham esse direito, mas não pretendiam valer-se dele. Arrumavam então as tumbas dos próprios familiares no campo, em posições oportunas e bem visíveis ao longo das estradas. Além disso, faziam tudo quanto fosse possível — eles, nos limites de seus recursos, e os artistas com sua obra — para que os sepulcros fossem cheios de ornamentos. As formas desses sepulcros eram então elegantíssimas, abundantemente adornados por colunas, com esplêndidos revestimentos, embelezados por estátuas, relevos, painéis, em que se podiam admirar retratos esculpidos no bronze ou no mármore com uma arte refinada. Não são necessárias muitas palavras para descrever quanto o hábito desses homens tão sábios pretendia ser vantajoso para as virtudes cívicas e morais. Limitar-me-ei ao que for importante para o nosso assunto. Certamente os viajantes que passavam pela Via Ápia ou por qualquer outra estrada militar provavam um grande prazer ao ver a rua esplendidamente embelezada por uma grande quantidade de monumentos, e, a cada passo, podiam apreciar a vista de um novo sepulcro com ornamentos excepcionais, no qual se podia ler o epitáfio ou reconhecer o retrato de alguma personagem insigne. E, entre tantas relíquias de coisas memoráveis, havia ocasiões infinitas para a mente lembrar os empreendimentos de homens excepcionais, aliviando dessa forma a fadiga da viagem com a conversação e honrando a grandeza da cidade. Mas isso tudo não era a coisa mais importante. Mais notável era o fato de que de tal forma se protegiam muito bem os bens e a integridade da pátria e de cada cidadão. Conforme conta Apiano, dentre as principais razões que os ricos utilizaram para rejeitar uma lei agrária havia aquela segundo a qual era considerada sacrílega a passagem para outras mãos dos monumentos sepulcrais de seus antepassados. Quantos patrimônios devem ter chegado intactos até os herdeiros mais distantes em razão somente do respeito, do amor, da religião, da piedade para com os mortos que em caso contrário teriam sido dilapidados nas devassidões, no jogo ou nos desperdícios! Além disso, o sepulcro representava, tanto para cada família quanto para a cidade inteira, ornamento de glória junto aos vindouros, já que estes últimos a cada instante eram estimulados a imitar as virtudes dos homens mais celebrados. E, finalmente, se pode imaginar com que espírito os cidadãos teriam podido — se isso tivesse acontecido — assistir à violação e à depredação de suas tumbas por parte do inimigo: certamente ninguém teria sido indolente e covarde a tal ponto que não ficasse com um desejo ardente de vingar a honra da pátria e a própria. Quanta coragem se teria produzido no espírito de cada um por meio da indignação, da devoção, da dor assim suscitada!

Por isso os antigos estavam com razão. Por outro lado, não me parece oportuno reprovar os modernos, que sepultam os mortos nos lugares mais sacros da cidade, desde que, porém, não os deponham dentro do templo onde se reúnem os notáveis e os magistrados para rogar aos deuses perante o altar. Pois nesse caso pode acontecer que a pureza do sacrifício seja contaminada pelas exalações pestilentas da putrefação. Muito mais conveniente é o costume de cremar os cadáveres.

CAPÍTULO II

Porém importa neste ponto não passar por alto, no que diz respeito aos critérios sobre os sepulcros, algo que nos parece importante. Esses de fato estão muito perto para serem considerados obras de caráter público, porque pertencem ao âmbito da religião. Diz uma lei: "Seja onde for que se sepulta o corpo de um homem morto, o lugar deve ser sacro". E, por nossa parte, nós afirmamos a mesma coisa, pois o que respeita aos sepulcros cabe à religião. Como a religião está acima de tudo, parece-me oportuno falar dos sepulcros — ainda que eles digam respeito ao direito dos privados — antes de abordar os edifícios públicos profanos.

Não houve quase povo nenhum, embora selvagem, que não sentisse a necessidade de utilizar os sepulcros; exceto alguns assim chamados de ictiófagos, bárbaros habitantes da parte extrema da Índia, que, segundo parece, costumavam jogar seus mortos no mar, argumentando que não lhes importava muito se sua dissolução acontecia na terra, na água ou no fogo.

Igualmente, os albanos consideravam ilícito cuidar dos mortos. Os habitantes da região de Saba tinham para os corpos dos defuntos a mesma consideração que tinham para o esterco; e jogavam nas estrumeiras até os corpos dos reis. Os trogloditas atavam juntos a nuca e os pés do morto e assim atado o arrastavam entre os risos e os gracejos de todos; em seguida, sepultavam-no sem cuidar do lugar, colocando na cabeça um corno de cabra. Mas, com certeza, nenhuma pessoa que tenha um mínimo de civilidade pode louvar esse tipo de hábito.

Em outros lugares, como no Egito e também na Grécia, erguiam-se monumentos não somente para o corpo, mas também em nome dos próprios amigos: exemplos de devoção exaltados por todos. Mas, a meu ver, devem ser aprovados mais que todos aqueles sábios indianos que afirmavam que o melhor monumento para um homem é a lembrança que dele se guarda após a sua morte, e aqueles que celebravam as exéquias dos melhores homens contando suas glórias. Mas, por respeito aos que ficam, me parece certo cuidar também do corpo do defunto. Além disso, para que o nome deste último seja transmitido aos vindouros, é importantíssima — evidentemente — a presença do sepulcro.

Os nossos antepassados, para celebrar os heróis que tinham sacrificado a própria vida e derramado o próprio sangue pela pátria, e para estimular os outros a igualar o valor e a glória, costumavam erguer em sua homenagem, utilizando o dinheiro público, estátuas e sepulcros. Mas, se foram dedicadas estátuas a muitas pessoas, poucos, ao invés, foram os sepulcros; pois sabiam que aquelas se estragariam por causa das intempéries ao passar dos anos, enquanto a inviolabilidade dos sepulcros — como diz Cícero — é garantida pelo próprio terreno, que nada pode destruir ou remover, já que, enquanto tudo se extingue, tanto mais sacros são os sepulcros em virtude de sua Antiguidade.

Consagraram os sepulcros ao culto religioso tendo — se não estou enganado — o seguinte objetivo: que não somente a memória do defunto fosse atribuída à solidez da construção e do terreno, mas também fosse defendida pelo temor dos deuses e da religião, de modo que o sepulcro fosse também intocável pela mão do homem. Daí o preceito, contido nas Doze Tábuas, que proibia atribuir qualquer tipo de função ao vestíbulo ou à entrada de um sepulcro. Não só; com outra lei se impunha uma pena muito grave a quem tivesse violado uma tumba ou arrancado ou despedaçado uma coluna de um sepulcro.

Em suma, todos os povos civis tiveram respeito pelos sepulcros. Muito cuidado tiveram, por exemplo, os atenienses, que chegaram até o ponto de condenar à pena de morte o comandante que tivesse descuidado de sepultar os mortos durante a batalha. Junto aos judeus uma lei proibia deixar sem sepultura até os inimigos. São muitas as notícias que recebemos acerca dos diversos modos de celebrar os funerais e de fazer os sepulcros, e seria pouco oportuno contá-las aqui: como é o caso de um costume dos citas que — conta-se — costumavam homenagear os defuntos comendo-os durante seus banquetes; ou de outros povos, que costumavam criar os cães que os devorariam assim que morressem. Mas isso é suficiente.

Todos, ou quase, aqueles que se ocuparam de ordenar bem o próprio Estado com leis justas evitaram que os funerais e os sepulcros se fizessem com um fasto excessivo. Uma lei de Pitaco proibia que se sobrepusesse ao túmulo algo que não fosse uma pequena coluna com uma altura máxima de três cúbitos e de material perecível; pois — assim se achava — não deveria ter nenhum tipo de disparidade nessas coisas que eram iguais para todo homem, mas sim que tudo fosse igual, tanto para a plebe quanto para os ricos. Dessa forma, seguindo o costume antigo, os mortos eram sepultados sob simples torrões: coisa que consideravam justa porque dessa forma o corpo, nascido na terra, era como se fosse introduzido novamente no regaço materno. Decretaram, em seguida, que nenhum sepulcro pudesse requerer, para a sua construção, um trabalho maior que aquele que dez homens juntos poderiam fazer em três dias. Mas aqueles que ergueram sepulcros da forma mais diligente foram os egípcios. Diziam, de fato, que os homens estavam errados porque não era necessário fabricar casas suntuosas, pois teriam morado por um período muito breve nelas, descuidando, ao contrário, dos sepulcros, em que teriam repousado por um tempo infinitamente mais longo.

Parece-me, porém, verossímil que os homens, naquela época antiga, tenham resolvido desde o princípio colocar, onde fora sepultado um cadáver, uma pedra à guisa de advertência, ou uma árvore (como preferira imaginar Platão em suas *Leis*); e, em seguida, começaram a construir uma defesa ao seu redor e em cima dele para evitar que algum animal escavando extraísse e violasse o corpo. Ao voltar da estação em que os campos floresciam, ou com abundantes searas, como acontecia na época em que seus familiares eram mortos, eles sentiam naturalmente no espírito a nostalgia por seus parentes falecidos, e, ao mesmo tempo, lembrando suas palavras e suas ações voltavam àquele lugar e celebravam com os que tinham a memória do falecido. Disso decorreu provavelmente o costume, praticado, sobretudo, na Grécia, de homenagear mediante sacrifícios os homens mais dignos. Reuniam-se no local — conta Tucídides — vestindo a roupa para os ritos e trazendo as primícias dos frutos. Esse rito fora julgado tão repleto de devoção e religiosidade que o celebraram também publicamente. Disso tudo me parece possível supor que essas pessoas tenham estabelecido erguer não somente o túmulo ou as pequenas colunas como cobertura ou como sinal, mas também tabernáculos, exatamente para ter um lugar em que se possa celebrar aquela cerimônia da forma mais digna. Preocuparam-se com que esses tabernáculos fossem esplêndidos e adornados por toda parte.

Na Antiguidade, os locais desse tipo de sepulturas eram vários. Uma lei dos pontífices proibia a construção de sepulcros em um lugar público. Conforme a opinião de Platão, era preciso evitar que um homem fosse nocivo para a comunidade tanto vivo quanto morto; em decorrência disso o filósofo prescrevia que se sepultassem os defuntos não somente fora da cidade, mas sempre em campos totalmente infecundos. A sua teoria foi seguida por aqueles que atribuíram às sepulturas um lugar específico ao ar livre e fora de qualquer contato com a comunidade humana. Providência que eu louvo absolutamente.

Outros tiveram opiniões opostas e preferiam manter os cadáveres em casa recobrindo-os com gesso ou sal. Miquerinos, rei do Egito, fechou a filha defunta em um boi de madeira, guardando-a pessoalmente no palácio real, e ordenou que todo dia em sua homenagem se celebrassem os parentais. Conta Sérvio que os antigos costumavam sepultar os homens mais ilustres e valorosos em montanhas muito altas e bem visíveis. Na época do historiador Estrabão, os habitantes de Alexandria tinham esplanadas de terreno cercado, às vezes cultivado à guisa de jardim, destinadas para a sepultura dos mortos. Na época de nossos pais, construíram-se capelas, próximas aos maiores templos, destinadas para as tumbas. Em toda localidade do Lácio, podem-se encontrar ossários de famílias inteiras, escavados no terreno, e dispostos de forma que na parede se encontram muitas pequenas e diferentes urnas em que eram recolhidas as cinzas da cremação de cada corpo; encontram-se também pequenas inscrições dedicadas ao padeiro, ao barbeiro, ao cozinheiro, ao massagista e aos outros escravos da família. Mas, nas urnas que continham os despojos das crianças, para consolar as mães punha-se o retrato do menino feito de gesso. Os retratos dos antepassados, especialmente dos que eram cidadãos por direito, eram esculpidos no mármore. Dessa forma se fazia no passado.

Por nossa parte estamos dispostos a aceitar qualquer lugar para se tornar sede de um sepulcro, desde que seja colocado bem visível o nome do defunto em posição proeminente.

Nesse gênero de monumentos, os elementos que se apreciam são a conformação da obra e o epitáfio. Não é fácil dizer qual seja a forma da construção que os antigos estimaram mais condizente com os sepulcros. O sepulcro de Augusto em Roma, por exemplo, foi construído com blocos de mármore esquadrejados, e coberto por árvores sempre verdes; no ápice havia uma estátua de Augusto em pé. Na ilha Tirina, não muito distante da Carmana, havia o sepulcro de Eritras, constituído por um enorme túmulo em que eram plantadas palmas silvestres. O sepulcro de Zarina, rainha dos sacos, consistia de uma pirâmide triangular coberta por um colosso de ouro. Para Artaqueo, general de Xerxes, ergueu-se um túmulo com terra apanhada por todos os soldados de seu exército.

Porém, creio que todos tentaram distinguir-se dos demais no desenho: e isso não para depreciar a obra alheia, mas para chamar a atenção sobre a própria com soluções novas. Assim, graças à difusão do hábito de construir sepulcros e graças ao esforço destinado a isso, apareceram formas sempre novas; e se chegou a um ponto tal que não é possível inventar mais nada diferente que não tenha sido já aproveitado e absolutamente melhorado na Antiguidade. E todas essas formas devem ser recomendadas por serem excelentes. Em tanta abundância, todavia, observamos que alguns cuidaram exclusivamente do embelezamento da parte do sepulcro que contém o corpo; outros tentaram construir, além disso, uma parte destinada ao epitáfio e a guardar a memória dos empreendimentos do defunto. Por isso, enquanto alguns se limitavam a fabricar uma caixa de mármore, acrescentando-lhe, no máximo, um nicho no caso em que o requeresse a devoção para o caráter sagrado do local, outros construíram-lhe em cima uma coluna, uma pirâmide, ou uma mole, ou outras obras igualmente grandiosas, certamente não com o objetivo precípuo de guardar o corpo, mas sobretudo para transmitir seu nome aos vindouros.

Em Aso, na Trôade, se encontra, como já dissemos, uma pedra, chamada de "sarcófago", que em pouco tempo consome os corpos. Em um terreno composto por cacos e restos de pedras, a umidade some rapidamente. Não pretendo me deter nesses detalhes.

CAPÍTULO III

Ora, desde que se aprovam os sepulcros da Antiguidade, direi que em alguns deles se notam capelas, em outros pirâmides, em outros colunas, em outros ainda moles etc.; dessas partes falaremos então agora, uma por uma, começando pelas capelas.

Estas, segundo o meu ponto de vista, deveriam ser como pequenos modelos de templos. Não se deverá desconsiderar também a solução que contemple a inclusão de formas trazidas de gêneros diferentes de edifícios, desde que o efeito seja esteticamente aceitável e a construção fique dessa forma mais duradoura. Acerca desta última, não está claro que seja mais conveniente para esses monumentos usar materiais de alta ou baixa qualidade, devido aos danos causados por ladrões. Mas, sem dúvida, a ornamentação agrada; e, como dissemos em outra ocasião, nada mais que ela concorre a salvar qualquer coisa da destruição e a transmiti-la aos vindouros.

Dos sepulcros de dois grandes imperadores como Gaio César e Cláudio, que certamente deviam ser esplêndidos, hoje em dia não restam mais que duas pequenas pedras esquadrejadas, com dois cúbitos de comprimento, que guardam os seus nomes. Se essas inscrições com nomes tivessem sido incisas em pedras maiores, já as teríamos perdido há muito tempo, provavelmente, roubadas e destruídas como os outros ornamentos. Em outro lugar, encontram-se outros sepulcros antiquíssimos, nunca violados por ninguém, porque foram executados conforme a técnica do *opus reticulatum*, ou em um tipo de pedra que não serve para outros usos, de modo que não foram alvo de furtos. Disso tudo, parece-me decorrer uma advertência para todos aqueles que pretendem construir monumentos muito duradouros: convém recorrer a um gênero de pedra robusta, mas não muito elegante para não suscitar facilmente a cobiça de alguém, nem tal que seja facilmente levada.

Além disso, nesse tipo de coisas, também em relação à posição de cada um, acredito seja necessário o senso do limite; de tal forma que, a meu ver, é reprovável uma profusão exagerada de riquezas até por parte de um rei. Eu recuso, por exemplo, o hábito dos egípcios que construíam edifícios prodigiosos, que deveriam ter desagradado até os deuses, visto que nenhum deles fora sepultado em tumbas tão faustosas. Outros ainda poderiam exaltar os nossos etruscos, que no que diz respeito ao luxo de suas obras não se diferenciaram muito dos egípcios. E dentre os outros Porsenna, que fundou um sepulcro por ele mesmo nas proximidades da cidade de Chiusi, com pedras esquadrejadas, em cuja base, elevada a cinquenta pés, foi construído um labirinto completamente inextricável; acima foram erguidas cinco pirâmides, uma para cada ângulo, mais uma ao centro, cuja largura, medida no lado da base, era de setenta e cinco pés; no ápice de cada uma foi colocada uma esfera de bronze da qual caíam, presos em correntes, guizos, que sacudidos pelo vento emitiam um som que era ouvido de longe; acima dessas pirâmides foram construídas outras quatro, com altura de cem pés; e acima destas, outras ainda, impressionantes não somente por causa das dimensões, mas também pela forma. Esse tipo de obra, maravilhosa, mas sem algum objetivo razoável, nunca terá minha aprovação.

Recebeu louvores o que fez o rei da Pérsia, Ciro, e sua moderação foi considerada digna de ser anteposta à exagerada vastidão de tantas obras colossais. Ele, de fato, mandou construir para si, em Pasárgada, uma minúscula cela abobadada, feita com simples pedras esquadrejadas, com uma pequena porta que media somente dois pés; no interior estava guardado o corpo de Ciro, em uma urna de ouro por respeito à sua realeza. Ao redor dessa edícula, encontrava-se um pequeno bosque, no qual tinham sido plantadas árvores de fruto de toda espécie; e além disso, o lugar era em sua maior parte verdejante e com muitos prados irrigados, em que se podiam ver em qualquer lugar, e em abundância, rosas e outras flores, todas cheirosas, lindas e prazerosas. Com essa atmosfera combinava bem o epitáfio lá inscrito: "Eu sou Ciro, filho de Cambises, o homem que, lembrem, fundou o império persa. Não me invejem então por causa dessa morada em que me encontram".

Mas voltemos às pirâmides. Alguém, talvez, construiu pirâmides triangulares; geralmente todos as fizeram quadrangulares. Preferiu-se fazer com que sua altura fosse igual à sua largura. Louva-se também o exemplo daquele que desenhou a pirâmide de modo que nunca nenhum lado resultasse na sombra. Geralmente, as pirâmides se constroem com pedras esquadrejadas; alguns utilizaram também tijolos.

As colunas podem ter função estrutural, no caso em que são usadas nos edifícios; ou terem somente objetivos comemorativos ou para transmitir alguma coisa aos vindouros, e, nesse caso, são tão grandes que não podem ser utilizadas de forma nenhuma na edificação civil. Falaremos então destas últimas.

As partes desse tipo de colunas são as seguintes: com a função de soco e pedestal, uns degraus apoiam-se diretamente na superfície do terreno; sobre estes há uma base quadrangular, como um dado, no qual se apoia outro dado um pouco menor. Em terceiro lugar vem a base da coluna, em seguida a própria coluna, o capitel, finalmente a estátua colocada sobre uma base. Alguns inseriram entre o primeiro e o segundo dado uma espécie de base, à guisa de pódio, para tornar a obra mais alta e elegante.

A conformação de todas essas partes será medida, como com as colunas do templo, no diâmetro da secção inferior da coluna. Neste caso, porém, a base, que deve sustentar um volume tão vasto, terá um único toro, não mais que um, como nas colunas normais. Dividir-se-á, portanto, a altura da base em cinco partes iguais: duas serão destinadas à altura do toro, três ao plinto. O lado deste último medirá cinco quartos do diâmetro da coluna.

Os dados nos quais se apoia a base se conformarão da seguinte forma: no topo salientar-se-á a terminação, que pertence a todos os elementos da estrutura; na base haverá um soco: assim o chamo, por causa da semelhança com esse objeto, o elemento ornamental que em forma de degraus, de gola reversa ou de gola, constitui propriamente a base de algumas das partes. Mas agora devemos fornecer algumas notícias que dizem respeito ao dado, notícias que propositadamente deixamos de dar no livro anterior, por ser este o lugar que lhe está destinado.

Dissemos que há tempos atrás se pensou em levantar as colunas sobre a superfície externa das fundações. Em seguida, uma vez feitas, os antigos, tendo percebido a necessidade de passagens mais confortáveis, dessas mencionadas fundações externas deixaram somente a parte que se encontrava sob as bases das colunas, que era o que bastava para sustentar as próprias colunas. Essas partes que ficaram são as que nós chamamos de embasamentos. O lugar onde se assentava a coluna estava ornado, na sua parte superior, por uma terminação que consistia em uma gola reversa, uma gola ou algo parecido. Em uma posição correspondente, embaixo, era colocado o soco. Ambos os ornamentos, por consequência, cercavam o dado; a terminação foi feita de tal forma que sua altura fosse equivalente a um quinto ou a um sexto daquela do próprio dado. O lado deste último devia medir pelo menos tanto quanto o diâmetro da base da coluna; e isso para evitar que uma parte do plinto que estava sobre ele se apoiasse no vazio. Outros, para conferir maior solidez, deram ao lugar onde se assentava a coluna uma espessura adicional equivalente à oitava parte do plinto. A altura do dado — sem a terminação e o soco — foi feita igual ao seu próprio lado, ou o superava em um quinto. Essas são as proporções dos lugares em que se assentam as colunas e os dados, encontradas nas obras dos artistas mais conceituados.

Voltemos agora à coluna. Sob a sua base colocar-se-á o dado, cujas dimensões, como já se disse, deverão adaptar-se oportunamente àquelas da base. Esse dado terá como terminação uma cornija, preferivelmente jônica, cujo desenho, como se lembrará, terá a seguinte conformação: na extremidade inferior uma gola reversa; acima desta um degrau; depois uma ovoide; depois uma saliência recoberta por mútulos; finalmente no topo uma gola. Na base do próprio dado à guisa de soco se salientará uma gola, virada, com astrágalos e filetes numa ordem também virada. O outro dado, situado abaixo do anterior, terá o mesmo desenho, de modo que nada que esteja acima dele se apoie no vazio. Abaixo dele e diretamente da superfície do terreno elevar-se-ão três ou cinco degraus, cada um com altura e largura diferentes. A altura total destes últimos será igual a não mais que um quarto e não menos que um sexto daquela do dado que se encontra sobre eles. Nesse dado será aberta uma portinha e serão aplicados ornamentos dóricos ou jônicos com as mesmas características já observadas a respeito dos templos. No dado superior gravar-se-ão inscrições comemorativas e se esculpirá a presa de guerra. Se inserirmos uma parte entre os dois dados, ela deverá ter uma altura equivalente à terceira parte do lado; e sua superfície será ocupada por esculturas que retratam, por exemplo, deusas aplaudindo a Vitória, a Glória, a Fama, a Prosperidade etc. Alguns revestiam o dado superior com cobre dourado.

Uma vez terminados os dados e a base, é preciso erguer a coluna, cuja altura será sete vezes seu próprio diâmetro. Se esta tiver dimensões muito grandes, o diâmetro da parte superior será menor que aquele da parte inferior somente uma décima parte e não mais; em todas as outras colunas com dimensões inferiores seguir-se-ão as proporções enunciadas no livro anterior. Alguns arquitetos fizeram a coluna com altura de até cem pés, revestindo sua superfície inteira com esculturas que retratavam assuntos históricos; e dentro dela escavaram uma escada em caracol que levava até o topo do monumento. Sobre essa coluna colocaram um capitel dórico, cujo ábaco estava privado, na sua parte superior, do acréscimo da reentrância. Sobre as colunas com dimensões menores, colocar-se-ão a arquitrave, frisos e cornijas, com os ornamentos entalhados ao seu redor. Não será necessário fazer isso nas colunas com dimensões maiores, porque se precisaria de blocos de pedra demasiadamente grandes, os quais seriam difíceis tanto de encontrar quanto de utilizar.

Na parte superior de ambas se colocará uma parte que será a base da estátua. Se for um dado quadrangular, seus ângulos não deverão superar o diâmetro da coluna; se for com planta circular, esta deverá estar contida no quadrado mencionado. A altura da estátua se costumava fazê-la igual a um terço da coluna. Isso pode ser suficiente a respeito das colunas.

No que diz respeito ao mausoléu, os antigos costumavam desenhá-lo da seguinte forma: em primeiro lugar, fazia-se uma área quadrada em relevo, como para os templos. Sucessivamente se erguia um muro, alto pelo menos um sexto e no máximo um quarto do lado da área. Os ornamentos se faziam somente nas faixas periféricas das paredes (na base, no alto, nas bordas), ou consistiam também em colunas que se salientavam encaixadas no muro. Se, porém, as colunas eram colocadas somente nos cantos, então a inteira altura do muro (não contando os degraus do soco) era dividida em quatro partes: três eram ocupadas pela altura da coluna (incluídos base e capitel) e a parte que ficava mais acima era ocupada pelo resto da ornamentação, ou seja, arquitrave, friso e cornija. Esta última parte, por sua vez, era dividida em dezesseis módulos: cinco para a arquitrave, cinco para o friso, enquanto a cornija e a gola ocupavam seis partes. A parte da altura que se encontra entre a arquitrave e o soco era dividida em vinte e cinco partes iguais: três dessas partes eram ocupadas pela altura do capitel, duas para a base, as demais para a zona intermédia do comprimento da própria coluna. As colunas que se colocam nos cantos dos mausoléus, como estas, tinham sempre planta quadrada. A base era feita com um toro único, que ocupava metade da sua altura. Na parte inferior da coluna, no lugar do filete, sua saliência tinha o mesmo desenho que possuía na parte superior. A largura da coluna, neste tipo de construções, era igual a um quarto da altura.

Quando, ao invés, o muro incluía uma fileira inteira de colunas, aquelas situadas nos cantos, que tinham a planta quadrada, tinham uma largura igual a um sexto de sua altura; enquanto as outras colunas distribuídas na parede, assim como seus ornamentos, eram desenhadas conforme os mesmos critérios enunciados acerca dos templos. Entre as colunas que estamos descrevendo e aquelas de que falávamos há pouco existe esta diferença: nas primeiras, de um canto ao outro ao longo do comprimento total colocavam-se embaixo a base e em cima o colarinho e o filete da coluna sob a arquitrave; o que não acontece quando da parede salientam-se muitas colunas encaixadas, ainda que alguns neste caso também tenham preferido fazer uma base contínua para a obra toda, como nos templos.

Dentro desse quadrado de muros era erguida uma estrutura com planta circular, bem visível, cuja altura superava a dos muros perimétricos em, ao menos, a metade e, no máximo, os dois terços do próprio diâmetro. A largura dessa planta circular não devia ser inferior à metade nem superior aos cinco sextos do diâmetro máximo da planta quadrada. Na maior parte dos casos a relação era de três quintos. E costumava-se alternar muros circulares com muros quadrados, superpondo sucessivamente um segundo muro quadrado e outro circular segundo os métodos referidos, até alcançar a quarta estrutura. Os ornamentos aplicados nas diferentes partes eram os mesmos de que falamos até agora.

Não deviam faltar, no mausoléu, vias de acesso cômodas, capelas para o culto, colunatas erguidas por cima dos muros em direção do céu, com estátuas esplêndidas e as inscrições dispostas nos entrecolúnios.

CAPÍTULO IV

E passemos às inscrições, cuja utilização na Antiguidade foi múltipla e variada. Elas não se encontravam somente nos sepulcros, mas também nos edifícios sacros e nas habitações particulares. Nos frontões dos templos — diz Símaco — gravavam os nomes dos deuses a quem estes eram dedicados. Os nossos tinham o costume de gravar nas capelas o nome daquele a quem tinham sido dedicadas e o ano da consagração. Isso me parece digno de aprovação incondicional.

Acerca disso, lembrarei que quando o filósofo Crates, uma vez chegado em Cízico, encontrou em muitas habitações particulares essas poucas linhas: "Aqui morava Hércules, filho de Júpiter, homem fortíssimo; nenhum mal entre nesta casa", sorriu e aconselhou que gravassem o seguinte: "Aqui mora a pobreza". Ela de fato — dizia — teria repelido melhor que Hércules e com muito mais eficácia todo tipo de monstro.

Os epitáfios podem ser escritos — e nesse caso se chamam epígrafes — ou representados mediante relevos ou figuras. Segundo Platão, nas tumbas não se deviam escrever mais que quatro versos. E diz: "Grave o poema no meio da coluna, mas que seja suficientemente breve para que o passageiro que chegue rapidamente da cidade consiga lê-lo". Agora não há dúvida que uma excessiva prolixidade, de qualquer forma fastidiosa, neste caso resulte insuportável. Ou se quisermos um texto levemente mais longo que o normal, se deve fazê-lo muito erudito e elegante e com um conteúdo tal que consiga estimular sentimentos de devoção, compaixão, reconhecimento no espírito e que não decepcione quem o ler e que seja estimado digno de ser decorado e reproduzido. Muito celebrada é a epígrafe no sepulcro de Omenea: "Se o destino implacável deixasse trocar a vida com a vida, ó querida Omenea, com prazer trocaria a tua com a minha; mas agora nada me resta que fugir da luz e do céu para te seguir no Estígia por causa de uma morte prematura". Um outro famoso epitáfio: "Ninguém me faça o funeral, porque eu, vivo, voejo, nas bocas dos doutos". Nas tumbas daqueles que tinham morrido durante as Termópilas, os espartanos mandaram escrever: "Forasteiro, conte quando chegar em Esparta que nós morremos aqui para obedecer às suas ordens". E se deverão desconsiderar as frases espirituosas, como esta: "Olá, passageiro, aqui marido e mulher não brigam mais. Quer saber quem somos? Não direi. — Mas eu direi sim! Este é Bélbio, o gago, que chama a mim, Pepa, Brêbia. — ai de mim! Minha esposa, até morta reclamas?". Piadas desse gênero têm muito sucesso.

As letras do alfabeto que os antigos marcavam no mármore eram de cobre dourado. Em relação aos egípcios, eles utilizavam símbolos do seguinte tipo: um olho significava a divindade, um abutre a natureza, uma abelha o rei, um círculo o tempo, um boi a paz etc.: e costumavam dizer que cada país conhecia somente o próprio alfabeto, e que um dia teria se esquecido de tudo.

Coisa que aconteceu na nossa Toscana, onde, escavando entre ruínas de cidades e necrópoles, encontraram-se sepulcros com inscrições em caracteres etruscos, conforme todos estabeleceram. Essas letras se assemelham por um lado com as latinas, por outro com as gregas; mas ninguém consegue compreender o seu sentido. Daí a hipótese de que a mesma coisa acontecerá em breve com todos os alfabetos. Ao contrário, o sistema de símbolos usados pelos egípcios pode ser interpretado facilmente pelos especialistas do mundo todo, ou pelo menos por aqueles que merecem conhecer essas doutrinas.

O costume dos egípcios de ornar as tumbas com várias esculturas foi imitado quase em todo lugar do mundo. No sepulcro do filósofo cínico Diógenes tinha sido erguida uma coluna, sobre a qual colocaram um cão de mármore de Paro. Cícero de Arpino se orgulhava de ter descoberto a tumba de Arquimedes em Siracusa — abandonada já há muito tempo e recoberta por ervas ruins, ignorada até pelos próprios concidadãos do cientista —, deduzindo-o da observação de uma escultura, representando um cilindro e uma pequena esfera, colocada no topo de uma coluna muito alta. No sepulcro de Ozimandias, rei do Egito, estava esculpida a figura de sua mãe em um bloco de pedra com altura de vinte cúbitos, com três diademas reais na cabeça, para indicar que tinha sido filha, esposa e mãe de rei. Sobre a tumba do rei assírio Sardanapalo foi colocada uma estátua retratando o próprio rei no ato de bater palmas para expressar sua felicidade; e embaixo dela escreveram: "Fundei Tarso e Arquileo em não mais que um dia; mas você, meu hóspede, coma e beba com prazer, pois todos os outros bens do homem não são dignos do que estou fazendo, ou seja, de louvor". São esses os epitáfios e as esculturas que se usam no Oriente.

Já os nossos antepassados latinos preferiram representar os empreendimentos de seus melhores homens com histórias esculpidas. Por isso construíram colunas, arcos triunfais, pórticos, todos repletos de narrações pintadas ou esculpidas. Todavia, é desejável que nesse gênero de monumentos se representem somente fatos de grande importância e valor. Mas isso já é suficiente.

Das vias terrestres já falamos. As vias fluviais terão os mesmos ornamentos das de terra; e como tanto as primeiras quanto as segundas devem estar providas de torres de vigia, agora falaremos destas.

CAPÍTULO V

As torres de vigia constituem um ornamento de primária importância quando são colocadas nos pontos mais adequados e construídas da forma mais oportuna. E ainda que não estejam muito isoladas entre si, certamente de longe oferecerão um espetáculo imponente. Todavia, não me parece digna de admiração a mania, frequente há cerca de duzentos anos atrás, de construir torres em qualquer lugar, até nos pequenos centros. Parece que naquela época não havia chefe de família que ficasse desprovido de uma torre; por isso havia uma multidão de torres em todo lugar. Alguns, acerca disso, acham que os cérebros dos humanos mudam por causa do influxo dos astros. Há trezentos ou quatrocentos anos atrás, por exemplo, era tanto o fervor religioso que parece que os homens não tinham nada mais para fazer que construir edifícios de culto. Basta dizer que em Roma, hoje em dia, embora a metade dos edifícios sacros existentes tenha se arruinado, contaram mais de dois mil e quinhentos deles. E, de resto, não constatamos que na Itália toda existe quase uma competição de renovação? Grandes cidades, que quando crianças vimos construídas todas de madeira, agora se tornaram marmóreas.

Mas voltemos às torres de vigia. Omitimos quanto diz Heródoto, segundo o qual teria existido no centro do templo da Babilônia uma torre cuja base media um estádio inteiro de um lado e que era composta por oito construções uma em cima da outra. Essa obra é certamente recomendável no que diz respeito às torres de vigia: essa sobreposição vertical de estruturas confere leveza e solidez ao edifício, pois nas abóbadas que as cobrem se inserem seus ligamentos, de modo que sustentam perfeitamente os muros.

Uma torre pode ter a planta quadrangular ou circular. Em ambos os tipos é necessário que entre a altura e a largura haja uma determinada relação. A torre com a planta quadrangular, se quisermos que seja fina, deverá ter uma largura igual à sexta parte de sua altura; a circular terá o diâmetro da planta tão longo quanto a quarta parte de sua altura. No caso em que deva ser muito larga, a quadrada se fará de modo que o lado não seja mais comprido que a quarta parte da altura, enquanto a circular terá uma altura igual a três vezes o comprimento de seu diâmetro. No que diz respeito à espessura do muro, se a torre for alta até quarenta pés, ela será de ao menos quatro pés; se a altura chegar até cinquenta, cinco pés; se chegar a sessenta, seis pés; e assim por diante com uma proporção igual.

As regras mencionadas valem para as torres simples e privadas de ornamentos. Alguns, todavia, quiseram acrescentar ao lado externo da torre, ao meio de sua altura, um pórtico com colunas separadas do muro: e houve quem, especificamente, construísse ao redor da torre um pórtico em espiral. Outros cercaram a torre inteira com pórticos à guisa de cornijas; outros ainda a revestiram completamente com esculturas de animais. Nesses casos a proporção das ordens não se afastará da norma que se segue no resto dos edifícios públicos, porém, se poderão reduzir as medidas, por causa do peso da construção.

Querendo-se erguer uma torre perfeitamente segura contra a violência das intempéries e de aspecto muito agradável, sobrepor-se-á a uma construção com planta quadrangular uma com planta circular, e a esta uma outra com planta quadrada e assim por diante, e se levantará gradativamente a obra de modo que se torne cada vez mais fina conforme os princípios das colunas. Descreveremos agora as características que a nosso ver uma torre desse tipo deve ter para ser considerada a melhor de todas.

Em primeiro lugar, levanta-se da superfície da área um pedestal quadrado, cuja altura será igual à décima parte daquela da construção a partir do topo até a base, e a largura será a quarta parte da mesma medida. Aplicar-se-ão, em seguida, perante as paredes do pedestal, duas colunas de cada lado, na sua área mediana, e uma por cada ângulo, cada uma separada com seus próprios ornamentos, conforme se falou há pouco acerca dos sepulcros. Sobre esse pedestal, construir-se-á uma espécie de capela quadrada, cuja largura será o dobro da altura do próprio pedestal, e igual a sua altura. A ela se encostarão externamente umas colunas conforme dissemos no caso dos templos. Continuando, no terceiro, quarto e quinto piso, sobrepor-se-ão capelas circulares; serão então três e as chamaremos de nós, já que se assemelham com aqueles das canas. A altura de cada um deles será igual à própria largura, mais a décima segunda parte, que utilizaremos como soco. No que diz respeito à largura, deduzir-se-á das dimensões da capela quadrada inferior, situada logo acima do pedestal, da seguinte forma: dividir-se-á o lado dessa capela quadrada em doze partes iguais; uma vez tirada uma parte, o que sobrar será destinado à largura do primeiro nó, o mais baixo. Dividir-se-á novamente em doze partes o diâmetro da base deste último; onze dessas partes serão destinadas à largura do segundo nó. Igualmente o terceiro nó terá um comprimento igual à décima primeira parte daquela do segundo. Com essa gradação conseguir-se-á aquilo que a maioria dos sábios antigos recomendava nas colunas, isto é, que o fuste resulte uma quarta parte mais grosso na base que em cima. Aplicar-se-ão em torno aos nós colunas — não mais que oito e não menos que seis — com seus ornamentos. Em seguida, tanto em cada nó, quanto na capela quadrada, nos locais adequados abrir-se-ão janelas e nichos com os ornamentos que lhes pertencem. A amplitude do vão de cada janela não poderá superar a metade do entrecolúnio em que está inserida. O sexto piso, que é o ponto mais alto da obra nesta nossa torre, e que se coloca acima do terceiro nó, terá uma planta quadrada; sua altura e sua largura não poderão superar os dois terços do diâmetro daquele mesmo nó. Como ornamentação desse piso, utilizar-se-ão somente colunas com planta poligonal encostadas aos pilares que sustentam a abóbada; estarão providas de arquitraves, de capitel e de outros ornamentos. Na área mediana da sua parede, abrir-se-á uma passagem como em uma encruzilhada. Como sétimo e último piso erguer-se-á um pórtico com planta circular, aberto em cada direção e constituído por colunas lisas e separadas. O comprimento dessas colunas, incluindo os ornamentos, será igual ao diâmetro da planta do piso; esse diâmetro, por sua vez, será igual a três quartos da largura da capela situada abaixo. Sobre essa colunata circular se aplicará uma cobertura esférica.

Na capela com planta retilínea e quadrangular, erguer-se-ão na extremidade dos ângulos os acrotérios, cuja altura será igual àquela do entablamento posto embaixo (cornijas, friso, arquitrave). Na primeira capela quadrada, aquela que está situada embaixo, logo acima do pedestal, o vão central será largo cinco oitavos da largura total da parte externa da própria capela.

Foi muito louvado na Antiguidade um expediente do rei Ptolomeu, usado na ilha de Faro. Ele mandou construir, para facilitar a navegação noturna, uma torre em cuja extremidade se podiam ver chamas que se movimentavam continuamente permanecendo suspensas, para evitar que quem as visse de longe as confundissem com por astros. Outros instrumentos muito convenientes sobre as torres poderiam ser umas figuras móveis que indicassem a direção do vento, ou a posição do sol na abóbada do céu, e a hora do dia. Basta acerca desse tema.

CAPÍTULO VI

Continuando, é oportuno que entremos na cidade. Mas, visto que há determinadas estradas que são muito mais importantes, tanto dentro quanto fora da cidade, de quanto sua natureza comporta — como é o caso das que conduzem aos templos, às basílicas, aos lugares de diversão —, delas falaremos então primeiro.

Conta-se que Heliogábalo mandou pavimentar essas estradas, mais amplas e importantes que o normal, com pedra macedônica e pórfido. Os historiadores exaltam a estrada que em Bubastis, cidade do Egito, conduzia ao templo: passava reta pela praça principal e estava pavimentada com pedras belíssimas; sua largura era de quatro plectros; e dos dois lados surgiam árvores colossais. Conta Aristeo que em Jerusalém existiam umas passagens elegantes e em posição elevada, para deixar transitar os chefes e os notáveis da forma mais digna, mas, sobretudo, por que aqueles que traziam objetos de culto não tivessem contatos impuros com os profanos. Também é muito conhecida a estrada, mencionada por Platão, que levava de Knossos até a gruta e o santuário de Júpiter, através de bosques de ciprestes. Sabemos que em Roma, dentre outras, havia duas estradas desse tipo, dignas da maior maravilha: uma ia da porta até a basílica de São Paulo, por um comprimento de cerca de cinco estádios; a outra, da ponte da basílica de São Pedro, comprida dois mil e quinhentos pés e recoberta por um pórtico de colunas de mármore com cobertura de chumbo. Esses ornamentos são condizentes com esse tipo de estradas. Mas voltemos às estradas militares.

No caso das estradas, tanto que se trate das que correm fora da cidade, como daquelas que vão por dentro, sua extremidade e seu, digamos assim, destino, no caso das terrestres, é a porta; no caso das marítimas, se não estamos errados, é o porto. Exceto o caso em que haja vias subterrâneas: como aquelas que, conforme contam, haveria em Alexandria do Egito, construídas para que os reis pudessem graças a elas mandar sair os exércitos sem que os habitantes o percebessem; ou como aquelas que, conforme acabo de saber, se encontram frequentemente em Preneste, no Lácio, escavadas com grande habilidade do ápice de um monte até a parte plana: em uma delas — contam — morreu Mário, vítima de assédio. Na *Vida de Apolônio de Tiana*, encontra-se a referência a uma estrada digna de lembrança. Conta, de fato, o autor: uma mulher persa mandou construir na Babilônia, com pedras e betume, uma via ampla sob o leito do rio, graças à qual era possível deslocar-se do palácio real até outro palácio situado na parte oposta do rio sem molhar os pés. Nem sempre porém se pode acreditar nos historiadores gregos.

Voltemos ao nosso assunto. As portas terão os mesmos ornamentos dos arcos de triunfo, de que falaremos em breve. Ornamento dos portos será uma série de pórticos, muito amplos, dispostos ao redor deles, sustentados por um pedestal com revestimento de pedra rústica, um templo famoso e esplêndido em uma posição eminente, perante o qual se abre uma praça muito vasta, e na entrada do porto uns colossos, como foram feitos em vários lugares, por exemplo em Rodes, ou em [. . .], onde contam que Herodes mandou colocar três deles, mais gigantescos ainda que os de Rodes. Os historiadores louvam ainda um cais, erguido no porto de Samos, cuja altura parece chegava até vinte orgias,[49] e que entrava no mar por um comprimento de cerca de dois estádios. Esse tipo de obra servirá para ornar o porto, se for executado com arte refinada e com matérias de boa qualidade.

No que diz respeito às estradas da cidade, serão bem ornadas se tiverem uma ótima pavimentação, uma limpeza perfeita e duas fileiras de pórticos com o mesmo desenho, e com casas da mesma altura. As partes da estrada que requerem particularmente uma ornamentação são: a ponte, a encruzilhada, o foro, o local para os espetáculos. Na realidade o foro é nada mais que uma encruzilhada mais ampla; e o local para os espetáculos é nada mais que um foro cercado por escadarias.

Começaremos então pela ponte, pois ela constitui uma parte principal da estrada. A ponte é formada pelas seguintes partes: os pilares, as arcadas, a

---

[49] Uma orgia correspondia a seis pés, cerca de 180 cm.

pavimentação. Fazem também parte da ponte uma via central destinada ao transporte de animais e, dos dois lados desta, calçadas destinadas aos cidadãos, e ainda as margens. Algumas pontes estão também providas de telhado: como a mais esplêndida de Roma, a ponte de Adriano, obra realmente memorável, tanto que até seus despojos mortais — se assim poderei chamá-los — me causaram um profundo respeito. O templo estava provido com um telhado sustentado por quarenta e duas colunas de mármore, com vigamentos, revestido com cobre e com magníficos ornamentos.

Construiremos a ponte como se fosse uma estrada ampla. Deverá ter um número igual de pilares e com as mesmas dimensões; sua grossura será igual à terça parte do vão. Alongar-se-ão os pilares até formarem proas que contrastem a força das correntes, desde que se acrescente uma metade da largura da ponte. Essas proas se sobressairão acima da água o quanto for suficiente para emergir nas épocas de enchentes. Da mesma forma construir-se-á a popa; todavia será conveniente fazê-la um pouco menos pontuda e, digamos assim, arredondada. Facilmente, poder-se-ão erguer em seguida a proa e a popa dos contrafortes, que têm a função de consolidação das estruturas e de sustentação das margens da ponte; sua espessura na base deverá ocupar pelo menos os dois terços da largura do pilar. As extremidades das arcadas estarão totalmente fora da água. Seu desenho se tomará da arquitrave jônica, ou melhor, da dórica; nas pontes grandes sua espessura deverá ser ao menos igual à décima quinta parte da largura total do vão. Como margem se usarão, para conseguir uma boa solidez, dados quadrangulares, colocados horizontalmente, sobre os quais se poderá colocar, se se quiser, colunas destinadas à sustentação de um telhado. A altura das margens deverá ser de quatro pés, incluindo o soco e a terminação. Os espaços entre os dados se encherão com parapeitos. A terminação, tanto dos parapeitos, quanto dos dados, será constituída por uma gola reversa, ou melhor, por uma gola simples, alongada tanto quanto for a extensão da margem. À base da terminação deverá corresponder um soco igual. Far-se-ão ainda ao longo das margens duas calçadas, que flanqueiam a via principal da ponte, reservadas para as mulheres e para os pedestres; deverão salientar-se tanto quanto a altura de um degrau ou dois acima do piso da própria via central; esta última, destinada ao transporte com animais, será lajeada com sílex. A altura das colunas, inclusive os ornamentos, deverá ser igual à largura da ponte.

A encruzilhada e o foro se distinguem somente por causa de sua diferente amplitude; de fato, a encruzilhada não é nada mais que um foro menor. Platão recomendava que na encruzilhada houvesse um espaço onde em caso de necessidade as amas de leite com as crianças pudessem reunir-se e ficar em companhia. Isso para que — eu suponho — os meninos pudessem crescer mais robustos ao ar livre, e as amas de leite, pelo desejo de distinguir-se em meio a tantas colegas, mantivessem uma aparência mais decorosa e não se descuidassem. A presença de um pórtico elegante, tanto nas encruzilhadas, quanto em um foro, será uma ornamentação muito agradável, sob a qual as pessoas idosas poderão passear, sentar-se, descansar ou resolver questões pendentes. Dessa forma, além do mais, a presença dos idosos levará os jovens que estarão ocupados em jogos e competições ao ar livre a limitarem qualquer tipo de excesso ou inconveniência típicos da exuberância de sua idade.

O foro pode ser ocupado por sedes de banqueiros, ou pelo mercado de frutas e hortaliças, ou pelo mercado de gado, ou da madeira etc. Cada um desses tipos de foro que se encontram na cidade deve ter ornamentos específicos. Mas o mais importante de todos deve ser o dos banqueiros.

Os gregos construíam o foro de forma quadrada, cercando-o com amplos pórticos duplos, ornados com colunas e arquitraves de pedra, acima dos quais colocavam palcos destinados ao passeio. Na Itália, o foro media em largura dois terços do comprimento: e como, segundo um antigo costume, nele aconteciam os espetáculos dos gladiadores, era raro encontrar colunas no pórtico. Ao redor do pórtico, colocavam-se as lojas dos banqueiros, e no piso superior se dispunham os balcões e os armazéns para guardar o dinheiro público. Os antigos se regulavam dessa forma.

Porém, nós recomendaremos também um tipo de foro cuja área se compõe de dois quadrados, e tal que o pórtico e as outras partes construídas ao redor correspondam à área não coberta conforme determinadas proporções, de modo que esta última não resulte demasiadamente vasta, se as estruturas ao redor são muito baixas, ou demasiadamente estreita, se for cercada por um amontoado de construções muito altas. Muito oportuna seria uma altura dos telhados que medisse a terça parte da largura do foro, ou ao menos os dois sétimos. Aconselho ainda colocar os pórticos sobre uma elevação igual à quinta parte de sua largura, e cuja largura seja igual à altura das colunas. O desenho da colunata seguirá o mesmo critério usado para a basílica, a menos se, no nosso caso, cornijas, frisos e arquitrave medirem todos juntos a quinta parte da altura da coluna. Se, em seguida, quisermos uma outra colunata sobre a primeira cobertura, as novas colunas deverão ser um quarto mais estreitas e mais curtas que as primeiras; e sob elas, à guisa de pedestal, colocar-se-á um soco, cuja altura deverá ser equivalente à metade daquela da elevação inferior.

Um ornamento muito importante para foros e encruzilhadas são os arcos que se colocam nas entradas das estradas. O arco, de fato, é como uma porta sempre aberta. Ele foi inventado, eu acredito, por aqueles que ampliaram as fronteiras do império, já que eles — conta Tácito — segundo um hábito antigo alargavam até o pomério; como parece tenha feito Cláudio. Então, uma vez ampliada a superfície da cidade, achava-se bom manter intactas as portas antigas; o que era uma vantagem, por sinal, até porque provavelmente decorria disso maior segurança contra os assaltos dos inimigos, em caso de guerra. Além disso, como essas construções surgiam em lugares muito frequentados, colocavam nelas os despojos conquistados e os símbolos da vitória. Daí se começou a ornar o arco e a colocar nele inscrições comemorativas, estátuas e narrações.

A posição mais oportuna para construir um arco é o ponto em que a rua dá em uma praça ou em um foro; sobretudo se for a estrada "real", como eu chamo a rua mais importante da cidade. Assim como a ponte, o arco também será atravessado por três passagens: a central, reservada para os exércitos, e as duas laterais, para as mães e para os parentes que acompanham os soldados vitoriosos quando voltarem à cidade para homenagear os deuses da pátria, e para aplaudir e comemorar os triunfantes. Quando se construir um arco, o lado da área que segue a direção da rua deverá ter um comprimento igual à metade do lado que corta este último transversalmente da direita para a esquerda. O comprimento deste lado transversal não deverá ser inferior a cinquenta cúbitos.

O arco é um edifício que se assemelha muito às pontes, exceto que os pilares não podem ser mais que quatro, nem as passagens podem ser mais que três. Deixar-se-á uma oitava parte do lado mais curto da superfície, quer dizer, aquele que corre no sentido da rua, do lado da superfície que dá na praça, e uma outra oitava parte no lado posterior da superfície, para colocar os dados em que se erguerão as colunas para os arcos. O outro lado da superfície, ou seja, o mais comprido, transversal em relação à rua, será dividido em oito módulos: dois serão ocupados pela abertura central, e cada um dos demais para cada pilar e para cada uma das aberturas laterais. O lado central dos pilares, que sobe verticalmente até onde começa o arco da própria abertura central, deverá ter dois módulos de altura, mais a terça parte de um módulo. O mesmo critério se usará para erguer os lados das outras duas aberturas laterais, que se disporão no mesmo espaço com proporções idênticas.

A abóbada que recobrirá as aberturas para a passagem será de aresta. Os ornamentos dos pilares que se dispõem no topo desses, sob o arco e a abóbada de aresta, deverão ser feitos à guisa de capitéis dóricos; exceto que, no lugar do equino e ábaco, terão as cornijas salientes do tipo coríntio ou jônico, e sob a cornija, no lugar da reentrância, haverá um friso independente. Continuando — coisa que se aplica nas partes superiores das colunas — haverá um colarinho e um filete. A arquivolta, ou seja, o arco voltado para frente, terá uma espessura não inferior à décima segunda parte da abertura e não superior à décima parte dela.

Na parte central da frente dos pilares, encostam-se colunas regulares e "separadas". Elas serão construídas de modo que com a parte superior da coluna alcancem a altura do ápice da abertura; o comprimento será igual à largura da abertura do meio. Sob a coluna, colocar-se-ão a base, o dado e o soco; sobre ela um capitel ou jônico ou coríntio e, acima deste, a arquitrave, o friso e a cornija, jônicos e coríntios. Cada um desses elementos se realizará segundo o desenho que lhe é próprio e oportuno; acerca disso falamos anteriormente.

Sobre essa colunata, erguer-se-ão as fileiras de um novo muro construído acima, com uma altura igual à metade do espaço compreendido entre a parte inferior da base e a parte mais alta de sua cornija. A altura dessa nova parede superior se dividirá em onze partes iguais. A parte mais alta será ocupada somente pelas cornijas que não estão sustentadas por frisos nem por arquitraves; uma parte e meia, na área mais baixa, destinar-se-á ao soco, ornado por uma gola, revirada, que ocupa a terça parte de sua altura. Nas extremidades das vigas que se salientam do muro e que seguram as colunas, colocar-se-ão livremente umas estátuas, sob cujos pés se porá um dado da mesma espessura da parte inferior da coluna. A altura dessas estátuas, incluindo o dado, ocupará oito das onze partes referentes ao muro. Por último, na borda superior da construção, sobretudo do lado voltado para o foro, colocar-se-ão quadrigas, estátuas de tamanho maior, figuras de animais etc. Elas, onde forem colocadas, serão sustentadas por um pequeno muro à guisa de soco com uma altura três vezes maior que a da cornija mais próxima e contígua dele. As estátuas que se colocarão nesse lugar extremo e muito elevado serão uma sexta parte, no mínimo, ou dois nonos, no máximo, mais altas que as estátuas anteriores, aquelas que tínhamos disposto sobre as colunas.

Ao longo dos muros, aplicar-se-ão inscrições comemorativas e esculturas representando histórias colocando-as em uma posição adequada, entre cornijas circulares ou quadrangulares. Nos lugares de passagem, colocar-se-ão narrações em relevo até a metade das paredes que sustentam a abóbada central; e será conveniente aplicá-las a partir da parte central para cima; ao contrário, será inconveniente colocá-las da parte central para baixo, porque se sujariam.

Sob os pilares, à guisa de soco, por-se-á um degrau alto não mais que um cúbito e meio, para que eles não sejam consumidos pelos eixos das rodas das carruagens; ele deverá ser arredondado à guisa de uma gola revirada. Esta última terá uma altura igual à quarta parte da altura do soco. Basta também desse tema.

CAPÍTULO VII

E passamos agora aos lugares de espetáculo. Contam que Epimênides — aquele que dormiu numa tumba durante cinquenta e seis anos —, quando estavam construindo em Atenas um lugar para os jogos, reclamou com seus concidadãos dizendo-lhes: "Vocês não sabem que grandes desastres causará este lugar; se o compreendessem, o destruiriam com os dentes!". E não me atrevo a desaprovar as autoridades eclesiásticas e os preceptores dos bons costumes por terem proibido expressamente a celebração dos espetáculos. Elogiam Moisés que estabeleceu o costume de que todo o seu povo se reunisse em um único templo nos dias festivos e que se celebrassem procissões em determinados templos. O seu objetivo era, a meu ver, nada mais que tornar mais sociáveis os seus concidadãos graças às reuniões, predispondo-os à amizade. Igualmente acredito que os nossos antepassados, ao instituir espetáculos nas cidades, visassem mais a utilidade que a diversão e o prazer. E, de fato, considerando com cuidado a questão, surgirão muitos motivos para lamentar que um costume tão bom e vantajoso não se use mais há tanto tempo. De fato, dado que alguns espetáculos são destinados ao entretenimento em tempo de paz e de ócio, e também para fomentar a guerra e as ocupações, no primeiro caso sem dúvida se estimula e se alimenta o vigor da inteligência e da mente, no segundo se acrescem muito a robustez do corpo e a firmeza do espírito; em ambos os casos existe um caminho seguro e constante que contribui de uma forma significativa à integridade e à glória da pátria.

Contam que os arcádicos, como tinham costumes austeros e severos, inventaram os jogos para suavizar o caráter de seus concidadãos, uma vez que em seguida os suprimiram — conta Políbio —, se endureceram de tal forma que eram considerados pessoas odiosas na Grécia inteira. Por outro lado, a tradição dos jogos é muito antiga e são vários aqueles que são apresentados como seus promotores. Dionísio, por exemplo, conforme a lenda, foi o primeiro a introduzir o uso da dança e dos jogos. Dizem também que Hércules foi o inventor das competições. Contam ainda que as Olimpíadas teriam sido instituídas e concebidas pelos etólios e pelos epeus após sua volta de Troia. Contam ainda que na Grécia Dionísio Lêneo, o inventor do coro da tragédia, foi também o primeiro que instituiu uma sede estável para os espetáculos. Na Itália, o primeiro que organizou peças teatrais foi Lúcio Múmio, em ocasião do seu triunfo, duzentos anos antes do principado de Nero. Os atores foram introduzidos em Roma da Etrúria; as competições com cavalos pelos tírios, e geralmente quase todos os outros jogos, de vários tipos, foram importados para a Itália da Ásia, sua terra de origem.

Seria levado a pensar que naquela época, em que se cunhava a imagem de Jano no bronze, provavelmente se assistisse aos jogos embaixo de um olmo ou de uma faia. Diz Ovídio: "Tu foste o primeiro, Rômulo, que criou a emoção dos jogos quando os teus homens, uma vez sozinhos, quiseram raptar as sabinas. Naquela época não havia nem teatro marmóreo nem cortina, nem palco de cor vermelha resplandecente. Lá estavam depostas com simplicidade as frondes procedentes do Palatino, e a cena era sem artifícios. Os espectadores ficavam sentados em escalões feitos com torrões, com uma folha qualquer cercando seus cabelos hirsutos".

Contam, todavia, que Iolao, filho de Ipsicleo, foi o primeiro a estabelecer que os assentos fossem construídos à guisa de escalões, na Sardenha, quando recebeu os Tespíadas, filhos de Hércules.

Conforme um costume antigo, os teatros se construíam de madeira. Aliás, por essa razão Pompeu foi acusado de ter estabelecido o lugar do espetáculo não mais, como era antes, sob forma de escalões desmontáveis, mas sim permanentes. Em seguida, chegou-se a construir dentro de uma única cidade três grandíssimos teatros, e além disso, vários anfiteatros, dentre os quais havia um que continha mais de duzentas mil pessoas; além do Circo Máximo. Todos esses edifícios eram feitos com blocos de pedra esquadrejados e ornados com colunas marmóreas. Além disso, como eles não estavam completamente satisfeitos, ergueram também edifícios provisórios para os espetáculos, feitos de mármore e vidro, com um número incrível de esculturas. O edifício para os espetáculos que até então tivera a maior capacidade, o de Piacenza, cidade da Gália, queimou durante a guerra de Otaviano. Mas esgotamos esse assunto.

Os espetáculos podem ser de gênero contemplativo ou ativo. Os primeiros, que deveriam distrair, são a poesia, a música, a representação cênica. De tipo militar são a luta, o pugilato, o cesto, o lançamento, a corrida com carros e outros jogos que preparam ao combate, que Platão recomendava acontecessem anualmente, sendo muito úteis para a segurança do Estado e para a glória da cidade.

Aos espetáculos correspondem diferentes tipos de construções, que, portanto, se designam com diferentes nomes. De fato, desde que há alguns em que atuam os poetas, os atores cômicos, os trágicos etc., essas construções as chamaremos, devido à sua importância, de teatros. Os outros, ao contrário, em que se exercitam os jovens na corrida com bigas ou quadrigas, os denominaremos de circos. Ou outros, enfim, em que se celebram caças com feras em cativeiro, se chamarão de anfiteatros.

Quase todos os edifícios destinados aos espetáculos imitam a disposição de um exército com as suas fileiras em formação de batalha. E constam de uma superfície central, reservada para os exercícios dos gladiadores, de pugilato, de carros etc., e de escalões, em que se sentam os espectadores. Porém, existem diferenças na forma da área. Aquela, de fato, cuja forma é semelhante a uma lua minguante, se denomina teatro. Ao contrário, quando se alonga com suas fileiras, se chama de circo, porque nas competições das bigas e das quadrigas é necessário circular ao redor dos marcos; no mesmo gênero de edifícios aconteciam as batalhas navais, após ter enchido seu interior com água procedente, em algumas ocasiões, de um curso fluvial, e em outras, de um aqueduto. Alguns dizem que antigamente esses jogos aconteciam geralmente entre espadas e rios, e que, portanto, eram chamados de "circenses"; e teriam sido inventados por um tal Monago, em Élide, na Ásia. O tipo de edifício decorrente da união de dois teatros unidos pela sua parte frontal era chamado de "cávea": esse mesmo edifício se chama de anfiteatro.

Para os edifícios destinados aos espetáculos é preciso escolher uma localização muito salubre, para evitar danos decorrentes de ventos nocivos, da exposição ao sol e de todos os outros fatores negativos que lembramos no primeiro livro. Sobretudo, o teatro deve ser bem abrigado do sol, pois em agosto a população, ao escutar os poetas, precisa de uma sombra deliciosa e amena. Em caso contrário, os raios do sol, refletindo dentro da construção, queimariam os corpos, e também os adoeceriam por causa do aquecimento dos humores. É igualmente necessário que o lugar tenha uma acústica boa, não abafada; e que haja pórticos, unidos ou bem próximos dos edifícios, onde o público possa encontrar abrigo em caso de chuva inesperada. Segundo Platão, a sede adequada para o teatro é dentro da cidade, e aquela para a corrida das bigas, ao contrário, fora dos muros da cidade.

O teatro se compõe das seguintes partes: uma área ao ar livre central; ao redor desta os escalões com os assentos; em frente à embocadura, em posição elevada, o palco, em que se colocará tudo o que for necessário para a representação; e no lugar mais alto da zona um pórtico coberto, que contribua para propagar a voz e torná-la mais sonora. Os teatros da Grécia, todavia, se diferenciavam dos latinos pelo seguinte: os primeiros exigiam um palco menor, pois costumavam deixar atuar os corais e os dançarinos no meio da área central; enquanto os nossos, visto que a representação acontecia inteiramente no palco, incluindo as pantomimas, por essa razão costumavam ter um palco mais amplo.

De qualquer forma, todos concordaram acerca de uma coisa: que, em primeiro lugar, se circunscrevesse dentro da área um semicírculo, em seguida se prolongassem suas extremidades. Alguns, todavia, se serviam, para fazer isso, de linhas retas, outros de curvas. Aqueles que adotavam as linhas retas, as traçavam equidistantes entre si até acrescentar às extremidades do semicírculo um comprimento correspondente a um quarto do seu diâmetro. Aqueles, ao contrário, que usavam linhas curvas, traçavam um círculo inteiro de cuja circunferência total subtraíam um quarto, deixando o resto para o teatro.

Uma vez desenhados os contornos da área, providenciava-se a execução dos escalões dos assentos. Primeiro se estabelecia a altura que se queria atribuir aos escalões, e, conforme essa sua altura, deduzia-se o espaço que teriam de ocupar ao nível do terreno. Quase todos faziam a altura do teatro igual à amplitude da área central, pois se deram conta de que, se o teatro fosse demasiadamente baixo, as frases pronunciadas pelos atores perder-se-iam no ar; se, ao contrário, fosse demasiadamente alto, ecoavam até resultarem desagradáveis para quem ouvisse. Todavia, alguns dos melhores arquitetos quiseram que a altura do teatro fosse igual a quatro quintos da amplitude da área central. A altura dos escalões nunca foi inferior à metade nem superior a dois terços daquela máxima do edifício. Sempre acerca dos escalões dos assentos, sua profundidade foi feita, por alguns, igual ao dobro da altura, por outros igual a cinco meios dessa.

Nós descreveremos essa obra da forma que consideramos a mais perfeita e recomendável sob todo ponto de vista. As fundações dos escalões mais externos, ou seja, dos muros com que se acaba seu ponto mais alto, se salientarão de uma distância do centro do semicírculo, igual ao raio da área central mais uma terça parte. Os primeiros degraus da escada não se iniciarão do térreo na área central; aqui, ao contrário, erguer-se-á um muro em correspondência do princípio, ou seja, do ponto mais baixo dos escalões, de modo que os degraus que constituem os assentos comecem a subir daquele ponto. Esse muro, nos teatros maiores, terá uma altura igual a um nono do raio da área central; nos menores levantar-se-á de pelo menos sete pés.

Os degraus deverão ter um pé e meio de altura, uma profundidade de dois pés e meio. Sob os escalões, construir-se-ão, sustentados por um arco, umas passagens iguais e com dimensões apropriadas: algumas levarão à área central, outras conduzirão desta até o topo do escalão; seu número e amplitude serão proporcionais às dimensões do teatro. Dentre eles terão uma posição privilegiada sete passagens que conduzem ao centro, completamente desprovidas de obstáculos; suas entradas estarão situadas a intervalos iguais entre si. Uma dessas passagens será mais ampla que as outras e estará situada ao centro do semicírculo; essa passagem eu a chamo de "real" porque por ela passa a estrada real. Haverá também duas passagens, uma na extremidade direita do diâmetro, uma outra à esquerda; além disso, colocar-se-ão duas passagens intermédias para cada um dos dois lados do semicírculo; entre estes últimos haverá também passagens com características e uma quantidade proporcionais ao perímetro do teatro.

O conjunto dos escalões com assentos, no caso dos teatros maiores, estava dividido antigamente em três partes. E ao redor de cada uma das divisões construíam um escalão duas vezes mais profundo que os demais, para separar os degraus superiores dos inferiores, à guisa de um anel inserido entre eles. Por consequência, nessas, por assim dizer, linhas divisórias confluíam os caminhos de subida ao longo das zonas abobadadas dos escalões. Observei que, em alguns teatros, arquitetos conceituados e artistas sábios se preocuparam para que, junto a cada uma das passagens principais, de ambos os lados, houvesse escadas internas: uma delas, constituída por uma rampa ininterrupta de escalões, oferecia aos mais impacientes e ágeis uma subida rápida tanto que quase poderiam chegar voando ao topo; a outra pendente era mais confortável e estaria interrompida por patamares e pontos de parada, em que as matronas e os anciãos pudessem andar devagar e repousar durante a subida. Isso sobre os escalões.

Na entrada do teatro, dispunham-se uns espaços elevados em que atuavam os atores durante a representação, providos de máscara. Nos lugares em que o costume exigia que os notáveis e os magistrados se sentassem separados do povo em uma posição sumamente digna e privilegiada — por exemplo na própria área central, provida com assentos elegantemente adornados —, então o palco se fazia muito amplo para que pudesse conter comodamente atores, músicos e coristas. A área desse palco se alongava até o centro do semicírculo; e sua altura não superava os cinco pés, de modo que os senadores, sentados ao nível do solo, estivessem na melhor posição para observar cada expressão dos artistas. Nos lugares em que, ao contrário, os cidadãos não tinham o costume de ocupar a parte central, sendo esta reservada inteiramente aos dançarinos e aos cantores, a área do palco se fazia mais estreita, mas sua elevação era maior, alcançando às vezes os seis cúbitos.

Em ambos os casos, adornava-se esta zona com colunas e com pisos colocados uns sobre os outros como se fazia nas casas. Estava também provida, nos lugares mais apropriados, de portas com batentes, uma ao centro, como no palácio real, ornada como nos templos, e nas proximidades outras, destinadas à circulação dos atores que atuavam na peça, quando entravam no palco e também quando saíam conforme as necessidades do espetáculo. E, como a poesia dramática se dividia em três gêneros — o trágico, que representava as desventuras dos tiranos; o cômico, que contava as preocupações e as dificuldades dos pais de família, e o bucólico, que cantava as belezas do campo e os amores dos pastores —, não faltavam também teatros providos com uma máquina giratória para fazer avançar uma fachada pintada, mostrando um átrio, uma cabana ou um bosque, conforme as necessidades da representação. Tais eram então a área, os escalões e o palco para os artistas teatrais.

Uma das partes principais do teatro, idealizada para acentuar os diálogos e os sons, é o pórtico. Ele era colocado na margem superior dos escalões e com as aberturas da colunata voltadas para a área central do teatro. Dele falarei agora.

Os filósofos tinham ensinado que o ar, se for golpeado pela voz ou sacudido pelo som, se movimenta como uma sucessão de ondas, assim como se produzem círculos na água quando alguma coisa repentinamente sobe à superfície. E avisavam que, assim como acontece dentro de uma cítara, ou nos vales, sobretudo naqueles com bosques, o som e a voz se tornam muito mais fortes e claros onde os círculos em expansão enchidos com ar em movimento, por assim dizer, chocam-se contra algo que ofereça resistência, como acontece com uma bola lançada contra um muro, rebatendo as ondas sonoras procedentes do centro do teatro, de modo que esse ricochete torne os próprios círculos em expansão mais compactos e reforçados.

Conforme essa teoria, foi estabelecido, em um primeiro momento, que os teatros deveriam ter uma forma circular. Para evitar que a voz encontrasse obstáculos que impedissem sua chegada até as partes mais altas do teatro, construíram-se os escalões de maneira tal que suas saliências externas resultassem todas dispostas ao longo de uma única linha reta. E no alto dos escalões, medida mais eficaz ainda, era colocado um pórtico, voltado, como já dissemos, para o centro da área do teatro, e tendo uma fachada perfeitamente acessível através dos vãos da colunata, enquanto a parte posterior do pórtico resultava barrada completamente por um muro contínuo apoiado nos vãos dos entrecolúnios.

Sob as colunatas, ainda, à guisa de soco, erguia-se uma borda de muro, para se agruparem os círculos em expansão cheios de vozes, para que uma vez recolhidas dentro da atmosfera densa do pórtico, ao invés de serem repelidas de volta todas inteiramente com o máximo esforço, resultassem reforçadas. Além disso, não somente para procurar sombra, mas também por razões acústicas, em lugar do teto estendia-se temporariamente acima do teatro uma tela, toda revestida por estrelas, que, uma vez estendida, cobria do alto com a sua sombra, ao mesmo tempo, a área central, os escalões e os espectadores.

Esse pórtico era executado de forma muito inteligente. Sob ele, de fato, a fim de sustentá-lo, colocavam-se, voltados para o lado externo do teatro, novas ordens de colunas e pórticos, que nos teatros maiores se faziam duplos, para evitar que os que passavam sob essas colunatas se molhassem no caso em que um vento particularmente violento trouxesse a chuva desencadeando uma tempestade. Os vãos e as colunatas dos primeiros pórticos não eram como aqueles que mencionamos acerca dos templos e das basílicas, mas caracterizados por uma grande solidez e com um muro muito robusto, usando o mesmo desenho dos arcos de triunfo. Falaremos primeiro desses pórticos inferiores construídos para sustentar aqueles superiores.

Nesses pórticos os vãos são dispostos de modo que em frente a cada passagem que leva à área central do teatro se abra um vão; é, também, necessário que esses vãos sejam acompanhados por outros, sujeitos a critérios determinados. Convém ainda que os vãos tenham a mesma altura, largura, desenho e ornamentação. É igualmente oportuno que o espaço aberto do pórtico em sentido longitudinal seja igual ao vão existente entre os pilares. É também conveniente que os próprios pilares do muro tenham uma espessura igual à metade da abertura existente entre eles. Deve-se cuidar de todos estes requisitos com a maior diligência e precisão. No que diz respeito às colunas, elas não deverão ser construídas separadas, como nos arcos de triunfo, mas serão colocadas ao centro, na frente dos pilares. Sob elas, colocar-se-ão uns dados com uma altura igual à sexta parte da altura da colunata. Os demais ornamentos deverão ser feitos seguindo o exemplo do templo. A altura, incluindo todos os ornamentos das colunas e da cornija, deverá resultar igual à metade da vertical dos escalões internos.

Assim haverá duas ordens de colunatas externas desse tipo, cuja segunda cobertura abobadada estará à mesma altura que a parte mais elevada dos escalões; à mesma altura dispor-se-á horizontalmente também o piso do pórtico que, como dissemos, está voltado para o interior, para o centro da área do teatro. (O desenho da área do teatro é feito à maneira de uma pegada de pé de cavalo).

Uma vez acabado tudo isso, procede-se à construção do pórtico mais alto. Sua frente e suas colunas não receberão luz do exterior, como acontece com aqueles que se encontram embaixo deles, dos quais já falamos; mas sim — conforme dissemos anteriormente acerca do próprio pórtico — estará voltado para a área central do teatro. Esta parte do edifício tem o objetivo de evitar a dispersão das vozes, concentrando, ao contrário, o som e tornando-o mais cheio: nós a chamaremos então de circunvalação.

A altura da circunvalação será igual a três meios daquela da primeira colunata externa. Terá as seguintes partes. Um muro posto embaixo das colunas, chamaremos esta parte de “basamento”. Esse muro ocupará, tendo a altura inteira da circunvalação, a medida do alto dos escalões do teatro até a cobertura do próprio telhado, nos teatros maiores, no máximo, a terça parte, e nos teatros menores, no máximo a quarta parte. Sobre esse muro, apoiar-se-ão as colunas, cuja altura, incluindo bases e capitéis, ocupará metade da altura total da circunvalação. Sobre essas colunas colocar-se-ão os ornamentos, e junto com esses, como nas basílicas, salientar-se-á o alinhamento de um muro construído sobre as colunas. Esse muro ocupará a sexta parte restante da altura total da circunvalação.

Nesta parte as colunas serão separadas, e seu desenho será igual àquele usado para a basílica. O seu número será igual àquele das colunas apoiadas nos pilares no pórtico externo, e serão construídas no prolongamento dos mesmos raios. (Chamamos de "raios" as linhas retas conduzidas do centro do teatro até cada uma das colunas externas). No muro da circunvalação posto embaixo das colunas — o mesmo que chamamos de "basamento" — serão feitas umas aberturas, seguindo a vertical e seguindo as passagens mais baixas do teatro. Em pontos apropriados, análogos a esses, e à mesma distância, escavar-se-ão nichos, para pendurar neles uns vasos de bronze revirados, de modo que a voz, chegando a esse lugar e chocando-se com eles, adquira maior sonoridade. Neste ponto não seguirei a sugestão de Vitrúvio, baseado em princípios musicais. Baseando-se nesses princípios ele aconselhava distribuir uns vãos no teatro de modo que ressoassem as vozes principais, as médias e as de sopranos e aquelas que soam ao uníssono; coisa muito fácil de se dizer, mas quanto é difícil obtê-la bem o sabem aqueles que tentaram. Não recusaremos, entretanto, o princípio, compartilhado até por Aristóteles, segundo o qual todo tipo de vaso, até vazio, e com cavidades, faz com que a voz ressoe.

Voltamos agora ao pórtico da circunvalação. Esse pórtico terá na sua parte posterior um muro inteiro que circundará completamente o recinto, de modo que as vozes que chegarem a esse lugar não se dispersem. Na superfície externa dessa parede, voltada para quem vai ao teatro, à guisa de ornamento aplicar-se-ão colunas, em número, altura, disposição na vertical, partes integrantes etc. em correspondência com as colunatas situadas embaixo delas na parte frontal dos pórticos.

A partir do que dissemos se evidencia quais elementos distinguem os teatros maiores dos menores. Naqueles, de fato, o pórtico externo mais baixo é duplo, enquanto nestes é simples. Além disso, nestes se erguem somente duas ordens externas de pórticos, naqueles se acrescenta uma terceira ordem. Há ainda outra diferença entre os dois, isto é, que em alguns teatros com pequenas dimensões não é usado o pórtico interno, mas a circunvalação é constituída somente por muros e cornijas, de modo que estas últimas tenham a função de reforçar a voz, aquela mesma função que em um teatro grande desenvolve a circunvalação com o seu pórtico. Todavia, em alguns teatros, entre os maiores, este pórtico superior, de fato, é feito duplo.

À guisa de cobertura nos teatros, usam-se pisos ao ar livre, revestidos com reboco e fazendo-os inclinados de forma tal que a água pluvial escorra para os escalões; mas os regatos de chuva que se acumulam neste lugar confluem para as aberturas nos cantos dos muros e mediante canais escondidos são direcionados para esgotos subterrâneos. Ao longo do topo da cornija externa do teatro, aplicam-se cavidades e mútulos, com que, para adornar os espetáculos públicos, poder-se-ão levantar mastros, feitos para sustentar e manobrar as cordas do toldo de cobertura.

Porém, devendo levantar até uma altura preestabelecida uma construção tão grande, é preciso fazer com que a espessura do muro consiga sustentar tamanho peso. Portanto, o muro externo, em correspondência com a primeira colunata, terá uma espessura igual à décima quinta parte da altura total que alcançará o edifício. O muro situado entre os dois pórticos, e que divide os dois, quando estes são duplos, será um quarto mais fino do que o muro externo. Finalmente, os muros erguidos acima destes últimos deverão ser feitos um duodécimo mais finos do que os muros que os sustentam.

CAPÍTULO VIII

Com isso terminamos o tema dos teatros; chegou a hora de falar do circo e do anfiteatro. Esses tipos de edifícios se originaram todos do teatro. O circo, de fato, não é nada mais que um teatro cujas duas extremidades foram prolongadas em sentido longitudinal com linhas equidistantes; mas sua natureza não requer o acréscimo dos pórticos. Contudo, o anfiteatro consiste em dois teatros com as fileiras dos escalões unidas entre si em um perímetro contínuo. E diferem no seguinte: o teatro é uma espécie de metade de um anfiteatro. Outra diferença: o anfiteatro tem a superfície central desprovida de palco e despojada completamente. Em compensação, coincidem nos elementos restantes, sobretudo nos escalões e também no pórtico, nas passagens etc.

Nós acreditamos que o anfiteatro tenha sido construído em origem para caçar as feras, e por essa razão preferiram construí-lo seguindo uma planta circular, de modo que a fera, encontrando-se fechada nesse lugar e perseguida, e não vendo um canto no qual se abrigar, fosse posta com maior prontidão em movimento pelos participantes. No anfiteatro, de fato, introduziam-se homens que com métodos muito especiais lutavam contra as feras mais perigosas. Alguns entre eles, pulando no ar mediante uma haste, esquivavam-se dos ataques de um touro; outros se ofereciam às garras dos ursos, vestidos com uma armadura revestida de varas pontiagudas; outros ainda, dentro de uma couraça perfurada, instigavam um leão afastando-o com contínuas piruetas; outros zombavam deles, defendidos por uma couraça e armados com um pau de ferro. Em suma, quando com a própria inteligência se cogitassem artifícios para enganar as feras, e quando se tivesse força de espírito e de corpo, sempre os participantes entravam no anfiteatro com o objetivo de enfrentar a luta para conseguir com tais iniciativas prêmios e glória. Sabemos ainda que nos teatros e nos anfiteatros os imperadores costumavam jogar no meio do povo frutas e pássaros com o objetivo explícito de causar brigas entre os que acorriam para apanhá-los.

O espaço central do anfiteatro, ainda que esteja cercado por dois teatros unidos, não por isso deverá ser feito com uma forma alongada, o que aconteceria se fizessem parte do edifício as fileiras de ambos os teatros, prolongadas; mas sim a linha que marca a sua largura estará em uma relação determinada com o comprimento do próprio espaço. Na Antiguidade, alguns arquitetos estabeleciam que a largura deveria ser igual a sete oitavos do comprimento; segundo outros, a relação devia ser de três para quatro. Os elementos restantes os executavam como faziam nos teatros: usava-se, um pórtico externo que se desenvolvia ao redor dele, e no alto dos escalões se colocava o pórtico que nós chamamos de circunvalação.

E passamos ao circo. Ele foi instituído — conta-se — à imitação do espaço celeste. Nele, de fato, se abrem doze portas de entrada, conforme as moradas do céu; e do número dos planetas decorre o costume de colocar nele sete marcos elevados; as pedras terminais são postas a oriente e ocidente, separadas por uma grande distância entre si, de modo que as bigas e as quadrigas possam competir correndo ao longo do espaço do circo, conforme fazem o sol e a lua através do zodíaco; e pelo número das horas se teria instaurado o uso de vinte e quatro pontos de partida. Igualmente se diz que os concorrentes se dividem em quatro grupos, cada um tendo vestimentas de uma cor diferente: verde para simbolizar a estação florescente da primavera, rosa para o ar abrasador do verão, branco para o pálido outono, preto para o inverno.

No circo, a superfície central não estava despojada como no anfiteatro, e também não estava ocupada pelo palco como no teatro; mas, na linha longitudinal que dividia em duas pistas, ou seja, em duas partes iguais, a largura desse espaço, nos pontos adequados se erguiam os marcos, que deviam ser superados pelos concorrentes, tanto pelos homens, quanto pelos animais. Os marcos principais eram três; o central era o mais importante de todos: tinha uma planta quadrada, muito alta e gradualmente mais fina; e logo por causa dessa sua característica era chamado de obelisco. Os outros dois marcos eram ou colossos ou cristas de pedra, com os rostros voltados para o alto, segundo as formas que os artistas lhes tinham dado com vistas a conferir-lhes beleza e graça. Nos espaços entre os três marcos se inseriam quatro colunas, ou marcos menores, duas de um lado e duas de outro.

Os historiadores contam que o Circo Máximo de Roma tinha três estádios de comprimento e um de largura. Atualmente essa construção está destruída e não é possível cogitar sequer a mínima suposição acerca das suas características originais. Todavia, da medida de outras obras similares me parece que os antigos costumavam fazer a área central do circo larga pelos menos sessenta cúbitos e comprida sete vezes a sua largura. A largura era dividida em duas partes iguais, traçando uma linha em direção longitudinal, ao longo da qual se colocavam os marcos da seguinte forma: o referido comprimento era dividido em sete partes. Uma delas era ocupada pelo espaço necessário ao retorno pelo qual os concorrentes da pista à direita entravam naquela à esquerda passando ao redor do último marco. Em seguida, distribuíam-se os outros marcos na mesma linha de forma tal que resultassem equidistantes e em direção longitudinal em relação ao circo, ocupando os cinco sétimos do comprimento total. Além disso, entre os marcos se colocava uma espécie de soco, alto pelo menos seis pés, separando dessa forma, de ambos os lados, dois espaços ou pistas; de tal modo que, no caso em que durante a competição alguns cavalos, tanto unidos como soltos, se desviassem da pista, não conseguiriam atravessar a linha divisória. Aos dois lados opostos do circo se colocavam os escalões, que ocupavam não mais que um quinto e não menos que um sexto da largura total da área central; e os degraus deles, como no anfiteatro, erguiam-se sobre um soco, para evitar que as feras se tornassem um perigo para os espectadores.

Entre as obras públicas, inserem-se também os lugares de passeio, onde os jovens se exercitavam nos arremessos, no salto e no uso das armas, e os anciãos recuperavam as forças passeando, ou indo de carroça se estavam enfermos.

"Ao ar livre — dizia Celso, o naturalista — se exercita o corpo melhor que em um lugar fechado". De qualquer forma, para que pudessem exercitar-se também em lugar coberto, acrescentavam-se uns pórticos que cercavam toda a área. Alguns pavimentavam a mesma área com mármores e com mosaicos, outros preferiam colocar áreas verdes e plantavam nelas murtas, zimbros, cedros e ciprestes.

Nessa obra havia, aos três lados, pórticos simples e muito amplos, tais que superavam em dois nonos a amplidão dos pórticos do foro. No quarto lado, voltado para o meio-dia, construía-se um pórtico muito espaçoso, e duplo. Na frente se erguiam colunas dóricas, cuja altura era igual à largura do pórtico. Acerca das colunas intermédias, que dividiam o pórtico externo do interno, mandava-se construí-las um quinto mais altas que as anteriores, devendo sustentar a cumeeira do telhado e possibilitar seus beirais. Exatamente por causa disso se faziam jônicas, desde que por sua própria natureza as colunas jônicas são mais altas que as dóricas. Não compreendo, no entanto, por qual razão nesses pórticos não era lícito construir o teto perfeitamente horizontal de ambos os lados já que resultaria muito agradável.

Em ambas as colunatas a grossura das colunas se determinava da seguinte forma: na ordem dórica, o diâmetro da secção inferior da coluna correspondia a quinze avos da altura da mesma, incluindo todo o capitel e a base. Na ordem jônica e na coríntia, dava-se à secção inferior da coluna uma largura igual a uma das oito partes e meia ocupadas pelo fuste inteiro da própria coluna. O resto dos elementos se determinava como nos templos. Ainda se acrescentavam, ao muro mais externo do pórtico, locais para as reuniões muito solenes, onde cidadãos e filósofos se entretinham, discutindo temas mais elevados. Esses locais eram de dois tipos: estivais e invernais. De fato, aqueles que estavam situados do lado em que soprava bóreas ou aquilão eram usados no verão, enquanto aqueles usados no inverno estavam abrigados dos ventos e amenizados por um sol resplandecente. Por essa razão, durante o inverno estavam cerrados por paredes inteiras; enquanto os estivais, exceto os muros aos dois lados que sustentavam o telhado, estavam direcionados para bóreas com umas janelas, ou, melhor ainda, com uma colunata, de maneira tal que se tivesse uma visão livre mais nítida do mar ou das montanhas ou de um lago ou de qualquer outra agradável paisagem, fruindo da máxima luminosidade. No pórtico à direita e naquele à esquerda do edifício acrescentavam-se outros locais para reuniões, protegidos ao redor das correntes de ar externas, em uma posição tal que recebessem o sol pela manhã e que à tarde penetrasse pelo espaço da superfície central. O desenho desses locais era de gêneros diferentes. Por vezes, de fato, configuravam-se como um semicírculo, outras vezes como um retângulo; em ambos os casos suas dimensões eram as adequadas, em consonância com aquelas do espaço central e do pórtico.

A largura do edifício inteiro era igual à metade de seu comprimento. Essa largura se dividia em oito partes, seis delas atribuídas ao espaço central descoberto, e uma para cada pórtico. Mas quando o local da reunião tinha a forma de um semicírculo, o seu diâmetro ocupava dois quintos da área central descoberta. O muro posterior do pórtico era acessível aos locais das reuniões mediante aberturas. A altura desses locais em semicírculo nas construções maiores era igual à largura, nas menores correspondia pelo menos aos cinco quartos da própria largura. Acima da cobertura do pórtico, em frente aos locais em semicírculo, erguiam-se os vãos das janelas, mediante os quais a luz do sol passava dentro do próprio semicírculo, de modo que o local fosse totalmente iluminado. Se, ao contrário, os referidos locais tivessem forma quadrangular, faziam-se largos o dobro do pórtico, e compridos também o dobro da própria largura. (Neste caso chamo de comprimento a dimensão alinhada ao longo do pórtico. Por consequência, para quem entrar no local sua longitude se estende da direita para a esquerda...)

Entre as obras públicas, encontra-se também o pórtico destinado a albergar as causas dos tribunais inferiores, que era construído da seguinte forma: a sua extensão dependia da importância da cidade e do lugar, e nunca era modesta. Ao pórtico eram unidas umas habitações contíguas entre si, em que se definiam as questões conforme o parecer dos juízes ali reunidos.

Os edifícios que mencionamos até agora são os que considerei "públicos" em maior medida, pois neles tinham acesso livre sem discriminação tanto os plebeus quanto os patrícios. Mas há também algumas obras públicas que estão abertas somente para os cidadãos mais notáveis e para aqueles que têm um cargo público: é o caso da sede dos comícios e da cúria ou sede do senado. Falaremos agora desses edifícios.

CAPÍTULO IX

Segundo Platão, os comícios deveriam acontecer em um templo. Em Roma, reservava-se aos comícios uma sede exclusiva. Em Ceráunia tinha sido implantado um bosque consagrado a Júpiter: aqui se reuniam os aqueus para discutir problemas de Estado. Em muitas outras cidades a consulta acontecia nos foros. Os romanos não podiam convocar o senado em um lugar que não fosse consagrado pelos augúrios, e se reuniam especialmente nos templos. Em seguida, construíram-se as cúrias, de que Varrão menciona dois tipos: uma em que os sacerdotes administravam os assuntos divinos, outra em que o senado discutia os assuntos temporais.

Não posso dizer com segurança quais eram as características de cada gênero, mas é lícito supor que um deveria assemelhar-se mais com o templo, e o outro com a basílica.

A cúria sacerdotal será então coberta com uma abóbada, e a cúria senatorial com vigamentos. Em ambas, os funcionários devem responder às perguntas e fazer discursos, por isso é importante cuidar da acústica. É importante então fazer com que a voz não se difunda a uma altura excessiva, e especialmente na cavidade da abóbada, para evitar que retumbe excessivamente no ouvido. A fim de embelezamento e, sobretudo, de funcionalidade, aplicar-se-ão cornijas aos muros. Observei nas obras da Antiguidade que as cúrias eram construídas com uma planta quadrangular.

Nas cúrias cobertas com abóbadas o muro tem uma altura igual à largura da frente do edifício, menos a sétima parte. Usa-se a abóbada de aresta. Em frente de quem entrar pela porta, apresenta-se a tribuna, cuja flecha mede a terça parte da corda. A largura do vão da porta ocupa um sétimo da parede à qual pertence. Na metade da altura do muro, aproximadamente, mais a oitava parte da referida metade, sobressairão as cornijas junto com o friso, a arquitrave e as colunas, cujo número era maior por obra de alguns ou menor por obra de outros, conforme as preferissem do tipo "apertado" ou "espaçado", construindo-as com os mesmos critérios usados para o pórtico dos templos.

Acima das cornijas, à direita e à esquerda, far-se-ão uns nichos no muro, em que se colocarão estátuas e objetos sacros. Na frente do edifício, na mesma altura nos nichos, abria-se uma janela no muro, sendo sua largura o dobro da altura, em que eram inseridas duas pequenas colunas, com a função de sustentar a arquitrave. Dessa forma, construir-se-á a cúria episcopal.

A cúria senatória deverá ser feita da seguinte forma: a largura da área será igual aos dois terços do comprimento; a altura, até a cobertura feita com vigamentos, será igual à largura da própria área mais uma quarta parte dela. Ao longo dos muros, aplicar-se-ão cornijas da seguinte forma. Dividir-se-á a altura da cobertura até a base em nove partes. Atribuir-se-á uma delas ao soco, tendo a função de pedestal ou de base, em que se erguerão as colunas. Esse soco terá a função de espaldar dos assentos. O resto do espaço acima se dividirá em sete partes. Quatro delas serão atribuídas inteiras à primeira ordem de colunas, acima da qual se colocará a segunda, provida de friso e de outros ornamentos. Tanto na primeira quanto na segunda ordem as colunas estarão providas de base, capitel, cornijas etc., como acontece nas basílicas. Seus entrecolúnios, tanto na parede à direita quanto naquela à esquerda, serão em número ímpar, de preferência cinco; seus espaços serão iguais. Nas frentes, os entrecolúnios deverão ser não mais que três, dos quais o central será a quarta parte mais largo que os outros. Dentro de cada espaço intermédio entre as colunas, ou melhor, entre os mútulos colocados acima das cornijas do meio, construir-se-ão as janelas, já que esse tipo de cúria deve estar muito iluminada; debaixo das janelas, colocar-se-ão parapeitos, como já dissemos acerca das basílicas. Os ornamentos das janelas, que elas têm na frente no alto do muro, não deverão superar a altura das colunas contíguas exceto o capitel. A altura do vão das janelas se dividirá em onze partes; sete delas serão atribuídas à largura.

No caso em que se prefira eliminar as colunas e, em lugar dos capitéis, colocar mútulos, para eles utilizar-se-á o mesmo desenho usado para as portas em estilo jônico: eles, no nosso caso, devem de fato ser pênseis, exatamente como lá, com a forma de orelhas. Executar-se-ão assim. A largura desses mútulos deverá ter a mesma largura que teria a colunata na parte superior da coluna, tirando a saliência do colarinho e do filete. A sua pendência será igual à altura que teria o capitel coríntio, tirando o ábaco. A saliência desse tipo de mútulo não deverá superar as terminações do friso.

Houve também, em muitos lugares, tanto por necessidade, quanto por mera diversão, coisas que estavam destinadas a albergar elementos ornamentais e a conferir maior dignidade à cidade. Contam que, próximo à academia, existiu uma vez um bosque consagrado aos deuses que Sila mandou em seguida cortar para construir uma paliçada para sitiar Atenas. Alexandre Severo mandou plantar um bosque nas proximidades de suas termas, e nas termas de Antonino mandou acrescentar umas belas piscinas. Os habitantes de Agrigento, após a vitória de Gelon contra os cartagineses, construíram uma piscina com sete estádios de comprimento e vinte cúbitos de profundidade, da qual se executou inclusive a entrada. Em Tivoli — conforme lembra [...] — havia uma famosa biblioteca pública. Em Atenas, Pisístrato foi o primeiro que pôs os livros à disposição de todos, os mesmos livros que Xerxes mandou transportar à Pérsia, até que foram devolvidos por Seleuco. No Egito, a dinastia dos Ptolomeus dispunha de uma biblioteca de setecentos mil volumes. De resto não há razão para ficarmos surpresos com as obras públicas. Parece-me que na biblioteca dos gordianos havia cerca de setenta e dois mil volumes. No território de Laodiceia, encontrava-se um templo consagrado a Nêmesis em que havia uma grande escola de medicina fundada por Zêuxis. Conta Apiano que em Cartago encontravam-se trezentos estábulos para elefantes, quatro mil estábulos para cavalos, portos em que cabiam duzentos navios, uma armaria, celeiros e armazéns em que se colocavam e guardavam as provisões para os exércitos. A Cidade do Sol, chamada de Tebas, tinha cem estábulos públicos tão grandes, dizem, que cada um podia conter duzentos cavalos. A ilha de Cízico, na Propôntida, tinha dois portos; no meio deles havia estaleiros em que cabiam duzentos navios. No Pireo, encontrava-se o famoso arsenal, obra de Filon, e um excelente porto de escala para quatrocentos navios. No porto de Siracusa, Dionísio mandou construir um estaleiro dividido em cento e sessenta edifícios, e em cada um havia dois navios; e um arsenal em que em poucos dias ele mandou colocar mais de cento e vinte mil escudos e uma quantidade incrível de espadas. Em Gitio, encontrava-se o estaleiro dos espartanos com mais que cento e sessenta estádios de comprimento. Obras desse gênero, então, sabemos que houve várias entre vários povos. Não tenho nada interessante a dizer acerca de como deveriam ser suas características, exceto que se devem seguir os critérios dos edifícios particulares no que diz respeito às questões mais práticas, enquanto os elementos destinados a acrescentarem sua magnificência e beleza devem ser retirados dos edifícios públicos.

Um ponto que não deve ser descuidado é o seguinte: o fato de que o principal ornamento das bibliotecas é constituído pelos livros, que devem ser muitos, assaz raros, e, sobretudo, preferindo os dos escritores mais sábios da Antiguidade. Os instrumentos matemáticos também serão uma boa ornamentação, entre outros os que se parecem com aquele que, segundo a tradição, foi construído por Possidônio: em que os sete planetas percorriam as suas órbitas; ou parecido com o de Aristarco, do qual se conta que sobre uma prancha de ferro teria traçado um desenho do mundo dividido em províncias com grande engenho. Com razão Tibério proveu as bibliotecas com retratos dos antigos poetas.

Parecem esgotados assim todos os aspectos que tinham a ver com a ornamentação das obras públicas. Falamos das obras sagradas, das obras profanas, dos templos, dos pórticos, das basílicas, dos monumentos, das estradas, dos portos, das pistas para correr, das cúrias, dos locais para reuniões, dos passeios e de outros ainda, tanto que nada mais resta, exceto as termas.

CAPÍTULO X

O uso das termas foi criticado por alguns, porque pensavam que debilitassem o corpo; outros, ao contrário, o aprovaram tanto que chegavam a tomar banho sete vezes por dia. Os nossos médicos da Antiguidade, para que as pessoas cuidassem do corpo com os banhos, mandaram construir muitas termas em Roma, com despesas colossais. Dentre outros, Heliogábalo mandou fazer termas em muitos e diversos lugares, mas quis se lavar somente uma vez em cada edifício, que mandava destruir logo em seguida, para não ter banhos já usados.

Não tenho ainda certeza absoluta se as termas foram obras de caráter público ou particular; com certeza, parece evidente, trata-se de uma mistura de um e de outro, já que há nelas muitos elementos pertencentes aos edifícios particulares, e muitos outros àqueles públicos. As construções termais, como exigem uma área muito vasta, deverão ser colocadas em áreas da cidade não muito povoadas, mas também não demasiadamente isoladas; elas, de fato, são frequentadas pelos cidadãos anciãos e pelas matronas para purificar seu corpo.

Os edifícios termais estão cercados por praças amplas, as quais, por sua vez, estão rodeadas por um muro bastante alto; e o acesso às praças é possível somente em determinados pontos oportunamente escolhidos. No meio, como se fosse o centro do edifício, encontra-se um átrio muito vasto e majestoso, recoberto por um teto e munido por quartos construídos como as capelas do templo por nós chamados de etrusco. A entrada nesse átrio acontece através de um vestíbulo principal, cuja fachada se apresenta voltada para o meio-dia; quem entra pelo vestíbulo está então voltado para o norte. Desse vestíbulo maior passa-se para outro vestíbulo mais estreito, ou melhor, para uma passagem que conduz ao referido grande átrio. Deste último, na direção do norte, apresenta-se aberta uma saída ampla voltada para uma grande área descoberta. Nas extremidades direita e esquerda dessa área está situado um pórtico muito amplo e espaçoso; adjacente a este, posteriormente, coloca-se um banheiro frio.

Voltamos agora ao átrio principal. Na sua extremidade direita, para o oriente, estende-se uma passagem coberta com uma abóbada, muito grande e ampla, sustentada por três quartos de cada lado, iguais entre si e em mútua correspondência. No final da referida passagem, encontra-se uma área descoberta — que chamaremos de *xystus* —, cercada por pórticos. Dentre estes últimos, aquele que se abre do lado oposto em relação à embocadura da passagem tem, logo atrás de si, um local bastante vasto para reuniões. Ao contrário, o pórtico dessa área, cuja frente está exposta ao sol do meio-dia, comunica-se com aquele mesmo banheiro que anteriormente chamamos de frio. Também o pórtico da vasta área descoberta comunica-se diretamente com um guarda-roupa. O pórtico que está, ao contrário, situado do lado oposto em relação ao anterior tem, logo atrás de si, o banheiro tépido, exposto ao sol do meio-dia mediante as janelas. Há, também, em lugares apropriados, nos cantos do pórtico do *xystus*, vestíbulos menores, para aqueles que entram e que saem do espaço externo que cerca o conjunto das termas. Tal é, por consequência, a série de elementos que se estendem à direita do átrio; em frente, na extremidade esquerda do átrio, a orientada para o ocidente, haverá uma série igual: uma passagem flanqueada por dois grupos iguais de três quartos, depois uma idêntica área descoberta (*xystus*) munida de pórticos, de um local para reuniões, de vestíbulos nos cantos.

Voltamos agora ao vestíbulo principal do inteiro conjunto, que está voltado para o meio-dia, como já dissemos. À sua direita, ao longo de uma linha direta para o oriente, sucedem-se três apartamentos, e também à esquerda, na direção do ocidente, em uma série contínua, outros três: uns para as mulheres, os outros para os homens. No primeiro apartamento, depunham-se as roupas, no segundo se ungiam com óleo, no terceiro se lavavam. Alguns acrescentaram, em sinal de magnificência, o quarto apartamento, tendo provavelmente a função de lugar de recepções para parentes e amigos vestidos. Nesses apartamentos termais entrava o sol do meio-dia através de janelas muito amplas.

Entre esses apartamentos e aqueles quartos que, conforme dissemos, são adjacentes aos lados das passagens internas que vão do átrio até a área com pórtico chamada de *xystus*, deixava-se um espaço descoberto, através do qual o lado meridional dos quartos internos, que flanqueavam a passagem procedente do átrio, pudesse receber a luz.

O inteiro conjunto de todas as dependências, como mencionado, estava cercado por praças muito vastas, tanto que consentiam as corridas das bigas. Não faltavam também, nos pontos oportunos, uns marcos que os concorrentes deviam superar. A praça meridional, que se estendia perante o vestíbulo, alargava-se em um espaço vasto, voltado para o meio-dia, com forma de semicírculo. A obra era dominada por escalões como no teatro; mais no alto ainda, erguia-se um muro, tendo a função de interceptar os ventos meridionais. Além disso, todas as praças mencionadas, à guisa de praça-forte, estavam fechadas de cada lado para o exterior mediante um muro contínuo ao longo do perímetro. Acrescentavam-se a essa cerca uns locais para reuniões, esplendidamente executados, com forma tanto de semicírculo quanto de quadrilátero, ao seu redor e orientados para o edifício principal. Nesses locais para reuniões, os cidadãos, a seu gosto, gozavam às vezes do sol, outras vezes, da sombra da manhã ou da tarde, conforme as diversas horas do dia. Além disso, sobretudo em direção ao norte, do lado externo desse grande muro, agregavam-se umas áreas descobertas, com uma razoável extensão, com forma alongada e delimitadas por uma linha levemente arqueada. Essas áreas estavam cercadas por um pórtico com a planta encurvada, com sua parte traseira fechada por um muro; dele podia-se observar somente um pedacinho de céu, ou seja, a porção da área descoberta que ficava entre o muro e o referido pórtico arqueado. Eram refúgios de verão; lá, de fato, por causa do espaço limitado e da altura dos muros, o sol conseguia entrar somente e com dificuldade no período do solstício de verão. Nos ângulos do recinto maior, colocavam-se vestíbulos e capelas, onde, conforme dizem alguns, as matronas, após terem-se purificado, bendiziam os deuses.

Esse era o conjunto de partes de que constavam as termas. O desenho dessas dependências se tomava em parte dos edifícios abordados anteriormente, em parte daqueles que abordaremos daqui a pouco, na medida em que se ajustem melhor com aqueles ou com estes, quer dizer, com os edifícios públicos ou com os particulares. A área da obra inteira, na grande maioria dos casos, media mais que cem mil pés quadrados.

Livro IX
O ornamento de edifícios privados

CAPÍTULO I

Lembre-se do fato de que os edifícios particulares podem estar na cidade ou no campo, e que, entre estes últimos, há uma diferença entre os que servem aos mais pobres e os que pertencem aos ricos. Nós falaremos dos ornamentos de todos esses edifícios, mas antes nos parece imprescindível cuidar de algumas noções importantes.

Sabemos que os homens mais sábios e ponderados da Antiguidade recomendavam muito, na praxe arquitetônica, assim como em geral na vida pública e particular, a moderação e a economia; e achavam que os cidadãos devessem eliminar ou controlar toda forma de luxo; e sabemos também que tentaram fazer isso tanto através de avisos quanto com leis, esforçando-se com vigor e com astúcia. Platão, por exemplo, louva aquelas pessoas que estabeleceram por lei aquilo que referimos em outro lugar, isto é, que não fosse lícito executar pinturas mais belas que aquelas pintadas pelos antepassados, que se encontravam no templo; ele proíbe ainda que se adorne este último com pinturas, exceto uma, feita por um único pintor e terminada em um único dia. Ele estabelecia ainda que as estátuas dos deuses fossem feitas exclusivamente com madeira ou com pedra, deixando o cobre e o ferro para usos bélicos, para os quais eram instrumentos adequados. Demóstenes elogiava mais os hábitos dos atenienses antigos que os dos atenienses contemporâneos: "De fato — dizia — eles nos deixaram os edifícios públicos, e, sobretudo, os templos, tão numerosos, tão esplêndidos e tão adornados, que não há a mínima possibilidade de superá-los; mas eles construíram os edifícios particulares com tanta parcimônia, que até as habitações dos homens mais importantes eram iguais àquelas dos cidadãos mais simples; é por isso que entre os homens, conseguiram fazer com que sua glória vencesse a inveja". Mas nem eles, para os espartanos, eram louváveis, no caso em que tivessem adornado a sua cidade mais com a obra dos artistas que com empreendimentos gloriosos. Consideravam-se, ao contrário, dignos de louvor por terem embelezado a cidade mais com seu valor que com as construções. Em Esparta, de fato, conforme uma lei de Licurgo, podiam-se fabricar os telhados somente com o machado, e as portas somente com a serra. Agesilau, quando viu na Ásia umas vigas esquadrejadas nas casas, sorriu, e perguntou se naqueles lugares, no caso em que as vigas tivessem nascido esquadrejadas, as teriam tornado redondas. Tinha razão; pois, conforme a antiga frugalidade espartana, ele acreditava que as casas particulares se devessem construir, sobretudo, para servir a necessidades práticas, não para serem elegantes e agradáveis. Os germanos na época de César evitavam construir edifícios demasiadamente bem definidos, especialmente no campo, por medo que isso causasse divergências entre os cidadãos por causa do desejo dos bens dos outros. Valério, que possuía em Roma, no Esquilino, uma casa em uma posição muito elevada, para não suscitar a inveja mandou destruí-la e reconstruiu na planície.

Aquelas sábias gerações seguiram essa moderação em suas atitudes, tanto na vida pública, quanto na privada, até quando isso foi possível, isto é, até quando existiram bons hábitos. Posteriormente, ao ampliar-se o Império, o luxo invadiu exageradamente o espírito de todos, exceto o de Otaviano — ele de fato não gostava de obras muito caras, tanto que mandou demolir até uma mansão demasiadamente suntuosa. O luxo, como estava dizendo, se difundiu tanto em Roma, que houve, entre outros, alguns membros da família dos Gordiani que construíram uma casa na via Prenestina provida de duzentas colunas todas do mesmo estilo e tamanho, das quais — lembra [. . .] — cinquenta eram *Numidicas*, cinquenta *Claudianas*, cinquenta *Simiadas* e cinquenta *Tisteas*. E se recorde aquilo que diz Lucrécio: "nas habitações se encontravam estátuas de ouro retratando jovens que com a mão esquerda sustentavam lâmpadas acesas, de modo que iluminavam os banquetes noturnos".

Fiz esses exemplos para reforçar uma afirmação que já mencionei anteriormente: é bom tudo aquilo que se regula em função da importância que lhe corresponde. E se for o caso, em minha opinião, é preferível faltar algum ornamento nas casas particulares dos ricos a haver um luxo censurado pelos mais humildes e mais comedidos por alguma razão. Por outro lado, desde que todos estamos de acordo que seja bom passar aos vindouros uma fama de prudentes e de poderosos — e por essa razão, dizia Tucídides, construímos grandes edifícios, para parecermos grandes aos olhos das gerações futuras; e já que costumamos adornar nossas casas, tanto para homenagear a pátria e a família quanto por magnificência — e ninguém pode negar que isso seja um dever de todo homem comedido —, estará certo sem dúvida aquele que procure conferir a maior dignidade às partes que estiverem mais em contato com o público, ou que mais possam resultar agradáveis aos hóspedes, como é o caso da fachada do edifício, do vestíbulo etc. E, enquanto considero desprezíveis aqueles que exageram, todavia penso que sejam mais condenáveis aqueles que, ainda que utilizem muitos recursos, não conseguem adornar as suas obras por causa de seu modo de construir, do que aqueles que resolvem gastar um pouco mais para seus ornamentos.

Uma coisa deve ser bem clara, a meu ver: quem quiser conhecer com exatidão em que consiste a verdadeira e concreta ornamentação dos edifícios, se dará perfeitamente conta de que se obtém não com grandes despesas, mas sim graças aos recursos da inteligência. Acredito que quem for inteligente não quererá diferir dos demais na hora de arrumar a sua casa; e procurará não suscitar nenhum tipo de inveja com o gasto e com a ostentação. Porém, por outro lado, quem tem um bom juízo não quererá ser superado por ninguém no que diz respeito ao cuidado da construção, à sabedoria e à perspicácia; fatores, estes, que ilustram admiravelmente a subdivisão e a harmonia do desenho, ou seja, o gênero de ornamento mais importante e essencial. Mas voltemos ao nosso discurso.

O palácio real e a casa de quem em uma cidade livre exerce um cargo senatorial — tanto pretor, quanto cônsul — devem ser as primeiras entre todas às quais se deve conferir maior magnificência. Nesta obra, já falamos, no que diz respeito às áreas de acesso público, como se executa a ornamentação. E começaremos agora a abordar os ornamentos próprios das áreas destinadas exclusivamente ao uso privado. O vestíbulo, em minha opinião, deve apresentar-se sumamente digno e esplêndido, em função da categoria de cada um. Vindo em continuação também um pórtico muito iluminado; e não deverão faltar magníficos espaços abertos. Os outros elementos, em suma, imitarão aqueles dos edifícios públicos, à medida que as circunstâncias permitam, no que contribua ao decoro e à dignidade; levando em conta um princípio adicional, que é a medida, de modo que é absolutamente preferível buscar a beleza a perseguir algum tipo de ostentação. Por essa razão, assim como no livro anterior, no caso das obras públicas, os edifícios profanos devem ser inferiores, na medida certa, àqueles sacros no que diz respeito ao decoro, e, da mesma forma, no nosso caso, as construções privadas consentirão de bom grado serem superadas por aquelas públicas no que se refere à elegância e à profusão dos ornamentos. Não reclamarão para si portas de bronze ou de marfim, coisa a que Camillo considerava como um delito; não haverá também tetos com painéis repletos de ouro e cristais brilhantes; não refulgirá tudo com o mármore de Himeto ou de Paro — tais são, de fato, os elementos que pertencem aos templos; pelo contrário, se usarão com elegância materiais modestos, e modestamente os materiais refinados. Será oportuno limitar-se o uso de madeira de ciprestes, de lárix, de buxo; nos revestimentos se usará gesso, e se revestirão as paredes com os tipos de afrescos mais simples; se executarão as cornijas com mármore de carrara, ou, melhor, com o travertino.

Não se devem, todavia, desprezar todos esses notáveis elementos decorativos; mas sim usá-los com parcimônia e colocá-los nos locais mais dignos, como se fossem as joias de uma coroa. Se é conveniente resumir o assunto inteiro em pouquíssimas palavras, o faremos da seguinte forma: os edifícios religiosos devem ser acabados de tal modo que não falte nada que contribua à sua majestade, admiração, beleza; os edifícios privados, ao contrário, devem ser feitos de maneira tal que não resulte possível tirar nada, porque tudo está unido a um insigne decoro. No caso dos edifícios restantes, como são as obras públicas civis, acredito que se devam manter em uma posição intermediária entre as duas referidas.

Por conseguinte, na hora de adornar os edifícios privados deve-se ter um severo senso de limite; ainda que na maior parte dos casos se adote uma atitude mais flexível. As colunas, por exemplo, se por acaso são, em seu conjunto, mais finas, ou a entese está mais pronunciada ou estão menores do que permite a normativa dos edifícios públicos, não se considerará que se tenha produzido um defeito nem será objeto de censura, desde que não contenha nenhum tipo de deformação ou de imperfeição. Aliás, afastar-se um pouco da severidade e da vigilante normativa do desenho, coisa que não é permitida nas obras públicas, nestas outras às vezes contribui para seu encanto. E que belo efeito produzia o que costumavam fazer os artistas sumamente finos: colocavam na entrada do triclínio, nas laterais da porta, grandes estátuas de escravos sustentando o coroamento com a cabeça; e colocavam, sobretudo nos pórticos dos jardins, colunas que se assemelham com troncos de árvores com os nós cortados, ou com feixes atados por uma correia, ou outras ainda torcidas, ou espalmadas, ou com relevos de ramos, ou cobertas por passarinhos, ou de... Também, querendo tornar a obra muito sólida, utilizavam um tipo de coluna com planta quadrada, da qual sobressaíam, de ambos os lados, duas meias-colunas redondas. Além disso, à guisa de capitéis, colocavam cestos cheios de uva e de frutas, ou uma palma com os galhos florescidos em sua parte superior, ou um emaranhamento de cobras entrelaçadas de maneiras diversas, ou águias batendo as asas, ou cabeças de Górgonas com serpentes lutando entre si, e outros exemplos semelhantes que seria prolixo listar.

Ao fazer isso, todavia, o artista deverá respeitar o máximo possível o quanto foi projetado para as várias partes, prosseguindo ordenadamente com as medidas de linhas e ângulos, de forma que dê a impressão de que não quis romper a adequada harmonia das partes da obra, mas quase enganar os espectadores por meio de uma brincadeira estética ou, melhor, agradá-los com o encanto de seus prazerosos achados. E, desde que triclínios, corredores e salas para recepções podem ser públicas ou fechadas e reservadas, no primeiro caso estará ao serviço do esplendor próprio do foro [...], uma suntuosidade nada molesta porque é visível para todos; enquanto no segundo caso, ou seja, nos locais mais secretos, será lícito satisfazer os seus caprichos segundo o próprio gosto.

CAPÍTULO II

Por outro lado, posto que umas casas são de cidade e outras não, passamos a considerar que tipo de ornamentação convém a cada uma. Entre a casa de cidade e a de campo, além do que dissemos nos livros anteriores, existe a seguinte diferença: os ornamentos das casas de cidade devem dar uma sensação de seriedade muito maior que as de campo, enquanto que a estas últimas lhes são permitidos todos os atrativos da alegria e do deleite campestre. Há ainda outra diferença: nas casas de cidade é preciso regular muitos elementos levando em conta a conformação dos edifícios limítrofes, enquanto que na casa de campo executamos tudo com maior liberdade. Deve-se fazer com que o soco não seja muito mais alto do que o requeira a coerência com o edifício vizinho. Além disso, o tamanho dos pórticos será limitado em função da conformação dos muros limítrofes. Em Roma, a espessura e a altura dos muros não se determinavam conforme o arbítrio de cada um: de fato, uma antiga lei proibia construí-los mais altos que um pé e meio; proibiu também Júlio César, ante o perigo de desmoronamentos, que nenhum muro na cidade pudesse elevar-se acima do primeiro andar. Ao contrário, a casa de campo não está sujeita a essas restrições. Na Babilônia, [...], se considerava digno de elogio morar em uma casa de quatro pisos. Em um discurso comemorativo em louvor a Roma, o orador Hélio Aristides assegurava perante uma assembleia que era coisa maravilhosa que os romanos tivessem sobreposto casas muito grandes a outras também muito grandes. Afirmação aduladora; porém essa pessoa exaltava mais a grande quantidade de habitantes que o método construtivo. Dizem que Tiro superou Roma em relação à altura das casas, e que por essa razão pouco faltou em uma ocasião para que se arruinasse toda por causa dos terremotos.

Contribuirá, sobretudo, à funcionalidade e à beleza dos edifícios se não for preciso subir e descer mais que o necessário. E estão certos aqueles que asseguram que as escadas são elementos perturbadores dos edifícios: observo que os antigos tomaram suas precauções contra os obstáculos que elas causavam. Na casa de campo, ao contrário, não existe nenhuma necessidade de sobrepor uma construção sobre a outra, já que a maior dimensão do terreno possibilita o espaço suficiente para que as diversas dependências sejam dispostas no mesmo nível, integrando-se. O mesmo critério é o mais recomendado para a cidade, se for possível.

Há um certo tipo de edifício privado que requer ao mesmo tempo o decoro das moradias urbanas e o caráter agradável da casa de campo. Não nos detivemos muito sobre este assunto nos livros anteriores para abordá-lo neste ponto. Trata-se dos jardins suburbanos, cuja importância considero não se deva menosprezar absolutamente. Contribuirá, de fato, à brevidade, com a qual me preocupo muito, pois explicaremos de uma vez o que tem a ver com cada um dos tipos citados. Porém, antes devo referir-me a alguns conceitos básicos acerca dos jardins.

Os ditados existentes entre os antigos: "Quem comprou uma propriedade, venda a sua casa de cidade", "Quem cuida dos afazeres da cidade, não precisa das atividades agrícolas", provavelmente querem dizer que o jardim deve ser feito da forma mais conveniente. Devemos desfrutar — dizem os médicos — de um ar o mais livre e puro possível; e isto — não o nego — pode se conseguir colocando a vila em uma posição elevada e isolada. Por outro lado, as exigências dos assuntos mundanos e dos deveres civis obrigam o chefe de família a se apresentar com muita frequência no foro, na cúria e nos templos. Para fazer frente facilmente a estes compromissos se requer uma casa de cidade. Porém, aquela é imprópria ao trabalho, esta à saúde. Os generais têm o costume de mudar a localização do acampamento, para evitar que os maus cheiros resultem excessivamente molestos; agora, o que se pode pensar que acontece em uma cidade onde em cada canto estão amontoadas as imundícies ao ar livre por tempo indeterminado? Levando isso em conta, chegaremos à conclusão de que, de todas as construções que se levam a cabo para o uso prático, a principal e a mais saudável de todas é o jardim, que não impeça as atividades próprias da cidade e que esteja livre de todas as impurezas.

Buscava Cícero, através de Ático, uns jardins em um lugar frequentado para comprá-los. Porém, em minha opinião, não devem ser tão frequentados ao ponto que resulte impossível estar na porta sem a toga. Deveriam reunir aquela conhecida comodidade de que se vangloriava [...], personagem de uma obra de Terêncio: "Que eu nunca fique totalmente satisfeito tanto na cidade, quanto no campo". Elegantes as palavras de Marcial: "A quem me pergunta o que faço quando estou no campo, respondo brevemente: tomo café, bebo, canto, brinco, tomo banho, almoço, descanso; depois leio, invoco a Febo e perturbo a Musa".[50]

[50] O epigrama é falsamente atribuído a Marcial, mas se encontra na *Antologia latina*.

E são convenientes a absoluta proximidade com a cidade e uma posição afastada e facilmente acessível, em um lugar onde se possa fazer o que quiser. A presença de uma cidade vizinha, uma estrada trafegada e uma região agradável fazem com que o lugar se torne frequentado. Causará deleite a construção que, nestas condições, se apresentar inteiramente aos olhos daqueles que saem da cidade em todo seu esplendor, como se fosse capaz de inspirar, naqueles que vão visitá-la, prazer e desejo. Por essa razão, deve estar em uma posição ligeiramente realçada; e o caminho de acesso ao lugar em questão deve elevar-se, em minha opinião, com uma leve inclinação, de modo que engane os que passam por lá, até quando se deem conta de terem percorrido uma subida pelo fato de contemplar os campos ao redor de um lugar mais alto. Não faltarão, tanto por motivos estéticos quanto por causa da funcionalidade, prados, espaços floridos ao redor, campos ensolarados, bosques sombreados e frescos, fontes e riachos muito límpidos, espelhos d'água nos quais se molhar, e outras coisas ainda, mencionadas anteriormente acerca das casas de campo.

Além disso, o inteiro aspecto da casa e sua forma de apresentar-se, elemento que contribui sempre para conferir beleza a qualquer edifício, devem ser, sempre, em minha opinião, absolutamente luminosos em todas as partes e perfeitamente visíveis. Exposta a um céu límpido e prazeroso, deverá receber uma grande quantidade de luz, de sol, de ar saudável. Não deve haver à vista absolutamente nada que provoque incômodo espalhando uma sombra melancólica. Tudo deve apresentar um aspecto risonho e de festa quando um hóspede chegar. Aqueles que entram na casa devem ficar com a dúvida de preferir permanecer ali onde estão, devido ao prazer que experimentam, ou de se encaminhar ao interior, por cuja alegria e esplendor se sentem atraídos. Assim, de uma área quadrilátera se passará para uma circular, desta novamente para uma poligonal, e desta última para outra nem completamente circular nem toda limitada por linhas retas. Uma vez chegando dentro da casa, não deverá haver necessidade de descer degraus; pelo contrário, se terá acesso ao quarto mais recôndito ou mediante um percurso plano ou por meio de uma passagem discreta.

CAPÍTULO III

Porém, posto que existem grandes diferenças entre as partes dos edifícios na natureza e no aspecto, creio que devemos considerar tudo aquilo que em outra ocasião deixamos para este ponto. De fato, há partes que, indiferentemente, podem ser feitas circulares ou quadradas, contanto que se adaptem de forma adequada à sua função. Porém, é muito importante a determinação de seu tamanho e disposição. Alguns deles devem, de fato, ser feitos mais amplos, como é o caso do "coração da casa"; outros necessitam de uma superfície menor, como a sala de estar e todas as partes internas da casa; outros se encontram em uma situação intermediária, como a sala de jantar e o vestíbulo. Em outro lugar já dissemos qual é a disposição adequada para cada parte da casa. Não há muito a se dizer acerca das diferenças entre elas na forma da área, desde que muda conforme os diferentes hábitos de vida dos vários lugares.

Os antigos uniam à casa um pórtico ou um lugar de reunião, ambos os elementos nem sempre tinham a planta poligonal, mas linhas curvas à maneira dos teatros. Ao pórtico se acrescentava um vestíbulo quase sempre com planta circular; continuando havia uma passagem para o "coração da casa", e para outras partes que já foram mencionadas, cujo desenho seria muito demorado descrever. Aqui eu me limitarei somente ao que nos interessa.

Se a área for circular, se tomarão as medidas a partir do desenho dos templos; com uma diferença, a saber, que a altura das paredes será maior que a dos templos. Se for de planta quadrangular, nesse caso as diferenças estarão naqueles elementos dos quais falamos ao tratar dos edifícios religiosos e dos edifícios públicos civis; também terão, não obstante, alguns pontos em comum com o senado e com a cúria. Em virtude de um tradicional costume muito comum entre nossos antepassados, a largura do átrio deverá ser igual a dois terços do seu comprimento, ou este será igual a cinco terços da largura, ou ainda se dará ao seu comprimento sete quintos da largura. Parece que os antigos, no que diz respeito a cada uma dessas partes, estabeleceram que a altura das paredes deveria ser igual a quatro terços do comprimento da área. Nós, por nossa parte, a partir das medidas efetuadas nas obras, chegamos à seguinte conclusão, a saber, que as áreas quadriláteras requerem uma altura de parede diferente conforme sejam abobadadas ou com arquitraves; além do mais, se deve proceder de uma maneira nos edifícios maiores e de outra nos menores. Não existe em ambos, de fato, a mesma proporção nas distâncias entre o centro dos raios visuais e a altura máxima visível. Porém, disso falaremos em outro momento.

O tamanho das áreas se determina em função da cobertura, e o da cobertura em função do comprimento das vigas que se necessita para construí-la. Uma cobertura se definirá média quando para sustentá-la sejam suficientes árvores e madeiramento de tamanho médio.

E, exceto aquelas que mencionamos, há outras bem proporcionadas medidas e correspondências de linhas, que tentaremos descrever em poucas palavras e com absoluta clareza, da seguinte forma: se o comprimento da superfície for o dobro da largura, então, nas construções com vigamentos, a altura da parede será igual à largura da área, e se acrescentará ainda a metade dessa medida; enquanto nas abobadadas se acrescentará à parede a terça parte da largura. Isto no que diz respeito às construções de tamanho médio.

Nos edifícios maiores, ao contrário, se forem abobadados, a altura do topo até a base será igual a cinco quartos da largura, enquanto que nos de cobertura com vigas será de sete quintos. Porém se, o comprimento da superfície é três vezes a largura, então, no caso daqueles com vigamentos, a altura superará a largura em três quartos; se for abobadado, se terá uma altura igual a uma vez e meia a largura. E se o comprimento é quatro vezes a largura, nos edifícios de cobertura com vigamentos sua altura será igual à metade do comprimento, enquanto que nos abobadados se dividirá sua largura em quatro partes iguais, à altura corresponderão sete destas partes. Se o comprimento for cinco vezes a largura, a altura se fará como no caso anterior, acrescentando-se uma sexta parte da própria altura. E se o comprimento for seis vezes a largura, a altura será a mesma que no último caso, acrescentando-se um quinto da largura, ao invés de um sexto. Se a área for quadrada, a altura das construções abobadadas será tão grande quanto no caso em que o comprimento era três vezes a largura, enquanto que nas construções com vigamentos não será maior.

Em áreas ainda maiores será permitido rebaixar a altura, até fazer com que a largura seja uma quarta parte maior que a altura. Nas superfícies em que o comprimento supere em um nono a largura, far-se-á de modo que a altura por sua vez seja superada pela largura na mesma proporção; e isso vale somente para as construções cobertas por vigamentos. Quando o comprimento é igual a quatro terços da largura, no caso das construções de cobertura com vigamentos se dará à parede uma altura igual ao total da largura mais uma sexta parte dessa dimensão; se a cobertura for abobadada, aumenta-se a medida de modo que seja igual à largura, mais a sexta parte do comprimento.

Quando o comprimento é igual a três meios da largura, então a altura será uma sétima parte maior que a largura nas construções com vigamentos; naquelas abobadadas se acrescentará a esta última uma sétima parte do comprimento da área. Finalmente, se estas dimensões forem conjugadas de tal modo que exista entre elas uma proporção de cinco a sete, ou de três a cinco etc. conforme requer o terreno, ou a necessidade de variar as dimensões ou o tipo de ornamentação, nesse caso se somam as duas dimensões, e se dará à altura a metade do total.

Aqui se torna necessário especificar que o comprimento dos átrios não deve ser nunca superior ao dobro de sua largura; e nem o comprimento das salas de estar deve superar em um terço a largura. Aos pórticos lhes correspondem um comprimento três, quatro, ou mais vezes superior à largura, com a condição de que não supere seis vezes esta medida.

Nas paredes haverá dois tipos de aberturas: as janelas e as portas. Se uma janela se abre na parede correspondente à largura, que é por sua natureza mais curta que o comprimento da área, então não haverá mais que uma. E esta terá uma forma tal que sua largura será menor que sua altura, ou, ao contrário, sua largura será superior à sua altura, um tipo de janela que recebe o nome de "deitada". No caso em que a largura seja reduzida, como nas portas, o vão da abertura será feito não mais largo que um terço nem menos que um quarto da parede interna inteira; além disso, a linha de base da própria abertura deverá distar do pavimento, no máximo, quatro nonos da altura total, e, no mínimo, dois nonos da mesma. O comprimento da abertura será igual a três meios da largura; isto, obviamente, se nessa abertura se quiser a largura menor que a altura.

Porém, se, ao contrário, a abertura é mais larga da direita para a esquerda, e mais estreita de baixo para cima, então se destinará à largura da abertura não menos que a metade da medida correspondente a toda a parede, nem mais que dois terços dessa medida. Assim, neste tipo de janela a altura será igual à metade da largura, ou a dois terços dela; porém se inserirão duas pequenas colunas para sustentar o dintel.

Mas, se, ao contrário, as janelas se abrem na parede mais ampla, então devem ser mais que uma e em número ímpar. Observo que nossos antepassados preferiram o número três. A linha que corre longitudinalmente ao longo de toda a parede se dividirá em um máximo de sete partes e um mínimo de cinco, três das quais se tomarão em consideração e se distribuirão uma para cada janela. A altura de cada abertura, por sua vez, será de sete quartos e nove quintos da largura. Se, ainda, se quiser construir um número maior de janelas, então, posto que esse tipo de construção compartilha as características do pórtico, suas medidas se tomarão daquele, especialmente dos pórticos do teatro, medidas que mencionamos em outro momento.

Os vãos das portas se farão como dissemos que se faziam os do senado e os da cúria.

Adornar-se-ão as janelas conforme a ordem coríntia, a porta principal segundo a jônica, as portas das salas de jantar, dos apartamentos etc., segundo a dórica.

Isso basta, no que diz respeito ao tema que nos ocupa, sobre o desenho.

CAPÍTULO IV

Não se pode descuidar de alguns elementos ornamentais que se podem aplicar aos edifícios privados. Os antigos pintavam sobre o piso dos pórticos labirintos quadrados e redondos, para que neles as crianças pudessem se exercitar. Vimos superfícies pintadas com trepadeiras de ramificações ondulantes em grandes áreas.

Alguns ainda, como se pode constatar, mediante um mosaico marmóreo representavam tapetes estendidos nos quartos; outros salpicavam os pisos com grinaldas e pequenos ramos. Foi celebrado o achado daquele poderoso que em Pérgamo fez um piso em que apareciam representados os restos espalhados de uma refeição: ideia absolutamente apropriada para uma sala de jantar, na verdade. Muito oportuna foi a moderação de Agripa, a meu ver, ao realizar uma pavimentação com cacos de argila.

Odeio a suntuosidade; gozo da beleza e do bom gosto das obras que são fruto da inteligência. No revestimento das paredes não há nenhuma representação pictórica mais agradável e vistosa que aquela que representa colunatas de pedras. O imperador Tito mandou decorar o pórtico em que costumava passar com incrustações de pedras polidas da Fenícia, em cuja superfície refulgente parecia refletir-se tudo como em um espelho. O imperador Antonino Caracala fez pintar em um pórtico os empreendimentos e os triunfos de seu pai; a mesma coisa fez Severo. Agátocles não fez representar os empreendimentos paternos, mas os próprios. Entre os persas, em virtude de uma antiga lei, não era permitido pintar ou esculpir outro tema além das carnificinas das feras feitas pelos seus soberanos. Sem dúvida, é muito apropriado mandar pintar ou representar em relevo, tanto nos pórticos quanto nos triclínios, os retratos e os empreendimentos valiosos e memoráveis dos próprios concidadãos. Caio César, por exemplo, mandou colocar no seu pórtico as estátuas daqueles que tinham ampliado os limites do Estado, entre a entusiástica aprovação geral. Eu também aprovo tudo isso; mas preferiria que as paredes não fossem cheias de imagens ou relevos, ou ocupadas totalmente por representações de acontecimentos. É um fenômeno que se pode observar nas pedras preciosas, e especialmente nas pérolas: se forem amontoadas todas juntas, resultam desagradáveis. Por essa razão, acredito, deve haver nas paredes, distribuídas nos lugares apropriados, umas cornijas de pedra sobre as quais se possa colocar estátuas e quadros, como aquelas que levara Pompeu em ocasião de seu desfile triunfal, em que se contemplavam as representações pictóricas de seus próprios feitos memoráveis e gloriosos realizados por mar e por terra. Melhor ainda, se poderiam retratar as lendas criadas pelos poetas para melhorar os costumes, como aquela famosa de Dédalo que pintou o voo de Ícaro nas portas do templo de Cuma.

Ora, a temática da pintura, assim como a da poesia, é variada: os empreendimentos memoráveis dos grandes monarcas, os costumes simples dos cidadãos, a vida dos camponeses; o primeiro destes três gêneros, aquele que possui maior dignidade, usar-se-á nos edifícios públicos e nas casas das personagens mais notáveis; o segundo se aplicará como ornamento das paredes das casas privadas; o último será mais conveniente aos jardins, pois é o mais prazeroso dentre todos. O que mais nos alegra o espírito é a contemplação das pinturas em que figuram lugares agradáveis, portos, pesqueiros, áreas para a caça, espelhos d'água, jogos campestres, paisagens exuberantes de flores e vegetação. Convém lembrar aqui o caso tão conhecido de Otaviano, que mandava colocar ossos de animais enormes e nunca vistos para adornar seus aposentos.

Nas paredes de grutas e cavernas os antigos costumavam aplicar um revestimento intencionalmente rugoso feito de cacos de pedra-pomes ou espuma de travertino, aquela que Ovídio chama de pomes viva. E observamos também que alguns introduziam nelas um pouco de ocra verde, para imitar o musgo da gruta. Muito nos agradou o que observamos em uma caverna: uma fonte de água jorrava mediante um revestimento formado por diferentes conchas e ostras marinhas, algumas viradas, outras com o dorso para cima, agrupadas buscando uma variedade cromática de uma forma absolutamente preciosa.

Nos ambientes em que o homem se entretém com a esposa recomendam pintar somente formas humanas muito nobres e lindíssimas: isso, dizem, contribui muito para um bom parto e para a beleza da futura prole. Para quem estiver com febre é muito útil ter perante os olhos pinturas retratando fontes e riachos. Pode-se fazer o seguinte experimento: se porventura durante a noite ficarmos sem sono na cama, tentemos recordar as águas puríssimas de alguma fonte, de um curso de água ou de um lago que vimos uma vez; logo se umedece o calor próprio da vigília e se insinua novamente a sonolência e finalmente, tranquilamente, adormecemos.

Haverá também jardins com plantas esplêndidas e no jardim um pórtico em que se possa gozar tanto do sol, quanto da sombra. Haverá também um espaço agradabilíssimo, em que, de diversas direções, jorrarão inesperadamente pequenos cursos de água. Os caminhos serão determinados pela posição das plantas do tipo perene. Em um lado protegido se plantará um arbusto de buxo; este, de fato, se for exposto a céu aberto, ao vento, e principalmente aos borrifos do mar, sofre e murcha. Por outro lado, há quem coloque murta em um lugar ensolarado, porque dizem que no verão goza do calor. Teofrasto, ao contrário, sustenta que a murta, o louro e a hera são plantas de sombra; e, por essa razão, ele aconselha plantá-las a uma breve distância, de modo que a sombra que se dão mutuamente as defenda do calor solar. E não deverão faltar ciprestes cobertos por hera. Traçar-se-ão círculos, semicírculos e outras figuras geométricas para as áreas dos edifícios com o louro, o cedro, o zimbro, com galhos retorcidos e reciprocamente entrelaçados. Fiteone de Agrigento tinha na sua casa trezentos vasos de pedra, cada um deles com uma capacidade de cem ânforas. Esses tipos de vasos se colocam em frente às fontes, nos jardins, com a função de ornamentação. No que diz respeito à vidreira, os antigos a colocavam sobre colunas de mármore, de modo que recobrisse as alamedas do jardim. A grossura dessas colunas era igual a um décimo de sua altura; a ordem usada era a coríntia. As fileiras de árvores se colocam em linha, a igual distância entre si e com os ângulos em correspondência, isto é, ao longo de alinhamentos diagonais de modo a formar uma rede com estrutura romboidal. Faremos com que o jardim fique verde com ervas raras, e com aquelas que possuem propriedades medicinais. Agrada-me o antigo hábito de festejar os patrões compondo seu nome na área do jardim com arbustos de buxo ou com plantas perfumadas. Compor-se-ão arbustos usando a rosa, entrelaçada com a aveleira e a romeira. Diz o poeta: "os arbustos produzam cornÍolas e ameixas; carvalhos e azinheiras deem ao gado muita comida e muita sombra ao patrão". Mas medidas desse tipo são talvez mais adequadas para propriedades com árvores frutíferas que para um jardim. Não acreditamos no ditado que a tradição atribui a Demócrito: "É pouco sábio quem cerca o jardim com pedras ou com um muro de pedra". Não acreditamos no ditado pois é preciso precaver-se contra o vandalismo. Não reprovaremos o costume de colocar nos jardins estátuas curiosas, desde que não sejam obscenas. Estas deverão ser as características dos jardins.

A casa de cidade nas suas partes internas — salas de estar e de jantar — não deverá ser inferior, no que diz respeito à alegria, às mansões com jardins; mas, nas partes externas, como, por exemplo, no pórtico e no vestíbulo, a alegria não deverá levar a um descuido excessivo da solenidade. Além disso, o pórtico nas habitações dos cidadãos mais influentes convém que seja feito com arquitraves; com o arco, ao contrário, far-se-ão as habitações dos cidadãos de nível médio; em ambos os casos, a cobertura preferível é a abobadada. O ornamento constituído pela arquitrave e pelas cornijas que se coloca sobre as colunas deverá ocupar a quarta parte da altura da colunata. Se se sobrepõem duas ordens de colunas, a última deverá ser uma quarta parte mais baixa que a primeira. Se se sobrepõe uma terceira ordem, ela se fará uma quinta parte mais baixa que a segunda. Em cada uma dessas ordens os dados e os plintos situados sob as colunas terão uma altura igual à quarta parte das respectivas colunas. No caso em que se opte por uma única ordem de colunas, dever-se-ão seguir os critérios usados para a construção dos edifícios públicos profanos.

Nas habitações privadas, em nenhuma hipótese o tímpano se fará de maneira que se aproxime à solenidade do templo. O vestíbulo todavia será embelezado por uma fachada com relevos e também por um tímpano decoroso. A parte restante do muro, de ambos os lados, será dominada por uma cornija não muito alta. Sobretudo se nos ângulos principais do edifício essa cornija for um pouco mais alta, o efeito será elegante. Não aprovo a mania que alguns têm de colocar ameias e pináculos nas habitações privadas: coisas que condizem mais às fortalezas, e especialmente àquelas dos tiranos, e por isso bem longe dos usos de um Estado bem ordenado e de uma cidadania pacífica, porque implica uma atitude de temor e de prepotência. Será uma coisa agradável construir varandas nas fachadas das casas, se não forem demasiadamente suntuosas, ou feias.

CAPÍTULO V

Venho agora ao que prometemos que iríamos abordar, de que elementos consta cada um dos tipos de beleza e de ornamentação, ou, melhor, que elementos têm a origem de sua expressão em cada tipo de beleza. Uma tarefa sem dúvida difícil; de fato, algo único que, seja como for, deve ser obtido e expresso a partir da sua totalidade e da natureza das partes que o integram, que deve ser destinado a cada uma das referidas partes conforme um critério determinado e igual, que deve executar-se de forma que reúna, em um complexo ou organismo somente, numerosos elementos e os contenha em adequada estabilidade, ordem e harmonia, algo muito similar de fato ao que estamos aqui buscando; certamente deverá conter em si o valor e, digamos assim, a essência de todos aqueles elementos a que está vinculado e com os quais se compenetra; caso contrário, discordariam entre si até seu desaparecimento. Este processo de investigação e de seleção, que por si só não resulta nada evidente nem é de fácil execução, sobretudo nos temas que vamos abordar, é o mais incerto e intricado de tudo: tantas são as partes constituintes da arquitetura, e tão variados os elementos ornamentais, que cada uma das suas partes, como vimos, exige atenção. Porém nós, por nossa parte, persistiremos, na medida das forças de que dispomos, na abordagem do tema a que nos propusemos, sem voltar a repetir aquilo de que já falamos, ou seja, de que modo se obtém um conhecimento seguro do conjunto a partir das partes que o compõem, mas sim começaremos a abordar um tema útil neste caso: qual seja a causa que, por sua natureza, origina a beleza.

Os melhores autores da Antiguidade nos ensinam, e nós já dissemos em outro lugar, que o edifício é como o corpo de um animal, e que para delimitá-lo temos que seguir o proceder da natureza. Então, investiguemos o que há nos corpos criados pela natureza que fazem com que uns sejam considerados particularmente mais bonitos, outros menos belos ou inclusive feios. É evidente que, daqueles que podem ser incluídos entre os belos, não possuem todos eles uma natureza tal que não exista absolutamente nenhuma diferença entre si; mas, ao contrário, inclusive por aquilo que especialmente não coincide em serem iguais, percebemos que existe uma característica intrínseca em virtude da qual o que é diametralmente distinto admitimos que, não obstante tudo, é as vezes igualmente gracioso. Por exemplo: a alguém pode agradar-lhe uma moça terna e delicada; ao contrário, o conhecido personagem teatral privilegiava a [...] entre todas, pelo fato de que era mais gorda e estava cheia de vitalidade. A ti, talvez, agrade mais um corpo de mulher cuja magreza não se pareça com aquela dos doentes, nem tenha o tamanho da musculatura dos boxeadores toscos, mas sim seja algo intermediário entre os dois tipos, sem que se percam as vantagens de cada um. De qualquer forma, o fato de que se possa preferir um ou outro tipo não significa em absoluto que se classifiquem todas as outras como sem graça ou desagradáveis; isso indica, ao contrário, que a preferência foi originada pela presença de alguma coisa, sobre cujas características não indagaremos.

A capacidade de juízo sobre a beleza se deve procurar não na opinião pessoal, mas sim em um certo critério inato ao intelecto. Ele se evidencia de tal forma que não há ninguém que, ao ver algo feio, disforme, desagradável, não sinta desgosto e repulsa. Agora, de onde surge e provém essa sensibilidade do espírito, tampouco me proponho a averiguá-lo exaustivamente; porém, nos limitaremos a examinar, entre os elementos que se apresentam, os que possam se tornar úteis ao caso que nos interessa. Há, de fato, na conformação e no aspecto dos edifícios uma perfeição que se destaca por natureza, que estimula o espírito e se percebe imediatamente. Estou plenamente convencido de que a forma, o decoro, a beleza etc. se eliminados ou reduzidos, se deteriorariam e desapareceriam. Se se aceita isso, não resultará prolixo examinar os elementos que podem ser suprimidos, aumentados ou substituídos sobretudo no caso das formas e das figuras. De fato, cada corpo é composto de partes determinadas que lhe são próprias; se alguma dessas partes for suprimida, ou aumentada ou reduzida ou transferida para uma posição não adequada, acontecerá certamente que se perderá aquilo que nesse corpo formava um conjunto coerente e harmônico.

A partir daquilo que dissemos, podemos estabelecer, para não prosseguir com outras considerações excessivamente prolixas, que os três elementos que vêm à continuação são os principais, os pilares em que se fundamenta todo o raciocínio que estamos desenvolvendo: o número, que chamaremos de delimitação, e a colocação. Porém, existe um princípio mais amplo, fruto da conexão e da união dos elementos citados, graças ao qual resplandece admiravelmente toda a forma da beleza; esse princípio receberá, em nossa obra, a denominação de *concinnitas*,[51]

[51] As palavras "simetria" "acordo" ou "harmonia", que possuem sentido mais restrito, são inadequadas para descrever o termo *concinnitas*.

esse mesmo princípio que, afirmamos, nutre-se de absolutamente toda graça e esplendor. É competência e vocação da *concinnitas* organizar segundo leis precisas as partes que anteriormente por sua própria natureza eram muito diferentes, de modo que seus aspectos apresentem uma concordância recíproca. É por isso que quando percebemos alguma coisa através da visão, da audição ou de outras formas, imediatamente somos advertidos pela *concinnitas*. Por instinto natural, de fato, nós almejamos o melhor, e do que for melhor nos aproximamos com prazer; mas a *concinnitas* se manifesta no corpo inteiro e nas suas partes com a mesma proporção com que se manifesta por si só na própria natureza — tanto que eu a chamo de companhia do espírito e da razão; e tem espaços vastíssimos em que atuar e florescer. De fato, abraça a vida inteira do homem e as suas leis; e regula tudo o que se encontra na natureza. Já que tudo o que se manifesta na natureza é regulado pelas normas da *concinnitas*; e a natureza não tem tendência mais forte que aquela de fazer com que todos os seus produtos sejam absolutamente perfeitos. Objetivo que nunca seria alcançado sem a simetria, pois nesse caso desapareceria o necessário acordo entre as partes. Porém, basta deste tema. Uma vez entendidas as premissas precedentes, podemos estabelecer o seguinte: a beleza é um certo acordo e uma certa união das partes dentro do organismo de que fazem parte, conforme um determinado número, delimitação e colocação, tal como o exige a *concinnitas*, isto é, a lei fundamental mais exata da natureza. A arquitetura segue o máximo possível a lei da *concinnitas*; através da qual consegue honra, prestígio, autoridade e valor.

No que diz respeito ao que dissemos até agora, os nossos antepassados o tinham aprendido da observação da própria natureza; e compreendendo que, descuidando desses ditames, sem dúvida não teriam conseguido nada que pudesse contribuir ao enaltecimento da obra, justamente estabeleceram que seu modelo deveria ser a natureza, criadora das melhores formas. Portanto, buscaram obter, até onde suas forças o permitiram, as leis de que ela se servia para criar as coisas e as aplicaram aos próprios métodos construtivos. E observando o que acontece na natureza acerca da estruturação do organismo no seu conjunto e nas suas partes separadas, se deram conta que, desde as origens, as proporções com que eram constituídos os corpos não eram sempre iguais; por essa razão se criam alguns corpos finos, outros mais grossos, outros médios; e notando que os edifícios resultam muito diferentes entre si no que diz respeito aos fins e às funções — como se disse nos livros anteriores —, compreenderam que deviam construir com diferenças.

Seguindo então a natureza, descobriram três estilos adequados para ornar a casa, e lhes deram nomes, decorrentes do nome dos povos que preferiam cada um deles ou que, talvez, conforme contam, os tinham inventado. Um era o mais robusto, mais apropriado para os esforços e mais durável; e foi chamado de dórico. Um outro era delgado e muito gracioso, e foi chamado de coríntio. Aquele intermediário, que reunia quase os dois referidos, o chamaram de jônico. Estas foram suas deduções sobre o mérito do corpo em seu conjunto. Além disso, tendo-se dado conta da importância que tinham, para alcançar a beleza, os três elementos citados — quero dizer, o número, a delimitação e a colocação, — após terem estudado as obras da natureza tornaram notório de que forma tais elementos deveriam ser aplicados. Para fazer isso, acredito, se fundamentaram nos seguintes princípios.

A primeira coisa que, de fato, compreenderam acerca do número é que uns são pares, outros ímpares. Eles serviram-se de ambos; porém, dos pares em algumas ocasiões, dos ímpares em outras. Assim, seguindo o exemplo da natureza, a ossatura do edifício, isto é, as colunas, os ângulos etc. nunca os construíram em número ímpar, pois não existe animal que se sustente ou se movimente sobre um número ímpar de pés. Ao contrário, as aberturas nunca eram feitas em número par; resulta evidente que esse mesmo critério seguiu a natureza, quando deu aos seres vivos um número par de orelhas, olhos e narinas, mas uma boca somente, situada ao centro, e bem grande.

Agora, entre os números, tantos pares quanto ímpares, há alguns que aparecem na natureza mais frequentemente que outros, e que são louvados pelos sábios mais que outros. Desses números se serviram os arquitetos ao compor as partes dos edifícios, pela razão fundamental de que possuem umas propriedades pelas quais são considerados acertadamente mais importantes que outros. E, efetivamente, todos os filósofos asseguram que a natureza se baseia no número três. E o cinco, se considerarmos quantas coisas maravilhosas de diversos gêneros contém em si este número, ou procedem de outras que o contém (como, por exemplo, a mão do homem), com razão será considerado divino, e com direito consagrado aos deuses protetores das artes e sobretudo a Mercúrio. Do sete, como é sabido, se compraz o supremo criador, Deus, que dispôs no céu sete planetas, e regula completamente a vida dos homens — isto é, da criatura que ele quis que fosse a sua favorita — de maneira tal que submeteu ao número sete sua concepção, seu nascimento, seu crescimento, sua maturidade e todo o resto. Conta Aristóteles que os antigos não impunham o nome ao recém-nascido antes de sete dias a partir do nascimento, como se, antes desse prazo, não fosse certa a sua sobrevivência: de fato, tanto o embrião no útero quanto o recém-nascido se encontram em estado de grave perigo, durante os primeiros sete dias. Sempre dentre os números ímpares é muito louvado o nove, conforme o qual a provedora natureza colocou as esferas celestes. É um fato comprovado entre os naturalistas que na natureza muitos fenômenos importantíssimos se regulam conforme a fração de um por nove. A nona parte do ciclo anual do sol consta de cerca de quarenta dias. Hipócrates dizia que o feto se forma no útero conforme este número. Não somente; constata-se frequentemente que o período entre o ponto mais grave de uma doença e a cura dura quarenta dias. Na mulher, as menstruações cessam quarenta dias após a concepção, se o feto for macho; e recomeçam quarenta dias após o parto sempre se o feto for macho. Sustentam ainda que o próprio recém-nascido, até seu quadragésimo dia de vida, quando estiver acordado não ri e nem chora, enquanto faria as duas coisas enquanto dorme. Isso é tudo acerca dos números ímpares.

Dentre os números pares, por outro lado, houve filósofos que consideraram o número quatro consagrado à divindade, e para ele pediram que se prestasse o mais solene dos juramentos. E o seis fora um dos pouquíssimos que reputaram como o número perfeito, porque contém a soma de seus divisores. Resulta óbvio que o oito possui uma grande importância na natureza. Observamos que, menos no Egito, quem nasce no oitavo mês não sobrevive. Se ainda o feto nasce morto no oitavo mês, dizem que a mãe também morrerá em breve. Ademais, se os pais tiveram relação sexual no oitavo mês, a criança nascerá cheia de uma mucosidade viscosa, e sua pele se tornará suja, repugnante e coberta de escamas. Acredita Aristóteles que se deva considerar o número dez como o número mais perfeito de todos: talvez porque — se acredita — o seu quadrado equivale à soma dos cubos de quatro números consecutivos.

Por essas razões os arquitetos frequentemente se serviram desses números. Porém, dentre os números pares, no caso das aberturas, não passaram do número dez, enquanto que dos ímpares não ultrapassaram o nove, sobretudo na construção dos templos. Resta agora falar sobre a delimitação.

Chamaremos de delimitação a correspondência recíproca entre as linhas que definem as dimensões. Essas linhas são o comprimento, a largura e a altura. As leis da delimitação se obtêm da forma mais conveniente observando aqueles objetos nos quais, como é manifestamente sabido, a natureza nos mostra ser digna de consideração e de admiração. Não cansarei de repetir, acerca disso, a conhecida sentença de Pitágoras: é absolutamente certo que a natureza não discorda nunca de si mesma. E assim é.

Agora, aqueles números que têm o poder de dar aos sons a *concinnitas*, que se torna tão agradável quando ouvida, são os mesmos que podem encher de grande felicidade os nossos olhos e o nosso espírito. Portanto, obteremos todas as leis da delimitação exatamente da música, que fez uma aprofundada análise desses números, e dos objetos em que podemos encontrar provas evidentes da ação da natureza. De qualquer forma não pretendo deter-me além do que tenha a ver com as necessidades da arquitetura. Passemos, então, por cima dos princípios que se referem às escalas de cada uma das notas ou à doutrina dos tetracórdios; o que nos interessa é aquilo que segue.

Chamamos de harmonia um acorde de notas agradáveis para os ouvidos. As notas podem ser graves ou agudas. Tanto mais uma nota é grave quanto mais longa for a corda em que é emitida; e tanto mais aguda, quanto mais curta for a corda. Da variação dessas diferentes notas decorrem harmonias diversas, que foram classificadas pelos antigos conforme determinados números que refletem a relação entre as cordas consonantes. Os nomes das consonâncias são: *diapente*, chamada também de *sesquiáltera* ("uma e meia"); *diatesáron*, ou seja, *sesquitertia* ("uma e um terço"); *diapason*, ou seja, "dupla"; *diapasondiapente*, ou seja, "tripla"; *disdiapason*, ou seja, "quádrupla". A estas acrescentaram o *tônus*, chamado também *sesquioctavus* ("um e um oitavo"). As consonâncias referidas são caracterizadas pelas seguintes relações entre as cordas: *sesquiáltera*, diz-se porque nela o comprimento da corda maior contém o comprimento inteiro da corda menor mais a metade desta última. (Nesse caso entendemos o antigo prefixo *sesqui* — come se fosse "ademais": como em *sesquiáltera*). À corda maior se atribuirá o número três e à menor o número dois. Chama-se de *sesquitertia* aquela em que a corda maior supera em um terço o comprimento da menor. Por consequência daremos o número quatro à corda maior e o três à menor. Na consonância chamada de *diapason* há números que respondem a uma proporção dupla, como dois à unidade e o inteiro à metade de si mesmo. Na consonância tripla se dá a proporção de três para um ou da unidade à sua terça parte. Na "quádrupla" existe uma proporção igual entre o número quatro e a unidade, como entre a unidade e a quarta parte. Os números musicais são, enfim e para resumi-los, os seguintes: o um, o dois, o três, o quatro. Há também, como se disse, o *tônus*, em que a corda maior, em comparação com a menor, a supera em uma oitava parte desta última.

De todos estes números se servem muito oportunamente os arquitetos: tanto no caso em que os utilizem de dois em dois, como na construção do foro, das praças e das superfícies ao ar livre, em que se tomam em consideração somente duas dimensões, largura e comprimento; quanto no caso em que os utilizem de três em três, como nas construções de locais para reuniões públicas, de um edifício para o senado, de um palácio etc., casos em que se põem em confronto o comprimento e a largura, e exigem que a altura esteja em harmoniosa correspondência com uma e outra dimensão.

CAPÍTULO VI

Disso tudo falaremos agora. Em primeiro lugar, das superfícies que estão sujeitas a duas dimensões. Elas podem ser curtas, longas, medianas. A mais curta de todas é a quadrada, cujos lados são todos iguais em comprimento, e cujos ângulos são todos igualmente retos. Na continuação vem a superfície *sesquiáltera* ("uma e meia"); também entre as superfícies curtas se encontra a *sesquitertia* ("uma e um terço"). Esses três tipos de proporção, que em nossa obra recebem o nome de "simples", correspondem às superfícies curtas. As três coincidem também com as superfície medianas. A melhor destas últimas é a dupla; em seguida aquela composta pela duplicação das superfícies *sesquiálteras*, e se constrói da seguinte forma: uma vez traçada a dimensão menor da superfície, igual a quatro, por exemplo, se constrói uma primeira sesquiáltera, com seis de comprimento; a esta se acrescenta uma segunda área com um comprimento igual à metade da primeira, de modo que o comprimento total será igual a nove. Então a dimensão maior, neste tipo de área, superará duas vezes a medida da menor mais o *tônus* do dobro. E entrará também dentro do grupo das superfícies medianas, aquela que se obtém construindo duas vezes a *sesquitertia* conforme o sistema recém-ilustrado. Então, com esse tipo de construção, haverá entre a linha menor e a maior uma proporção de nove para dezesseis; consequentemente, neste caso, a linha maior é superada pelo dobro da menor em menos de um *tônus*. No caso das superfícies longas o procedimento é o seguinte: ou se une uma dupla com uma *sesquiáltera*, obtendo uma tripla; ou uma dupla com uma *sesquitertia*, e então as dimensões serão proporcionais a três e a oito; ou ainda se constrói a área de maneira tal que uma dimensão seja quatro vezes a outra.

Resumindo, falamos: das áreas curtas, em que as medidas são iguais entre si, ou com uma proporção de dois para três, ou de três para quatro; e das áreas medianas, em que as dimensões seguem uma proporção de um para dois, de quatro para nove ou de nove para dezesseis. Por último, abordamos as compridas, em que se encontra uma proporção de um para três, de um para quatro ou de três para oito.

As dimensões completas de um corpo, digamos assim, se conectarão de três em três com base em determinadas relações numéricas, tais que sejam naturalmente "harmônicas", ou seja, concebidas segundo critérios exatos e precisos de diversas procedências; e são as seguintes. No conceito de harmonia existem uns números, a partir de cujas relações se estabelecem as proporções das harmonias musicais, como o duplo, o triplo, o quádruplo. O dois, de fato, pode-se obter da unidade mais uma vez e meia, após ter-se aplicado também o acréscimo de uma vez e um terço, como no seguinte exemplo. Seja dois o número menor dado à relação de dois; desse obtenho, através da proporção de uma vez e meia, o três, e do três se obterá, na proporção de uma vez e um terço, quatro, número que é o dobro do dois. Ou também da seguinte forma: seja três o número menor; calculo uma vez e um terço dele: obtém-se o quatro; uma vez e meia quatro dá seis, que com relação ao três é o dobro. Também uma proporção de três se obtém com o dobro mais uma vez e meia o número. Seja, por exemplo, o dois como número menor nesse caso; duplicando-o se obterá o quatro; a este último somo uma vez e meia, dá seis; este número seis guarda com o dois uma proporção de três para um. Ou também como segue. Dado o dois como número menor, aumento-o de uma vez e meia, e teremos o três; duplicando este último teremos o seis, isto é, o triplo do número menor referido. Com operações semelhantes se obtém uma relação quádrupla: acrescentando por duas vezes o dobro; faz-se, ainda, o dobro do dobro, chamado também de *disdiapason*, da forma seguinte. Seja, nesse caso, o dois o número menor; duplico-o e se obtém o *diapason*, que obedece à proporção existente entre quatro e dois; se duplique este também e se obterá o *disdiapason*, em que se segue uma relação de oito para dois. Essa relação quádrupla se obtém também duplicando e ao mesmo tempo aumentando sucessivamente de uma vez e meia e de uma vez e um terço. Como isso é possível, veremos logo. Para que a explicação seja mais clara, considere-se o número dois: aumentando-o uma vez e meia dá três, e este, aumentando-o uma vez e um terço, dá quatro; este último, por sua vez, duplicado dá oito. Outra forma: dado o três, duplicando-o se obtém seis; acrescentando a este a sua metade, temos nove; acrescentando a este último a sua terceira parte, se obtém o doze, que relacionado ao número menor de partida, o três, é de fato o quádruplo.

Desses números a que nos referimos se servem os arquitetos; mas não de uma forma desordenada e indistinta, mas sim em uma recíproca relação harmônica. Assim, quem quiser levantar, por exemplo, muros em uma área cujo comprimento seja o dobro da largura, neste caso deverá usar unicamente aquelas proporções a que está sujeita uma superfície dupla, e não as de proporção tripla. Idêntico procedimento se seguirá no caso de uma superfície tripla: far-se-á uso, de fato, das proporções que lhe são próprias, ou seja, de um para três, e no caso de uma superfície quádrupla não se usarão tampouco outras proporções que não sejam as suas. Então, determinar-se-ão as dimensões por grupos de três com os números a que aludimos, de acordo com as medidas que cada qual entenda serem mais convenientes à obra que realiza.

Para a determinação dessas dimensões há também específicas proporções naturais; que não se podem definir com números, ainda que obtidas com raízes e potências. As raízes são os lados dos quadrados dos números; as potências são as áreas daqueles mesmos quadrados. Com o crescimento dessas áreas se obtêm os cubos. O primeiro cubo, cuja raiz é a unidade, foi consagrado à divindade, porque, procedente da unidade, é ele mesmo unidade na sua inteireza; além disso, afirmam, somente ele é, entre todas as formas, perfeitamente estável, e repousa sobre qualquer base com igual segurança. Agora, se a unidade não for ela própria um número, mas a fonte dos números que está contida em si e decorre de si mesma, provavelmente se poderá dizer que o primeiro número é o dois. O quadrado construído sobre esta raiz é igual a quatro, e erguendo essa área até uma altura igual à raiz se obterá um cubo igual a oito; de que se obterão as determinações das proporções. Antes de tudo, de fato, apresenta-se aqui o próprio lado do cubo, chamado de raiz cúbica, cujo quadrado é de área quatro, enquanto o cubo completo mede oito. Vem na continuação a linha que vai de um ângulo da área até o ângulo oposto, e que divide a superfície do quadrado em duas partes iguais; disso decorre o nome de diagonal. Desconhece-se, por outro lado, qual poderia ser seu valor numérico; mas sabemos que é a raiz de um quadrado que mede oito. Há depois a diagonal do cubo, de que sabemos com certeza que é igual à raiz do número doze. Finalmente, há a hipotenusa de um triângulo retângulo, cujos dois catetos formam um ângulo reto: um deles é a raiz de um quadrado de área igual a quatro, o outro é a raiz de um quadrado de área igual a doze. O terceiro e maior lado que se opõe ao ângulo reto é igual à raiz do número dezesseis.

Assim, então, tais como as mencionamos, são as correspondências de números e dimensões imutáveis da determinação das diagonais. O usual em todas elas é que a linha mais curta se dê à largura da área, que a mais comprida corresponda ao seu comprimento, e que as intermediárias se deem à altura. Todavia, às vezes, podem ser substituídas conforme convenha aos edifícios.

Falaremos em seguida do tipo de proporção que não é intrínseca com a harmonia nem com os corpos, porém, que, com uma origem distinta, contribui com o objetivo de agrupar as dimensões de três em três. Existem, de fato, umas certas relações entre as três dimensões de uma construção, tomadas muito apropriadamente da música, da geometria e da aritmética, que convirá conhecer. Aqueles que filosofaram sobre elas as chamaram de médios. A sua sistematização é diversa e complexa; porém, antes de mais nada, três são os procedimentos para obter os médios conforme os entendidos. O objetivo de todos eles é, dados dois números extremos, encontrar um intermediário que guarde com os outros dois uma determinada relação, isto é, um, digamos assim, certo laço de parentesco.

Nesta investigação tomamos em consideração três termos, dois dos quais são chamados um máximo e o outro mínimo; enquanto o terceiro, o intermediário, deve guardar com os outros dois uma certa distância, a mesma que existe entre este número intermediário e os dois extremos. Dos três tipos de termo médio que receberam a especial aprovação dos filósofos, é mais fácil de se obter aquele que denominam termo médio matemático. Dados, de fato, dois termos numéricos extremos, o maior, por exemplo, o oito, e ao extremo oposto o menor, por exemplo, o quatro, faz-se a soma total dos dois, e o resultado será doze; realizada a divisão do total em duas partes, tomaremos uma delas: estará constituída por seis unidades. Este número é de fato o que é chamado médio matemático, por encontrar-se a igual distância dos dois extremos dados, quatro e oito.

Um segundo tipo de termo médio é o geométrico, que se obtém da seguinte forma. O termo menor, quatro, por exemplo, se multiplica pelo maior, nove, por exemplo. O resultado dessa multiplicação são trinta e seis unidades; a raiz deste total (assim como é chamada), ou seja, a medida do lado do quadrado, multiplicada pelo número de unidades que ela contém, dá como resultado uma área de trinta e seis unidades. Por consequência, essa raiz será igual a seis: de fato, o resultado multiplicado por seis dará uma superfície de trinta e seis. É muito difícil concretamente achar o valor numérico deste termo médio aritmético, porém esse mesmo conceito se explica muito bem com linhas; mas não é este o momento apropriado para deter-se nelas.

O terceiro tipo de termo médio, que se denomina musical, é algo mais trabalhoso que o aritmético; ainda que se expresse perfeitamente com números. Neste caso, a relação existente entre o menor e o maior, dos termos médios dados, deve ser a mesma que se constate na distância existente entre o termo menor e o intermediário, por um lado, assim como entre o termo médio e o maior, como no exemplo que vamos mostrar. Sejam os seguintes números: trinta o menor, e sessenta o maior. A relação entre ambos é de dois. Tome-se em consideração os menores números possíveis que estão nessa relação: serão um e dois; somando-os dará três. Divida-se agora a diferença total entre o termo máximo dado — sessenta — e o termo mínimo — trinta — em três partes, respectivamente. Cada uma dessa três partes será igual a dez.

Depois se somará uma dessas partes ao termo mínimo, ou seja, dez, e se terá como resultado quarenta. Este número é o médio musical que se buscava, distante do número maior o dobro da medida existente entre o próprio número intermediário e o menor. A mesma proporção, portanto, que se tinha estabelecido entre os números extremos, máximo e mínimo.

Utilizando estes tipos de termos médios os arquitetos idealizaram um enorme número de expedientes, tanto no que diz respeito ao edifício em seu conjunto, como no que se refere às partes da obra, soluções que seria prolixo enumerar. Sobretudo quando usadas para calcular a medida da altura.

CAPÍTULO VII

A esta altura, será útil, porém, esclarecer a forma e a medida empregadas pelos antigos ao construírem as colunas, por eles distintas em três ordens conforme três diferentes modos de configurar o fuste. Eles, de fato, após terem observado o corpo humano, estabeleceram que as colunas deviam ser feitas à sua semelhança; e medindo as dimensões do ser humano descobriram que de um lado ao outro há uma distância equivalente à sexta parte de sua altura, que do umbigo aos rins equivale a um décimo. A mesma constatação foi feita pelos nossos comentaristas da Bíblia, que observaram como a arca construída na época do dilúvio utilizou as proporções do corpo humano.

Conforme essas medidas, provavelmente, foram construídas as colunas, de modo que algumas resultassem ter seis vezes a altura de sua base, e outras dez vezes essa altura. Porém, em virtude de uma sensibilidade espontânea, inata nos espíritos, com que dissemos que se percebia a *concinnitas*, pensaram que não resultava adequada uma coluna muito grossa, em um caso, nem muita fina, no outro, renunciaram a ambos os tipos, considerando, afinal, que o que buscavam estava entre os dois extremos. Por essa razão se serviram primeiramente da aritmética, somaram os extremos e dividiram o total por dois; dessa operação obtiveram como resultado que o número que se encontrava a igual distância do seis e do dez era o oito; aprovaram esta medida; e consequentemente deram à altura da coluna um valor igual a oito vezes o diâmetro da base, e a denominaram jônica.

A ordem dórica, usada para edifícios mais compactos, os antigos a calcularam segundo o mesmo procedimento que a jônica. E, de fato, eles somaram o menor dos termos citados, seis, com o termo médio estabelecido para a ordem jônica, que era o oito, resultando da soma quatorze. Dividiram este número em duas partes iguais, obtendo sete, que foi adotado para construir as colunas dóricas, de modo que suas bases tivessem, no imoscapo, uma largura igual à sétima parte do comprimento da coluna de que formavam parte. As mais graciosas, chamadas coríntias, as desenharam somando o termo médio da ordem jônica com o termo maior e dividindo por dois o total. De fato, o número característico das colunas jônicas era o oito, e o termo maior era dez, cuja soma resultou ser o número dezoito, de que o nove é a metade. E assim, às colunas coríntias lhes deram um comprimento igual a nove vezes o diâmetro do imoscapo, às jônicas de oito vezes e às dóricas de sete vezes. Basta acerca deste tema.

Falta tratar da localização, que está relacionada com o ambiente e o posicionamento das partes. Resulta mais fácil dar-se conta de quando foi mal executada que compreender racionalmente a maneira correta de obtê-la. De fato, essa capacidade depende em grande parte de um critério inato no espírito dos homens, e também em grande medida se fundamenta nos princípios da delimitação. De qualquer forma, os motivos que nos interessam neste ponto serão os seguintes.

As partes da obra, por pequenas que sejam, colocadas em um lugar adequado resultam agradáveis ao serem contempladas; aquelas postas em um lugar inadequado e inoportuno, se forem elegantes perdem todo o valor, e se não, se tornam objeto de insultos. Isso mesmo acontece com as obras da natureza; se por exemplo, colocar-se na testa de um cachorro uma orelha de burro, ou se alguém se apresenta com um pé excessivamente grande ou com uma mão enorme e a outra pequena, esse indivíduo deve ser considerado como deformado. E não está certo também que os animais tenham um olho azul e o outro preto, sendo uma lei natural que a parte direita seja em todo elemento igual à parte esquerda.

Portanto, a primeira norma que devemos respeitar é que todo elemento, até o mais insignificante, esteja disposto em nível e alinhado no que diz respeito ao seu número, sua forma e aspecto, de modo que exista uma perfeita e recíproca correspondência entre os elementos da direita e os da esquerda, os de cima e os de baixo, entre os elementos contíguos, entre as partes iguais com vista a adornar o próprio organismo dos quais farão parte. Ainda mais, é preciso que os relevos, os quadros e qualquer elemento decorativo se integrem ao conjunto de um modo tal que pareça que estão situados no lugar mais natural, como se se tratasse de gêmeos. Os antigos concederam a esta simetria uma importância tão grande, que até na hora de colocar placas de mármore se exigia que houvesse a mais exata das correspondências no que diz respeito à qualidade, à quantidade, ao desenho, à posição e às cores.

Há entre os antigos um interessante costume do qual não canso nunca de admirar a excelência artística: as estátuas, sobretudo aquelas que eram colocadas nos frontões dos templos, eram feitas de modo que aquelas situadas em partes opostas e correspondentes em nenhuma de suas partes apresentassem diferenças no material e no desenho. Efetivamente, contemplamos bigas e quadrigas, as estátuas dos cavalos, dos condutores e palafreneiros tão parecidas entre si, que é possível afirmar que neste particular se viu superada a natureza, em cujas obras não podemos ver nem sequer um nariz igual a outro.

Terminaremos a esta altura o nosso discurso sobre a natureza da beleza, sobre as partes de que se compõe, sobre a sua delimitação e sobre as relações numéricas com que os nossos antepassados a regularam.

CAPÍTULO VIII

Reunir-se-ão agora umas recomendações fundamentais e breves, que é preciso respeitar como se de leis se tratasse não somente em qualquer tipo de ornamentação e embelezamento de edifícios, mas sim também na inteira práxis arquitetônica. E aqui se torna útil a promessa que fizemos anteriormente de recolher o material em uma espécie de epílogo. Em primeiro lugar, dado o que dissemos, se deve evitar todo tipo de defeito que consista em qualquer classe de deformidade, por esse motivo destacaremos os mais graves entre eles. Uns defeitos têm sua origem no intelecto e na mente, como o julgamento, a seleção; outros a têm na mão, como nos trabalhos materiais. Os equívocos próprios do intelecto e do julgamento, ou seja, as faltas mencionadas em primeiro lugar, são por sua natureza, pelo momento em que se cometem e por si mesmos mais graves e também muito mais difíceis de se corrigir que os demais. Portanto, começaremos por eles.

Cometer-se-á um primeiro erro se se eleger para a construção uma área insalubre, agitada, estéril, infeliz, triste, exposta e atormentada por males evidentes e não tão evidentes. Será também um erro se se delimitar a superfície de uma maneira inadequada, inconveniente; se se juntarem membros a outros que não estiverem em acordo recíproco, levando em conta a funcionalidade e a comodidade dos moradores; se não se tiver atendido suficientemente, de acordo com a dignidade de cada um, ao bem-estar de toda a família (os filhos, os criados, as matronas, as meninas) tanto na cidade como no campo, assim como no acolhimento dos hóspedes e daqueles a quem se devem apresentar seus respeitos; se se construírem os elementos demasiadamente grandes ou demasiadamente pequenos, demasiadamente à vista ou excessivamente escondidos, demasiadamente juntos ou demasiadamente distantes, em número muito elevado ou um tanto escasso para o que requeira a ocasião; se faltarem meios com que se possa suportar sem incômodo o calor e o frio; se não existirem dependências em que se possa fazer exercício físico e divertir-se quando se está em boa saúde, e proteger os enfermos, ou quem passa mal, da inclemência do clima.

Além disso, se a construção não estiver suficientemente protegida e resguardada dos ataques dos homens e de circunstâncias imprevistas; se a parede for demasiado fina para poder manter-se em pé e suportar o telhado, ou muito grossa, mais do que requer a solidez da construção; se se construírem os telhados discutindo, por assim dizer, entre si na hora de canalizar a água pluvial, ou se se reverter o fluxo da chuva para o interior do edifício durante o seu percurso, ou ainda se forem demasiadamente altos ou demasiadamente baixos; se as aberturas deixarem passar ventos desagradáveis, tormentas fastidiosas, um sol molesto, ou se, ao contrário, estiverem demasiadamente fechadas, causando uma insuportável obscuridade; se não respeitarem a ossatura dos muros; se as passagens forem impraticáveis nas esquinas; se se encontrarem áreas sujas e desagradáveis; e outras coisas desse tipo, de que falamos nos livros anteriores indicando sua posição correta.

Os defeitos da ornamentação são aqueles que devemos evitar de modo especial e que encontramos também na natureza, como algo ao avesso, incompleto, em excesso ou por algum aspecto disforme. De fato, se isso suscita a desaprovação na natureza e se considera monstruoso, o que se deve pensar de um arquiteto que se serviu das partes de uma forma inadequada? (Entendendo como partes aquelas das quais se serve para dar forma ao edifício: linhas, ângulos, superfícies etc.). Então estão certos aqueles que asseguram que não é possível encontrar um defeito mais desagradável por sua deformidade, nem mais odioso, que misturar ângulos, linhas e superfícies sem que estejam cuidadosa e calculadamente dispostos e equilibrados entre si no que diz respeito ao número, tamanho e localização. E todos julgariam severamente aquele que, sem necessidade alguma, delineasse uma parede como se fosse uma lombriga desorientada, serpenteando de um lado para outro, sem ordem nem lógica, às vezes comprida, outras curta, unida de forma desigual, e pior ainda, se a área de um lado forma um ângulo obtuso e no outro lado um demasiadamente agudo, resultando numa disposição confusa, desordenada, e sem uma concepção estudada e meditada.

Além disso, é desaconselhável construir de tal modo que, apesar de bem executado desde as suas fundações, sinta-se a falta dos ornamentos, mas não se tenha a mínima possibilidade de enriquecê-lo com tais ornamentos, proporcionando mais elegância. Como é o caso daqueles que não se preocupam, na hora de levantar os muros, mais do que sustentar os telhados, sem prever a possibilidade de colocar neles, de forma oportuna e ordenada, nobres colunas, ou esplêndidas estátuas, ou lindos afrescos, ou ricos revestimentos. Em conexão com este defeito se encontra outro, que é o de não procurar com todas as forças, sendo possível consegui-lo sem aumentar os custos, que os elementos do edifício resultem muito mais bonitos e agradáveis.

Há, de fato, na conformação e no aspecto dos edifícios, um natural atributo de excelência e perfeição, que estimula a nossa sensibilidade e se percebe imediatamente, se estiver presente; porém, se não estiver presente, se percebe logo sua falta. O olhar é por natureza ansioso de beleza e de *concinnitas*, e nesse aspecto é exigente e muito difícil. E não consigo conformar-me com o fato de que mostre mais veemência em queixar-se do que falta que em dar sua aprovação aos méritos presentes. De fato, o olho está buscando continuamente o que se possa acrescentar para aumentar o esplendor e a magnificência; e é desfavoravelmente impressionado ao constatar que não se encontra toda a arte, o engenho e a diligência que preveria e poria em prática o arquiteto mais atento, perspicaz e escrupuloso. Não só, às vezes o olho não pode isolar aquilo que o molesta; pode somente perceber que o próprio desejo ilimitado de beleza não está completamente satisfeito.

Portanto, é uma obrigação indiscutível nos esforçarmos com toda nossa vontade, nosso trabalho e nossa dedicação e na medida de nossas possibilidades, para que resultem profusamente adornadas as construções que realizamos, e, sobretudo, aquelas que todos querem que sejam portadoras de ornamentação.

Constituiria também outro erro o fato de aplicar aos edifícios privados os ornamentos que correspondem àqueles públicos, ou vice-versa, colocar nos públicos os correspondentes aos privados, sobretudo se, no primeiro caso, tratar-se de ornamentos excessivos no seu gênero; ou seja, torná-los não duráveis, como quando se emprega em pinturas destinadas a edifícios públicos pigmentos sem consistência, podres ou deteriorados: enquanto as construções públicas devem ser eternas.

E é, sem dúvida nenhuma, um grave defeito o que vemos em alguns incompetentes que, tendo apenas começado a obra, a adornam e a enchem de pinturas e de relevos; o que acarreta que esses elementos, perecíveis, se destruam antes que a obra chegue ao seu término. De fato, deve-se acabá-la ainda despojada, antes de poder revesti-la; a ornamentação deve vir por último; a ocasião para realizar essa operação poderá se apresentar somente quando se deem as condições que possibilitem a execução da forma mais cômoda e sem empecilhos de nenhum tipo.

Por outro lado, a grande maioria dos elementos ornamentais que deve ser aplicada, em minha opinião, deve ser de um tipo determinado, em cuja execução possam participar um número elevado de artífices de qualificação media. Se se preferir, depois, ornamentos mais seletos e de categoria melhor, estátuas e quadros como os de Fídias ou os de Zêuxis, como objetos notavelmente originais que são, serão colocados em lugares mais distintos e de altíssima dignidade. Não merece muito louvor Deioces, o famoso rei dos medos, que mandou cercar a cidade de Ecbatana por sete circuitos de muros, e os pintou de várias cores, de modo que uns eram púrpura, outros azuis, outros prateados, outros dourados. Reprovaremos também o proceder de Calígula, que mandou construir uma cavalariça de mármore, com a manjedoura de marfim. Tudo aquilo que construía Nero estava revestido de ouro, com gemas engastadas. Mais louco, todavia, estava Heliogábalo, que construíra um pavimento de ouro, e se lamentava por não poder fazê-lo de âmbar. E me parece que devem ser censurados estes indivíduos que ostentam suas riquezas, ou melhor, sua loucura, que desperdiçam os recursos das pessoas e o suor dos indivíduos em algo que não o requeria nem a utilidade nem a dinâmica do empreendimento iniciado, e que não está enobrecido pela admiração que suscita a inteligência que o ideou nem valorizado pela qualidade da invenção.

Para não incorrer nos erros mencionados, não me canso nunca de recomendar que antes de começar a construção se medite por conta própria sobre o conjunto do empreendimento, realizem-se consultas aos especialistas, faça-se uso de modelos em escala da obra. Sobre os quais é recomendado reexaminar todas as partes do edifício a construir, duas, três, quatro, sete, até dez vezes todo o conjunto da futura obra, deixando passar um tempo e voltando em seguida a examiná-la, até que não fique nada (desde as fundações até a última telha, nem recôndito nem à vista, nem grande nem pequeno) em toda a obra que não tenha sido por longo tempo e profundamente meditado e estabelecido, e não se tenha decidido com quais características, em que lugares, e em que ordem seja decoroso ou útil colocá-lo e delimitá-lo.

CAPÍTULO IX

Assim, a pessoa de juízo ponderado atuará da seguinte forma: empreenderá o trabalho com preparo e diligência; estudará à perfeição a resistência e a natureza do solo sobre o qual quer construir o edifício; e obterá informações, a partir da observação dos edifícios antigos e dos usos e costumes dos nativos, sobre o clima da zona em que deve construir, sobre que tipo de pedra, de areia, de cal, de madeira produz o lugar, sobre que tipo de materiais trazidos de outros sítios são capazes de suportar as inclemências do tempo. Estabelecerá a largura, a altura e a ordenação inicial das fundações e do embasamento. Logo repensará, no que diz respeito aos muros, que tipo de material e de que gênero corresponde respectivamente aos invólucros, ao preenchimento, às juntas e às ossaturas. Repensará também que tipo de material corresponde às aberturas, ao telhado, ao revestimento, às pavimentações descobertas, às obras do interior. Desenhará os lugares, as ruas, os meios onde os materiais supérfluos ou nocivos e desagradáveis possam ser canalizados e descartados, ou controlados; tais meios são, por exemplo, os esgotos destinados a canalizar a água pluvial, os fossos para escoar as áreas externas, os cuidados para evitar a umidade; e ainda, as obras de defesa contra os desmoronamentos, a violência da água, o ataque impetuoso dos ventos. Em resumo, levará em conta tudo: e fará com que tudo respeite essas regras e essas medidas. Quase todos esses fatores, ainda que em aparência, têm a ver, sobretudo, com a solidez e a funcionalidade; têm uma importância tão grande que, se deixados de lado, ocasionam um enorme defeito de forma.

Os fatores que, em maior medida, têm a ver com a elegância do ornamento são os seguintes: o modo de decorar um edifício deve ser determinado com exatidão e, sobretudo, livre de obstáculos; sem que os elementos decorativos se encontrem excessivamente apertados, nem comprimidos e reunidos em um único amontoado, mas sim distribuídos com discrição e colocados de uma forma tão adequada e tão apropriada que, mudando-se a sua disposição, percebe-se uma completa alteração da *concinnitas* e do encanto de todo o conjunto. Não deve haver tampouco, na obra, nenhuma parte descuidada ou privada de elaboração artística; todavia não me parece aconselhável dar a tudo a mesma perfeição e riqueza de ornamentação; pois se devem empregar em igual medida a abundância e a variedade. Uma parte dos ornamentos de maior beleza se colocará nos lugares mais relevantes; outros em zonas intermediárias, menos nobres; outros, por sua vez, serão colocados nas áreas de menor importância. Neste ponto se deve ter o cuidado de não juntar os elementos mais valiosos com os mais triviais, os de maior tamanho com os diminutos, os ornamentos extensos e muito largos com os delgados e estreitos; enquanto que aqueles elementos que sejam distintos entre si por sua importância e sua tipologia se harmonizarão artisticamente, de modo que uns transmitam seriedade e imponência, e outros, encanto e alegria.

A racionalização e sistematização do conjunto se farão de forma tal que não somente um simples elemento contribua na disputa para embelezar o edifício inteiro, mas também de forma que um deles não tenha razão de ser sem os demais e que dê a impressão de que não pode manter suficientemente a sua própria importância. E resultará conveniente intercalar, em lugares determinados, elementos um pouco menos cuidados, para que aqueles mais trabalhados resplandeçam em maior medida por contraste. Deve-se evitar subverter as regras que orientam o desenho do edifício. Isso aconteceria mesclando-se elementos dóricos com elementos jônicos e coríntios, como já dissemos, ou jônicos com dóricos etc.

A cada ordem serão destinadas as partes que lhes correspondem, com o fim de não espalhá-las de forma descontínua e confusa, mas sim dispostas em seu próprio e adequado lugar. Ao elemento central corresponderá o centro das outras ordens, e aos postos a certa distância corresponderá outro simetricamente oposto. Em definitivo, todos os elementos estarão medidos, unidos, interligados por meio de linhas, de ângulos, de traços, com coesão e de forma unitária, conforme princípios não arbitrários, mas sim com um ordenamento exato e bem determinado; a sua conformação propiciará que a vista recorra como se deslizasse livre e suavemente por entre cornijas e reentrâncias, movendo-se por todos os aspectos da obra, tanto por dentro como por fora, experimentando prazer sobre prazer com a contemplação de elementos iguais e diferentes; e o espectador que contemplar o conjunto não pode se considerar satisfeito com o que contemplou, por tê-lo observado e admirado uma e outra vez, até ter-se voltado, todavia, uma vez mais a admirá-lo na hora de afastar-se; e que, uma vez que o tiver examinado a fundo, não encontre em toda a obra nada que não seja igual, simétrico e que não contribua com a totalidade de suas proporções ao esplendor e à elegância.

Então, os edifícios se projetarão e se pensarão a partir dos modelos; mas o projeto não pode limitar-se ao que se deve construir; é necessário prever com base em todos os modelos, e assim procurar o que será útil no decorrer da construção, e iniciadas as obras, não se deverá mais hesitar, mudar critérios ou suspender o trabalho, porque, uma vez concebida com concisão a ideia do complexo construtivo, teremos à disposição, escolhidos, reunidos e prontos para serem usados, os instrumentos adequados e convenientes ao objetivo. Tais são, pois, as coisas a que deve atender o arquiteto com sua sagacidade e discernimento.

Não é oportuno, por outro lado, recordar os erros dos operários; porém, o arquiteto se ocupará de vigiá-los, para que usem corretamente o prumo, a régua e o esquadro. Construirá e interromperá a obra nos momentos adequados e a retomará oportunamente; usará e combinará materiais puros, sólidos, não misturados, resistentes, naturais, apropriados, em bom estado, dispô-los-á nos lugares adequados e que lhes sejam próprios, de modo que estejam em posição vertical, horizontal, inclinados, com sua parte frontal e seu lado descobertos ou cobertos, conforme o requeira cada característica e cada função.

CAPÍTULO X

Porém, para que ao arquiteto lhe resulte possível, na hora de preparar, conduzir e executar tudo isso, atuar corretamente e cumprir suas obrigações, não deve desprezar algumas questões importantes. Deve considerar que tipo de encargo assume, a que se compromete, que reputação deseja ter, de que tamanho é o empreendimento que vai assumir, quanta glória, compensação, reconhecimento e fama obterá se desempenhar com acerto suas obrigações; ou, ao contrário, se se comportar como um incompetente, imprudente ou aloucado, que dimensões terão a crítica e a reprovação de que será objeto, quão eloquente, quão óbvio, evidente e duradouro será o testemunho da própria estupidez que mostrará aos olhos do gênero humano.

A arquitetura é um grande empreendimento, e não está ao alcance de todos enfrentá-la. Aquele que se atreva a chamar-se "arquiteto" é preciso que esteja dotado de uma inteligência excepcional, de zelo perseverante, de vastíssima cultura e de uma longa experiência, e, sobretudo, de muita ponderação e juízo cuidadoso. De fato, o elogio mais importante que se pode obter na arquitetura deriva de saber julgar adequadamente o que é digno. Pois construir decorre de uma necessidade; construir convenientemente nasce tanto da necessidade quanto da utilidade; porém, construir de modo que se obtenha a aprovação dos notáveis, sem ser reprovado pelas pessoas mais simples, conseguir-se-á somente com a habilidade de um artista culto, sábio e judicioso.

Por outro lado, levar a termo aquilo que em aparência mais se adequar à finalidade para a qual foi concebido, e aquilo que resulta sem dúvida que se possa executar conforme o plano fixado e os recursos existentes, cabe mais ao operário que ao arquiteto; porém, pensar de antemão e estabelecer, intelectual e racionalmente, o que vai ser perfeito e acabado em todos os seus aspectos, é privilégio somente de uma inteligência como a que estamos exigindo. Em consequência, a obra que vai ser iniciada deve ser concebida com o intelecto, examinada com a experiência, analisada com o raciocínio, ordenada com o juízo, aperfeiçoada com a arte. Estou convencido de que o fundamento de todas essas coisas são a prudência e um juízo ponderado; e as demais qualidades (bondade, benevolência, modéstia, honradez) não são mais exigíveis, em minha opinião, nesta pessoa que em qualquer outra que se dedique a qualquer trabalho: são, de fato, essas qualidades que, quem não as possui, creio que nem sequer deva ser considerado ser humano. Porém, o arquiteto deve evitar a frivolidade, a obstinação, a presunção, o mau humor e todos aqueles defeitos que podem diminuir o favor dos seus concidadãos e favorecer sua reprovação.

No demais, deve conduzir-se, a meu ver, como fazem aqueles que se dedicam aos estudos literários. De fato, nenhum deles considerará que têm trabalhado o suficiente a literatura até que tenha lido todos os autores mais prestigiosos e conhecido todos aqueles que tenham escrito alguma coisa sobre esse assunto. De igual maneira, no caso em questão, o arquiteto examinará com muita atenção todas as obras que tenham recebido a aprovação pública, fará o desenho delas, medirá as suas proporções, as levará consigo reproduzidas em modelos feitos à escala; estudará e compreenderá as ordens, a colocação, as tipologias e as proporções de cada elemento, sobretudo daqueles elementos de que se serviram os autores das obras de maior envergadura e importância, pessoas que, devemos supor, foram de grande valor, posto que souberam administrar despesas tão notáveis.

Todavia, não se deve entusiasmar pela enorme monumentalidade dessa classe de obras, tanto como para não ir mais além (grande empreendimento — disse aquela pessoa — é o do camponês), mas sim deverá, sobretudo, buscar em cada elemento o que há de precioso e de admirável, em virtude de uma solução muito pensada e remota ou de qualquer novidade; e acostumar-se a não dar a aprovação a nada, exceto no caso em que seja excepcional e merecedor de admiração por parte do intelecto; e aquilo que ganhar sua aprovação, seja o que for e onde for que se encontre, tome-o como exemplo para imitá-lo; por outro lado, naquilo que entender possa ser melhorado, aplicará sua arte e sua inteligência com o fim de retificá-lo e de corrigi-lo; e ainda, também aquilo que não resultar malfeito, esforçar-se-á para melhorá-lo com as forças de seu intelecto.

O arquiteto deve exercitar sempre sua inteligência com a investigação implacável e veemente das questões de maior importância, em um desejo para alcançar os maiores conhecimentos; deste modo recolherá e se apropriará dos valores mais recônditos, mais ocultos e íntimos da natureza, não somente os dispersos e os espalhados, em benefício de seu próprio espírito, para usá-los em suas obras e com eles conseguir o fruto da esplêndida glória. Experimentará também a alegria de exibir publicamente algum fruto de sua inteligência, para que o admiremos: como foi o encontrado por aquele arquiteto que levantou um templo sem usar nenhum instrumento de ferro; ou como o daquele que em Roma transportou um colosso em posição vertical, operação para a qual utilizou vinte e quatro elefantes; — isso também pode ser útil saber — ou como aquele outro que sabia extrair, de uma mina, um labirinto, um templo ou qualquer outra coisa destinada a uma determinada função.

Contam que Nero se serviu de arquitetos com mentes monstruosas, que concebiam somente empreendimentos tais que excediam as possibilidades humanas. Não aprovo o que eles faziam. A meu ver, os arquitetos devem fazer com que seus objetivos principais sejam a funcionalidade e a economia de recursos; de modo que, ainda que cada elemento deva ter objetivos ornamentais, todavia deverão ser dispostos de forma tal que resulte como sua finalidade precípua a funcionalidade. E me considerarei plenamente satisfeito se as soluções além de serem originais não deixarem de respeitar os comprovados critérios das obras antigas, e se, por outro lado, estes forem recriados e renovados pela inteligência do arquiteto.

Assim, dessa forma, ele estimulará as forças de seu próprio intelecto com o uso e a prática das coisas que contribuem para obter este conhecimento da forma mais louvável; e considerará um dever não somente ser experiente em sua área específica — que, se assim não fosse, ele não saberia nem o que professa —, mas também ter o conhecimento e a familiaridade com todas aquelas belas artes que convenham ao seu caso, e se preparará e irá adquirindo experiência, até o ponto de não ter mais necessidade, neste âmbito, de maiores ferramentas teóricas ou de um conhecimento mais amplo delas. E não cessará de estudar e de empenhar-se até quando compreender que chegou bem próximo daqueles que têm recebido os maiores elogios possíveis. E tampouco se julgará satisfeito, se houver alguma técnica que possa ser útil para alguma coisa que possa conseguir com arte e com inteligência, até que a tenha alcançado e assimilado totalmente, e até que tenha conseguido, na medida de suas forças, alcançar a forma mais perfeita e definitiva.

As disciplinas que são úteis ao arquiteto, aliás, estreitamente necessárias, são a pintura e a matemática; no que diz respeito às outras, não tem muita importância se as domina muito ou não. De fato, não daremos ouvidos a quem afirmar que o arquiteto deve ser pessoa entendida em lei, pelo fato de que no decorrer de seu trabalho deva enfrentar problemas jurídicos concernentes ao desvio dos cursos d'água, à determinação dos limites, ao anúncio das obras e muitas outras coisas desse gênero reguladas por prescrições de lei. Tampouco se exigirá que o arquiteto conheça perfeitamente a astronomia, pelo fato de que seja conveniente construir as bibliotecas orientadas para o norte e os banhos para o ocidente. Não vou afirmar também que deve ser músico, pelo fato de que se empreguem nos teatros os vasos de ressonância; ou que deva ser retórico pelo fato de que deva expor previamente ao contratante o que pretende fazer: pois, para poder falar com competência, oportunidade e sabedoria, é suficiente que os argumentos a serem abordados tenham sido meditados com conhecimento, ponderação e diligência — fatores que são os principais e de maior importância na oratória.

Em minha opinião, o arquiteto não deve ser incapaz de falar, não deve estar privado por completo do sentido da harmonia musical. Bastará que não construa em terreno público, ou em terreno alheio; que não tire a luz a ninguém, que não prejudique os outros com os beirais ou com a tubulação da água, que não deixe os seus auxiliares passarem por terrenos de terceiros; que lembre da rosa dos ventos, com os seus nomes e as respectivas procedências. E se tiver uma formação superior, não me queixarei com certeza. Em qualquer caso, o arquiteto não poderá prescindir dos conhecimentos da pintura e da matemática, assim como o poeta não pode dispensar noções sobre a voz e as sílabas; e não sei se é possível e suficiente um conhecimento modesto dessas disciplinas.

No que me diz respeito, devo confessar que em muitas ocasiões me vieram à mente projetos de construções que em um primeiro momento me pareciam absolutamente louváveis, enquanto, ao contrário, uma vez desenhados, revelavam erros, e gravíssimos, exatamente naquele aspecto que mais me agradara; voltando em seguida a considerar com mais ponderação o que tinha desenhado, e medindo suas proporções, reconhecia e deplorava meu descuido; finalmente, tendo fabricado os modelos, muitas vezes, examinando separadamente os seus elementos, dava-me conta de ter errado até nos números. Não peço porém que o arquiteto seja igual a Zêuxis na pintura, ou a Nicômaco na aritmética ou a Arquimedes na geometria; bastará que ele domine os elementos pictóricos que abordamos em nosso livro; que tenha adquirido também os conhecimentos de matemática aplicada à prática, reunindo conhecimentos sobre ângulos, números e linhas. Bastará que ele domine os elementos pictóricos que abordamos em nosso livro; bastará que tenha adquirido também os conhecimentos de matemática aplicada que foram ideados com fins práticos, conhecimentos em que se misturam ângulos, números e linhas: como é o caso dos métodos para a medida dos pesos, das superfícies, dos volumes, que se transmitem com os nomes de *podismata* e de *embata*. Com o conhecimento dessas disciplinas e também com o esforço e o cuidado, o arquiteto conseguirá favores, riquezas, fama e glória ante a posteridade.

CAPÍTULO XI

Não quero descuidar de um conselho importante para o arquiteto: não deve prometer espontaneamente sua colaboração a qualquer pessoa que assegura que vai levar a cabo a construção de um edifício. E me questiono se não seja mais conveniente, ao contrário, esperar que eles a solicitem várias vezes; de fato, devem confiar em ti por própria iniciativa aqueles que desejam servir-se de teus conselhos. Em outras palavras, por que eu vou explicar espontaneamente o meu grande valor e utilidade, sem contrapartida nenhuma, para que me deem sua confiança este ou aquele incompetente? Efetivamente, em minha fé, merece uma grande recompensa quem torna um outro mais experiente, com seus conselhos, em uma certa área, fazendo com que ele economize uma grande quantidade de recursos e contribuindo em grande medida às comodidades e ao seu prazer. Por tal razão, é próprio de um homem prudente conservar a dignidade; basta proporcionar a quem nos consulta conselhos sinceros e bons desenhos.

E se por ventura resolves assumir voluntariamente as funções de diretor e executor da obra, quase não será possível evitar que todos os defeitos e os erros dos demais, tanto se foram fruto da inexperiência como do descuido, sejam atribuídos somente a ti. Tais trabalhos devem ser encomendados a colaboradores eficientes, sérios, rigorosos, que sejam capazes de levar a cabo o necessário com diligência, com esmero, com assiduidade.

Creio também que se deve procurar, até onde seja possível, tratar exclusivamente com os cidadãos mais notáveis, muito generosos e apaixonados destas coisas; de fato, o serviço prestado a qualquer pessoa que não seja de condição alta é desvalorizado. Em que acreditas que pode contribuir o apoio das personalidades mais importantes, para as quais se dedicou a trabalhar, para que alcances a glória? No que me diz respeito — à parte o fato de que quase todos, não sei por qual razão, quando seguimos o parecer e a opinião dos mais ricos, parecemos pessoas mais sensatas e judiciosas do que somos na realidade —, alimento o desejo que o arquiteto tenha à sua disposição, com comodidade e abundância, tudo aquilo que lhe é necessário para executar o seu trabalho; coisa de que muito frequentemente os mais pobres sentem menor exigência, porque possuem poucos recursos. Pode-se constatar ainda como, em duas obras de caráter análogo, seria igual a genialidade e o esforço dos dois artistas, mas a qualidade e o valor dos materiais utilizados para construí-las fazem com que uma seja muito mais apreciada que a outra.

Recomenda-se, enfim, que nunca se enfrente imprudentemente um empreendimento absolutamente fora do comum e nunca visto, em busca de glória. Tudo aquilo que se quer expor ao público deve-se avaliar e analisar nos mínimos detalhes. É um trabalho árduo pôr em prática por meio do trabalho de terceiros o que se concebeu com a própria inteligência; e além do mais, se compreenderá facilmente que dispor com livre arbítrio do dinheiro dos outros dá origem inevitavelmente a contestações.

Seria ainda desejável que se evitasse, de qualquer modo, cair naquele inconveniente que muitas vezes acontece, que quase todas as obras de maior importância não sejam privadas de erros graves e muito reprováveis. Todos sempre fazem questão de censurar, dirigir, julgar a vida, os ofícios, os usos e os costumes dos outros. As construções com as maiores proporções, por causa da brevidade da vida humana e por causa da dimensão das próprias obras, quase nunca poderão ser terminadas por quem as concebeu. Mas os que lhes sucedem, por causa da ambição, desejam absolutamente inová-las em alguma parte, e tirar vantagem disso; dessa atitude decorre o estrago e a ruína de muitos edifícios que outros tinham começado bem. Eu acho que se deveriam manter fiéis às intenções dos autores, as quais foram certamente fruto de uma profunda reflexão. De fato, aqueles que em origem deram início à obra podem ter sido guiados por determinadas intenções que nós também, após um exame mais prolongado e um juízo mais exato, poderíamos descobrir.

Finalmente, aconselhamos não iniciar qualquer tipo de experimento sem o parecer, aliás, a decisão, dos homens mais competentes. Dessa forma se contribuirá de forma substancial com o bom êxito do edifício e nos precaveremos contra as acusações dos detratores.

Falamos das obras públicas e das obras particulares, das obras sacras e das profanas, das que têm um caráter funcional, ornamental ou de prazer. A única coisa que resta a dizer é como pode ser possível promover correções e restauros àqueles inconvenientes que se tenham originado, no edifício, pela incompetência e pelo descuido do arquiteto, ou por causa de danos causados pelas intempéries ou pelo homem, ou por causa de circunstâncias desfavoráveis dificilmente previsíveis.

Espero que essa tentativa encontre a aprovação das pessoas cultas.

Livro x
O restauro

CAPÍTULO I

Como temos que abordar nas próximas páginas a retificação dos defeitos nos edifícios, é preciso considerar quais e de que classe são aqueles defeitos que podem ser corrigidos pela mão do homem. De fato, da mesma forma pensam os médicos que a maior parte dos remédios atuam em função do conhecimento que se tem da enfermidade.

Dos defeitos dos edifícios, tanto dos públicos como dos privados, alguns são próprios e circunstanciais, ocasionados pelo arquiteto; outros têm sua origem em causas externas; e, por sua vez, alguns podem ser corrigidos com o ofício e a inteligência, outros não podem ser corrigidos de nenhuma maneira. Procedentes do arquiteto são aqueles que mostramos, assinalando-os quase com o dedo, no livro imediatamente anterior. De fato, uns defeitos têm sua origem no intelecto, outros no braço executor: ao intelecto obedecem a escolha, a divisão, a distribuição, a delimitação, quando estas são malfeitas, desordenadas e confusas; os defeitos do braço executor são o preparo, o ajuste, a aplicação, a conjunção descuidada e sem conexão etc., defeitos em que incorrem com facilidade as pessoas desajuizadas e ineficazes.

Os defeitos que têm sua origem em causas externas a duras penas podem ser enumerados, em minha opinião. Entre eles se encontra o ditado tão conhecido: o passar do tempo vence tudo; e são insidiosas e muito poderosas as armas da velhice; nem podem os corpos subtrair-se às leis da natureza, para não envelhecer; até o ponto que alguns acham que o próprio céu seja mortal, posto que é um corpo. Nós percebemos quão poderoso é o calor do sol, a frieza da sombra, as geadas, os ventos. Constatamos que sob a ação deles se despedaça e se desfaz o mais duro dos sílices, e que rochas enormes são arrastadas desde os picos mais elevados e se arruínam pelos efeitos da tempestade, até o ponto de rolar arrastando consigo parte da montanha. Há também os danos provocados pelos homens. . . por Deus! Não posso deixar de sentir náuseas ao ver que por incúria — para não usar um termo desagradável: por avareza — dos demais, se arruínem edifícios que por seu reconhecido valor e esplendor tinham sido respeitados pelos bárbaros e pela fúria do inimigo; ou tais que até o tempo, um destruidor tenaz, os teria facilmente deixado durar eternamente. Acrescentem-se os incêndios súbitos e fortuitos, raios, os terremotos, violentas inundações, e os numerosos acidentes extraordinários, imprevisíveis, impensáveis, provocados pela força inusitada da natureza, e cuja ação pode danificar e perturbar a obra bem concebida de qualquer arquiteto.

Dizia Platão que a ilha de Atlântida, de um tamanho não inferior à de Épiro, tinha desaparecido. Pelos historiadores sabemos que Bura e Hélice foram destruídas, tragada pela terra uma, pelas ondas a outra; que o pântano de Tritônide desapareceu de repente; e que, ao contrário, nas proximidades de Argos desbordou de repente a lagoa Estinfálide; que nas proximidades de Teramene se formou subitamente uma ilha com fontes termais; e do espaço marinho existente entre Terásia e Tera se espalhou um grande fogo que, ardendo durante quatro dias seguidos, tornou o mar incandescente, e que em seguida emergiu uma ilha, com doze estádios de comprimento, em que os ródios construíram um templo a Netuno protetor; em outro lugar a população de ratos aumentou de tal forma que causou uma pestilência; e da Espanha se enviaram embaixadores ante o senado, em demanda de ajuda para enfrentar os estragos causados pelos coelhos. Na obra intitulada *Theogenius* recolhemos outros muitos fenômenos parecidos com os citados.

Porém, nem todos os defeitos que têm sua origem em causas externas são de tal natureza que não podem ser resolvidos; e tampouco os causados pelos arquitetos podem sempre ser remediados. De fato, as obras que estão estropiadas por completo e deterioradas em seu conjunto não são suscetíveis de receber melhoras. Assim mesmo, quanto às que se encontram em um estado tal que não podem ser melhoradas senão revolucionando todo o seu desenho, a sua reparação não é preferível à sua demolição e ulterior reconstrução. Porém não insisto neste tema.

Continuemos, por nossa parte, com os edifícios cujas condições podem ser melhoradas mediante reparos; e em primeiro lugar os públicos. O maior e mais espaçoso deles é a cidade, ou melhor, se nos é permitido emitir esta interpretação, o ambiente em que está situada a cidade. Se o arquiteto fundou a cidade em uma certa localidade sem o cuidado necessário, pode ser que esta apresente defeitos que devem ser eliminados. De fato, ou está pouco protegida frente às irrupções por surpresa dos inimigos, ou é de um clima hostil e pouco saudável, e não proporciona a abundância de produtos que requer a atividade cotidiana. Desses assuntos pretendemos falar agora.

Há uma via de comunicação natural entre Lídia e Cilícia tremendamente estreita, até o ponto em que, diria, foi desejo da natureza fazer uma porta. Na embocadura do desfiladeiro, que os gregos denominam de *pylai*, há um caminho que é defendido por três homens armados com o fundo interrompido por torrentes serpeantes procedentes do coração das montanhas. No Piceno há umas passagens estreitas parecidas com as que a gente chama de Fossombrônia, e muitas mais em outros sítios. Porém, acessos desse tipo, protegidos pela natureza, não se encontram por todas as partes à nossa disposição.

Parece, todavia, absolutamente possível imitar a natureza em muitos aspectos; que é o que, na maior parte dos lugares, fizeram muito prudentemente os antigos. Eles, efetivamente, para proteger uma zona contra as incursões dos inimigos, atuaram da seguinte forma: vou me referir a isto muito brevemente, procurando as notícias das biografias dos mais famosos chefes de Estado. Artaxerxes, por exemplo, mandou escavar junto ao Eufrates, uma fossa entre ele e o inimigo de sessenta pés de largura e dez milhas de comprimento. Os imperadores romanos levantaram um muro na Bretanha (Adriano entre eles), de oitenta milhas de comprimento, com o fim de manter afastados os bárbaros do território dos romanos; também Antonino Pio levantou na mesma ilha um muro de terra. Depois dele, Severo construiu um vale em sentido transversal, de um litoral a outro da ilha, de cento e vinte e duas milhas. Na Morgiana, região da Índia, Antíoco Sóter, no lugar em que fundou Antioquia, cercou a zona com um muro de mil e quinhentos estádios de comprimento. Também Sesóstris construiu um muro de mil e quinhentos estádios pela parte do Egito voltada para a Arábia, desde a cidade de Peluso até a do Sol, chamada de Tebas, através do deserto. Nérito, nas proximidades de Léucade, que em outra época tinha formado parte do continente, tendo desaparecido o istmo e deixado passagem livre ao mar, converteu-se em ilha. Os habitantes de Cálcis e os beócios, ao contrário, construíram um dique através do Euripo para unir a ilha de Eubeia com a Beócia, a fim de ajudarem-se mutuamente. Alexandre construiu seis praças-fortes ao longo do rio Oxo, não muito distantes entre si, com o fim de que, ante um ataque repentino dos inimigos, não tivessem que buscar reforços muito longe. Dá-se o nome de *tirsi* às praças-fortes, parecidas com os castelos, guarnecidas por um terrapleno, utilizadas frequentemente para impedir a passagem dos inimigos. Os persas tornaram inavegável o Tigre mediante a construção de cascatas, para que nenhum navio pudesse remontar seu curso com ânimo hostil; Alexandre, devido ao fato de que, ao que se diz, dizia que eram obra de um espírito pusilânime, mandou demoli-las e os persuadiu que era melhor se confiassem no valor de seus guerreiros. Há quem, mediante o desvio das águas, conseguiu que uma zona se assemelhasse à

Arábia, que, contam, estava muito protegida contra as incursões inimigas pelo Eufrates, graças aos pântanos e charcos que se formavam com suas águas. Dessa forma, com essas defesas fortificaram a zona em frente ao inimigo. Por meios idênticos conseguiram debilitar o campo dos inimigos.

Por outro lado, quais são os fatores que tornam um clima insalubre, os mencionamos amplamente no capítulo apropriado: agora, brevemente, se dirá que eles podem se agrupar mais ou menos nos dois seguintes tipos. O dano pode decorrer de uma excessiva violência do sol ou do frio gélido na sombra, ou de exalações danosas, tanto no caso em que os vapores procedam da terra quanto no caso em que a praga decorra do clima.

Pensa-se que o clima dificilmente se possa modificar por meio algum, salvo que venha ao caso aquele tão conhecido, que contam os escritores, a saber, que em algumas ocasiões se esconjuraram pestes ferozes aplacando aos deuses ou seguindo seus conselhos, como, por exemplo, o caso de um cônsul que cravou um prego. Não faltarão meios àqueles que moram na cidade ou no campo para se defenderem do sol e dos ventos; porém nada sabemos ao certo sobre os meios que podem proteger o conjunto; ainda que não me atreveria a dizer que seja impossível pôr remédio praticamente definitivo quando da terra emanarem exalações nocivas. Por essa razão não é este o momento para deter-me na questão de se é por efeito da energia do sol ou pelo ardor de suas vísceras internas que a terra exale dois tipos de vapores; a saber, o hálito, que, elevado ao ar, se condensa pelo frio nas chuvas e nas neves, e o sopro seco com que, pensam alguns, se origina o movimento dos ventos. Basta sabermos que um e outro emanam do interior da terra. E assim como dos organismos animais que exalam vapores percebemos que a emanação reúne as mesmas qualidades que o corpo do qual provêm, malcheiroso se de um corpo pestilento, agradável se de um cheiroso etc. (é evidente que em alguns casos acontece também que o suor e o vapor, que, de outro modo, não seriam apenas molestos por natureza própria, libertam por sua natureza um cheiro repugnante por terem-se impregnado da pestilência das roupas), assim também no caso da terra: efetivamente, o terreno que não está coberto totalmente de água nem tampouco suficientemente seco, mas sim lamacento, no meio entre um e outro, por múltiplas razões libertará emanações e vapores infectados e nocivos.

Aqui vem ao caso o seguinte: de fato, quando o mar tem muita profundidade, notamos que a água está fria, enquanto que em outros sítios está morna. Asseguram que isso se dá porque os raios do sol não podem imergir-se a demasiada profundidade, nem penetrar muito adentro; e como uma barra de ferro incandescente que seja imergida no óleo, se este for em quantidade modesta, logo liberará nuvens de fumaça acre e turbinosa; se, ao invés, ela está imergida em uma grande quantidade de óleo, se apagará sem emitir fumaça; [...].

Porém prossigamos com o tema que nos ocupa com a concisão com que começamos. Escreve Sérvio que, tendo-se drenado um pântano nas proximidades de uma cidade, e tendo-se desatado a peste por tal motivo, Apolo, ante a consulta de que tinha sido objeto, mandou que o drenassem por completo. No vale dos templos havia uma ampla extensão de água estancada: Hércules a limpou escavando um fosso, e queimou a Hidra, conforme contam, no lugar em que afloravam as águas que destruíam a cidade vizinha; continuando, contam que dessa forma, eliminada a umidade supérflua e uma vez consolidado o terreno, as aberturas de onde jorrava a água foram fechadas. Aconteceu uma vez que o nível do Nilo cresceu acima do normal, e um grande número de diversos animais ficou preso na lama; em seguida, quando o terreno secou, aqueles corpos apodreceram, originando uma grande pestilência. Aos pés do monte Argeu, diz Estrabão, a cidade de Mazara conta com águas salubres em abundância: mas, se no verão lhes faltam saídas para que circulem, então têm uma atmosfera insalubre e pestilencial. No norte da Líbia, assim como na Etiópia, não chove, por isso os lagos se tornam frequentemente pantanosos, por causa da seca; e isso explica a multiplicação desmedida de gafanhotos e de outros animais similares que nascem de corpos em decomposição.

Contra esse tipo de pestilências e frente ao efeito da putrefação se poderá usar com muito proveito ambos os remédios de Hércules: se escava um canal, para evitar que o terreno se torne lamacento pelo contato com a água, e, em seguida, se o expõe aos raios do sol: de fato, entendemos que desse tipo de fogo se serviu Hércules. E será conveniente encher os pântanos com pedras, de terra ou de areia. Por outro lado, no momento oportuno se dirá de que forma se possa encher facilmente com areia de rio as fossas de águas estagnadas. Diz Estrabão que, no seu tempo, Ravena era periodicamente afetada pelo mau cheiro, devido ao fato de que o mar a inundava em numerosas ocasiões; ainda assim, porém, sua atmosfera não era malsã. E se perguntam com estupor a que se devia tal contradição; a não ser que, por ventura — como dizem que acontece em Veneza — isso se deva ao fato de que os pântanos circunstantes não se estancam nunca pela ação dos ventos e da maré. Contam que o caso de Alexandria foi também muito parecido com este; porém no seu caso a situação é ocasionada pelas enchentes que o Nilo experimenta no verão.

Assim, então, seguiremos as indicações da natureza a respeito do que se deva fazer. Efetivamente, em alguns casos convirá drenar completamente, em outros, deixar que flua a água trazida de um rio, de um riacho ou do mar; em outros, por último, escavar, uma vez eliminada a terra, até o lugar mais profundo de onde brota a água. Basta acerca deste tema.

CAPÍTULO II

É preciso ainda tomar medidas para cobrir a falta de elementos necessários, se for o caso. Não volto a repetir quais são tais elementos, pois são óbvios: alimentos, roupa, telhado e, sobretudo, água. Tales de Mileto dizia que a água era o princípio das coisas e dos homens na sociedade. Aristóbulo afirma que viu mais de mil povos abandonados em [...] devido, ao que parece, ao fato de que o rio Indo havia desviado seu curso. Eu, por minha parte, não poderia negar que a água é para os seres vivos uma espécie de fonte de calor e de alimento vital; e o que diremos então dos vegetais, e dos outros produtos de que se serve o homem? De modo que penso que, quanto cresce e se multiplica na terra, tudo se converterá em nada se retirarmos a água. Nas regiões do Eufrates o gado é conduzido fora das áreas de pasto, porque, conforme dizem, engorda demasiadamente pela excessiva exuberância dos prados; consideram que o excesso de umidade seja a razão desse fato. E que no mar se criem seres de enorme tamanho se deve, sobretudo, a que na água haja uma grande abundância de alimento. Aos reis dos espartanos, conta Xenofonte, era permitido, por causa da dignidade de sua classe, ter um espelho d'água na porta de sua casa. Em ocasião das núpcias, das cerimônias de purificação e, definitivamente, em quase todos os ritos utilizamos a água conforme um ritual antiquíssimo.

Todos esses fatos são sinais de quão grande era o valor que nossos antepassados atribuíram à água. Porém, quem pode negar que sua abundância forneça à raça humana muitos serviços e muita ajuda de várias formas, até o ponto de se pensar que se dispõe de uma quantidade nada depreciável unicamente quando há à disposição uma enorme quantidade capaz de abastecer todas as necessidades? Consequentemente, começaremos pela água, dado que dela, conforme dizem, nos servimos tanto quando estamos saudáveis quanto quando estamos doentes.

Os masságetas regaram seu território abrindo múltiplos canais no curso do rio Araxes. O Tigre e o Eufrates foram desviados para a Babilônia, porque esta tinha sido construída em uma área seca. Semíramis construiu um aqueduto até a cidade de Ecbatana mediante a perfuração de uma montanha de vinte e cinco estádios de altura, com um canal de quinze pés de largura. Um rei da Arábia, ao esperar a chegada de Cambises em um lugar determinado, canalizou água procedente do rio árabe Coris até lugares desérticos e secos — se acreditamos no que diz Heródoto —, mediante um aqueduto feito com pele de touro. Em Samos causava admiração, dentre outras construções originais, um canal de setenta estádios de cumprimento, que atravessava uma montanha de cento e cinquenta orgias de altura. Uma admiração idêntica despertava um túnel em Mégara, uma construção de vinte pés de altura, por meio da qual eram conduzidas até a cidade as águas de um manancial. Porém, em minha opinião, Roma superou nisso, e em grande medida, as demais cidades, tanto pela magnitude das suas obras assim como pela originalidade das soluções aplicadas e pela quantidade de águas canalizadas.

Nem sempre haverá na superfície rios e mananciais de onde se possa trazer água para canalizá-la. Alexandre mandou escavar poços ao largo da costa do Golfo Pérsico, para abastecer sua frota. Aníbal, ao ver-se pressionado por Cipião, conta Apiano, nas proximidades da cidade de Cila, por causa da falta de água, mandou escavar poços no meio da planície, com que satisfez as necessidades do exército. Além disso, nem todas as águas que se encontram são adequadas para o consumo humano. De fato, não somente se encontram algumas que são quentes, outras frias, algumas que são doces, outras que são amargas ou ácidas, umas são puríssimas, outras lamacentas, viscosas, gordurosas, resinosas, outras que petrificam inclusive o que se imerge nelas, outras que em um mesmo ponto fluem meio transparentes, meio turvas, e outras que ao longo do mesmo leito têm em alguns pontos sabor doce e em outros salgado e amargo; há também outros fatores dignos de serem mencionados, em virtude dos quais as águas se diferenciam completamente entre si por sua natureza e por suas características, fatores que têm uma grande repercussão sobre os homens, tanto positivos quanto negativos. E me permitam, então, mencionar algumas anedotas surpreendentes e agradáveis acerca das propriedades dos vários tipos de água.

A fonte de Arsinoe, na Armênia, dilacera as roupas que se lavam nas suas águas. A água da fonte de Diana, em Camerino, não pode se misturar com o vinho. Um manancial que há em Debris, cidade dos Garamantes, dá água fria de dia e água quente de noite. O rio Elbeso, em Segesta, se torna quente de repente no meio do seu caminho. Em Épiro há uma fonte sagrada que apaga todos os objetos que queimam e queima aqueles que estão apagados. Em Elêusis a água de uma fonte esguicha quando se toca a flauta. Os animais que não são do lugar mudam de cor se beberem nas águas do Indo. Também na costa do Mar Vermelho há um manancial tão assombroso, que se as ovelhas beberem nele logo sua lã se torna escura. No território de Gádara há umas águas que, se o gado beber nelas, perde o pelo e as unhas. Próximo do mar Hircânio há um lago que contagia de sarna qualquer pessoa que se molhe nele, para cuja cura o azeite é o único remédio. Em Susa há umas águas que fazem com que caiam os dentes. Nas proximidades do estranho Gelônio há um manancial que torna estéreis as mulheres, e outro que as torna férteis; em Quios há um que torna as pessoas tontas; em [...], existe uma água que, uma vez saboreada, sem ser bebida, causa a morte por causa das risadas; em [...], as águas matam somente ao lavar-se nelas. Na Arcádia, perto de Nonacris, há um tipo de água puríssima, segundo os demais, porém tão venenosa, que não há nenhum recipiente metálico que consiga contê-la. E, ao contrário, há águas que devolvem a saúde: em Pozzuoli, em Siena, em Volterra, em Bolonha, e todas aquelas que são frequentadas na Itália toda. Porém, é mais surpreendente o que contam da Córsega, onde se encontra um tipo de água capaz de soldar de novo os ossos fraturados, que servia também como antídoto contra os venenos mais fulminantes. Nas proximidades de [...], há umas águas que inspiram bom juízo e previsão. Na Córsega havia igualmente um manancial que curava a vista, mas que também tornava cego um ladrão que mentia publicamente ao lavar-se nela. Basta do tema. Acontece ainda que em alguns sítios não se encontra, de forma alguma, água, nem pura nem impura. Por isso, na Apúlia toda se estabeleceu o hábito de recolher e guardar a água pluvial dentro de tanques.

CAPÍTULO III

No que diz respeito à água, quatro são as operações que se devem levar em conta: encontrá-la, encaná-la, selecioná-la, conservá-la. Disso devemos falar. Porém devem-se fazer, antes, algumas considerações que têm a ver com o uso da água em geral.

A água, eu acredito, somente pode ser conservada em vasos; e estou de acordo com quem afirma que, por essa razão, o mar é uma espécie de vaso desmedido, e também com quem, analogamente, considera que um rio é igualmente um vaso muito alongado. Porém há uma diferença, a de que no segundo as águas fluem e se deslocam por sua própria natureza, sem que atue nenhuma força externa; no primeiro caso, ao contrário, seria fácil que as águas permanecessem em repouso, se não fossem agitadas pela força dos ventos. Não me deterei nas conhecidas questões filosóficas, a saber, se as águas se dirigem para o mar como se se tratasse de um lugar de repouso, se ao influxo da lua se deve que o mar suba e baixe alternadamente em suas marés; nada disso terá a ver com o tema que nos ocupa. Não se pode deixar de constatar algo que vemos com nossos próprios olhos: a água tende por natureza a dirigir-se para as zonas baixas; não consente nunca que haja ar debaixo dela; não se mistura com nenhum corpo que seja mais leve ou mais pesado do que ela pesa; propende a encher todos os espaços côncavos em cujo interior flui; quanto mais nos esforçamos para conter a potência que lhe pertence, com tanta maior obstinação ela resiste e pressiona; e não cede no seu esforço até quando conseguir, na medida das suas forças, as condições que possibilitam o seu repouso; uma vez alcançado um lugar em que repousar, quer somente ficar a sós consigo mesma; se nega a misturar-se com o resto dos elementos; e a sua superfície superior está nivelada em altura idêntica em todos os pontos da orla.

Da obra de Plutarco recordo algo que tem a ver também com as águas. Perguntava-se, de fato, se a água, uma vez perfurada a terra, brotaria como o sangue de uma ferida, ou se, melhor, fluiria aos poucos, como o leite produzido nas mamas da ama de leite. Há quem assegure que as águas que fluem continuamente não brotam como se tivessem sido contidas num vaso, mas sim se geram de forma contínua nos sítios de onde jorram, e não a partir de um ar qualquer, mas sim justamente daquele mais propenso a converter-se em vapor: efetivamente, a terra e especialmente as montanhas estão cheias de aberturas, como uma esponja, através das quais o ar contido se engrossa e se condensa. Isso, supõe-se, é demonstrado, além de outros indícios, pelo fato de que os rios mais importantes nascem de montanhas enormes. Outros não compartilham totalmente esta opinião, e a questionam: por quê, por exemplo, o rio Píramo, que não é um rio absolutamente pequeno (pois é navegável), assim como muitos outros, não nasce de montanhas, mas em plena planície? Provavelmente, então, será menos questionável afirmar que o terreno se embebeda de águas pluviais, e que essas penetram nele por causa de seu peso e de sua fineza, depositando-se gota após gota nas cavidades. Pode-se, de fato, notar que aquelas regiões em que as chuvas são muito escassas têm falta total de água. O nome da Líbia, dizem, decorreria de *Lipigia*, porque nela raras vezes chove e por isso está privada de água. Em sentido contrário, é claro que as águas abundam nos lugares em que chove mais.

Outra constatação que se deve levar em conta é que há evidência de que quem escava um poço não encontra água até chegar ao nível do rio. Em Volsconium, cidade montanhosa da Etrúria, em um poço de enorme profundidade — de fato, desceram duzentos e vinte pés antes de alcançar uma veia aquífera — não se encontrou água até chegar ao nível de umas fontes que brotam da parte lateral da montanha. O mesmo fenômeno se pode constatar nos poços de todas as áreas de montanha.

Sabe-se que uma esponja absorve a umidade da atmosfera: e graças a isso se obtém uma balança com que equilibramos a pressão e a secura dos ventos e da atmosfera. E eu, por minha parte, não poderia de forma alguma negar que a umidade da noite é atraída pela terra lisa ou que se introduz por sua própria iniciativa em suas aberturas, e é suscetível a liquefazer-se com facilidade. Todavia, não consigo me resolver a apoiar uma teoria, sendo tão diversas as teorias dos autores que escrevem sobre este assunto, e tão numerosos e variados os casos que se apresentam na experiência direta.

Ocorre, por exemplo, que em muitos lugares, de repente, ou em decorrência de terremotos ou sem uma causa aparente, brotam fontes, que duram por muito tempo, e se extinguem em momentos diversos, algumas cessando no verão, outras no inverno; e houve algumas que, após terem secado, sucessivamente voltaram a ser ativas com muita abundância de águas. Aconteceu também que brotassem fontes não somente da terra, mas até no meio do mar, com água doce. Por vezes, dizem, brotam águas até das plantas. Em uma ilha do arquipélago chamado "Ilhas Afortunadas" crescem, diz-se, canas grandes como árvores, das quais, quando são pretas, extrai-se um líquido, e quando são brancas, jorra água puríssima e muito boa para se beber. Surpreende um fato referido por Estrabão, autor muito sério: nos montes da Armênia se encontrariam animais com a forma de vermes, nascidos no meio da neve, e cheios de uma água que se pode beber tranquilamente. Em Fiesole e em Urbino, ainda que sejam cidades de montanha, escavando se encontra logo água, porque o terreno é composto por pedras seguradas por argila. Parece ainda que haja torrões que contêm água puríssima em uma cavidade do próprio revestimento.

Disso tudo se deduz que o conhecimento da natureza é uma coisa realmente difícil e extremamente incerta.

CAPÍTULO IV

Voltamos ao nosso tema. As águas escondidas se poderão encontrar mediante indícios. Estes serão dados pela configuração do lugar e pela composição do terreno em que se busca a água; e por alguns meios inventados pela habilidade do homem. É natural que um lugar de forma sinuosa ou côncava resulte constituir uma espécie de vaso, pronto para receber água. Onde o sol é particularmente violento, como a umidade será eliminada pelos seus raios, encontrar-se-á pouca ou escassa quantidade de água; ou seja, se se encontrar água na planície, será desgostosa, pegajosa e salobra. Nas montanhas, nos lados voltados para o norte, e nos lugares muito sombreados, sempre haverá água disponível. Os mais ricos de água são os montes que ficam nevados durante mais tempo. Observei também que nos montes com os cumes planos e com prado nunca falta água; aliás, pode-se verificar que quase todos os cursos de água se originam de lugares desse tipo. Observei também que as fontes brotam somente naqueles lugares em cujos pés e proximidades aparece unicamente terreno compacto e sólido, e sobre aqueles em que se alonga uma planície, ou que estão cobertos por terra rala e solta; se examinarmos com cuidado a questão, dever-se-á concordar que a água emana de uma bacia que tem um lado furado. Eis porque os terrenos mais compactos são menos ricos em água, e a têm somente superficialmente, enquanto aqueles mais soltos a possuem em maior quantidade, mas somente a uma considerável profundidade.

Conta Plínio que em alguns lugares, pelo fato de ter-se produzido um desmatamento, tinha brotado água. Conta Flávio Josefo que Moisés, como estava a ponto de sucumbir pela sede em sua peregrinação pelo deserto, encontrou veios de água a partir da presença de grama no terreno. Emílio, tendo chegado com seu exército até o monte Olímpio e passando dificuldades por causa da escassez de água, conseguiu encontrá-la orientado pela frondosidade dos bosques. A alguns soldados, que iam buscando água, uma menininha indicou uns veios na Via Colatina; seguindo-os, os escavadores descobriram uma fonte copiosa, perto da qual construíram um pequeno templo, com uma pintura retratando o acontecimento.

Se o terreno ceder com facilidade sob a pressão dos pés e, às vezes, ficar preso a eles, é sinal de que debaixo há água. Também é indício da existência de águas subterrâneas nas proximidades o fato de que nesse lugar nasçam e cresçam plantas que buscam a proximidade da água e se desenvolvem com ela: como salgueiros, canas, juncos, heras e outras plantas que não podem alcançar o tamanho que lhes é próprio senão alimentando-se de água em abundância. Diz Columela que o terreno em que se criam videiras frondosas, ou que produza sobretudo sabugueirinho, trevo e espinheiro é bom e está provido de veios de água doce. Também a abundância de rãs e de lombrigas, de mosquitos e de nuvens de pequenos insetos, ali onde voando formam enxames, são sinal de que no subsolo desse lugar há água.

Os indícios ideados pela sagacidade da inteligência são os seguintes: observaram, de fato, os investigadores que tanto a terra em seu conjunto como, especialmente, as montanhas estavam constituídas por capas, a modo de páginas, umas compactas, outras ligeiras, umas grossas, outras finas. E observaram que, no caso das montanhas, essas camadas estão dispostas e acumuladas uma sobre a outra, de modo que as fileiras das capas de sua parte externa e as linhas de juntura estavam dispostas horizontalmente da direita à esquerda, enquanto que da parte interna as camadas se inclinavam obliquamente até o coração da montanha, com a totalidade de sua superfície superior inclinada de uma maneira uniforme, porém em disposição descontínua até o centro. De fato, a cada cem pés aproximadamente as camadas apresentam um corte transversal em forma de escalão; e logo continuam partindo de um e de outro lado e até o centro da montanha, com os níveis interrompidos conforme dissemos, de uma forma gradual.

Em consequência, uma vez constatados os fatos citados, as pessoas de inteligência aguda compreenderam que as águas, tanto as endógenas quanto as pluviais, se acumulavam nos resquícios e nas interseções existentes entre as camadas umedecendo, consequentemente, o interior da montanha. Em decorrência disso, tentaram perfurar o monte na direção das águas ocultas, a partir precisamente do lugar em que confluem os cortes das camadas e as linhas dos níveis: o lugar mais apropriado para este fim é aquele em que os nervos das montanhas, unindo-se entre si, formam uma cavidade.

Chegaram, ademais, à conclusão de que as camadas são de natureza distinta e diversas entre si, na hora de recolherem e emitirem a água. De fato, as rochas de cor vermelha não deixam nunca de entrar em contato com a água, porém costumam enganar, porque o líquido desliza por entre os resquícios que esse tipo de rocha possui em abundância: e qualquer tipo de sílice úmida e amadurecida, que está despedaçada e com a superfície muito enrugada, é fácil que indique a presença de água; uma terra leve assinala a presença de uma grande quantidade de água, porém de sabor ruim; o saibro firme, ao contrário, e a areia que recebe o nome de carbúnculo procuram água segura, muito saudável e inesgotável; no caso da argila acontece o contrário: por ser, de fato, realmente compacta, não proporciona água do seu interior, porém impede a infiltração da que vem do exterior; no saibro se encontram águas escassas, lamacentas e depositadas no fundo; da argila brota pouca água, mas mais doce que as outras; aquela que se recava do tufo é mais fria; a que se obtém da terra negra é mais cristalina; no que diz respeito ao cascalho, se for rala, não é seguro o êxito da perfuração; mas se, à medida que vamos descendo, vai ficando mais densa, há mais probabilidades de alcançar a água, que, em ambos os casos, terá um bom sabor.

Foi revelado também o meio engenhoso através do qual se pode detectar o lugar em que se encontra um veio subterrâneo. Eis aqui os conselhos. Ao surgir da madrugada de um dia despejado, deitamos de bruços no solo e apoiamos o queixo na terra; em seguida observamos o terreno circundante em toda sua extensão. E se se vir no ar vapores ondulantes que se levantam, como os que costuma produzir o fôlego das pessoas com o frio invernal, pensa-se que nesse lugar há água. Porém, para adquirir maior certeza, escavamos no lugar um fosso de quatro cúbitos de profundidade e largura; de noite, ao se pôr o sol, colocamos em seu interior uma ânfora recém-tirada do forno, um tosão de lã suja, um vaso de argila crua ou um recipiente de cobre virado e untado de azeite; cobrimos o fosso com tábuas e terra. Se no dia seguinte, pela manhã, a ânfora aumentou de peso, se a lã está umedecida, se o vaso se umedeceu, se na superfície do recipiente há gotas; ou, ainda, se colocando uma lâmpada acesa dentro do fosso ela consumiu menos azeite, ou se o terreno emitiu fumaça ao acender um fogo, não haverá nenhuma dúvida que nesse lugar haja água.

Não deram explicação suficiente acerca da época em que seja mais conveniente levar a cabo tais operações. Porém em outro trecho de outros autores encontramos o seguinte: a terra e os organismos vivos têm muita umidade durante a canícula — o que ocasiona que, durante esses dias, as árvores tenham uma grande quantidade de humores debaixo de sua casca; nessa mesma época, ademais, as pessoas sofrem de disenteria e os corpos são atingidos com frequência pelas febres por causa do excesso de umidade que apresentam; também o nível da água, nessa época, sobe mais que o normal. Pensa Teofrasto que isso é causado pelos ventos do sul que sopram naquela época e que são por natureza portadores de umidade e de neblina. Aristóteles assegurava que a terra se vê obrigada por um fogo interno, situado em suas entranhas, a emitir vapores. Se isso for verdade, a época mais adequada será aquela em que esses fogos têm mais força ou estão menos retidos pela abundância da umidade, ou em que a própria terra não é nem demasiadamente seca ou queimada. A meu ver, em específico, a época que parece mais apropriada é, nos lugares secos, a primavera; e nos mais frescos, o outono.

Uma vez, então, confirmada a nossa intuição por causa dos indícios mencionados, procederemos a escavar.

CAPÍTULO V

As escavações podem ser de dois tipos: um em profundidade, o poço, e o outro em largura, a galeria. Em alguns casos, os que estiverem escavando um poço correm perigo. Isso se deve à emanação de um vapor maligno, ou ao desmoronamento das paredes da fossa. Entre os antigos, os escravos condenados por algum delito eram enviados para as minas, em que morriam em pouco tempo por causa da insalubridade do ar. Contra as emanações recomendamos o seguinte: devemos mover o ar com uma ventilação contínua, e deve haver lanternas acesas, para que se, por ventura, o vapor existente for leve, se extinga com as chamas; se for denso, para que os escavadores tenham um medo que os ponha de sobreaviso e lhes possibilite uma rápida fuga em caso de perigo: de fato, no caso em que o vapor continue emanando, a chama se extinguirá. Porém se, por outro lado, as emanações se tornam mais densas e não cessam, deve-se produzir, dizem, em ambos os lados, à esquerda e à direita, respiradouros, a fim de que possa sair por eles o vapor insalubre com a máxima liberdade.

Contra o perigo de desabamento se execute a obra da seguinte forma: em primeiro lugar, no solo em que se pretende escavar o poço construa-se uma cornija de mármore ou de madeira extremamente robusta, com um perímetro igual ao que se deseja que o poço tenha. Essa será a base da obra que se deve executar. Assim, em seguida, construa-se sobre ela o parapeito do poço, de três cúbitos de altura, e deixe-se que seque. Quando tiver secado, encave-se o interior do poço, e se esvazie o que houver dentro. Far-se-á com que quanto mais a escavação avançar, tanto mais profundamente se adentre a construção. Em seguida, com a prossecução tanto da fossa quanto da construção, chegar-se-á sem perigo à profundidade desejada. Há quem prefira construir a parede do poço sem revestimento, para evitar que se obstruam os veios. Outros aconselham fabricar a parede tripla, para que a água brote mais pura do fundo.

Uma questão muito importante é em que lugar se vai levar a cabo a escavação. Efetivamente, dado que a terra apresenta várias camadas, umas sobres as outras, acontece em algumas ocasiões que a água pluvial se concentra, após ter passado por uma camada de detritos, na primeira camada compacta que encontra. Mas esse tipo de água deverá ser recusada, por ser impura. E, ao contrário, outras vezes acontecerá que, uma vez encontrada a água, ao continuar a escavação, o líquido se dissipa e desaparece de nossa vista. Isso se deve principalmente ao fato de que se perfurou o fundo do receptáculo em que estava contida. Por essa razão merecem a mais completa aprovação aqueles que desenham o poço da seguinte forma. De fato, deve-se fazer como quem quisesse fabricar um tonel, rodeando com anéis de madeira e com tábuas a parede interior do poço escavado, obtendo assim uma couraça circular dupla, de modo que entre uma e outra haja uma distância de um cúbito; nesse espaço vazio existente entre as armaduras, se coloca uma massa composta de saibro muito grosso ou, melhor ainda, composto por detritos de silício ou de mármore misturados com cal; e durante seis meses se deixa esse material secando e se consolidando entre as duas armaduras circulares. Essa obra substitui inteiramente as funções de um recipiente, de cujo fundo, somente, aflui jorrando uma água muito límpida e pura.

Se fizermos uma galeria, deveremos, ao escavar, tomar as mesmas precauções contra as emanações que indicamos antes. E para que não desmorone na sua parte frontal, deverá ser consolidada mediante apoios e em seguida se deverão construir coberturas abobadadas. Por outro lado, na galeria se deverão abrir vários respiradouros, alguns em sentido vertical e outros em sentido oblíquo, não tanto para a defesa contra as emanações nocivas quanto para facilitar a evacuação dos materiais residuais da obra.

Se acontecesse de, ao buscar a água, escavando, não se encontrarem as camadas do terreno sempre mais úmidas, e os instrumentos encontrarem sempre mais dificuldade para penetrar na terra, qualquer esperança de descobrir água seria vã.

CAPÍTULO VI

Uma vez descoberta a água, não se deve deixá-la, a meu ver, ao uso indiscriminado das pessoas; pelo contrário, já que as cidades necessitam de água em abundância não somente para beber, mas também para se lavar, para os jardins, para o uso dos curtumes e pisões, para os esgotos, e também muito especialmente para atender a eventualidade de um incêndio, é óbvio que se deve escolher a melhor água para beber; o resto da água se adequará às necessidades que aparecerem a cada momento.

Assegurava Teofrasto que a água, quanto mais fria for, tanto mais adequada resulta para as plantas. Assim mesmo, é um fato certo que a terra se torna mais revigorada com a água lamacenta e turva, sobretudo a que procede de um solo fértil. Aos cavalos não lhes agrada a água puríssima, engordam com as águas musgosas e tépidas. As mais duras são apreciadas pelos pisões. Nas obras dos naturalistas, encontro o seguinte: a água representa para a vida humana uma dupla necessidade, uma é de acalmar a sede, a outra a de conduzir até as veias, como se se tratasse de um veículo, os alimentos digeridos, de modo que seu concentrado, depurado e cozido seja passado para os membros. E dizem que a sede é um certo desejo de líquido, sobretudo frio. E consideraram que água fria, sobretudo depois do jantar, robustece o estomago das pessoas saudáveis; porém, se for demasiadamente fria, por pouco que seja, aturde inclusive os mais fortes, golpeia as vísceras, sacode os nervos, e elimina com sua crueza a possibilidade de cozinhar.

As águas do rio Oxo, dizem [...], por estarem sempre turvas, são tremendamente insalubres para beber. Os habitantes de Roma são atormentados por umas febres pesadas, ocasionadas pela instabilidade do clima, pelos eflúvios noturnos do rio e também pelos ventos que se levantam depois do meio-dia: efetivamente, esses ventos sopram no verão até as quatro da tarde, hora em que os corpos alcançam uma temperatura maior no verão, e constringem as veias. Porém, em minha opinião, tanto as febres como as enfermidades malignas se originam, em sua maior parte, nas águas do Tibre, que todo mundo bebe até quando não deixam de estar turvas. E tem cabimento o conselho que dão os médicos da Antiguidade, no sentido de que devemos nos servir com muitíssima assiduidade do vinagre de cebola marítima e dos laxantes contra as febres em Roma. Volto ao tema central.

Indagaremos qual é a melhor classe de água. Acerca das águas, Celso, o naturalista, estabeleceu os seguintes princípios: a mais leve é a de chuva, em segundo lugar a de manancial, em terceiro a de rio, em quarto lugar a de poço; em último lugar a que é fruto do degelo da neve ou do gelo; de pior qualidade que estas a que procede de um lago; e a pior de todas é a de pântano. A cidade de Mazara, situada na falda do monte Argeu, tem abundância de águas boas pelos demais, porém, devido àquelas que carecem de saídas por onde fluírem no verão, são malsãs e infectadas.

Todos os entendidos no assunto estão de acordo em afirmar que a água é um corpo sem mesclas e simples, em que radicam o frio e a umidade. Por conseguinte, diremos que a melhor das águas é aquela cuja natureza é totalmente privada de elementos estranhos e diferentes. Por isso, se não for completamente cristalina e não estiver livre de qualquer mescla com corpos de natureza viscosa, se tiver qualquer impureza em seu sabor ou em seu odor, inevitavelmente causará um prejuízo muito grande à saúde, obstruindo as denominadas vias respiratórias internas, tornando turvas as veias, e interrompendo e sufocando a passagem do ar portador de vida. Daí o que dizem: com razão a pluvial, justamente por estar formada de vapores muito sutis condensados, é a melhor de todas as águas; sob a condição de não apresentar um defeito, a saber, que se for conservada se corrompe com facilidade, fede e, uma vez adquirida uma maior densidade, provoca prisão de ventre. Isso acontece, segundo alguns, porque essa água se origina de nuvens, por uma fusão de uma mistura de água de procedências diversas e distintas entre si, por exemplo, do mar, em que desemboca toda classe de nascentes; e não pode haver nada tão inclinado a se corromper como a mistura indiscriminada de elementos diferentes. O calor resultante da mistura de muitos tipos de uva resiste mal à passagem do tempo. Entre os judeus havia uma antiga lei que proibia a semeação que não se levava a cabo com sementes escolhidas e da mesma classe, indicando com isso sua completa aversão à mistura de elementos de origem diferente. Quem está de acordo com Aristóteles considera que os vapores originados na terra, ao chegarem a uma zona fria da atmosfera, primeiro se condensam por efeito da frieza em uma espécie de neblina e logo se precipitam em forma de gotas de chuva; outros discordam dessa opinião.

Dizia Teofrasto que as árvores cultivadas adoecem com maior rapidez que aquelas silvestres; estas últimas, de fato, robustecidas por uma dureza a toda prova resistem melhor aos ataques do exterior; os cultivos, ao contrário, por sua própria debilidade, se mostram menos predispostos a se defenderem, devido ao fato de que estão dominados e enfraquecidos. A mesma opinião sustentam, no que se refere à água, aqueles que estão de acordo com ele: quanto mais brandas forem, tanto mais (por usar suas palavras) alteráveis serão. E asseguram que a isso se deve o fato de que a água cozida e enfraquecida ao fogo se esfrie rapidamente e de que, ao invés, se esquente rapidamente. Porém basta acerca da água pluvial.

Logo depois dessa, é preferida universalmente a água manancial. Porém aqueles que preferem os rios aos mananciais fazem o seguinte raciocínio: o que é um rio, se não um cúmulo de um grande número de mananciais, unidos em um único canal, cujas águas são alimentadas pela ação do sol, pelo movimento e pelos ventos? Sustentam também que até o poço é uma nascente, porém mais profundo. E se os raios do sol incidem nas características da água, é evidente quão dura será essa água; salvo que admitamos a teoria segundo a qual existiria um hálito ígneo nas entranhas da terra, que esquentaria as águas subterrâneas. As águas dos poços, diz Aristóteles, se tornam mornas no verão após o meio-dia. Há quem sustente que as águas do poço não estão, mas parecem geladas, em contraste com a atmosfera tórrida. É possível comprovar, por outro lado, contra uma ideia sustentada por muitas pessoas, que a água recém-extraída do poço não molha o cristal, se o recipiente em que estiver contida está suficientemente limpo e não impregnado de umidade.

Apesar de que dois dos princípios fundamentais de que constam todas as coisas, os denominados, sobretudo por parte dos pitagóricos, masculinos, o calor e o frio, são antitéticos, e a natureza e o poder do calor consistem em penetrar, em dissolver, em romper, em apossar-se da umidade e devorá-la, enquanto que os do frio consistem em comprimir, em constranger, em endurecer e em dar a forma; todavia, de ambos decorre de alguma forma, e especialmente no caso da água, um efeito quase idêntico, se se apresentam em excesso ou com demasiada frequência: ambos provocam, de fato, a consumação das partículas mais sutis, o que ocasiona a dessecação própria das queimaduras. A isso se deve o fato, tão conhecido, de se dizer que as árvores estão queimadas, tanto como consequência do calor quanto do frio: de fato, vê-se a madeira ficar queimada e nua por causa da consumação e do desaparecimento das partes menos duras pela ação do gelo e do sol. Pela mesma razão a água torna-se viscosa, por causa do sol, e igual à cinza, por causa do gelo. Entre as águas de qualidade comprovada existe, por sua vez, uma diferença. De fato, no que diz respeito à água pluvial é de suma importância em que época do ano foi recolhida, em que hora do dia, qual era o tipo de chuva, que vento soprava enquanto chovia; também é importante em que lugar foi conservada e por quanto tempo. Acredita-se que a água de chuva seja mais pesada no inverno. Asseguram que aquela que foi recolhida durante o inverno é mais doce que aquela que se recolhe durante o verão. As primeiras chuvas que caem após a canícula são de sabor amargo e infectadas, efetivamente são poluídas pelo contato com a terra queimada; e dizem que a terra tem esse sabor amargo por ter sido queimada pelos raios do sol. Daí que preferem a água recolhida do telhado àquela que procede do solo, e se considera muito salubre a água recolhida dos telhados após ter chovido outra vez, já que a precedente lavou o próprio telhado.

Os estudiosos da natureza que escreveram em cartaginês afirmam o seguinte: a chuva que tenha caído no verão, no meio de trovões, é impura e prejudicial por causa de seu conteúdo em sal. Considera Teofrasto que a água caída durante a noite é preferível àquela que cai durante o dia. Alguns deles acreditam que é preferível a água que tenha caído quando soprava o vento norte. Diz Columela que a água pluvial deixará de ser de má qualidade, se for canalizada mediante condutos de barro cozido até uma cisterna coberta: ao ar livre, de fato, corrompe--se facilmente pelo efeito do sol. Também em um recipiente de madeira se conservará livre de imperfeições.

As águas dos mananciais apresentam, assim mesmo, diferenças entre si. Aquelas que brotam das faldas dos montículos, acreditava Hipócrates, são as de melhor qualidade entre todas. Acerca dos mananciais, os antigos consideravam que entre os melhores se encontrava, em primeiro lugar, o manancial que está orientado para o norte ou, durante o equinócio, aquele que olhava para o oriente; em último lugar põem o manancial orientado ao meio-dia; aqueles orientados para o lugar de onde sai o sol no inverno os consideram muito próximos dos melhores; e tampouco depreciam os que olham para o oeste.

O terreno que costuma estar coberto pela presença constante de um finíssimo orvalho oferecerá águas de um sabor sumamente agradável. O orvalho, de fato, não se deposita nos lugares com atmosfera tranquila, pura e temperada. Teofrasto considera que a água se impregna da terra de uma forma não diferente de como o faz o suco da videira ou os frutos das árvores, elementos todos esses que trazem o sabor do terreno de que se alimentaram e das substâncias que estiveram em contato com as raízes. Os antigos disseram que se produzem tantas classes de vinho quantos são os tipos de terra em que se planta a videira. Os vinhos de Pádua, dizia Plínio, têm gosto de salgueiro, porque naqueles lugares se misturam as videiras com os salgueiros. Catão aconselha que as videiras se tratem com heléboro, para obter um purgante inócuo, pondo punhados desta planta debaixo das raízes da videira no momento de capiná-la. Por essa razão se preferem as águas que brotam da pedra viva àquelas que afloram penosamente em um terreno lamacento. Porém, eles consideram que as melhores de todas sejam as águas que destilam de uma terra que, se misturada com a água em uma bacia, até se obter barro, se deposite em seguida lentamente, e que deixe na água uma cor, um sabor, um odor, absolutamente puros. Por essa mesma razão pensava Columela que as águas de melhor qualidade são as que se precipitam de um penhasco, porque não se poluem por causa do contato com substâncias estranhas.

Porém, nem toda a água que flui dos penhascos é suscetível de receber o total beneplácito. De fato, se escorre em um leito escuro e flanqueado por paredes muito sombreadas e profundas, se torna áspera; se, ao contrário, corre por um leito amplo, nesse caso é fácil que me convença o parecer de Aristóteles: efetivamente, uma vez consumida a parte mais leve pela ação solar, se tornará mais densa.

Aqueles que escrevem a respeito põem o Nilo acima de todos os rios pelos seguintes motivos: em primeiro lugar, porque tem um grande comprimento, porque as terras que banha são muito puras e carecem de todo tipo de contaminação procedente de elementos em decomposição ou de humores nocivos, porque corre para o norte, e porque o seu leito é cheio e limpo. As águas que percorrem longas distâncias, de forma prolongada e lenta, não se pode negar, se tornam menos ásperas em seu deslocamento e mínguam menos pela fadiga, e, por consequência, estão bem expurgadas, por terem deixado no caminho a sujeira de que estavam carregadas.

Os antigos concordavam também no seguinte: a qualidade das águas não só é tal qual a da terra — como dizíamos há pouco — em que se albergam como se do seio de uma mãe se tratasse, mas são também influenciadas pela qualidade do terreno que atravessam; não somente pelo fato de que esses se impregnam em seu correr, mas sobretudo porque se mesclam com os humores da terra em que cresce a planta nociva. Daí se afirmar que as ervas ruins fazem com que as águas sejam insalubres. Em alguns casos se poderá encontrar água pluvial fedorenta e que às vezes tem um sabor amargo. Dizem que isso decorre do fato de que o lugar em que se originara a evaporação estava contaminado. Asseguram também que o humor da terra torna doce tudo aquilo com que entra em contato, quando alcançaram um amadurecimento natural, e tudo amargo, pelo contrário, quando está verde.

As águas que se dirigem para o norte, diria que são melhores talvez pelo fato de que são mais frias: efetivamente, se evitam os raios do sol, mas o sol as ilumina sem esquentá-las. Na situação contrária se encontram as que fluem até o sul: jogam-se, de fato, voluntariamente, digamos assim, nas chamas. Dizia Aristóteles que o fogo colocado por natureza no interior dos corpos se embota com o bóreas, já que ele é um vento frio, e se comprime no interior dos próprios corpos para não dissolvê-los, disso decorre que as águas se cozem mais; e é fato conhecido que esse mesmo fogo se extingue por causa do calor solar.

Contava Sérvio, apoiando-se na opinião dos entendidos, que os poços e as fontes de água não emitem vapores se estão cobertas. Isso se deve ao fato de que esse vapor débil não pode traspassar, cruzar nem remover uma atmosfera densa por causa do muro e do telhado; ao ar livre, em um ambiente amplo, difunde-se mais facilmente, e se espalha e se purifica como o respiro. Daí a recomendação de construir o poço ao ar livre, e não em lugar coberto dentro de um edifício. Pelos demais, os poços devem reunir os mesmos requisitos que se exigem no caso dos mananciais.

O poço e o manancial são de um gênero parecido, e não existe nenhuma diferença entre eles, exceto a forma diferente de fluir. Apesar disso se poderão encontrar com certa frequência poços cujos veios se movimentam com um fluxo amplo; e asseguram que não é possível que haja águas que não experimentam movimento: de fato, a água imóvel, seja onde for, é insalubre. E se de um poço se extrai muita quantidade de água a cada hora, deverá comportar-se exatamente igual a uma espécie de manancial de nível mais baixo. Ao invés, se a água do manancial em questão não desborda, mas permanece imóvel, tratar-se-á sem dúvida, mais que de um manancial, de um poço pouco profundo. Há quem acredita que não é possível que exista água acumulada e perene, como as pessoas afirmam, que não se desloque até a foz de um rio ou de uma torrente próxima. Opinião que eu compartilho.

Os juristas assinalam uma diferença entre o lago e o açude, a saber, que o lago tem água o ano todo, enquanto que o açude depende da estação; recolhe-se no inverno. Há lagos de três tipos: um, o fixo, digamos assim, que dispõe de sua própria água, permanecendo nos seus limites sem transbordar; o segundo, o que derrama as suas águas e origina, dessa forma, um rio; o terceiro tipo, o lago que recebe água de outra procedência e a devolve, por sua vez, para a foz. O primeiro compartilha a natureza do açude; o segundo é muito parecido com um manancial; o terceiro, se não estou enganado, é um rio que se dilatou naquele ponto. Por consequência, será útil repetir quanto já foi afirmado acerca do manancial e acerca do rio.

Uma coisa há ainda a ser acrescentada: a água, seja do tipo que for, que está debaixo de uma sombra é mais fria e cristalina, porém mais áspera que aquela iluminada pelo sol; ao contrário, as águas muito aquecidas pelo sol se tornam salobras e resinosas. Em ambos os casos, ajuda o fato de que se trate de águas profundas: neste caso, para que sejam capazes de suportar o calor abrasador do verão; naquele, para que possam resistir melhor às geadas.

O açude, por último, nem sempre é absolutamente danoso. De fato, considera-se que, quando abundam as enguias, as águas que as contém não são em absoluto prejudiciais. Dizem que a pior das águas estagnadas é aquela que cria sanguessugas; aquela que, em sua indolência, apresenta uma crosta na sua superfície; que dá náuseas por sua pestilência; que tem uma cor fosca ou pálida; que conserva de uma forma persistente sua densidade dentro de um recipiente; que é viscosa, pesada, resinosa; aquela que, usada para lavar as mãos, tarda em secar.

Porém, para resumir em poucas palavras o que se disse acerca das águas, convém que a água seja levíssima, limpa, fina, cristalina. A isso se deve acrescentar, assim mesmo, o que foi dito no primeiro livro. Ademais, resultará útil que se examine, dentro de alguns meses, o estado em que se encontra uma cabeça de gado que foi lavada e bebeu a água considerada a melhor de todas: qual é o estado dos seus membros e do seu organismo em geral; e se deduza, pelo aspecto de seu fígado, se a água é de boa qualidade. Dizem, de fato, que toda substância danosa manifesta os seus efeitos ao longo do tempo. E é claro que os males tardiamente detectados podem se tornar mais graves.

CAPÍTULO VII

Finalmente, uma vez encontrada a água e verificada a sua boa qualidade, deve-se pôr mão à obra para que seja canalizada da melhor forma possível e preste os seus serviços da maneira mais adequada. Os sistemas de condução da água são de dois tipos: de fato, ou é canalizada mediante um fosso ou se introduz dentro de condutos. Em ambos os casos a água não circulará se o sítio aonde se quer conduzi-la não estiver mais abaixo que o lugar de procedência. Porém há uma diferença: enquanto é preciso que a água canalizada corra, mediante condutos, sempre em pendência, aquela introduzida em fossos pode brotar até na subida durante certo tempo, em algum ponto de seu percurso. De todos eles temos de falar. Porém, antes, se deve mencionar algumas informações que dizem respeito ao tema que nos ocupa.

A terra, diz quem investigou a respeito, é de forma esférica, ainda que rugosa em uma grande parte por causa das montanhas, e coberta também em grande parte pelo mar; porém em uma extensão tão enorme apenas se percebem as rugosidades, e acontece como no ovo que, apesar de sua superfície ser rugosa, no conjunto de sua curvatura não têm relevância essas pequenas asperezas; e é um fato certo que o perímetro total da terra mede [...] estádios; e não se encontra em sua superfície uma montanha tão elevada, nem um mar tão profundo como para superar os quinze mil cúbitos em vertical — nem sequer o Cáucaso, cujo cume recebe a luz do sol até altas horas da madrugada. Na Arcádia se encontra o monte Cilene, o mais elevado da região : quem mediu sua vertical assegura que não supera os vinte estádios. E pensam que o mar deve ser considerado como um elemento muito parecido com uma cobertura, como quando um estrato de orvalho se deposita na superfície de um fruto.

Há quem diz, por brincadeira, que o criador do mundo se servira da cavidade marinha como quem se serve de um molde, no dia em que dava forma às montanhas. Os teóricos da geometria dizem algo que diz respeito a este assunto: se uma linha reta, tangente ao globo terráqueo, é prolongada em sentido longitudinal uma milha a partir do ponto de contato, o espaço existente entre a dita linha e o equador terrestre não será superior a dez dedos; por tal motivo, a água contida em um canal não se movimenta, mas fica estancada, a não ser que a sua foz vá descendo um pé completo a cada oito estádios de percurso em relação ao sítio em que a margem foi cortada (lugar que os juristas chamam de "talho", pelo corte praticado na rocha ou na terra, que se efetua para canalizar a água); se, ao contrário, a cada oito estádios se produzir um desnível de mais que seis pés, consideram que o canal de água se tornará inadequado para a navegação.

Por outro lado, para indagar se, a partir do "talho", a superfície do canal realizado para levar a cabo o desvio está situada em nível mais baixo, e qual é a medida de sua inclinação, inventaram-se certos instrumentos e um método sumamente eficaz. Os obreiros inexperientes o averiguam colocando uma bola dentro do próprio canal: se rolar, consideram que possua uma inclinação suficiente. Os instrumentos dos artífices são o nível, o esquadro e, em suma, todos aqueles que estão baseados no princípio do ângulo reto. O método em questão é algo complicado; porém falaremos somente dos aspectos que servem ao nosso caso. Trata-se de uma técnica de se determinar o início das visadas, que denominaremos de pontos.

Se o lugar em questão, para aquele que deve efetuar a canalização da água, é plano e livre de obstáculos, podemos observar os procedimentos de duas maneiras. De fato, colocam-se determinados sinais e pontos de referência, tanto a intervalos curtos quanto a grandes distâncias. Quanto mais próximos estejam entre si os pontos mais distantes do espaço intermédio, tanto menos se afastará o percurso da vista da curvatura da terra; por outro lado, quanto maior for a distância dos ditos intervalos, tanto mais inclinado estará o solo e a curvatura terrestre em relação à horizontal. Neste caso se observará que a cada milha se produz uma pendência de até dez dedos.

Porém, se, ao contrário, não se trata de uma planície livre de obstáculos, mas sim que apresenta um relevo no terreno, nesse caso os métodos também são dois: pode-se, por um lado, averiguar o desnível por parte do "talho"; por outro, pode-se fazê-lo por parte do emissário. Chamo de emissário o lugar de destino, onde se quer que chegue a água, para depois fluir em liberdade ou ser destinada a fins concretos. Neste caso, os desníveis se calculam mediante o traçado de "escalões" para efetuar as medidas. A partir da semelhança com os escalões pelos quais acedemos à parte alta de um templo, utilizo aqui a denominação de escalão. Eles são constituídos por uma linha (raio visual) que se origina do olho do observador mantendo-se à mesma altura — o que se consegue mediante nível e esquadro; e o outro o constitui a perpendicular que vai dos olhos de quem observa até os pés de quem efetua a medida. Sobre a vertical dos escalões estabelecidos do modo precedente se constata onde se produz o desnível maior, se entre o "talho" e o topo ou, ao contrário, entre o emissário e este.

O outro método consiste em traçar uma linha desde a parte superior do "talho" até a parte superior do relevo interposto, logo outro tanto até o emissário, e anotar, conforme os ditados da geometria, os ângulos que resultam. Porém, este procedimento é algo difícil de se entender, e não suficientemente confiável em sua execução. De fato, tratando-se de uma distância grande, o erro que possa produzir-se na percepção de quem observa, por pequeno que seja, tem uma enorme repercussão no resultado.

Em relação com este método estarão alguns recursos, de que falaremos em seguida, que nos serão de muitíssima utilidade, se por ventura se deve canalizar água até uma cidade mediante o "corte" de um relevo, para determinar a direção. Far-se-á como segue.

No ponto mais alto do relevo, desde onde se possa ver por um lado o "talho" e por outro o emissário, uma vez aplanado o terreno se traçará nele um círculo de dez pés de diâmetro: o dito círculo se chamará de horizonte. No centro do círculo crave-se uma estaca, de modo que fique em posição vertical. Uma vez feito isso, o diretor dos trabalhos dará voltas ao redor do circuito, pelo lado de fora, buscando o lugar em que a linha de mira, dirigida para um dos dois extremos do percurso que será dado ao canal, chegue até o extremo citado e alcance a parte inferior da estaca cravada no centro do círculo. Por consequência, nesse lugar preciso e determinado do horizonte do círculo o arquiteto marcará a referida linha de direção, que cortará de um lado até o outro a circunferência do círculo traçado. Essa linha será o diâmetro do próprio círculo, dado que corta em ambos os lados a circunferência do círculo passando pelo centro. Se, olhando no sentido oposto, essa mesma linha, prolongada longitudinalmente, toca por um lado o "talho" e por outro o emissário, o canal para a comunicação da água se fará em linha reta seguindo essa direção; porém, se não o tocarem, sendo que um, o diâmetro voltado para o "talho", e o outro, o que está voltado para o emissário, seguiram direções distintas, nesse caso a interseção de ambas as linhas na estaca do centro mostrará qual é a diferença que existe entre ambas as direções. Nós, por nossa parte, nos servimos com ótimos resultados do círculo mencionado para a descrição de cidades e regiões, assim como para a execução de galerias subterrâneas. Porém dele tratamos em outra obra.

Assim, quaisquer que sejam as características do canal, tanto se for mediano por ser a água destinada ao consumo, como se for grande por estar destinado à navegação, acerca de sua direção seguiremos os critérios que expusemos anteriormente. Porém a obra que requer um canal para a circulação de um regime maior não é a mesma que requer um de regime menor. Nós, por nossa parte, trataremos em seguida, conforme nosso propósito, da canalização da água potável, e logo após trataremos das águas navegáveis.

Uma obra de canalização é de fabricação ou de escavação. O canal escavado será de dois tipos: pode atravessar um território plano ou cruzar as entranhas de uma montanha, e neste caso se chama de galeria. Em todos esses casos, quando se encontrarem rocha, tufo, argila bastante compacta ou outro material desse tipo, que não deixa que a água filtre, não será necessário construir; em câmbio, quando o fundo e as laterais não resultem sólidos, nesse caso se deverá construir. Se o canal em questão for subterrâneo, então se levará a cabo a sua escavação segundo os métodos de que falamos mais acima. Nas galerias se abrirão respiradouros do lado externo de forma sistemática a cada cem pés, se escavarão e, ali onde o exijam as características do terreno, estarão reforçados por estruturas murárias.

Vimos entre os marcos, junto ao emissário do lago Fucino, uns poços construídos em elegante ladrilho cozido e de uma profundidade incrível. Em Roma, no ano 441 da fundação da cidade não existia nenhum aqueduto de construção; mais tarde a situação chegou a um ponto tal, que até chegaram a canalizar rios suspensos. E asseguram que em Roma houve [...] aquedutos de construção contemporaneamente, com cujo aporte de água qualquer casa era abastecida em abundância.

Porém, em princípio, construíam tubulações subterrâneas. Isso tinha algumas vantagens: de fato, tal tipo de obra estava menos exposta às lesões; ademais, a água, dado que as tubulações não sofriam as geladas nem a canícula do verão, se oferecia com maior comodidade e mais fresca; e não era fácil que os inimigos, em um golpe, cortassem as tubulações. Logo, por grandeza do refinamento, ou seja, para que se pudesse ter esguichos de água nas fontes dos jardins e nas termas, começaram a fazer tubulações sobre arcos, em construções de mais de cento e vinte pés de altura em alguns sítios, de sessenta milhas de percurso. Isso tinha também suas vantagens: efetivamente, dessa forma, até em Trastevere moíam trigo graças ao aqueduto, e quando este foi destruído por mão dos inimigos foram disponibilizadas embarcações para efetuar a moedura; além disso, em decorrência da abundância de água, a aparência e o ar de Roma se tornaram mais limpos e higiênicos. Os arquitetos dispuseram os instrumentos necessários para marcar as horas e as demais divisões de tempo que exige a vida civil, com a alegre harmonia que produziam os objetos em movimento; de fato, pequenas figuras de cobre situadas perante a fontes do emissário pareciam passeando, brincando ou celebrando um desfile triunfal; podia-se também ouvir a música de um órgão e os acordes de sons extremamente melodiosos e agradáveis graças ao movimento produzido pela água.

Os canais de construção eram cobertos por uma estrutura abobadada de uma certa espessura, para evitar que a água esquentasse por causa do sol, e por dentro a cobriam com o revestimento com que, dissemos, se cobria o pavimento, de uma espessura de ao menos seis dedos.

As partes de um canal de construção são as seguintes: no "talho" se encontra o estreitamento; logo, ao longo do curso do canal, se intercalam depósitos de distribuição; e ali, onde o relevo do terreno origina um obstáculo, se escava uma galeria; na outra extremidade da canalização, junto ao emissário, se faz uma entrada de água. Tais elementos são definidos por parte do jurista da seguinte forma: o canal é um lugar que vai baixando ao longo de seu curso; os estreitamentos são os elementos que se aplicam ao "talho" para desviar a água; os depósitos de distribuição são os lugares em que se contém a água que é de uso público; a galeria é um lugar com as paredes elevadas de onde se pode observar a água do alto; a entrada é a última parte do conduto, de onde a água se difunde para o exterior.

É necessário que todos esses componentes sejam construídos com paredes sólidas, com o fundo sumamente estável, de revestimento compacto e absolutamente permeável. Na entrada do estreitamento se situa uma porta, com que se pode impedir a passagem da água, se a correnteza for excessivamente turbulenta, fechando suas portas, e reparar os condutos, no caso em que se tenham danificado em algum ponto, sem que água dificulte as operações. Debaixo se colocará um filtro de cobre, para que a água circule mais limpa, livre de galhos, frondes e outro tipo de lixo.

A uma distância de cem cúbitos do estreitamento se construirá um depósito de distribuição, e, a mais cem cúbitos de separação outro depósito ou uma galeria, de vinte pés de largura, trinta de comprimento e quinze de profundidade a partir do fundo do canal: isso para que a terra misturada, que a água leva consigo ao circular, arrastada pela força da correnteza, ao encontrar um lugar de repouso, se deposite imediatamente e resulte uma quantidade de água mais limpa no canal.

Na entrada, a quantidade de água que se derrama para o exterior variará em função da força da correnteza do rio e do calibre do tubo por onde brota a água. De fato, quanto mais abundante e veloz seja a correnteza de que se origina a água, quanto mais livre é seu percurso e maior a pressão, tanto maior será a sua quantidade; sem dúvida nenhuma, se a correnteza for fraca, a quantidade de água diminui. O tubo disposto horizontalmente e em linha reta segurará a quantidade de água; e que o próprio tubo, usado para canalizar a água, se desgasta por causa, digamos assim, do seu contínuo fluir, é um fato comprovado, assim como não há nenhum metal mais resistente que o ouro. Basta, portanto, sobre como canalizar a água mediante escavações e construções.

Uma outra forma para canalizar a água é através de tubos de chumbo ou mediante condutos de barro: efetivamente, os médicos asseguram que os de chumbo produzem escoriações no intestino; idêntico inconveniente apresentará o cobre. Os especialistas asseguram que aquilo que se bebe e se come em um recipiente de barro tem um sabor melhor: afirmam, de fato, que o lugar de repouso por natureza da água e de tudo que a terra produziu é, sem nenhuma dúvida, a própria terra. Os tubos de madeira fazem, às vezes, com que a água adquira uma cor e um sabor desagradáveis. Os tubos devem ser muito resistentes. Os recipientes de cobre provocam elefantíase, câncer, dor no fígado e no baço.

No tubo, o diâmetro interno medirá não menos que quatro vezes a espessura de sua parede. As calhas se juntarão encaixando-se umas nas outras. Limpar-se-ão com cal viva mesclada com azeite, e se fortalecerão com uma estrutura sumamente firme e se reforçarão com um amontoado de grandes pesos sobre si, sobretudo lá onde o curso da água descreva uma curva, ou onde, após ter-se baixado significativamente, volta a direcionar-se para o alto, ou onde uma curva particularmente estreita produza um câmbio brusco de direção. De fato, as calhas cederiam com facilidade perante a violência da água e o deslocamento de um volume tão considerável as despedaçaria. Para evitar esse risco, os especialistas na matéria se serviam, sobretudo, de curvas fechadas, de pedra viva, em particular de uma vermelha perfurada, para tal fim. Vi pedaços de mármore de mais de doze pés de comprimento, perpassados de cima abaixo por um orifício de um palmo de largura; coisa que conseguiram, conforme pudemos deduzir a partir de hipóteses com muitíssima probabilidade de serem certas e de indícios extraídos da própria pedra, com um tubo de cobre trabalhado no torno e com areia.

Para evitar também o perigo de desabamentos, reduzir-se-á a velocidade da água com curvas, não fechadas, mas sim moderadas, dispostas de modo que uma vez virem à direita, outra, à esquerda, que uma vez também subam e que baixem outra, alternadamente. Neste caso será oportuno também colocar dispositivos que fiquem à guisa de estreitamento e de depósito de distribuição, não somente para que a água se limpe, mas sim, e sobretudo, para que, se se produzirem algumas imperfeições, resulte mais fácil localizar o ponto que deve ser consertado. Porém o depósito não se colocará na zona mais baixa do vale, nem onde a água fique obrigada a brotar por causa da pressão, mas sim deverá ser colocado onde a correnteza conserve de modo permanente uma velocidade média.

E se por ventura o conduto deverá ter um traçado que requeira a sua passagem por um lago ou um açude, isso se conseguirá com um custo muito pequeno da seguinte forma: peguem-se vigas de madeira de azinheira, e nelas, ao longo da madeira, executar-se-á um sulco de uma largura e profundidade iguais ao calibre do conduto; no referido sulco disponham-se as calhas, aplanando-as com cal e prendendo-as com robustos ganchos de cobre; em seguida unam-se ao longo do lago as madeiras, dispostas nas extremidades uma à continuação da outra em fila indiana, e as juntem da seguinte forma: peguem-se tubos de chumbo da mesma grossura que as calhas, de tantos pés de comprimento quanto seja necessário para dobrá-los comodamente onde for preciso. Esses tubos, permitam-me dizê-lo assim, serão encaixados nas calhas, espalmando as junturas com uma mistura de cal e azeite e serão reforçados com ganchos de cobre; formar-se-á, disposta desse modo, uma estrutura de madeira apoiada em balsas, de maneira que chegue até a margem contrária, com ambas as extremidades da construção colocadas em lugar seco em ambas as margens. Depois, onde o lago alcança uma maior profundidade, em primeiro lugar se deixe que submerja por meio de cordas, aos poucos e todas juntas, a estrutura de madeira disposta com as calhas, com o resto do dispositivo mencionado. Dessa forma acontecerá que os tubos de chumbo se dobrem conforme o requeira o traçado, e a estrutura de madeiras se deposita no fundo do lago do modo mais adequado.

Assim, uma vez instalado o conduto, a primeira vez que circular a água introduza-se ao mesmo tempo um pouco de cinza, para que, se houver alguma juntura que não esteja suficientemente selada, seja enchida. Dar-se-á também água aos poucos, pois se fosse dada de jeito, encheria os tubos de vapores; e é inimaginável quão poderosa é a força da natureza, quando o ar se comprime dessa forma e está constrito em um lugar estreito. Encontro nas obras de medicina que os ossos das pernas do corpo humano se fraturam facilmente por causa dos vapores que contêm em seu interior. Os hidráulicos fazem com que a água suba disparada do interior de um recipiente até o alto comprimindo o ar entre duas colunas de água.

CAPÍTULO VIII

Abordarei agora as cisternas. A cisterna é uma espécie de recipiente bastante grande, não muito diferente de um depósito. Em consequência, é preciso que o seu fundo e as suas paredes sejam perfeitamente herméticas, sólidas e duradouras. E há de dois tipos: um para conter água potável; o outro para cobrir as demais necessidades, por exemplo, para extinguir incêndios. Ao primeiro tipo denominaremos de "potoria" (que serve para beber); analogamente, há quem chame de "escario" a um recipiente de prata (que serve para comer); o segundo tipo, por sua vez, que serve somente para conter todo tipo de águas e cujo único requisito é a sua capacidade, o chamaremos de "cisterna de capacidade". É sumamente importante se a cisterna fornece água pura ou impura. Em ambos os casos se deve providenciar que a água seja conduzida convenientemente ao seu interior, que se conserve convenientemente, que se destine convenientemente aos usos a que está destinada.

É evidente que a água que se canaliza para o interior de uma cisterna procede de um rio ou de um manancial; e igualmente existirá por todas as partes o costume de recolher a água de chuva dos telhados ou do pátio. Porém, a mim, agrada-me sobremaneira o achado de um arquiteto que produziu, ao redor de uma rocha proeminente de grandes dimensões e nua, situada no alto de uma colina, um orifício de dez pés de profundidade, com o fim de, à guisa de cornija circular, recolher do topo nu da montanha em questão a totalidade da chuva caída. Por outra parte, em um lugar plano, aos pés das colinas, construiu uma "cisterna de capacidade" aberta por todas as partes, de ladrilho, de trinta pés de altura, quarenta de largura e quarenta de comprimento; e ao seu interior canalizava, por meio de condutos subterrâneos, a chuva recolhida precedentemente do orifício de cima. De fato, o orifício encontrava-se muito acima da cobertura da cisterna.

Se se cobrir o fundo da cisterna com cascalho ou com areia de rio de grano grosso bem lavada, ou melhor, se se encher até um certo nível, de, por exemplo, três pés, ter-se-á uma água pura, cristalina, fresca; e quanto maior for a espessura da citada capa, mais límpida será a água que der.

No caso das cisternas, em algumas ocasiões a água escapa por entre os interstícios de uma cisterna de capacidade mal acabada e com fissuras. Em alguns casos, a própria água se corrompe e se torna pestilenta. Por outro lado, é extremamente difícil conter a água entre quatro paredes, a não ser que o muro seja de uma construção sumamente robusta e feita com pedra ordinária. E convém, muito em especial, que a própria obra esteja perfeitamente seca antes de permitir a passagem da água no seu interior: de fato, por causa de seu peso, exerce pressão, transuda com a umidade e, uma vez que encontra os poros, os consome escorrendo por eles, até que consegue fluir com a mais absoluta liberdade como por um tubo após tê-lo dilatado. Para pôr remédio a este inconveniente, os antigos aplicavam, sobretudo nas esquinas, um maior número de camadas no reboco, e em cima da superfície dispunham, com muito cuidado, lajes de mármore. Porém, não existe nenhum procedimento mais eficiente para evitar esse tipo de perda que introduzir argila entre o muro da cisterna e o costado do fosso, muito bem prensada mediante fortes golpes. Nós, por nossa parte, aconselhamos o emprego, em obras deste tipo, de argila absolutamente seca e pulverizada.

Há quem acredita que se se fechar hermeticamente com cal misturada com azeite, para evitar a penetração da água, um recipiente de cristal cheio de sal, e o colocar no interior, de modo que fique boiando dentro da água a uma altura média, se logrará que as águas não se corrompam por muito tempo. Alguns acrescentam também mercúrio. Há quem pensa que se introduzir um recipiente novo de barro cheio de vinagre cáustico e bem tampado, conforme indicamos, desaparecerá em seguida o mofo da água. Dizem que a cisterna e o poço se tornam mais limpos se forem colocados peixes em seu interior: de fato, crê-se que os peixes se criam e alimentam com o mofo da água e a umidade da terra.

A Antiguidade nos transmitiu o famoso ditado de Epígenos: a água, uma vez corrompida, com o tempo se depura e volta a estar limpa, logo não se corrompe mais. A água que começar a corromper-se perderá seu mau cheiro se se remover com força e se trasvasar uma e outra vez. É um fato certo que outro tanto acontece também com o vinho e com o azeite mofados. Moisés, encontrando-se — conta Flávio Josefo — no deserto, e não havendo outra água além de um poço de água amarga e suja, mandou que se pegasse; após ter o exército cumprido suas ordens, tornou-se potável, por terem-na sacudido e agitado como dissemos. É certo que as águas se depuram com o cozimento e a destilação. No caso das águas nitrosas, assim como no das amargas, se mitiga seu sabor, dizem, colocando em seu interior polenta, de modo que em duas horas pode-se bebê-la.

Porém, no caso das cisternas, para conseguir uma água mais depurada, acrescentar-se-á um pequeno poço provido de seu próprio muro, situado em um lugar conveniente, com o fundo um pouco mais baixo que a cisterna. E esse poço terá no seu flanco umas janelinhas tampadas com esponja e com pedra-pomes, com o fim de evitar a penetração da água no interior do referido poço, exceto no caso de que tenha perdido os elementos mais grossos que se encontram suspensos e esteja bem limpa. Em Tarragona, na Espanha, há uma pedra-pomes de cor branca provida de porosidades, pelas quais se destila logo uma água sumamente limpa.

Ficará limpa, também, se se tampar a abertura pela qual vai a passar com um recipiente totalmente cheio de poros e preenchido com areia fluvial, de modo que a água penetre através daquela areia finíssima. Em Bolonha se encontra um tipo de tufo arenoso de cor avermelhada, pelo qual a água se destila gota a gota tornando-se puríssima.

Há quem faça pão com a água do mar, a que mais propicia infecções: a ação dessa classe de destilações, a que nos referimos, é tão efetiva que a tornam salubre. A água do mar — diz Solino —, se for filtrada com argila, se torna doce. E é um fato comprovado que o sal se elimina quando se filtra a água várias vezes com areia fina de torrente. Se mantivermos submergido no mar um recipiente de barro bem tampado, se encherá de água doce. E não será inoportuno lembrar aqui a seguinte anedota: uma vez que se derrame, em um recipiente, água turva do rio Nilo, roçando com uma amêndoa a superfície e as bordas da água, logo se tornará clara. Basta sobre este tema.

No caso em que os condutos comecem a obstruir-se pela lama, introduza--se uma noz-de-galha ou uma rolha de cortiça atada à um fio fino e bastante longo. Quando a correnteza em seu fluir levar rolha ao longo dos condutos até a extremidade inferior, amarrar-se-á a esse fio outro mais forte e, posteriormente, um cordel de esparto. Em seguida, puxando de um lado e de outro as cordas, os materiais que obstruíam serão eliminados.

CAPÍTULO IX

Passamos a ocuparmo-nos de outros assuntos. Dissemos que os cidadãos necessitam de alimento e vestimentas. Esses elementos os providenciará a agricultura. Não entra dentro do plano estabelecido ocupar-me desses temas; não obstante haja alguns fatores, no que diz respeito ao arquiteto, que podem ajudar o agricultor. Isso acontece, sem dúvida, quando o terreno não é em absoluto apropriado para o cultivo, ou porque árido, ou porque excessivamente transbordante de água. Sobre tais assuntos convirá fazer algumas brevíssimas observações.

Uma videira poderá ser plantada em um prado, se o lugar for úmido, da seguinte forma: escavar-se-ão uns fossos alinhados de leste a oeste e em paralelo, o mais profundo possível, com uma largura de nove pés, a quinze pés de distância uns dos outros; e a terra extraída dos fossos se amontoará entre eles, de modo que pelo lado, em declive, dê o sol do meio-dia. Dessa forma, com os montículos artificiais a videira ficará mais segura e, sobretudo, mais fértil.

Em câmbio, tratando-se de uma colina de terreno seco, conseguir-se-á fazer um prado da seguinte forma. Na zona mais elevada se escavará uma fosso alongado, não para favorecer o correr da água, mas sim sua estagnação, fazendo, portanto, as suas bordas bem niveladas e horizontais. Nele deverá ser canalizada a água procedente dos mananciais das cercanias, a transbordar continuamente, e de maneira uniforme pela borda regará o terreno que se encontra a seus pés. No campo de Verona, com um terreno cheio de pedras redondas e, no restante, espoliado e estéril por completo, mediante a contínua irrigação de determinados lugares, conseguiram que se cobrisse de torrões, transformando-se em um prado exuberante.

Para que se forme um bosque em uma área pantanosa, revirar-se-á o terreno com o arado e se arrancarão as ervas de raiz; depois, de madrugada, se semearão bolotas de carvalho. Com essa semeação o lugar se encherá de árvores, graças às quais se consumirá o excesso de umidade. Ademais, com o crescimento das raízes e a cumulação da folhagem e de galhos caídos, o solo irá se elevando imperceptivelmente com o passar do tempo. Se fizerem passar por cima uma torrente de água turva, de modo que se depositem os materiais que arrasta, com a sua sedimentação se obterá uma crosta superficial. Porém disso falaremos em outro momento.

Porém se, ao contrário, a zona se vê sujeita ao tormento das inundações, como vimos que acontece na Gália Padânea, ou em Veneza etc., temos que fazer algumas considerações: de fato, a água causará danos por sua quantidade, por seu deslocamento ou por ambas as circunstâncias de uma vez. Nós, por nossa parte, trataremos dessas questões muito sucintamente.

Cláudio perfurou uma montanha nas proximidades do lago Fucino e canalizou o excesso de água até o rio Ripi. E quiçá também por idêntico motivo Marco Cúrio canalizou a água do lago Piediluco até o rio Nera. Assim mesmo, vemos que as águas do lago de Nemi foram canalizadas, mediante a perfuração de uma galeria debaixo de uma montanha, até o lago Laurente, o que ocasionou que se livraram da água aqueles maravilhosos jardins e o fértil pequeno bosque que se encontravam debaixo do lago Nemi. César havia decidido escavar um grande número de fossos nas proximidades de Lérida, para com eles desviar uma parte das águas do rio Segre. O Eremanto, cujo curso apresenta frequentes enseadas, está tão aproveitado por parte dos camponeses que utilizam as suas águas para regar o campo, que o que sobrar das suas águas desemboca no mar sem ter mais nenhum nome. Ciro mandou ramificar o Ganges por meio de numerosos canais; diz Eutrópio que seu número foi de quatrocentos e sessenta, e que o rio viu reduzidas as suas águas até o ponto que poderia ser atravessado por uma pessoa sem molhar os pés. Junto à tumba de Aliate, em Sardes, tumba que em sua maior parte foi construída por meninas, se encontra o lago artificial de Colo, destinado a conter a água das inundações. Meris escavou, nas proximidades de Mênfis e acima da altitude da cidade, um lago de trezentos e sessenta estádios de perímetro por cinquenta cúbitos de profundidade, para conter o Nilo se por ventura tivesse experimentado um crescimento demasiado grande. No caso do Eufrates, com o fim de evitar que derrubasse as casas da cidade, além de diques de contenção, escavaram também lagos para conter a violência de suas águas. Construíram igualmente enseadas de enorme tamanho, para com elas servir-se da água estagnada e em repouso, frente ao embate da correnteza.

Assim, então, falamos das águas, nos casos em que se apresentam em quantidade excessiva e, em certa medida, de quando seu movimento supõe um perigo. E se falta algum aspecto deste tema, o mencionaremos muito em breve, quando falarmos do rio e do mar.

CAPÍTULO X

Falaremos agora dos meios com que, da forma mais conveniente possível, podem-se procurar com comodidade em outros lugares aqueles produtos que o seu meio ambiente não pode proporcionar-lhes. A tal fim contribuirão as vias de comunicação, como as estradas, que devem reunir características tais que sejam capazes de possibilitar o transporte dos elementos necessários da forma mais viável, com comodidade e no momento oportuno.

Dois são os tipos de via de comunicação — algo de que oportunamente falamos antes, a terrestre e a fluvial. Para evitar que a estrada seja lamacenta e que se desgaste com os carros, além da elevação do terreno, de que falamos em outra ocasião, deve-se fazer com que receba muito sol, muito ar, muito pouca sombra. Em um pequeno bosque de Ravena, em nossos dias, uma estrada se tornou comodíssima, de tão estropiada como estava, por terem-na alargado com o corte de árvores e permitido que o sol chegasse até ela. Por esse lugar é possível observar que, debaixo das árvores que se encontram aos lados da estrada, porque o solo neste ponto tarda mais a secar-se, por culpa da sombra, lá onde há pisadas de cavalo se formam charcos, que com a chuva sempre se enchem de água e se tornam maiores.

A via fluvial será de dois tipos: uma, aquela que é possível conter, como o rio e o canal; a outra, a que não se pode conter, como acontece com o mar. E me parece que posso afirmar que nos rios se apresentam os mesmos defeitos que no caso de um vaso, em que às vezes o fundo e os lados não são apropriados, não são compactos, não são adequados. De fato, posto que para o transporte por barco se precisa de uma quantidade de água nada depreciável, essa água, se não estiver contida por paredes sólidas, desbordará, fluirá e se espalhará por todas as partes causando estragos, de modo que inclusive pode chegar a provocar transtornos nas vias terrestres. Ademais, se o fundo apresenta um declive demasiado pronunciado, a correnteza, sem dúvida, em seu fluir repelirá as embarcações que naveguem em sentido contrário. Além disso, se o fundo tiver alguma aspereza proeminente ou algum desnível, isso constituirá um obstáculo. Tendo-se levado a cabo o transporte de um obelisco do Egito à Roma, constatou-se que o Tibre é mais apto para a navegação que o Nilo: enquanto este apresentava um comprimento considerável, o primeiro apresentava maior profundidade. E com vistas à navegação não necessitaremos tanto de água em abundância, mas sim de profundidade; então a largura também é um fator importante: de fato, as margens fazem com que as águas fluam mais demoradamente.

Quando o rio não tem um leito estável, tampouco seus flancos serão firmes. Instável é todo aquele leito que não se ajuste às características que, digamos, deva reunir o terreno destinado a albergar uma construção, isto é, que saiba resistir ao ferro com sua solidez. E será instável o leito cuja ribeira seja de argila, constituída por um terreno situado em lugar plano e com pedras redondas. O rio cujos flancos sejam pouco firmes apresentará um leito repleto de asperezas, obstruído por restos de troncos e pedras e com rochedos atravessados.

Sumamente instáveis e variáveis às vezes serão os flancos advindos da sedimentação de materiais de aluvião. A citada instabilidade das encostas obedece ao que contam sobre o Meandro e o Eufrates: o primeiro, de fato, devido ao fato de que corre em um terreno instável, à medida que passa o tempo apresenta muitas enseadas novas; e no caso do Eufrates, os desmoronamentos de seus flancos ocasionam a obstrução dos canais com que suas águas são canalizadas.

Contra este tipo de contratempo das encostas os antigos se precaviam, sobretudo, com a construção do dique. E a técnica para construir o dique em questão se remete aos princípios que regem as demais construções: é, de fato, importante com que linha se leva a cabo o seu traçado e com que tipo de obra se constrói ou se reforça. O dique que se constrói em linha reta seguindo o curso do rio não se enfraquece por efeito das correntezas; o dique, ao contrário, que o rio encontra transversalmente, se for fraco desmorona, se for baixo é superado. O dique que, em tais circunstâncias, não desmoronar, aumentará gradualmente o seu tamanho, começando da parte inferior: efetivamente, ali amontoará o rio os materiais que arrasta, constituindo dessa forma quase um escalão, levantando-se; até quando o rio, após ter depositado ali tudo o que não conseguiu transportar ou arrastar, mudará de direção. Se o rio, por causa da violência da correnteza e quantidade das águas, destrói o dique, então se manifestam no próprio rio as propriedades referidas: encherá os espaços vazios, expulsará o ar deles, arrastará tudo que encontrar no seu caminho; porém irá deixando, à medida que cessa paulatinamente o ímpeto da correnteza, os materiais difíceis e dificilmente deslocáveis. Daí que a enchente que se produz no campo, no lugar de onde se iniciou, deixa uma capa de areia de grão bastante grosso de considerável altura, e em seguida se verifica uma acumulação de terra mais leve e lamacenta. E se, por outro lado, a enchente supera o dique e passa por cima, então o terreno, por efeito do empurrão das ondas que se precipitam, se despedaça e seus pedaços são arrastados pela correnteza, até que a construção, com o avançar da erosão e privada de seus fundamentos, desmorone. E se a correnteza, em seu fluir, não atinge o dique nem de frente nem em sentido transversal, mas sim na curva, em função de sua própria curvatura e da largura do rio, pressionará e desgastará igualmente tanto a encosta que recebe o impacto como a outra, por efeito do rebote. A curva é da mesma natureza que o obstáculo transversal; por esse motivo sofrerá as mesmas lesões a que ele está sujeito, e se desgastará também como consequência do enérgico atrito, que será tanto mais violento e demolidor quanto mais rápidos e agitados borbulhem, digamos assim, os redemoinhos. A rotação das águas ou vórtice é como uma broca líquida, a quem nenhum corpo, por mais duro que seja, é capaz de resistir. É um fato que se pode constatar a partir da observação das pontes de pedra, que possuem em sua parte inferior um leito escavado e profundo, sobretudo naqueles pontos em que o rio, após ser estreitado por suas margens, foge do afunilamento e se precipita em um espaço mais amplo, e em uma queda abrupta segue corroendo e consumindo tudo a sua frente e a sua volta. Atrevo-me a dizer que a ponte de Adriano, em Roma, é a obra mais resistente de quantas levou a cabo a mão do homem; ainda assim, as enchentes a deixaram em um estado tal, que duvido que possa seguir muito tempo em pé. De fato, com os troncos e os galhos que as enchentes arrastam, as águas danificam os pilares todos os anos, e obstruem completamente o vão dos arcos. O resultado é que as águas se levantam, para logo formar um único braço de água e precipitar-se do alto em forma de tromba; como consequência, afetam a parte posterior dos pilares e põem em perigo a obra em seu conjunto. Basta sobre os flancos.

Falaremos a seguir do leito do rio. Na Mesopotâmia, Nitócris, relata Heródoto, reduziu a velocidade do curso do Eufrates, que baixou demasiado depressa, canalizando-o com curvas e sinuosidades. Porém uma vantagem adicional é que o leito se mantém durante mais tempo quando flui com maior lentidão. Algo parecido acontece quando um homem desce de uma montanha por um caminho que não está em pendência reta, mas sim se desvia à direita e à esquerda. E que a velocidade excessiva de um rio decorre da inclinação de seu leito é um fato sabido.

Um curso demasiado rápido e, ao contrário, um lento são igualmente contraproducentes para as funções que deles se requerem: um desborda pelas margens, o outro é fácil que se encha de vegetação e que gele. Quem restringe o leito de um rio conseguirá provavelmente elevar o nível das águas e quem o escavar aumentará sua profundidade. O procedimento e o objetivo de escavar, retirar obstáculos e limpar são quase os mesmos; deles falaremos em seguida. Porém a escavação, em tais circunstâncias, será em vão, se o leito não tiver um traçado descendente de uma maneira constante em direção ao mar, conforme os princípios do fluxo das águas.

CAPÍTULO XI

Passo aos canais. É desejável que não haja escassez de água, e que não haja inconvenientes para que abasteça as necessidades a que está destinada. Para que não haja escassez é preciso ater-se a dois princípios: o primeiro, que aflua em abundância do sítio de onde tenha sido desviada; o outro, que se possa manter muito tempo recolhida. Levar-se-á a cabo a escavação conforme as instruções que mencionamos anteriormente. Para que possa destinar-se, uma vez canalizada, aos serviços que deve cobrir, procederemos com esmero e diligência, depurando-a frequentemente dos detritos que traz consigo.

Por outro lado, dizem que o canal é um rio adormecido; deve reunir quase todas as condições de um rio, e em especial requer solidez e firmeza no fundo e nas encostas, com o fim de filtrar as águas chegadas ao seu interior, nem ter fugas. Assim mesmo, sua profundidade deve ser maior que sua largura: isso não somente para possibilitar sua navegabilidade, mas sim, sobretudo, para que a evaporação pela ação solar seja menor; cobrir-se-á em menor medida de vegetação.

Construíram-se muitos canais do Eufrates ao Tigre, pois o leito do primeiro está situado a uma maior altitude. A Gália, a zona da Itália situada nos arredores do curso inferior do Pó e do Adige, é navegável em sua totalidade graças aos canais: a isso contribui o fato de o terreno ser plano naquele lugar. Conta Diodoro que Ptolomeu, quando queria navegar, mandava construir um canal que começava no Nilo, e que mandava fechar ao término da navegação.

Os remédios contra os problemas que podem apresentar-se serão os seguintes: frear, depurar, conter. Os rios se freiam por meio do dique. Construa-se o dique de modo que seu traçado estreite as encostas do rio não de forma brusca, mas sim gradual. E quando for preciso conduzir as águas de uma passagem estreita a uma mais larga, será conveniente fazê-lo gradualmente, sem provocar uma irrupção repentina, prolongando o canal, de modo que o rio alcance mais adiante e lentamente sua largura primitiva, para evitar que provoque danos com os redemoinhos e vórtices, consequência de uma súbita liberdade.

O rio Melas desembocava no Eufrates. Movido quiçá pela ambição da fama, o rei Ariarates represou a desembocadura do rio e inundou uma grande extensão de terreno. Não muito mais tarde o volume de água interceptada abriu uma passagem com redemoinhos de tal magnitude e com uma violência tal, que arrastou consigo uma grande extensão de terreno de cultivo; e causou estragos em uma grande parte da Galícia e da Frígia. O senado castigou a soberba do rei com uma multa de trinta talentos. E vem ao caso o que se conta sobre Ificrates, que, tendo imposto um cerco à cidade de Estínfalo, tentou conter o curso do rio Erasino, que desaparece no interior de uma montanha e surge novamente na Argólida, com a acumulação de um grande número de esponjas, porém desistiu após o aviso de Júpiter.

Posto que isso é assim, convém fazer as seguintes advertências. Fabrique-se o dique com uma estrutura extremamente firme. Tal firmeza depende da solidez do material, do método da construção e da sua largura. A parte de onde cai a água ao transbordar não deve ser vertical por sua face exterior, mas sim suavemente inclinada para que flua do alto com máxima suavidade e sem que se forme nenhum redemoinho. Se todavia a água começar a escavar a represa, logo deverá se encher os vazios, não com pedrinhas, mas sim com pedras de grande tamanho, monolíticas, duradouras, poligonais. Ajudará também que se amontoem feixes de galhos para que a água chegue freada e lentamente ao fundo.

Em Roma vemos que o Tibre está em grande parte canalizado com construções em muros. Semíramis, não contente com o dique de tijolos, o mandou recobrir com uma capa de betume de quatro cúbitos de espessura; e ainda, construiu muros de muitos estádios de altura, até igualar a altura dos muros da cidade. Mas essas são coisas de reis. Nós, por nossa parte, nos contentaremos com um dique de terra, como aquele de barro que fez Nitócris, na Assíria; ou como aqueles que vemos na Gália, nos enormes rios, digamos assim, pênseis, ao ponto de que em alguns lugares superam às vezes a altura dos telhados de suas cabanas. Em tal caso bastará que se reforcem as pontes com alvenarias de tijolos.

Há quem, na hora de levantar os diques, recomenda o emprego de torrões arrancados de um prado: merecem também a minha aprovação. De fato, os materiais se tornam mais compactos com o emaranhamento das pequenas raízes, desde que sejam consolidados com um pisoteamento enérgico. O dique em seu conjunto, e muito em especial a parte que está em contato com a correnteza, deve endurecer-se até adquirir uma solidez impenetrável e inexpugnável. Há quem intercale varas de vime no corpo do dique: obra verdadeiramente sólida. Porém não duradoura por sua própria natureza. De fato, dado que as varas apodrecem com facilidade, acontece que os veios d'água podem chegar a ocupar o espaço deixado pelo material decomposto, e em seguida produzir veios de maior tamanho, que correrão pelos condutos surgidos dos canais dessas vias. Não obstante, estaremos menos sujeitos a este risco se usarmos varas verdes.

Outros plantam ao longo das margens fileiras de salgueiros, amieiros, choupos, e outras árvores que preferem a água. Isso tem suas vantagens; porém subsiste o inconveniente que mencionamos ao falar das varas. De fato, às vezes os troncos das árvores mortas apodrecem e surgem neles furos e galerias. Outros — sendo a solução que me parece melhor — plantam na encosta todo tipo de arbustos e de ervas que, vivendo em contato com as águas, são mais ricas em raízes que em galhos: a esta classe pertencem, sobretudo, a alfazema, o junco, a cana e principalmente o vimeiro. Efetivamente, esta planta tem umas raízes frondosas e numerosas, lançando barbas compridas e robustas, e, ao contrário, os galhos que afloram são rasteiros e flexíveis, e brincam com as ondas sem atrapalhá-las; e uma maravilhosa qualidade dessa planta é que, sendo ávida por água, adentra-se continuamente no rio.

Onde o dique estiver alinhado com a direção do rio, convém que a encosta esteja completamente limpa e lisa, com o fim de que não haja nada que limite o suave fluir das águas. Se, ao contrário, o dique se opõe à correnteza em uma curva do rio, deve ser reforçado com estruturas de proteção a fim de que apresente maior resistência naquele lugar. E se, de outra forma, devemos interromper e sustentar a correnteza em sua totalidade com um obstáculo situado perpendicularmente, então, no verão, quando houver menos água e o leito estiver à vista, faça-se um gabião constituído de troncos fortes e bastante longos, unidos e firmemente atados com ganchos; coloque-se no leito do rio os troncos retos, de modo que olhem frontalmente para a correnteza; cravem-se, no fundo do rio até onde permitir a natureza do terreno, postes pontiagudos, após efetuar os oportunos orifícios para tal fim; uma vez fixado de tal forma o gabião, coloquem-se entre os postes tábuas em sentido transversal, e sobre o treliçado erguido como havíamos descrito, se estenderá uma camada de pedras, cimentadas com cal ou, no caso em que não seja possível por causa do custo, atadas com feixes de galhos de zimbro.

Isso fará com que a correnteza não consiga deslocar a barragem, seja pelo peso das pedras, seja pela solidez do gabião. E se os redemoinhos conseguirem destruir a base do dique, isso acabará se tornando vantajoso porque fará com que o próprio peso, empurrando as estruturas para o fundo, acabe por reforçar ainda mais a posição do dique. E se, por outro lado, o nível do rio é muito alto o ano inteiro, e não permite a construção dos referidos gabiões, então nos serviremos dos recursos que, em seu momento, diremos que se empregam para levantar os pilares das pontes.

CAPÍTULO XII

Também a praia se fortificará por meio dos diques, porém não do mesmo tipo que os utilizados no caso do rio. De fato, as águas dos rios causam danos de forma diferente das ondas do mar.

E dizem, efetivamente, que o mar é, por própria natureza, repousado e tranquilo, porém que se agita e se encrespa pela ação dos ventos. É assim que surgem as ondas que se dirigem sucessivamente em direção à praia. Se nesse lugar houver qualquer obstáculo que se oponha à sua passagem, sobretudo se for áspero e irregular, se chocam de frente e, ao serem repelidas, saltam uma atrás da outra, e se quebram, e ao se precipitarem dessa forma do alto, sacodem o solo, e com sua ação incessante o escavam até arruinar qualquer coisa que estiver em seu caminho. A prova que isso acontece realmente dessa forma é a profundidade da água nas proximidades dos rochedos marinhos.

Se, ao contrário, a praia oferecer às ondas uma suave e leve inclinação, o mar embravecido não terá com quem lutar em seu violento furor, aplacando seu ímpeto e se acalmando, refluindo com ondas cada vez mais suaves; e se, como consequência deste movimento, carregou consigo uma certa quantidade de material, nesse momento o devolve e o deposita em um lugar mais tranquilo; daí observem que as praias que apresentam este traçado, de ser um terreno baixo, se adentram cada dia mais no mar. Quando, por outro lado, o mar se encontra diante de um promontório e flui em linha curva, no interior de uma enseada ou de um golfo, aqui as ondas se lançam com velocidade ao longo da costa e quebram-se; o que faz com que nesses lugares existam aqui e ali canais escavados defronte da praia, por longos trechos.

Outros asseguram que o mar inspira e expira por um impulso próprio, e observamos que o homem nunca exala o último suspiro senão em um período de maré baixa, como se isso comprovasse que existe uma misteriosa afinidade e consonância entre a vida dos homens e o espírito que movimenta o próprio mar. Porém basta sobre este tema.

É sabido, pelos demais, que o fluxo e o refluxo do mar variam de um lugar a outro. Em Cálcis a maré se alterna seis vezes por dia. Em Bizâncio não muda de posição, somente se se passa do Ponto Euxino à Propôntida. E tem o mar uma natureza tal que rejeita continuamente para as praias qualquer coisa que os rios descarregam dentro dele. Efetivamente, os materiais que se deslocam por razões externas, quando encontram um lugar tranquilo, se detêm.

Porém, já que não é possível perceber em quase todas as praias grande quantidade de areia e de pedras lá depositadas, é oportuno referir o que encontrei nos textos dos filósofos. Em outra ocasião dissemos que a areia se forma do barro, consolidado pela ação do sol, e que posteriormente o calor despedaça em pequenas partículas. Asseguram que as pedras têm sua origem na água do mar. Efetivamente, dizem que como consequência dos raios de sol e do movimento a que está submetida ela esquenta, se desseca e em seguida se consolida, após ter perdido as partes mais leves, e alcança uma densidade tal que, se por ventura o mar permanecer por um momento em repouso, vai aos poucos se formando uma crosta viscosa e muito betuminosa; em seguida, essa crosta se rompe, os fragmentos se dispersam, e em consequência dos movimentos ulteriores e das colisões tendem a adquirir uma forma esférica, até adquirir uma forma muito parecida com as das esponjas; tais esferas são deslocadas até a praia, onde se misturam com a areia que a água movimenta naquele lugar, incorporando-a à sua massa; em seguida a ação do sol e do sal começa a secar e adensar esses corpos, tornando-os mais compactos, e com o passar do tempo se endurecem até converterem-se em pedra. Assim pensam os filósofos de que falamos.

Nós mesmos constatamos, por outro lado, que sempre que nas proximidades se encontra a desembocadura de um rio, a praia aumenta de extensão, sobretudo se se trata de rios que banham terrenos constituídos por materiais solúveis e aqueles nos quais desemboca um grande número de torrentes. Tal tipo de rios, de fato, acumula na praia, à altura de sua desembocadura, grande quantidade de areia e de pedras e aumentam a sua extensão. Prova de que isso é assim são, entre outros rios, o Istro e o Fasis na Cólquida, e sobretudo o Nilo. Os antigos chamaram o Egito "casa do Nilo", e asseguram que em outro tempo estava coberto pelo mar até os pântanos de Peluso. Contam que também uma grande parte do território da Cilícia é fruto da ação de um rio. Assegura Aristóteles que o movimento das coisas é infinito, e com o passar do tempo acontecerá que o mar e as montanhas mudem de lugar. Daí os conhecidos versos do poeta: "Quanto há debaixo da terra/ o levará à luz o tempo,/ o que está visível, o enterrará e ocultará".

Volto ao nosso discurso. A onda tem esta característica: ao encontrar-se com um obstáculo no seu caminho, o golpeia e se levanta no ar, para logo retroceder e produzir um vazio na areia de uma profundidade proporcional à altura que alcançou em sua subida. Por tal motivo é possível observar que quanto maior for a profundidade do mar junto aos penhascos e recifes, onde rompe, parecerá que em seu caminho se encontra nada mais que uma praia em suave declive.

Posto que isso é assim, conter a violência e a energia do mar será certamente tarefa de grande esmero e perspicácia. Efetivamente, o mar fará com que fracassem em sua maior parte nossos recursos e nossos trabalhos, não se deixará vencer facilmente pela mão do homem. Ajudará, sem dúvida, o terrapleno que em outro lugar dissemos que requeriam as pontes.

Porém, se a situação exige a necessidade de construir um dique dentro do mar para proteger o porto, o começaremos em terra firme e no seco, prolongando-o posteriormente para dentro do mar; procuraremos, antes de tudo, construí-lo sobre um terreno bem firme; e lá, onde o implantaremos, deveremos amontoar uma grande quantidade de rochas de enorme tamanho, de modo que este acúmulo se apresente perante as ondas com um perfil em suave declive, sobre o qual lança-se a massa ameaçadora, digamos assim, as ondas se joguem e, ao não encontrarem nada com que se chocar frontalmente, não se precipitem em seu refluir, mas sim deslizem com absoluta suavidade. Refluindo dessa forma, de fato, a onda conterá e repelirá o empurrão das ondas seguintes.

Parece que também a desembocadura de um rio participa das características do porto, desde que nesse lugar se protegem os barcos das tempestades. Em primeiro lugar, acredito, deve-se proteger e amparar a desembocadura da agressividade das ondas. Dizia Propércio: "Vencer ou sermos vencidos, tal é a roda do amor". O mesmo acontece neste caso: efetivamente, a desembocadura ou é superada pela persistência do mar e se obstrui com a areia ou, ao contrário, sai triunfante graças à constância obstinada e vitoriosa do rio. Por essa razão será muito conveniente que se possibilite, se o canal for suficiente, a desembocadura do rio em vários braços. Isso não somente para que os barcos tenham entradas mais rápidas para o mar, diante de uma mudança de vento, mas também para evitar que, no caso em que se apresente um temporal ou o sopro do austro obstruir uma das saídas para o mar, as águas do rio não cresçam demais e inundem o campo, e para que haja uma via de livre acesso ao mar. Basta deste assunto.

Chegamos agora à questão da purificação dos cursos d'água. César pôs o máximo empenho na limpeza do Tibre: de fato, estava cheio de detritos que as pessoas tinham jogado. Permanecem ainda em pé amontoados de uma altura respeitável formados por cacos de barro cozido retirados do rio (nas redondezas do Tibre, assim como dentro e fora de Roma). Não recordo ter lido de que forma retiraram de um rio tão impetuoso tal quantidade de material; porém creio que se serviram de ensecadeiras, por meio das quais haviam contido o rio e, uma vez drenado o seu canal, haviam extraído os escombros.

As ensecadeiras far-se-ão da seguinte forma: preparem-se umas vigas alisadas com a plaina, e de uma extremidade a outra de cada uma delas se executarão, em ambos os lados, no sentido do comprimento da face, uns sulcos de quatro dedos de profundidade, de uma largura proporcional à grossura da viga, para utilizá-los posteriormente na obra; e preparar-se-ão umas tábuas todas do mesmo comprimento e da mesma grossura. Feitos esses preparativos, cravam-se as vigas a que nos referimos, de modo que estejam em posição vertical a uma distância uma da outra igual ao comprimento das tábuas apresentadas anteriormente. Uma vez colocadas e fixadas convenientemente as vigas, inserem-se as tábuas a partir da extremidade superior, fazendo-as descer através dos sulcos até o fundo: nós denominamos de "catarata" este tipo de construção. Ponha-se uma tábua sobre outra apertando bem, de forma que estejam bem juntas. Disponham-se, por último, nos lugares apropriados e oportunos, parafusos de Arquimedes, bolsas, sifões e qualquer instrumento que sirva para drenar, utilizando um grande número de operários, trabalhando muito rapidamente e sem interrupção até retirar a água retida na ensecadeira. Se houver alguma infiltração, deve ser tapada com trapos. A obra ficará conforme as nossas intenções.

Entre este tipo de ensecadeira e o outro que utilizamos para a construção de pontes existe a seguinte diferença: aquele da ponte, de fato, devia ser sólido e durar até que os pilares não somente estivessem terminados, mas sim também até que sua estrutura estivesse consolidada; este, ao contrário, é somente provisório e no dia seguinte, ao ter retirado a lama, deve ser desmontado e levado para outro lugar. Este é o meu conselho: tanto faz se nos servimos deste tipo de ensecadeira para limpar o rio como se a utilizamos para desviar seu curso, é aconselhável evitar opor-se em um mesmo lugar a todo o volume de água e a força da sua correnteza; deve-se sim executar a construção pedaço por pedaço com acréscimos sucessivos.

As estruturas destinadas a suportar a massa e o ímpeto das águas serão feitas em arco com a parte convexa voltada para suportar a pressão da correnteza. Se, ao contrário, a obra for executada em sentido perpendicular, de modo que a água se veja obrigada a elevar-se e a crescer, resultará na escavação do leito do rio. Isto porque a onda, ao subir, e em seguida, cair, provoca consequentemente um buraco, e, por sua vez, quanto mais profundamente for escavado o leito do curso inferior do rio, tanto mais profundo se fará o leito até sua nascente. De fato, a água, avançando, movimenta e remove continuamente o solo, e o arrasta.

Além disso, poder-se-á limpar um canal ou um rio colocando neles o gado, para que atuem da seguinte forma: barre o curso das águas, para que o nível se eleve; então faça com que o gado pisoteie continuamente e com ímpeto, produzindo água turva e lama; abra de repente a comporta, para que a água, ao precipitar-se, se espalhe e limpe tudo. E se encontrarmos algo submerso ou cravado no fundo do rio que constitua um obstáculo (além do uso dos equipamentos relacionados pelos mestres), o artifício mais eficaz consiste em trazer ao lugar um barco com toda a sua carga, amarrando-o muito bem naquilo que temos que extrair, seja um poste ou qualquer outra coisa, e em seguida retirar a carga do barco. Como consequência, o barco, ao ver-se liberado do peso, emergirá arrancando do fundo o objeto ao qual está amarrado. Pode ser útil, enquanto levanta-se o barco, girar o poste como se tratasse de uma chave. No território de Preneste vimos uma classe de argila úmida de tais características que, se se cravar nela um pau ou uma espada somente até um cúbito de profundidade, não se conseguirá extrair o objeto com a mão por mais força que se tenha; porém, se enquanto se puxa torcê-lo um pouco, como fazem aqueles que perfuram, sairá com facilidade. Em Gênova existia um rochedo oculto sob as águas que dificultava o acesso ao porto. Recentemente se encontrou um homem com assombrosas habilidades e dons naturais, que o despedaçou tornando a passagem livre. Diz-se que esse indivíduo suportava ficar muito tempo debaixo da água sem subir na superfície para respirar.

A lama do fundo extrair-se-á com uma rede para ostras revestida com um saco: de fato, ao puxá-la ele se encherá. Extrair-se-á também, onde o mar tenha uma profundidade aceitável, com o uso de um instrumento chamado de "palacia". Faz-se da seguinte forma: dispõem-se duas chatas. Na popa de uma delas se prenderá uma prancha, sobre a qual se colocará uma antena muito comprida de modo que oscile como acontece com uma balança. Na extremidade dessa antena, que fica fora do barco, estará afixada uma pá de três pés de largura por seis de altura. Submergindo-a na água os operários retirarão a lama e a porão na outra chata disposta a tal fim. Conforme estes princípios se construíram instrumentos muito parecidos e de considerável utilidade, que resultaria prolixo tratar neste lugar. E com este argumento encerramos este tema.

Devemos agora falar das represas. Contém-se a correnteza por meio de comportas e também com batentes; em ambos os casos se requerem bacias construídas em pedra com a máxima solidez, e reforçadas com pilares. Levantaremos as pesadas comportas, sem pôr em perigo vidas humanas, com o uso do eixo de rodas dentadas, que deve mover-se como em um relógio, engrenando com a roda dentada de um segundo eixo disposto a tal fim e com idêntico movimento.

Porém, o tipo de represamento mais apropriado de todos será o batente, e em sua parte central se colocará um eixo giratório vertical. O eixo será fixado a um batente retangular, que estará solto, à maneira como se desdobra a vela quadrada de um barco de carga, a qual pode ser girada para a proa ou para a popa com um braço e com outro. Porém os braços do citado batente não serão iguais: um deles será, de fato, um pouco menor, três dedos no máximo. Desta maneira ele poderá ser aberto até mesmo por uma criança e logo se fechará por conta própria, em virtude da maior pressão sobre o braço mais comprido.

Haverá dois obstáculos interrompendo o rio em dois lugares, com uma distância entre um e outro igual ao comprimento de um navio: para que, se um navio for subir o rio, uma vez que se encontre na eclusa, se feche a comporta inferior, se abra a superior; e se, ao contrário, ele for descer rio abaixo, se fechará a comporta superior e se abrirá a inferior. Desta forma o barco fluirá livremente na parte livre do rio, deslocando-se a favor da correnteza. O restante volume de água, em troca, segurará a comporta superior.

Aqui, voltamos a esclarecer, de uma vez por todas, um conceito que diz respeito à construção das estradas. Uma estrada, ao passar por uma cidade, não deve ser construída com a acumulação de detritos sob forma de terrapleno, como se tem o mau hábito de fazer, mas sim retirando materiais e nivelando todo o entorno, fazendo-a perfeitamente lisa e desobstruída, já que se deve evitar que as áreas isoladas e a cidade sofram com as más condições das estradas.

CAPÍTULO XIII

Vamos agora abordar, com a maior concisão possível, o resto dos pequenos detalhes que podem ser observados. Em alguns lugares, o surgimento e a produção de água aumentou a temperatura ambiente, e em outros, pelo contrário, esfriou. Em Larissa, na Tessália, havia uma planície coberta por água estagnada; por essa razão havia um clima pesado e quente. Mais tarde, extraída a água e drenado o terreno, as temperaturas baixaram a tal ponto que as oliveiras, que até então tinham crescido numerosas nas redondezas, não foram capazes de sobreviver. Ao contrário, na região de Filipos: conta Teofrasto que naquele lugar, com a canalização e a posterior drenagem de um lago, conseguiu-se que as temperaturas fossem menos rigorosas.

Acredita-se que o motivo de tais fenômenos fundamenta-se na pureza ou impureza da atmosfera do lugar em questão. Asseguram, de fato, que o ar denso se desloca mais lentamente, porém mantém durante mais tempo os efeitos do frio ou do calor; o ar leve e puro, ao contrário, é mais propenso às geadas, e se vê afetado rapidamente pelas alterações dos raios do sol. E dizem que um campo sem cultivar e abandonado faz com que a atmosfera do lugar seja pesada e inclemente.

Assim mesmo, lá onde a vegetação cresceu tão densamente que nem o sol nem os ventos podem penetrá-la, a atmosfera será tremendamente crua. Nas imediações do lago Averno havia umas grutas cercadas por uns bosques tão cheios, que as exalações sulfúreas que emanavam deles matavam as aves que voavam por cima dos desfiladeiros. César, com o desmatamento, tornou o ar pestilento em saudável e ameno.

Em Livorno, cidade costeira da Toscana, cada vez que chegava a época da canícula os homens se viam afetados por umas febres muito virulentas: uma vez que foi interposto um muro entre os habitantes e o mar, se mantiveram saudáveis. Porém mais tarde, tendo levado a cabo a canalização da água com fins defensivos, voltaram a ser afetados. Escreve Varrão que, estando ele em Corcira no comando de um exército, e tendo morrido um grande número de soldados com a peste, fechou todas as janelas voltadas para o vento sul e dessa forma salvou o exército. Em Murano, conhecida cidade veneziana, em raras ocasiões ocorre a peste, enquanto que a vizinha metrópole, Veneza, se vê afetada com frequência e de um modo atroz. Pensam que isso se deve ao grande número de fornalhas dos vidreiros: de fato, é evidente que a atmosfera se purifica em grande medida por meio do fogo. E que o fogo extingue o poder dos venenos é demonstrado pela seguinte experiência: nos cadáveres de animais venenosos não se criam vermes como nos dos outros animais, pelo fato de que é da natureza do veneno matar e extinguir toda a energia vital; porém, se sobre esses mesmos cadáveres tiver caído um raio, então se criam os vermes, porque seu veneno se extingue com o fogo. Por outro lado, os vermes se criam nos cadáveres dos animais a não ser por uma certa energia ígnea da natureza, que origina uma umidade compatível com os espíritos vitais: o veneno quando prevalece tem a propriedade de extingui-los; por outro lado, quando se vê superado pelo fogo, nada pode.

Se se extirparem de um jardim as ervas venenosas, a cila em especial, acontecerá que as plantas saudáveis absorverão da terra os maus nutrientes, e em consequência, os alimentos se contaminarão. Será conveniente impedir a passagem dos ventos nocivos com um bosque, se possível de árvores frutíferas. Efetivamente, reveste-se de grande importância o tipo de folhas em cuja sombra se encontra o ar. Dizem que um bosque de pícea é muito benéfico para os tuberculosos e para aqueles que, após uma longa enfermidade, não conseguem recuperar as forças. Ao contrário, as árvores de folhas amargas proporcionam uma brisa insalubre.

Onde houver um lugar úmido, pantanoso ou com águas estagnadas será conveniente deixá-lo bem desobstruído e limpo. De fato, os odores e as lagartas que nele se criam desaparecerão pela aridez do terreno e pelos ventos. Há em Alexandria um lugar público somente para depositar o lixo e os dejetos da cidade. E acabaram por produzir uma colina tão alta, que proporcionava aos marinheiros uma ajuda inestimável em suas manobras de aproximação ao porto. Mais facilmente, então, os espaços baixos e os buracos, escolhidos através de uma legislação semelhante, serão preenchidos.

Na Veneza dos meus tempos — procedimento que tem a minha aprovação — enchiam de detritos os espaços pantanosos. Quem habita nas proximidades dos pântanos do Egito, diz Heródoto, para fugir e evitar o ataque de moscas e mosquitos pernoita no alto de torres altíssimas. Em Ferrara, na margem do Pó, não há muitos mosquitos dentro da cidade, e fora dela resultam odiosos para aqueles que não estão acostumados a eles; pensam que são repelidos para fora da cidade pela abundância de fogos e de fumaça. A mosca não vive em um lugar sombrio, frio e com vento, sobretudo quando for o caso de ter as janelas em um lugar elevado. Há quem diga que não entram moscas onde se enterrou uma cauda de lobo; e que se pendurando cebolas-albarrãs todas as coisas venenosas são repelidas.

Nossos antepassados utilizavam um grande número de remédios contra a violência do calor; entre eles, lhes agradavam os pórticos enterrados e os espaços abobadados, que recebiam a luz somente pela parte superior da estrutura. Agradavam-lhes também as salas dotadas de amplas janelas, especialmente daquelas que não estivessem voltadas para o meio-dia, e que recebiam as brisas frescas procedentes de lugares cobertos. Metelo, filho de Octávia, irmã de Augusto, cobriu com telas o foro, proporcionando sombra, para que os litigantes pudessem deter-se sem risco para sua saúde. Porém é possível comprovar que, na hora de refrescar o ambiente, a brisa resulta mais eficaz que a sombra, se se estender uma tela por cima do lugar, de modo que corra menos vento. Plínio menciona o costume de construir receptáculos de sombra nas casas, porém não descreve como eram feitos; seja como for, na hora de fazê-los é bom imitar a natureza. Pode-se observar o seguinte: quando se expele o ar com a boca muito aberta, ele sai quente; e quando se sopra juntando os lábios, o ar emitido torna-se mais frio. Da mesma forma, em um edifício, quando a brisa chega através de um espaço amplo, sobretudo se iluminado pelo sol, será mais quente; ao contrário, se soprar através de um caminho mais estreito e sombrio, se move mais depressa e resulta mais frio. A água quente, se for conduzida por um tubo que passa através da água fria, se resfria; o mesmo ocorre no caso do ar. Há quem se pergunte a que se deve o fato de que aqueles que passeiam em pleno sol não se queimam, enquanto que se queimam os que estão sentados em iguais circunstâncias: é evidente que, com o deslocamento, os ventos se põem em movimento, e com isso se neutraliza a ação dos raios de sol.

Por sua vez, para que a sombra se mantenha muito fria, será conveniente construir os ambientes uns sobre os outros, e paredes atrás de paredes; e quanto maior for a distância entre elas, tanto mais duradoura será a sombra no verão, até o ponto em que um lugar recoberto e rodeado, como dissemos, não se esquenta. De fato, o espaço deixado entre um e outro muro tem quase as mesmas propriedades que terá um muro de idêntica espessura; mas tem uma vantagem, que é a de retardar a liberação do calor absorvido e manter durante mais tempo a baixa temperatura; no espaço compreendido entre os muros duplos a que nos referimos se mantém um equilíbrio constante na temperatura do ar. Nos lugares em que castigam os raios de sol, um muro fabricado com pedra-pomes absorverá menos o calor e o guardará durante menos tempo.

Se os acessos aos quartos forem de portas duplas, isto é, se são fechados com batentes pelo lado de fora e com batentes pelo lado de dentro, de modo que, entre a primeira e a segunda, haja uma câmara de ar de um cúbito de espessura, far-se-á com que aqueles que falam do lado de dentro não possam ser ouvidos por aqueles que estão fora.

CAPÍTULO XIV

Ora, se tivermos que construir em um local excessivamente frio, nos serviremos do fogo. Os usos do fogo são variados; porém o mais apropriado de todos é aquele que se produz em uma lareira espaçosa e bem iluminada. Porque, se você fizer o fogo onde não possa conduzir para fora a fumaça, ou em lugar fechado com abóbadas, provocará uma atmosfera poluída que fará com que os olhos lacrimejem e se debilite a visão.

Além disso, a mera contemplação das chamas e da luz que se desprendem do fogo é, como dizem, companhia muito agradável para os pais de família que conversam ao redor da lareira. Porém é necessário ter, na metade do tubo da chaminé, uma pequena porta transversal de ferro, que você mesmo, quando tiver desaparecido a fumaça por completo e as brasas incandescentes começarem a manter-se a si mesmas, pode girar e fechar o cano, para evitar que entre por essa passagem o ar do exterior.

A parede de sílex ou de mármore é fria e úmida: de fato, com o frio o ar se restringe, se condensa e se transforma em gotas. É mais adequada a de tufo e a de argila, pois secará completamente. Quem passar a noite entre paredes recém-construídas e ainda úmidas, sobretudo se sustentar uma estrutura abobadada, sofrerá penosas doenças com dor e febre, consequência da inflamação e do catarro. Houve pessoas que, por tal motivo, ficaram cegas, intumesceram-lhes os músculos, e perderam as faculdades mentais e espirituais, até tornarem-se loucos. Para que sequem com maior rapidez, devem deixar-se vãos abertos para que os ventos possam circular.

A melhor parede quanto às questões de salubridade será aquela feita de tijolos crus que tenham secado durante dois anos. O revestimento de gesso por ser muito compacto faz com que a atmosfera se torne densa e insalubre, e é prejudicial para os pulmões. Mas se revestirmos as paredes de madeira, sobretudo se for de abeto e de álamo, o lugar será mais saudável, de ambiente bastante temperado no inverno, e não muito quente no verão; porém provavelmente se infestará de ratos e de percevejos. Isso se evitará enchendo-se de palha os interstícios, e fechando ao acesso dos animais todos os buracos e toda as vias de escape. Fecham-se muito bem com argila mesclada com cinza e borras de azeite: de fato, essa espécie de animais, que nasce da putrefação dos corpos, foge do azeite.

CAPÍTULO XV

Porém, posto que tocamos esse tema, convém referir aqui algumas notícias encontradas em obras de autores dignos de confiança. É desejável que um edifício esteja livre de qualquer inconveniente. Os habitantes do monte Eta celebravam sacrifícios a Hércules por tê-los livrado dos mosquitos, e também os meliuntes, por ter erradicado de suas vinhas os lagartos. Os eólios celebravam sacrifícios em honra de Apolo por terem se livrado de uma praga de ratos. Isso foi, sem dúvida, um grande mérito; porém, como obtiveram tal resultado, não nos foi transmitido.

Todavia, em alguns autores encontramos o seguinte: os assírios diziam que pendurando, na verga da porta, um pulmão assado, cebola e cila, se espantam todos os animais venenosos. As cobras, diz Aristóteles, se manterão afastadas das casas com o cheiro de arruda. E se se colocar dentro de uma panela pedaços de carne, conseguir-se-á prender uma grande quantidade de vespas. Colocando nos formigueiros enxofre e orégano silvestre se exterminarão as formigas. Sabino Tirone escreveu a Mecenas dizendo que elas se exterminam tapando as entradas dos formigueiros com lama marinha e cinza. Plínio afirma que a erva denominada de heliotrópio possui propriedades curativas muito eficazes. Outros consideram perigosa a água em que se dissolveu um tijolo.

Sustentam os antigos que entre certas coisas e animais, por impulso natural, existem aversões violentas, ao ponto de um querer prejudicar e destruir o outro; a isso se deve o fato de as doninhas serem afugentadas com o cheiro de fel queimado, e as cobras com o cheiro do leopardo. E dizem que quando uma sanguessuga se gruda obstinadamente à pele humana, colocar-lhe na cabeça um percevejo faz com que ela se solte e em seguida caia, enfraquecida. E, ao contrário, parece que o mau cheiro exalante de uma sanguessuga queimada afasta os percevejos de seus refúgios mais recônditos. Espalhando, diz Solino, um certo pó que se encontra na ilha de Tánatis, na Bretanha, se afastarão imediatamente todas as cobras. Essa mesma propriedade, dizem os historiadores, se obtém com um tipo de terra que se encontra sobretudo na ilha de Ibiza, e em muitos outros lugares. Aquela procedente da ilha de Gauloen, no país dos garamantes, mata os escorpiões e também as cobras. Estrabão conta que na Líbia, por medo dos escorpiões, acostumou-se a cozinhar o alho e untar os pés com ele ao ir para a cama.

O sistema para acabar com os percevejos o descreve em sua obra Saserna: "Mantenha submerso um melão que os romanos chamaram de *cucumber anguinus* e em seguida derrame a água onde quiser: nenhum deles se aproximará. Ou unte a cama com fel bovino misturado com azeite". Outros aconselham untar as cavidades com borra de vinho. "A raiz de azinheira — diz Plínio — é desagradável aos escorpiões". Contra essa classe de animais nocivos, e em especial contra as cobras, o freixo é muito eficaz. As cobras nunca se escondem sob as folhas de feto. Para afugentá-las queimam-se cabelos de mulher, ou chifre de cabra ou de cervo, ou serragem de cedro, umas gotas de gálbano, ou salgueiro ou hera verde ou zimbro. Os que se untam com semente de zimbro ficam imunes à mordida das cobras. A erva denominada de *haxum* inebria com seu cheiro as serpentes e as adormece até paralisá-las.

Contra as lagartas, nos jardins, aconselham que se coloque sobre um poste a caveira de um cavalo. Os plátanos afastam os morcegos. Se se espalhar a água em que se cozinhou a flor de sabugueiro, matar-se-ão todas as moscas. Obter-se-á um resultado mais rápido com o heléboro negro. As moscas serão exterminadas da mesma forma com a água de seu cozimento. Dizem que um dente de cão enterrado em uma sala junto com o rabo ou as patas do animal eliminará o incômodo das moscas. As tarântulas não suportam o cheiro do açafrão. A fumaça que exala da carne do lobo ao queimar-se mata os mosquitos. Os ratos, mesmo distantes, são exterminados com o cheiro do acônito. Igualmente, os ratos e também os percevejos fogem do cheiro do acido sulfúrico.

Espalhando no lugar a água do cozimento da coloquíntida ou do tríbulo do mar, as pulgas desaparecerão. Porém se, ao contrário, espalhar-se o sangue de um bode, surgirão rapidamente e em grandes quantidades. Fugirão com o cheiro de couve e muito mais com o de oleandro. Se se colocar no chão recipientes abertos e cheios de água, facilmente se causará a morte das pulgas que vão dando saltos descuidadamente. As traças se afastam com o absinto, com grãos de anis e com o cheiro do zimbro sabino. Asseguram que a roupa que estiver pendurada em uma corda não é atingida pela traças.

Porém basta desses assuntos, dos quais falamos mais do que teria pedido o mais sério dos leitores. Apesar da justificativa de que eles têm a ver com o conserto dos defeitos que os lugares apresentam; ainda que talvez, contra o incômodo contínuo e insuportável de animais tão perversos, não haja nenhum só remédio que seja suficientemente eficaz.

CAPÍTULO XVI

Volto ao tema central. É assombroso que aconteça o seguinte: revestindo-se as paredes do átrio com tecidos de lã, conseguir-se-á um lugar temperado; se com tecidos de linho, se tornará frio. Se o lugar for excessivamente úmido, devem-se escavar esgotos e fossos com forma de poços, enchendo-os com pedra-pomes ou cascalho, para evitar que a água apodreça; em seguida, coloca-se sobre o terreno uma camada de carvão de um pé de altura, e sobre ela distribui-se uma camada de areia grossa ou, mais convenientemente, pequenos cilindros de argila; faz-se por cima o pavimento.

Certamente é benéfico que o ar circule por baixo do piso. Mas contra os ardores do sol e o rigor do inverno o melhor será que o solo não seja úmido, mas sim completamente seco. Escavar-se-á a área da sala de jantar até uma profundidade de doze pés, e se cobrirá com tábuas; assentando um revestimento ao piso, proporcionar-se-á um resfriamento do ar no seu interior, além do que se possa imaginar, até o ponto em que os pés ficam frios apesar de estarem calçados, tendo sido colocado sobre o chão nada mais que tábuas. A sala de jantar se cobrirá com uma estrutura abobadada. E será surpreendente o frescor durante o verão, e o clima morno durante o inverno.

E se por ventura acontecer aquilo de que se queixa o poeta em uma sátira, ou seja, que a passagem de carruagens nas ruas estreitas e tortuosas lhe tira o sono, e a gritaria de uma turba barulhenta estoura seus ouvidos, tanto que por isso ele estava doente e atormentado, Plínio, o Jovem, em uma de suas cartas nos ensina como pôr pronto remédio a tal inconveniente; estas são suas palavras: "Ao lado se encontra o dormitório, onde reinam a noite e o sonho: ali não chegam as vozes dos escravos, não chega o murmúrio do mar, não chega a fúria das tormentas, não chega o resplandecer dos raios, e nem sequer se percebe a luz do dia, exceto quando se abrem as janelas de tão profundo e escondido refúgio. A razão disso é que a parede do dormitório e o muro do jardim são separados por um saguão intermediário, e a interposição desse espaço vazio absorve qualquer ruído.

Passo a ocupar-me das paredes. Os defeitos das paredes são os seguintes: de fato, ou se racham, ou se descompõem, ou se rompe sua ossatura, ou se afastam da vertical. Diversas são as causas de tais males, diversos também são os remédios. Umas causas são evidentes, outras não o são tanto, e em tal caso não se sabe o que é conveniente fazer até que o dano não tenha se manifestado. E outras, por último, não são misteriosas, porém a ignorância das pessoas quiçá não se aperceba do verdadeiro prejuízo que causam às construções.

Causas evidentes de perigo para a parede são, por exemplo, se for demasiado fina, se suas juntas não estiverem bem distribuídas, ou se estiver cheia de aberturas em pontos delicados; ou ainda, se sua ossatura não estiver suficientemente protegida frente às inclemências do tempo. Por outro lado, as causas ocultas e inesperadas são as seguintes: os terremotos, os raios, e qualquer mudança natural na conformação do terreno. Porém, o que, em especial, causa grande dano a qualquer uma das partes dos edifícios é a negligência e o descuido dos seres humanos.

O figo selvagem, como disse alguém, é para as paredes como um aríete silencioso; eu mesmo já vi, inacreditavelmente, pedras colossais removidas e despedaçadas pela cunha possante de uma pequena raiz surgida dentre as fendas: ora, se alguém tivesse cortado essa raiz quando ainda estava tenra, a construção teria ficado intacta.

Minha mais absoluta aprovação recebem os antigos, que às custas do erário público formavam brigadas para que se ocupassem das obras públicas e as conservassem. Foram duzentas e cinquenta as pessoas que Agripa destinou a essa tarefa; os escolhidos por César foram quatrocentos e sessenta. E determinaram que não haveria nenhuma construção a uma distância de quinze pés em torno dos aquedutos, caso contrário as laterais e os arcos destes seriam destruídos pelas raízes das árvores em desenvolvimento. O mesmo critério parece que seguiram também os particulares, no caso daquelas construções que pretendiam que durassem toda a vida. De fato, em seus próprios monumentos sepulcrais deixavam escrito quanto espaço do próprio terreno consagravam ao culto religioso: uns, quinze, outros, vinte.

A este propósito, para não ter que voltar ao tema, direi que se acredita que as árvores adultas possam ser mortas e eliminadas dessa forma: nos dias em que o sol entrar na constelação do Cão, se cortam até ficarem com uma altura igual a um pé e, por um orifício efetuado no âmago, se introduz azeite desse que chamam de petróleo mesclado com pó de enxofre, ou se molham abundantemente com a água em que foram cozidas cascas de favas queimadas. Segundo Columela, para se extinguir um bosque é necessário encharcar as raízes com um preparado de flores de trevo encarnado que ficou um dia em maceração com suco de cicuta. Diz Solino que uma árvore em contato com sangue menstrual perde sua copa. Outros asseguram que também morre. Diz Plínio que em contato com as raízes da chirivia marinha as árvores morrem. Volto agora ao tema anterior.

Se o muro for demasiado fino, construiremos um segundo muro junto ao antigo, de modo que se convertam em um só, ou seja, para economizar, levantaremos unicamente a ossatura, isto é, os pilares e vigas. O procedimento para encostar um muro a outro é o seguinte: se construirão, em vários pontos do muro antigo, estruturas perpendiculares com pedras resistentes, as quais estarão cravadas de tal maneira que, salientando-se, passarão a fazer parte do novo muro em construção, promovendo uma ligação entre os dois invólucros. Este novo muro será construído somente com pedras comuns.

Construir-se-á o pilar dentro do muro da seguinte forma: se marcará com argila vermelha no muro antigo a largura pretendida para o pilar. Em seguida, a partir das fundações, se escavará no muro um vão cuja largura deverá ser um pouco maior que aquela assinalada com argila vermelha. A altura do vão, pelo contrário, não deve ser muito grande. Por último, se preencherá, pondo nisso o maior cuidado, com pedras esquadrejadas dispostas em fileiras iguais. Far-se-á de modo que aquela parte do muro compreendida dentro da porção marcada com o traço vermelho fique ocupada pelo corpo do pilar, de forma que o muro seja reforçado. Em seguida, seguindo o procedimento que se empregou para construir a primeira parte do pilar em questão, se construirá sobre o trecho anterior até a completa realização da obra. Basta acerca dos muros de pouca espessura.

Nos muros onde não houver juntas, utilizaremos ligamentos de ferro ou, melhor ainda, de cobre. Porém deve-se ter cuidado para não enfraquecer a ossatura, furando-a.

E se acontecer que o terreno pressione com seu próprio peso um dos lados do muro, ou o danifique com a umidade, construa-se ao longo do muro um fosso de uma largura conforme as exigências da situação, e levantem-se muros semicirculares, para que absorvam a força ocasionada pelo deslocamento do terreno, e façam-se aberturas em numerosos lugares, para que a umidade aflore e desapareça. Ou se podem utilizar vigas cravadas no chão, e com as extremidades apoiadas no muro para que sirvam de escoramento à parede; essas madeiras serão fixadas por outras em sentido transversal e logo recobertas com detritos. Isso será sem dúvida de grande utilidade: de fato, o amontoado de detritos adquirirá consistência antes que a madeira deteriore.

CAPÍTULO XVII

Passo a ocupar-me daqueles inconvenientes que não é possível prever, mas sim corrigir uma vez que se tenham produzido. A fissura em um muro e seu desvio da vertical é ocasionada às vezes pela abóbada, devido à pressão que os arcos exercem sobre as paredes, ou porque não conseguem suportar uma carga que supera suas possibilidades. Entretanto, este tipo de situação é quase sempre originado nas fundações; porém, se tiver uma procedência diferente dessa, se concluirá certamente que se origina de uma condição especial.

Começaremos pela fissura. A causa do dano deverá ser procurada na direção da zona para onde a fissura se desvia. Porém, se essa não se curva para nenhum lado, apresentando-se verticalmente em linha reta, e alargando-se para o alto, é preciso observar as fileiras de pedras de ambos os seus lados: do lado de que se inclinam afastando-se da linha horizontal, significa que ali as fundações são pouco sólidas. Se, de outro modo, a parede se apresentar intacta na parte alta, enquanto embaixo se abrem varias rachaduras, cujas bordas se juntam umas com as outras nas suas extremidades superiores, isso indica que os cantos das paredes são firmes e o dano está na área central das fundações.

E se, ao contrário, houver somente uma fenda desse tipo, quanto maior for sua abertura na parte de cima tanto maior será a deformação produzida no canto correspondente.

Assim, então, quando for necessário consertar as fundações, escave-se, rente ao muro, em função das dimensões da obra e da solidez do terreno, um poço estreito, porém profundo, até encontrar terreno estável e firme; e uma vez escavado esse lugar até encontrar a parte inferior da parede, se encherá com pedras ordinárias permitindo a consolidação desse trecho. Em seguida, escava-se um segundo poço em outro ponto, idêntico ao anterior, e se realiza no fundo uma construção com os mesmos procedimentos, e se deixa secar. Desta maneira e do modo descrito, realizando escavações em lugares distintos, se construirá na base do muro um sólido apoio. E se o terreno não se apresenta estável conforme se deseje, então em pontos situados a pouca distância dos cantos e nas adjacências da base da parede em ambos os lados, isto é, na zona que está coberta pelo telhado, e também na que está no exterior, ao ar livre, escavar-se-ão poços e se cravarão no terreno postes muito compactos sobre os quais se colocarão de ambos os lados vigas muito robustas, longitudinalmente em relação aos muros. Em seguida, em posição transversal, sob as fundações da parede se cruzarão vigas mais grossas e muito robustas, apoiando-se sobre as primeiras vigas, e com o próprio dorso, quase como se fosse uma ponte ou um braço de balança, sustentarão a parede.

Em todos estes trabalhos de restauração a que nos temos referido, deve-se ter o cuidado para evitar que essa nova obra que se acrescenta não resulte em nenhum de seus pontos demasiado débil para suportar muito tempo e de uma maneira satisfatória a carga que se lhe destina. De fato, nesse caso todo o peso da parede se concentraria para apoiar-se nessa área mais frágil.

E se a parede tiver uma deformação das fundações na sua zona central e as partes de cima estiverem evidentemente intactas, então se marcará com tinta vermelha um arco na superfície da parede, do tamanho que requeiram as circunstâncias, isto é, que seja capaz de incluir em seu interior a totalidade da superfície que se tenha deformado. Em seguida, e começando por qualquer uma das extremidades do arco, se fará no muro um buraco não maior do que o necessário para inserir uma única pedra do arco; pedra que nós, em outro lugar, denominamos de "pedra de cantaria"; e essa pedra será inserida no prolongamento do raio proveniente do centro do tal círculo; em seguida se faz um novo buraco ao lado do anterior e se enche com uma pedra de cantaria com as mesmas características, e assim sucessivamente se termina o arco. Tudo sairá conforme o plano previsto sem nenhum tipo de perigo.

Se por ventura se debilitarem a coluna ou outro elemento da ossatura, se consertarão da seguinte forma: construa-se debaixo da arquitrave da obra um arco robusto com telhas e gesso, sustentado por pilares de gesso adaptados para este fim, de modo que o arco em questão, que vai se acrescentar por último, ocupe exatamente as velhas aberturas; e esta construção se fará com a maior rapidez possível, e sem interrupções de nenhum tipo. O gesso tem uma natureza tal, que enquanto seca aumenta de volume. Por consequência, essa estrutura adicional recém-construída levantará sobre seus ombros, na medida de suas possibilidades, a carga da parede ou da abóbada antigas. Uma vez pronto este apoio, se retirará do lugar a coluna danificada e se colocará uma intacta.

E se se quiser recorrer a suportes de madeira, levantando a construção de baixo, coloquem-se debaixo dela balanças feitas de madeira e carreguem-se seus braços muito longos com pequenos sacos de areia. Levantarão o peso gradativamente, sem balançar e de modo contínuo. E se a parede tiver se afastado da vertical, se distribuirão algumas vigas, de modo que fiquem encostadas na parede. Colocam-se escoras de madeira bem fortes em cada uma delas, com a extremidade inferior afastada do muro; aperte-se logo aos poucos com alavancas e com cunhas, de modo que exerçam pressão sobre o muro. Dessa maneira, ajustando e distribuindo essa pressão se conseguirá que o muro volte à sua posição vertical. Se isso não for possível, se reforçará a construção com um escoramento de madeiras assentadas em um terreno firme, e se untarão as madeiras com piche e azeite, para que não se deteriorem em contato com a cal; construa-se por último, com pedras esquadrejadas, uns contrafortes, revestidos de material betuminoso.

Pode acontecer que um colosso ou uma capela tenham se inclinado para um lado com toda sua base: nesse caso se levantará a construção a partir do ponto em que afundou, ou retirando material de baixo no ponto em que se levantou. Ambos os empreendimentos são arriscados. Portanto, em primeiro lugar a base e os elementos que podem separar-se com o movimento devem ser cuidadosamente unidos e mantidos apertados por meio de vigas e todo tipo de ligamentos. Um modo oportuno para amarrá-las consiste em envolvê-las com uma espécie de gaiola, apertadas com cunhas, que se levantarão colocando debaixo uma viga à guisa de alavanca, o mesmo que já denominamos de balança. Retirar-se-ão os materiais de baixo com uma escavação realizada paulatinamente; far-se-á da seguinte forma: de fato, começar-se-á a escavar sob o centro do lado que interessa, ao pé da borda inferior do trecho em destaque, e nesse lugar se fará uma abertura no terreno, não muito grande, porém de uma profundidade que baste para que possa ser pavimentada à vontade com pedras ordinárias e muito sólidas. Ao realizar esta operação, não se encherá completamente a abertura até a borda, mas sim se deixará um espaço de alguns palmos, espaço que se ocupará com cunhas de madeira de roble bem próximas entre si. Com idêntico procedimento se escorará o lado dessa capela, onde se quer que se assente melhor. Quando os elementos em questão estiverem sustentando a carga, retirar-se-ão as cunhas com muito cuidado: devolver-se-á o muro inclinado à sua justa verticalidade. Por último, os espaços vazios entre as pedras de cantaria reforçar-se-ão com cunhas de pedra bastante resistentes.

Em Roma, quando as paredes laterais da basílica de São Pedro se afastaram da vertical, sobrecarregando as colunas e ameaçando derrubar os telhados, idealizaram a seguinte solução. Tinha-se estabelecido cortar e eliminar aquelas partes inclinadas da parede, que fossem sustentadas por uma coluna, reconstruindo esses trechos com uma alvenaria ordinária e perfeitamente vertical, deixando em ambos os lados, no processo de substituição, esperas e ganchos muito resistentes, aos quais se pudesse fixar o resto da estrutura em reconstrução. Por último, a arquitrave que sustenta o telhado, sob a qual se deveria ter retirado a parte inclinada da parede, eu faria com que fosse sustentada por algumas máquinas, chamadas de "capriatas", levantadas acima do telhado e fixadas nas suas extremidades inferiores nas zonas mais seguras do telhado e da parede. Seguiria esse procedimento em cada uma das colunas, conforme o tivesse requerido o estado do edifício. O cavalete é um instrumento naval composto por três vigas, cujas extremidades superiores são reunidas e atadas com cordas e ganchos, enquanto que as partes inferiores se dispõem em forma de triângulo. Essa máquina a utilizamos, junto com guindastes e roldanas, para levantar pesos com grande comodidade.

Para se renovar um revestimento sobre um muro velho ou sobre um pavimento, deve-se primeiro lavá-los com água pura, e clareá-los com flor de cal líquida misturada com pó de mármore usando um pincel. Dessa forma se fixará as camadas de reboco.

Se se formar alguma pequena fenda em um pavimento ao ar livre, derramando dentro cinza peneirada e misturada com azeite, sobretudo se de linhaça, se fechará. Para este fim é muito apropriada a argila bem misturada com cal viva, cozida no forno e imediatamente mesclada com azeite, com a fenda previamente liberada de toda poeira. Essa limpeza se logrará com pincéis e com o sopro abundante dos foles.

Além disso, a elegância do edifício é muito importante. Se a altura das paredes é exagerada, far-se-ão cornijas, encostando-as à construção, ou se pintarão linhas divisórias para que seccionem a altura em questão nos lugares adequados. E se, ao contrário, a parede é de um comprimento excessivo, construir-se-ão do alto até embaixo umas colunas não muito próximas, mas a uma certa distância. Deste modo, o olhar se deterá e descansará, quase oferecendo-se como uma espécie de albergue onde parar e ficar menos incomodado pela vastidão do ambiente.

É conveniente lembrar aqui a seguinte consideração. Muitos ambientes, pelo fato de estarem situados em um lugar baixo, ou por estarem rodeados de paredes mais baixas do que requer o senso comum, parecerão por esse motivo menores e mais estreitos do que são na realidade; e, ao contrário, muitos outros, após o acréscimo de pavimentação ou a elevação de paredes, parecem ter um tamanho maior do que aparentavam anteriormente. E é evidente que salas de jantar e salas de estar, com aberturas distribuídas convenientemente, ou seja, a porta em uma posição bem visível e as janelas nas partes mais altas das paredes, ganham muito mais em decoro e elegância.

Apêndice

Vida de Leon Battista Alberti, arquiteto florentino*

Giorgio Vasari

GRANDÍSSIMA vantagem trazem, universalmente, as letras a todos aqueles artífices que delas se ocupam por deleite, mas particularmente aos escultores, pintores e arquitetos, abrindo o caminho para todas as obras que se fazem, sem o que não pode haver o discernimento perfeito em uma pessoa (ainda que o tenha natural, a seu modo) que esteja privada do contingente, isto é, da companhia das boas letras; pois quem não sabe que ao situar um edifício é necessário, filosoficamente, evitar a gravidade dos ventos pestíferos, a insalubridade do ar, os maus odores e vapores das águas não depuradas e não salutíferas? Quem não sabe que é necessário com consideração madura saber ou evitar o que não se quer ou aprender por si só o que se procura realizar, sem ficar à mercê da teoria alheia, a qual, separada da prática, no mais das vezes é de pouca valia? Mas quando teoria e prática calham, por ventura, de estar juntas, não há nada que seja mais conveniente às nossas vidas, porque assim a arte, com o instrumento da ciência, se torna muito mais perfeita e muito mais rica, porque assim os conselhos e os escritos dos doutos artífices têm em si mais eficácia e mais crédito do que as palavras ou obras daqueles que não fazem nada além do que um simples exercício, por melhor ou pior o façam.

E que todas essas coisas são verdadeiras, se vê manifestamente em Leon Battista Alberti, que por ter-se dedicado à língua latina, e ter criado obras na arquitetura, na perspectiva e na pintura, deixou os seus livros escritos de maneira que, por não terem encontrado entre os artífices modernos quem tenha sabido traduzi-los com a escrita, ainda que tenham sido infinitamente mais excelentes

---

* Esta é a versão de 1568. O texto utilizado para tradução foi extraído de *Le vite dei più eccellenti pittori, scultori e architetti*, di Giorgio Vasari. Grandi Tascabili Economici Newton collana "I mammut" n. 4. Newton Compton Editori, 1997. Para a primeira versão de 1550, cf. Giorgio Vasari. *Vidas dos artistas*. Tradução de Ivone Castilho Benedetti. WMF Martins Fontes: São Paulo, 2011.

do que Alberti em sua pátria, comumente se acredita (tanta força têm os seus escritos nas penas e nas línguas dos doutos) que ele superou todos aqueles que o superaram em obras. Daí se vê, por experiência, quanto à fama e ao nome, que entre todas as coisas os escritos têm maior força e maior vida, visto que facilmente os escritos vão para toda parte, e em toda parte adquirem autoridade, sejam eles verdadeiros ou mentirosos. Não é de se admirar, portanto, se, mais do que pelas obras manuais, seja conhecido por seus escritos o famoso Leon Battista Alberti, o qual, nascido em Florença da nobilíssima família dos Alberti, sobre a qual se falou em outro lugar, dedicado não somente a pesquisar o mundo e a medir as antiguidades, tendo para isso muita inclinação, mas muito mais ao escrever do que ao produzir. Foi boníssimo aritmético e geômetra, e escreveu em língua latina dez livros sobre a arquitetura, por ele publicados em 1481, e que hoje se podem ler traduzidos em língua florentina pelo digníssimo Messer Cosimo Bartoli, preboste de San Giovanni de Florença. Escreveu três livros sobre a pintura; fez um tratado sobre os modos de tração e as ordens para medir alturas; os livros sobre a vida civil e algumas coisas amorosas em prosa e em verso; e foi o primeiro a tentar adaptar os versos em vulgar à medida dos latinos, como se vê naquela sua epístola:

> Esta última e triste epístola mando
> A ti, que miseravelmente nos despreza.

Estando em Roma no tempo de Nicolau v, que tinha com o seu modo de construir levado uma grande confusão a toda Roma, se tornou, por meio de Biondo da Forlì, seu grande amigo, amigo íntimo do papa, que antes se aconselhava nas coisas de arquitetura com Bernado Rossellino, escultor e arquiteto florentino, como se dirá na vida Antonio, seu irmão. Bernardo, tendo iniciado a reformar o palácio do papa e a fazer algumas coisas em Santa Maria Maggiore, pela vontade do papa, dali em diante se aconselhou sempre com Leon Battista. Assim o pontífice, com o parecer de um e a execução de outro, fez muitas coisas úteis e dignas de serem louvadas, como o aqueduto de água pura, que estava danificado e foi restaurado, e se fez a fonte na Praça de Trevi com aqueles ornamentos em mármore que se podem ver, nos quais estão as armas daquele pontífice e do povo romano.

Depois, tendo ido para a corte do senhor Sigismondo Malatesta, lhe fez o projeto da igreja de S. Francesco, e, particularmente, aquele da fachada, que foi feita em mármore, e assim a abóbada voltada para o sul, com arcos grandíssimos e sepulturas para homens ilustres daquela cidade. Em suma, realizou aquela obra de modo que, por sua solidez, ela é um dos mais famosos templos da Itália.

Dentro, ela tem seis capelas belíssimas, uma das quais dedicada a São Jerônimo, é muito ornada, e se conservam nela muitas relíquias provenientes de Jerusalém. É nessa igreja que está a sepultura do senhor Sigismondo, e de sua mulher, muito ricamente feitas de mármore no ano de 1450, e sobre uma delas há o retrato desse senhor, e em outra parte dessa obra o retrato de Leon Battista. No ano de 1457, no qual foi inventado um utilíssimo modo de se imprimir livros pelo alemão Johannes Gutemberg, Leon Battista inventou, semelhantemente por meio de um instrumento, o modo de dar brilho às perspectivas naturais e diminuir as figuras, e também, da mesma maneira, o modo de ampliar as coisas pequenas em um formato maior e ampliá-las; todas coisas caprichosas, úteis à arte de fato belas.

Querendo Giovanni di Paulo Rucellai, nos tempos de Leon Battista, fazer, a suas custas, a fachada principal de Santa Maria Novella toda em mármore, falou a esse respeito com Leon Battista, amicíssimo seu, e dele obteve não somente conselhos, mas o projeto, e decidiu Giovanni que queria, a todo custo, realizar aquela obra para deixar de si aquela memória. E assim, trabalhando Leon Battista nessa obra, foi terminada no ano de 1477, com muita satisfação universal a quem a obra toda agradou, mas de modo particular a porta, na qual se vê que despendeu Leon Battista muito mais do que um medíocre esforço. Para Cosimo Rucellai fez, do mesmo modo, o projeto do palácio que ele mandou construir na rua que se chama La Vigna, e aquele da galeria coberta que lhe está em frente, na qual, tendo construído os arcos sobre as colunas estreitas nas fachadas, porque quis continuar os mesmos e não fazer um arco só, lhe sobrou espaço dos dois lados, pelo que foi obrigado a fazer algumas saliências nos cantos internos; quando, depois, quis fazer os arcos da volta interna, visto que não foi possível fazer a curvatura do arco do meio arredondada, pois ficava espremido e ridículo, decidiu movê-los para os cantos, de uma saliência a outra, faltando-lhe aquele discernimento que faz abertamente saber que, além da ciência, é necessária a prática. Diz-se que Leon Battista fez o projeto da casa e do jardim do mesmo Rucellai, na rua Della Scala, que foi construída comodíssima e com muito discernimento, tendo, entre muitas outras comodidades, duas galerias cobertas, uma voltada para o sul e a outra para oeste, ambas belíssimas e feitas sem arcos sobre as colunas, modo que é o verdadeiro de que dispunham os antigos; por isso as arquitraves, que estão postas sobre os capitéis das colunas, se tornam planas, pois não pode uma coisa quadrada, como estão dispostos os arcos, ser posta sobre uma coluna redonda, sem que repousem em cantos em falso. Portanto, o bom modo de fazer quis que sobre as colunas se apóiem as arquitraves, e que quando se quer construir arcos, se façam pilastras, e não colunas.

Para os mesmo Rucellai, nessa mesma maneira, Leon Battista fez, em San Brancazio uma capela que se sustenta sobre grandes arquitraves. Colocadas sobre duas colunas e duas pilastras, furando embaixo o muro da igreja, que é coisa difícil, mas segura. Por isso essa obra é uma das melhores que esse arquiteto fez. No meio dessa capela há um sepulcro de mármore, de forma oval e alongada, semelhante, como nele se lê, ao sepulcro de Jesus em Jerusalém. À mesma época, querendo Ludovico Gonzaga, marquês de Mântua, fazer na Nunziata de' Servi de Florença o púlpito e a capela maior como o projeto de Leon Battista, tendo mandado demolir no alto da dita igreja uma capela quadrada, velha e não muito grande, que lá havia, pintada à antiga, fez Leon Battista o púlpito rebuscado e difícil, circundado por nove capelas, todas em arco redondo e dentro com forma de nichos. Assim, sustentando-se os arcos das ditas capelas em pilastras frontais, vêm os ornamentos do arco de pedra, encostando no muro, para recuarem sempre para trás para apoiar-se no dito muro, que conforme o andamento do púlpito gira em sentido contrário. Desse modo, quando os ditos arcos da capela são vistos pelos lados, parecem que caem para trás e que não têm, como de fato não têm, nenhuma graça, ainda que a medida seja reta e o modo de fazer difícil. E, de fato, se Leon Battista tivesse evitado esse modo, teria sido melhor, porque, ainda que seja difícil de executar, carece de graça nas coisas pequenas e grandes, e não se sai bem. E sendo isso verdadeiro para as coisas grandes, o arco grandíssimo na frente, que dá para a entrada do dito púlpito, do lado de fora é belíssimo, e do lado de dentro, porque é preciso que esteja disposto conforme a capela, que é redonda, parece que cai para trás e parece totalmente desprovido de graça. O que, talvez, Leon Battista não teria feito se com a ciência e a teoria, tivesse tido a prática e a experiência no construir; porque outro arquiteto teria evitado aquela dificuldade e buscado mais graça e maior beleza para o edifício. Toda essa obra, em si, por outro lado, é belíssima, requintada e difícil, e Leon Battista teve grande coragem para, naquele tempo, construir o púlpito da maneira como ele o fez.

Ao mesmo marquês Ludovico, depois que Leon Battista foi conduzido a Mântua, fez ele o modelo da igreja de S. Andrea e de algumas outras coisas, e no caminho entre Mântua e Pádua se vêm alguns templos feitos à maneira dele. Foi executor dos desenhos e modelos de Leon Battista Salvestro Fancelli, florentino, arquiteto e escultor razoável, que conduziu conforme a vontade de Leon Battista todas as obras que este mandou construir em Florença, com decisão e diligência extraordinárias. Em todas as obras de Mântua foi executor um Luca florentino, que tendo sempre habitado naquela cidade, e lá morrendo, deixou seu nome, segundo Filareto, à família dos Luchi que ainda existe naquela cidade. Não foi, portanto, pequena a sorte de Leon Battista ter amigos que o entendessem, soubessem e o quisessem servir, por isso que, não podendo os arquitetos sempre estar nos canteiros de suas obras, lhes é de grandíssima ajuda um fiel e amável executor, e se ninguém nunca soube disso, o sei eu muito bem, por longa experiência. Na pintura Leon Battista não fez grandes obras, nem muito belas, e aquelas que se vêm de sua mão, que são pouquíssimas, não têm muita perfeição; nem isso é um grande fato, porque ele tendeu mais aos estudos que ao desenho. Apesar de mostrar muito bem, desenhando, o seu conceito, como se pode ver em alguns esboços feitos por ele que estão no nosso livro, nos quais desenhou a ponte de Sant'Angelo e a cobertura que foi feita com um desenho seu, em forma de *loggia*, para proteger do sol no verão e das chuvas e dos ventos no inverno; essa obra lhe tinha ordenado o papa Nicolau V, que tinha a intenção de fazer muitas outras semelhantes por toda Roma, mas foi impedido pela morte. É obra de Leon Battista aquela que está sobre o pilar da ponte na Carraia, em uma pequena capela de Nossa Senhora, isto é, um escabelo de altar, com três historinhas e algumas perspectivas dentro, que por ele foram mais bem descritas com a pena do que pintadas com o pincel. Em Florença, do mesmíssimo modo, está na casa de Palla Rucellai um autorretrato feito arredondado, e uma távola de figuras muito grandes em claro e escuro. Pintou ainda uma Veneza em perspectiva e um San Marco; mas as figuras que neles há foram levadas a cabo por outros mestres, e é essa uma das melhores coisas que se pode ver na sua pintura. Leon Battista foi pessoa de civilíssimos e louváveis costumes, amigo dos virtuosos, liberal e cortês com todos, e viveu honradamente e como gentil-homem que era por toda a sua vida. E, finalmente, tendo alcançado idade assaz madura, passou contente e tranquilo para uma vida melhor, deixando de si um honradíssimo nome.

FIM DA VIDA DE LEON BATTISTA ALBERTI

Tradução de Renato Ambrosio

Sergio Romanelli é professor no Departamento de Línguas e Literaturas Estrangeiras do Centro de Comunicação e Expressão e na PGET (Pós-graduação em Estudos da Tradução) da Universidade Federal de Santa Catarina. Possui graduação em Letras (Università Degli Studi de Milão), mestrado (2003) e doutorado (2006) em Linguística Aplicada ao ensino/aprendizagem de línguas estrangeiras e à tradução pela Universidade Federal da Bahia. Trabalhou na análise filológica e na edição crítica dos manuscritos da poeta e tradutora italiana Rina Sara Virgillito de que organizou a primeira tradução em língua estrangeira (no prelo). Tem experiência na área de Linguística, com ênfase em Tradução, atuando principalmente nas seguintes áreas: língua italiana, literatura italiana, crítica genética, linguística aplicada, tradução. É coordenador do grupo de pesquisa Estudos Linguísticos e aquisição/aprendizagem do italiano como língua estrangeira do CNPq.

João Legal Leal é arquiteto urbanista pela Universidade Federal da Bahia (UFBA) e servidor do Instituto do Patrimônio Histórico e Artístico Nacional IPHAN desde 1974. Durante a década de 1980 participou de diversos projetos de salvamento arqueológico no vale do rio São Francisco e na região de Ilhéus. Em 1992, foi professor do primeiro curso de formação de mão de obra especializada para obras de conservação e restauração, promovido pela FAUFBA e IPHAN com o apoio das fundações Vitae e Fapex. É coautor do livro *Rudimentos para oficiais de conservação e restauração* (Abracor, 1996).

Carlos Antônio Leite Brandão é graduado em Arquitetura e Urbanismo pela Universidade Federal de Minas Gerais (UFMG) e mestre e doutor em Filosofia pela mesma instituição, com especialização em Cultura e Arte Barroca pela Universidade Federal de Ouro Preto (1985). Atualmente, é professor associado da Escola de Arquitetura da UFMG e pesquisador do CNPq. Dentre suas publicações destacam-se os livros *Quid Tum? O combate da arte em Leon Battista Alberti* (UFMG, 2000), *A formação do homem moderno vista através da arquitetura* (AP Cultural, 1991), *As cidades da cidade* (UFMG, 2006), *A república dos saberes* (UFMG, 2008) e *Arquitetura vertical* (AP Cultural, 1992), entre outros. É editor da revista *Interpretar Arquitetura* e dirigiu a Escola de Arquitetura da UFMG (1998–2002), onde também foi coordenador da pós-graduação. Presidiu o Instituto de Estudos Avançados Transdisciplinares (IEAT) da UFMG de 2005 a 2009.

ÍNDICE GERAL

Adverte-se aos curiosos que se imprimiu esta obra em nossas oficinas em 15 de agosto de 2012, sobre papel Norbrite Book Cream 66 g/m^2, composta em tipologia Charter BT, em GNU/Linux (Gentoo, Sabayon e Ubuntu), com os softwares livres LaTeX, DeTeX, VIM, Evince, Pdftk, Aspell, SVN e TRAC.